A GENERAL SURVEY OF ECONOMIC ETHICS

现 代 经 济 伦 理 研 究 系 列

总策划 张 雄

经济伦理通论

骆祖望 陶国富 主编

河 南 人 民 出 版 社

图书在版编目(CIP)数据

经济伦理通论/骆祖望,陶国富主编.—郑州:河南人民出版社,2009.10
(现代经济伦理研究系列)
ISBN 978-7-215-06937-4

Ⅰ.经… Ⅱ.①骆…②陶… Ⅲ.经济学:伦理学 Ⅳ.B82-053

中国版本图书馆 CIP 数据核字(2009)第 099075 号

河南人民出版社出版发行
(地址:郑州市经五路 66 号　邮政编码:450002　电话:65788036)
新华书店经销　河南郑印印务有限公司印刷
开本　660 毫米×960 毫米　1/16　印张　32
字数　450 千字
2009 年 10 月第 1 版　2009 年 10 月第 1 次印刷

定价:70.00 元

前　言

在好多年前,我们就产生了想写一本有关经济与道德方面的书籍,以便引起社会对经济与道德互相关系的关注。但是到底从何处切入和展开,却困扰了我们许多时日。为什么我们会有这个想法呢?思想来自于实践。在现实生活中,经常出现这样两种情况,有些道德的事并不经济;而有些经济的事并不道德,虽然理性告诉我们,经济与道德是一对兄弟,但兄弟为什么会打架?

两个具体的案例使我们陷于沉思之中:一是美国次贷危机引发了全球性的金融危机,并且在主要经济体国家产生了经济危机,虽然从次贷到金融再到经济的连锁危机,是由多种原因组合的结果。但其中的道德原因是重要的因素之一,这个案例说明,用不道德的手段去追逐经济利益的结果,反而使经济受到更大的伤害;二是2008年中国的"三鹿奶粉"事件,科学的迅速发展使人们制造出一种新的物质"三聚氰胺",但正是这种新物质为三鹿奶粉不道德行为提供了工具。在"三鹿奶粉"事件中,数以十万计的婴儿为此而患病,社会将为此支付巨大而长久的代价。这个教训再次佐证了用不道德手段去追求经济利益,反而使社会经济受到巨大损害的例证。

无情的实证冲击,激发了我们的创作热情,而又有一件小事,推动我们进入了冲刺状态。在2009年1月20日以前,美国和全世界的人们都在谈论着奥巴马,因为这个符号标志着美国建国200多年以来，第一位黑人总统的诞生，这是美国新的政治史。奇怪的是，1月20日以后，美国人转向于谈论奥巴马经济学。那么，奥巴马的经济主张是什么呢？一句话，就是在经济中强烈地注入道德的因素，换言之，奥巴马经济学是实现经济正义的经济学即经济伦理学。经济伦理学就是存在于经济运行和经济活动中的价值目标、伦理关系和道德规范的总和。是经济行为主体努力提高市场经济中的道德质量改善的价值导向和标准。市场经济中的经济行为主体包括宏观的政府性行为、中观组织机构的管理行为和微观的个人活动行为。

于是，我们把广义的经济伦理问题分列为三册来完成，以期读者与我们共飨时提出批评。《经济伦理通论》作为经济伦理学体系中的一部分，它紧紧围绕现代经济活动中所直面的一系列伦理问题，包括："导论"、"中国经济伦理思想"、"西方经济伦理思想"、"经济伦理范畴"、"市场道德"、"生产道德与消费道德"、"生态道德"、"经济发展与危机道德"、"政府经济道德"、"企业经营道德"、"家庭理财道德"、"个人经济行为道德"、"社会保障与福利道德"等十三个方面展开论述。

作者具体撰写分工：第一章导论：骆祖望；第二章：郝云、毛荣生、严辉；第三章：钱革；第四章：庄柯献；第五章：耿志敏；第六章：骆祖望；第七章：陶国富；第八章：曲萍；沙彦飞；第九章：罗怡芬；第十章：范静；第十一章：曲萍、周巧；第十二章：吴晓群；第十三章：严辉。最后，由主编骆祖望、陶国富负责统稿、润色、定稿等工作。

本书的出版得到了上海财经大学人文学院院长张雄教授与MBA学院院长戴国强教授等领导的鼎力支持，我们在撰写过程中，参考和借鉴了现代经济伦理研究的较新成果，在此致以深深的敬意和谢忱。

随着世界经济一体化迅速发展，地球已经从一个圆球变成一个平面，在这个平面中，经济列车纵横交叉。为了避免撞车事件的发生，人们制定了汗牛充栋的制度规范，为了执行这些规范，付出了巨大的成本。列车要遵规守矩，关键在于驾驶列车的司机不仅要守住法律底线，更要守住道德底线。因为，道德底线是高于法律底线的，守住了法律底线，不会犯罪，但会犯错，守住了道德底线，则就杜绝了错误的发生。健康的经济体需要的是经济道德的生长和光大，我们呈献的这本书，则是要为伸张经济道德增加一点张力，为光大的经济道德增加一缕光线。但是，由于时间、水平等种种局限，书中不尽人意处难免。恳请学术专家和读者朋友雅正。

骆祖望　陶国富

2009 年 2 月 11 日于上海财经大学红瓦楼

目　录

第一章
导　　论

经济伦理学,作为一门边缘性的新兴学科,其产生与发展,有着现实的理论需求和深刻的社会历史背景。本章作为迈入新学科的第一个台阶,将着重介绍经济伦理学的一些初始性概念问题,以便人们在经济伦理学的知识王国中自由搏击。

第一节　何谓经济伦理学

一、何谓道德

道德作为一种特殊的社会现象,早在原始氏族社会就已存在。从现已获悉的远古神话、传说和出土文物中,就可反映出在氏族血缘的共同体内,存在着古朴淳厚的道德生活。诸如“天下为公,选贤与能”和“讲信修睦”等等信条,就是一种道德风尚。

当然,原始时期的所谓“道德”,仅仅表现为一种自发的传统习俗,而并非现代意义上的道德,即对自身道德生活的自觉认识。道德,作为人们把握善与恶的知识概念,则是人类进入文明社会后才出现的。

何谓道德,自然需要考察其历史形态及其演变过程,从而了解到

“道德”概念的历史性。

起初,道与德是两个独立的概念。道与德的“合二为一”则是随着人们道德实践的日益丰富和认识的日益深刻的结果。

所谓道,从字体的结构上看,就是从首从足。原义为道路,道路对人的行走来说,具有规定性和走向性。道路的这种物理功能以后被人们引申为社会生活中人的行为的一种法则、规范和规定。

所谓德,则是由“人”“心”“直”①组成的。原义可表达为人心求直②是为德。由此,德则被引申为人之心术正就是德。而在古汉语中,德与得同音,因此,德等同于得。这样心术正就是所“得”。得到什么呢?在奴隶社会当然是获得奴隶或货币等财富。心术正既然能得到财富,“有德”自然在当时被视为一种“荣耀”。于是,德开始具有了某种道德含义。

在我国,将“道”与“德”合为一词者,可首推荀子。荀子在《荀子·劝说》中说:“故学至于礼而后止矣,夫是之谓道德之极。”这里的“道德”一词,不仅是指“礼”,即等级行为规范和关系的总称,而且还指道德的最高精神境界。

考察西方伦理史,西方社会的“道”,指的是对人们行为规范等一系列外在的要求。“德”指的是对人们行为品质等一系列内在的精神修养和境界要求。前者道具有客观性,后者“德”具有主观性。可见道德则是人们行为的外在要求和内在要求的统一。它是从原来的风俗、习惯等引申为道德原则、道德品质等行为规范的总和。

当然,随着道德实践的发展,使得道德成为一门认识“善”的学科。因此从科学的范畴内研讨何谓道德是进入经济伦理学研究的前提条件。因为,关于道德的定义,不仅仅是伦理学,也是经济伦理学最基本的范畴和概念,它规定着经济伦理学研究的对象,影响着经济伦理学体系的基本框架。

---

① 在古代汉语中击=直。

② 直,不偏不倚,是公正、公平的表现。

在国内外的学术界中，关于道德的定义，众说纷纭。

一曰，道德是讨论如何对付其他存在物，以促进共同的福利、发展和创造性，努力争取善良战胜丑恶，正确战胜错误之学。

一曰，道德是人们的一种利他行为。

一曰，道德是一种意识形态，是人们行为规范的总和。

一曰，道德是人的行为规范和品德规范的总和。

一曰，道德是道德活动、道德意识和道德规范的统一。

一曰，道德是一种特殊的社会意识形态，是人们正在奉行并且在行为实践中得到证实的行为规范。

事实上，研究道德定义，应该注意三个要点：

第一，要把道德之争和道德现象区分开来。道德自身和许多道德行为方式、道德理论学说不能一视同仁；同样，道德教育、道德修养、道德理论、道德学说和道德本身也是不能同日而语的。

第二，要把道德和道德活动区分开来。道德活动是在道德意识指导下的物质性活动过程，它并不完全等同于道德本身。

第三，要把道德的广泛使用和道德是什么东西区分开来。

综上所述，可见，所谓道德，是由一定的社会经济关系决定的特殊的意识形态，它是以善恶为基本范畴，依靠正在被人们奉行的社会舆论，传统习惯和内心信念来维系和调整人们行为规范的总和。

道德的这一学术定义的意义在于：第一，它揭示了自己的一般本质，即道德是在一定的社会物质生活中产生的，并且随着社会物质生活的变化而变化的意识形态；第二，它揭示了自己的个性，即道德是有别于其他社会意识形态和行为规范的，国为它不是依靠外力的强制，而是靠社会舆论、传统习惯和内心信念的自觉力和自愿力来实现人们的行为从“现有”到“应有”的转化；第三，它揭示了自己内涵的丰富性，即道德既是一种以特殊的观念、情感、信念和意志等道德心理方式而存在的，也是以一种行为活动和生活方式的特殊形式而存在着。

二、何谓伦理

"伦理"一词,在中国最早见于《礼记·乐记》:"乐者,通伦理也。"东汉许慎在《说文解字》中对"伦理"的解释为:"伦,从小,辈也,明道也。理,从玉,治玉也。"东汉的郑玄则进一步指出:伦犹类也;理犹分也。可见,伦即人伦,它是指人与人之间的关系,理即治理、整理,它只指条理、原理和规则。这样,所谓伦理,就是指人与人关系中所需要的准则、原则和规定。

从道德是什么和伦理是什么的探究与考察中可获得这样一个基本事实,即道德与伦理是词异意同的同类概念。

那么,什么叫伦理学呢?所谓伦理学,就是研究道德的学科,它是对道德现象的理论概括。这里,自然又涉及对伦理学研究对象的认定。关于伦理学的研究对象问题,在学界也是一个有着极大分歧的问题。

一曰,伦理学研究的对象是"善",称之为"善"学。

一曰,伦理学研究的对象是人们的道德行为,称之为行为学。

一曰,伦理学研究的对象是人类的幸福,称之为幸福学。

一曰,伦理学研究的对象是道德规范,称之为规范学。

一曰,伦理学研究的对象是义务,称之为义务学。

但在马克思主义看来,伦理学研究的对象是道德的本质及其发展规律。它包括这样一些具体的内容:道德的起源、形成和发展规律;道德与经济基础相互作用的规律;道德与其他上层建筑和意识形态的互动规律;道德意识的形成规律,道德行为的发生规律;道德评价、教育和修养等活动规律。

那么,伦理学研究的基本问题又是什么呢?

一曰,道德与社会历史条件的关系问题是伦理学的基本问题。

一曰,"善"与"恶"的矛盾关系是伦理学的基本问题。

一曰,"应有"与"实有"相互关系是伦理学的基本问题。

一曰,个体的发展要求与对他人、社会尽责任、义务的互动关系是伦理学的基本问题。

一曰，道德与利益的对持关系是伦理学的基本问题。

那么，伦理学的基本问题到底应该如何去认识呢？众所周知，所谓学科的基本问题，一方面表现为在该学科的所有形形色色的问题之中，能够反映和表达各种现象形态中最简单、最普遍、最经常存在的事实的问题，并且能够以此事实来说明其他事实的根据；另一方面表现为它应当提炼和概括该学科领域中最核心的内容，并且以此作为学科的基本出发点，制约着本学科其他一系列问题的规定性；再一方面，它所使用的范畴，与本学科其他相关的范畴相比较，在层次上是最基础的。

根据对学科基本问题的上述认识，可以判断出，道德与利益的关系问题是伦理学最基本的问题。因为道德与利益的关系问题内涵着两个层次内容：一是道德与利益关系的问题，是道德决定经济利益，还是经济利益决定道德。对这个问题的不同回答，决定着对道德起源、本质、作用和发展规律等一系列问题的不同见解，从而形成了伦理学的不同流派。二是整体利益和个体利益的关系问题，即整体利益服从个体利益，还是个体利益服从整体利益。对这个问题的不同回答，既决定着各种道德体系的性质和道德规范系统的内容，也决定着道德行为选择、道德评价和道德品质的途径。

道德与利益之所以是伦理学的基本问题，归根结底，是因为它们反映了人类道德生活领域中最简单、最普遍、最根本、最经常存在着的事实。在道德实践中，人们都不可避免地要追问："人们追求利益是不是道德？"或"讲道德是否也应该讲利益？"可见，伦理学所要研究的一系列问题都是从道德与利益开始的，并且在日后又是围绕着它而展开，而解决。这就证明了道德与利益的关系问题是伦理学中最基本的问题。

三、何谓经济伦理学

一般而言，经济学谈论效率、效益、利润、财富等问题，它以研究

"利"为己任,用物质产品为载体,用金钱来衡量和表征;伦理学谈论诚实、忠诚、守信、正义、公平、仁慈等问题,它以研究"义"为己任,用主体行为和精神产品为载体,用非金钱来衡量和表征。在传统观念中,"利"和"义"是冰碳不同炉。因为经济行为和伦理行为的价值取向是互相矛盾的。要求在经济行为中体现伦理价值和要求在伦理行为中反映经济价值,犹如在魔鬼的身躯中寻找上帝和在上帝身躯中寻找魔鬼那样,是困难的和不可能的。既然如此,那么经济伦理学作为既非经济学,又非伦理学的新型边缘学科,又是如何在彼此的身上找到理论上和实践上的共生点呢?

实际上,"利"之学的经济和"义"之学的伦理的共生点,完全可以从人们经济行为的本质属性所反映的社会关系中寻找到它们共生的事实根据。

首先,经济学虽然是研究经济关系及其发展规律的科学;伦理学也虽然是研究伦理关系及其发展规律的科学,但在社会关系的大体系中,经济关系决定着伦理关系,伦理关系则也制约着经济关系。这种"决定"和"制约"的互联互动,形成了经济与伦理进行对话的共生点。其次,在实践领域,科学的伦理学在研究伦理关系时是不能不涉及经济关系的;而科学的经济学在研究经济关系时,也不能不顾及伦理关系。这种"涉及"和"顾及"对方领域,使得经济与伦理产生交叉性共生。可见,经济学与伦理学存在着事实上的共生点。这种共生点所形成的学科体系只能是经济伦理学。它是以"利"与"义"的统一体作为自己研究的具体对象,而并非是经济学与伦理学的简单相加。

作为一门创新学科的经济伦理学,目前在学术界没有经典性的共识。

德国学者乔治·恩德勒等人认为,所谓经济伦理学,就是研究如何使道德规范和道德理想在经济条件下发挥作用之学。它使市场经济中的经济行为以人道、团结和责任等道德理想为准则,努力提高市场经济及其规则的道德质量。[①]

中国学者叶敦平等人则认为,经济伦理学是指人们在经济活动中形成的道德价值观念,是人们对于经济行为和经济生活的伦理认可和评价体系。[②]

有的学者则认为,经济伦理学是研究经济活动和经济行为的伦理调节,其价值目标是使经济与伦理达到内在的统一。[③]

实际上,所谓经济伦理学,就是以研究经济制度、经济组织和经济行为的道德性为特征的边缘性学科。经济伦理学研究的基本问题,主要表现为三种学术观点:一种观点认为,经济伦理问题可分为外部经济伦理问题和内部经济伦理问题。外部经济伦理问题所涉及的对象为消费者、供应者、政府机构和社会团结;内部经济伦理问题涉及的对象为雇员、股东、董事和经理。

另一种观点认为,经济伦理问题可分为宏观经济伦理问题和微观经济伦理问题。宏观经济伦理问题讨论价值的来源,政府的作用和企业的社会责任;微观经济伦理主要讨论个人在市场交易中的公平问题及其个人所享有的权利和义务。

再一种观点认为,经济伦理问题一是表现为企业所运作的这个制度环境的伦理问题。如讨论资本主义制度是不是一个公平的制度,社会主义制度是不是一个高效和合理的制度等;二是表现为在这种制度环境中运作的企业的性质和作用问题,如企业的责任是否就是创造利润;三是表现为企业在经济活动中产生的特殊的伦理问题,如雇员的权利、责任,广告的责任,安全生产和对环境的义务;四是表现为企业活动中隐含的价值和伦理评价问题,如机会问题,分配公平

① 参见乔治·恩德勒、卡尔·霍曼、马丁·昂纳克(德)编,王淼泽编译:《经济伦理学大辞典》,上海人民出版社2001年版,第585~591页。

② 参见叶敦平、高惠珠、周中元、姚俭建:《经济伦理的嬗变与适应》,上海教育出版社1998年版,第16页。

③ 参见强以华:《经济伦理学与人格完善》,载《中国应用伦理学》,中央编译出版社2001年版,第107页。

问题等。

事实上,经济伦理学的基本问题应该根据经济行为主体的层次性来确定。即第一层次表现为以政府为经济行为主体的宏观经济伦理,主要包括国家经济制度和经济政策的伦理性问题;第二层次表现为以企业为经济行为主体的中观经济伦理,主要包括企业经济组织和企业行为对社会、对员工的伦理责任问题;第三层次表现为以个人为经济行为主体的微观经济伦理,主要包括个人具体经济行为在社会的奉献和索取中的道德规范问题。

总之,经济伦理学的学术使命在于把人类追求物质之利的经济行为和追求精神之善的道德行为提供一个崭新的知识体系。

第二节　经济伦理学产生的社会历史背景

一、面向现实的新选择

在传统的经济学框架内,伦理问题是经济学的逻辑内涵。但是,在经济上学的现代发展中,随着数理分析的日益突显,伦理分析被视为非科学的主观分析而淡出经济学领域。在一段时间内,经济学的现代化就是数学化成为一种研究时尚。甚至认为,没有数学模型的经济学都不具有科学性。这样,"建模"便成为经济学科学与否的唯一标志和尺度。但理性告诉人们,经济学的数学化无疑具有片面性。因为,经济学不仅具有实证科学的知识特征,而且也具有人文科学的价值特征。经济学的现代发展需要数学的工具性优势,而且也具有人文价值的规范特征。经济学的现代发展需要数学的工具理性,也需要伦理学的价值理性。用数学来排斥经济学的伦理分析和用伦理学来排斥经济学的数学分析,都是不可取的。因为,这两种选择都无助于建立更为完整的经济学体系,也无助于解释和解决社会生活中纷繁复杂的经济问题。列入毒品种植和交易,如果只用纯粹的数学来计算,就会告诉人们巨大赢利。但是如果用道德法则来评估,就会告诉人们毒品种植和交易的后果是摧残人类的健康，制造人间的地狱和毁灭人类的未来，因此，经济学在面对数学的信息和道德的信息时，正确的选择是接受道德的忠告，而不是数学的答案。类似的实例，在经济学的发展中不胜枚举。

值得关注的是，从20世纪下叶起，有相当数量的伦理学专家和学者对伦理学问题的研究超越了哲学、社会学、历史学的范畴而深入到经济学的领域；也有为数不少的经济学专家和学者，对经济学问题的研究超越了数学、统计学、会计学和金融学的范畴而深入到伦理学的领域。尤其是在我国的经济学界，研究经济学中的伦理问题，已经成为他们的学术使命之一，成为他们的研究焦点之一，并且形成了不少的经济伦理学研究成果。

面对现实的经济学新发展和伦理学的新动向，有人把它归结为经济学的伦理回归，也有人把它归纳为伦理学的经济回归。人们可以暂且不论这样的概括是否正确，但这样的描述至少说明了一个基本事实，即经济伦理学在当代的兴起，是对现实挑战的应答，它的产生和发展，无论是在西方发达国家还是在改革开放的我国，都具有深刻的理论研究的学术背景、经济发展和改革的实践背景与学科创新的发展背景。

二、面向理论创新的传统根据

通常，近代经济学从亚当·斯密开始，经过“边际革命”，进入到现代经济学。如果说传统经济学以研究生产与分配为宗旨，那么现代经济学则以研究需求与供给为要义。无论是传统经济学还是现代经济学，他们都奉行“经济人”假设为前提，从而培植起经济学的大树。

“经济人”假设起源于亚当·斯密的经济学。在亚当·斯密的经济学里，现实的人都设定为“经济人”。“经济人”假设的基本特征，在于它以人的自私为出发点，在手段与目的之间作出理性的最大化计算，从而在经济学中引进了数学。现代经济学为了说明自己的革命性，不仅把数学化作为经济学现代化的标志，而且一度在经济分析中抽掉了制度环境，法律结构和道德价值等至关重要的因素，其宗旨是试图把经济学建设成为一种如同数学那样的"纯粹知识"。

事实上，由"经济人"假定所暴露出来的最大、也是最根本的缺陷，是它背离了人的真实的行为。因为"事实上经济不是脱离道德的，经济不仅仅受经济规律的支配，而且也是由人来决定的，在人的志愿的选择里总有一个由期望、标准、观点以及道德想象所组成的合唱在起作用"①。即使在西方伦理学的传统中，除了康德以外，也总是把主张道德与被正确理解的利益相一致的。因为，随着自由市场经济的发展，人类不仅要从伦理道德中领悟经济行为的方向，更要从经济实践中感悟经济行为的真谛。事实上，自由市场制度本身并不能保证效率。一个有效率的自由市场制度，除了需要有一个有效的产权制度和法律制度相配合外，还需要诚实、正直、合作、公平、正义等方面有良好道德的人去操作这个市场。

也许"经济人"假定论者会认为，在西方经济学的近代传统中，没有把利益与道德联系起来的"基因"。他们也往往以亚当·斯密的《国富论》为依据，来证明"经济人"假定的传统性。因为，在亚当·斯密的《国富论》中，他把人性恶作为政治经济学的前提假设，把个人利己主义的利益追求作为人类经济行为的基本动机。然而，也恰恰是亚当·斯密本人，通过对法国思想家孟德威尔《蜜蜂寓言》的肯定，赞美了每一只蜜蜂的勤劳采集酿蜜，形成了整个蜂巢蜜流充盈的结果，从而表达了他对"私恶即公利"命题的价值认同，这也就是肯定了利益与道德的内在联系性。尤其需要注意的是，"看不见的手"这个世代相传的重要经济学概念，最早出自《国富论》这一经济学的著作，然而在亚当·斯密的道德哲学著作《道德情操论》中，亚当·斯密早就把人性善作为伦理学的基本假设，放在经济场中来

① ［德］科斯洛夫斯基：《资本主义的伦理学》，中国社会科学出版社 1996 年版，第 3 页。

考量，把源于人的同情的利他主义视为人类道德行为的普遍基础和动机。他曾经写道："无论人们会认为某人怎样自私，这个人的天赋中总是明显地存在着这样一些本性，这些本性使他关心别人的命运，把别人的事看成是自己的事情，虽然他除了看到别人幸福而感到高兴外，一无所有。这种本性就是怜悯或同情，就是当我们看到或逼真地想象到他人的不幸遭遇时所产生的感情。我们常为他人的悲哀而伤感，……这种情感同人性中的所有其他的原始感情一样，决不是品行高尚的人才具备的……罪大恶极，极其严重地违反社会法律的人，也不会全然丧失同情心。"①

显然，亚当·斯密作为一位人性二元论的道德哲学家和政治经济学家，早在两个多世纪以前就播下了经济与伦理相互联系的种子。它表明人类的经济行为与道德行为是不能截然分开的。如同完整的人格是难以分裂为"经济人"和"道德人"一样。事实上，人们把"经济人"和"道德人"概念作为一种模拟人，放在理论的"实验室"里研究的。而经济活动中的真实的人决非像虚拟人那样，或经济或道德，不能兼顾真实的人性既有追求经济性的一面，也有追求道德性的一面。可见，经济伦理学的产生，有着自己的学术传统背景。它至少可以追溯到亚当·斯密时代。

三、面向现代改革的时代召唤

那么为什么经济伦理学会在当代中国兴起呢？要回答这个问题，必须联系我国在改革开放中选择市场经济的价值取向这一实践活动。历史表明，我国自1949年新中国成立以来在长达35年的时间里，实行了严格的计划经济体制。在计划经济体制下，计划的神圣性使得社会的经济关系也被异化为一种行政关系。其后果是一切经济活动的根据不是来自于市场要求，而是来自于行政命令。而这种被计划化的行政命令，在更大的程度上则是表达了各级首长的意志

① 亚当·斯密：《道德情操论》，商务印书馆2003年版，第5页。

和指令。由此而形成的社会经济关系变得十分简单;经济主体只有一个,那就是中央政府以及代表中央政府的各级地方政府;经济关系与行政关系合而为一使得经济联系变得垂直化、平面化和非网络化,其必然的后果是社会经济活动的最终结果被分配成社会大平均。

事实上,这种简单的经济关系逻辑地排斥了人们对经济伦理问题的注意。这是因为:其一,在计划经济的统制下,社会经济组织无主体性可言,他们的经济行为不是自由选择的结果,因此他们无需承担经济行为的道德责任;其二,经济关系与行政关系的重叠,迫使社会经济组织视行政道德规范为唯一的要求,经济道德自然被成为可有可无的摆设;其三,垂直型的经济联系是一种服从性的经济行为而非竞争型的经济行为,从而使得经济活动中的道德冲突缓解,经济道德存在的必要性发生动摇;其四,平均主义的分配实践导致了社会的普遍惰性,从而使竞争道德失去了存在的空间。

但是,随着社会主义市场经济的逐步建立,"看得见的手"正从竞争性市场空间中逐步退出。相反,"看不见的手"则正在对经济生活发生着越来越大的影响。由"看不见的手"所演绎的社会经济关系,一改过去的简单与划一,变的复杂与多样。首先,经济主体的多元化趋势正在不断加强;其次,经济组织与行政组织的依附关系正在加速消解;再次,经济关系纵横交叉,形成互为依存,互为竞争的网络型社会;最后,平均主义分配退出历史舞台,而按劳分配的原则通过地区之间、行业之间、组织之间和个人之间的收入差距化使社会效率提升。

社会经济生活中所发生的这些新情况、新变化、新格局,必然要求人们对伦理问题加以更多的关注和研究。首先,随着经济主体的多元化,使得他们的经济行为具有更多、更大的选择自由。而这种经济上的自由又必然地需要他们承担起应有的经济道德责任,例如对环境的道德责任,对可持续发展的责任等。其次,随着企业与行政组织依附关系的剥离,一方面使行政权威效应在经济组织中消失,另一方面则使社会公众尤其是消费者权威效应在经济组织中增强。这将迫使经济组织自觉和不自觉地努力加强经济行为的道德建设,以创造和维护自身良好的社会形象;再次,随着经济联系的主体化、网络化,使得企业与企业之间的竞争加剧,经济活动中的利益冲突和道德冲突的几率增加,解决这些冲突的手段,除了运用法律武器以外,大量的冲突仍需通过经济道德的自我约束来解决;最后,随着平均主义分配解体和按劳分配机制不完善性,使社会处在一个公平分配的转型期。在这个转型期中,社会分配领域中出现贫富差距的扩大是在所难免,而各经济组织为争取分配结果的最大化所展开的无序的竞争往往伴随着社会矛盾的加剧与凸显,因此,呼唤竞争道德成为了经济行为的又一必然之举。

当然,上述背景则是说明了经济伦理学在当代中国兴起的内因条件。

另一方面则是国际影响的外因条件。众所周知,西方经济学界自近代以来,就有关注经济学中的伦理问题的学术传统。早在 1714 年,法国学者孟德威尔在《蜜蜂寓言》一文中就谈到了个人行为和公众利益的关系问题,并且道出了主观为己,客观为他的经济伦理思想;1758 年,休谟在他的《道德、政治和文学论文集》中,就提出了商业促进勤劳与节俭的观念,从而表明他对伦理是商业的内在价值的认同;1805 年李嘉图在《政治经济学及赋税原理》一书中则认为积累资本是为了发展生产,而发展生产则是促进社会财富的增加,满足社会的需要,从而表达了他对资本的道德评价;1825 年麦克库洛赫在《政治经济学原理》一书中提出了节约会使人的勤劳和才智受阻碍,节约不利于增长国家财富的警告,从而阐明了他对节约这一道德规范的经济观;1836 年,西尼尔在《政治经济学大纲》中提出了节制对生产成本的影响,从而把一种道德列入了成本范畴;1848 年,穆勒在《政治经济学原理》中谈到纠正大自然造成的不平等和不公平的方法是平等征税原则,从而提出了实现平等的经济手段;1899 年,克拉克在《财富的分配》一书中认为分配的公正性不是一个单纯的经济问题,从而提出了伦理先于分配的基本原理。到了现代社会,从马歇尔的《经济学原理》、霍布森的《分配经济学》、朱塞斯的《人的行为的经济学研究》，到凯恩斯的《就业、利息和货币通论》、熊彼特的《经济发展理论》，再到道格拉史的《工资的理论》、西蒙的《管理行为》和舒尔茨的《人力资本投资》，无论他们研究的具体对象有如何不同，但都有一个共同的特点，那就是对经济学中的伦理问题已经加以特别的关照。

必须指出的是，在18世纪到19世纪的200年间，西方的资本主义经济正在经历着一个向上发展的时期。在这个时期中，一方面经济活动极大地改变了人类的生活方式和价值观念，但另一方面又由于科学技术发展水平的有限性，使得当时的生产力对人类生存环境的破坏相对有限。因此，人们对经济学中的伦理问题的思考更多的不是来自于实践本身的挑战，而是来自于思想家和经济学家对预期生存环境的观念性关怀，因此，他们不关注对经济行为本身的修正。到了20世纪，情况发生了极大的变化。由于科学技术的进一步发展，人类改造自然的能力正以几何级数增长着。它一方面给社会带来了极大的财富，另一方面又对人类赖以生存的星球造成了空前的压力。特别是从20世纪下半叶起，经济领域中的人口问题，粮食问题，环境污染问题，资源枯竭问题，水土流失问题和沙漠化问题等，已经突破了国别的区域性局限而成为全球性的危机。经济生活本身所反映的矛盾不仅表现为需要用新的技术手段来解决，更需要在危机产生以前给予制止。这种预期的制止所需要的力量只能是道德的力量，伦理的关怀。特别是20世纪70年代在印度的美国碳化物联合公司在博帕尔的毒气泄露事件和80年代洛克希德在飞机交易中的丑闻暴光和21世纪初安然事件、世通事件等一系列道德丑闻的出现，更加引起了欧美各国对经济伦理问题的现实思考。欧洲经济伦理学网络创始人、瑞士经济学家乔治·恩德勒曾经作过这样的描述：1982年至1983年，我从美国研究经济伦理学回来，欧洲几乎无人谈及经济伦理学，使用这个措辞的人被视为怪人，因为经济与伦理似乎风马牛不相及，甚至是矛盾的。而在美国，这一崭新的研究却在教学领域中已经完全确立了。这以后,欧洲的情况也显然改观了,经济伦理学实际上成为时髦的学问。人们纷纷谈论化理学,并且要求别人也按照伦理学行事——不仅在经济领域,而且在其他领域。美国之所以成为经济伦理学——这一新兴学科的摇篮,在于美国的经济在近10年的持续发展中深切的感受到伦理环境对经济发展的必不可少性。为了争取在跨国竞争中赢得公平有利的社会伦理条件,美国的企业界不仅用经济伦理条例来约束自己,而且力图使经济伦理准则国际化。为此,一方面,美国连续不断地组织国际性的经济伦理学研讨会,通过多种有关经济伦理学的"国际文件"向外传播这一新学科;另一方面美国将大量经济伦理学的著作翻译出版,经济伦理学杂志被广泛征订阅读,如牛津大学出版了《美国经济伦理学丛书》,欧洲广为流传美国《经济伦理学季刊》;再一方面,美国在商学院内率先开设了经济伦理学课程,并且积极地影响到了美国商学院以外的其他各类高校。所有这一切的目的,正如恩德勒教授所说的:经济伦理学面向实践的中心任务,是为在所有商业层次上改进这个决策过程的伦理质量而做贡献。恩德勒的经济伦理观,标志着新一代的美国学者告别了传统经济学。因为,一般而言,作为一种知识体系,经济学创立于资本主义社会,在马克思主义之前,经济学是一门专讲赚钱方法的科学,它并没有给道德留下地盘。而现代经济学的形成,是现代经济、道德和科技进步的产物。从经济发展和道德进步来看,市场经济的现代发展使生产者的信誉成为影响消费者购买行为的一个重要因素。任何生产者要想在市场上长期立足,在竞争中立于不败之地,就必须考虑消费者的道德期望。研究人的经济行为,不可避免地要涉及伦理关系对经济行为的制约作用;研究心理因素对经济活动的影响,不能不涉及人的道德心理。经济科学的现代发展必然要把视角放宽到长期被它所忽视的道德因素上来。

正是在这种内外因素的夹击影响下,我国的经济伦理学研究以厉以宁教授的《经济学的伦理问题》和《超越市场和超越政府》为先导,形成经济伦理学研究的中国特色。

第三节 经济伦理的学科特点、作用及其与相关学科的关系

一、经济伦理学的学科特点

经济伦理学作为经济学与伦理学的互渗性学科，其学科特点，首先，表现为交叉性。经济伦理学的交叉性特点，主要表现在三个方面的交叉。一是表现为该学科在理论基础上的交叉。经济伦理学离不开经济学的基本理论，同时它又依赖于伦理学的基本理论，经济伦理学的基本理论正是在上述二类学科的理论基础上形成了自己独特的交叉性理论基础。二是表现为该学科在学科范畴上和概念上的交叉。经济伦理学中的一些基本范畴和概念既是经济学中的基本范畴，也是伦理学中的基本概念。例如经济伦理学中的公正范畴、效率范畴、制度范畴、契约范畴以及诸如分配概念、消费概念、竞争概念、诚信概念等，无不反映了他们的交叉性特点。三是表现为价值判断上的交叉性。在经济学中，利是最基本的价值判断标准，在伦理学中，义是最基本的价值判断标准。但是在经济伦理学的价值体系中，利与义的对立与统一所反映的交叉性特点决定了两者作为一个共同体是价值判断的基本标准。

其次，表现为规范性。经济伦理学的规范性特点一方面表现为经济行为的道德性规范，即经济行为不仅仅要建立在效率、效益的基础上，而且要建立在公正、公平和社会正义上。这样的经济行为才是有着充分效率、效益的行为。否则，一方的增效必然是以另一方的减效为牺牲的，是不充分的效率、效益。另一方面则表现为道德行为的经济性规范。即道德行为不仅仅要建立在利他和自我牺牲的基础上，而且要建立在有实际效果的基础上。只有这样的道德行为才具有真正意义。否则，利他和自我牺牲的道德行为不可能获得长期的坚持和发扬。

再次,表现为调节性。经济伦理学的调节性特点。主要表现为对经济行为的道德调节和对道德行为的经济调节。所谓经济行为的道德调节,即用道德规范来约束人有经济活动中的利益追求,使利益追求控制在社会道德允许的范围内。同样,所谓道德行为的经济调节,即用经济规律实现人在道德活动中的自我价值。经济伦理学的调节性特点的必然趋势是人类经济活动的道德化。

最后,表现为广泛性。经济伦理学的广泛性特点,主要表现为在经济生活领域中,经济活动的无处不在性和经济规则、经济制度、经济秩序的相对有限性的矛盾,这种矛盾往往使经济规则、制度、秩序在顾及不到的地方发生经济行为的失范。而经济行为的失范性操作不仅影响经济效率,而且容易产生经济腐败并且造成社会的不稳定。而经济伦理学中对经济行为的道德规范则可以大大延伸和扩大了对经济行为的规范性约束空间。因为,经济道德观念的形成和确立,是内存于经济行为主体之中,是一种内在的自觉自愿的约束指令,这种道德指令是与经济行为主体所有活动空间与时间相一致的,而经济制度、秩序、规定是经济行为主体的外部约束力量,而外部约束力量对经济行为主体的约束不可能在时间和空间上做到全天候、全方位。因此,一旦外部性约束力量的缺位,则不可避免地会发生不道德的经济行为,甚至违规违法的经济行为。

大量的实践证明,人们在经济活动中的行为,更多地是出于自觉的层面,而进入自愿层面的经济行为则要少得多。经济活动中保持行为的自觉性,不仅仅需要有大量的经济制度供给,更需要支付大量的监督成本,当监督供给“缺斤少两”时,甚至于因流于形式而缺位时,违规的经济行为将会在人性自利的趋势下突显出来。反之,经济行为一旦进入到道德自愿化层面,人们的经济行为不会因为经济制度供给的不足而违规犯法。可见,经济伦理影响人们的经济行为既广泛又深入持久。

二、经济伦理学的作用

经济伦理学的作用集中表现在两方面。

其一,表现为它的认知作用,即经济伦理学本身就是一种知识。它是揭示善的经济行为的一种知识体系。因为,经济伦理学将系统地表达什么样的社会经济形态是最有利于人的发展,从而告诉人们什么是善的经济形态;什么样的所有制形式是最符合现实生产力和文明的需要,从而告诉人们什么是善的所有制形式;什么样的经济增长方式是最佳的增长方式,从而告诉人们什么是善的增长方式;什么样的商品生产是最符合人性的生产行为,从而告诉人们什么是善的生产;什么样的资源配置是最优化的配置,从而告诉人们什么是善的资源配置;什么样的价格体系是最能反映价值的真实性,从而告诉人们什么是善的价格体系;什么样的分配是最公正、公平的分配;从而告诉人们什么是善的分配;什么样的消费是最合理的消费,从而告诉人们什么是善的消费;什么样的经济组织是最有效率的组织,从而告诉人们什么是善的经济体;等等。

这种认知作用一方面让人们在经济活动中能够顺利到达经济善的彼岸,另一方面让人们在道德活动中体验到道德的效用价值。

其二,表现为它的社会作用。经济道德的社会作用,是通过经济道德的功能发挥效力的。经济道德的功能除了上述的认识功能外还具有调节社会经济行为的功能;指导经济活动的功能;凝聚经济主体的功能和评价经济后果的功能。经济道德的这些功能发挥,对社会的影响产生着如下三个方面的作用。

首先,经济道德能够促使社会新的生活方式的进一步形成和巩固。一定的经济道德总是以自己特有的善恶标准去论证现实经济基础的合理性、正义性并且通过社会舆论的路径去质疑、批判和否定已经落后时代要求的经济基础,从而使先进的经济基础在产生、发展过程中获得道义的力量。

其次,经济道德能够推动社会经济制度的进一步合理化,从而通过新制度力量来巩固新的经济秩序。我们知道,经济制度可分为宏观层面的经济制度和微观层面的经济制度。宏观经济制度的正确与否将影响社会经济发展的进程,微观经济制度将影响企业经济和个体经济的活力。经济道德通过道德评价的方式推动经济制度的合理化,使制度成为一种新的生产力,进而产生经济效益。

最后,经济道德能够完善经济人的道德缺损,使经济人在追求经济利益时承担起道德责任,这将大大地改善经济环境,进而有助于经济活动的健康发展。因为,在经济领域中,存在着构成经济活动的多种元素。其中,从事于经济活动的人是构造现实生产力的第一元素。从这个意义上说,人们在经济活动中的道德品质将决定经济运行的品质。

三、经济伦理学与相关学科的关系

经济伦理学作为经济学与伦理学的边缘性学科,它是在经济学与伦理学各自学科发展的基础上形成的新型学科,因此,这里首先涉及它与经济学与伦理学两个最直接的相关学科的关系问题。

透视经济伦理学与经济学、伦理学的关系,他们之间存在着不可分割的互联性。因为,经济学作为社会科学的表现之一,它既离不开实证分析,也离不开规范分析。作为实证研究,它是以“是”与“不是”为学科的事实判断标准,这需要通过科学的手段来解读;作为规范研究,它是以“应该”与“不应该”为学科的价值判断标准,这就需要通过道德的手段来解读。经济学在它自身的发展过程中,无论是在传统的古典经济学发展阶段,还是在现代的西方经济学发展阶段,都离不开道德价值判断。例如经济学需要研究经济制度问题,而任何一种经济制度的设计和实践,都不能在实验室进行,只能在社会生活中实践,在现实的经济领域中运行,因此,这里就不是一个纯粹的科学问题,而有一个该不该的问题,即有一个道德价值的判断问题。一般而论,一种经济制度不能简单地说只要是科学的,就一定是好的。这在社会科学中尤其如此。因为经济制度的科学性是不能脱离社会这个“实验室”去考量的。而正确的制度有时候由于现实的社会经济发展水平尚未达到它所可以容纳的阶段而硬性推行，则会适得其反。在经济学的范畴中，第一，人们面对经济问题作出权衡时，总会问自己应该怎么做，不应该怎么做，这里就与经济伦理学相互联；第二，人们在获取经济利益中又必须面对成本问题，这时总会问自己这样的成本支付是应该的，还是不应该的，这里又有一个与经济伦理学相关联的问题；第三，人们在进行经济决策中，无论是组织的经济决策，还是个人的经济决策，总会考虑选择一个什么样的边际量问题，即什么样的边际量是应该选择的，什么样的边际量是不应该选择的，这里当然又离不开经济伦理学的参与；第四，在经济活动时，什么样的经济成绩应该激励，什么样的经济后果则不应该进行激励？需要进行激励的经济行为，对其主体应该激励多少？都需要通过经济伦理学中的道德考量加以实现；第五，经济活动离不开交易，尤其是现代社会，于分工日益细化，交易更是经济活动中不可或缺的经济内容。当人们在交易中，就存在着一个如何交易的问题。这里既有技术问题，即用什么方法和手段进行交易的工具性问题，又有应不应该进行交易的道德价值判断问题；交易的价值判断是交易发生的前提条件，当人们作出应该进行交易时，交易行为才能发生，才能有选择交易手段和方法的可能性，当人们作出不应该交易时，交易的方法和手段就自动消失，可见，经济活动中的交易行为的发生也是离不开经济道德的考量；第六，人们在组织经济活动时对资源的配置是应该选择市场，还是应该选择计划（政府），就逻辑地依靠着经济伦理学中的道德考量；第七，当经济领域中供给大于需求时应该选择限制供给来取得供需平衡，还是应该选择刺激需求来取得平衡，这又不是一个单纯的数字问题，而是一个道德价值的判断问题，是需要经济伦理学来支撑的问题；第八，有序的经济活动需要有一定的组织形式和一定的治理结构。从经济组织的所有制形式来看，应该选择什么样的所有制形式来组织经济活动，不应该选择什么样的所有制形式来组织经济活动，则需要与一个国家和地区的生产力发展水平及其历史与现实的文化现状的相联系找到答案。这里指挥“应该”与“不应该”的魔棒是经济与道德互联为一体的经济论现象；第九，政府的经济责任之一在于制定货币政策，政府应该选择什么样的货币政策，是采用扩张性的货币政策？还是选择紧缩性的货币政策？都会影响到物价从而影响到百姓生活。这里的“应该”与“不应该”是受道德的责任和使命的驱使，它与经济伦理学相关联。第十，就业与失业是经济学最主要的范畴之一。要保持经济生活中的活力与安定应该充分就业还是不应该充分就业？应该保持适度失业，还是不应该有失业？这都需要通过道德分析来解读。

同样，伦理学作为典型的人文科学之一，它更离不开规范分析。伦理学以“应该”与“不应该”为己任，但是，要使“应该”的规范成为人们在经济活动中的道德主张，使“不应该”成为人们在经济活动中的道德自觉，则必然要在道德主张中引进“利”的范畴。要防范把道德降为一种说教，要提高道德力量的生命力，伦理学必然要引进利益机制，经济伦理学是经济学与伦理学的联姻，是人类文明发展到一定阶段的自然选择。经济学与伦理学的互联性大大提高了道德的感召力。例如在伦理学的范畴中，论“义”必然涉及“利”，由此产生了“义”与“利”这对范畴。在传统伦理学的范畴中，主张道德主体应“义”而废“利”，从而人们把“义”与“利”相对立。实际上，在传统伦理学中“义”“利”之间是冰炭不同炉的，而主体扬“义”的后果是使道德客体获“利”，正像一个舍己救人的英雄，自始至终无“利”可言，但对被救的人而言，则是获得了“利”，而“义”与“利”在经济领域中，则具体地表现为“竞争与协作”和“公平与效率”。在经济活动中，“竞争”是“利”的具体表达，“协作”是“义”的具体表现，“公平”是“义”的具体反映，“效率”是“利”的反射。

综上所述，可见，经济伦理学则是把经济学与伦理学客观存在的联系性通过学科的形式加以系统地反映的结果。

其次，经济伦理学又与哲学、心理学、法学相关联。经济伦理学之所以与哲学相联系，这是因为，经济伦理中的道德思维是哲学思维的一部分，经济伦理学实质上是经济道德哲学，即它是对经济道德现象的哲学思考作为自己的基本着眼点；经济伦理学之所以与心理学相联系，是因为，心理学所研究的主要对象之一是人的行为发生的心理机制，而人的行为包含着人的道德行为，在经济行为中包含着经济道德行为，而道德行为及其经济道德行为就原始于人的道德心理和经济道德心理。由此经济伦理学就不能不顾及经济道德行为为什么会这样发生，而不会那样发生的心理过程。不能不考虑到个人的道德品质因素对个人的经济行为的影响；经济伦理学之所以又与法学相连接，不仅在于他们之间同属于行为规范。法律作为一种特殊的行为规范之所以被社会所奉行，也不仅在于法的权威性，而在于法有它的合理性，所谓的合理，就是符合伦理原则和依据。在经济司法的实践中，经济道德规范是法的基础性规范，法，尤其是经济法则是经济道德规范的升华。

第二章
中国经济伦理思想

在四大文明古国中，唯有中华文明的生命力，顽强不灭，传承不息。在这里，民族的古老、历史的悠久，无不和中国的思想文化的丰富性和深刻性相关联。其中自然包括着经济伦理思想之树的繁荣。

第一节　中国传统经济伦理思想概述

一、从奴隶制到封建制时期的中国经济伦理思想概述

从奴隶制到封建制时期，在中国历史分期中一般称作古代社会。此时的经济伦理思想主要围绕义利关系、奢俭问题、分配问题以及诚信问题等展开的。从总体来看，呈现出以下几个方面的特点：

1. “重义轻利”的利益伦理模式。

自《管子》最初将行业划分为“士、农、工、商”四大职业集团，并将“商”排在末位以来的两千多年中，“商”就被视为末作，从此“重农抑商”开启了中国传统社会君主统治的基本国策。在这里，抑商就是轻利，因为商业行为总是伴随着赢利目标，抑商即抑利便是必然之举。

儒家在利益关系问题上所采取的价值取向是重“义”轻“利”。孔子及其继承人秉承“以义制利”、“义以为上”、“去利怀义”、“义而

后取”的理念，虽然，他们并未完全否定利益，“义利并举”的思想也有之，但他们所赞赏的“利”绝不是代表个人利益的私利，更不会是损人利己所得的利。墨家首创功利主义思想。墨子的功利主义是主张义利并举的功利，他所讲的“利”不是个人私利，将“利”理解为天下之利，这一思想，是与欧洲传统的功利主义的“最大多数人的最大幸福”原则相一致的。法家尽管也有极端利己主义的主张，但在中国历史上不占主流。况且，即使是法家，也非常重视“国富民强”，《管子》、商鞅都以富国兴邦、富国强兵为己任。《管子·权修》说：“欲为天下者，必重其国；欲为其国者，必重用其民；欲为其民者，必重尽其民力。”可见，在中国古代重“义”轻“利”是中国传统经济伦理的一个重要特征。

2. 贫富均平的分配伦理。

中国古代封建社会是以血缘关系为纽带的宗法等级制社会，反映到分配上实行的是等级分配制度；同时，为了维护社会的稳定也有不少思想家和下层人们提出“均平”思想。这二者的要求体现在分配上就形成了中国古代社会的“礼以定分，贫富均平”的分配伦理模式。“礼以定分”是指社会纵向结构的财富分配，即《荀子·礼论·正制》所说“制礼义以分之，使有贫富贵贱之等”。也就是所谓“礼以定分”。在荀子看来，这就是分配的“正义”，符合社会的等级关系的秩序。“贫富均平”是指社会横向层面的利益分配，用以防止“贫富不均”，勿使贫富过于悬殊。《论语·季氏》提出“不患寡而患不均，不患贫而患不安。益均无贫，和无寡，安无倾”，就是这种思想的反映。他认为，人们过分追求财富会导致尔虞我诈、你死我活的残酷斗争。统治者如果不给人民一点好处，使人民过于贫穷，则会激化社会矛盾。因此，他主张既不能使富者太富，也不能使贫者赤贫，而应折中取之，这样社会就安和无事。孔子的均平思想是其中庸之道在经济分配领域中的必然反映。《管子·揆度》也从社会稳定的立场出发提出了“民平国安”的思想，反对贫富悬殊，认为：“贫者重贫，富者重富。失准之数也。”汉董仲舒在《春秋繁露·度制》中释“均”为贫富均衡，“使富者足以示贵而不至于骄，贫者足以养生而不至于忧。以此为度而调均之，是以财不匮而上下相安，故易治也”。“均平”，不是绝对平均，而是贫富“各得其分”。可见，“礼以定分”与“贫富均平”相辅相成，是中国传统的由统治者所坚持的最基本的利益分配伦理原则。

3. 戒奢，崇俭的消费伦理。

崇俭是中华民族的优良传统，是中国古代社会众多思想家们的一贯主张。不仅如此，他们大都把奢侈与节俭作为消费行为价值判断的基础和标准，即认为节俭为善，奢侈为恶。从而在社会舆论导向上极力宣扬节俭之德，抨击奢侈行为。《墨子·辞过》把“节用”、“尚俭”作为其消费伦理的基本原则，他指出：“其用财节，其用养俭，国富民治”，《墨子·节用中》“凡足以奉给民用则止，诸加费不加于民利者，圣王弗为”。除墨子外，孔子也主张“弃奢取俭”；《荀子·儒效》训诫人们应“身贵而愈恭，家富而愈俭”；老子视“俭”为“三宝”之一；韩非也提倡“俭于财用，节于衣食”。

唐皇李世民在其治国之道中，节俭占有重要位置。他在《帝范·崇俭篇》中指出：“夫圣代之君，存乎节俭。富贵广大，守之以约……茅茨不剪，采椽不斫，舟车不饰，衣服无文，土阶不崇，大羹不和，非憎荣而行位。故风淳俗朴，比屋可封，此节俭之德也。”唐代开元盛世的出现与其倡导节俭之风不无关系。《宋史》指出：“凡言节用，非偶节一事，便能有济。当每事以节俭为意，则积久累日，国用自饶。”北宋司马光教导儿子司马康：“俭，德之共也。侈，恶之大也。”清代启蒙思想家魏源为消费伦理确立了度，他认为，适度消费生活必需品是俭，超过这个限度则为奢。

4. 倡导“诚信”，反对“欺诈”的市场行为道德原则。

在中国古代社会，人们通过商品交换，已经认识到“诚信”对于市场贸易、货物流通的重要意义，诚信之德是人们进行商品交换活动必须奉行的首要道德。商朝周公规定，商人只能在官府的监控下从事商业活动，做到尽其道，即买卖公平、诚信交易。《荀子·王霸》总结说：“商贾悫悫无诈，则商旅安，货财通，而国求给矣。百工忠信而不楛，则器用巧便，而财不匮矣。”同时也反对“造伪饰诈，趣利无耻”的行为，主张“明督工商，勿使淫伪”。荀子还对“良贾”和“贾盗”作了区分，认为“良贾”即品行良好的商人不因亏本不做生意。相反，“贾盗”即奸商“争货财，无辞让，果敢而振，猛贪而戾，然唯利之见”。对于良贾，荀子给予充分肯定，而对“贾盗”，则主张给予严厉打击。

《管子》一书也极力主张诚实守信的市场行为道德，它还把诚信之德与物质利益挂起钩来，认为诚信之人必得利益，必然富足。只有让诚信之人富足，人们才会去履行诚信之德。《管子·揆度》认为，“天下宾服，有海内，以富诚信仁义之士，故民高辞让，无为奇怪者”。天下宾服，海内统一时，就让诚信仁义之士更富足，以使民众崇尚谦让，不做荒诞怪异的事。

随着商业交换活动的日益扩大，度量衡制度逐步得以完善。秦始皇统一中国后，统一了度量衡制度，进一步促进了商品流通和商品交换活动的发展。度量衡制度成为一切商业活动的基础。严格以度量衡制度从事商品交换就成为“信”的一项重要内容。明清之际，商品交换日趋活跃，资本主义工商业得到进一步发展。诚信不欺更成为商业和人们日常商品交换活动的重要道德。我国明清时期的徽商，商业活动“几遍禹内”，所谓“山陬海崖无所不至”，尤其是在江南各地，向有“无徽不成镇”之谚。甚至远涉重洋，经商异国也不乏其人。其秘诀就在于其“忠诚立质”，信奉诚实守信之德。纵观中国历史传统，精明的商家无不以诚信务实良好的信誉立足于商界。可见，诚信不欺，一直是中国古代社会的重要的市场行为道德。

第二节　中国古代经济伦理思想

一、先秦时期的经济伦理思想

1. 儒家经济伦理思想。

先秦儒家经济伦理思想的代表人物主要有孔子（前 551 ~ 前

479)、孟子(约前372~前289)和荀子(年龄不详),他们的经济伦理思想呈现出基本相同的特征,这些特征表现为两个方面:

第一,以价值理性为特征的经济伦理。

儒家的经济伦理是建立在其特有的价值理性原则的基础上的。它的行为原则、价值方针、管理目标的设置以及决策的制定都是以其价值合理性为依据的。

首先,从行为原则来看,儒家的行为原则追求一种绝对的排他的目的,就价值合理性而言,他们所追求的是一种绝对的价值,对行为后果的关注则放到了次要的地位。

由于以孔子为代表的儒家学说创始人十分推崇周礼,并认为“礼”、“义”是理顺社会关系之准则,是“利”、“欲”取舍的标准,因此,很自然地把社会经济活动和经济问题限制在伦理范围内进行考虑。如孔子强调“义以生利”,他一方面指出只有讲道义,才有正当之利可言,否则就是所谓的小人之利;另一方面,他还主张要以道义获取利益或财富,即“见利”也应“思义”。孔子还把对“义”与“利”的取舍态度作为划分“君子”与“小人”的标准。他说“君子喻于义,小人喻于利”,把他的学生樊迟“请学稼”斥之为“小人”之举,这实际上是将“义”和“利”视为不可调和的矛盾体,以此突出“义”的至上性,并将“义”视为人们追求的最终目的。

孟子在经济伦理思想的阐释上更加偏激于德性主义倾向。孔子“罕言利”,但不是不言利。从他的“义以生利”、“见利思义”、“因民之所利而利之”的思想中可见孔子并不忌讳言“利”。而孟子则提出了一个绝对反对言利的“何必曰利”。可见,他比孔子更强调仁义的重要性,对人们的“怀利”行为给予了更多的人为干涉。

荀子在义利问题上也总是把义放到首要位置来考虑,在《荀子·大略》中说:“义胜利者为治世,利克义者为乱世。”显然,荀子处理义利关系的立足点是“义”而不是“利”,认为取利的标准在于其是否合乎礼仪。因而在荀子眼里,义是第一位的,而利是第二位的,用他自己的话来说,就是“重义轻利”,“先义而后利”。据此,荀子的义利观在道德价值观上的基本倾向仍属于道义论的范畴。

其次,儒家的取利原则强调取利方式的合理性。儒家关于义利关系的经济伦理思想的主旨不仅在于其轻视物质利益的倾向,还在于其阐发的求取利益的方式。它非常关心在求利过程中是否做到"合理取利"以及取利是否有道。这一原则是儒家经济伦理中的价值合理性的基本方针之一,并把这一方针视为判断经济行为合理与否的重要标准。

孔子并不反对取利,而是认为必须对得利的方式进行审视,他在《论语·里仁》中说:"富与贵,是人之所欲也,不以其道得之,不处也。贫与贱,是人之所恶也,不以其道得之,不去也。"在《论语·里仁》中说"富而可求,虽为执鞭之士,吾亦为之。如不可求,从吾所好。"这说明孔子也并不是不讲利,不讲利并不是儒家经济伦理的唯一特征,他们重点关注的还有如何讲利,孔子甚至在《论语·泰伯》中说:"邦有道,贫且贱焉,耻也;邦无道,富且贵焉,耻也。"即认为符合价值理想的利不去追求也是耻辱的。在这点上倒是德国社会学家马克斯·韦伯看得很清楚,他在《新教伦理与资本主义精神》中认为对利益的追求并不是资本主义的特征,包括中国的儒教在内不排斥这种对利的攫取,只是取利的方式才体现出各自的经济伦理特征。儒家的经济伦理是倡导以价值理想指导下的经济活动和经济行为的。

孟子虽然也主张"何必曰利",但他主要是指人们对"利"的求取行为要合乎仁义,如果是这样便自然可要,而且也必须要;如果求取的行为不合乎仁义,则不可要。孟子所倡导的"仁政",最终是要落脚在"王天下"之大利上。

荀子认为,"义与利者,人之所两有也。虽尧舜不能去人之欲利,然而能使其欲利不克其好义也。虽桀纣亦不能去民之好义,然而能使其好义不胜其欲利也"。荀子的这段话明显地发展了孔孟重义轻利的思想,将经济(利)与伦理(义)的关系作了较有成效的探讨。他既没有以讲义和利来区分君子和小人,也没有把义和利作人为的对立。这些观点都表明儒家经济伦理的标准是依据价值合理性为指导原则的。

第二,奉行“人是目的”的行为原则。

如上所述,儒家经济伦理思想是一种道义论(或称德性主义)的思想,道义论的一项重要道德评价标准和行为原则就是“人是目的”或“以人为本”。康德的绝对命令三原则中就有“人是目的”这一条。在儒家经济伦理思想中,他们将人的因素放在重要的位置,认为在经济行为和管理行为中,必须考虑人的因素、尊重人、关心人,充分发挥人的作用,还提出了一套“以人为中心”的管理伦理思想。儒家的“人是目的”的经济伦理思想是以其最高价值目标“仁”为基石的。孔子最先提出“仁”,并且对“仁”有许多解释,其核心定义是“爱人”,亦即关心他人,其目的是使管理主体对人民实行宽惠,要能“博施于民而能济众”。他认为只有如此,才有利于缓和管理者与被管理者之间的矛盾,在双方之间建立和保持一种比较和谐的关系,从而有助于实现管理目标。

孟子继承了孔子“贵仁”的思想,并突出了“义”,将“仁义”标准作为处理人与人之间伦理关系的基本原则。孟子在《孟子·离娄下》中说:“人之所以异于禽兽者几希,庶民去之,君子存之。舜明于书庶物,察于人伦,由仁义行,非行仁义也。”因而,遵循仁义而行也就成了人们所应有的道德志向。

儒家认为要在经济行为中实行“人是目的”的道德标准就要做到:(1)要把下层人们当做人来对待,使他们参加过去只有“君子”才有权享受的“学道”,孔子在《论语·阳货》中说:“小人学道则易使也”,学道的目的一是能“得人心”,另一方面是由于他们学道之后更容易接受“君子”的使役。孟子在《孟子·尽心上》中说:“善政不如善教之得民也。善政,民畏之;善教,民爱之。善政得民财,善教得民心。”。(2)要给予人们物质利益。孔子在《论语·阳货》中认为:“惠则足以使人”,为政、治国要“惠而不费”。而要做到“惠而不费”《论语·尧曰》要求做到“因民之所利而利之”。为提高人民的积极性《孟子·梁惠王下》要求国家统治者"置民恒产",主张一定按每户人口的多寡和土地肥瘦的不同,作适当的规划安排,斟酌分配,以达到"居者有积仓,行者有裹粮"。

总之,儒家经济伦理思想非常重视人的因素,注重经济行为的人格、地位、需求以及各方面相互之间的协调关系,在经济行为与管理行为的过程中充分体现了伦理本位原则。

2. 墨家经济伦理思想。

墨子(约前468~前376)是先秦诸子百家中的一位重要人物,是墨家学派的代表,在经济伦理方面有许多独特的思想,他是经济伦理学说史上提出功利主义原则的第一人,对后来的功利主义的发展有一定的影响。

第一,功利主义的经济伦理观。

墨子以功利主义作为评价经济行为是非、善恶的尺度和标准。墨子认为判断任何行为的道德价值,必须以功利为尺度,看是否对国家和人民有利,是否"中国家百姓之利"[①]。衡量人们的道德生活和经济行为,也应以"必兴天下之利,除天下之害"[②]、符合"万民之利"为准则。使人民能自觉做到"利人乎即为,不利人乎即止"[③]。这是符合功利主义原则的,因为功利主义的原则是"最大多数人的最大幸福",所说的功利不是一己之利,而是大多数人的功利,是全社会的功利。墨子功利主义的价值观的基本精神,是把国家和人民的利益放在第一位,其利的内涵是"利人"、"利百姓"、"利国家"、"利天下"。

当然,如果纯粹"利人",则利不会长久。因此,墨子提出了"交利论","交利论"同时也成为支持其功利主义经济伦理思想的重要内容。他说:"利人者,人必从而利之。"[④]认为"交相利"是处理人们

① 墨翟著:《墨子》,华龄出版社2002年版,第128页。
② 墨翟著:《墨子》,华龄出版社2002年版,第52页。
③ 墨翟著:《墨子》,华龄出版社2002年版,第122页。
④ 墨翟著:《墨子》,华龄出版社2002年版,第54页。

经济关系应当遵循的基本行为准则。这一经济伦理与“兼相爱”的社会伦理互为表里。换言之,“交相利”是“兼相爱”这一社会伦理的基础,有了这个基础“兼爱”就容易做到了。所以他说:“若夫兼爱、交相利,此其有利且易为。”交利论是主张互利,并不是利他主义。尽管他的立足点是利己,但它正确处理了利人与利己的关系,即只有在利人中才能利己,在利人中实现自利。

交利论还体现了平等互利原则,反映了商品经济中最根本的伦理精神。由于商品交换必须遵循等价交换原则,平等遂成为不可或缺的道德要求。商品生产者和经营者的利益正是在这种平等交换中实现的。

第二,崇尚节俭的消费伦理。

墨子消费伦理思想是节用论。墨子在中国古代思想史上首次把经济领域的消费观念与伦理道德结合起来,提出节俭是人类美德的观点。此前的思想家虽然提倡“节用”和“节俭”的经济思想,但并不把它们视为道德问题来加以阐述。墨子从尊重劳动人民的生产成果,维护老百姓经济利益出发,针对过度耗费社会物质财富的贵族生活方式,提出节用理论,把节约俭朴还是挥霍视为有无美德的分水岭。认为有没有节俭的美德,是关系到国家贫富兴亡的大事,他说:“俭节则倡,淫佚则亡。”①

墨子所以把节用尚俭作为消费伦理的基本原则,很重要的一点是考虑到生产与需求之间的矛盾,即需求大于生产,“为者缓,食者众”,特别是在农业生产中自然条件影响较大,不稳定因素很多,容易造成财用不足。而要解决这个矛盾,除了靠“固本”即加强农业生产外,还要靠“养俭”、“节用”。即“固本而用财,则财足”;“其生财密,其用之节也”;“财不足则反之时,食不足则反之用”。如果说墨子的“节用能够促进国家的富裕、提高个人的美德”的观点是为他提倡节俭消费作道德辩护的话,那么墨子关于节俭能够缓解消费与需

① 墨翟著:《墨子》,华龄出版社2002年版,第16页。

求的矛盾的观点,则为其追求节俭的价值,或倡导节俭的消费伦理提供了经济上的辩护。

3.《管子》的经济伦理思想。

《管子》是中国思想史上的一部重要文献。它的政治、经济、管理、伦理等思想内容十分丰富。其中,它以大量的笔触论及了诸如经济行为的伦理原则、经济行为的伦理判断以及具体的伦理规范等问题,其中表现《管子》经济伦理思想特点的观念如下:

第一,功利主义为原则的经济伦理观。

《管子》的经济伦理带有明显的功利主义色彩。并且,功利主义作为一种指导原则一以贯之地存在于《管子》这部著作中。它的人性论、价值目标、行为原则和评价标准都是以此为依据来展开和说明的。

首先,在人性论上,它主张人性"自利"、"趋利避害",并把这种"自利"、"趋利避害"的本性作为阐释其功利主义的出发点。它指出:"凡人之情,见利莫能勿就,见害莫能勿避"①,《管子》在对待人的"自利"欲望上认为不仅不应加以节制,而且还要加以满足和张扬。它主张"以天下之财,利天下之人"②,对人要"圉之以害,牵之以利"③。这其实就是一种功利主义的判断。所谓"名主之道,立民所欲,以求其功"④、"功利不尽举,则国贫疏远"⑤都是这种功利主义的表现。

其次,《管子》还确立了功利主义的价值目标。这种功利主义的价值目标就是要达到富国富民的目的。国家要富裕就要讲利,要富国强兵、增加综合国力,最终达到"九合诸侯,一匡天下"⑥的目标,所

---

① 盛广智:《管子译注》,吉林文史出版社 1998 年版,第 528 页。
② 盛广智:《管子译注》,吉林文史出版社 1998 年版,第 269 页。
③ 盛广智:《管子译注》,吉林文史出版社 1998 年版,第 528 页。
④ 盛广智:《管子译注》,吉林文史出版社 1998 年版,第 642 页。
⑤ 盛广智:《管子译注》,吉林文史出版社 1998 年版,第 626 页。
⑥ 盛广智:《管子译注》,吉林文史出版社 1998 年版,第 236 页。

有这些都必须建立在一定的物质基础之上。因此，它强调要大力发展农业，把重农、多粟、储粮、富国联系起来。并且以此提出了它的农战思想。

再次，《管子》把功利主义行为原则作为道德判断的标准，把人们物质利益的满足视为提高社会道德水平的必要条件。它指出："仓廪实则知礼节，衣食足则知荣辱。"[①]意思是只有满足"仓廪实"、"衣食足"这些物质条件，才能使人们"知礼节"、"知荣辱"，从而提高整个社会的道德水平。它还进一步论述了利益对道德的决定作用，在《枢言》篇中指出，"爱之、利之、益之、安之，四者道之出"，以此为依据很自然地从对人的自然欲望的合理性的功利判断中推出价值判断。

第二，工具理性为特征的"经济民本"思想。

从《管子》这部著作中不难看出它是"重本"的，这里的"本"应是"农本"与"民本"的统一，它们是并行不悖、二为一体的。并且《管子》的"农本"与"民本"思想是其经济伦理观的重要内容。

首先，《管子》把"民本"作为政治、经济的基础。它说，"政之所兴，在顺民心；政之所废，在逆民心。""民恶忧劳，我佚乐之；民恶贫贱，我富贵之；民恶危坠，我存安之；民恶灭绝，我生育之。"[②]这里其实就是把民的价值放到了突出的地位，民的需要、民的好恶成为重要的价值判断的依据。从当政的角度来看，要能巩固政权，就必须首先满足人们的物质欲望以及经济利益。

其次，从辩护的角度来看，论证了"民本"的合理性与正当性。在《管子·侈靡》中它说："足其所欲，赡其所欲，则能用之身。"也就是说，统治者只有充分满足民众的物质利益，才能调动民众的积极性，从而达到治国的目的。它还从道德的角度阐释其利民的合理性，认为从政者只有满足民众的利益才能使他们听从安排，这种从政方

---

① 盛广智：《管子译注》，吉林文史出版社 1998 年版，第 1 页。
② 盛广智：《管子译注》，吉林文史出版社 1998 年版，第 2 页。

式才是正当的、善的。在《管子·五辅》中它说:"民必得其所欲,然后听上,然后政可善也",即使是取利于民也应取之有度,不能无限制地搜刮民财,否则,国家将会陷入危险的境地。"故取于民有度,用之有止,国虽小必安;取于民无度,用之不止,国虽大必危。"[①]此外,它还认为统治者除以利利民外,还应以德利民,"德利百姓,威震四海";"无德而王者危,施薄而求厚者孤"。[②] 总之,《管子》从利益与道德两方面阐释了它的"民本"思想的内容,并为其合理性与正当性进行辩护。

《管子》虽然提倡"以民为本"的价值观,但它的"以民为本"的经济伦理思想还没有真正达到以人民为主体的思想境界,更不用说"民贵君轻"了。它的"经济民本"思想带有明显的工具理性色彩。从《管子》的"富民"观看,"富民"是服从于"富国"的。尽管《管子》把富国富民相提并论,但从实质上看富民只是一种手段,富国才是目的。《管子》一书从国家主义的立场出发把封建国家的富强确定为社会经济活动的最终目的,并视之为判断经济行为的价值标准和道德标准。"富民"为的是"牧民"、"御民"、"使民"、"役民",它认为"凡治国之道,必先富民"[③],而"富民"的目的是因为"富民易治"。并且民富超过了一定的限度从而有可能使封建国家感到难以驾驭时,《管子》主张由国家通过轻重之术加以调节。

第三,"士农工商"分业而治的职业伦理思想。

《管子》主张将社会成员按照他们所从事的工作划分为四大社会集团,即士、农、工、商。按职业划分,并且概括为四大社会集团的这一主张,在当时情况下是难能可贵的,并且以此为立论,阐释了它的职业伦理思想。

首先,强调每一种职业都有存在的合理性和必要性。士、农、工、

① 盛广智:《管子译注》,吉林文史出版社 1998 年版,第 18 页。
② 盛广智:《管子译注》,吉林文史出版社 1998 年版,第 270 页。
③ 盛广智:《管子译注》,吉林文史出版社 1998 年版,第 479 页。

商这四大职业集团对国家来说缺一不可，都是国家的柱石。“士农工商四民者，国之石民也。”[①]这是因为“天不一时，地不一利，人不一事，是以著业不得不多。”[②]为此，《管子》不仅强调农业的重要性，而且认为手工业、商业这些“末作”对国家而言也同样重要，是国富的重要组成部分。它认为国家要富裕，这些职业都不可缺少。与商鞅、韩非相比，《管子》并不把“重本”与“抑末”相提并论，只不过认为职业有轻重、主次之别而已，它在肯定农业本业地位的同时并不否认工商业的重要性。

其次，主张“四民分业定居”以便造成各安其业的职业环境。为此，它采取“参其国而伍其鄙”的措施，将士、工、商居住的“国”分为三部二十一乡，将农居住的“鄙”分为五属，使四民分别按其职业集中居住在一起，把职业世世代代传下去，以求得保持社会经济秩序的稳定和安全。《管子》还从道德方面来论证了营造各种职业环境对封建道德的培养和巩固的必要性。它说：“士群萃而州处间燕，则父与父言义，子与子言孝，其事君者言敬，长者言爱，幼者言弟。旦昔（夕）从事于此，以教其子弟，少而习焉，其心安焉。”[③]同样，农、工、商各自“群萃而州处”，便于世代传授有关事业，并达到“其父兄之教不肃而成，其子弟之学不劳而能”[④]的目的。

再次，每一职业都有特定的职业道德要求，不得相互逾越。这些道德要求表现在以下几个方面：(1)每一从事职业的人都应安守本分，“处士必于间燕，处农必就田野，处工必就官府，处商必就市井”[⑤]，“工之子恒为工”、“农之子恒为农”，不得相互逾越。对农民来说，不得去经商，“悦商贩而不务本货，则民偷处而不事积聚”。[⑥]；

① 盛广智：《管子译注》，吉林文史出版社 1998 年版，第 230 页。
② 盛广智：《管子译注》，吉林文史出版社 1998 年版，第 104 页。
③ 盛广智：《管子译注》，吉林文史出版社 1998 年版，第 230 页。
④ 盛广智：《管子译注》，吉林文史出版社 1998 年版，第 230 页。
⑤ 盛广智：《管子译注》，吉林文史出版社 1998 年版，第 133 页。
⑥ 盛广智：《管子译注》，吉林文史出版社 1998 年版，第 133 页。

对商人来说不得以金钱获得官爵，“金玉货财商贾之人，不论志行而有爵禄也，则上令轻，法制毁。”[①]还有对其他职业的要求，如“豪杰不安其位，则良臣出；积劳之人不怀其禄，则兵士不用”[②]。(2)每一种职业都有内在的职业规范，它主张：“君明、相信、五官肃、士廉、农愚、工商愿。”[③]它还特别强调了商人要讲商业道德反对不公平竞争，打击投机商人的非法经营，禁止工艺技巧等奢侈品生产。它认为“工事竞于刻镂，女事繁于文章，国之贫也。”[④](3)每一种职业除遵循各自的道德规范外，还应遵循共同的道德规范，诸如诚、信等。它指出：“非诚贾不得食于贾，非诚工不得食于工，非诚农不得食于农。”[⑤]

二、汉唐时期的经济伦理思想

汉唐时期是中国封建社会经济相对发达的时期，伴随着这个时期的经济伦理思想也比较活跃，新的经济伦理观念在汉唐经济的土壤中滋生、发展，其中最有代表性的经济伦理思想是司马迁和刘晏。

1. 司马迁的经济伦理思想。

司马迁是中国历史上杰出的历史学家，他的历史著作《史记》不仅记载着王朝的变更、文化的嬗变、经济的变动，更有对经济活动的伦理主张。其经济伦理思想大都在《史记·货殖列传》中。

司马迁认识到利益对道德的重要作用，他认为，作为重要的社会道德规范的“礼”，是以人类的性和情为基础的，故其基本内容仍然要以具体的物质生活资料所体现。由于人之性情有声色、乘驾、五味、珍善之好，才产生了相应的礼仪之节。他在《史记·货殖列传》中说：“仓廪食而知礼节，衣食足而知荣辱。礼生于有而废于无。”这显然是受《管子》思想的影响。司马迁从人的自然本性出发，认为人

---

① 盛广智：《管子译注》，吉林文史出版社 1998 年版，第 133 页。

② 盛广智：《管子译注》，吉林文史出版社 1998 年版，第 133 页。

③ 盛广智：《管子译注》，吉林文史出版社 1998 年版，第 316 页。

④ 盛广智：《管子译注》，吉林文史出版社 1998 年版，第 30 页。

⑤ 盛广智：《管子译注》，吉林文史出版社 1998 年版，第 47 页。

们的天性是好利、好富的,“耳目欲极声色之好,口欲穷刍豢之味”,而且总是尽力追求财富,“富者,人之情性,所不学而俱欲者也”。他还说:“天下熙熙,皆为利来,天下攘攘,皆为利往。”。把人性好利的观点更具体化为人人天性喜好追求财富的观点。为了求富、求利,每个人都会自动地拿出自己的全部“能”和“力”,从事农、虞(采集自然财物)、工、商等经济活动。

司马迁的这一经济伦理思想影响到他的经济政策主张,司马迁在《史记·货殖列传》中提出:“善者因之,其次利道(导)之,其次教诲之,其次整齐之,最下者与之争。”“善者因之”就是说:封建国家的最好的经济政策,是听任私人进行生产、贸易等经济活动,顺应由此形成的经济状况和经济形势而不加干预和抑制。“因之”是最好的经济政策,是由于他把这看做是唯一合乎人性的政策。

既然经济利益是促进道德进步的重要条件,那么,他就把个人从事农、虞、工、商等经济活动看做自然的事,把“因之”看做唯一自然的政策,看做“自然之验”。把从事农、虞、工、商等经济活动看做求财致富的正当途径。为了使人们的经济活动合乎道德规范,司马迁将人们追求财富的行为的正当性作了价值判断。他按照汉代流行的观念,把从事农业得到的财富称为“本富”,把从事工商业得到的财富称为“末富”,而把用各种违法手段(如抢劫、盗墓等)取得的财富称为“奸富”,他说:“本富为上,末富次之,奸富最下。”可见,司马迁的经济伦理在把经济利益作为道德判断的标准时,还强调了追求利益的正当性。

2. 刘晏的经济伦理思想。

刘晏(公元 715 ~ 780 年),是中国封建时代的杰出的理财家之一。

唐代的商业已经比较发达,还有数十万外国巨商经常侨居长安、扬州及广州等都市从事国际贸易。对外贸易的空前发展也在统治阶级的思想家中形成了较多支持它的观点。在这一社会背景下,刘晏的财政思想倾向于对商业的保护,在封建中国的财政史上,刘晏是以往秉政的儒者中特别强调以一般商业经营原则处理封建国家财政的唯一思想家,他的财政措施对人民的干扰较小。在《新唐书·刘晏传》中,他的看法是,一种租税之征课,必须遵循两条原则:一是课税须能“知所以取人之不怨”。二是“因民之所急而税”。这两条原则充分体现了义利统一的经济伦理在财政领域的运用。

在刘晏的经济伦理思想中,还特别强调用物质利益刺激劳动兴趣的办法,他在理财工作中不仅已广泛地运用了以物质利益来刺激个人工作兴趣的办法,而且已在一定程度上用体现着买卖双方形式平等关系的雇佣劳动,来代替完全基于超经济强制的封建徭役劳动。他还强调稳定物价的重要性,“使天下无甚贵贱之忧”,能防止荒歉谷价暴涨于未然,并能“权万货之轻重”以获美利,“如见钱流地上,每朝谒马上以鞭算”,这些思想体现了一定形式的交换正义原则。

三、宋明清时期的经济伦理思想

1. 王安石的经济伦理思想。

王安石(1021~1086)是一位改革家,他在变法革新的实践中,与理学相对立,提出了“以义理财”的财经伦理思想。

王安石的“以义理财”的财经伦理观是和把理财视为“不义”的贵义贱利论相对立的。贵义贱利论自从在西汉晚期形成为封建正统经济思想的一个主要教条以来,就一直被各封建王朝下的保守势力用作反对财政、经济改革的理论。王安石则认为,在理财问题上,“义”与“利”是可以统一的。通过理财增加了国家的财富,这固然是“利”,但由此可以使国家转弱为强,转危为安,这也正是义的要求。所以,利和义在这里是一致的,决不能认为言利就是违背义;反之,如果置国家的积贫积弱于不顾,一味反对理财,反对“言利”,那则恰是不义的,由此,他又在《续资治通鉴长编》卷二一九中进一步提出了义当为利服务的思想说:“利者义之和,义固所以为利也。”

王安石“以义理财”的财经伦理思想还较好地把“家富”与“国富”结合起来。他认为,生产发展了,社会财富增长了,国家自然就可在不增加百姓负担的基础上增加财政收入,还有可能使财政收入和百姓财富同时增长。他在《王安石久集》上中说:"富其家者资之国,富其国者资之天下,欲富天下,则资之天地。"

2. 陈亮、叶适的经济伦理思想。

陈亮(1143～1194),南宋永康人;叶适(1150～1223),温州永嘉人。二者的经济伦理思想呈现出功利主义特色。

陈亮认为,人有欲是与生俱来的。《陈亮集·问答下》中指出,"耳之于声也,目之于色也,鼻之于臭也,口之于味也,四肢之于安佚也,性也。""出于性,则人之所同欲也。"①人们有各种各样的欲望,是由人性决定的。陈亮认为,人都有追求物质欲望的本性。因此,讲人道、道德,就应该见之于人们的物质利益。在他看来,道德与功利不是绝对对立的,而是统一的。

陈亮对农商一视同仁,提出"农商一事"思想,他在向朝廷呼吁关心富人利益时,既包括了农之富人,也包括了商之富人。他借赞扬古代农商的和谐关系,表达他对重本抑末思想的否定。他在《陈亮集·四弊》中说:"古者官民一家也,农商一事也。上下相恤,有无相同,民病则求之官,国病则资诸民。商籍农而立,农赖商而行,求以相补,而非求以相病,则良法美意,何尝一日不行于天下哉!"

叶适是功利之学的集大成者。他在《叶适集·财计上》中指出:"夫聚天下之人,则不可无衣食之具。衣食之具,或此有而彼无,或此多而彼寡。……是故以天下之财,与天下共理之者,大禹、周公是也。古之人未有不善理财而为圣君贤臣者也。……后世之论则以为小人善理财,而圣贤不为利也。圣贤诚不为利也。上下不给而圣贤不知所以通之,徒曰'我不为利也',此其所以使小人为之而勿疑欤!"在这里,叶适的观点很明确:一是大禹、周公被后人赞颂在于他们并不认为善理财的是小人,而且由于善理财而为圣君贤臣;二是他们之所以善于理财,在于"以天下之财,与天下共理",理财不是看做

① 《陈亮集·问答下》,第40页。

自己的事,这个“财”也是天下之财。

叶适还批判了董仲舒的“正其谊不谋其利,明其道不计其功”的观点,为功利主义正名,他在《习学记言》卷二十三中指出:“仁人正谊不谋利,明道不计功,此语初看极好,细看全疏阔。古人以利与人,而不自居其功,故道义光明。后世儒者,行仲舒之论,既无功利,则道义者乃无用之虚语耳。”可见,在叶适的经济伦理思想中,“功利”思想占主导地位。

总之,功利主义是叶适经济伦理思想的出发点和归宿。他还不以重视功利及追求功在国家、利在生民的事上为满足,还注意对功利之学的理论基础以及对他认为是妨功害利的制度、观念进行思考、辨析,叶适所讲的功利,主要是指整个地主阶级国家社会的功利,并且重视长远的功利。

3. 朱熹的经济伦理思想。

朱熹(1130~1200)将二程的“理学”进一步完善,使正统儒家伦理思想的发展达到了最高阶段。朱熹在论述义利观的同时,一再推崇孔子关于“君子喻于义,小人喻于利”的思想,并把克除利欲作为教化劳动人民的重要目的。他在《朱子语类》卷三中说:“正其谊不谋其利,明其道不计其功。”显然,与先秦儒家一样,朱熹的经济伦理思想带有德性主义的印记。

朱熹对先秦儒家的思想不是简单的继承,他把儒家学说上升到道德本体论的位置,即“天理”,并将“天理”与“人欲”绝对地对立起来。认为:天理存,人欲亡,人欲胜,则天理灭。还绝对地把“天理”说成是公,“人欲”说成是私,“天理”与“人欲”的对立就是公与私的对立;要达到圣人之境,就必须“存天理,灭人欲”。在消费伦理上,他主张节俭的消费方式,这与他的禁欲主义思想是一致的。为此,他把饮食和要求美味作了区分,他说:“饮食者,天理也;要求美味,人欲也。”这种区分的目的是要求劳动者以饥则食、寒则衣、渴则饮作为物质生活需求的标准,以遏止劳动人民改善物质生活的欲望。朱熹还认为,统治者的钟鼓、苑囿、游观之乐,好勇、好货、好色之心,若能与百姓同乐,也属于天理范畴。这样就肯定了统治者在与百姓同乐的幌子下的奢侈生活,使其“存天理、灭人欲”的主张成为只针对劳动者的禁欲要求。

“存理灭欲论”是中国封建社会后期居主导地位的经济伦理思想,它在维护封建专制统治中逐步走向僵化,最终成为明清时期新兴资本主义发展的严重障碍。随着资本主义经济的进一步发展,出现了反理学的经济伦理思潮,这就是“理在欲中,以理导欲论”。其主要代表是王夫之、戴震。

4. 王夫之、戴震的经济伦理思想。

王夫之(1619~1692)、戴震(1723~1777)的经济伦理思想是在反理学中确立的。王夫之、戴震在人性论、理欲、义利观等问题上,对宋明时期的伦理思想作了批判总结。

在经济与道德、义利问题上,王夫之重义轻利,先义后利,他反对《管子》中“仓廪实则知礼节,衣食足则知荣辱”的观点。他批评这是“执末以求其本”,王夫之强调义可以生利,主张应以道德的提倡去促进衣食、财用的增长。他在《读通鉴论》中说:“天下之大防二,而其归一也。一者,何也? 义、利之分也。”“君子、小人之大辨,人、禽之异,义、利而已矣。”,义只是君子才具有的品德,而小人只懂得追求利。

在理欲关系问题上,王夫之反对“存天理,灭人欲”的禁欲倾向,并把人情、人欲提到天和天理的高度,充分肯定人类物质生活欲求的合理性,从人类私利本性上来谈经济思想。王夫之将“欲”分为“公欲”和“私欲”。所谓“公欲”(又称人欲)是指人人皆有的正当欲望,如饥则食、寒则衣,这是不可去的。所谓“私欲”是指利己之欲。他在《正蒙注》卷四中认为,人欲与天理是统一的,“天理必寓于人欲以见”,他说:“天下之公欲,即理也;人人之独得,即公也。”;天理与私欲则是对立的,因而他又主张遏欲存理。可见,王夫之“理在欲中,以理导欲论”较程朱“存理灭欲论”是一个进步,它反映了明清之际新兴资产阶级发展经济的迫切要求。

戴震是又一位反理学的杰出思想家。戴震生活的时代正值清朝的所谓“雍乾盛世”。他通过对儒家经典的考辨训诂,发挥自己的学术思想,对程、朱理学进行了批判。

戴震抨击了程、朱“存理灭欲”的禁欲主义,程、朱视“人欲”为“私欲”,从而把“人欲”与“天理”对立起来,主张“存天理,灭人欲”。戴震则区别了“欲”与“私”。在《孟子字义疏正》中认为欲不是私,“欲之失为私,私则贪邪随之矣”,同样,“情之失为偏,偏则乖戾随之矣”。因此所要反对的是“私”而不是“欲”。“是故圣贤之道,无私而非无欲。”

他还以“气化即道”的唯物主义“理气观”,否定了程、朱的“理在气先”的唯心主义。并揭露了理学“以理杀人”的反动实质。戴震进一步揭露了后儒以理杀人的恶果,指出后儒以理杀人甚于酷吏以法杀人。他的思想具有积极的启蒙意义,对于新兴资产阶级冲破理学桎梏以发展经济,具有重要指导价值。但是,由于明清时期封建统治阶级对资本主义萌芽采取遏制的政策,在思想文化领域实行怀柔与高压相结合的手段,自乾嘉以后,启蒙经济伦理思想转向沉寂,统治者大力提倡的仍是已僵化的程朱理学经济伦理思想。

第三节 中国近代经济伦理思想

一、第一次鸦片战争前后的经济伦理思想

这一时期是由中国封建社会向半殖民地半封建社会的转化时期,中国社会的矛盾日趋尖锐。

一方面,封建社会内部的资本主义萌芽开始孕育,另一方面小农业和家庭手工业相结合的自然经济仍占主要地位,封建专制不断深化,封建势力严重束缚着资本主义的发展。地主阶级大量兼并土地,农民与地主之间矛盾不断激化。与此同时,西方资本主义正迅速发展,积极向外开拓殖民地和市场。英国为在对华贸易中保持国际收

支平衡,向中国大量走私输入鸦片,严重摧残了中国人民的体魄,也破坏了中国的经济,致使中国大量白银外流,同时也加速了清廷官僚机构的腐败。针对这种严重的社会危机,朝野有人主张禁烟,清廷迫于形势,不得不加以考虑。1838 年年底派林则徐赴广州查禁鸦片。

1839 年 6 月 3 日至 25 日,林则徐在虎门公开销毁了英美等商人呈缴的 22083 箱鸦片,并严令禁止贩烟。1840 年英国对华发动了第一次鸦片战争,由于统治阶级的腐朽,战争以中国失败告终。1842 年被迫签订了中国近代史上第一个不平等条约——《南京条约》,此后又签订了《虎门条约》,这些不平等条约的签订,标志着中国开始向半殖民地半封建社会转化。1844 年美法等国又强迫清王朝签订了《望厦条约》和《黄埔条约》。鸦片战争的失败也进一步加深了中国的各种社会矛盾,鸦片继续进口,白银继续外流,人民的赋税更加沉重,各地农民反抗帝国主义封建主义的斗争和起义更加频繁。

在这一社会转变时期,人们的伦理思想,包括经济伦理思想也出现了重要转变。鸦片战争前,一些地主阶级思想家对社会矛盾的尖锐已有所认识,提出了不少改革主张。在经济伦理思想上也提出适应改革要求的新思想、新观点。鸦片战争后,面对深刻的社会经济、政治危机,地主阶级中的有识之士提出学习西方之所长的主张,并对传统经济伦理教条——“重本抑末”、“贵义贱利”、“黜奢崇俭”等提出质疑。但他们毕竟是封建士大夫,信奉儒家传统的人伦道德,深受宋明理学的影响,因此他们的基本政治主张是改良,根本上还是维护封建社会的秩序,他们的经济伦理仍跳不出传统的伦理框架。这一时期代表性的人物有龚自珍、汤鹏、魏源等。

1. 龚自珍的经济伦理思想。

龚自珍是 19 世纪中叶中国著名的启蒙思想家,在经学、诗词、哲学等各方面成就卓著。在经济伦理思想方面,龚自珍一是主张平均主义,二是称颂自私的合理,这主要以龚自珍《平均篇》和《论私》为代表。

龚自珍在《平均篇》中提出治国的最高理想是财富平均。而社会动乱的根源就在于贫富悬殊,(“大不相齐,即至丧天下”),认为这是“千万载治乱兴亡之数”,是社会发展规律。他把社会财富“大不相齐”的原因归之于商业和大商人,因此他把商人称为“魁”、“枭”、“贤桀”等,认为商业活动是“服妖”、“食妖”、“玩妖”甚至包括卖淫、卖官等丑恶行为,实质上否定了商业的积极作用。

为解决“大不相齐”的社会问题,龚自珍提出要通过改良的方法,“与随其时而剂调之”。呼吁统治阶级要自我调整,以避免发生社会革命(我自贫富之,犹可收也)。

在《论私》中,龚自珍把“私”看做天经地义的自然现象,提出“不讳私”的观点。他把“自私”看做人的本性,把人们谋求私利看做是合理、天然的行为,甚至认为“大公无私”只有禽兽才能做到。这种观点虽然有偏颇、片面的错误,但它的提出直接针对专制主义的伦理。

2. 汤鹏的经济伦理思想。

汤鹏,道光时期曾任监察御史,以“敢于言事”著称。在经济问题上他主张中国应尽快“医贫”,即通过发展经济,减少不从事生产的“浮民”,并对工商业予以扶植,使国力得到提高。同时,要节约消费,反对奢侈,他因此提出了“去奢崇俭”的主张。汤鹏有关“奢俭”问题的观点集中在《刺奢》一文中。汤鹏明确指出:世风不古的要害在“奢”,“今欲复去,则必去奢”。他认为过度的贪欲,不仅有害于人的习性,而且败坏了社会的风俗,必然招致天地鬼神的惩罚,招致灭亡的灾祸。因此无论是君王臣子还是士族百姓都要提倡俭朴反对奢侈,汤鹏提出要“教其四本”;“本之忠信,故知诚”;“本之廉耻,故知简”;“本之敬戒,故知忧”;“本之宁谧,故知静”。其实汤鹏的“奢俭”观并未跳出传统的经济伦理,而且在消化理上,汤鹏仍坚持消费的社会等级观念。如他明确提出反对“七拟”,这“七拟”是指“臣子之养拟朝廷”、“士族之养拟卿相”、“商贾之养拟官府”、“畎亩之养拟市井”、“妇寺之养拟丈夫”、“俳倡之养拟善良”、“贫寠之养拟富室”,他认为这些都是较低等级的人超越自己的身份、地位,按照高于自己等级的标准生活，也就是“逾等”即“僭越”的行为，在汤鹏看来是“大逆不道”的，因此他用了“僭、狂、贱、浇、妒、窃、蠢”这样的字眼来进行针砭；而且，汤鹏的奢俭论中还有明显的复古主义因素，他认为“国势民风，俭而敦庞者为太古，俭而洁白者为中古”，这些古代社会都是理想社会，是现代社会的楷模。这是汤鹏消费伦理中的保守性。

但汤鹏毕竟是当时封建士大夫的有识之士，他批评封建上层统治阶级的腐朽靡烂生活方式，反对大地主阶级为了满足自己的穷奢极欲而横行暴敛，疯狂进行土地兼并，使人民流离失所，使社会经济受到严重破坏，因此他极力企图用“去奢崇俭”的经济伦理观去限制、束缚上层统治阶级，以挽救社会危机。这是汤鹏奢俭论中的进步性。

3. 魏源的经济伦理思想。

魏源，近代地主阶级改革派中的成熟人物。第一次鸦片战争后，他积极主张变革，提倡学习西方先进的科技，发展工商业，向西方寻求富强之术。魏源的经济伦理思想集中于“奢俭论”。

魏源奢俭论的基本立场没有跳出传统的“黜奢崇俭”论，但受到当时逐步兴起的资本论工商业冲击，他的黜奢崇俭论已经有所变化，这突出地表现在：他认为黜奢崇俭主要应针对上层统治者和贫民阶级，但对于政治上不当权而经济上较富有的地主和工商业者（有田富民和无田富民）则应允许和鼓励他们“奢”。强调上层统治阶级要黜奢，是因为帝王的行为会对天下起示范作用，如“主奢一则下奢一，主奢五则下奢五，主奢十则下奢十，是合十天下为一天下也”，社会的资源和财富毕竟是有限的，人人都过度消费，必然造成严重的匮乏现象。而这种不足的状况，又必然打乱社会的平衡和秩序，封建社会的统治终会受到影响，因此魏源反对上层统治阶级过度奢侈。至于贫民阶级，魏源也不主张奢侈，在他看来贫民生计尚不能解决，“奢”对于他们属“非分”之事，这实质上否定了下层贫民阶级改善自身生存状况的合理要求，是错误的。

虽然,魏源用黜奢崇俭论“励上”、“训贫”,但他不主张以此“规富”,即反对用“黜奢崇俭”论要求富民。他认为“富民”(地主和工商业者)是推进社会发展的重要力量,他反对类似“三晋之素封”守财奴式的人物,反对窖藏金银,鼓励流通,“以俭守财,乃白圭、程郑致富起家之计,非长民者训俗博施之道也”。这表明魏源的黜奢崇俭论已开始注入商品经济的伦理思想,出现了鼓励私有财产和工商业,鼓励个人致富和消费的资本主义倾向。

二、太平天国时期的经济伦理思想

鸦片战争后,帝国主义列强的侵略给中国人民带来了深重灾难,国内阶级矛盾空前尖锐,大量的战费和战争赔款转化为各种苛捐杂税,重压在农民和其他生产者头上,封建的经济剥削和政治压迫不断加重,把更多的农民逼上绝路,最终选择了公开的群体性反抗道路,终于在1851年爆发了中国近代第一次全国性农民大起义——太平天国起义。正当太平天国起义如火如荼之际,英法等国侵略者于1856年开始对中国发动了第二次鸦片战争,战争爆发后清王朝于1858年和1860年与外国侵略者签订了《天津条约》和《北京条约》,沙皇政府也胁迫清王朝签订了一系列不平等条约。战争结束后,清王朝又与帝国主义相互勾结,武力镇压农民起义。在太平天国农民政权存在十四年间,产生了两个极为宝贵的历史文献——《天朝田亩制度》和《资政新篇》。《天朝田亩制度》反映了革命的农民阶级的愿望和要求,提出了代表农民利益的经济、政治、文化等各方面的施政纲领,其进步性达到中国封建社会农民革命的最高水平。《资政新篇》是太平天国后期作为施政纲领而颁布的政府文件,是涉及社会各方面的改革方案,要求太平天国顺应世界资本主义发展的大势,学习资本主义国家,走资本主义发展道路。这两个历史文献对中国近代伦理思想史的发展,起到了重要的推动作用。

1.《天朝田亩制度》中的经济伦理思想。

《天朝田亩制度》是1853年太平天国定都南京后颁布的一个施

政纲领,内容涉及经济、政治、文化等诸方面,其中心和基础是土地制度问题。《天朝田亩制度》提出了土地国有,按绝对平均原则分配土地,按男耕女织、一家一户的小农经济来组织社会生产,建立兵农结合、军政结合的社会组织形式,描绘的是一幅农业社会主义的画卷,这种社会理想最重要的经济伦理基础是绝对平均主义。

在长达两千年的中国封建社会的历史中,曾爆发过无数次反对封建阶级的农民起义,究其原因主要是处于社会底层的贫苦农民被剥夺了赖以生存的生产资料——土地和农业工具,沦为封建阶级残酷剥削和压迫的对象,社会关系中长期存在严重的不平等、不公正现象。因此在历次农民反抗斗争中,要求社会平等、公正始终是被压迫阶级的普遍思想。《天朝田亩制度》的可贵之处在于,它提出要通过土地制度的变革,去铲除中国封建社会不平等现象的根源,其思想的深刻性和认识的高度是以往任何一次农民起义所无法企及的。《天朝田亩制度》有这样的话:“务使天下共享天父上主皇上帝大福,有田同耕,有饭同食,有衣同穿,无处不均匀,无人不饱暖也。”“盖天下皆是天父上主皇上帝一大家,天下人人不受私物,物归上主,则主有所运用,天下大家处处平均,人人饱暖也。”虽然假借了“天父”、“上主”、“皇上帝”的宗教名词,但不难看出其思想渊源来自于中国古代“大同社会”理想,是用宗教外衣包裹的现实社会道德理想。

从太平天国经济制度上看,它始终贯穿“有田同耕,有饭同食,有衣同穿,有钱同使”的平等思想,在分配制度上突出了绝对平均主义的原则。在土地分配上,《天朝田亩制度》主张“凡田分九等”,按单位面积产量的多少分为“上田”、“中田”和“下田”,每类田再分为三等:“凡分田照人口”,计口授田,各等土地要搭配着分,分配时男女平等,16 岁以下未成年男女按成年男女受田数量的一半分田。在财物分配上,“凡当收成时,两司马督伍长除足二十五家每人所食可接新谷外,除则归国库;凡麦、豆、苎麻、布帛、鸡犬各物及银钱亦然”。“凡二十五家中所有婚娶弥月喜事,俱用国库;但有限式,不得多用一钱。”“其余鳏寡孤独废疾免役,皆颁国库以养。”这种土地所有制和分配制度既反对封建土地所有制，也不同于农民小生产者的个体所有制；它主张土地国有，同时又把一切土地分给农民耕种，通过土地和财产的绝对平均占有和分配，保证人与人之间的平等地位和关系，以试图建立起“有无相恤，患难相救，夜不闭户，道不拾遗”的理想社会，《天朝田亩制度》所包含的土地公有和平均思想具有反封建的进步意义，代表着新民主主义革命之前，历代农民革命思想理论的最高水平。

但很明显，《天朝田亩制度》的社会理想不过是一种空想。它所要推行的土地制度和分配制度依然是建立在一家一户的小农自然经济的基础上，社会的生产方式依然是自给自足的传统农业和手工业，“凡天下，树墙下以桑，凡妇蚕织缝衣裳。凡天下，每家五母鸡，二母彘无失其时”。“凡二十五家中陶冶木石等近俱用伍长及伍卒为之，农隙治事。”以这样低下的生产力水平去实现“均平大同”社会，是绝不可能的。事实上，在太平天国存在的十多年间，《天朝田亩制度》的上述设想从来就没有真正实行过。

2.《资政新篇》中的经济伦理思想。

《资政新篇》是太平天国农民革命后期的重要领导人洪仁玕的作品。太平天国自 1856 年发生争权夺利的内讧后，革命队伍出现严重分裂，陷入了严重危机。此时洪仁玕到达了南京，不入即被洪秀全封为干王，总理朝政。《资政新篇》是他到达南京后不久，为扭转太平天国危机而提出的改革太平天国内政的施政纲领。洪秀全看后十分赞赏。

与《天朝田亩制度》建立小农自然经济的社会方案不同，《资政新篇》提出了效仿西方资本主义制度的经济纲领。从洪仁玕的个人经历看，他曾与西方来华传教士有长期交往，并在香港居住多年，有机会广泛了解西方资本主义国家的科技、制度和文化知识，对资本主义世界的发展大势已有所认识，这使得洪仁玕改变了小农的狭隘眼界，逐步具有明显的资产阶级意识倾向；当他在危难之际受命总理太平天国内政时，他即在《资政新篇》中提出要发展资本主义的经济和文化，以“善辅国政，以新民德”。

《资政新篇》一开始就提出国策的制定必须“因时制宜、审势而行”。当时资本主义发展已进入新的阶段，资本主义列强已居世界领先地位。洪仁玕深谙这一发展态势，因此他主张要向资本主义学习，走西方式的发展道路。洪仁玕列举当时重要资本主义发达国家为例，说明发展科技和建立资本主义制度对于经济发展、国力增强的重大作用：“英吉利即俗称红毛邦，开邦一千来未易他姓，于今称为最强之邦，由法善也。”“花旗邦即米利坚，礼义富足，以其为最。”“俄罗斯邦，其地最广二倍于中邦。……百余年前亦未信天兄，屡为英、佛、瑞、罗、日耳曼等国所迫，故遣其长子伪装凡民，到佛兰西邦学习邦法，火船技艺，数年回邦，无人知其为俄之长子也。及归邦之日，大兴政权，百余年来，声威日著，今亦为冠冕之邦也。”“日本邦近与花旗邦通商，得有各项技艺以为法则，将来亦必出于巧焉。”

为了在太平天国推行资本主义制度，洪仁玕提出了一系列的实施方案，如：发展交通，制造火轮、火车；兴修公路，建立邮政，疏浚水路，治理黄河；兴办银行，吸纳富人资金；发展各类轻工业，采矿业；开办新闻报业；开办医院以及其他慈善事业等。这些经济纲领说到底，是建立在自由资本主义的经济伦理思想基础之上。在《资政新篇》提出时，中国还没有出现新型的资本主义工商业，但沿海经济发达地区已经明显出现资本主义经济萌芽，并出现了受西方资本主义影响的少数富民。《资政新篇》所提出的经济纲领应该讲是有现实性的，具有历史的进步性。从经济伦理的角度讲，《资政新篇》已放弃了《天朝田亩制度》的绝对平均主义和土地国有的原则，而转向鼓励资本的发展，鼓励“富人”投资，促使社会生产方式产生革命性的变化，以增强国家的经济实力。因此在伦理思想上，它实质上已经背弃了传统的“义利”、“本末”、“奢俭”等伦理观，而转向提倡“私有”、“致富”、“致力发展工商业”等新的经济伦理观。例如：《资政新篇》在谈到新兴科技成就时说：“中宝者，以有用之物为宝，如火船、火车、钟表、电火表、寒暑表、风雨表、日晷表、千里镜、量天尺、连环枪、天球、地球等物，皆有夺造化之巧，足见广闻见之精，此正正堂堂之技”这种见解与那种把科技斥之“奇技淫巧”而不屑一顾的封建保守派，形成了鲜明反差。

三、资产阶级变法维新时期的经济伦理思想

这一时期是从1864年太平天国失败至19世纪末。这是中国半殖民地半封建社会开始形成的时期。

第二次鸦片战争后，资本主义列强对中国的侵略日益加深。他们迫使清王朝签订一系列不平等条约，在政治、经济、文化上获得了大量的特权。在1894年中日甲午战争前，列强对中国的经济侵略以商品输出为主，同时对中国的资本输出已逐渐增加。中日甲午战争后，列强又取得了在华投资设厂、开矿筑路的权利，使得在华的直接投资迅速增加，中国逐步成为资本主义列强的重要投资场所。

外国资本主义的经济侵略破坏了中国原有的社会经济结构，城乡手工业日趋衰落，大量的农民和手工业者破产，封建时代的自给自足的经济基础已遭到严重破坏。外国资本主义的经济侵略，不仅对中国封建经济的基础起了解体的作用，同时又给中国资本主义生产的发展造成了某些客观的条件和可能。因为自然经济的破坏，给资本主义造成了商品的市场，而大量农民和手工业者的破产，又给资本主义造成了劳动力的市场。随着封建经济基础的解体，中国出现了同封建经济相对立的资本主义经济。

随着社会经济与阶级关系的发展，中国产生了一批资产阶级改良派人物。他们认为要改变我国贫困落后、受外国欺凌的局面，必须学习西方的先进的科学技术和资本主义制度。早期改良派的伦理思想，包括经济伦理思想的改变主要表现在其形成基础的改变，他们不自觉的把以自然经济、小农经济为基础逐步转化为以资本主义经济为基础，质疑传统的“重本抑末”思想，提出了发展资本主义工商业，代表人物有王韬、马建忠、陈炽等。中日甲午战争之后，改良派的思想逐渐成熟，他们批判旧的封建传统教条如“黜奢崇俭”、“贵义贱

利”,提出了“义利和”、“尚奢”等观点,促进资本主义工商业的发展,代表人物有康有为、严复、谭嗣同等。

1. 王韬的经济伦理思想。

王韬曾游历欧洲,其思想深受西方资本主义的影响。他批判了“重本抑末”的传统封建经济观念,认为保守派之所以坚持重农抑商,并不是重视农业生产,而是为了获取地租赋税。王韬针对“重本抑末”的传统观念,提出了“商为国本”的新观念,主张“求富”、“兴利”。他在《遣使》中说:“泰西诸国以通商为国本,商之所至,兵亦至焉。”在他看来,通商是国富的主要途径,中国要富强,就要通商。他的“商富即国富”的观点,实质上就是将民族资本主义经济的发展看做富国的基础,认为资本主义商品经济为富国之本,由此可以看出他已经意识到把资本主义经济作为伦理乃至经济伦理的经济基础,而不再是传统封建自然经济。王韬是资产阶级改良派中第一个提出了“大同”思想的,但他所说的“大同”主要指整个世界随着经济的发展,各地之间会加强联系,并没有涉及社会制度的设想。

2. 马建忠的经济伦理思想。

马建忠的思想具有浓厚的重商主义色彩,他在《富民说》中认为“通商”即对外贸易是“求富之源”,英、美、法、俄、德等“无不以通商致富”。在他看来,近代中国之所以银罄民贫,是因为中国在对外贸易中处于不利地位,严重入超,因而把发展对外贸易作为“富民”的主要措施,强调“欲中国之富,莫若使出口货多,进口货少”。马建忠和王韬一样,意识把资本主义经济作为伦理包括经济伦理的经济基础。

3. 陈炽的经济伦理思想。

陈炽的经济伦理思想主要是按资产阶级的需要改造了传统的义利观。当时的顽固派坚持儒家的义利观,以反对言利为名反对发展资本主义。陈炽对这种义利观进行了批判,他在《分建学堂说》中指出:“惟有利而后能知义,亦惟有义而后可以获利。”并在《攻金之上说》中宣称:“古圣人盖日日言利以公诸天下之人,而决不避言利之名，使天下有一夫稍夫其利也。”陈炽把利分为公利和私利，他所说的公利，就是资产阶级的利益。他提倡利公于天下，反对私利于一人，要求统治者把兴办工商业之利公于资产阶级。他揭露了“不言利”的虚假，“吾虑天下之口不言利者，其好利有甚于人也；且别有罔利之方，而举世所不及觉也”。他指出空谈义，不言利，不能解决人们所必须的物质需要。陈炽的义利观一方面保留了某些传统观念，反对个人争利，另一方面又对义利作出了新解释，为发展资本主义工商业提供依据。

4. 康有为的经济伦理思想。

康有为是中国近代资产阶级改良派的启蒙思想家，他的经济伦理思想主要体现在把资产阶级人性、人道论和“三世”进化论作为资产阶级改良派经济思想的理论依据。他论证了人的欲望，特别是物质欲望的合理性，同时宣传天赋人权、平等博爱。在他看来，人的各种欲望和独立、平等要求，都是人的自然天性。中国之所以数千年如一揆，只有保守，而绝无进化者，皆因守旧。而守旧又是由“无知无欲”的传统封建教条所造成的，因此要使国家富强，人民幸福，就应当冲破传统的“禁欲”、“崇俭”、“重本抑末”思想的束缚，满足人们的各种欲望，特别是物质欲望，发展物质生产。他把发展“农工商矿机器制造”业视为顺“民之欲富而恶贫”的仁政，实际上是为了论证发展资本主义的合理性，把发展资本主义说成是人类的天性。康有为的“大同”思想是他对理想社会生活的空想性的设计。他认为“去私产”是实现“大同”的基础，在《大同书》中强调“今欲至大同，必去人之私产而后可，凡农、工、商之业，必归之公”。

5. 严复的经济伦理思想。

严复曾翻译过亚当·斯密的《原富》，他根据斯密的个人利己主义思想，结合中国传统的义利观，提出了“义利合”的论点。严复既反对传统的“君子喻于义，小人喻于利”那种忽视物质利益只空谈道德的义利观，也不赞成西方资产阶级的极端利己主义，认为两者割裂了义利关系。他在《原富》中说：“泰东西之旧教，莫不分义利为二涂。此其用意至美，然而于化于道皆浅，几率天下祸仁义矣。”并强调“惟公乃有以存私，惟义乃有以存利”，在《天演论》中认为，在经济生活领域中要坚持“两利为利，独利必不利”的原则。严复认为应把义和利、公和私统一起来，既不能空谈仁义，也不要见利忘义。严复反对中国传统的“黜奢崇俭”观点，但他也不赞成“黜俭崇奢”，他在《原富》中主张“酌剂于母财（资本）支费（消费）二者之间”，“相酌剂为盈虚”，即正确处理积累与消费的关系。他认为消费是必须的，但要有一定限度，不能影响生产；而俭并不是“保富”，它应当满足人们消费和生产资本的需要。

6. 谭嗣同的经济伦理思想。

谭嗣同的经济伦理思想主要包括“仁—通”的观念和“尚奢”。谭嗣同在《仁学》一书中提出了“仁—通”的观念，他认为天地间的万事万物统一于“以太”或“仁”，他们彼此之间是相通的，所以仁又以“通为第一义”。他说：“仁不仁之之辨，于其通与塞；通塞之本，惟其仁不仁”，他认为“仁—通”是体现一切事物的带有普遍性的东西。经济上要体现“仁—通”，就应发展“通商”，消除各种障碍，开展对外贸易，使资本主义商品生产和交换得以发展畅通。谭嗣同反对传统的“黜奢崇俭”论。他以冲决一切网罗的精神提出“足以杀尽地球含升之类，胥天地鬼神之沦陷于不仁，而卒无一人能稍知其非者，则曰‘俭’”。他揭露了顽固派鼓吹“黜奢崇俭”实际上是为了维护自己获得的地租、高利贷等剥削利益，他们反对发展工商业，是为了让农民依附于他们，没有别的出路，只能忍受剥削。谭嗣同在《仁学》中宣称“公天下者尚奢，其财均以流，流故平”，这里他提倡富人将财富用于消费，特别是用于发展工业、矿业及农业，这样可以使贫者也受益，从而有利于社会，使得“尚奢”符合“公”。由于“尚奢”将财富投入了社会，起到了促进社会经济发展和使许多人受利的作用，这意味着“均贫”，减少了贫富之间的矛盾。

第二次鸦片战争结束后，在清朝统治阶级中逐步形成了一个派别，叫洋务派。其代表人物主要有李鸿章、张之洞、郭嵩焘等。洋务派代表了封建买办官僚集团的利益，他们想通过学习一些资本主义的皮毛来维护封建统治。洋务派的思想集中表现在“中体西用”思想体系上，他们认为中国需要学习西方先进的科学技术，以此来维护封建统治，尤为重要的是强调了中国传统的封建伦理是维护封建统治的根本，是不可丢的。

1. 李鸿章的经济伦理思想。

李鸿章是洋务派的首脑。他是“中体西用”论的首倡者，在他看来，中国的封建政治经济制度和文化胜于西方资本主义制度，中国只缺少西方的科学技术，当前应学习西方的这些长处，但两者的位置不能颠倒，学习西方只能是“治标”，本源仍然是中国的“文物制度”。李鸿章的“求富”论印证了其“中体西用”的思想。他说“臣维古今国势，必先富而后能强，尤必富在民生而国本乃可益固”（《试办织布局折》），他的“求富”是指兴办新式民用企业以扩财源，这样才能“自强”。

2. 张之洞的经济伦理思想。

张之洞的经济伦理思想主要体现在把“旧学为体，新学为用”作为其经济思想的基础。所谓“旧学为体”，就是坚持用孔、孟之道作为维护封建统治的根本，“新学为用”就是学习西方的科技、学校、正政、商政等来维护统治。他宣扬“利权分离论”，认为利和权可以而且必须分开，“商民”即资产阶级求利是可以的，但权却必须掌握在“官”即封建统治者手中。在他看来，对于“商民”求利来说，民权完全不必要，而且把权掌握在“官”手里才能保障他们的利益。

3. 郭嵩焘的经济伦理思想。

郭嵩焘的“本末”论本质上属于洋务派“中体西用”的思想体系。他的“本”即“纪纲法度”、“政教”，指的是中国传统的封建伦理道德和政治教育制度，在这当中他又着重强调了“人心风俗”和“用人”，他认为这些都是维护封建统治的最根本的东西。学习西方的练兵、造船、理财等富强之术，则为“末”，这些是弥补和帮助“本”来维护封建统治的。郭嵩焘认为，只有“先立其本”，然后才能收到“富强之效”，本末关系不能颠倒。

四、辛亥革命前后的经济伦理思想

这一时期是从 1901 年《辛丑条约》签订到 1919 年五四运动前，是中国旧民主主义革命由兴到衰的时期。

第二次鸦片战争后，清王朝开始直接勾结外国侵略者，逐步变为帝国主义国家对中国实行殖民统治的工具，《辛丑条约》将中国的主权和经济利益出卖给了外国侵略者。由于要支付巨额赔款，清王朝增加对人民的剥削压迫，激起了人民的反抗。帝国主义的经济侵略，促进中国封建经济解体和殖民化，刺激了中国民族资本主义经济的发展。随着资产阶级革命民主思潮的蓬勃兴起，资产阶级革命民主派的思想代替了改良派的思想成为当时的主要进步思想，他们反映民族资产阶级中下层的利益要求，明确主张推翻清王朝统治，代表人物有孙中山、章太炎等。而资产阶级改良派的思想在此时期仍有一定的影响，他们代表资产阶级上层利益要求，主张通过改良但不变更封建制度来发展，代表人物有梁启超、张謇等。

1. 孙中山的经济伦理思想。

孙中山是中国近代伟大的革命先行者。他改革中国社会经济的基本纲领是三民主义中的民生主义。他在《民生主义》中说：“民生就是人民的生活，社会的生存，国民的生计，群众的生命。……故民生主义就是社会主义，又名共产主义，即是大同主义。”在他看来，社会主义“是研究社会经济和人类生活的问题，就是研究人民生计问题”，所以也是民生主义。民生主义所要解决的主要是中国的土地和资本两大问题，故孙中山在《中国国民党第一次全国代表大会宣言》中指出“国民党之民生主义，其最要之原则不外二者：一曰平均地权；二曰节制资本”。平均地权的基本要求是土地涨价归国，这样就能改变地主享有地价增利的状况，避免资本垄断，同时国家特能靠土地收入减免其他赋税。后来，孙中山在《耕者要有其田》中指出“农民之缺乏田地沦为佃户者，国家当给以土地，资其耕作”，进而提出“耕者有其田”。他还进一步指出农民不愿耕田的原因在于地主剥削农民,如果耕田的粮食归农民所有,农民就愿意耕田,从而促进了生产的发展。节制资本包括两方面:“节制私人资本”和“发达国家资本”。对于私人资本,孙中山不是一概反对,而是分不同情况区别对待。他反对大垄断资本,但鼓励发展中小资本,“由国家奖励,而以法律保护之”。孙中山强调的是“发达国家资本”,他认为必须要兴办国营企业,应该把那些“不能委诸个人及有独占性质”的企业收归“国家经营”。从以上可以看出,孙中山完全否定了传统的自然经济小农经济,提出了一系列的发展资本主义经济的纲要,这与资产阶级改革派要求推翻封建统治的要求是相一致的,所以与改良派相比,孙中山的发展资本主义经济的要求更自觉、更彻底。这些说明孙中山已经明确意识到应该在资本主义经济的基础上形成伦理包括经济伦理的思想。虽然孙中山没有在经济伦理上提出具体的改革思想,但是他从根本上改变了三千年来中国伦理思想形成的经济基础,为经济伦理思想的变革提供了新的经济基础——资本主义经济,这个意义是非常重大的。

2. 章太炎的经济伦理思想。

章太炎在 1897 年发表了《读〈管子〉书后》,书中否定了传统的“黜奢崇俭”思想,宣传了消费刺激生产、刺激流通的思想。在其中章太炎用进化辩证的观点看“侈靡”问题,他认为各个时代的消费水平因社会的发展而有所不同,随着生产的发展人们可以适当的多消费一些,不能用过去的低消费水平来评价现在的高消费水平,消费水平是相对的而不是绝对的,只要能“适其时之所尚,而无匮其地力人力之所在”,消费就是合理的。章太炎还认为,人们消费的越多,就越能促进生产和商业的发展。他说“侈靡者,轻重之本,而泰西商务之所自出也”,他的意思是侈靡刺激生产和商业,西方国家之所以能成为商业发达的富国,是因为“泰西商务”出自“侈靡”。

3. 梁启超的经济伦理思想。

梁启超是我国 19 世纪末、20 世纪初的资产阶级维新派的著名人物。他批判了阻碍资本主义工业发展的“黜奢崇俭”观点，提倡尚奢。他在《史记货殖列传今义》中认为像地主藏富那样的“俭”是不可取的，因为这样会阻碍资金在社会上的流通，给经济带来不良的影响，更为可怕的是这样做会使人们失去发展生产的积极性，如一人“持两钱可以度日”，那么“彼其人于两钱之外无所求，一日所操作，但求能易两钱则亦已矣。虽充其人与地之力，可以日致百钱或万钱，彼勿故也”，如果人人都这样，“则举国之地利，日堙月塞，驯至穷蹙不可终日，东方诸国之瘠亡，盖以此也。故俭者，亦上古不得已之陋俗”。梁启超认为尚奢可以刺激消费，有利于社会经济的发展。但他的尚奢，主要是鼓励富人投资新式工业，让富人“出其财以兴工艺贸易”，就是要求富人把财富变为资本，投入到资本主义生产中去，使其“行如流水”。这样，富人可获利，而且社会上的人也能“沾其益”。

4. 张謇的经济伦理思想。

张謇是中国近代资产阶级改良派后期的主要代表人物，更为特别的是他还是一个资产阶级实业家。张謇根据对社会经济的观察和本人办实业的体会，提出了反对传统的“重本抑末”思想的农工商关系论。张謇的农工商关系论，在他看来，农工商三方面是相互依赖、相互作用的，它们是一个不可分割紧密联系的整体。张謇在《通州资生铁冶公司集股启》中认为“工固农商之枢纽矣”，即工为农商之枢纽，所以工业是农工商中最重要的关键。他在《代鄂督条陈立国自强疏》中提出“外洋富民强国之本实在于工”，中国要富强，关键在于发展工业，工业的发展能带动农业和商业的发展，这与“重本”中强调农是不一样的。他在《上度友部大垦淮徐海荒地为规复海军及地方自治教育费基本说》中指出了农为工商之本，后又明确提出“工商之本在农，农困则工商之本先拔”，意思是农业为工业提供了原材料，在发展工商业的同时，不能忽视农业。在张謇看来，农工商之间只有先后而无轻重，他虽然重视工和农，但他认为在整个社会经济中商业同样是不可缺少的，应该大力发展，与传统的“抑末”思想完全背道而驰的。

五、本节经典经济伦理思想

1. 魏源的经济伦理思想。

魏源是近代地主阶级改革派思想的集大成者,曾长期任地方大官吏门下的幕僚,是当时漕、盐、水利三大政的专家。魏源注重“经世致用”之学,重视研究社会经济问题,他首先提出向西方学习先进工业技术和兴办私人近代工业等,对当时的思想界以及后来资产阶级改良派思潮的产生有直接和重要影响。需要注意的是,虽然魏源对封建腐朽思想进行了揭露和批判,提出不少改革主张,但他的改革主张仍然超不出封建制度的范围,是从缓和当时的社会矛盾和巩固封建地主阶级的统治地位出发的。即使这样,魏源的“奢俭论”、“货先于食”等经济伦理思想,在中国近代经济伦理思想史上仍有着重要的意义,起着承前启后的作用。

在奢与俭的问题上,历来封建社会的传统思想都是主张“黜奢崇俭”。魏源也不例外,但他的黜奢崇俭思想,和其他人有不同之处,认为黜奢崇俭主要应针对上层统治者和贫民阶级,对于一般的“富农”则应允许和鼓励他们“奢”。魏源说:俭,美德也;禁奢崇俭,美政也。然可以励上,不可以律下;可以训贫,不可以规富。他以此来“励上”,是因为君主如果太奢,就会上行下效。他指出:主奢一则下奢一,主奢五则下奢五,主奢十则下奢十,是合十天下为一天下也;以一天下养十天下,则不足之势多矣。他认为以一天下的消费品供十天下之需,自然会造成严重不足,打乱社会的平衡和秩序,“不足生觊觎,觊觎生僭越,僭越生攘夺”,影响封建社会的统治。对于贫民,生计尚成问题,更别提“奢”了。同时也为了防止劳动人民要求改善生活状况,不利于“富农”对他们的剥削压榨。

魏源主张对富农要实行“崇奢”。他说:《周礼》保富,保之使任恤其乡,非保之使吝啬于一己。车马之驰驱,衣裳之曳娄,酒食鼓瑟之愉乐,皆巨室与贫民所以通工易事,泽及三族。王者藏富于民,譬同室博弈而金帛不出户庭，适足损有余以益不足。故魏源反对以黜奢崇俭来“规富”。富民消费不能以生活必需品为界限，这不是为了富民本身，而是因为富民的奢，可使他们车马、衣服、酒食等扩大消费的需要，从而“巨室与贫民所以通工易事，泽及三族”。魏源主张把财富投入流通过程，用之消费，能扩大对商品的需求。这表明他已经认识到商品经济中消费与生产的某种辩证关系，它有利于手工业的发展和使贫民获得更多的收入，这在一定程度上反映了商品经济的发展和工商业者的利益要求。

“重本抑末”的观念在中国的封建社会中占据支配地位，魏源也把农业看做“本”，工商看做“末”，仍然是传统的重本思想。他把财富区分为两类，视农业为“本富”，视金银货币为“末富”。他指出：语金生粟死之训，重本抑末之谊，则食先于货。他将农业放在首要和优先的地位，强调“阜食源”，主张大量进行开垦以增加粮食生产。魏源虽然重本，但并不抑末。他认为社会上有两种富民，一是“有田之富民”，如地主；一是“无田之富民”，如大商人。虽然他强调“有田之富民”的重要，因为他们是“一方之元气，公家有大征发、大徙役皆依赖焉，大兵灾、大饥馑皆仰给焉。土无富户则国贫”。但他主张对两种富民都要保护，实行“保富”的政策。

在第一次鸦片战争后，魏源认识到白银危机对整个国民经济的严重影响，加上外国资本主义对我国的经济侵略，他对本和末、食和货的关系在思想上有了重大转变，提出“货先于食”的新观点。他说：语金生粟死之训，重本抑末之谊，则食先于货；语今日缓本急标之法，则货义先于食。他虽然还未摆脱传统的农本思想，认为从一‘般意义上来说，“本”还是比“末”重要，“食”比“货”优先。但他根据对当时经济形势的分析，却认为应“缓本急标”和“货又先于食”，把商品货币经济放到更重要和更优先的地位。他的“货先于食”论点，是对封建地主阶级传统本末思想的新突破和新发展，为以后的资产阶级改良派提供了必要的思想资料，在中国近代经济伦理思想史的发展中有着重要的作用。

2. 严复的经济伦理思想。

严复是中国近代向西方寻找真理的主要代表人物之一，对近代中国思想界起了极大的启蒙作用，在中国近代历史上有着特殊的地位。他最早广泛地把西方资产阶级的哲学、政治、社会、经济等思想学说介绍到中国来，冲破封建传统的束缚，打开了中国人的眼界，带来新的资产阶级世界观，为中国近代的反封建斗争提供重要的理论武器。严复的经济伦理思想，主要见于他翻译亚当·斯密的《国富》中的《译事例言》和《按语》，体现在"义利合"、奢俭论等重要观点上。

亚当·斯密提倡经济自由主义，个人利己主义是他整个经济思想的出发点。而严复则根据斯密的个人利己主义思想，结合中国传统的义利观，提出了"义利合"的论点，作为他的经济自由主义思想的理论基础。严复认为社会之所以难以进步，就在于把义和利对立，其实义与利是可以一致的。小人之见虽然不出于利，但如果他所要求的利是"长久真实之利"，那么他就与"君子同术"，也就是说，这样的利也是义。同时，无所利的义，也不成为义。所以，既不以浅夫昏子之利为利，也不以滥施妄与的无利之义为义。这样，义和利就统一起来。既然义和利是一致的，那么，严复认为就应该给予人们追求个人利益的最大限度的自由，消除国家的干预和限制，这样社会才能进步。

严复指出，私利之所以成为义，必须是"长久真实之利"，可见严复在重视个人利益的同时，也没有忽视公利。他说：盖未有不自损而能损人者，亦未有徒益人而无益已者，此人道绝大公例也。……使公而后利之例不行，则人类灭久，而天演终于至治之说，举无当矣。这就是说，损人必损己，益人必自益，因此每个为个人利益打算的人，必然要顾到他人的利益，"惟公乃有以存私，惟义乃有以存利"。这些都说明严复不是只讲私利，而不讲公利。当然，他所谓的"公利"实质上是资产阶级的"公利"。

在积累与消费的关系上，严复沿用了古代经济思想中奢与俭的提法，主张“崇俭”。但是他的崇俭论，和顽固派的黜奢崇俭论有本质的区别。顽固派黜奢崇俭是为了保持落后的封建生产方式，而严复是从发展资本主义生产来谈“崇俭”的，是为了节省财富使之转化为资本。他说：所贵乎俭者，俭将以有所养，俭将以有所生也。使不养不生，则财之蠹贼而已，乌能有富国足民之效乎。如果“滞财之致贫，其害烈于侈靡”。他所谓的“有所生”、“有所养”，是指要把从消费方面节省下来的财富用来扩大再生产和使资本增殖。如果以崇俭为理由把财富储藏起来而“不养不生”，不用来发展生产，就不符合崇俭的目的，所以他将之称为“财之蠹贼”。

严复虽主张崇俭，但他并不一概反对提高消费水平。他说：今使一国之民，举孜孜于求富，既富矣，又不愿为享用之隆，则也敝民而已。况无享用则物产丰盈之后，民将缦然止足，而所以励其求益之情者，不其废乎。他认为富裕之后不提高消费水平，不但会敝民，而且还会影响人们继续求富的积极性，所以他提出：是故理富之术，在一国之财、支费，相酌剂为盈虚。支费非不可多也，实且以多为贵。……顾事必求其可长，而养必期其无竭。他认为只有恰当地处理好母财与支费之间的关系，才能既有足够的资本来发展生产，又能在生产发展的基础上不断提高人们的消费水平，从而使一国的财富越来越增长。严复关于积累和消费之间相互促进和制约关系的论述，有其正确和可取之处的，对当时来讲有一定的进步作用。

二、从鸦片战争到五四运动时期的中国经济伦理思想概述

中国近代经济伦理思想是研究中国半殖民地半封建社会的经济伦理思想，其历史区间主要是从 1840 年鸦片战争至 1919 年五四运动前。这一时期，中国社会发生了急剧变化和重大转折。延续两千多年的封建社会由于政治和经济的腐朽透顶使封建制度已经到了崩溃的边缘，资本主义列强对中国的侵略日益加深，加剧了中国的经济、政治和社会危机，中国逐步由封建社会转变为半殖民地半封建社会。

近代中国极端贫弱和任人宰割的处境,使得人们对富国强民有更强烈的渴望。在旧民主主义革命时期,人们最初主要提出学习西方的科学技术、发展工商业和对外贸易等具体改良主张;后来,随着外来侵略的加剧和对清王朝腐朽统治的认识,人们逐步意识到应推翻清王朝的统治,进行资产阶级民主革命。中国近代的经济伦理思想蕴涵在这一时期人们追求富国强民的各种思想之中。

与传统经济伦理思想相比,由于社会经济和阶级关系的变化,中国近代经济伦理思想有了重大的变化。中国传统的经济伦理思想是在古代封建社会历史条件下产生的,这种传统的思想,自从春秋、战国至西汉时期发展成熟后,两千年里基本上没有根本性的变化。但是在鸦片战争后,经济伦理思想发生了根本性的变化:它不再是建立在传统的自然经济、小农经济基础上,而是建立在对原来的生产方式进行根本性变革——资本主义经济基础之上。这一变化过程是一个逐步展开的历史变革过程,它是由人们从意识到要学习西方的科技、工商入手,到要求推翻清王朝、建立资本主义社会的过程。第一次鸦片战争后,魏源就主张变法,要求发展工商业,提倡学习西方,编辑了《海国图志》。太平天国的领导人洪仁玕在《资政新篇》中提出发展资本主义经济和文化,并提出了一系列的具体方案。到维新运动期间,王韬的"商为国本"的观念,马建忠的《富民说》,实际上都是主张举商来富国。康有为还极力通过论证物质欲望的合理性来证明发展资本主义的合理性。他们虽然要求发展资本主义工商业,但都没有否定传统的小农经济。辛亥革命时期,中国近代伟大的革命先行者孙中山提出了发展资本主义经济的纲领——民生主义,完全否定了传统的小农经济,从而奠定了资本主义经济作为经济伦理思想的经济基础。与前人相比,孙中山的发展资本主义经济的要求更自觉、更彻底,这与资产阶级革命派要求推翻清朝统治是一致的。至此,两千年来从以传统的小农经济为基础的经济伦理思想转变为以资本主义经济为基础,完成了一次重大变革。

随着经济伦理思想形成基础的改变,人们开始逐步质疑乃至反对某些传统的封建经济伦理思想——“重本抑末”、“贵义贱利”、“黜奢崇俭”等，提出了一些适应社会发展需要的新思想、新观念，这些构成了近代中国经济伦理思想的主要内容。

1. 重本无需抑末。

传统的“重本抑末”思想把人们束缚在农业生产上，扼杀了商业的发展，对发展资本主义工商业有很大的阻碍。王韬批判了“重本抑末”的思想，指出了保守派重农抑商并不是重视农业生产，而是为了获取地租赋税。针对“重本抑末”，王韬提出了“商为国本”的新观念。后来，张謇提出了农工商关系论，他认为农工商三者是一个不可分割的整体，工是农商之枢纽，这与传统的“重本抑末”是完全不一样的。

2. 贵义也要相利。

“贵义贱利”是儒家传统的义利观。自古以来，封建社会就强调“君子喻于义，小人喻于利”，顽固派死守着这种忽视物质利益只空谈道德的义利观，以反对言利来反对发展资本主义。陈炽改造了传统的义利观，对义利作出了新解释，在《分建学堂总》中提出“惟有利而后能知义，亦惟有义而后可以获利”。使之有助于发展资本主义。严复则提出了“义利合”的观点：义利两者不可分割，应把义和利统一起来。

3. 奢俭观重新界定。

近代中国经济伦理思想最主要的内容就是奢俭论。受传统的孔孟之学的影响，封建社会一贯提倡“黜奢崇俭”。汤鹏在《刺奢》中提出世风不古的原因就在于“奢”，认为“奢”会败坏社会的风俗和招致灭亡。魏源的奢俭论和汤鹏一样，属于传统的“黜奢崇俭”，但他的“黜奢崇俭”有所变化：“黜奢崇俭”主要应针对上层统治者和贫民阶级，对那些没有政治权力但经济上较富有的地主和工商业者，则应允许和鼓励他们“奢”。维新运动期间，人们受到西方资本主义的影响要求发展资本主义工商业，而传统的“黜奢崇俭”对发展资本主义极其不利，遭到无情的批判，奢俭论由此也发生了根本性的变革。谭嗣同是资产阶级思想家中较早反对传统的“黜奢崇俭”论的，他揭露了“黜奢崇俭”实际上是为了维护剥削阶级的地租利益，他提倡“尚奢”，鼓励富人消费和发展工业。梁启超的奢俭论和谭嗣同基本一致，主要鼓励富人投资新式工业，但他们都存在过于夸大尚奢作用和否定俭的片面性。严复也反对“黜奢崇俭”，但他也不赞成“尚奢”，他主要从积累与消费的角度来看奢俭关系：奢是必须的，但不能影响生产；而俭也要能满足人们消费和生产的需要。辛亥革命时期章太炎在《读（管子）书后》中同样否定了传统的“黜奢崇俭”思想，宣传消费刺激生产流通，更为重要的是他用进化辩证的观点来看待奢俭问题：各个时代的社会发展水平不同，因而消费水平也不尽相同。这在当时是难能可贵的。

第四节　中国现代经济伦理思想

一、五四运动时期的经济伦理思想

1919 年的五四运动是中国历史上的伟大转折点，从此中国历史进入了一个新的时期——新民主主义革命时期。在这一时期，民族资本主义遭受帝国主义和封建主义压迫，无力反抗，资产阶级也提不出有进步意义的理论。与此同时，工人阶级登上历史舞台，他们中的先进分子中国共产党从马克思主义的理论中找到中国社会的出路。

经过五四新文化运动的冲击，两千多年来一直居于统治地位的封建伦理思想威信扫地，摇摇欲坠，失去其维护社会秩序的作用。社会的重大变化使得这一时期的经济伦理思想也发生了不少变化，具有鲜明的时代特征，有许多不同于近代的特点。其代表人物有李大钊、陈独秀、胡适等。

1. 李大钊的经济伦理思想。

李大钊是中国最早的马克思主义者，是中国共产党的创始人之一。李大钊从社会经济生活这一最本质的东西出发，说明道德的起源、本质,道德的作用和道德的发展规律。李大钊认为,道德与政治、法律、宗教、哲学一样,都是由经济基础决定的一种社会意识形态和上层建筑。道德决定于经济基础,并随着经济基础的变化而变化,有什么样的经济基础,就有什么样的道德。李大钊在《我的马克思主义观》一文中指出:"人类生产关系的总和,构成社会经济的构造。这是社会的基础构造。一切社会上政治的、法制的、伦理的、哲学的,简单说,凡是精神上的构造,都是随着经济的构造变化而变化。我们可以称这些精神的构造为表面构造。表面构造常视基础构造为转移,而基础构造的变动,乃以其内部促他自己进化的最高动因,就是主产力,为主动。"他在《"少年中国"的"少年运动"》中再三强调,"不改造经济组织,单求改造人类精神,必致没有效果"。"在从前的经济组织里,何尝没有人讲过'博爱'、'互助'的道理,不过这表面构造(就是一切文化的构造)的力量,到底比不上基础构造(就是经济构造)的力量大。你只管讲你的道理,他时时从根本上破坏你的道理,使他永远不能实现。"他在《再论问题与主义》中认为,只有"经济问题的解决,是根本解决"。

李大钊还尖锐地批判了传统的义利观——重义轻利。指出传统的"义"实际上就是封建社会的利益,即封建统治阶级的利益。因而不能为这种"义"去牺牲自己的生命,而应该走出这个"义"的约束,充分发展自己的个性,与封建的"三纲"、"五常"作坚决的背叛。

2. 陈独秀的经济伦理思想。

陈独秀是中国共产党的早期领袖,是五四期间新文化运动的发起者。他强烈反对封建伦理思想,创办的《新青年》具有广泛的影响。陈独秀对中国社会经济发展道路问题进行了可贵的探索,提出了一系列有创见的经济伦理思想。

在陈独秀看来,当时中国之所以经济落后,一个原因就是在传统儒家重义轻利观念的影响下,耻于谈利,中国的发财方法不是靠生产,“而出于苟得妄取,合做官、发财、享福三者以一贯之精神”①。西方经济之所以发达,重要原因就是他们认为劳动是神圣的,而我国传统观念中劳动被视为卑贱的,有身份的人羞于自食其力,养成了四体不勤的恶习。陈独秀提出:“人力废而产业衰,产业衰而国力隳,爱国君子,必尚乎勤。”②“尚俭”历来被视为美德,陈独秀则从经济学的角度赋予“尚俭”新的涵义。他认为国家必须提倡俭朴之风,但节省的目的应该是把它作为国家生产的基金”。

陈独秀反对平均主义,认为社会主义不是平均主义。他指出:“现在批评社会主义的人们,以为社会主义者是专从事于分配方法,就是相信社会主义的人们,也往往误会到这样。其实专讲分配方法去平均贫富,是均富主义,不是社会主义,社会主义是对于生产方法和分配方法同时并重的。”③这就从根本上区分了社会主义和平均主义。这充分说明了陈独秀深知平均主义对中国经济发展和社会主义宣传的双重危害性,提醒人们注意划分平均主义与社会主义的界限。

3. 胡适的经济伦理思想。

胡适是中国现代较有影响的资产阶级学者。他曾赴美留学,在五四新文化运动时期,他参与《新青年》的编辑,提倡文化改良,在哲学、史学、文学等诸多领域有很大影响。胡适强烈反对传统的重农抑商的思想。他指出儒家重农抑商的实质是“压制商人,使民务农”。也就是说要把农民固定在土地上。胡适认为商业所引发的人口的移徙是自然并且有好处的,“但这班儒者不能了解这趋势的意义,即以为民不归田无人耕种了,民不著地便成了鸟兽一样的游民了”。可以看出,儒家把农民固定在土地上,是用来维护封建旧秩序。胡适鼓励新兴的商人阶级,批判那种认为商人为不劳而获,靠剥削农人为谋利的观点。他指出商人“营利致富是智能的报酬,不是傥来之物”。

① 《陈独秀文章选编》(上),三联书店 1984 年版,第 114 页。
② 《陈独秀著作选》第 1 卷,上海人民出版社 1984 年版,第 208 页。
③ 《陈独秀文章选编》(中),三联书店 1984 年版,第 87 页。

在胡适看来,商业与生产是不可分割的,“商业的发达能使交易之物各得其所欲,这正是商人流通有无的大功用”。工商致商是“智能的报酬”。奢侈造成的“‘靡之者多’可以使‘出之者’得高价,享厚利”。这不仅从消费与生产的相互作用上充分肯定了商业的作用,而且也肯定了奢侈的积极作用。

二、新中国成立至十一届三中全会时期的经济伦理思想

新中国成立后,无产阶级掌握了国家政权,劳动人民翻身做了主人,整个国家的面貌发生了翻天覆地的变化。特别在1956年完成了对生产资料所有制的社会主义改造后,我国建立了社会主义基本制度。生产资料所有制改造的完成,从根本上改变了伦理思想包括经济伦理思想形成的基础。从此,经济伦理思想都是建立在新的经济基础——社会主义经济之上。在这期间,毛泽东、刘少奇、陈云、马寅初等是经济伦理思想的代表性人物,他们的经济伦理思想主要体现在研究社会主义建设中出现的一系列的伦理问题。

1. 毛泽东的经济伦理思想。

在涉及内容广泛的毛泽东思想体系中,毛泽东并没有明确地提出经济伦理思想和概念,但在他的许多著作、谈话和读书批注中,这方面的内容非常丰富,所以经济伦理思想是毛泽东思想体系的重要组成部分。

毛泽东否定了中国传统的重义轻利思想,提倡无产阶级的功利主义。在他看来,利是义的基础,不存在着超利益的道德观念。他指出:“董仲舒们所谓‘正其谊不谋其利’,明其道不计其功”这些唯心的骗人的腐话之毒,还没有去掉得干净;我们不是处在‘学也,禄在其中’的时代,我们不能饿着肚子去‘正谊明道’,我们必须弄饭吃,我们必须注意经济工作。离开经济工作而谈教育或学习,不过是多余的空话。”①同时他又注意把物质利益同道德教育结合起来,二者

① 《毛泽东著作选读》下册,人民出版社1986年版,第565~566页。

不偏废。因此他大力提倡向白求恩、张思德、雷锋学习。

毛泽东从义利统一观出发,提倡无产阶级的功利主义——为广大人民群众谋利益。他提出:“唯物主义者并不一般地反对功利主义,但是反对封建阶级的、资产阶级的、小资产阶级的功利主义,反对那种口头上反对功利主义、实际上抱着最自私最短视的功利主义的伪善者。世界上没有什么超功利主义,在阶级社会里,不是这一阶级的功利主义,就是那一阶级的功利主义。我们是无产阶级的革命的功利主义者,我们是以占全人口百分之九十以上的最广大群众的目前利益和将来利益的统一为出发点的,所以我们是以最广和最远为目标的革命的功利主义者,而不是只看到局部和目前的狭隘的功利主义者。”①在毛泽东看来,道德原则应该是追求无产阶级的根本利益的功利主义,就是要给人民群众带来实际的利益,满足人民的实际需要,不能抛开物质利益只讲道德。

毛泽东在谈到如何处理不同利益主体之间的利益关系之时,强调以集体主义为原则,各种利益关系统筹兼顾。在他看来,社会主义社会国家、集体和个人三者之间的矛盾是在根本利益一致的基础上的人民内部矛盾。集体主义原则要求把国家利益和集体利益放在第一位,个人利益要服从集体利益,局部利益要服从整体利益。同时,集体是由个人组成,整体利益是以个人利益为基础的。国家、集体和个人利益之间应该统筹兼顾。毛泽东在 1953 年 9 月曾说:所谓仁政有两种,一种是为人民的当前利益,另一种是为人民的长远利益,例如抗美援朝,建设重工业。前一种是小仁政,后一种是大仁政。两者必须兼顾,不兼顾是错误的。那么重点放在什么地方呢?重点应放在大仁政上。为调动国家、集体和个人三方面的积极性,协调经济的发展,在分配上毛泽东指出:“在分配问题上,我们必须兼顾国家利益、集体利益和个人利益。对于国家的税收、合作社的积累、农民的

① 《毛泽东选集》第 3 卷,人民出版社 1991 年版,第 864 页。

个人收入这三方面的关系，必须处理适当，经常注意调节其中的矛盾。”[①]在积累和消费上，毛泽东主张在生产发展的基础上应该满足个人的物质需要。他说：“国家要积累，合作社也要积累，但是都不能过多。我们要尽可能使农民能够在正常年景下，从增加生产中逐年增加个人收入。”[②]

在消费伦理上，毛泽东秉承了中华民族勤俭节约的优良传统。在革命战争时期，毛泽东就指出：“财政的支出，应该根据节省的方针。应该使一切政府工作人员明白，贪污和浪费是极大的犯罪。……节省每一个铜板为着战争和革命事业，为着我们的经济建设，是我们的会计制度的原则。”[③]新中国成立后，他又领导开展了反贪污、反浪费和反官僚主义的“三反”运动。在毛泽东看来，勤俭节约的思想应贯穿于生产的整个过程。他在1955年《勤俭办社》一文的按语中指出：勤俭经营应当是全国一切农业生产合作社的方针，不应当是一切经济事业的方针。勤俭办工厂、勤俭办商店、勤俭办一切国营事业和合作事业、勤俭办一切其他事业，什么事情都应当执行勤俭的原则，这就是节约原则，节约是社会主义经济的基本原则之一。

平均主义思想与我国古代的“大同”思想密切相关。自古以来，中华民族一直在追求理想的社会模式——大同。深谙中国传统文化的毛泽东也受到“大同”思想的影响。毛泽东在《论人民民主专政》中提出：努力工作，创设条件，使阶级、国家权力和政党很自然地归于消灭，使人类进入到大同境域。同时，长期的革命战争影响毛泽东的平均主义思想。在战争年代不得不实行平均主义对革命战争的胜利起了积极作用，使他在社会主义时期仍热心于平均主义。毛泽东的本意想通过在平均分配推动经济发展，最终使中国人民进入“大同”社会。实际上平均主义思想导致了毛泽东在经济上实行了一系列错

① 《毛泽东著作选读》下册，人民出版社1986年版，第775页。

② 《毛泽东著作选读》下册，人民出版社1986年版，第775页。

③ 《毛泽东选集》第1卷，人民出版社1991年版，第134页。

误的政策,阻碍了劳动者发挥积极性和创造性,影响了经济的发展。

2. 刘少奇的经济伦理思想。

刘少奇是党和国家的杰出领导人。在他的许多著作、讲话中,都蕴涵着丰富的经济伦理思想,构成了他具有中华民族特色的伦理思想体系。

刘少奇认为,经济是道德的决定因素。经济决定一切社会变化,决定政治、思想、文化、道德等,道德则是反映经济,受到经济的制约。在他看来,由于社会各阶级的人们有着不同的经济地位和利益要求,因此对于社会历史上一切事物就有不同的观察方法与处理原则,形成了不同的道德观点和道德立场。刘少奇在《人的阶级性》一文[①]中系统论述了社会经济关系对道德的决定作用。在封建社会,封建地主在生产中剥削农民的剩余劳动,自己不劳动,依靠地租生活,因而养成他们道德上的"奢惰、残暴性"。由于农民长期在土地上进行散漫的、简单的、自给的、彼此不互相协作的生产,使农民在道德上养成"散漫性、保守性、狭隘性",以及"对于财产的私有观念,对于封建主的反抗性及政治上的平等要求"。在资本主义社会,资产阶级在生产中剥削无产阶级剩余劳动,依靠工人们所创造的剩余价值而生活,养成他们道德上的"垄断性、奢侈性"。由于无产阶级是集中生产,分工很细,一切生产都受到互相限制与彼此制约,他们是出卖劳力的劳动者,依靠工资过活,这就养成他们道德上的"团结性、互助性、组织性、纪律性、进步性"。

刘少奇从经济与道德相统一出发,把他的经济伦理思想从各个侧面展开,提出了一系列调节经济活动的道德要求。在生产过程中,他提出应该爱劳动,不劳而获、好逸恶劳是不道德的行为。他提倡节约,反对浪费,要求节约民力,珍惜国家资源。他还非常重视人的道德精神、荣誉感及责任心在劳动生产中的作用,注意表彰劳动模范。在交换与分配领域中,主张按劳分配,做到公平合理,促进生产力的

① 《刘少奇论党的建设》,中央文献出版社 1991 年版,第 222 页。

发展；他反对剥削，认为不劳而获是不合理的；他反对平均主义，认为平均主义妨碍生产力发展；在社会产品和国民收入分配和再分配的过程中，刘少奇主张“兼顾”和“互利”。他指出，“必须贯彻公私兼顾”、“劳资两利”[①]，在劳动者之间、集体与集体之间、中央与地方之间都要讲“互利”。在对待个人生活消费方面，提倡崇尚俭朴，反对奢侈，养廉修德。他认为必要的物质需求应该满足，要禁止不必要的铺张浪费。

3. 陈云的经济伦理思想。

陈云是伟大的无产阶级军事家、革命家和政治家，是我国社会主义经济建设的开拓者和奠基人之一。新中国成立以后，他长期主持全国经济工作，坚持从中国国情出发，研究和观察中国的经济建设问题，形成了极为丰富的社会主义经济建设思想，这其中也包含着许多经济伦理思想。

陈云在分析和处理经济建设中的各种关系问题时，总是把提高人民群众的生活水平，为人民谋福利放在首位，并把它作为考虑其他一切问题的出发点。同时，在考察各项经济政策的效果时，主要也是看人民群众生活是否真正改善。陈云强调，生产与建设不能离开为人民谋福利这一基本点，不能为生产而生产，应该是为提高人民生活水平而生产。在市场、价格、商业、农业、粮食等方面，他始终把这些问题的处理与解决群众生活联系起来加以考虑。由此可以看出，陈云的经济思想是代表了广大人民群众利益，因而具有鲜明的道德性。

陈云一贯强调经济发展必须和环境资源协调一致。他认为环境资源对于经济建设的规模具有约束力，二者之间要协调一致。他非常重视人口资源同经济发展的关系，他主张计划生育，提高人民生活水平的主张。他说：中国人多，必须节制生育，现在粮食、布匹、学校都很紧张，都与人口多而且增长快有关系[②]。陈云认为发展经济必

---

① 《刘少奇论新中国经济建设》，中央文献出版社 1993 年版，第 84 页。

② 《陈云文选》(1956～1985)人民出版社 1986 年版，第 59 页。

须保护环境。他指出，经济发展不能先污染、后治理，否则就会贻害子孙，后患无穷，体现了陈云反对不道德的经济发展。陈云主张在发展经济时要加强对资源的有效利用。他反对无视经济客观规律，对于资源采取掠夺性开发。陈云深刻认识到环境保护的重要地位，提出既要发展经济，又要保护环境，促进经济可持续发展，这充分体现了陈云极其重视经济发展的道德性。

4. 马寅初的经济伦理思想。

马寅初是我国著名的经济学家、教育家和人口学家。他撰写了大量的经济学、人口学等方面的论文和著作，他的经济伦理思想散见于这些文章之中。马寅初认为国民经济发展最关键的因素是物力和人力。物力指的是国家的生产资源，也就是原材料、生产机器和工具等。人力指的是人口利用国家资源的能力，这取决于人口的总素质和技术水平。对马寅初来说，发展经济就是多开发自然资源、增加生产工具和提高人口素质。马寅初在新中国成立后调查发现我国人口增长太快，敏锐地注意到人口无限增殖与有限自然资源之间的矛盾。针对这一情况，他主张控制人口数量，提高人口质量。马寅初认为，由于我国人口多，增长快，所以消费大，积累小，导致工业化落后，妨碍教育和科学研究，影响了劳动生产率的提高，也影响人们生活质量的改善和人的素质的提高。如果我们既控制人口数量，又提高人口质量，则可以保持我国的人力资源优势，因为提高人口的质量等于增加人口的数量。马寅初认为人口质量的提高应该包括德、智、体全面的提高。在人的素质中他十分注重人的道德和人格，曾指出：只讲个人主义不讲集体主义，是和社会主义国家的公民品德不相符的。

三、中共十一届三中全会至今的经济伦理思想

十一届三中全会后中国共产党否定了“以阶级斗争为纲”的错误路线，把党和国家的工作重心转移到经济建设上来，并作出实行改革开放的重大战略决策。通过改革开放后20年的发展，我国的生产力迅速提高，各项事业都有很大的进步。与经济、社会大力发展的同

时,经济伦理思想也获得较大的发展,并为社会主义市场经济的健康运行提供了保障。这一阶段经济伦理思想的代表人物有邓小平、江泽民、厉以宁、茅于轼等,他们的经济伦理思想侧重于研究社会主义市场经济运行中出现的各种伦理问题。

1. 邓小平的经济伦理思想。

邓小平是我国改革开放和社会主义现代化建设的总设计师。他的经济思想内容丰富、博大精深,处处渗透着的伦理思想。他提出了社会主义的根本任务就是发展生产力,以效率和公平为原则,实现共同富裕,从而构建了社会主义经济伦理思想体系。

邓小平根据马克思主义基本原理,结合我国的社会主义建设的经验教训,提出了社会主义的根本任务就是发展生产力,强调发展生产力是社会主义经济活动的基本伦理准则。首先,发展生产力具有善的道德价值。因为在我国,发展生产力是因为现阶段生产力水平很低,不能满足人民的物质文化需要这一矛盾。只有发展生产力,才能解决这个矛盾,满足人民的需要,实现客体客观属性和主体需要的统一,因此,便具有了道德上善的价值。所以,发展生产力具有关系社会主义在中国的命运和中华民族荣辱兴衰的善的价值,是社会主义发展的最终决定力量。同时,生产力是社会主义经济行为道德评价的最终标准。邓小平发展了马克思主义道德评价理论,认为对社会主义经济活动的道德评价必须坚持生产力标准,把是否促进生产力发展作为对一切经济活动进行善恶价值的评价和检验的尺度。凡是能促进生产力发展的就是有益的、善的,反之则是有害的、恶的,这是一个客观的标准。因为,生产力对社会主义经济行为具有内在的道德尺度性,任何社会的发展最终都会归结到生产力的解放和发展水平上。

邓小平认为社会主义市场经济的伦理原则是效率优先,兼顾公平。一方面,效率是公平的前提,效率应优先。邓小平同志认为社会主义优越性的重要表现就在于它应该创造出比资本主义更高的劳动生产率。只有效率才能满足人们日益增长的物质文化需要,才能实现真正的公平。在一个效率低下的社会中是不可能提高社会公平水平的。效率的提高是实现社会公平的物质保障，没有充足的物质财富，公平就没有现实的基础。因此，效率在经济生活中占有优先位置。另一方面，公平制约效率，应兼顾公平。邓小平指出不公平必然造成低效率。公平维护社会稳定，保障社会秩序。不公平必然导致权利与机会的不平等，进而妨碍效率。邓小平认为必须遵循"效率优先，兼顾公平"的原则，追求不适当、过度的平均会降低效率。因此，必须反对平均主义的公平观，改变不求效率只求平均的道德观念。

邓小平认为社会主义经济的伦理目标是实现共同富裕。在邓小平看来，共同富裕的实现是一个过程。允许一部分人、一部分地区先富裕起来是为了带动越来越多的人富裕起来，"最终达到共同富裕"的目的[①]。邓小平强调，共同富裕不是平均主义，不是同步富裕。"我们坚持走社会主义道德，根本目标是实现共同富裕，然而平均发展是不可能的。"[②]邓小平要求共同富裕是通过勤劳致富，通过诚实劳动和合法经营先富起来。他还指出共同富裕要防止两极分化。在共同富裕之路上要允许一部分人先富裕起来，但我们的最终目的是"共同富裕，不搞两极分化"[③]。邓小平要求采取政策调节高收入，逐步缩小贫富差距，最终实现共同富裕。他还多次强调提倡先富帮后富的道德义务，他说："我们提倡一部分地区先富裕起来，是为了激励和带动其他地区也富裕起来，并且使先富裕起来的地区帮助落后的地区更好地发展。"[④]

集体主义是马克思主义道德理论的根本原则。邓小平从我国改革开放和发展社会主义市场经济的实际出发，对集体主义做出了新的概括和阐发。首先，针对过去对集体主义片面的理解，抹杀了个人

---

① 《邓小平文选》第3卷，人民出版社1993年版，第374页。
② 《邓小平文选》第3卷，人民出版社1993年版，第155页。
③ 《邓小平文选》第3卷，人民出版社1993年版，第123页。
④ 《邓小平文选》第3卷，人民出版社1993年版，第111页。

正当的物质利益，邓小平从理论和实践上充分肯定了在社会主义条件下，人们追求正当个人利益的道德合理性。他认为，不讲多劳多得，不讲物质利益，对少数先进分子可以，对广大群众不行，一段时间可以，长期不行，提倡集体主义，决不是说可以不注意个人利益。其次，强调要坚持国家利益、集体利益和个人利益三者和谐统一。邓小平指出："在社会主义社会中，国家、集体和个人的利益在根本上是一致的"①，"个人利益和集体利益是统一的，局部利益和整体利益是统一的，暂时利益和长远利益是统一的。"②最后，邓小平在强调国家、集体和个人的利益三者兼顾的同时，又强调当个人的利益同国家和集体利益产生矛盾时，"个人的利益要服从国家和集体的利益。为了国家和集体的利益，为了人民大众的利益，一切有革命觉悟的先进分子必要时都应当牺牲自己的利益"③。

在消费伦理上，邓小平继承了中华民族艰苦奋斗、勤俭节约的优良传统。邓小平认为艰苦奋斗是中华民族的传统美德，他指出："中国搞四个现代化，要老老实实地艰苦创业。我们穷，底子薄，教育、科学、文化都落后，这就决定了我们还要有一个艰苦奋斗的过程。"④他多次强调："要使大家懂得，我们的资金来之不易，我们生产出来的东西来之不易，任何浪费都是犯罪。"⑤

2. 江泽民的经济伦理思想。

党的第三代领导集体核心江泽民同志高度重视中国的经济建设和精神文明建设问题，在他的一系列论述中，把经济与伦理密切结合，对如何解决经济发展中的伦理问题给出了创新性的科学回答，形成了具有鲜明时代特色的经济伦理思想。

在如何正确把握和处理发展社会主义市场经济与建设社会主义

① 《邓小平文选》第 3 卷，人民出版社 1993 年版，第 337 页。
② 《邓小平文选》第 3 卷，人民出版社 1993 年版，第 175 页。
③ 《邓小平文选》第 3 卷，人民出版社 1993 年版，第 337 页。
④ 《邓小平文选》第 3 卷，人民出版社 1993 年版，第 257 页。
⑤ 《邓小平文选》第 3 卷，人民出版社 1993 年版，第 261 页。

道德之间的相互关系上,江泽民同志高度关注。他认为发展社会主义市场经济需要强有力的道德保障,明确指出:"发展社会主义市场经济,不仅要求建立相应的法律法规体系,而且要求建立与之相适应的思想道德体系。""有了良好的道德素质,就能使人们自觉地扶正祛邪,扬善惩恶,就有利于形成追求高尚、激励先进的良好社会风气,保证社会主义市场经济的健康发展。"[①]同时,江泽民同志意识到"市场经济活动存在的弱点及其带来的消极影响,反映到人们的思想意识和人与人关系上来,容易诱发自由主义、分散主义和拜金主义、享乐主义、利己主义"[②]。为了坚决抵制和纠正这种错误的价值观,必须建立能够适应和推动社会主义市场经济发展的价值观和价值理性,他强调"努力建设与发展社会主义市场经济相适应的社会主义道德体系,是一项十分重要的工作,必须放在突出的位置来抓"[③]。江泽民十分关注诚信问题,认为这是抑制经济领域道德失范、维护市场经济正常秩序的迫切需要。《公民道德建设实施纲要》指出"不讲信用,欺骗欺诈成为社会公害"。因此,他特别强调诚信建设的重要性,"要采取法律、制度和舆论等多种措施,在全社会营造讲求商业道德、诚实守信、公平竞争的氛围"[④]。"努力形成与经济和社会发展相适应的健康和谐、积极向上的思想道德规范。没有信用,就没有秩序,市场经济就不可能健康发展。要在全社会强化信用意识,加强公民诚实守信的道德教育。"[⑤]

---

① 《江泽民论有中国特色社会主义》(专题摘编),中央文献出版社 2002 年版,第 336 页。

② 《江泽民论有中国特色社会主义》(专题摘编),中央文献出版社 2002 年版,第 410 页。

③ 《江泽民论有中国特色社会主义》(专题摘编),中央文献出版社 2002 年版,第 336 页。

④ 《江泽民论有中国特色社会主义》(专题摘编),中央文献出版社 2002 年版,第 76 页。

⑤ 《江泽民论有中国特色社会主义》(专题摘编),中央文献出版社 2002 年版,第 336~337 页。

在经济分配上，江泽民认为必须要正确处理效率与公平的关系。他指出："解决收入分配中的突出问题，要从基本国情出发，坚持实行按劳分配和按生产要素分配相结合的制度，贯彻效率优先、兼顾公平的原则。既要注重效率，反对平均主义；也要讲求公平，防止收入差距过分扩大。"①江泽民还非常注重个人利益与集体、国家利益三者的关系。他认为在社会主义条件下，不仅个人应该讲物质利益，追求民富，而且集体、国家也应该讲物质利益，追求国富。他强调把国家、企业、个人三者的利益结合起来，并指出："要深化分配体制改革，完善分配调节机制，整顿和规范收入分配秩序，逐步理顺国家、企业和个人收入分配格局。"②

3. 厉以宁的经济伦理思想。

厉以宁是当代中国最有影响的经济学家之一。他在理论上和实践上为推动中国改革与经济发展作出了重大贡献。长期以来厉以宁力图从伦理的角度来深入研究经济现象和经济问题，早在 1986 年出版的《体制 · 目标 · 人——经济学面临的挑战》和《社会主义政治经济学》中就对经济伦理问题有所反映。20 世纪 90 年代后，他又陆续出版了《经济学的伦理问题》、《超越市场与超越政府——论道德力量在经济中的作用》等经济伦理著作，对人在社会中的地位、公平与效率以及道德力量在经济中的作用等问题进行了深入地研究。

厉以宁认为经济学研究的最高层次是人在社会中的地位。他指出，经济学应当研究人的生活质量，提倡关心人、尊重人、培养人。厉以宁着重考察了人作为经济研究的对象和人作为经济研究的主体之间的关系。人们在活动过程中逐步认识社会经济活动，并不断调整自己的行为来适应社会经济的变化，但人们对自己行为的调整又构成社会经济的进一步变化，这意味着社会经济为适应人们认识和行

① 《江泽民论有中国特色社会主义》（专题摘编），中央文献出版社 2002 年版，第 59 页。

② 《江泽民论有中国特色社会主义》（专题摘编），中央文献出版社 2002 年版，第 57 页。

为的变化而进行调整。双方互相连续影响,彼此不断适应,使社会经济在调整中前进,在与人们认识和行为的适应中发展。厉以宁指出,东方文化的价值观念核心是家族观念和小生产者的平均主义,不利于形成企业家精神;而西方文化的价值观念核心是个人主义,与东方文化背景冲突。因此,我们应该探索在两者之外建立符合社会主义伦理原则的新价值观念。厉以宁强调需要研究生活的意义、创造与享受的关系,物质生活与精神生活的关系等问题。他认为,人的享受应建立在劳动创造的基础上,与创造结合在一起,这样才能使人们认识和享受到生活的乐趣。在公有制为基础的社会主义社会里,个人的利益与集体的利益、国家利益应该结合起来。在发展集体、国家的利益的同时,要让个人利益得到保障。而且,所要保障的个人利益,应该包含物质和精神两方面的内容。

厉以宁对效率与公平进行了伦理分析。他认为效率的伦理学含义应关注以下几点:是不是无论生产什么产品都等于生产有效率;产品是不是社会所需要的;同一种投入的不同产出是否有相同的效率;同一种产出的不同的资源投入效率是否相同。他认为从这四方面看效率的伦理意义应认真探讨。厉以宁认为公平的伦理含义是获取收入或积累财产的机会的公平,也就是机会均等,就是在市场竞争中"大家处于同一条起跑线上"。他从伦理的角度主张效率优先,兼顾公平。他认为,把效率放在优先地位,就是把自由参与放在优先地位,就是把个人努力程度放在优先地位,就是尊重生产要素供给者个别的努力与主动性、积极性。厉以宁还阐述了兼顾公平的含义。他认为,兼顾公平是指兼顾机会均等条件下收入分配的协调,而决不是指收入分配或财产分配的均等,而机会均等只能逐步实现。他认为在社会主义经济调节中,市场分配是第一次分配,注重效率;政府主持第二次分配既要注重效率,又要注重公平。

在厉以宁看来,在第一次分配和第二次分配之后,还有第三次分配,这就是习惯与道德调节。他指出,在以下几种情况下应由习惯与道德来调节:市场尚未形成和政府尚未出现时;市场调节与政府调节留下的空白;非交易活动;市场失灵时。从社会发展的趋势来看,由习惯与道德调节起主要作用的非交易领域内的活动有可能不断增多。厉以宁认为习惯与道德调节是介于市场调节与政府调节之间,是介于"无形之手"与"有形之手"之间。习惯与道德调节的主要形式之一就是企业文化、社区文化和校园文化等。他指出市场调节、政府调节、习惯与道德调节三者之间的关系很复杂,不一定有直接的联系。而习惯与道德调节作用的强弱很大程度上取决于人们主观努力的程度,取决于人们是否重视并积极发挥习惯与道德调节的作用。

4. 茅于轼的经济伦理思想。

茅于轼是当代最有影响的经济学家之一。他致力于普及经济学知识和市场观念,并以实在的扶贫活动实践自己的学术思想和社会责任。茅于轼一贯关注经济生活中的伦理问题,相继推出了《中国人的道德前景》、《谁妨碍了我们致富》、《寻求社会致富之道》、《道德经济制度》等在社会上有广泛影响的经济伦理著作。

茅于轼认为,无条件的大公无私和利他主义有逻辑上的内在矛盾,不应该成为制度设计和道德建设的根本原则。一个社会如果大多数人都毫不利己,专门利人,其余的少数人会大肆膨胀其私欲。而且从经济学的角度来看,不计得失的利他行为往往弊大于利。在茅于轼看来,道德之所以存在和必要,是因为人与人地位、条件和处境的不对称。处于有利条件的人往往牺牲自己少量的利益可以使处于不利条件的人得到很大的帮助。由于每个人都可能陷入不利条件,社会就要求处于优势地位的人应该帮助处于劣势地位的人,因此舍己为人就成为社会活动的道德原则。这才能使社会福利有所增加,社会更协调地发展。茅于轼还指出,与法律相比,道德是成本很低而效率最高的约束,道德风尚很好的社会不需要法律,这样的社会是经济效率最高的社会。

茅于轼很关注市场经济中出现的唯利是图、人情淡薄的状况。他研究认为,自利是市场经济中最主要的推动力。而自利成为社会进步推动力的关键在于个人利益和个人财产得到公正的保护。由于每个人的利益都受到保护,个人利益只能通过人与人之间的合作即交换来实现,彼此都在交换中得益,这种人际关系使得全社会的财富不断增加。市场经济中丑恶现象的出现并不是因为人们追求自利,而是因为一部分人因自利而妨碍了别人追求自利,侵犯了他人的平等权利所造成的。要解决这个问题,就要求人们尊重别人的私,把别人的私看成和自己的私同样重要。

茅于轼认为,市场制度在资源利用和环境保护方面有缺陷。他观察到市场制度在消费领域造成大量的浪费,许多人买了产品并不消费。他认为其主要原因在于市场制度中的生产目的是销售而不是消费。茅于轼认为这个问题需要通过市场机制和非市场手段相结合的未来社会制度来解决,而非市场手段的立足点很可能是道德觉悟。

第三章

西方经济伦理思想

关于西方经济伦理思想的发展，一般认为可分为四个历史时期，即：古希腊罗马、中世纪、近代、现代。而关于西方经济伦理学的学术流派，主要有以“经济人”假设为基础的古典功利论经济伦理学①、以“社会道德人”假设为基础的古典道义论经济伦理学②、以“复杂人”假设为基础的现代功利论经济伦理学③、以“自我实现人”假设为基础的现代道义论经济伦理学④。本章以西方经济伦理思想的历史分期为经，以西方经济伦理思想的学术流派为纬来把握西方经济伦理学思想发展的基本脉络。

① 古典功利论经济伦理学的代表人物主要有：大卫·休谟、亚当·斯密。

② 古典道义论经济伦理学的代表人物主要有：弗里德利希·李斯特、马克斯·韦伯。

③ 现代功利论经济伦理学的代表人物主要有：托马斯·唐纳森、托马斯·邓菲。

④ 现代道义论经济伦理学的代表人物主要有：萨特、阿马提雅·森。

第一节　古希腊罗马时期的经济伦理思想

一、西方经济伦理思想的孕育阶段

西方经济伦理思想发源于古希腊，直接或间接地脱胎于“希腊文明”。可以说，西方古代的经济伦理思想主要就是古代希腊的经济伦理思想，至于罗马时期的经济伦理思想，不过是古代希腊经济伦理思想的流传和发展。因此探究西方经济伦理思想，就不能不追溯古代希腊经济伦理思想的起源及其最初发展。古代希腊罗马的经济伦理思想，是生长于希腊人、罗马人的生活之中的，作为一种意识形态，它是古代希腊罗马社会的经济和政治的反映。

古希腊罗马处于奴隶制时期，它有自身固有的特点：从经济上看，早期希腊的生产主要是农业，到了公元前6世纪左右，由于交通的发达、手工业和商业的发展等原因，农业经济逐渐转变为工商业经济：从政治上看，希腊社会的主要组织形式是奴隶主民主制的城邦国家；从文化上看，当时社会的宗教气氛比较浓厚，还处于多神教而不是一神教阶段。作为这一现实之观念的体现，西方经济伦理思想史的两大理论系统，即：功利论和道义论的对立，也开始萌芽了。

西方经济伦理学中的道义论传统，最早发轫于古希腊神话的象征文化中，太阳神阿波罗（Apollo）便是人类正义超然本体论象征，也是西方古典道义论经济伦理学之“社会道德人”假设的最早原型，但真正的理论渊源则是柏拉图和亚里士多德。而西方经济伦理学中的功利论传统也可以追溯到古希腊早期的神话传说，商贾和贸易之神赫尔墨斯（Hermes）便是西方古典功利论经济伦理学之“经济人”假设的最早原型，而真正的理论渊源则肇始于色诺芬和伊壁鸠鲁。本章第二目介绍柏拉图和亚里士多德的经济伦理思想，第三目介绍色诺芬和伊壁鸠鲁的经济伦理思想，第四目介绍古罗马的经济伦理思想。

二、柏拉图和亚里士多德的经济伦理思想

1. 柏拉图的经济伦理观。

柏拉图，古希腊哲学家，他在其《理想国》、《法律篇》等著作中阐述了较丰富的经济伦理思想。柏拉图的节制说①和正义论②视为经济伦理学的滥觞。柏拉图认为，社会上不同人等都有相应的地位、角色，从事天分，就是服从正义。他把人分为三等，神用金子做的哲学家管理国家，这些人是"最杰出"、"最优秀"的人物；而由神用银子做的武士则管理军队。这两类人的工作就是支配人民，实现正义，为民谋利，这样就达到最高"善业"程度。最次等的人是神用铜和铁做的，那就是农民、手工业者和商人，他们的唯一责任是生产劳动。个人严格按照天分，进行自己应该做的事情，就是正义的，既符合经济上的职业伦理，又符合社会和人生伦理。当时的城邦公民都可以分成为三个部分，即富人、穷人和介于两者中间的中产阶级。富人由于生活奢侈，只会发号施令，不能审慎地考虑问题；穷人则往往由于卑贱而自暴自弃，只知服从而不堪为政；同时，贫富两阶级互不信任，不管它们中的哪一个阶级执政，都会引起纷争而发生动乱。只有以中产阶级为基础才能形成最好的政体；因为中产阶级较为稳定，他们既不像穷人那样希图别人的财物，也不像富人那样引起别人的嫉妒；既不对别人抱有阴谋，也不会受人谋害；所以最适于当富人和穷人之间的"仲裁者"。在这种中产阶级统治的国家中，为了保持社会的稳定，还要实行以下几条原则：第一，财产应私有公用，这样可以防止贫富两极分化；第二，公民，尤其是中产阶级的公民，应轮流执政，不得搞终身制；第三，必须实行法制，在法律面前人人平等；第四，城邦不能太大，也不能太小。此外，柏拉图在经济伦理思想方面的主要理论贡献还包括：既强调组织力，又强调自利心；视货币、贸易、利润及利

① 关于"对快乐和欲望的控制"的思想。

② 关于"做自己的事，履行自己的义务而不干涉他人"的思想。

息为所谓“必要之恶”(necessary evil);强调专业分工的重要性。柏拉图的社会伦理、经济定位理想,波普尔在《开放社会及其敌人》一书中,对之进行了批评,认为是顽固的专制主义、与现代自由、平等思想是大相径庭。“柏拉图的道德准则是严格的实用主义;它是整体主义或政治实用主义的准则。道德的度尺是城邦利益。道德不过是政治的保健术。这是整体主义的,部落主义的、实用主义的道德理论。”[①]但是,无论如何,柏拉图在伦理体系对于经济问题的贯通上,是有杰出贡献的。

2. 亚里士多德的经济伦理观。

亚里士多德,是古希腊哲学家、科学家,是柏拉图的学生。他被认为是古希腊哲学家中“最博学的人物”[②]。亚里士多德的经济伦理思想是其伦理学体系中的组成部分。在论述国家在经济活动中的作用时,就坚决主张“国家的目的”是“美好生活的普遍促进”。在《尼各马可伦理学》的开篇中,亚里士多德在论述经济学对财富的关注时,就将经济学的主题与人类行为的目的结合起来。在亚里士多德那里,经济研究就与人类行为所追求的目的相联系。而经济动机是工具理性、形而下之学,寻求幸福才是价值理性,形而上之学、智慧之学、高贵之学。在经济活动中应该遵循爱、中道、友谊、国家正义(合法、恪守法律的好公民),公平交易、比例平等等一般人性特征和道德。而关于公平问题,亚里士多德还探讨了一些具体问题,比如,奴隶的待遇;再比如,利息的收取;等等。在《尼各马可伦理学》的开卷和结尾当中,亚里士多德还涉及劳动意义问题,他从现实的经济生活出发,强调一切具体的行动和职业活动,都在追求某种目的,是在实现某一具体的善。而且,劳动的普遍的善是和个别的善相联系的。尽管亚里士多德反对以赚钱为目的的交易,但他还是对私有制表示拥护,而且反对对拥有私有财产数量的限制。从亚里士多德伦理学

---

① 波普尔:《开放社会及其敌人》,中国社会科学出版社 1999 年版,第 209 页。

② 《马克思恩格斯选集》第 3 卷,人民出版社 1995 年版,第 59 页。

可以看出，古希腊伦理思想既有其深厚的经济基础和政治条件，也有其特殊的文化背景，它反映了古希腊人对自然秩序、社会关系和人的行为品质的认识。

三、色诺芬和伊壁鸠鲁的经济伦理思想

1. 色诺芬的经济伦理观。

经济一词，源于希腊文 oikonomia，原意为家计管理。色诺芬是最早使用“经济”一词的人。色诺芬在《经济论》中论述以家庭为单位的经济管理，就是当时经济学研究的内容。色诺芬的经济伦理思想包括以下几方面的内容：

其一，色诺芬把经济活动看做是创造使用价值的过程。他还告诫奴隶主，为了发财致富，必须最低限度地满足奴隶的需要。正如马克思所指出的，在色诺芬的主张中有“市民阶级的本能”①。

其二，色诺芬在《经济论》中力图证明农业是最愉快和最有益健康的经济部门；认为自由民不应该从事其他“粗俗的技艺”。这种看法在当时是很普通的，马克思说过，“古代人一致认为农业是适合于自由民的唯一的事业，”所以“农业享有极大的荣誉”②。色诺芬在《经济论》中有一大段文字描述了农业的各种好处。色诺芬由此作出结论说，“农业是其他技艺的母亲和保姆，因为农业繁荣的时候，其他一切技艺也都兴旺；但是在土地不得不荒废下来的时候，无论是从事水上工作或非水上工作的人的其他技艺也都将处于垂危的境地了”。法国重农学派的主要代表魁奈非常重视色诺芬关于农业的观点，曾引用上面这段话作为他的主要著作《经济表》的题词。

其三，色诺芬维护自然经济，把农业看得高于其他经济部门，目的在于反对雅典民主政治所采取的发展商品经济的方针。色诺芬关于商品经济的观点往往是自相矛盾的，他一方面贬低商品经济的意

① 马克思《资本论》第 1 卷，人民出版社 1975 年版，第 405 页。
② 马克思：《资本主义以前生产各形态》，人民出版社 1956 年版，第 12 页。

义，另一方面又承认商业和商人存在的必要性。这种矛盾思想反映了在当时的奴隶占有制下，商品生产和交换已经得到了初步发展，反映了奴隶主的田庄同市场不能不发生一定的联系。在《雅典的收入》一文中，他希望“有更多的人和我们贸易”，主张把“带来大批值钱商品因而有利于国家的商人和船主尊为上宾”。在对于货币作用的解释上，他的观点的矛盾表现得更为明显。他一方面反对货币经济，另一方面又把货币的作用评价很高。他强调开采银矿的好处，认为当人们拥有足够的其他可供使用的东西以后，人们便不再想添置这类东西；但是，“谁也不会有多到不希望再多的白银；如果他们拥有的白银太多，他们就把它储藏起来，他们喜欢储藏白银不亚于他们喜欢使用白银”。马克思在分析他这一段话时指出，“……色诺芬在当作货币和贮藏货币的特殊形式规定上论述货币”①，认为他的这种见解是“市民阶级本能”的表现。

其四，色诺芬认为“财富是一个人能够从中得到利益的东西”。他说一个人如果能从朋友（或仇敌）身上得到好处，这种朋友（或仇敌）对他来说也是财富；反之，即使是钱，如果一个人不懂得怎样使用，钱对他也不能算是财富。这种见解表现了市民阶级所固有的发财致富的意图。

其五，在奴隶主阶级占统治地位的社会里，维护奴隶制度是奴隶主思想家们的共同特征。色诺芬也认为巩固对奴隶的剥削是自然的和必要的。《经济论》中有一章说明应该怎样对待奴隶。他说，训练野兽的办法也同样是训练奴隶使之驯顺的有效方法。在《雅典的收入》中，他还建议由国家购买奴隶，并把他们出租以增加国家的收入。

2. 伊壁鸠鲁的经济伦理观。

古希腊哲学家伊壁鸠鲁认为，快乐就是至善，人生的目的就在于追求快乐。但伊壁鸠鲁的这种快乐，并不是放荡者的那种无度的物

① 马克思：《政治经济学批判》，人民出版社 1955 年版，第 101 页。

质享受或肉体享受，而是指身体的无痛苦和灵魂的无纷扰。这虽不是直接讨论经济伦理学问题，但这种快乐主义的人生哲学却奠定了功利论的经济伦理学的理论基础。

伊壁鸠鲁强调人生的意义，要人们学会过幸福生活。什么是他说的幸福生活呢？他认为“快乐是幸福生活的开始和目的”[①]。当然，他也不是把一切快乐都看成是幸福。当某些快乐会给我们带来更大的痛苦时，我们就应该放弃这些快乐；相反地，如果我们忍受一时的痛苦可以换来更大的快乐，我们就认为这种痛苦比一些快乐还好。基于这样一种考虑，他反对放荡者的快乐或肉体享受的快乐。他认为，不断地饮酒取乐，或享用珍馐美馔，都不能使生活幸福，所以这些快乐都是不足取的。他要人们选取的快乐是身体的无痛苦和灵魂的无纷扰。在快乐的选取上，他要人们谨慎。他说：“谨慎是最高的善。”没有谨慎就不可能有幸福生活。

为了求得身体的无痛苦和灵魂的无纷扰，须对欲望加以取舍。对既非自然又非必需的欲望，如荣誉，决不能屈服；对自然而非必需的欲望，如对一些高级食品的渴望，偶尔可顺从一下；对自然而又必需的欲望，如饥渴时对面包和水的需求，是要满足的。他认为，只要对这三种欲望采取这三种态度，身体就无痛苦，灵魂就无纷扰。为了求得身体的无痛苦和灵魂的无纷扰，各种美德也是需要的。伊壁鸠鲁认为，愉快生活是不可能与各种美德分开的。在美德中，友谊对人生的幸福特别重要，因为友谊最能增进人生的安全。

为了求得身体的无痛苦和灵魂的无纷扰，伊壁鸠鲁认为，人们相互约定避免彼此伤害和尊重相互利益是非常必需的。有了这样的约定，也就有了公正。人们就可以惩罚那些违反相互约定的人了。他的这个思想是“社会契约论”的萌芽。马克思曾经指出，国家起源于人们相互间的契约。这种观点就是伊壁鸠鲁最先提出来的。伊壁鸠鲁虽然把个人快乐作为生活的目的，但他决不是一个纵欲主义和唯

① 周辅成编：《西方伦理学名著选辑》上卷，商务印书馆 1987 年版，第 103 页。

我主义者。伊壁鸠鲁的快乐主义的伦理学,与当时在一部分人中间存在的骄奢淫逸或悲观厌世的人生观相比是有积极意义的。

四、古罗马的经济伦理思想

古罗马最发达的社会科学是法学,因此,古罗马经济伦理思想的发展深受罗马法学的影响。古罗马经济伦理思想的发展主要内嵌在财产理论、惩罚理论和平等理论之中。

1. 财产理论中的经济伦理观。

古罗马的财产理论可从罗马《十二铜表法》或稍前的时代,即公元前6世纪中得到考证。显然,私有财产制度在此前就已经确立。与私有财产理论有关的论述,我们只能找到相当少的资料。卢克莱修所描绘的社会和法律起源的图景表明在原始社会所有需要都因大地的丰饶而得以满足,在金子发现以后,这种和谐被人们的贪婪所破坏;因而,人们把秩序加诸于己身以避免争执,保护个人得享"他的"那一份。罗马著作中唯一明晰的财产观念是西塞罗给出的,其看法与上述的相似。他把世界上的物品比作剧院中的座位:"尽管剧院是公有之物,我们仍然可以说每一个人就座的是'他的'座位;国家和世界也是这样,尽管它们也是公有财产,但毫无疑问,没有什么正当的理由可以用以反对如下观念,每个人的物品是他自己所有的。"①

2. 惩罚理论中的经济伦理观。

在古罗马,惩罚是社会控制的重要内容。塞内加在他献给尼禄皇帝的《论仁慈》一文中,列举了惩罚的三个基础。他说,伤害他人应受到惩罚,其理由与法律惩罚他们的理由相同:改造违法者,警示他人,以及放逐犯罪人,从而人们可获得更大的安全。

《十二铜表法》认识到了自愿和非自愿伤害之间的区别。规定

① 这句话是对以下拉丁文的意译:Sic in urbe mundove communi non ad versatur ius quo minus suum quidque cuiusque sit。

只有在“明知并可预见后果的情形下,为纵火罪而设立的火刑的惩罚才可成立,否则,即被免除。但如果纵火是出于过失,此人必须弥补损失,如果他无力弥补,就要被处以轻微的鞭刑。同样,西塞罗引用的《十二铜表法》包含着一个关于投掷武器的条款:如果武器不是他故意投掷而是滑脱的话,投掷武器罪就被撞击罪“取代”。

3. 平等理论中的经济伦理观。

西塞罗虽然陈述了法律至上的原则,但由于他所处时代的制度是承认法律依级别不同而存在诸多差异的,他和其他的法学家都没有表述过法律面前人人平等的思想,这里的平等指的是不认可这类形式区别。恰恰相反,在西塞罗看来,承认法律的等级差别对一个有序政体来说是必要的。在《论国家》中,他指出了君主制、寡头政治和民主制各自的优缺点,他说在民主制之下人民控制一切,不管他们的行为是多么的合乎正义和中道,若不考虑等级差别,甚至平等也是不平等的。他认为,雅典民主于辉煌时刻走向衰落的原因就在于人民不再尊重等级差异。

另一方面,尽管西塞罗主张法律制度应当依等级不同而作区别对待,但作为哲学家的他也勾勒了平等原则得以体现的理想法典。在这一法典中,他重述了《十二铜表法》主张“执法不应因人而异”的原则。马可·奥勒利乌斯,这位罗马的皇帝和哲学家也涉及了“法律面前人人平等”的观念,在他的《自省录》的开头,在表达这一观念的希腊语词(isonomia)之下他引证了诸多其他人的表述:他的姻亲塞维鲁认为 isonomia 的意涵就是,“国家的法律适用于所有人,因为每个人都是平等且拥有言论自由的”。

第二节 中世纪的宗教经济伦理思想

一、西方经济伦理思想的曲折阶段

自公元 476 年西罗马帝国灭亡始,至 1688 年英国资产阶级革命结束止，是欧洲的“中世纪”①。中世纪是欧洲的封建时代，也是基督教在社会经济、政治、文化等各个领域占据支配地位的时期。《圣经》的作者认为：神为人类立法，而爱上帝就是道德的最高标准，爱上帝又必须体现在爱人类同胞之中，因为人类都是上帝的孩子。在幸福问题上，他们都宣扬来世的天国生活是真实而幸福的，现世的物质生活是罪恶，是不可取的和暂时的，现世只是通往来世生活的阶梯。这实际上是一种禁欲主义的经济伦理思想。但是，历史和经验告诉我们：完全抛弃利益是根本不可能的。中世纪虽然被称为文化上的“黑暗时期”，但实际上这一时期，尽管大多数的神学家持道义论的观点，但同时也有一些神学家持功利论的观点。根据对现实物质利益的态度，我们可以把宗教经济伦理思想分为三类：一是道义论的观点，对现实物质利益鄙视并予拒斥；二是中间派的观点，对现实物质利益肯定但却疏远；三是功利论的观点，对现实物质利益面对而后改造②。

二、道义论的宗教经济伦理思想

道义论神学基于信仰的理由而对财富和经济抱持着鄙视并予拒斥的态度。譬如，中世纪著名的修士圣法兰西斯(St. Francis)不但视钱财如粪土，认为逃避钱财应该像逃避魔鬼一样。而且相信，贫穷可以使人特别亲近上帝。信徒应该为了基督的缘故而成为最贫穷的人，并且以贫穷为自己的配偶和最大的财富。他终其一生所拥有的只是几件旧衣服，此外别无他物。无独有偶，早在第二世纪中叶的赫马(Hennas)，也非常强烈表达了类似的看法。他相信财富是得救的障碍。因为，维护财产与事业的需要，无可避免地会凌驾于对上帝的热诚。这并不是个人有没有野心的问题，而是只要有财富，就让人

① 中世纪，即两座山之间的时期，也即古希腊罗马和文艺复兴两个历史高峰间的时期。

② 参见叶仁昌：《宗教与经济伦理：三条基本路线》，刊于《独者 Solitudo》，2003 年春季号，台湾基督徒学会出版，第 23 ~ 46 页。

“难于持守上帝仆人应有的心志”；甚至会“变得骄傲自大、目中无人、践踏真理、轻忽公义”①。即使是如宗教改革家马丁·路德(M. Luther)也这样说：

“钱财是世界上最微末的东西，是上帝恩赐中最小的。它和上帝的道相比，算得什么呢？它和我们身体上的恩赐，如美丽和健康等相比，算得什么呢？它和我们的理智和禀赋……相比，又算得什么呢？……因此，上帝通常是把钱财给那些得不到他恩赐的人。”②

这一类论调很多，只是轻重程度有所不同。当然，《圣经》中也确实有不少对财富的戒心和警告。譬如，“骆驼穿过针的眼，比财主进上帝的国还容易呢？”③“上帝……拣选了世上的贫穷人，叫他们在信上富足。”④还有最重要的一段经文，是“你们不能又事奉上帝，又事奉玛门”⑤。这里所用的“玛门”是非常强烈的。傅士德(R. J. Foster)称它是一种“与上帝竞争”、有控制性的支配力量。他相信，耶稣号召所有想要跟从他的人，过“一种对财产不关心的喜乐生活”。

通常那些追求出世与修道主义、或是热衷于神秘经验的人，会有最浓厚的此种态度。就如社会学家韦伯(H. Weber)所说的，“只要有人问他要外套，……慈悲的神秘论者会连衬衫都一并奉上”。因为他们认定，生产之类的劳动或其他经济行为，会分散人对于默想和亲近上帝的专一。故而，在这些教派中愈是核心的领袖人物，就越穷，并依赖信徒的供养。⑥

其实更深入而言，造成此路线的关键之处，往往是在于他们对财

① 参见吴秀兰、罗丽芳译，冈萨雷斯：《信仰与财富》，台北校园出版社2000年版，第139~142页。

② 杨懋春译：《路德选集》下册，香港金陵神学院及基督教文艺出版社1959年版，第307页。

③ 《圣经》，中国基督教协会2000年版，第93页。

④ 《圣经》，中国基督教协会2000年版，第93页。

⑤ 《圣经》，中国基督教协会2000年版，第93页。

⑥ 韦伯(Max Weber)著，简惠美译：《宗教与世界：韦伯选集(Ⅱ)》，远流出版社，第114~115页。

富抱持着圣俗二元论的神学预设。这中间有两个互相关联的主要因素，第一，在“圣”(the sacred)与“俗”(the profane)之间，其划分是泾渭分明的，并没有中立、灰色或是可转化的空间。第二，金钱和房地产之类的财富、以及生产与牟利和商业交易之类的经济行为，都被明确地归类为属于“俗”的范畴，并且被视为迈向“圣”的残累和障碍。借用韦伯的推论逻辑来说，他们在俗人的日常生活与圣品的救赎成圣之间，“划下了一道深隔的鸿沟”，他们选择的是“逃离现世”(Weltflucht)，而不是后来清教徒的“改造现世”(Weltberarbeitung)。

无疑地，中世纪同时弥漫着由这两个因素所造成的神学气氛。虽然中世纪教会并不乏对职业“劳动”的肯定，认为经济工作是普遍的义务，未必全然将之视为亚当堕落后的诅咒。但严格来说，它也只不过是肯定了农业这种生活方式。对于商品经济还是难以接受的。

至于马丁·路德的立场则令人困惑。作为一个宗教改革的先驱，他在神学上虽很激进，在经济上却与政治方面同属保守。如果按照马丁·路德对于出世与修道主义的反调、以及信仰与法律区分为两种治理的主张，经济生活其实已经世俗化了。但正如波吉(G. Poggi)所指出的，这并不意味着马丁·路德同意工商业者不断地增加资本或赚取金钱。马丁·路德的宗教个人主义是相当内向的，与近代资本主义精神在个人主义上的注重外在实体——即财富与工商贸易——有所不同。事实上，对于当时勃兴的工商业以及经济与宗教的日渐结合，马丁·路德甚表反感。他说，最值得钦羡的是农人的生活，因为他们最少接触商业上的功利计算。贸易是允许的，但只限于必需品的交易。对于商品的价格，马丁·路德更给予明确的原则，即价格应恰好补偿其劳动与风险。因为，售卖的意义并非赚钱，而是服务邻舍。若在此价格原则之外牟利，就是贪婪；而贪婪是无可宽恕的罪，因为它是对别人财产的侵占，破坏了基督徒合一的身体。马丁·路德并公开指责收受利息和放款收租金的行为。他几乎认定，一个基督徒赚得愈少，就愈圣洁、愈基督化。

整体而言，马丁·路德在宗教上的内向性，使得他认定世俗利益必然地会阻碍或疏远信徒对宗教的热忱与委身;甚至宗教与世俗利益几乎处于一种互相对抗和消长的局面。可以确定的是,他未能在财富与经济行为上突破圣俗二元论。这就是为什么韦伯在讨论新教伦理与资本主义的兴起时,会说马丁·路德身上还保留了浓厚的神秘主义和感情主义的色彩,"缺乏的是对外在活动的肯定性评价"①。

总的来说,这一种谴责利润心并远离财富和经济的论调,与现代社会的风貌显然是大相径庭。它或许可以适用于过去的农业时代。因为在农业社会下,人们只要透过简单的劳动,就可以从大自然里面获得生存所需要的物资。但在今天的工商暨科技社会里,这已不复可能。我们生活所需的东西几乎都得透过经济活动去生产、交易和赚取。在此情况下,若继续鄙视财富并轻蔑牟利和交易之类的商业,那只是不切实际的高调,至少我们可以说,这样一种论调毫无现代性可言。

三、中间派的宗教经济伦理思想

中间派神学是对财富和经济抱以某种理由的肯定,却又基于信仰上的若干顾虑而予以限制和疏离。譬如,在第四世纪著名的拉克坦丢(Lactantius),就严厉地批评那些主张弃绝财富的哲学家,就像是"为了逃避死亡而选择自杀"。他说这些人"丢弃那些成就慷慨施与,又不会失去恩典的工具"②。显然地,拉克坦丢已经看见了财富和经济的正面价值——可以培养美德和流露上帝的恩典。亚历山大的革利免更是一例。他说,若一无所有,如何将你有的与人分享?人只有在还有剩余的时候,分享施舍才成为可能。他在乎的不是外在的财富,而是内心对财富的态度。

但必须注意的是,上述这些对财富与经济的肯定,却又受到限

① 韦伯(Max Weber)著,于晓、陈维纲等译:《新教伦理与资本主义精神》,唐山出版社,第88~89页。

② 参见冈萨雷斯(Justo L. Gonzalez)著,吴秀兰、罗丽芳译:《信仰与财富》,台北校园出版社2000年版,第184~187页。

制。他们都不能接受财富的累积与享受、以及超过身体需要以外的过多财富。对于财富,虽然我们应当善尽受托付的责任,但若是财富成为信仰生活的拦阻时,就要准备随时将财富丢弃。

《圣经》中有一个很高明的洞察:即“贪”才是生命里头真正的罪恶势力,而不是“财”。《传道书》就说道,“贪爱银子的,不因得银子知足;贪爱丰富的,不因得利益知足”。这清楚指出,只要心中的贪欲没有解决,就算在某种追求贫穷的制度下已无钱财可贪,人仍将永无止境地贪一切可贪之物。

奥古斯丁的立场由此出发。他认为,《圣经》所谴责的不是财富,而是贪婪;不是人所拥有的东西,而是人对这些东西的欲望。上帝不会拒绝有金银者的祷告,穷人也不见得讨上帝喜悦。穷人若是埋怨咒骂自己的贫穷,并且胸中燃起财富欲,那也同样犯了贪婪的罪。奥古斯丁同样认为,关键之处是信徒必须在钱财上做一个好管家。他说:

“金银属于那些懂得使用金银的人,……一个人只有在正当的使用某物时,才可以说是拥有它。”①

他将钱财归属于“使用”而非“享用”的范畴,并且声称,若是次序颠倒,罪恶就会产生。我们可以“使用”某一样东西,却不可以去“享用”那一样东西。奥古斯丁又进一步地区分民生必需品与奢侈品范畴归属;他指出前者属于使用的范畴,而后者当然属于享用的范畴。奥古斯丁更要求将多余的钱财用来救济穷人,否则等于侵占穷人的财产。

奥古斯丁虽然肯定私有财产,却声称它并不在上帝原来的创造中,而只是“俗成的制度”。他因此不承认财产有一种“上帝赋予、自然的权利”。但即使如此,对于堕落的人类而言,私有财产制度既是上帝的惩罚,同时也是矫治。由此可知,奥古斯丁只是将钱财当做人

---

① H. A. Deane. *The Political and Social ldeas of St. Augustine*. New Youk: Columbia University Press, 1963. P293.

类堕落以后一种带着惩罚的需要。

阿奎那斯与之不同的是,他视财产是基于自然法而来的一项权利。但此外的所有观点则几乎都与奥古斯丁同调。他在肯定财富之余,同样反对财富的累积和享受、以及超过民生必需品以外的过多财富。但对于圣法兰西斯那种所谓的“神贫主义”,阿奎那斯并不热衷,认为那只适用于蒙特别拣选的少数人。

整个来说,中间派神学不再谴责利润心,也肯定了对财富和经济的需要,但将它们的合理范围局限在民生必需品。如果你拥有比民生必需品更多的钱财和家当,就是奢侈浪费,久而久之,终将更依赖财富而少依赖上帝,不但如此,拥有过多的财富等于间接剥夺了穷人的需要。因此,结论是财富不能超过生存所需,不能累积,也不可以用来享受。从这个角度发展下去,经济的规模显然只能去生产和交易民生必需品,可想而知的是,它并不能接受一个以经营和操作市场、并努力扩张市场为专业的商业阶层。

这样的立场在“圣”与“俗”之间似乎是中立的,但其实是游离的。它固然不再将财富和经济放在“俗”的范畴,但也从来没有将财富和经济放在“圣”的范畴。因为财富和经济带有堕落的危险。它们不可以多,多了就是坏事;也不可以享受,享受就变成罪恶。这一条路线看似中庸之道,因此最讨好,也是许多人面对财富和经济时所选择的态度。在我们日常语言中,所谓的“够用就好”,其实都是属于这条路线的不同版本。如果它们只是作为沟通时轻松的口语,倒也无须挑剔;但却不适合作为经济伦理中严谨的原则。中间派的宗教经济伦理遇到的现实挑战,表现为如下三个方面:

第一,是标准差异的问题。够用就好的标准是什么?跟一辆自行车比较起来,买摩托车算不算超过生活所需?而如果买一辆更高档的小汽车,是不是就间接剥夺了穷人的需要呢?再譬如《地理》杂志,它绝非生活必需,十年不阅读它也不影响人的基本生活。那有线电视呢?算不算民生必需品?我们必须承认,民生必需品这个概念,会随着社会变迁而有所改变,也因各个人不同的角色、需要和能力而呈现高度差异。

第二,是价值简化的问题。伦理学总是面临不同价值的取舍。人从来不是只活在一种价值的支配下,而是必须在许多冲突的价值下去抉择和平衡。如果因为追求简朴而牺牲了生命中对美的追求、对成长的突破、甚或是因此而限制了人们的自由,这是我们应该讴歌的经济伦理准则吗?出国旅游的昂贵性是否违背简朴?而为全家留下一个美好的回忆并增长见闻,会是一件不好的事情吗?

第三,是本末倒置的问题。席林认为,经济意义上的价值是产品对需求满足的意义。而简朴所作为一项伦理原则,就是在经济上要求一种最小程度的满足。结果,它所容许的当然也只是经济价值的极小化。但从信仰伦理来看,重要的并不是胃口大小,而是胃口正确与否的问题。若是胃口正确,理当追求极大化的满足。譬如,对于那些可以让我们身体健康的消费,那些属于美善的体验,还有那些有助于我们自由、成长和丰富的事物,绝对没有理由说浅尝即可。而蕴含这些经济价值的商品,也理应得到经济伦理上的肯定。我们绝非反对简朴精神,只是认为应有一个较之更超越的原则来面对财富和经济。简朴不可以作为生命目标,它应该只是达成生命目标的手段。简朴是透过节省更多的资源,好让我们能够更强而有力地投入生命目标的实现。简朴必须是为了更丰富的生命,一旦它开始减损生命的丰富时,简朴就必须停止下来。

归结而言,这一条路线只是一种简单的折衷主义,使得财富和经济处在“圣”与“俗”之间一种身份不明的尴尬地位。它在近代资本主义与商品经济下缺乏有效的适用性,虽可缓和信仰与经济伦理之间的紧张性,但根本的矛盾难题仍然没有解决。

四、功利论的宗教经济伦理思想

功利论神学既不藐视财富和经济,也认为财富可以累积和享受。它不担忧资产和事业庞大,甚至,还视此为上帝的奖赏和祝福。《圣经》中不乏可以支持此立场的经节。譬如,“上帝赐人赀财丰富,使他能以吃用、能取自己的分，在他劳碌中喜乐，这乃是上帝的恩赐”。又说，“你要记念耶和华你的上帝，因为得货财的力量是他给的”。“手懒的，要变贫穷；手勤的，却要富足。”①事实上，旧约时代之所以要求奉献十分之一，就是认定人的财富是上帝的赏赐。无疑地，这是一条真正肯定财富、甚至商品经济，并完全消解与信仰之间紧张性的态度。

在一般的情况下，热衷于财富和事业，宗教热情可能就冷淡了；而随着财富和事业的成功，对宗教信仰和依赖也往往会跟着减低。这就是存在于宗教与经济之间的矛盾。回顾前述的道义论和中间派，可以说，就是以逃遁或疏离来消解矛盾紧张的途径。这就好比某个人跟我有仇、吵过架，而我以后的因应之道，就是避开他、少碰面。但是功利论神学选择“以改造与转化来消解矛盾紧张”的途径，我不再逃避你，我要跟你坐下来，好好改造与转化彼此的关系。

在西方教会史上，采行这一条基本路线的关键人物是加尔文。与马丁·路德截然不同的是，他肯定了当时新兴的商业市民阶级。加尔文宁可接受社会变迁下的新形势，赢取商业市民阶级，才能进一步影响和改变他们。他甚至致力于贸易和商业的复兴，并认为所赚取的金钱应当再投资发展以增加经济效益。

作为一个生活简朴的教会领袖，加尔文令人惊讶地赞成财富的累积、甚至享受。他批评那些声称物质享受不应超过生活所需的主张，说“这种忠告的动机是很好的，但未免过于苛刻”。“我们当立下一个原则，即善用上帝所赐之物，绝非错误。”

“上帝为什么创造各种食物，……不但是为了我们的需要，也是为了我们的快乐。又比方在衣着方面，他不但是因我们有此需要而赐予，也是为了维持礼节和威仪。花草、树木、蔬果，除了实际的效用外，也供给了清香美味。……所以我们不要相信那无人性的哲学，以为除了需要以外……这不但剥夺了我们合法的享受，……叫我们成

---

① 《圣经》，中国基督教协会2000年版，第646页。

为无感觉、麻木不仁的木头。”①

加尔文这种对今生此世的肯定，也使得他批评重洗牌将“属灵”与“属世”彻底分开的立场。对加尔文来说，它们仅仅是不同层面而已；是横向平行的二分，而不是上下对立的二分；是描述性的区分，并无褒贬的意义。逃避今生此世不啻为失败主义。加尔文强调，我们每一个人在今生此世要“重视自己的职务”。而且，这样一个投身于经济领域中的职业劳动，绝非因亚当犯罪后所受的诅咒，反而就如同献身传道一样，都是有价值和重要的。

就在这样的影响下，后来的加尔文主义以及18世纪的清教徒，在信仰上呈现出了独特的精神，就是韦伯所声称的“入世禁欲”。简单地说，就是将信仰中的敬虔落实在日常生活的具体行为中，而不是在修道院里冥思祈祷。韦伯传神地描绘道：

“最初逃避尘世，与世隔绝的基督教禁欲主义已经统治了这个它在修道院里通过教会早已宣布弃绝了的世界……现在，它走出修道院，将修道院的大门‘呼’地关上，大步跨入生活的集市，开始把自己的规矩条理渗透到生活的常规之中，把它造成一种尘世中的生活，但这种生活既不是属于尘世的，也不是为尘世的。”②

这其中蕴含的是一种反对出世却又不属世的入世精神。他们积极地肯定今生此世，拒绝将自己龟缩封闭在修道院或沙漠旷野之类的宗教温床。即便尘世充满了堕落的诱惑，都当坚定地面对而后去改造它。拒斥逃遁固然可以一时成就自己的圣洁，但它却容让污秽与罪恶继续存在，并毒害其他的人与世界，这毋宁是另一种形式的自私。

加尔文主义和清教徒因而走入了一条险路，就是让自己存活在积极面对诱惑所具有的紧张性中。虽然一不小心就可能堕落，但信

---

① 加尔文（J. Calvin）著，徐庆誉、谢秉德译：《基督教要义》（中册）香港，金陵神学院及基督教文艺出版社1985年版，第165、185、186页。

② 韦伯（Max Weber）著，于晓、陈维纲等译：《新教伦理与资本主义精神》，唐山出版社1991年版，第122页。

仰的使命却是在这堕落的诱惑上向魔鬼挑战。这有如走在一边是上帝而另一边是魔鬼的生命钢索上。从出世与修道主义或冥思的神秘派来看,自始就必须拒绝选择这样的钢索。确实,若是要在世界的诱惑中完全拒绝堕落的可能,只好选择将污秽隔离,让自己活在一个无菌的神圣世界。但在加尔文主义和清教徒看来,这样一个神圣世界固然美好并值得追求,却遗留下了另一个罪恶世界。因此,加尔文主义和清教徒面对"属灵"与"属世"两个国度的矛盾紧张,他们宁可选择改造与转化,而不是逃遁或疏离。财富和经济作为一种诱惑,其真正的意义乃是考验:看人能不能拥有财富和事业而不改心中对宗教的信靠和顺服。

总之,道义论神学将财富和经济放在"俗"的领域,认定它们是迈向"圣"的障碍。中间派采取了一种简单的折衷主义,摇摆游离在"圣"与"俗"之间的灰色地带。而功利论神学,对于财富和经济,则跳脱了是"圣"抑或"俗"的本质主义。认定只要行动者能够在赚取、管理与使用上赋予它们一个来自上帝的动机和意义,它们就可以成为"圣"的领域。

第三节　西方近代经济伦理思想

一、西方经济伦理思想的产生阶段

学术界一般都把"近代"的时间概念理解为自 16 世纪末到 19 世纪上半叶之间。这一时期,是资本主义经济迅猛发展和科学昌盛的时期,同时又是资产阶级革命时期。由于资本主义的发展,产生了一个经济利益和道义原则的关系问题,出现了古典功利论和古典道义论的对立。一般说来,在资本主义经济比较发达的地区,政治立场又比较激进的哲学家,在功利和道义问题上,都持功利主义态度。他们希望根据新兴资产阶级的经济利益来重新制定或调整社会道德原则。从 17 世纪的培根、霍布斯、洛克,到 18 世纪的爱尔维修、费尔巴哈，直到19世纪的边沁、穆勒，都持这种观点。相反，资本主义经济相对不发达或思想比较守旧的哲学家，都站在道义论的立场，实质上企图用传统道义或理性原则来对资产阶级急功近利作某些限制。17世纪英国的新柏拉图学派，19世纪的康德、黑格尔，都持此种观点。在经济伦理学领域，古典功利论的经济伦理学的代表人物是大卫·休谟和亚当·斯密，而古典道义论的经济伦理学的奠基人则是弗里德利希·李斯特。

古典功利论的经济伦理学，甚至于整个古典经济学的理论前提是亚当·斯密提出的公理化的“经济人”假设。所谓“经济人”，一般认为，有三层涵义：一是人是有理性的。人的理性在于在各项利益的比较中选择自我的最大利益。“他只想以最小的牺牲来满足自己的最大需要。”因此，经济人最后就要估算自己拥有的财富的用处，就要进行计算。二是个人利益的最大化只有在与他人利益的协调中才能实现。这构成了交易的通义，互通有无，物物交换，互相交易是人类本性的一个根本特征，“是理性语言那诸种能力的必然结果”。三是人们在从事经济活动中，追求的是个人利益，通常并没有促进社会利益的动机，然而，在一切听其自然发展的社会里，这种自利的经济活动会带来整个社会的丰裕。人们受一只“看不见的手”所引导，政府只应充当“守夜人”的角色。本节将通过第二目、第三目分别介绍古典功利论的经济伦理学的代表人物大卫·休谟和亚当·斯密的经济伦理思想。

与功利论不同，西方古典道义论特别关注社会发展的总体性、和谐性和公正性，并且是倾向于整体主义的。它强调个体对社会的服从，强调人的“社会人”属性。道义论的社会至上的思想，本质上就是强调统治阶级的国家利益的至高无上，个人利益与意志则必须完全服从于此。同时，道义论特别注重人这一主体的完善，认为人之所以区别于其他类存在的特征就在于人有道德。强调人的“道德人”属性。本节第四目将介绍古典道义论的经济伦理学的代表人物弗里德利希·李斯特的经济伦理思想。

二、大卫·休谟的经济伦理思想

大卫·休谟作为一个哲学家和以怀疑论为特点的经验论哲学的一个重要代表人物，已经为大家所熟知。然而，在18世纪发生的，对西方市场经济的兴起产生重大影响的苏格兰启蒙运动中，休谟又是一个举足轻重的代表人物，与英国古典经济学的泰斗亚当·斯密齐名。他们不但过往甚密，而且在思想上互相影响，以有特色的学说，对西方市场经济及其伦理问题作出理论说明。

休谟的经济伦理思想是在社会起源和社会正义问题的讨论中展开的。在休谟看来，人类社会的形成，既是同劳动、分工、协作结合在一起的，更是同社会正义联系在一起的。在休谟看来由于大自然提供的物品比我们需要的稀少，所以人类要组成社会，进行分工协作；但也正是由于这个原因，就出现了财产权问题。一方面，由于物品的稀少，产生了一个划分财产的必要。"只要自然赐予的某种福惠无限丰富，我们人类总是全体分享，而不是斤斤细分什么权利和产权。水和空气虽是所有实物中最为人们所必需的东西，但并没有人要求把他们分作个人财产。"历史上，只有在某些土地甚广，而水源稀少的国家，才可能对水建立产权；在人口甚少，土地肥沃辽阔的国度对土地的浪费就比较宽容，就是例证①。另一方面，由于人性中存在不利于人们社会生活的自私情感，人们为满足自己或亲友的需要或欲望，而随意侵犯别人的财物或利益，不时引起"纠纷和争执"。所以，就需要达成协议，建立社会正义，来保障财产权的稳定。总之，"正义只是起源于人的自私和有限的慷慨、以及自然为满足人类需要所准备的稀少的供应"②。

休谟认为，正义表现为三个原则："财产稳定地占有的法则，根据同意转移所有物的法则，履行许诺的法则"。

① 《休谟政治论文选》，中国政法大学出版社2003年版，第173页。

② 休谟：《人性论》，商务印书馆1980年版，第536页。

首先是“财产的稳定的占有的法则”。因为财物“可以在人与人之间随意转移而不稳定”的情况的存在，是“社会上的主要的乱源”[①]。“只有通过全体社会成员所缔结的协议，使那些外物的占有得到稳定，是每个人安享他凭幸运和勤劳所获得的财物。通过这种方法，每个人就知道什么是自己可以安全地占有的；而且情感的在其偏私的、矛盾的活动方面也就受到了约束。”[②]所以，“划定财产，稳定财物占有的协议，是人类社会的一切条件中最必要的条件”[③]。那么依据什么原则来稳定财产的占有呢？休谟认为要确定财产权的最初来源十分困难，解决问题的最现实的办法是，“让各人继续占有他现时占有的东西”[④]。

其次是“根据同意转移所有物的法则”。因为对财物的固定占有会与人类的欲望“发生矛盾”。如果“让每一个人用暴力夺取他认为对自己是适合的东西，那就会毁灭社会”。合适的办法是，在所有者同意的情况下“将财物给予另外一个人”；如果未征得同意，则财产“应当是稳定的”[⑤]。

第三条法则是“许诺”(promises)，其作用就是维护和协调各种互利性的“交换关系”。休谟认为在生活中，人们之间必然存在交换关系，包括“物品的交换”，“服务和行为的交换”。这类交换“对我们双方都有利益”[⑥]。但由于人性是自私的，为别人服务，大都并非出自对别人具有的“好意”。不能把交往寄托于人们的公益心。唯一的办法，是给予人们的自然情感以新的方向。这就是说，即使没有对他人的真正的好意，也为别人服务，因为我可以预料到，他会报答我的服务，一起同样达到另一次服务。这就是“许诺”。

---

① 休谟：《人性论》，商务印书馆 1980 年版，第 529 页。
② 休谟：《人性论》，商务印书馆 1980 年版，第 530 页。
③ 休谟：《人性论》，商务印书馆 1980 年版，第 532 页。
④ 休谟：《人性论》，商务印书馆 1980 年版，第 544 页。
⑤ 休谟：《人性论》，商务印书馆 1980 年版，第 554 页。
⑥ 休谟：《人性论》，商务印书馆 1980 年版，第 561 页。

休谟通过对这三个正义法则的论述，对经济伦理的一些基本问题作出了回答。首先是，人类经济行为的特点是什么，在以自利为动机的经济活动中道德是否起作用，如何起作用。

关于人类经济活动的特点，休谟认为，经济活动是人类通过劳动，协作和交换满足自己需要的活动，人们从事经济活动的原初动机是自私，而不是公益。他说："如果他们计划的成功依靠于他们改正人类的自私和忘恩负义方面的成功，那么除非有全能的上帝加以协助，他们将不能前进一步。"①而且，休谟更注重在物资匮乏的条件下，自私产生的客观原因。指出，"由于我们的所有物比起我们的需要来显得稀少，这才激起自私：为了限制这种自私，人类才被迫把自己和社会分开，把他们自己的和他人的财物加以区别"②。可见这里讲的"自私"，不完全是在霍布士指的那种贪得无厌的利己心，而是指在经济活动中人们维护自己的财产权，谋取自身利益、满足自身需要的活动。休谟的这一论点，事实上提出了稀缺和需要的满足这一经济生活的基本问题。为日后经济学中最基本的"经济人"假说，作了理论上的准备。

休谟虽然认为，在经济活动中原初动机是"自私"，但他并没有把"自私"作为经济活动的唯一原则。相反，他把对自私的限制，作为经济活动得以正常进行的基本条件。在他看来，承认经济活动中人们的自私动机是一回事，经济活动中人们必须限制自私，遵循正义原则又是一回事。

在休谟那里，正义原则既是一种人们行为的规则，又是一种道德原则。作为一种行为规则，正义原则主要是由于公共利益产生的。由于人们如果自然地追求私利，社会就会陷于混乱，其结果就使每一个人的私利无法得到保障，所以就要订立协议，以维护全体社会成员的利益。正义的协议的设计确实是有益于社会和各人幸福的，是体

① 休谟：《人性论》，商务印书馆 1980 年版，第 560 页。
② 休谟：《人性论》，商务印书馆 1980 年版，第 535 页。

现了全体利益的。“正义就是借一种协议或合同而确立起来,也就是借那个假设为全体所共有的利益感觉而确立起来;在这种感觉的支配之下,人们在做出每一个单独的正义行为时,就都期待其他人也会照样行事。”“只有这种彼此协作才能使正义成为有利或给予我以遵守正义规则的任何动机。”[①]所以,“全体社会成员所共同奉行的全部行为体系对于全体和个人都有无限的利益:于是不久就有正义和财产权发生了”[②]。“社会上每一成员都感觉到这种利益:每个人都向其他的人表示出这种感觉,并且表示决心,愿以这种感觉来调整他的行为,假使其他人也照样行事的话。”[③]休谟把正义的这种出于利益的约束力称为“自然的约束力”。但是这里所谓“自然的”只是意味着它是以利益为基础的,并不意味着正义规则是自然发生的。相反它是人为的,是由人类的法律所改变的。这种规则的特点是普遍性,它与人们通常的自然行为方式是不一样的。“人性的普通原则是适应具体情况的,没有明确不变的活动方式的。”[④]人们如果按这种通常的方式行事,就会遵循适应情况的特殊判断,就会考虑到各人的品格和条件,贪心和偏私,而“不受某种一般的、不变的原则所约束”,那么“就立刻会使世界混乱起来”[⑤]。鉴于这种弊害,所以“才确立了这些原则,并同意以一般规则来约束自己,因为一般的规则是不会被敌意和偏爱,不会被公私利益的特殊看法所改变”[⑥]。此外正义还有另一种约束力,这就是“道德的约束力,即是非之感”。它虽然是由利益转化而来,但是它毕竟不同于作为“自然的约束力”的利益本身。它源出于“人性中一个强有力的原则”,即“同情”[⑦]。具体地说,当非义的行为使人受到侵犯时,尽管这种行为丝毫也未影响我

① 休谟:《人性论》,商务印书馆 1980 年版,第 539 页。
② 休谟:《人性论》,商务印书馆 1980 年版,第 538 页。
③ 休谟:《人性论》,商务印书馆 1980 年版,第 538 页。
④ 休谟:《人性论》,商务印书馆 1980 年版,第 573 页。
⑤ 休谟:《人性论》,商务印书馆 1980 年版,第 573 页。
⑥ 休谟:《人性论》,商务印书馆 1980 年版,第 573 页。
⑦ 休谟:《人性论》,商务印书馆 1980 年版,第 661 页。

们自己的利益，但是由于我们同情遭到侵犯的人，仍然使我们感到不快。“我们通过同情感到他们所感到的不快；而且在一般的观察之下，人类行为中令人不快的每样事情都被称为恶，而凡产生快乐的任何事情同样也被称为德；所以道德的善恶的感觉就随着正义和非义而发生。”①

总之，休谟认为：经济正义有“两个不同的基础，即道德和利益；利益所以成为这个基础，是因为人们看到，如果不以某些规则约束自己，就不可能在社会中生活；道德所以成为这个基础，则是因为当人们一旦看出这种利益以后，他们一看到有助于社会的安宁的那些行动，就感到快乐，一看到有害于社会的安宁的那些行动，就会感到不快”②。所以正义作为一种人为的体系，不但规定了经济生活中人们需要遵循的普遍的规则，而且“这个体系还可以帮助我们形成关于德的幸福的正确概念和关于德的尊严的正确概念，并且可以使我们天性中的每个原则都乐于怀抱那个高贵的品格”③。同时正义规则在社会生活中的实现，也有赖于道德。休谟关于正义原则的论述，明确地肯定了在以自利为动机的经济生活中道德的地位和作用，论证了经济伦理得以存在的根据。从而克服了那种以为在经济生活中，只能讲利益盘算，不用也不能讲道德的非道德主义倾向。同时，休谟还力图把规则和道德统一起来，一方面主张用普遍的、一般的规则来限制个人的偏私和贪欲，以维护经济秩序，另一方面又反对只讲规则和法律、不讲道德的主张，力图证明道德在维系经济正义中的不可或缺的地位。他的情感论的伦理学说就是用以证明这一思想的。他强调，理性不能是道德上善恶的源泉④。“认识德是一回事，使意志符合德又是一回事。”⑤“道德宁可说是被人感觉到的，而不是被人判断

① 休谟：《人性论》，商务印书馆 1980 年版，第 540 页。
② 休谟：《人性论》，商务印书馆 1980 年版，第 574 页。
③ 休谟：《人性论》，商务印书馆 1980 年版，第 664 页。
④ 休谟：《人性论》，商务印书馆 1980 年版，第 498 页。
⑤ 休谟：《人性论》，商务印书馆 1980 年版，第 505 页。

出来的。”[①]就是要说明，理性的认识虽然可以使人判明自己的利益，并遵循既代表了社会利益、又符合于自己的利益的正义规则，但是不能以利益盘算来取代道德感，更不能否定道德在维系正义原则中的作用。他说：“诚然，由利益发生的情绪和由道德发生的情绪，容易互相混淆并自然地互相融合。”“不过这并不妨碍这些情绪本身仍然是彼此个别的。”[②]总之，重视道德和道德感的作用正是休谟经济伦理思想的一个重要特征，也是休谟比一般的合理利己主义高明之处。

休谟的上述经济伦理思想，特别是他对“经济正义”的论述，产生于英国市场经济兴起之时。一方面为市场经济作出了伦理辩护，力图证明，市场经济最基本的要素，个人权利尤其是财产权的确立和维系，以及基于相互许诺的交换是有利于社会安定，有益于社会经济生活的正常运行，有利于经济的发展的，因而是有利于全社会的利益的，也是有利于每一个个人的，因而是合乎正义的。另一方面提出了市场中，人们进行“计较利害”的交往所必须遵循的基本的道德原则，即“戒取”非本人所有的财物和信守对他人的承诺。这些思想为市场经济的经济伦理学说奠定了基础，是以效率论据和互利论据支持市场的一个代表人物，在历史上具有不可磨灭的影响。

无疑，休谟的经济伦理思想是资本主义市场经济的产物，是为自由放任的经济学说提供伦理基础的。因此，他把资本主义市场经济视为永恒的，把市场经济的正义法则视为普遍的永恒不变的。同时在他的经济正义的学说中，以财产权的现有状态作为出发点，以维系现有财产状态为目标。尽管他也认识到，这种财产权的现状“在很大程度上决定于机会”[③]，因而并不见得是天然合理的。但是他认为只有维持现状，承认并维系现有的财产权，才是最现实的达到公正的办法。他的“经济正义”的主张排斥了由社会对财产进行合理再分

① 休谟：《人性论》，商务印书馆 1980 年版，第 510 页。
② 休谟：《人性论》，商务印书馆 1980 年版，第 512 页。
③ 休谟：《人性论》，商务印书馆 1980 年版，第 554 页。

配的可能。这样就把社会公正的问题归结为维系既有的财产权,完全肯定了资本主义的现实。

但是休谟的经济伦理思想也提出了一些值得思考的问题。一是在生产力水平低下的条件下如何处理财产权问题。休谟认为,财产权的出现与财富无法满足人们的欲望有关。他一再说:"如果大自然赐予人类一切外界的便利,四季常温的气候不需要任何衣着和遮盖,野生植物给他提供最美好的食物,""人们根本无需辛勤劳作,无需耕作,无需航运。"那就,无需分工协作,结成社会,也无需正义,无需财产权,无需使个人和社会区分开来。① 这一点对于我们今天的改革不无启示。二是,"戒取非自己所有的财物",这一经济生活的道德原则在经济伦理中的地位问题。现实生活表明市场经济的秩序的建立和维系,是离不开这一原则的。在全社会确立这一原则恐怕要比一般地谈论个人利益和集体利益更能有效地遏止经济生活中各种道德失范的行为。

三、亚当·斯密的经济伦理思想

在经济学史上,首先提出一套比较完整的理论体系的是亚当·斯密。亚当·斯密的经济学体系是兼有微观和宏观的经济学体系,这样的体系使经济学研究进入生产过程并界定其研究的范围是国民财富的生产和分配。马克思指出:"真正的现代经济科学,只是当理论研究从流通过程转向生产过程的时候才开始。"②"在亚当·斯密那里,政治经济学已发展为某种整体,它包括的范围在一定程度上已经形成。"③

亚当·斯密在构建经济学体系时,提出了"经济人"假设和"看不见的手"原理。他指出:"每个人都在力图应用他的资本,来使其

---

① 《休谟政治论文集》,中国政法大学出版社 2003 年版,第 172 页。
② 《马克思恩格斯全集》第 25 卷,人民出版社 1974 年版,第 376 页。
③ 《马克思恩格斯全集》第 26 卷,人民出版社 1972 年版,第 181 页。

产品能得到最大的价值。一般地说,他并不企图增进公共福利,也不知道他所增进的公共福利为多少,他所追求的仅仅是他个人的安乐,仅仅是他个人的利益,在这样做时,有一只看不见的手引导他去促进一种目标,而这种目标决不是他所追求的东西。由于追逐他自己的利益,他经常促进了社会利益,其效果要比他真正想促进社会利益时所得到的效果为大。"这段话概括地说,就是在斯密看来,人都是利己的,他们的行为由一只看不见的手引导,在追求自身利益的同时,从事着有利于他人和社会的事情。他所谓的"每个人"实际上是指企业家,只有企业家才"应用资本"。把企业家看成是"利己的"符合资本的本性,它的潜在含义是企业家的行为都是"理性的",企业家不会干那些不利于自己的事情。斯密认为企业家在追逐自己利益的同时促进了社会利益,这种观点实际上是说主观上利己,客观上利人。

在经济伦理学领域,亚当·斯密除了《国富论》,另有《道德情操论》一书似更重要。在《国富论》中,斯密把人的行为归结为自私。而在《道德情操论》中,却归结于同情,在对利己主义行为的控制上,《国富论》认为人的自利行为可以通过市场经济这只看不见的手而使人类的整体福利达到最大。而《道德情操论》寄希望于道德。就表面而言,似乎相互矛盾,但这实际上是从法律和道德两个层面上阐述了人类社会是如何存在和发展的。

在《道德情操论》中,斯密将基于正义的法律和基于同情心的道德作了区分。他说:"与其说仁慈是社会存在的基础,还不如说正义是这种基础。没有仁慈之心,社会也可以存在于一种不很令人愉快的状态之中,但是不义行为的盛行却肯定会彻底毁掉它。""行善犹如美化建筑物的装饰品,而不是支撑建筑物的地基,因此做出劝诫已经足够,没有必要强加于人。相反,正义犹如支撑整个大厦的主要支柱。如果这根柱子松动的话,那么人类社会这个雄伟而巨大的建筑必然会在顷刻之间土崩瓦解。"就是说,法律是市场经济所必须的基石。而道德的存在,可以使社会运转得更和谐。人类生活也因此而变得更丰富多彩。在以阐述市场运行机制为要旨的《国富论》中，斯密以低调的态度看待人性，从而强调市场经济这种制度安排的合理性和可操作性。但是斯密同时也意识到，虽然法律本身足以支撑人类社会运行，但成本高昂，为了人类可以生活得更美好，自然就会在《道德情操论》中真诚地呼唤道德良知。

亚当·斯密的《道德情操论》包含三大问题：第一，《道德情操论》所阐述的核心概念"同情"是什么？"同情"又如何在人与人间发生关系？第二，所谓的"同情"如何成为一种"持平的旁观者"？第三，以"同情"为基础的"持平的旁观者"是什么？其实际作用为何？

第一，《道德情操论》所阐述的"同情"是什么？

亚当·斯密首先描述道："人的天赋中总是明显地存在着这样一些本性，这些本性使他关心别人的命运，把别人的幸福看成是自己的事情……这种本性就是怜悯或同情，就是当我们看到或想象到他人的不幸遭遇时所产生的感情。"①这样的描述在孟子性善说的四端中，可以在恻隐之心找到对应的位置，孟子就此谈到人性为善时便打住了，但亚当·斯密接着却转向到"人与人"间的同情问题。亚当·斯密认为当两人处于在同感（同情）时，在社会状态中便是和谐的，这种和谐感乃是因为双方在"感"的层次上相互取得认可，从"个人感"提升到了"共感"，于是在双方在相处中便产生了愉悦感。这是亚当·斯密在《道德情操论》中一个相当重要的说法，我们来看看亚当·斯密自己本身的说明：当对方的情感无论何处都跟我们自己的情感完全一致时，我们就认为他是一个品性风雅，鉴赏力良好的人。这说明，通过别人的感情同我们自己的感情是否一致，来判断它们是否合宜更是直截了当表述了亚当·斯密自身的观点。我们可以注意到在这里的"互动"观点，即从互动而取得和谐，或是从互动而取得共识，在其后亚当·斯密的道德理论是一个相当重要的立论点。

从相反视角来看，人与人之间并不是在所有情境间都取得共感

① 亚当·斯密著，蒋自强译：《道德情操论》，商务印书馆 1997 年版，第 5 页。

的，亚当·斯密为人与人间的单向同感作了一段说明：我们有时会同情别人，这种激情（无论是）对方（或是）自己似乎全然不会感觉到，这是因为，当我们设身处地地去（为对方）设想时它（他）就会因这种设想而从我们自己的心中产生，然而它并不会因为现实而从他的心中产生。”并且由于不同感的缘故，从人与人的相处中也产生了负面的状况，这样的状况可以说是前一段逻辑的逆向推论，亚当·斯密这样形容：但是，如果你对我遭到的不幸既不表示同情，也不分担一部分使我发狂的悲伤；或者你对我所蒙受的伤害既不表示愤恨，也不分担一部分使我极度激动的愤恨，我们就不能再就这些题材进行交谈。我们不能再互相容忍。我既不会支持你的同伴，你也不会支持我的同伴。你对我的狂热和激情会感到讨厌，我对你的冷漠寡情也会发怒。

第二，同情如何发展成“公正的旁观者”？

从“同情”发展到“公正的旁观者”，是《道德情操论》一书最重要的逻辑转换。从第二卷开始亚当·斯密开始处理从同情中人们如何从认可或排斥中发展成属于社会性质的奖励或惩罚，也就是公正的旁观者的仲裁开始对人的行为发生影响。亚当·斯密的“公正的旁观者”可以说是众人同情的累积筛选而出的社会舆论，亚当·斯密发现了当两人从“互动原则”发展出一致的同情，渐渐变成三人、四人乃至于整个社会共同的“同情”时，这时亚当·斯密使用了一种“累积原则”，认为同情、不同情已经不仅仅只是人际关系中的和谐或冲突感，而成为具社会仲裁性质的奖励和惩罚了。

从部分到全体的同一律，这样的逻辑推论显然不错。但当我们检视所谓的“公正的旁观者”时，却不禁要追问一个本质性的问题，那就是所谓的“公正”的旁观者，这个“公正”的理论基础是什么？我们如何确信在“累积原则”下，累积筛选而出的持正者确实存在人类共有的“理性”，而这样的“理性”也确保人类所共同期望的幸福呢？亚当·斯密这样回应我们的问题：当天赋原则引导我们去促成那些纯真而开明的理性向我们提出的目的时，我们很容易把它归因于那个理性,正如我们把它归因于这些原则发生作用的原因和我们促成那些目的的情感和行为一样,并且很容易认为那个理性是出于人的聪明,其实它是出于神的智慧。以性善观归因于神赋,这样“想当然”式的回答亚当·斯密自己也是知道不妥的,所以斯密在其后这样说明道:表面看来,这个原因似乎足以产生它所引起的结果,并且当人性体系所有不同的作用,以这种方式从一个简单的原则推断出来的时候,这个体系似乎颇为简单和愉快。

第三,“公正的旁观者”如何影响社会的实际状况呢?

讨论第三个问题时,我们不妨重新整理我们前两个问题的思绪,以帮助我们处理关于“公正的旁观者”为何能在社会发挥影响这个问题。在第一个问题中,我们了解到亚当·斯密以互动原则,说明人的同情所带来的愉悦;在第二个问题中,亚当·斯密则利用累积原则,将人类的同情“经验”推展到社会仲裁。“公正的旁观者”保证了社会的价值观对何种行为感到愉悦,对何种行为感到排斥,于是“公正的旁观者”反向制约个人的行为。

“公正的旁观者”便是透过上面的机制而产生,并借着这样的循环机制对人类的行为产生约束:每个人在做每个行为,在良心上都会考虑到“公正的旁观者”的仲裁,“公正的旁观者”不仅代表社会舆论,更代表众人的情感。每个人都希望获得他人的认同,不希望受到别人排斥。“公正的旁观者”所以能成为一种利器,可以归结于“顺从公正的旁观者就能获得赞许”的想法。“在不应得到赞扬的场合渴望甚至接受赞扬,只能是最卑劣的虚荣心作祟的结果。在确实应该得到赞扬的场合渴望得到它,不过是渴望某种最起码的应当给予我们的公正待遇。完全为了这一缘故,热爱正当的声誉和真正的光荣,而不是着眼于从中可能得到的任何好处,也并不是智者不值去做的事。然而,他有时忽略甚至鄙视这一切,并且他在对自己一举一动的全部合宜性有充分把握之前,绝不会轻易地这样做。在这种场合,他的自我赞同无须由别人的赞同来证实。这种自我赞同,如果不是他唯一的,至少也是他主要的目的,即他能够或者应当追求的目的。

对这个目的喜爱就是对美德的喜爱。”亚当·斯密在《道德情操论》中这样露骨地讽刺自利的人们，不过他也相信会有真正喜好美德的人，可以很自然且真诚的去符合“公正的旁观者”。我们可以发现“公正的旁观者”具有消极性的责备和积极性的赞许的功效，这样的社会规范在最低底线，像亚当·斯密所说的：“它是理性、道义、良心、心中的那个居民、内心的那个人、判断我们行为的伟大的法官和仲裁人。”[①]强迫人们尽管是自利，但还能维持公利的要求。

当然，亚当·斯密的《道德情操论》中“公正的旁观者”，也并非如此势利，在《道德情操论》的论述中我们可以发现，亚当·斯密加强了人们对情感上的认同，斯密至少认为多数人还是会依照道德情感，去认同和实现“公正的旁观者”对我们的约束。因此亚当·斯密这样描述：每一个比较优秀的军人，他感到，如果他被认为有可能在危险面前退缩，或是当一个军人之职时，需要他豁出命来或抛弃生命时，有可能踌躇不前，就会成为战友们轻视的人。这样“舍生取义”的状况，使人们很自然进入一种类似斯多葛学派的崇高情绪，让人们不会为了逃避约束谋求自身的自由而远离社会。因此，斯密说，根据斯多葛学派的理论，人不应该把自己看作某一离群索居的、孤立的人，而应该把自己看作世界的一个公民，看作自然巨大的国民总体的一个成员。他应当时刻为了这个大团体的利益而心甘情愿地牺牲自己微小的利益。他应当做到为同自己有关的事情所动的程度，不超过为同这个巨大体系的，其他任何同等重要部分有关的事情所动的程度。我们不应当用一种自私激情易于将自己置身于其中的某种眼光，来看待自己。

我们可以说“公正的旁观者”是由理性架构出来的，但是如果深入地看却发现，这里的理性却是由人类的天然情感直觉经验累积而成的。正如亚当·斯密所说：道德上的赞同与不赞同的情感，是以人类天性中最强烈和最充沛的感情为基础的；虽然他们有可能发生一

---

① 《道德情操论》第三卷第三章。

些偏差,但不可能完全被歪曲。亚当·斯密这样"公正的旁观者"的说法看似牢不可破,但是却不是永久不变的。如在西方白色衣服象征了纯洁或者神圣,因此婚礼当新娘的婚纱是全白的;但是这样的状况在中国却是相反的,白色衣服多用在丧礼当中,如果在旧式的中国婚礼中新娘穿着全白,就非常地不得体。可见所谓的"公正的旁观者"并不是永远如一的,加入了历史时间、地理空间的考虑,不同的时代不同的地域就极有可能不同形象的"公正的旁观者"。尽管真的有可能有着许许多多不同的"公正的旁观者",但是我们倒是可以确定一件事,那就是这些"公正的旁观者"必然有合宜性的特质,就如同亚当·斯密所说:一个人行为的合宜性,不是靠它适宜它所处的任何一种环境,而是靠它适宜于他所处的一切环境……斯密这里所说的"适宜于他所处的一切环境",便明显的指"公正的旁观者"所规范的乃是一个它所笼罩的社会人。换句话说,当人类的共有经验或情感转变时,也会重新塑造出新的理性标准和"公正的旁观者"。

四、弗里德利希·李斯特的经济伦理思想

弗里德利希·李斯特是一位在经济学说史上有重要地位的经济学家,是历史学派的先驱者。这位活跃于19世纪上半期的经济学家的主张与当时在西方经济学界占主流地位的以亚当·斯密为代表的自由放任主义的经济学说有很大差异。其哲学基础、研究方法、理论观点和政策主张都有自己的特色。就经济伦理的角度而言,李斯特的学说与斯密学派的观点形成了鲜明的对照。其经济伦理思想的要旨是把爱国主义作为一个国家经济发展的精神动力,反对斯密主义的个体主义和世界主义①。

作为一个支持私有制和市场经济的经济学家,李斯特对于个人经济动机在经济发展中的作用,是肯定的。在他看来,一个国家的经

① 赵修义:《作为经济伦理的爱国主义——试论李斯特的经济伦理思想》《华东师范大学学报》2000年第1期。

济发展，离不开人们追求经济利益的“上进心”和“争胜心”。他在分析欧洲经济发展史时指出，艺术和工业上的进取精神，财富上、事业上的争取成就、出人头地的热烈愿望，航海事业中表现出来的勇敢和冒险精神等都是经济发展所必需的。而进取精神的衰退会导致经济的萎缩。

在《政治经济学的国民体系》一书中他讨论了消费诱因问题。提出，消费诱因也是生产力的形成诱因。这种消费诱因往往是出于“要想置身上流社会的动机。这种动机具体表现在对占有某些消费品的“荣誉感”。因而实际上是一种经济动机。此外，那些单靠私产生活的人，“他的活动无非是对他的收入进行保存、增进和消费”。其动机的经济性质就更明显。这些动机在李斯特看来对于精神和物质的生产都具有推动作用。其积极意义显而易见。至少有三个方面：第一，消费动机支持了社会上的各行各业，尤其是物质生产；第二，保存或增加社会的物质资本；第三，他的消费在生活上的表现足以激起社会上的竞争情绪。所以，在李斯特看来，“社会大部分的生产力就是因这种诱因而产生的”①。

李斯特的这些分析与斯密的观点很相似。斯密在《国富论》中指出，人本身有一种“改良自身状况的愿望”，“这种愿望，虽然是冷静的、沉着的，但是我们从胎里出来一直到死，从没有一刻放弃过这愿望。我们一生到死，对于自身地位几乎没有一个人会有一刻觉得完全满意，不求进步，不想改良。怎样改良呢？一般人都觉得，增加财产是必要的手段”②。在《道德情操论》中斯密还将增加财富的经济动机与人们的虚荣心联系起来，认为“吸引我们的，是虚荣而不是舒适或快乐”③。

---

① 弗里德利希·李斯特：《政治经济学的国民体系》，商务印书馆 1997 年版，第 257 页。

② 《国民财富的性质和原因的研究》（《国富论》）上册，商务印书馆，1974 年中译本，第 314 页。

③ 《道德情操论》，商务印书馆 1997 年版，第 61 页。

但李斯特不是对虚荣心和利己心作无条件肯定。他认为对各种经济动机需要作具体分析,进行不同评价。首先是强调财富的占有必须是基于合法的手段,否则就不能予以肯定。他说:“如果大宗财产是由侵占、勒索或欺骗而来,或者关于财产的占有与享受不能公开显示,那就情况不同,就不能发生这里所说的鼓励作用了。”①此外,在李斯特看来,对于财富的追求必须与为后代发展经济与文化的进取心结合在一起,而不是一种单纯的财富欲和享乐欲。他在分析西班牙和葡萄牙的经济发展史时指出,他们在短时间内取得了巨大的财富,但西班牙人和葡萄牙人对财富的态度则是不可取的。“这是在浪子手里的财富,是中了头奖得来的;而在英国人手里的财富则好比是一个克勤克俭的家长辛苦聚集起来的。前者是暴发户,浪费过度,任意追求奢侈享乐,可能一时看上去似乎比后者值得羡慕,但是财富在他的手里只是快乐一时的手段,而后者则把财富看作主要是为后代争取精神与物质幸福奠定基础的一种手段。”②只有后一种动机才是值得肯定的。

就对经济动机的肯定而言,李斯特与斯密的观点有一致之处。但李斯特认为,个人的经济动机不能成为经济学的经济伦理的基础。他认为:经济发展的精神动力不是个人经济动机,而是公民的爱国主义精神。这是李斯特经济伦理思想的核心。

李斯特认为:斯密和英国古典经济学的主要缺点是,把个人经济动机的作用无限夸大,而导致一种“支离破碎的狭隘的本位主义和个人主义,对于社会劳动的本质和特征以及力量联合在更大关系中的作用一概不顾,只是把人类想象成处于没有分裂为各个国家的情况下与社会(全人类)进行着自由交换,只是在这样的情况下来考虑

---

① 弗里德利希·李斯特:《政治经济学的国民体系》,商务印书馆 1997 年版,第 257 页。

② 弗里德利希·李斯特:《政治经济学的国民体系》,商务印书馆 1997 年版,第 56 页。

自然而然发展起来的私人事业”①。

为此,李斯特对斯密经济伦理思想的一些基本前提,进行了批判:

首先,李斯特对原子主义和个体主义方法进行了批评。原子主义的一个特点是把社会分解为一个个单独的个人,一个个自足个体。并以此出发提出了“经济人”假设,把它作为经济学和经济伦理的逻辑起点。斯密主义在美国的一个代表人物甚至由此推论,所谓国家“只是一种拟人化的道德存在,一种文字称谓而已”。李斯特对此提出了辩驳,强调国家是作为一个“独立自主的政治实体”是真实存在的真正的实体。而个人都是他所在国家的成员。“国家介于个人和人类之间,是由这样一些个人组成的单独的社会,这些人拥有共同的政府、共同的法律、共同的利益、共同的历史、共同的荣誉、共同的防御和保护他们的权利、财富、生命的共同制度,他们组成一个自由和独立的实体。”②国家保护个人,并且帮助他实现自己所追求的目标。“多亏了国家,个人才有自己的文化、语言、工作机会和财产安全,他们与国家一起缅怀过去、憧憬未来。”个人与国家荣辱与共,个人从国家那里获得文明、教育、进步、社会和政治制度,以及科学和艺术的发展带来的利益。如果国家衰落,个人就得承担灾难性后果。总之,“个人的祸福系于国家的独立和进步”③。因此,不能把个人视为一个自足实体。

李斯特指出:“道德存在或道德人指的是一种特定社会,是一个由具有共同权利和义务、共同利益和制度的许多人组成的群体。”

---

① 弗里德利希·李斯特:《政治经济学的国民体系》,商务印书馆 1997 年版,第 152 页。

② 《美国政治经济学大纲》,见《政治经济学的自然体系》,商务印书馆 1997 年版,第 208 页。

③ 《美国政治经济学大纲》,见《政治经济学的自然体系》,商务印书馆 1997 年版,第 31 页。

“国家通过爱国主义的纽带将其成员结为一体。”①在一定意义上，可以把人视为“道德人”。这里讲的“道德人”不是指具有一般德性的个人，而是指一个通过爱国主义纽带同作为一个实体的国家联系起来的个人。李斯特用“道德人”概念与斯密的“经济人”的概念相对照，以说明经济伦理的出发点，是作为一个实体的国家而不是自足的个体。

其次，李斯特对英国古典经济学的公益合成论进行了批判。亚当·斯密在为个人主义和利己主义作辩护时提出，个人对于经济利益的追求可以通过“看不见的手”的作用，自动转化为公共利益。认为，“凡是在私人家庭中看上去是有智虑的行动，施之于国家时绝对不会是愚蠢的”。而作为整个英国古典经济学的伦理前提的功利主义则提倡一种公益合成论，认为社会的公共利益等于个人利益的总和，社会财富无非是所有成员财富的总和。只要个人获得了利益，也就增加了公共利益。因此自由放任是最好的原则。

对此，李斯特批驳道：第一，“只有个人利益和国家利益决不冲突时，这一原则才行得通。但事实并非如此”②。事实上这种矛盾经常发生。“个人只需要满足自己及其家庭的，不管他人或子孙、后代；它的视野和手段有限，不能超越私人事务的圈子；他的产业受其生活的社会条件的限制。而国家要满足其大多数成员的社会需要，个人是不可能靠自己努力满足这些需要的；国家不仅要满足现在的一代人的需要，而且要满足未来几代人的这种需要；国家不仅要满足和平时期的这种需要；而且要满足战争时期的这种需要；国家不仅要着眼本国，而且要放眼全球。个人在促进其利益时可能会损害公共

① 《美国政治经济学大纲》，见《政治经济学的自然体系》，商务印书馆 1997 年版，第 234 页。

② 《美国政治经济学大纲》，见《政治经济学的自然体系》，商务印书馆 1997 年版，第 234 页。

利益;国家在促进公共福利时可能会抑制一部分国民的利益。"[①]李斯特还举了许多日常生活中常见的事例来加以说明。比如,个人通过金融投机成为暴发户,公众则可能因此受损失。一种新的发明会带来公共福利,但也会使有些人失去原有的生计。

李斯特认为,矛盾之所以经常发生,是由国家和社会的性质决定的。"由个人结合成社会时,就能为关系最远的后代谋便利,作打算,就能为了后一代的幸福而使这一代忍受困难和牺牲;这些都是只有个人凝结成团体时才会实现的,没有一个懂得事理的人会期望各个个人来这样做。"所以事实与斯密所说的相反:"有些在私人经济中也许是最愚蠢的事,但在国家经济中却变成了聪明的事。"[②]李斯特认为斯密理论的重大缺陷是"将个人利己性格抬高到一切效率的创造者的地位"[③]。

第二,国家的利益不能单纯理解为所拥有财富的总和。李斯特认为,国家发展经济的目标"不仅仅是财富,而是强大和财富并举"[④]。他认为,在一个有许多强弱大小不等、经济社会发展程度不同的国家所组成的世界上,一个国家要"从弱小转变到强大",要"使它获得长期的生存的保障","这些都是政治经济任务"[⑤]。这里国家的独立是一项重要目标。为了实现这一目标,要发展一些对于实现这一目标具有重要意义的工业,即使从单纯的经济价值来看是不值得的。国家还要发展教育和文化等精神生产,保持国家的经济安全,使经济持续发展,以维系国家的长期生存。在李斯特看来,这种维持国家的未来发展的力量不能归结为个人利益的总和。

第三,针对斯密所谓个人对经济利益的追求可以通过"自由竞

---

① 《美国政治经济学大纲》,见《政治经济学的自然体系》,商务印书馆 1997 年版,第 233~234 页。

② 《政治经济学的国民体系》,商务印书馆 1997 年版,第 145 页。

③ 《政治经济学的国民体系》,商务印书馆 1997 年版,第 295 页。

④ 《政治经济学的国民体系》,商务印书馆 1997 年版,第 209 页。

⑤ 《政治经济学的国民体系》,商务印书馆 1997 年版,第 103 页。

争"这只"看不见的手"自动转化为公共利益的说法，李斯特强调了社会协作的重要性。他说，"一个国家的整个社会状况，主要决定于工作种类与工作划分以及国家的生产力协作原则"①。而这种协作有赖于团结精神。个人之间的经济竞争虽可激发人们的上进心，推动经济发展，但是如果竞争精神超过了团结精神，那就会像历史上汉撒同盟的那些城市那样，"各城市之间互争优势，各自为本身的小范围利益争胜，这种竞争观念超出了整个同盟的团结精神"②，只能招致失败。

总之，在李斯特看来，经济伦理的基础是爱国主义。这种爱国主义并不否定个人对经济利益的追求，也不主张国家对于私人经济如何使用自己的生产力发号施令。国家所做的是个人单靠他自己的力量无法进行的事情。"只要同社会利益无所抵触，一般说来，个人自由是好事；同样的道理，个人是也只有在与国家福利相一致的这个限度上才能不受限制"③。反之，则必须受到限制和约束。从根本上说，必须把爱国主义而不是"支离破碎的狭隘的本位主义和个人主义"④作为经济伦理的基础。

李斯特的经济伦理把爱国主义作为基本原则，不但是针对斯密的个人主义和利己主义的，也是针对其世界主义的。在李斯特看来，斯密经济学的一个重大缺陷是"无边无际的世界主义，它不承认国家原则，也不考虑如何满足国家利益"⑤。李斯特指出，斯密学说"正好出现在世界主义时代，因此受命于世界主义精神的该体系也就自然得到这个时代的厚爱。全球的自由、永恒的和平、天赋的权利、全人类大家庭的联合等等都是当时的哲人和慈善家们喜欢谈论的话

① 《政治经济学的国民体系》，商务印书馆 1997 年版，第 104 页。
② 《政治经济学的国民体系》，商务印书馆 1997 年版，第 26 页。
③ 《政治经济学的国民体系》，商务印书馆 1997 年版，第 151 页。
④ 《政治经济学的国民体系》，商务印书馆 1997 年版，第 152 页。
⑤ 《政治经济学的国民体系》，商务印书馆 1997 年版，第 152 页。

题"[①]。这种世界主义设想建立一种全球的自由贸易体系,但是其真实性和现实可能性是值得怀疑的。

在他看来,世界主义虽是美好理想,但现实是"在个人和全人类之间还有一个中介者,这就是国家"。"各个国家各有它特有的语言和文字、传统和历史、风俗和习惯、法律和制度,它需要这一切来求得生存、独立、改进以及在未来岁月中继续存在,它有自己的疆土;这是一个团体,是由千头万绪的精神关系和利益关系结合起来,它把自己合并成一个独立整体的,它承认它自己的和本身范围以内的权利法则,但与别的同类团体在国家自由上仍然处于对立地位,因此在目前世界形势下,只能依靠它自己的力量和资源来保持生存和独立。个人主要依靠国家并且在国家范围内获得文化、生产力、安全和繁荣,同样地人类的文明只有依靠各个国家的文明和发展才能设想,才有可能。"[②]

李斯特强调,一方面必须承认,随着交通工具的改进,世界上的文明国家通过物质和文化交流而联合在一起的密切程度大大提高;但另一方面现实世界还是一个由许多千差万别的国家组成的世界。不能用世界主义空想来代替现实。他认为斯密学派主张的世界主义的症结在于"把那些还没有出现的情况限定为已经实际存在的情况"[③]。

此外李斯特还用大量材料说明,事实上世界主义并未被付诸实践。以斯密的母国英国为例,其政策仅仅是受自身利益、民族情绪的指使,而不是出自世界主义的道德目的。"任何一个英国人,特别是英国领导人,决不可能是一个世界主义者。"[④]他们的实际所为,以为自己国家谋福利为唯一目的。他们想依仗当时在经济上占有的支配

① 《政治经济学的国民体系》,商务印书馆 1997 年版,第 218 页。
② 《政治经济学的国民体系》,商务印书馆 1997 年版,第 152 页。
③ 《政治经济学的国民体系》,商务印书馆 1997 年版,第 117 页。
④ 《美国政治经济学大纲》,见《政治经济学的自然体系》,商务印书馆 1997 年版,第 117 页。

地位，试图通过政治措施来加强国力，使其他所有国家望尘莫及。想把世界上的一切财富和权力让给他们。可见世界主义是虚伪的。

在人类被分为国家的状况存在的世界上，各个国家发展经济的目的都是为了国家的独立和强大。处于不同发展阶段的国家，都有自己的特殊利益。那些发展程度较高的国家，也不例外，“一个国家在自由、文明和工业方面比其他国家越进步，就越怕丧失独立，竭尽全力提高生产力以增强其政治力量的动机就越强烈”①。而对于那些落后国家的进步而言，“最大的障碍莫过于世界上各种互相竞争的国家所奉行的自私而贪婪的政策”。“所以完全有理由认为，国家不应该为了试图促进人类未来经济进步而牺牲自己为实现国家经济独立所取得的进步。牺牲国家利益的政策，决不会有利于全人类，只可能有利于经济上占优势的国家。”②

总之，经济伦理的基础观念应该是爱国主义。既然“个人的幸福全系于国家的独立和进步”，那么“个人应该接受出于国家整体利益而采取的限制”。“个人应该随时准备为国家利益而牺牲个人利益。”③

李斯特的经济伦理思想在西方思想史上，可谓独树一帜。他所提出的主要问题是，考察经济伦理的基点到底是放在一个抽象的不属于任何国家而直接属于人类的“经济人”，还是放在一个属于特定国家的“道德人”的基础之上。这一问题在今天仍具有现实意义。确实我们所处的时代已大大不同于李斯特所处时代，经济的全球化已成趋势。但经济的全球化是否意味着世界主义已经实现呢？有人认为经济的全球化，市场的全球化，已使国家的意义，尤其是作为一

① 《美国政治经济学大纲》，见《政治经济学的自然体系》，商务印书馆 1997 年版，第 238 页。

② 《美国政治经济学大纲》，见《政治经济学的自然体系》，商务印书馆 1997 年版，第 47 页。

③ 《美国政治经济学大纲》，见《政治经济学的自然体系》，商务印书馆 1997 年版，第 29 页。

个经济单位的意义削弱。与此同时,在经济伦理问题上,李斯特所批评的抽象的"经济人"假说,在一些学者那里已经成为分析各种社会、经济、政治、家庭和伦理问题的基本假设。这两者结合在一起,成为潮流。这种潮流在我国也有所反映。有论者以"经济人"假说为出发点,强调在市场经济下,人与人之间的关系就是市场中的契约关系。我国从计划经济向市场经济的转变意味着人们已经从"计划人"变成了"市场人",市场中的契约关系将成为基本的人际关系,而处理这种关系的基本原则就是个人经济利益的最大化。这样一来,在市场中个人对经济利益的追求是否需要和可能同爱国主义统一起来,就成了问题。爱国主义被排除在经济伦理视野之外,只能存在于其他领域。但现实生活却给我们提出另一方面的问题,经济全球化过程中,各个国家之间的经济利益的冲突以及综合国力的竞争十分激烈。诚如李斯特所言:世界主义虽然是美好的理想,生产力发展尽管具有世界性的趋向,现实世界却是一个由许多千差万别的国家组成的,而爱国主义作为经济发展的精神动力,同样也没有失去其现实性。

第四节　西方现代经济伦理思想

一、西方经济伦理思想的深化阶段

同整个现代西方文化思潮的发展一样,现代西方经济伦理学也没有一个截然的开端。不过,我们可以采用一种较为宽泛的划分原则,将其范围确定为19世纪中叶以后,在欧美等主要西方国家里所产生的重大经济伦理学思潮或流派。我们认为:现代西方经济伦理思想的发展特点主要有三:一是以"社会道德人"假设为基础的古典道义论的破产和以"自我实现人"假设为基础的现代道义论的兴起;二是以"经济人"假设为基础的古典功利论的困境和以"复杂人"假设为基础的现代功利论的蜕变;三是马克思主义经济伦理思想的产生。

第一,以“社会道德人”假设为基础的古典道义论的破产和以“自我实现人”假设为基础的现代道义论的兴起。

如前所述,古典道义论者尊奉整体主义和理想主义的道德原则,强调人类道德关系和行为的共同性与理想性。从柏拉图、亚里士多德到康德、黑格尔的伦理学,无一不散发出这种气息。但是。近代以来,康德对道德形而上学的绝对化、理想化,与黑格尔对道德形而上学的总体化、观念化,使西方古典道义论升入了完美无暇的幻想世界,也使它步入了生命的最后旅程。伴随着资本主义的沉浮颠簸,人们对传统道德观念开始动摇:他们发现,道义的力量似乎难以关照现实的人生,更不足以应付社会动荡给自身带来的烦恼、痛苦和失望。古典道义论伦理学在这里开始破产了;它对道德的绝对形而上学基础的追求,为19世纪下半叶以来相继出现的新兴科学所证伪;它所设置的理想化的道德观念原则系统,为自由资本主义向垄断资本主义的进化,以及由此产生的接踵而至的资本主义政治危机、经济危机和军事争斗等现象所带来的严酷现实证明为幼稚的心理主义幻想。结果是“个人意志”、“生命存在”、“心理情绪”等等对“普遍理性”、“善良意志”、“观念理想”的取代,理想主义与整体主义的虚幻和现实个人存在的真实,成为了人们梦醒后第一个赫然的比照和发现。在德国这块古典道义论盛行的土地上,出现了唯意志主义伦理学,它与法国的生命伦理学和发轫于丹麦神学家基尔凯戈尔的存在主义等现代哲学伦理学思潮一起,冲决了以“社会道德人”假设为基础的古典道义论传统的金汤之堤,走向了它的反动,从而,开始了现代西方以“自我实现人”假设为基础的现代道义论的兴起的伦理学运动。尼采“重新估价一切”的呐喊既标志着伦理学上旧时代的结束,又标志着新时代的开始;而尼采杜撰的“超人”则成为“自我实现人”假设的最早雏形。如果说以“社会道德人”假设为基础的古典道义论的理论范例是柏拉图的“理想国”、康德的“目的王国”和黑格尔的社会总体主义的话,以“自我实现人”假设为基础的现代道义论的理论范例则是叔本华的“生命意志”、尼采的“强力意志”、存在主义的“绝对自由”、实用主义的“有用就是真理”、精神分析学的“力比多”、人本主义的“自我实现”、阿马蒂亚·森的的“个人权利集合”,等等。本节第三目所介绍的阿马蒂亚·森的经济伦理思想就属于以“自我实现人”假设为基础的现代道义论的理论范畴,阿马蒂亚·森的一个重要观点是:人性的基础是精神性的“自爱”,而不是物质性的自利,更不是既定的社会道德。

第二,以“经济人”假设为基础的古典功利论的困境和以“复杂人”假设为基础的现代功利论的兴起。

从伦理学和心理学的角度来看,“经济人”假设和“复杂人”假设的不同主要表现在以下几个方面:其一,“经济人”假设认为,人类个体是自私且合理的,因此会导致个体利益最大化;而“复杂人”假设则认为,人类个体不只是自私的,他还会受到社会价值观的制约,而做出不会导致个体利益最大化的心理和行为,如:追求公平、入不敷出、三心二意,等等。其二,“经济人”假设认为,人类个体是理性的,他可以基于所获得的信息做出最优决策,对信息可以做出无偏估计;而“复杂人”假设则认为,由于认知偏差的存在,人类个体不能理性、无偏、客观、公正地认知和加工信息;其三,“经济人”假设认为,人类个体是同质的,人们的理性程度是一样的;而“复杂人”假设则认为,人类个体不是同质的,他们由于个性和气质等的不同,会导致偏好和行为方式等的不同。如果我们从经济学理论角度分析:“经济人”假设应该只是“复杂人”假设的一个特例而已,就是说,现实中的人类个体在进行经济决策时,其理想程度是在 0 和 1① 两个极端值之间游走的,而亚当·斯密的“经济人”模型只是当理性程度 =1 时的一种极端情况。而如果我们从工商管理实践角度分析:任何一个管理者会轻而易举地发现:“复杂人”假设比“经济人”假设更符合现实社会的人性。本节第四目所介绍的现代企业伦理学也正是基于“复杂

① “0”为完全无理性,“1”为完全理性。

人"这一人性假设,杰出的企业伦理学家唐纳森和邓菲将"经济人"假设添加了社会契约的含义,成为新的"复杂人"假设。

第三,马克思主义经济伦理思想的产生。

在从以"社会道德人"假设为基础的古典道义论向以"自我实现人"假设为基础的现代道义论的历史转换过程中,马克思的经济伦理思想起了非常独特的作用。一方面,马克思认为:人是社会人,"人的本质不是单个人所固有的抽象物。在其现实性上,它是一切社会关系的总和"①。另一方面,马克思又指出:"共产主义者既不拿利己主义来反对自我牺牲,也不拿自我牺牲来反对利己主义。"②并且认为:人类个体的自我实现和理想社会的实现是互为因果和密不可分的;同时,在从以"经济人"假设为基础的古典功利论向以"复杂人"假设为基础的现代功利论的历史转换过程中,马克思的经济伦理思想也起了非常重要的作用。马克思深刻批判了"经济人"假设中经济理性的"完美无缺性",指出:"人类理性最不纯洁,因为它只有不完备的见解,每走一步都要遇到新的待解决的问题。"马克思还指出:人不是"抽象的人",而是"现实中的人",利益最大化既不是人的唯一追求,人的利益最大化的追求也不可能每次都如愿。因此,人是复杂人。本节第二目将介绍马克思的经济伦理思想。

二、马克思的经济伦理学思想

马克思的经济伦理思想的核心是对自由与平等范畴的分析与批判,并以此为基础建立了马克思主义经济民主与平等观。

人生来是自由平等的,这在法国启蒙学者和英国古典时期思想家那里得到进一步论述。狄德罗说,自由是天赐的东西,没有一个人从自然得到支配别人的权利。爱尔维修说:人是"生而平等"的。但资产阶级学者的平等自由观念,与他们鼓吹的另一天赋人权,即私有

---

① 《马克思恩格斯选集》第1卷,人民出版社1995年版,第56页。

② 《马克思恩格斯全集》第3卷,人民出版社1956年版,第507页。

财产权却是并行不悖的。这样,他们陷入一个不可解脱的逻辑矛盾;对私有财产不等量的占有,必然打破人的“生而平等”的状态。

马克思明确认识到在私有财产和人权平等上的矛盾,他在《论犹太人问题》中针对法国1793年的《人权宣言》中规定的平等、自由、财产,指出:“这里所说的自由,是作为孤立的、封闭在自身的单子里的那种人的自由。……自由这项人权并不是建立在人与人结合起来的基础上,而是建立在人与人分离的基础上。这项权利就是这种分离的权利,是狭隘的、封闭在自身的个人的权利。”“自由这一人权的实际应用就是私有财产这一人权。”马克思这时已注意到,资产阶级的自由平等要求不像黑格尔说的那种是一种超越一切的精神必然,也绝不是一种自然法权,而是在资本主义经济关系中,在人与人关系之上历史地形成的法权,它是在经济关系遮蔽下的一种社会规定。

马克思抛开资产阶级思想家本阶级立场上的自说自话,对自由、平等作了经济学考察。马克思考察了商品交换者交换的形式,并承认这种交换在形式上是平等的。马克思说,“只要考察的是形式规定——而且这种形式规定是经济规定,是个人借以互相发生交往关系的规定,是他们的社会职能或彼此之间的社会关系的指示器——那么,在这些个人之间就绝对没有任何差别。每一个主体都是交换者,也就是说,每一个主体和另一个主体发生的社会关系就是后者和前者发生的社会关系。因此,作为交换的主体,他们的关系是平等的关系”①。马克思指出,这种平等的交换形式有三种要素:一是“关系的主体即交换者,他们处于同一规定中”,二是“他们交换的对象,交换价值,等价物,他们不仅相等,而且必须相等,还要被承认为相等”,最后,是“交换行为本身即媒介作用,通过这种媒介作用,主体才表现为交换者,相等的人,而他们的客体则表现为等价物,相等的

① 《马克思恩格斯全集》第46卷(上),人民出版社1979年版,第193页。

东西"①。

马克思指出：正是人们之间"在需要上和生产上的差别，才会导致交换以及他们在交换中的社会平等"。"如果个人 A 和个人 B 的需要相同，而且他们都把自己的劳动实现在同一对象中，那么他们之间就不会有任何关系，从他们的生产方面来看，他们根本不是不同的个人，他们两个人都需要呼吸，空气对他们两个人来说都是作为大气而存在；这一切都不会使他们发生任何社会接触。作为呼吸的个人，他们只是作为自然物，而不是作为人格互相发生关系。"②在现实生活中，人的需要是不同的，人的欲望也是无止境的，尤其是资本主义社会分工造成交换的普遍性，那么在市场交换的特定条件下人与人的平等必然是十分必要的。"他们彼此不仅处在平等的关系中，而且也处在社会的关系中。"③

马克思进一步说，由于个人间及他们的商品间的自然差别，"是使这些人结合在一起的动因，是使他们作为交换者发生他们被假定为和被证明为平等的人的那种社会关系的动因，那么除了平等的规定以外，还要加上自由的规定"④。也就是说，在交换过程中，"尽管个人 A 需要个人 B 的商品，但他并不是用暴力去占有这个商品，反过来也一样，相反地他们互相承认对方是所有者，是把自己的意志渗透到商品中去的人。因此，在这里第一次出现了人的法律因素以及其中包含的自由的因素。谁都不用暴力占有他人的财产。每个人都是自愿地出让财产"⑤。"每个人为另一个人服务，目的是为自己服务；每一个人都把另一个人当作自己的手段互相利用。这两种情况在两个人的意识中是这样出现的：(1)每个人只有作为另一个人的手段才能达到自己的目的；(2)每个人只有作为自我目的（自为的存

① 《马克思恩格斯全集》第 46 卷（上），人民出版社 1979 年版，第 193 页。
② 《马克思恩格斯全集》第 46 卷（上），人民出版社 1979 年版，第 194 页。
③ 《马克思恩格斯全集》第 46 卷（上），人民出版社 1979 年版，第 195 页。
④ 《马克思恩格斯全集》第 46 卷（上），人民出版社 1979 年版，第 195 页。
⑤ 《马克思恩格斯全集》第 46 卷（上），人民出版社 1979 年版，第 195 ~ 196 页。

在)才能成为另一个人的手段(为他的存在);(3)每个人是手段同时又是目的,而且只有成为手段才能达到自己的目的,只有把自己当作自我目的才能成为手段,也就是说,这个人只有为自己而存在才把自己变成为那个人而存在,而那个人只有为自己而存在才把自己变成为这个人而存在。"①"因此,如果说经济形式,交换,确立了主体之间的全面平等,那么内容,即促使人们去进行交换的个人材料和物质材料,则确立了自由。可见,平等和自由不仅在以交换价值为基础的交换中受到了尊重,而且交换价值的交换是一切平等和自由的生产的、现实的基础。作为纯粹观念,平等和自由仅仅是交换价值的交换的一种理想化的表现;作为在法律的、政治的、社会的关系上发展了的东西,平等和自由不过是另一次方的这种基础而已。而这种情况也已为历史所证实。"②至此,马克思从经济关系的形成中分析出平等自由的意义,指出了在交换关系下自由平等的资产阶级法权表面的合理性。

马克思承认自由和平等在流通和交换过程形式上的合理性,但他接着指出:"在现存的资产阶级社会的总体上,商品表现为价格以及商品的流通等等,只是表面的过程,而在这一过程的背后,在深处,进行的完全是不同的另一些过程,在这些过程中个人之间表面上的平等和自由就消失了。"③马克思分析道,首先,"交换价值作为整个生产制度的客观基础这一前提,从一开始就已经包含着对个人的强制"④。在资本主义商品交换中,个人的劳动力作为商品,已含有社会关系不平等的因素。其次,"交换价值这个前提决不是从个人的意志产生,也不是从个人的直接自然产生,它是一个历史的前提,它已经把个人当作是由社会决定的人了"⑤。马克思还说,"在自由竞

① 《马克思恩格斯全集》第46卷(上),人民出版社1979年版,第196页。
② 《马克思恩格斯全集》第46卷(上),人民出版社1979年版,第197页。
③ 《马克思恩格斯全集》第46卷(上),人民出版社1979年版,第200页。
④ 《马克思恩格斯全集》第46卷(上),人民出版社1979年版,第200页。
⑤ 《马克思恩格斯全集》第46卷(上),人民出版社1979年版,第200~201页。

争情况下,自由的并不是个人,而是资本”①。因而,“平等地剥削劳动力,是资本的首要的人权”②。第三,“在交换价值和货币的概念规定中已经潜在地包含着工资和资本的对立等等”③。资产阶级通过经济关系的抽象规定掩盖了这种对立。马克思最后归结道:“交换,交换价值,等等最初(在时间上)或者按其概念(在其最适当的形式上)是普遍自由和平等的制度,但是被货币、资本等等歪曲了。或者他们断言,历史迄今为止企图以适合自由和平等的真实性质的方式来实现自由和平等的一切尝试都失败了,而现在他们,例如蒲鲁东,发现了用这些关系的真正历史来代替它们的虚假历史的真正秘诀。对于这些社会主义者必须这样回答:交换价值,或者更确切地说,货币制度,事实是平等和自由的制度,而在这个制度更详尽的发展中对平等和自由起干扰作用的,是这个制度所固有的干扰,这正好是平等和自由的实现,这种平等和自由证明本身就是不平等和不自由。”④

马克思通过平等自由形式的经济伦理批判,揭露了资产阶级在平等自由口号下对资本主义不平等关系的掩饰,也批评了蒲鲁东等人认为排除货币、资本干扰就能维护普遍平等和自由的幻想。马克思讽刺地写道:“劳动力的买和卖是在流通领域或商品交换领域的界限以内进行的,这个领域确实是天赋人权的真正乐园。那里占统治地位的只是自由、平等、所有权和边沁。自由!因为商品例如劳动力的买者和卖者,只取决于自己的自由意志。他们是作为自由的、在法律上平等的人缔结契约的。契约是他们的意志借以得到共同的法律表现的最后结果。平等!因为他们彼此只是作为商品所有者发生关系,用等价物交换等价物。所有权!因为他们都只支配自己的东西。边沁!因为双方都只顾自己。使他们连在一起并发生关系的唯一力量,是他们的利己心,是他们的特殊利益,是他们的私人利益。

① 《马克思恩格斯全集》第46卷(下),人民出版社1980年版,第159页。
② 《马克思恩格斯全集》第23卷,人民出版社1972年版,第324页。
③ 《马克思恩格斯全集》第46卷(上),人民出版社1979年版,第200页。
④ 《马克思恩格斯全集》第46卷(上),人民出版社1979年版,第201页。

正因为人人只顾自己，谁也不管别人，所以大家都是在事物的预定的和谐下，或者说，在全能的神的保佑下，完成着互惠互利、共同有益、全体有利的事业。”①

马克思对自由、平等的分析具有现实意义。时至今日，西方经济伦理的终极理想仍是资产阶级的自由、平等。李普森曾说：“这两个理想是我们的基本观念，其重要性凌驾于其他任何理想之上。将生气勃勃的精神注入我们的民主政制，使它具有独一无二的特征以及使它与其他制度不同的，主要就是这两种价值观。如果要将民主制度的特征以最简单的话来概括，可以这样说：民主制度就是尽可能使其人民同时获最多的自由和最多的平等的政治制度。”②马克思的经济伦理理想并未排斥自由、平等，但与资产阶级相比，前提是不同的。马克思的经济伦理理想是建立在“重建个人所有制”基础之上的人的全面发展，这是自由、平等的新的社会经济制度基础。马克思关心的是无产阶级的解放，是在物质丰裕基础之上人的全面发展，不揭示自由、平等的阶级立场，其实质必然是南辕北辙的。

三、阿马蒂亚·森的经济伦理思想

阿马蒂亚·森，1998年获诺贝尔经济学奖。他不仅在经济理论上有杰出贡献，在伦理学上也有突出成就。更重要的是他主张经济学和伦理学的结合、统一，希望达到效率、功利与公平、自由的协调。他认为“目前我们要做的工作是使经济学与伦理学进一步结合起来”③。

森的经济伦理思想的第一部分是研究经济中的伦理问题，尤其是饥荒问题。森通过饥荒问题，说明了经济活动中权利伦理问题，指

① 《马克思恩格斯全集》第23卷，人民出版社1972年版，第199页。

② 李普森：《民主的基本原理》，译文见《交流》，1986年第3期。引自张文显《二十世纪西方法哲学思潮研究》，法律出版社1996年版，第522页。

③ 阿马蒂亚·森著，王宇等译：《伦理学与经济学》，商务印书馆2000年版，第73页。

出经济活动离不开伦理关系。

历史上曾不时遭受饥荒。关于饥荒出现原因和控制方法的主要观点有:(1)马尔萨斯“人口过剩论”。提出人口增长大于物质资料的增长。(2)“粮食供给缺乏论。”指出物质的匮乏满足不了人的基本需要。(3)“收入中心论。”认为购买力的不足,产生了饥荒。

森通过孟加拉、印度、埃塞俄比亚等国饥荒发生的情况,指出饥荒产生的根本原因是人们权利的剥夺。他 1977 年的论文“饥饿与权利的交换”以及 1981 年的著作《贫困与饥荒——论权利与剥夺》中,森认为饥荒不仅是由粮食短缺造成的,其背后还存在其他决定因素,突出的例子就是 1943 年发生在孟加拉的饥荒,当年粮食生产正常,甚至好于往年。森认为饥荒之所以产生是由于一些社会经济群体无法获得他们以前有权利获得的食品,因此这些人的食品权利减少了。

森的核心概念是个人的权利集合(entitlementset),即在一个社会中,由个人自由支配的,并受法律制约的所有资源中可以获取的权利链条。Entitlement 的含义指“应得的权利”;它不同于 desert(根据功劳、优点、美德的应得赏罚)和 empowerment(授权给、使能够许可),也不同于 right(正当的权利,法权)。森用 Entitlement 表明,无论人的贫富、贵贱,都有天赋的资格获得经济、社会、文化上的权利,这是基本的、无条件的人权。

经济权利是人类的基本权利之一。它包括,第一,所有权。第二,直接的权利关系(私人所有制的市场经济):以贸易和生产为基础的权利;自己劳动的权利;继承和转移的权利。第三,复杂的权利关系。如:拥有自己发现并且无人认领的东西。

在市场经济体制下,交换权利十分重要,它是指:“在市场经济中,一个人可以将自己拥有的商品转换成另一组商品。这种转换可以通过贸易、生产或者两者的结合来实现。在转换中,他能够获得的各种商品组合所构成的集合,可以称为这个人所拥有东西的‘交换权利'。"[1]决定交换权利的因素中，前提是所有权，涉及每个人的实际交换情况的条件有：是否就业；收入状况、个人开支；生产情况；购买成本、销售价值；社会保障福利、必须交纳的税金；社会经济等级结构中的地位；生产方式等。

森试图通过人的社会角色的差别，来认识经济上的不平等。他指出："事实上，至今还没有确凿的证据表明，在某一次饥荒中，一个国家的所有社会阶层都遭受了饥饿。这是因为，不同社会阶层对食物的控制能力是不同的。"[2]他的此见解与马克思阶级分析观点是一致的。森认为，马克思强调经济判断与道德哲学的统一、关心经济与人类社会命运的相互关系，是值得我们继承和发扬的。

森强调权利方法的目的，是要了解在一个社会现有的法律体系中，合法的控制食物的手段和每个人控制包括食物在内的商品的权利。通过生产机会、交易机会、国家赋予的权利、其他获得食物的方法等内容把握资源禀赋与经济交易的情况。其关键是要明白权利中的所有权和交换权。每个人都有一定的禀赋，包括工作能力、土地、资金、耐用品和金融资产等，因此每个人都可用不同的方式（指生产、贸易、运输等经济活动）将其禀赋变换成食品，这是交换权利实现的过程。如果人的禀赋、潜能（capability）不能够转化为真正功能（functioning），就是权利的失败，就会导致饥饿。禀赋的丧失或改变，例如工人失业、农民离乡意味着权利的丧失或改变。森考察了近代以来几次大的饥荒，提出饥荒不完全是食品短缺造成的，而更可能是由于权利分配不均造成的，由此他展开了对于社会底层命运的伦理思考。

从权利角度认识贫困问题突破了传统的表面认识，深入到了更加广阔的人的天赋、潜能和社会平等问题，表现了森对弱者的同情和对人道、平等、正义的呼唤。由于对社会底层人民与道德的关切，森

① 阿马蒂亚·森著，王宇等译：《贫困与饥荒》，商务印书馆2001年版，第8页。
② 阿马蒂亚·森著，王宇等译：《贫困与饥荒》，商务印书馆2001年版，第58页。

被誉为“经济学的良心”、“经济学良心的肩负者”。

但森也指出了权利方法存在的缺陷。权利不易被具体界定,常常发生歧义和争论。他重视的是一个社会法律框架中的权利,没有考虑不合法的财产转移,例如抢劫。可能忽视权利以外的其他因素,如:无知、饮食习惯等。其他学者对森的见解也有不少批评。有的认为他归纳选择材料有局限,有的认为他的结论不可靠。斯里尼瓦桑指出:“如果造成竞争性市场的平衡的这条原理没有被违背而导致市场崩溃,那么《贫困与饥荒》一书的论述在逻辑上必然存在失误,要不就属于旁枝末节,不必重视。”①梅格纳德·德赛认为:“要说虽然所有的经济行为者都采取了合理的行动而仍然会发生饥谨,这样的看法是经济学家们难以接受的。”②

森指出,伦理与经济学并不矛盾,道德在人的行为中起很大作用,每个人都不可能脱离社会约束来进行选择。阮西曼与森以囚徒困境为例进行了阐述。两个囚徒在互不信任的情况,分别采取不合作策略,其结果比合作要差得多。囚徒困境被用来解释很多现象,说明了“共同愿望”、“公共的善”、社会契约的必要性③。森却指出了一个更直接的条件,即博弈双方互相信任,从而得到一个合作的结果。达到这种信任的一个机制就是伦理教化,伦理常常意味着个人做出一定的牺牲,以保全社会整体的利益。道德约束可以防止共同利益受损害,同时增加每个人的利益。所以在经济活动中道德是不容忽视的。

森的经济伦理思想的第二部分是研究伦理中的经济问题。主要是经济不平等问题。当代思想家普遍认为平等是公正的核心。但对

---

① Srinivasan, T. N, Review of Sen(1981), *American Journal of Agricultural Economics*, *February* 1983.

② 梅格纳德·德赛:《饥谨:经济学讲的故事和形式主义之一例》,载《国际社会科学杂志》(中文版),1988 年第 3 期,第 114 页。

③ Runciman, W. G. and Sen, Amartya(1965), *Games, Justice and the General Will*, *Mind*, LXXIV(296), October, p. 554 - 621。

于什么是平等，却有不同认识。森分析了已经存在的三种平等原则，认为它们各有缺陷。

首先是功利主义原则。这个原则是由边沁、穆勒提出的，把个人效用加总起来，使总和最大化。它假定每个人的边际效用，即从最后一单位上收入所获得的效用相等，实际上却忽视了个人偏好问题和效用的差别。而这种“效用面前人人平等”、“最大效用是最大的善”的方法，重视多数人利益，忽视少数人利益，或以牺牲少数人的利益为代价，换取多数人的利益，只能造成实际上的严重不平等。“这种方法的麻烦就在于关心个人效用的最大化，极端地忽视了总量在个体之间的分配。”[①]例如，瘸子从每一单位额外收入中所获得的效用，只是别的人所获得的效用的一半，因为前者即使有了钱也不可能尽情享受。根据功利主义原则，快乐成性的人应该得到比瘸子多得多的收入，那么瘸子处境就会更糟，这显然是不公平的[②]。

第二个是基于个人效用值的原则。它按照顺序排列个人效用大小，以此作为行为选择的根据。福利经济学是主要代表。但是，它忽视了效用的个人之间的可比性，过分强调个人利益，忽视了其他人的福利。个人效用不可比是西方个人主义思潮下是天经地义的。但森认为，基于评判的社会选择，可以不考虑个人间的效用比较，而基于利益的社会选择，却不可能避免个人间效用比较。只有允许这种比较，我们才能进行社会判断，从而福利经济的目标才有可能实现。

第三个原则，罗尔斯在《正义论》一书中提出的基于基本权利和物品（权利、自由、机会、收入、财富、自尊的社会基础）的平等原则与差异原则，主张经济和社会分配应在基本权利、机会上完全平等。如果的确由于客观情况不平等，那么应优先考虑社会最差成员的基本权利和物品拥有量。这个原则对森有强烈影响，他认为“功用空间

① Sen, Amartya (1997), *On Economic Inequality*, Clarendon Press (Oxford) p. 16.

② Sen, Amartya (1980), *Equality of What?*, in Sterling M. McMurrin (ed.), The Tanner Lectures on Human Values, Volume Ⅰ, University of Utah Press and Cambridge University Press, p. 203.

上的平等评价，导致从功利主义福利经济学在从总量上进行衡量的传统的整体分离”[①]。但同时，森认为罗尔斯的平等主义是十分极端的强平等观，是十分理想化、宏大的社会制度建构。在将不同权利和物品加总、取权时，就遇到了实际操作的巨大困难。

在对于平等的不同认识的分析的基础上，森提出“能力平等论”。他认为衡量平等应基于基本能力，即一个人赖以进行基本活动的能力。基于基本能力的平等原则，比基于效用和物品的平等原则，更接近对人的价值的肯定。人类能力的提高也可以扩大生产能力和获取收入的能力。这种关系建立了一种重要联系：通过能力提高有助于使人们生活富足，并使对人类权利的剥夺、贫困现象的发生越来越少。作为能力剥夺的贫困，是对于人民权利的忽视。[②] 解决贫困，应该从尊重、维护经济权利入手。把民主作为普世价值，建立起自由、平等的社会制度。森认为人类社会对于自由平等的追求是永恒目标。人的自由是经济发展的目的，提高人的能力、获得收入的方法只是手段。贫困摧残人的自由，改变贫困的方法，例如教育、卫生等就是希望实现富裕，由工具性的手段，最终达到人的自由。

基于对人类社会自由的价值追求，我们应该认识不平等的社会问题和危险后果。在社会生活中，有大量不公平现象。失业是严重的经济不平等现象。在卫生保健与死亡率方面，同样存在着严重的不公平，如“失落的女性”（missing women）现象。“失落的女性”指的是在许多地方，女性死亡率过高的状况。人为的女性更高的死亡率是对女性重要能力的剥夺。从社会实际成员的合理性来看，社会安排中的特权不平等也是很难捍卫的。严重的不平等就是野蛮。对不平等的感受可能会腐蚀社会凝聚力，不平等也使效率很难实现。

森认为不能混淆收入不平等与经济不平等的概念，因为这样会

---

① Sen, Amartya (1997), *On Economic Inequality*, Clarendon Press (Oxford) p. 196.

② Dreze, Jean and Sen, Amartya (1999), *Hunger and Public Action*, Oxford University Press, p. 42.

忽视从其他角度看待不平等,而这些方面对经济政策的制定有深远的影响。过度强调收入不平等,会忽略其他诸如失业、身体疾病、缺乏教育和社会排斥等方面的剥夺。而认识经济不平等的视野,应扩展到社会政策的安排、家庭成员之间的义务关系。实际上,这些方面,比收入对个人利益和自由的影响更大。例如,非洲裔美国人与印度的喀拉拉邦人相比,死亡率更高,这与带有很强经济意味的公共政策措施是有直接联系的:卫生保健融资和保险、公共教育提供、地区安全安排等等。死亡率差异,可以作为更深层的隔离种族、阶层和性别的不平等的指标。与其他的剥夺(诸如营养不足和文盲)一样,死亡率的统计可以直接提供在一些重要尺度上的不平等和贫困的状况。还有,因为家庭成员的收入是和其他家庭成员共享的,从收入差异角度无法分析性别不平等。为了获得经济不平等程度更清晰的观点,我们需要更多关于家庭内资源分配的信息,如女孩被歧视、没有学习的权利、承担了更多家庭劳务。但恰恰这些信息可用来表明现存的机会不平等(获得外部收入、入学受教育等),对女性相对剥夺的存在。因此,对于经济不平等的现状分析和政策措施,应该从能力剥夺的不平等和贫困的更宽广角度来进行。

经济条件、事实判断和人的自由、社会价值评价是相互联系的。尽管收入在个人享受的利益中起到了至关重要的作用,但是收入与个人成就和自由之间的关系,既非恒定的,也非必然的。在收入“转化”到我们可以实现的不同“功能”过程中,不同类型的偶然性可导致系统性变化,影响我们的生活模式。在收入获取和实际自由之间可能存在系统性的变化,这在公共政策制定中应受到重视。

森以贫困与饥荒为线索开展研究,关心社会底层和弱势群体,融入了人类的同情、怜悯,这正是道德应特别重视的问题。森的研究表面上看是经济学问题,但是他认为在粮食问题后面,涉及粮食与人的关系,实际上是权利关系和社会制度安排问题。他的思想有广阔的经济、政治、文化视野。森探讨了经济活动的决定因素在于权利关系,不仅有经济上的权利关系,而且有社会政治上的权利关系。建构经济正义,需要社会价值观念上的民主和平等。森通过贫困、经济不平等进入到经济权利、经济正义,强调经济活动中的平等、民主、自由,反对旧的不平等的价值观念(性别歧视、权利垄断等),体现了西方现代正义观、人权观的主流思想。他与罗尔斯、诺齐克的正义论的差别,反映在他是由饥荒的具体现象深入到对于一般的正义的要求的,达到经济伦理的思考,而不是一般的、抽象的设定再到实际的应用。这使我们看到正义,人权的确与每个人的实际生活休戚相关。

研究森的经济权利正义理论具有重要意义。从理论上来说,无论是经济学还是伦理学,都需要在学科发展上进一步完善,吸收对方的优势。经济学对于物的精密计算、伦理学对于人的命运的深邃把握,显示了各自的价值。未来的经济学和伦理学学科健康良性的发展,都需要在双方的合作中取长补短。在道德层面上,我们应重视弱者、从权利公正方面、社会制度方面帮助他们,而不仅是人道援助。这样,才能从根本上解决贫困问题。虽然随着经济的发展,贫困问题越来越少,但是通过认识它的特殊性,对于我们经济进步中必然出现的残酷竞争造成的弱者问题的解决,提升社会和谐,仍有借鉴作用。在经济发展层面上,通过社会政治、法律、价值(民主、平等)的因素来考虑经济发展的原因,注入公平的机制,考虑到社会福利,反对纯粹工程学意义上的片面观点,实在是经济运行需要考虑的。在社会发展层面上,我们应该在物的方面与人的方面、效率与公平、经济尺度与伦理尺度上实现两者的结合、协调,在市场、政府和道德的多种维度上,进行全面的构思、运作,避免人为的弊端、灾害,从而为人类社会美好的家园造福。

四、托马斯·唐纳森与托马斯·邓菲的企业伦理学

20世纪70年代以来,作为经济伦理学的分支,企业伦理学备受青睐,美国经济学家托马斯·唐纳森与托马斯·邓菲长期致力于该学科研究,他们合著的《有约束力的关系:对企业伦理学的一种社会契约论的研究》是一部探讨全球化背景下企业伦理的力作。

企业伦理学不同于传统经济学的一个重要特征是其浓重的建构性，这种建构性曾经遭到许多学者的讽刺性批判，斯蒂格勒认为经济学家不应该成为一个“说教者”，而应该是一个解释者①。他认为经济学家的职责是揭示发生了什么，为什么会发生，而不是倡导或反对什么，他甚至对斯密的经济伦理观也有所批评。但是，事实描述与应该是什么并不绝然冲突，对事实的描述和解释也许恰恰是为提倡应然状态作准备。由于包括经济学在内的社会科学已经变得与自然科学一样越来越具有超地域特征，随着全球化步伐的加快，各国之间的政治经济及文化交往也在进一步深入展开，与此同时，世界各国各民族的文化差异导致的价值观差异却成为全球融合的巨大障碍，这种障碍也非常明显地体现在经济交往领域，尤其是在跨国公司的生产管理以及世界经济体的相互交易活动中，经济主体毫无例外地遇到了这一困惑：单一文化内部的伦理观念已经无法满足这种跨文化的经济交往，经济学与伦理学如果依然老死不相往来，那么发生在全球范围内的伦理冲突导致的经济冲突就很难在理论上获得解决的可能性支持，于是寻求一种新的普世经济伦理就成为伦理学家和经济学家的共同任务。唐纳森和邓菲就是在此现实需求的背景下进行了开创性工作。

《有约束力的关系：对企业伦理学的一种社会契约论的研究》这本书举了1995年的壳牌跨国石油公司事件，该公司总部设在荷兰，在尼日利亚设有分公司，并且推行一项巨额天然气采集计划，因其未能阻止尼日利亚军人政府践踏人权而遭西方世界普遍谴责，并导致其在欧洲的贸易遭抵制。该案反映了一个棘手问题，即跨国公司该怎样与东道国相处？唐纳森和邓菲以这个案例为契机提出一个十分重要的命题：假设在全球经济交往中存在着一种广义上的契约，唐纳

① 《经济学抑或伦理学》，商务印书馆1999年《斯蒂格勒论文精粹》，第390～430页。

森和邓菲将它命名为综合契约论[1]。从卢梭到罗尔斯，伦理学家们大致赞同这样一种观点，即每一个社会都隐含地存在着一种社会契约。本书作者认为这种社会契约以两种形式存在：一，"假设的或宏观的契约，反映一个共同体的理性的成员之间假设的协议"。二，"现存的或微观的契约，反映一个共同体内的一种实际的契约"。[2]即我们通常所谓的应然状态的契约和实然状态的契约。综合契约论将这两种形式的契约综合在一起，其目的是扬两者之长，避两者之短。为了防止误解，作者声明这种努力的目的是为了使得由此建构的一种企业伦理学能够具有最大限度的普世性，并具有坚定的原则和极大的灵活，因此它提倡多元反对相对主义，倡导宽容但反对无原则[3]。

唐纳森和邓菲以此为出发点，构建一整套企业综合契约伦理学，居于该学说核心的概念是超规范即指人们对某些深层道德价值观的固定理解，并假设全世界大多数人都持相同态度[4]，是一种普遍原则[5]，根据这种规范来评判其他规范[6]，而实体性超规范即根据各文化的具体情况表述后的超规范[7]、真实伦理规范即指一个群体或共同体内，当相当多的成员持有一种态度，即认为某一特定行为是正确或错误的，并且相当多数成员的行为与那一态度相符时，那里便存在

① 托马斯·唐纳森与托马斯·邓菲著：《有约束力的关系：对企业伦理学的一种社会契约论的研究》，上海社会科学院出版社 2001 年版，第 26 页。

② 托马斯·唐纳森与托马斯·邓菲著：《有约束力的关系：对企业伦理学的一种社会契约论的研究》，上海社会科学院出版社 2001 年版，第 26、49 页。

③ 托马斯·唐纳森与托马斯·邓菲著：《有约束力的关系：对企业伦理学的一种社会契约论的研究》，上海社会科学院出版社 2001 年版，第 29 页。

④ 托马斯·唐纳森与托马斯·邓菲著：《有约束力的关系：对企业伦理学的一种社会契约论的研究》，上海社会科学院出版社 2001 年版，第 37 页。

⑤ 托马斯·唐纳森与托马斯·邓菲著：《有约束力的关系：对企业伦理学的一种社会契约论的研究》，上海社会科学院出版社 2001 年版，第 78 页。

⑥ 托马斯·唐纳森与托马斯·邓菲著：《有约束力的关系：对企业伦理学的一种社会契约论的研究》，上海社会科学院出版社 2001 年版，第 59 页。

⑦ 托马斯·唐纳森与托马斯·邓菲著：《有约束力的关系：对企业伦理学的一种社会契约论的研究》，上海社会科学院出版社 2001 年版，第 71、88 页。

一种真实规范[①]、道德自由空间即超规范与真实规范之间的中间地带，在这一范围内，共同体建立的伦理规范代表有关正当行为的集体看法[②]、识别真实伦理规范则成为围绕超规范这一核心概念的次一级重要概念。

唐纳森和邓菲将自己的理论建立在自然学说而非单纯的理性论基础上，他们在建立这套综合社会契约论的过程中，几乎汲取了自亚里士多德以来主要的伦理学思想，其中对洛克的自由状态假设、霍布斯的丛林规则假设和罗尔斯的无知之幕假设进行了改造：假定社会契约的参与者集体赞同存在着某种超规范，也假定参与者知道自己的偏好[③]，在这里作者将"经济人"假设添加了社会契约的含义，成为新的"复杂人"假设。他们指出自从亚当·斯密提出的"经济人"假设被作为经济学理论的一个基础假设之后，经济学似乎给许多人造成误解：它只关注经济效益，不管其他。这种误解甚至波及了部分经济学家的研究过程中，例如经济学研究者在解释社会、政治、经济现象时，不考虑其他的可能因素，而只顾及现象中人们对经济利益的追求，将效用形而下化和短期化，于是效用常常被理解为眼前的经济利益，以这种假设作为分析问题的出发点，研究结果往往严重歪曲人的行为本身。

唐纳森和邓菲的哲学基础是不可知论，他们所持的这一立论基础是谨慎的，以此作为出发点，他们认为我们可以从世界各种主要文化和宗教中寻找到共同的价值观，这一努力显然与 1993 年世界宗教议会公布的《走向全球伦理宣言》有异曲同工之处，不同的地方仅仅在于两方面：全球伦理宣言的内容更加原则性，寻求全球伦理的方法

---

① 托马斯·唐纳森与托马斯·邓菲著：《有约束力的关系：对企业伦理学的一种社会契约论的研究》，上海社会科学院出版社 2001 年版，第 131 页。

② 托马斯·唐纳森与托马斯·邓菲著：《有约束力的关系：对企业伦理学的一种社会契约论的研究》，上海社会科学院出版社 2001 年版，第 105 页。

③ 托马斯·唐纳森与托马斯·邓菲著：《有约束力的关系：对企业伦理学的一种社会契约论的研究》，上海社会科学院出版社 2001 年版，第 35、36 页。

是从各大宗教教义中合并同类项，而唐纳森和邓菲寻求超规范的资源更加丰富，这与罗尔斯1993年以来构建万民法即普世法律具有某种相似性，他们在本质上没有差异，只是适用的领域及其涉足该领域的深度有所不同罢了。

唐纳森和邓菲在构建了综合契约论基本框架之后，即以此分析实例，这些实例既包括跨国公司在贸易中的伦理问题，例如他们试图以该理论解决具体的跨文化伦理冲突，唐纳森和邓菲认为“当两种文化（和两套伦理准则）相遇时，就会出现令人困扰的灰色地带，全球经理常常必须在这种地带谨慎穿行”[①]。而这套理论则能够帮助经理们安全通过；实例也涉及跨国公司的内部管理因为招募跨国工人而导致的伦理难题，该理论可以解决下述问题：“当东道国里所遵循的标准低于在本国遵循的那些标准时，公司应当怎么办？”[②]等等。尤其值得一提的是，他们运用他们的理论精彩地分析了行贿和敏感支付产生的伦理冲突问题，他们正确地指出，虽然大量的发展中国家在跨国经济交往中普遍存在这些问题，但是几乎在所有国家，这些行为都不是真实规范，而且不属于道德自由空间领域的问题，因此是与超规范抵触的行为，它们甚至是犯罪行为而遭到所有国家的打击，最后，作者证明行贿和敏感支付是违背世界上所有民族和文化的基本伦理戒律的[③]。同时，唐纳森和邓菲也以他们所建构的理论来解决利益相关者的责任问题，尤其是作者提出由于利益相关者群体之间存在着利益冲突，企业在处理他们的冲突过程中不得不以维护大共同体的利益为主体兼顾小共同体利益为辅的策略[④]——这符合企业

① 托马斯·唐纳森与托马斯·邓菲著：《有约束力的关系：对企业伦理学的一种社会契约论的研究》，上海社会科学院出版社2001年版，第266页。

② 托马斯·唐纳森与托马斯·邓菲著：《有约束力的关系：对企业伦理学的一种社会契约论的研究》，上海社会科学院出版社2001年版，第268页。

③ 托马斯·唐纳森与托马斯·邓菲著：《有约束力的关系：对企业伦理学的一种社会契约论的研究》，上海社会科学院出版社2001年版，第278～293页。

④ 托马斯·唐纳森与托马斯·邓菲著：《有约束力的关系：对企业伦理学的一种社会契约论的研究》，上海社会科学院出版社2001年版，第314～329页。

的经济目的，也符合基本伦理。因此唐纳森和邓菲的努力并不完全是为了应对国际商业行为中产生的伦理冲突问题，而是具有国内企业伦理和国际企业伦理的普遍适用性。

实际上，唐纳森和邓菲所进行的"说教"工作并不仅仅会引起诸如斯蒂格勒这样的学者的疑惑，同时其理论本身也存在问题，即唐纳森和邓菲虽声称他们的理论是建立在人类社会的自然属性基础上，但是他们的哲学基础则是不可知论，由于不可知论在哲学上属于一种"纯粹理性"的谨慎，有足够的普世性但是缺乏足够的说服力。因为支撑任何一套经济制度的伦理基础其本身并不来源于理性，而恰恰是来源于不同于理性甚至高于理性的信仰文明，表现为各大宗教的信仰虽然有不少相同的教义内容，但是解释这些教义的方式和具体落实到人们生活中的行为则有着千差万别甚至完全冲突的可能，例如在儒家文化圈里，诚实虽然属于该体系强调的基本伦理规范，但是在具体生活中，人们往往还认为某些事情应该心照不宣，甚至可以适当撒谎，这就与西方基督教伦理规范要求严格的诚实之间发生冲突——关于这一点我们从利玛窦的《中国札记》以及其他许多传教士的书信中就可以看到，在许多情况下，人们无法鉴定两者谁对谁错——虽然我个人赞同西方式的诚实，而你可能更倾向于东方式的。再如穆斯林会与基督教徒之间在如何对待妇女的问题上产生冲突，而以现有的超规范或者各大宗教的伦理资源却无法找到契合点，有时甚至能够找到契合点也不一定能够解决实际问题。当诸如此类的冲突问题发生的时候，以西方价值观为核心理念的国际法虽然在理性上可以证明其具有普世性，但是如果不能获得不分地域的种群在情感上的支持，它到底有多少解决能力呢？

我们当然应为唐纳森和邓菲的努力感到欣慰，但寻求普遍性的全球经济伦理、企业伦理还有很长的路要走，并且是能否蹚出一条好路来也还未可知，从这个意义上说，亨廷顿提出的文明冲突论是振聋发聩的，而且更是已经被证实的残酷事实，人们往往误以为他在倡导文明冲突，而事实上他只是指出了人类交往困境的真实图景，让人们从梦中醒来,因为世界并不会因为我们空幻的乐观而美好,在这个层次上说,唐纳森和邓菲虽然感受到某种危机,但是他们面对真实的勇气还不够——因为他们只字未提他们解决不了的问题,也没有提出他们的困惑,仿佛他们解决了所有企业伦理方面最重大的基础理论问题,也许这是他们的理论最大的缺陷。

附:本章相关的经典伦理思想

1. 亚当·斯密的经济伦理思想。

亚当·斯密,杰出的经济学家和伦理学家,18 世纪英国伦理学情感学派的代表人物,也是以"经济人"假设为基础的古典功利论经济伦理学的最主要的代表人物。他建立起一整套以情感共鸣为特征的道德情感理论体系,并开创性地构建了市场经济条件下的经济运行伦理准则。

斯密的主要理论观点引述如下:

"每个人都在力图应用他的资本,来使其产品能得到最大的价值。一般地说,他并不企图增进公共福利,也不知道他所增进的公共福利为多少,他所追求的仅仅是他个人的安乐,仅仅是他个人的利益,在这样做时,有一只看不见的手引导他去促进一种目标,而这种目标决不是他所追求的东西。由于追逐他自己的利益,他经常促进了社会利益,其效果要比他真正想促进社会利益时所得到的效果为大。"

人本身有一种"改良自身状况的愿望","这种愿望,虽然是冷静的、沉着的,但是我们从胎里出来一直到死,从没有一刻放弃过这愿望。我们一生到死,对于自身地位几乎没有一个人会有一刻觉得完全满意,不求进步,不想改良。怎样改良呢?一般人都觉得,增加财产是必要的手段。"

"吸引我们的,是虚荣而不是舒适或快乐。"

"与其说仁慈是社会存在的基础,还不如说正义是这种基础。没有仁慈之心,社会也可以存在于一种不很令人愉快的状态之中,但是不义行为的盛行却肯定会彻底毁掉它。”

“行善犹如美化建筑物的装饰品，而不是支撑建筑物的地基，因此做出劝诫已经足够，没有必要强加于人。相反，正义犹如支撑整个大厦的主要支柱。如果这根柱子松动的话，那么人类社会这个雄伟而巨大的建筑必然会在顷刻之间土崩瓦解。”

“人的天赋中总是明显地存在着这样一些本性，这些本性使他关心别人的命运，把别人的幸福看成是自己的事情……这种本性就是怜悯或同情，就是当我们看到或想象到他人的不幸遭遇时所产生的感情。”

“当对方的情感无论何处都跟我们自己的情感完全一致时，我们就认为他是一个品性风雅，鉴赏力良好的人。”

“我们有时会同情别人，这种激情（无论是）对方（或是）自己似乎全然不会感觉到，这是因为，当我们设身处地地去（为对方）设想时它（他）就会因这种设想而从我们自己的心中产生，然而它并不会因为现实而从他的心中产生。”

“但是，如果你对我遭到的不幸既不表示同情，也不分担一部分使我发狂的悲伤；或者你对我所蒙受的伤害既不表示愤恨，也不分担一部分使我极度激动的愤恨，我们就不能再就这些题材进行交谈。我们不能再互相容忍。我既不会支持你的同伴，你也不会支持我的同伴。你对我的狂热和激情会感到讨厌，我对你的冷漠寡情也会发怒。”

2. 弗里德利希·李斯特的经济伦理思想。

弗里德利希·李斯特是一位在经济学说史上有重要地位的经济学家，是历史学派的先驱者，也是以“社会道德人”假设为基础的古典道义论经济伦理学的主要代表人物。李斯特经济伦理思想的要旨是把爱国主义作为一个国家经济发展的精神动力，反对斯密主义的个体主义和世界主义。

李斯特的主要理论观点引述如下：

“国家介于个人和人类之间，是由这样一些个人组成的单独的社会，这些人拥有共同的政府、共同的法律、共同的利益、共同的历史、共同的荣誉、共同的防御和保护他们的权利、财富、生命的共同制度，他们组成一个自由和独立的实体。”

“多亏了国家，个人才有自己的文化、语言、工作机会和财产安全，他们与国家一起缅怀过去、憧憬未来。”个人与国家荣辱与共，个人从国家那里获得文明、教育、进步、社会和政治制度、以及科学和艺术的发展带来的利益。如果国家衰落，个人就得承担灾难性后果。”

“个人的祸福系于国家的独立和进步。”

“道德存在或道德人指的是一种特定社会，是一个由具有共同权利和义务、共同利益和制度的许多人组成的群体。”

“国家通过爱国主义的纽带将其成员结为一体。”

“个人只需要满足自己及其家庭的，不管他人或子孙后代；它的视野和手段有限，不能超越私人事务的圈子；他的产业受其生活的社会条件的限制。而国家要满足其大多数成员的社会需要，个人是不可能靠自己努力满足这些需要的；国家不仅要满足现在的一代人的需要，而且要满足未来几代人的这种需要；国家不仅要满足和平时期的这种需要；而且要满足战争时期的这种需要；国家不仅要着眼本国，而且要放眼全球。个人在促进其利益时可能会损害公共利益；国家在促进公共福利时可能会抑制一部分国民的利益。”

“由个人结合成社会时，就能为关系最远的后代谋便利，作打算，就能为了后一代的幸福而使这一代忍受困难和牺牲；这些都是只有个人凝结成团体时才会实现的，没有一个懂得事理的人会期望各个个人来这样做。”

“有些在私人经济中也许是最愚蠢的事，但在国家经济中却变成了聪明的事。”

斯密理论的重大缺陷是“将个人利己性格抬高到一切效率的创造者的地位”。

国家发展经济的目标“不仅仅是财富，而是强大和财富并举”。

一个国家要“从弱小转变到强大”，要“使它获得长期的生存的保障”,“这些都是政治经济任务”。

“一个国家的整个社会状况,主要决定于工作种类与工作划分以及国家的生产力协作原则”。

“只要同社会利益无所抵触,一般说来,个人自由是好事;同样的道理,个人是也只有在与国家福利相一致的这个限度上才能不受限制”。

3. 阿马蒂亚·森的经济伦理思想。

1998 年,以沟通经济学和伦理学的开创性工作而在学术界享有盛誉的印度经济学家阿马蒂亚·森获得了诺贝尔经济学奖。阿马蒂亚·森是以“自我实现人”假设为基础的现代道义论经济伦理学的主要代表人物。他进行的研究,是以经济与伦理、工具价值与目的价值的结合为线索而进行的。并引申出对经济伦理学的思考。

森的主要理论观点引述如下:

“目前我们要做的工作是使经济学与伦理学进一步结合起来。”

“在市场经济中,一个人可以将自己拥有的商品转换成另一组商品。这种转换可以通过贸易、生产或者两者的结合来实现。在转换中,他能够获得的各种商品组合所构成的集合,可以称为这个人所拥有东西的‘交换权利’。”

“事实上,至今还没有确凿的证据表明,在某一次饥荒中,一个国家的所有社会阶层都遭受了饥饿。这是因为,不同社会阶层对食物的控制能力是不同的。”

“功用空间上的平等评价,导致从功利主义福利经济学在从总量上进行衡量的传统的整体分离。”

“在东亚那样的地区,或者甚至在日本或中国和朝鲜等国家的一国之内,多种文化和传统相互重叠,试图从中概括出‘亚洲价值观’(这对该地区的拥有多种信仰信念和承诺的人民大众会具有强烈的而且常常是粗暴的后果)就只能是极端的粗制滥造。”

“我们有很好的理由去买和卖,去交换,去追求可以在交易的基础上丰裕起来的生活。”

“反对市场就像反对交谈。市场是一种交换形式。”

“市场的整体成就深深地依赖于政治和社会安排。”

“实质自由包括免受困苦——诸如饥饿、营养不良、不可避免的疾病、过早死亡之类——基本的可行能力，以及能够识字算数、享受政治参与等的自由。”

“扩展人类自由既是发展的首要目的，又是它的主要手段”。

“大饥荒不会饿死人，只有人才会饿死人。”

“随着现代经济学与伦理学之间隔阂的不断加深，现代经济学已经出现了严重的贫困化现象。”

“一个基于个人利益增进而缺乏合作价值观的社会，在文化意义上是没有吸引力的，这样的社会在经济上也是缺乏效率的。以各种形式出现的狭隘的个人利益增进，不会对我们的福利增加产生好处。”

“经济交易的自由通常是经济增长的强大动力。”

“……土地改革，普及识字、扩大公共医疗保健等等政策，对改革后的经济增长起了非常有益的作用。改革后的中国受益于改革前的中国所取得的成果的程度，应该得到更多的承认。”

“……东亚共有的传统取代了日本武士的传统而成为经济发展的要素。就在最近，随着这一经济发展起来的是中国经济与社会迅速发生的变革。这样，人们的注意力自然就转向了儒家学说的特定价值……”

4. 托马斯·唐纳森与托马斯·邓菲的企业伦理学。

20 世纪 70 年代以来，作为经济伦理学的分支，企业伦理学备受青睐。现代企业伦理学用更符合现实社会人性的“复杂人”假设代替斯密提出的“经济人”假设。美国经济学家托马斯·唐纳森与托马斯·邓菲合著的《有约束力的关系：对企业伦理学的一种社会契约论的研究》是一部探讨全球化背景下企业伦理的力作。

唐纳森与邓菲的主要理论观点引述如下：

社会契约以两种形式存在：一，“假设的或宏观的契约，反映一个共同体的理性的成员之间假设的协议”。二,“现存的或微观的契约,反映一个共同体内的一种实际的契约”。即我们通常所谓的应然状态的契约和实然状态的契约。综合契约论将这两种形式的契约综合在一起,其目的是扬两者之长,避两者之短。

企业综合契约伦理学的核心概念是超规范即指人们对某些深层道德价值观的固定理解,并假设全世界大多数人都持相同态度,是一种普遍原则,根据这种规范来评判其他规范,而实体性超规范即根据各文化的具体情况表述后的超规范、真实伦理规范即指一个群体或共同体内,当相当多的成员持有一种态度,即认为某一特定行为是正确或错误的,并且相当多数成员的行为与那一态度相符时,那里便存在一种真实规范、道德自由空间即超规范与真实规范之间的中间地带,在这一范围内,共同体建立的伦理规范代表有关正当行为的集体看法、识别真实伦理规范则成为围绕超规范这一核心概念的次一级重要概念。

经济学似乎给许多人造成误解:它只关注经济效益,不管其他。这种误解甚至波及到了部分经济学家的研究过程中,例如经济学研究者在解释社会、政治、经济现象时,不考虑其他的可能因素,而只顾及现象中人们对经济利益的追求,将效用形而下化和短期化,于是效用常常被理解为眼前的经济利益,以这种假设作为分析问题的出发点,研究结果往往严重歪曲人的行为本身。

“当两种文化(和两套伦理准则)相遇时,就会出现令人困扰的灰色地带,全球经理常常必须在这种地带谨慎穿行。”

虽然大量的发展中国家在跨国经济交往中普遍存在行贿和敏感支付问题,但是几乎在所有国家,这些行为都不是真实规范,而且不属于道德自由空间领域的问题,因此是与超规范抵触的行为,它们甚至是犯罪行为而遭到所有国家的打击。

行贿和敏感支付是违背世界上所有民族和文化的基本伦理戒律的。

由于利益相关者群体之间存在着利益冲突,企业在处理他们的冲突过程中不得不以维护大共同体的利益为主体兼顾小共同体利益为辅的策略——这符合企业的经济目的,也符合基本伦理。

社会选择的经济约定形式,必定体现参与者所持有的特定的经济伦理学规范。

第四章
经济伦理范畴

第一节 “经济人”与“道德人”

一、“经济人”

“经济人”的概念首先由英国经济学家亚当·斯密提出。它既指参加经济活动的主体,又指资本主义生产方式中从事经营活动的资本家。本文所讲的“经济人”泛指一切参加经济活动的主体,它体现着一切经济行为的人格化。一般来说“经济人”具体可表述为,在经济活动中以经济的头脑来计算一切行为,并且努力把寻求自身利益最大化作为行为的出发点和归宿的人。因此“经济人”的本性是指人根据趋利避害原则,通过“成本—收益”的计算,优化选择所面临的一切机会和目标及实现手段。经济活动的动力机制形成了“追求利益最大化”的“经济人”。

“经济人”具有如下特征:第一,把对自身利益的追求和满足看成是人们经济活动中的原始驱动力;第二,面对经济活动的种种抉择,把个人利益看做是市场行为取向的最后决定者;第三,具有“经济合理主义”精神,把追求最大利润作为活动的唯一目的;第四,个人对物欲的追求与满足带动了整个经济活动领域的“繁荣”,实现了效用和功能的最大化。

从根本意义上说"经济人"只是在理论经济学体系中充当分析基点作用的个人市场行为的一种象征性表述，是理论层次上提炼出来的一种市场上的人，是一种假设。当然，"经济人"抽象决非是主观臆想的，而是有着现实的基础，即人在市场中的经济维度，其经济行为主要是以交易形式进行的自利行为。在交易活动中，"自利"是每个人的根本目的。无论任何人，即使是心怀高尚的无私者，他的交易活动也不可能不以"自利"为其经济活动原则。至于说他追求财富的终极目的，是为了抚养和教育子弟，还是为了从事某项公共福利事业，应另当别论。这些目的并非意味着他的交易活动不是自利的，他既不可能因怀有崇高目的而愿意以低于市场的价格出卖其商品，也不可能以高于市场的价格购买商品。因此，"经济人"的理论抽象，绝不是随心所欲的面壁虚构，而是对每个市场参与者的非常接近其真实的"第一近似"。

从某种意义上说，"经济人"的理论抽象，也是一种理论建构。其一，这种建构本身是在分析学意义上突出人在市场中经济行为的特定因素——"自利"和"理性"得出的。在这一建构过程中，"宁多勿少"的自利动机在思维上被定向强化，从而获得主观上追求最大化和行为上采取与这种目标相适应的理性决策的理想化的形象。当然，这种"理想类型"的"经济人"决不是在经济学家看来最好的人的形象，而仅仅突显自利和理性行为接近于市场上人的经济行为的典型。参照这种"理想类型"，我们就能够把市场上的实际行为转变为在理论上清晰的、可理解的典型行为。其二，"经济人"抽象作为一种"理想类型"，他需要特定条件即处以市场经济为基础的近现代社会之下，并需要沿浸在市场交易行为的运行逻辑和规则之中。"经济人"的行为，本质上是历史地给定的、基于交换领域的典型化行为。这种典型化或理想化的概念有助于经济学研究中增进推断因果归属的技巧：它不是对人的实际经济行为的完整描述，但其目的却是为这种描述提供一种明晰的表达手段。因此，不能通过"经济人"理念与人的实际经济行为进行直接对比的方式来检验“经济人”，更不能以其没有考虑到利他动机、社会文化因素等诸如此类的“缺损”来否定“经济人”抽象的合理性。作为一种理论抽象，“经济人”模式不考虑这些因素是一种“缺陷”，但又是科学分析中不可避免的“缺陷”。

二、“道德人”

“道德人”这一思想概念的最早提出，可推英国经济学家亚当·斯密。但是把“道德人”概念明晰化的人，最早是由德国社会学家马克斯·韦伯完成的。他认为：市场经济活动的约束机制使人具有“道德人”的属性；影响市场经济运作的要素，除了经济行为外，还与社会政治、伦理、文化有着直接或间接的关系。正如他在《新教伦理与资本主义精神》一书中所说：尽管由于新教伦理创造的资本主义精神和道德力量抚育了近代的“经济人”，然而“经济人”的成长过程需要道德的支持。正是在这一意义上，人们把“道德人”看做是对人在经济活动中的一种补充和完善。

“道德人”理论具有自身鲜明的特色，主要体现在：

第一，在经济活动的驱动力上，“道德人”理论强调合乎理性的伦理精神是推动社会经济发展的巨大动力。在“道德人”看来，对社会经济发展的动因作某种说明时，虽然需要首先考虑社会经济状况，承认经济因素的根本重要性，但市场经济的发展，除了依靠科学技术和法律制度外，还取决于从事实际经济活动的人的修养和气质，社会经济发展的动因，是各种力量综合的结果，是社会合力的产物。其中“合乎理性的伦理精神”和新的价值观念，引导人们积极向上，把从事经济活动视为道德完善和实现最高价值的重要手段，由此而成为推动经济发展的精神动力。

第二，经济活动的社会目标上，“道德人”理论强调：追求经济活动的社会目标，只有合理的经济行为才是道德的行为。现代化生产的社会经济活动，个体行为既关系自身、也影响社会和他人；理性精神对生活普遍指导的合理性以及合理的经济伦理，是指导人们调节相互关系的行为准则。这就表明："道德人"理论并非把获利看做是绝对的坏事，它反对的不是获利和追逐利润，而是非理性的、不道德的获利。马克斯·韦伯多次强调：要使获利行为成为按照理性来追求，根据资本核算来调节的道德行为。一方面他认为：金钱是一种职业，是人人都必须追求的自身目的，倘若财富意味着人履行其职业责任，则它不仅在道德上是正当的，而且是应该的、必须的。有效的经济行为本身就具有伦理性。另一方面，他又认为：人们对物质财富的追求，应通过人的自身能力和主动性去合乎理性地、合法地进行，做到合理、有道德地获利。

第三，在经济活动行为的判断标准上"道德人"理论把促进经济与道德同步发展看做是社会进步的根本标志，也看做是社会发展的客观要求和自身肩负的历史使命。在道德发展史上，凡属符合社会发展要求，顺应历史变革的先进道德，都对社会发展起着变革性的促进作用；反之，就会阻碍社会经济的发展。资本主义上升时期的诚实、守时、信誉、勤奋、节俭等这些德目体现现代经济合理性的道德精神，从而把利润、获利从宗教伦理的禁锢中解放出来，促使资本主义的经济冲动合法化，为资本主义市场经济的发展注入了生机和活力。与此同时，被市场经济膨胀了的对物质财富的贪欲，也使一批人让黄金成为不受控制的欲望，并全身心地服从"它"，道德退化为经济的冲动，不再与精神的文化的最高价值发生联系，造成经济冲动与道德控制的严重失衡。越来越多的事实证明，一旦社会发展最终蜕变为只受机器生产的科学技术和经济条件制约的时候，原先推动人们从事经济活动的最初动力的物欲，将会变成"一只铁的牢笼"，使文明社会陷入"专家没有灵魂、纵欲者没有心肝"的可悲境地。

由此看来，"道德人"理论主张的自我行为约束，是保持经济冲突与道德控制相对平衡不可缺少的因素。离开了道德精神的主导作用，"经济人"的经济行为就会失范。

三、"经济人"与"道德人"的关系

当我们从经济活动的各个环节来考察"经济人"和"道德人"的相互关系时,我们确实能发现这两种存在巨大差别的理论在实践中却是相互联系的。

第一,从人的经济行为的动机来考察。

任何一个经济过程都是从确立经济行为主体的动机开始的。强烈的主体动机在经济过程中显示为经济的驱动力。经济驱动力的正确选择,关系到经济体制的合理性。西方古典经济学家从亚当·斯密开始就确立了"经济人"的利益动力论,即以个人物质利益的追求为驱动力。而社会主义国家在20世纪80年代以前受意识形态的支配,基本上是立足于道德动力论,即通过计划经济手段来实现道德主义的驱动。在这种体制下,经济任务的完成与否,完成的好与否,经济效益是增加还是减少,与他们的切身利益并无直接的关系,而与他们的道德评价及其个人政治发展却存在直接关系。在这样的体系下,经济利益杠杆对他们不起作用,要调动他们的生产积极性,就只有靠道德动力了。

20世纪90年代后,随着东欧与苏联社会形态的转折和中国进行社会主义市场经济的改革,道德动力论逐步失去作用,而物质动力说就开始显露,"经济人"开始代替"道德人"唱主角。实事求是地说,20多年来中国经济的迅猛发展,与淡出道德动力论相关,生产者开始拥有某种程度的自主性,有追求自身利益的权利。今天之中国允许生产者为谋取个人利益而从事经济活动,在道德上认可个人谋利动机的合理性,已成为实现经济发展的必要条件。

第二,从人的综合行为轨迹来考察。

我们应该承认,经济活动中的人并非都是追求自身最大利益的,他的道德素质、文化修养和社会理想都会对他发生作用。因此,经济因素并非是现实的人考量的唯一纬度。事实上,道德因素是现实的人经常考量的纬度。正因为如此,所以现实的人在财富发展到一定量度，对利益的追求会趋向边际化。从理论上来说，经济活动的本性是只追求自身的最大物质利益，是完全功利性的；道德的本性是超功利性的，即超越自身的物质利益，因而是自律性的。但是现实中的人在社会道德约束下，是不可能超越道德空间的自由性，这就证明经济活动中人的行为总是功利和非功利兼有，他律和自律并存的现象。这样的人在从事经济活动中，他的行为主要动机会是自觉意识到这样做将有益于社会和他人，同时他也不拒绝在这过程中使个人得到好处。这样的人仍然属于“经济人”范畴，但在他的动机里已经做到把个人谋利同高层次的精神追求结合起来。现实生活中这样的企业家和商人不乏其人。

第三，从人为实现经济利益的手段来考察。

在经济过程中，人们要使自己的牟利动机能够转化为经济效果，还必须有实现动机的手段。在市场经济体制下，实现牟利动机的手段是多种多样的。这些手段在许多方面都不同程度地受到道德的制约。

市场机制这只“看不见的手”是实现动机必要的手段，而竞争就是市场机制实现的主要途径。健全的、有序的竞争需要各种必要的市场规则。这些规则中体现着维持有序竞争的种种公正道德，体现着道义信念与牟利动机的并存，并通过法律形式表达出来。

市场经济为了达到自己的目的所需要的手段除了“看不见的手”，还需要另外一只“看得见的手”，即政府对经济的宏观调节和干预。光有市场不能解决所有的经济问题，比如供给与需求的总量平衡问题、整个社会的产业结构调整问题、社会生态环境问题、社会公平问题等等。而政府指导经济并同经济相互作用，所要达到的是经济的增长和经济的人道化：效率与公平这两大目标。因此，在政府对经济的宏观干预中已经蕴含了道德调节的成分。

第二节 效率与公平

一、效率

效率概念，表示的是投入成本与产出收益之间的比例关系。投入成本低于产出收益，我们称之为有效率。投入成本越低，产出收益越高，其效率也就越高。相反，如果投入成本平于或高于产出收益，我们就称之为没有效率。效率一般是指这样一种状态，就是物尽其用、人尽其力。现有的稀缺资源被充分有效地利用，并进而使社会效用达到最大化。

从经济学上看，效率意味着生产力提高、成本降低以及实现利润最大化。当边际收益等于边际成本（MR = MC），即边际成本曲线与边际收益曲线相交时，利润可以达到最大化。这对于生产者是有利的，同时也有利于消费者。因为 MR = MC，表明经济活动中，生产者为消费者提供适量的产品和高效的服务，表明稀缺资源的有效使用。从生产要素的成本视角看，资本支付的工资、土地、租金等都能按照甚至低于市场标准支出，这就表明经济效率高。效率的道德含义产生于生产力提高、成本降低以及利润最大化，是既有利于生产者，又有利于消费者的经济效果。效率的道德判断可以从成本、利润和消费者的消费等多方面考察，经济效率的道德评价可以用生产活动中的最大利润和最低成本作为标准之一，也就是以生产者和消费者的经济利益大小、多少作为效率的道德判断依据。具有道德意义的经济效率，意味着在经济活动中以低成本生产优质的产品和服务。

效率的另一种道德参数可以用经济利益在社会成员中的分配为标准，也就是人们经常说的分配公平。当代西方经济学家和伦理学家在这方面分歧颇大，不少经济学家们所认同的是帕累托有效配置，或者称帕累托最优状态。帕累托定律企图从社会经济福利分配来考察、界定和衡量经济效率，从而确立对经济效率的道德评价。所谓帕累托最优状态(Pareto Optimum),指如果改变资源的配置只有不损害任何一个人前提下才能使任何一个人的处境变得比以前更好,这就表明在既定生产技术和消费偏好的条件下,社会资源配置达到了最优状态,社会经济福利也达到了最优化,这也是经济效率最优状态。帕累托最优状态的实现是有条件的,其条件为市场处于完全自由竞争、交换最优条件、生产最优条件、交换与生产最优条件的最优世界。

但是,现实的市场经济不可能是最优世界,根本无法达到这种最优状态。现代西方经济学中,帕累托首先使经济福利分配原理成为系统的理论,尔后英国的经济学家卡尔多(N. Kaldor)和美国经济学家萨缪尔森(P. A. Samuelson)都对此作出发展。总的来说,它是以社会经济福利的最大化和不牺牲任何人的福利为代价取得经济发展为原则,并以此作为衡量经济效率和道德评价的根本标准之一。经济学家也很清楚这是一种理想化的状态,因而他们只是把它作为一种假设,一种希望能够接近的目标。在经济学家们看来,实现社会福利最大化的路径必须是把效率与公平统一起来。按照帕累托的标准,只要一个人的状态变好的同时,而没有其他人因此而境遇变差,那么这种分配状况便是最佳的。帕累托定义事实上不是衡量公正,而是衡量效率的尺度。

二、公平

所谓公平,从理论上概括,就是每一个社会成员在政治、经济、文化、思想等各个方面都真正地拥有同等的权利,这里的同等即平等。这种平等,就意味着社会成员之间的平等的实际权力和义务。这种公平,在实践上概括就内涵着条件的公平、机会的公平和结果的公平。所谓条件的公平,即是所有的公民都可以受到国家法律、政治等一切方面的同等保护,大家在同一种规则下进行竞争。所谓机会的公平,即是社会提供的生存、发展、享受的机会对于每一个公民来说都是同样的,也就是说,每一个公民都有同样的机会来参与社会允许的每一件事情。所谓结果的公平,即因每个公民的素质、知识、能力、性别的差异,以及劳动与工作的态度不同,所形成的结果不同,都给予充分肯定。

当然,社会公平的实现有一个历史的过程。在人类所经历的一系列历史发展阶段中,这种公平只能是局部的、一定程度上和一定范围内并按照一定的次序实现。只有到了物质财富充分涌流、劳动成为人的第一需要、人人都具有高度的觉悟时,这种公平才能真正实现。

公平总是与社会发展的历史阶段联系在一起的。计划经济体制下的公平,基本上是一种整齐划一的、无差别的公平。这种形态的公平,实际内涵是不公平的结果。合理的公平,即既包括着合自然之理,合社会主义初级阶段社会之理,合经济规律之理的要求,更包括着结果的不一致要求。因为,人的自然禀赋不同、后天的主观努力不同、把握客观规律和机遇的能力不同、领导组织能力不同、付出的劳动不同,那么在物质财富收入,以及社会作用的差别就是合理的。

当然,我们承认结果不同的公平性是有条件的。个体的差异表现为结果差异的合理性并非肯定人格上有差异性。从人格意义上看,公平又意味着不管其能力和结果的差异有多大,在人格及其人权上的待遇,则又应该是平等的。这里所指包括两个主要方面:其一,法律面前人人平等,其中主要是依法享有同等的权利和义务,如选举权和被选举权,言论、出版、集会、结社、游行、示威和宗教信仰的自由,人身自由、人格尊严、住宅、财产不受侵犯权,劳动的权力和义务、休息权,受教育的权利和义务,享受福利保障方面的权利,以及保卫祖国、遵守宪法和法律、遵守公共秩序、尊重社会公德、依法纳税等义务。其二,按劳分配制度面前人人平等。按劳分配是社会主义的基本分配制度。它的本质在于鼓励劳动致富,反对不劳而获的剥削和强取豪夺。当然,在市场经济条件下,按劳分配制度在形式上与计划经济体制下有所不同,这主要表现为分配的数额和方式要受市场机制的调节,而不单纯是由上级管理部门根据每个人的劳动状况来决定。这就要求广大劳动者要去主动适应市场的需要,在市场经济规律的调节下实现自己的劳动所得。

三、公平与效率的关系

公平与效率是一对矛盾。它们之间是一种对立统一的关系,既相互对立和相互限制,又相互统一和相互促进。

一方面,公平与效率是对立的。公平原则的实质在于使人与人之间的差别尽可能地缩小,但是没有差别的状态又常常会挫伤人们的进取心。在计划经济时代,我们追求一种结果上的公平,实行“大锅饭”,甚至形成了一种干与不干一样、干好干坏一样的局面,最后导致的结果是整个社会的无效率,社会生产力的停滞和人民群众的物质生活长期得不到改善。效率原则的实质在于提高社会和企业的经济效益,促进社会生产力的发展,因而它关注的是对个人绩效大小的评价,并依此来决定人们的收入分配。如果把效率放在首位,必然会把人们的收入档次拉开,扩大人们之间收入的差别,这样来调动人们的积极性,当然能促进效率的提高。相反,如果照顾公平,对低收入者进行补贴,使其收入达到一定的水准,则会引起效率的下降。因此,许多经济学家认为,公平与效率二者是一种难以调和的矛盾关系,要实现公平,就要牺牲效率,要提高效率,就得牺牲公平。

另一方面,公平与效率又是统一的,公平有赖于效率,而效率也有赖于公平。如果一个社会的经济体制不能产生效率,使经济停滞,人民群众的物质生活和精神生活的需要得不到正常的满足,那么,就不能说这是一种好的制度。如果干好干坏一样,那么无疑是在打击先进,鼓励后进,因而也不能说这种体制就是一种公平的体制。同样,如果一种体制不顾社会的公平,只讲经济效率,使人们的收入无限制地拉大距离,最后形成贫富悬殊的局面,就必然导致两个结果:一是致使素质、能力较低者和从事较低层次的劳动者的收入低微,甚至不能很好地生活下去,那必然会挫伤这部分人的积极性,并引发一系列社会问题的产生。社会历史毕竟不是靠少数社会精英来创造和维持的。没有简单劳动的积累，也就不会产生复杂劳动。离开了普通人的简单劳动，那么高级的劳动也难以有效地创造社会财富。二是致使高素质、高能力者和从事高层次的劳动者收入极高，甚至他们干不了几年便足以维持数十年甚至数代人的消费，那么他们同样会丧失其工作的积极性。因此，专注于效率而不讲公平，最后必然导致无效率。

在公平与效率的关系问题上，我们坚持公平效率统一观。我们既要提高经济效率，创造出尽可能丰富的社会财富以满足人们的需要，从而也为保持社会公平，维护社会的稳定创造条件。但对于公平问题的根本解决，要靠雄厚的经济实力。人为的强调平均主义的公平，只会挫伤人们创造财富的积极性，使社会发展陷入停滞。

第三节　功利与道义

一、功利

功利是指人的行为结果给行为人和相关者带来的好处。当代美国道德哲学家弗兰克纳给功利下了一个明确的定义。他说："功利原则十分严格地指出，我们做一件事情所寻求的，总的说来，就是善（或利）超过恶（或害）的可能最大余额（或者恶超过善的最小差额）。""这里的'善'与'恶'，是指非道德意义上的善与恶。"①功利又分行为功利与规则功利。所谓行为功利，是说不依据规则，而是根据当下的情况，决定行为，只要它能够带来好的效果便是道德的。规则功利是依据规则能够带来好的结果的行为即为道德行为。

边沁和密尔是功利论的主要代表，其功利思想的基本观点可概括为三个方面：一是"最大幸福"原则。边沁解释说："这个原则讲的是凡是利益攸关的人们的最大幸福，这种幸福是人类行为（各种情

① ［美］弗兰克纳：《善的求索》，辽宁人民出版社 1987 年版，第 73 页。

况下的人类行为，特别是执行政府职权的一个或一批官员的行为）的正确适当的目标，并且是唯一正确适当并为人们普遍欲求的目标。”[①]二是效果原则。认为评价一种行为，要视行为的结果而定，如果行为结果能增加当事人的幸福或快乐，这种行为就是道德的，就应该予以肯定。行为的结果是道德价值评价的最终依据。三是以个人利益和幸福为基础的共同幸福原则。主张以个人利益和幸福作为人类行为的基础，同时强调个人与社会、自我与他人的利益协调、共享以及幸福、利益的总量增殖。

以上可以看到，功利主义提倡以个人利益、个人幸福作为人类行为的基础，但它同时强调个人利益同社会、他人利益相协调，因而不能简单地将功利等同于私利，将功利主义等同于利己主义。

人们经常思考：做某件事值得不值得？做某件事合算不合算？人们也常说：“两利相衡取其大，两害相较取其轻。”或者告诫朋友，不要占便宜，“占小便宜、吃大亏”。凡此种种说明人们在当下的思想与行为是在功利论道德意识支配下采取的。简言之，利益、功名支配人们的行为。

对于经济的发展，功利主义具有重大的促进作用。首先，功利原则所肯定的个人利益和需求的合理性，对于在市场经济条件下，调动广大劳动者的积极性，有着积极意义。在封建社会里，以道德压制人的物欲，使个人合理、正当的利益、需求受到压抑，得不到满足，而在现代极左思想盛行时期，则以抽象的“集体”、“社会”湮没了个人，否定了个人利益需求的合理性，因而阻碍了人的积极性的发挥。而功利原则肯定个人利益和需求的合理性，确认个人独立、个性自由、个人成功和个人幸福等个人价值的合理地位，这就有利于打破那些阻碍人们“自由进出市场”和积极进取的不必要的旧道德限制，为个体进入市场发挥作用提供了必要的伦理支持，有利于发挥和调动广大劳动者的积极性、创造性，有利于社会生产力的发展。

---

① 周辅成编：《西方伦理学名著选辑》下卷，商务印书馆1987年版，第211页。

其次,功利原则注重行为的实际效果,把行为所产生的实际效果或预期效果作为最高道德目标,这对于合理地评价人们的行为,具有积极意义。如何评价人们的行为,在传统社会里,存在着一种倾向,对一个人的评价,非常看重他的语言、承诺,却很少承关注他的实际行为所产生的结果,以致产生了一批满口谈圣贤、心性不付诸行动的"空谈家"。功利原则注重行为的实际效果,与经济活动注重获取最大利润、追求最高效率具有一致性,利益原则是经济的首要原则,正如实际效果是功利原则的重要原则一样,两者具有内在的价值同构性。因此,功利原则注重行为实际效果,对于克服"空谈",崇尚实际,具有重要意义。不过在提倡功利原则时,要克服功利主义只顾实际效果,不管动机、目的的局限性,要把动机、目的同行为效果结合起来,把邓小平同志提倡的"三个有利于"作为市场经济条件下人们行为的价值目标和评价标准。

二、道义

道义论与功利论不同。它主张人的行为是否道德,不是以行为的结果来判断,而是以行为本身或行为依据的原则,即行为动机正确与否来判断。凡行为本身是正确的,或行为依据的原则是正确的,不论结果如何都是道德的。正如,弗兰克纳所说:"道义论主张,除了行为或规则的效果的善恶之外,还有其它可以使一个行为或规则成为正当的或应该遵循的理由——这就是行为本身的某种特征,而不是它所实现的价值。"①

道义亦可分为行为道义与规则道义。所谓行为道义,就是说它不注重是否有规则,只要行为本身是合乎道德的,那么行为就是正当的。所谓规则道义,则是说行为遵循的规则必须是合乎道德的,否则便不是道德行为。

道义同样也有三个特征。一是注意行为本身或注意思想、动机

① [美]弗兰克纳:《善的求索》,辽宁人民出版社1987年版,第31页。

（即行为依据的原则），不关心思想、行为的后果。二是不计算，不考虑思想与行为的后果对自己会怎么样。三是道义不是立足于个人的利益，而是立足于全社会的人民大众的长远的或根本的利益。

同西方的道义论在形式上有所类似，道德至上是中国主导性传统文化的基本特点，这已是学术界的共识。所谓道德至上是指在中国传统社会，道德在社会生活中被看做是至高无上的价值，它比人的生命、人性、物质生活、政治、法律、军事、宗教、文艺都重要；道德判断成为对人对事的最高判断；道德活动是人最重要的生命活动，道德规范成为衡量社会活动和个人行为的最高标准。显而易见，这种道德至上观是不真实的、非科学的历史唯心主义。道德作为一种思想关系，在社会生活中只能处于第二位的地位，要受到经济关系及经济生活状况的制约；它与政治、法律、军事、宗教、文艺等社会上层建筑、意识形态是一种相互制约、交互作用的关系，而非决定与被决定的关系。这种非科学的观念之所以能在传统社会中存在，在民众方面，是出于"趋善"的善良愿望，把道德看做太平日子的庇护神；在统治阶级方面，则是为了满足他们以德治国、王天下的政治需要，使他们的统治长治久安，因为"得人心者得天下"。然而，在义利关系上，道德不可能完全超越物质利益而成为至高无上的价值（特别是对广大民众而言），这就使得统治阶级采取各种手段大力宣扬的道德至上，具有了某种纯形式化的"说说而已"的性质。

三、功利与道义的关系

现实生活中的义与利是相互依存的，没有纯粹的义，正如没有纯粹的利一样。对于人类的生存和繁衍来说，利永远是一个基础，没有物质利益的满足，人类就会失去生命的根基。但是，人类的理性本质又决定着对物质利益的追求必须放弃掠夺性的方式，必须顾及个体之间的平衡，顾及当下与未来的关系处理。这就意味着人们又必须用义去平衡利的索取，保持在义与利之间的适度张力。

在义利互动机制的构建方面，日本企业之父涩泽荣一的思想值得我们重视。它利用与重视传统的道德资源,吸收西方近代科学的理性精神,提出了我们应该坚持“义利两全”说。这一学说的主要内容是:

其一,工商业乃富国之本,发展实业是使国家臻于富强的必由之路和基础。

其二,财富的追求与人格的完美追求并不相悖。财富是人们乐善好施,济贫救急的物质基础,是人们“为圣”的基础。而“为圣”即成就圣贤人格,则是既具人论意义而又超越价值的追求。

其三,企业应当以正当的手段即严格遵循职业道德而获取利润。正如《论语》中所说的那样“富与贵,是人之所欲也,不以其道得之,不处也”。也就是说,不合于正道的富贵,毋宁处于贫贱的好;如果是本着正道而得到的富贵,则安之无妨。

其四,财富应当正当的支出,着力于公益事业的建设。企业经营者的财富并非来自其一人之力,而是依托于整个社会。因此,企业一旦效益颇丰,就不应当忘记回报社会。谋取财富的另一面应当顾及社会的恩谊,不忘记对社会尽到道德上的义务。

在西方,马克斯·韦伯的新教伦理所体现的资本主义精神也主张生活准则需合乎伦理道德,并且能够以合理主义精神来运用资本与实施经营。但马克斯·韦伯认为儒家学说与资本主义精神无缘的观点却在涩泽荣一那里被推翻。作为新教伦理生活准则的“入世禁欲主义”是由于上帝的绝对命令。克勤克俭、诚信不欺、严守规则、合理运用财富均是上帝指定的生活方式,并被视为美德。涩泽荣一的“义利合一”说所确定的生活方式与新教伦理相似。但与新教伦理不同的是,这一切均是出自公益的现世需要和“为仁”的人伦道德追求,其理论依据出自儒家的经典。

在资本主义发展的早期,或者是在资本主义政治经济、法律体系不太完善的地方,都曾经盛行不择手段通过赚钱谋取私利的现象,这种现象无益于资本主义正常秩序的形成和发展。其实,真正对近代资本主义形成和发展有所贡献的企业家,往往是具有高度发达的伦理素质，又具有远见卓识，能忍耐、自制的人。因为只有他们才能生产自己的资本和货币供给，才能维持资本主义秩序的正常运转。不受任何道德规范约束的谋取或挥霍财富，无益于近代资本主义的形成和发展。因而在近代资本主义的形成与发展的时期，不仅会出现与国家权力的结盟，也会出现与宗教或道德力量的结盟。在西欧与北美，于近代资本主义生成和发展结盟的宗教力量是新教伦理；而在日本，与近代资本主义生成发展结盟的是涩泽荣一的“义利合一”说等为代表的儒家伦理。

第四节　分工与合作

一、分工

分工是推动人类社会生产力发展的强大动力。作为社会文化的存在物，人既有社会物质生活的需要，又有社会精神生活的需要。它们各自又有自己不同的方面和层次。即使是维持人机体动态系统的积极平衡和内稳状态的生存需要也包括各种形式和种类。人们只有享用和消化经过人的观念和实践加以改造过的各种对象，使它们转化为自己精神生活和物质生活的一部分，才能满足自己多样性的需要。不同的需要有不同的对象领域，因而要求人们对外部世界实现有分工的掌握。

任何一个具体的现实的人，他的本质力量总是具有历史性的、有限的，因而也只能从事有限的几种掌握活动。在没有社会分工的条件下，在人人都必须亲自担负生活所需要的各项劳动的情况下，受个体精力和能力限制的人们，只能从事几种最必须的活动，满足其很有限的生活需要，维持其单调而贫乏的生活。可以说，分工既是人类满足多样性需要的必然要求，也是满足人类在质上和量上不断增长的多方面需要的现实途径。一句话，只有在分工的条件下，只有在不同的人中间分配不同的掌握外部世界的能力，人类总体才能获得和形成与人的多样性需要相适应的掌握外部世界的总体本质力量和“全面能力体系”,人们多样性的需要的满足才能成为可能。因此,人的多样性需要的满足总是依赖于人对外部世界的有分工的掌握。

抽去分工具体的历史形态,从最一般的意义上说,劳动推动了人的进化与发展,人通过劳动从动物中分化出来,形成了自身及社会。人只有继续劳动才能作为人而存在,才能保持自己的稳定性,同动物界严格地区分开来。但就像分散的纱线不能叫做布料一样,孤立存在的劳动者和劳动资料并不是现实的劳动。现实的劳动是两者结合运动的状态。同时,劳动者又不能单凭着个体力量实现与劳动工具、劳动对象的结合。他们必须在一定的社会形式中并借助这种社会形式而进行对自然的占有,这种社会形式就是分工。

“到目前为止,一切生产的基本形式都是分工。”马克思说,如果他们不以一定的方式结合起来,共同活动和相互交换其活动,便不能进行生产。相互交换活动意味着分工的存在。如果没有分工,不论这种分工是自然发生的或者本身已经是历史的结果,也就没有交换。人们一旦在分工的条件下开始生产,那他们的力量就不仅有了量的扩大,而且有了质的突破,这也是人类的伟大之所在。在社会范围内,劳动部门各式各样,劳动种类成千上万,人们的职业千差万别,同一种职业中人们的工作互不相同,这就是并存的不同劳动。分工借助于并存的不同劳动而存在,并存着的不同劳动是分工的具体表现,具体的劳动及其形式都可以统属分工的概念之下。就人类社会而言,劳动永存、分工不灭。分工具有空间上的普遍性和时间上的永恒性,它与人类社会长相存、共始终。

马克思指出:“分工不仅使物质活动和精神活动、享受和劳动、生产和消费由各种不同的个人来分担这种情况成为可能,而且成为现实。”①分工的出现必然伴随着阶级的分化和私有制的出现。所以,它在为人类带来进步的同时,也带来了消极的一面,不可避免地

① 《马克思恩格斯全集》第3卷,人民出版社1960年版,第36页。

带有历史局限性。

第一,分工一方面促进了人的多样性活动形式的发展,从而实际地证明了人是一种具有多方面需要和能力的秉赋全面的存在物,另一方面却又剥夺了至少是大多数人的这种全面发展的现实机会。分工使个人"变成片面的人,使他畸形发展,使他受到限制"①。由于在私有制条件下,私人利益和共同利益之间分裂,由于阶级对抗的存在,分工具有外在性、强制性的特点。分工把一定的特殊的活动范围强加给每一个人,每个人都有不得不屈从分工,屈从于他被迫从事的某种活动。每一个人都不得超出强加给它的一定的特殊的活动范围。只要分工是强制性的,不是出于自愿的而是自发的,那么,"人本身的活动对人来说就成为一种异己的、与他对立的力量,这种力量驱使人,而不是人驾驭着这种力量"②。

第二,分工确实不断地创造着人的新的需要、不断创造着用于满足人类的新需要的掌握外部世界的本质力量,不断地创造着满足人的需要的新的对象。但是,随着私有制的出现和阶级的分化,人的需要本身也发生了分化。有些人的需要得到了多样性的发展,而另一些人的需要却受到了压抑、压制。也就是说,在对外部世界分工掌握的条件下,并不是全体社会成员、现实的每一个人都能得到多样性需要的满足的。分工使广大劳动人民的多样性需要受到统治阶级、剥削阶级的压制。它使广大劳动者的需要降低到只是单纯地维持机体生存的简单的最粗糙的动物需要。劳动者被当做仅仅具有最必要的肉体需要的牲畜。马克思说:"对一个忍饥挨饿的人说来并不存在人的食物形式,而只有作为食物的抽象的存在;食物同样也可能具有最粗糙的形式。而且不能说,这种饮食与动物的饮食有什么不同。忧心忡忡的穷人甚至对最美丽的景色都没有感觉。"③

---

① 《马克思恩格斯全集》第3卷,人民出版社1960年版,第514页。
② 《马克思恩格斯全集》第3卷,人民出版社1960年版,第37页。
③ 《马克思恩格斯全集》第42卷,人民出版社1979年版,第126页。

第三，分工促进了人们之间的交往、交换范围扩大和社会关系的丰富化，同时却又使本来作为个人从事掌握外部世界活动的必要条件的社会关系，反过来成了一种支配个人的强制力量，束缚个人的自由活动。在分工的条件下，社会关系必然变成某种独立的东西，反过来决定着和管制着个人。

第四，分工扩大了人类掌握外部世界的本质力量，扩大了生产力，从而也为人们创造了更加丰富多彩的积极成果。但是，在阶级对抗和私有制的条件下，这种力量已经不再是个人的力量，而是私有制的力量。因此，由分工产生的积极成果也往往成了被私有者占有的成果，而广大的劳动者却与自己创造的成果相分离。他们成了丧失了一切现实的生活内容的抽象的个人、偶然的个人。也就是说，人对外部世界掌握的拓深和扩展对大多数人来说，不但没有带来主体力量和能力的增长，反而导致主体力量的贫乏。

二、合作

合作是人类实践活动中相互作用的一种基本形式。合作是人们为实现共同目的或各自利益而进行的相互协调的活动，也是为共享利益或各得其利而在行动上相互配合的互动过程。合作的结果是共享其利或各得其利。人是合作的动物。没有合作，就没有人类社会的存在和发展，也就没有个体或群体的生存和发展。在人类实践活动中，当个体或群体依靠自身的力量达不到一定目标时，就需相互配合协调，共同采取行动，从而形成合作。

合作的形式是多种多样的。按合作的范围来分，可分为广义的合作和狭义的合作。广义的合作是指人们通过活动的交流、利益交换联成一体而结成的合作伙伴关系。它使个体或群体有可能获得类的能力与本质力量，给人们的生产、生活带来效率和丰富，使人的社会本性得以发展与完善。狭义的合作是指有确定的合作伙伴和明确的合作目标的合作，即合作者之间为了一定目的而相互协调、配合、支持、援助等而结成的合作关系。按合作的层次来分，可分为简单合作与复杂合作。简单的合作是合作内容和过程简单的合作，主要涉及日常生活方面。复杂的合作是合作内容和过程较复杂的合作，涉及经济、政治、文化、科技、军事等领域。按合作的内容来分，可分为经济合作、政治合作、文化合作、科技合作、军事合作等等。按合作的性质来分，可分为正义的合作与不义的合作。正义的合作是符合历史发展要求和社会共同利益的合理合法的合作。不义的合作是指那些危害社会利益、对人类和平与发展起破坏作用的不法的合作。正义的合作既有利于合作者，又有利于社会。不义的合作虽一时有利于合作者，但不利于社会，甚至危害社会。反对不义的合作而支持正义的合作，是社会成员的社会义务和职责。

人们要满足自己多样性需要就必须相互交换其各自的掌握成果。只有通过人们之间对掌握成果的交换，人们的多样性需要的满足才成为现实。黑格尔曾指出："技能和手段的这种抽象化使人们之间的满足其他需要上的依赖性和相互关系得以完成，并使之成为一种完全的必然性。"①马克思认为："社会分工按照它的内容来看是以（不同的）需求，（不同的）活动等等的相互关系为基础的。"②也就是说，在分工的条件下，人们不可能一个人独立地自己满足自己的全部需要。因为，分工意味着不同的掌握外部世界的活动领域在不同的个体中的分配，也意味着"目的—手段"两极关系在不同个体中的分配。在这种情况下，必须而且也可以用另一个人的产品来满足。反之，一个人能生产出另一个所需要的物质和精神产品。"每一个人在另一个面前作为另一个人所需要的客体的所有者而出现的。"③因此，人们为了满足自己的多样性需要，就不得不互相依赖着，不得不发生着各种各样的交往和交换。

在出现劳动分工后，和专业化的生产相适应，为了满足不同个人

① 黑格尔：《法哲学原理》，商务印书馆1961年版，第210页。
② 《马克思恩格斯全集》第47卷，人民出版社1979年版，第356页。
③ 《马克思恩格斯全集》第46卷（上），人民出版社1979年版，第195页。

和部门的需要，不同的分工的部门和个人之间势必需要相互合作。这种合作主要在两个层面上展开：一种是社会分工层面上的合作，另外一种是企业内部的分工协作。劳动的社会分工是指各种专门的劳动分别生产互不相同的产品，它们之间只有通过商品交换才能发生联系：企业内部分工则是在生产同一种商品的劳动过程内部实行的分工和专门化，它们之间的联系不需通过商品交换。社会分工是企业内部分工的前提，企业内部分工的发展又会使某种特殊的劳动发展为独立的生产部门，使社会分工的扩大，由行业或产品的专业化进一步发展出零部件生产的专业化、工艺的专业化甚至服务的专业化。

对于社会分工层面上的合作，其关键就在于交换。通过交换，不同的部门和个人之间可以互通有无，各自达到最大的效用水平。分工是生产的基本形式，而通过交换达成合作是分工的必然环节，是分工的物质存在，是不同质的式和不同体系需要的劳动的物化，如果没有分工，不论这种分工是自然发生的或者本身已经是历史的结果，也就没有交换。

交换的必然性深藏于分工体系之中。交换的前提是：第一，存在不同的劳动过程和不同的劳动产品；第二，这些不同的劳动过程由不同的劳动者承担，不同的劳动产品由不同的劳动者支配；第三，不同的劳动者仅凭自己的劳动不可能满足自己的需要。这几个前提都是分工造成的。首先，社会劳动名目繁多，需要的劳动能力也是极其丰富多样的。只有多种活动和能力的交换，才从本质上组成生产。其次，有的人从事生产资料的生产，有的人从事消费资料的生产，还有的人提供劳动服务。造机器的人不可能以机器为食，造面包的人不可能用面包锁仓库，而劳动服务者当然不会食用自己的无形产品。劳动者必须把自己的劳动当做是一定的有用劳动，来满足一定的社会需要，并以此证明它是社会总劳动的一部分。再次，他的劳动应该服从社会内部的分工，没有其他部分的劳动，这种劳动就不能存在，而这种劳动之所以必需，又是为了补充其他部分的劳动。

对于企业内部分工层面上的合作，更多是由企业的管理者通过直接的命令加以控制，管理者的才能和智慧，对于企业内部的分工协作和效率的高低具有重要的意义。但应该看到的是，在企业内部的生产流程的制度设计和管理上，要达到更高生产效率，企业管理者就不能仅仅凭借自己主观意志任意的对流程加以安排，他必须尽可能多地考虑到所生产产品的物理、化学的特性，依据其特性合理的安排工作的流程。举一个例子，在生产手表表壳时要经过切削、抛光、电镀三道工序，如果不依照这种工序来安排生产，那么无疑将造成资源的浪费。

三、分工与合作的关系

分工与合作的关系实际上是一枚硬币的两面。在人类社会出现社会分工以后，合作，特别是通过交换而进行的社会合作和通过行政命令而进行的企业或组织的内部合作就成为必然。分工同时也就意味着合作。没有许多人的合作，微不足道的单个人不可能完成即使是最简单的日用品的供给，更不用说复杂的生活享受了。

分工和合作具有密不可分的联系。首先，分工的出现对个人有利，增进了社会的共同利益，促进了个人与他人、个人与社会的关系。财富的源泉不仅在于劳动，而且在于形成分工的劳动。一国国民每年的劳动，是供给他们每年消费的一切生活必需品和便利品的源泉。在劳动是分工劳动的前提下，每种制成品都是许多劳动者联合劳动的产物。以一件呢绒上衣的制造过程为例，势必有牧羊人、剪羊毛人、染工、粗疏工、纺工、织工、漂白工、裁缝等许多人的联合劳动。因此，从具体的劳动过程来看，每种产品的制作过程就是掌握不同技艺的劳动者在不同的生产阶段进行个别劳动的过程，也就是劳动分工的过程；但从产品角度看，这些不同阶段的具体劳动的质的规定性消失了，呢绒上衣无非是许许多多劳动者共同劳动的产物，即它是合作劳动的结果。呢绒上衣不仅是直接劳动的产物，也是间接劳动的产物。社会分工的存在，使得每一个劳动者自己劳动生产的物品只能满足自己的一小部分需求，大部分消费品依靠与他人劳动进行交换而取得，即进行商品交换。因此，商业社会中的劳动者，实际上是依赖社会而劳动，客观上也是为社会而劳动。这就是说，分工合作打破了小农经济个体劳动的独立性，增强了相互的依赖性。

分工促进了社会的普遍富裕。分工使得各个行业的产量大增；各个劳动者除了自身需要的产品外还有大量的产品可以卖出；各个劳动者都能以自身生产的大量产品，换得其他劳动者的大量产品。这就使得整个社会的产品得到了充分的供给。于是社会各阶级普遍富裕。

同时，分工也促进生产力的发展，也能提高个人能力。分工具有多种功能和作用，最重要的是分工是提高劳动生产率、增加国民财富的主要途径，是价值和剩余价值的源泉，也是推动民族文明的主要动力。由于分工，劳动者专门从事某项操作，这就能提高他们的熟练程度，增进他们的技巧；避免他们由一种工作转到另一种工作所造成的时间上的损失；同时，他们也比较容易改进操作方法，发明新的机器。分工不但提高了工厂的生产力，也提高了社会生产力，促进了科学文化的进步。脑力劳动的分工像产业的分工一样，增进了技巧，并节省了时间。

最后，建立在分工基础上的交换，也是社会成果向个体转化的过程。从一定意义上讲，个体掌握外部世界的活动大都不是为了个体自己占有和享用，而是为了满足社会总体需求，即满足社会其他成员的生命和活动需要。因为只有当个体掌握外部世界的活动所创造的成果，转化为社会产品，转移到一系列人的手中时，才能使自己的个人活动转化为社会活动，才能实现其价值。反之，如果他的活动不能社会化，不能满足社会总体需要和社会其他成员的生命和活动需要，他掌握外部世界的活动就是无用的、无价值的。可以说，“在社会中，产品一旦完成，生产者对产品的关系就是一种外在的关系。产品回到主体取决于主体对其他个人的关系”①。个体掌握外部世界活

① 《马克思恩格斯全集》第46卷上，人民出版社1979年版，第31页。

动及其成果的社会化，是有分工地掌握着世界的人们实现其相互依赖的一个方面；另一方面则既表现为社会总体成果的个体化。如果说个体成果的社会化是为了使他人分享其掌握外部世界的积极成果，那么，社会成果的个体化则是个体去分享社会总体和他人掌握外部世界的积极成果，是个体依赖于他人和社会总体掌握外部世界的活动来满足自己多方面需要的一种表现。

总之，有分工地掌握外部世界的人们通过彼此间物质、能量、信息和情感等方面的交流和交换，才能享用和消化能够满足自己各种需要的分工掌握的成果，也包括历史地积累和遗传下来的凝结着共同体成员集体智慧、力量和价值的文化成果，并转化为自己生活和活动的一部分，成为自己的无机身体和精神无机界，从而不但使自己的各种需要普遍地得到满足，而且也因他人的体力成为自己体力的延伸、他人的知识和智慧成为自己智力的扩充，从而使自己的本质力量和内部构造——动力世界也普遍得到了发展、增长和强化。所以，马克思把与他人的交换和交往，看做是"我的生命表现的器官和对人的生命的一种占有方式"①。通过对外部世界的有分工的掌握和掌握的成果横向的人际、族际、国际的交换和交往，通过纵向的代际的历史传承和发展，人类掌握外部世界的积极成果就能巩固下来，延续下去，人们才能在越来越广阔和越来越深入的层面上扩大和拓深着对外部世界的掌握，从而不断地扩大着人类赖以生活的外部世界的范围。

① 《马克思恩格斯全集》第42卷，人民出版社1979年版，第125页。

第五章
市 场 道 德

市场经济自从它出现的那天起,就一直处在褒贬不一的议论中。显然主要不是针对这种经济形式所带来的效率问题,而是针对它所具有的伦理精神和它所导致的道德状况质疑它的。一方面市场经济的制度是如此地具有吸引力,以至任何一个民族最终都不能不选择它;另一方面它所具有的伦理精神和它所导致的道德状况又是如此地令人怀疑,以至人们几乎必须在尝试了一切其他的制度之后才肯把它作为一种不可避免的选择接受下来。这样一个二难困局,是市场经济时代人们普遍怀有的一种困惑,它促使着人们不断地思考市场经济的道德问题。

第一节 理性市场与非理性市场

一、"市场经济需要"的全面性

所谓市场经济,从直观层面上说,就是以市场配置社会经济资源的一种经济方式。从实质层面上说,就是以价格机制为手段,通过竞争机制和供求机制的互动来配置社会经济资源的一种经济方式。

什么是"市场经济需要"?就是指市场经济生存和发展的社会

支持系统。这些由市场经济运行的基础和条件构成的支持系统，在本质上体现了“市场经济需要”。因此，“市场经济需要”不仅是客观的，而且必定是全面的，其主要表现为以下四个方面：

第一，独立自主的企业制度。

企业是最重要、最基本的市场主体。因为作为资本配置基本方式的市场经济，是建立在作为发达商品经济细胞的、自主经营和自负盈亏的独立商品生产经营者基础上的；而且市场经济在配置资源方面作用的实现，也离不开这样的独立商品生产经营者。因此，独立自主的企业是市场经济运行的基础。如果没有独立自主的企业，市场经济就会成为空中楼阁。

但是，企业要成为这样的生产经营者需要一系列条件。一是企业必须有明确的产权。因为市场上商品交易实质上是产权交换。马克思说过：“在这里，人们彼此只是作为商品的代表即商品所有者而存在。”①在这里，不仅企业在商品交换过程中，而且在生产和分配过程中也都要求有明确的产权；否则，企业就难以生存和发展。二是企业与企业、企业与其他交易者的地位必须是平等的。如果没有这种平等地位，企业不仅难以发展，甚至难以存在。三是企业必须是经济上、法律上独立自主的实体，拥有自主经营发展必需的各种权利。当然，企业要依法接受政府的行政管理，但在经济上和法律上又是独立于政府之外的。企业如果没有这种独立地位，就会成为政府的附属物，企业就会名存实亡。

第二，完善的市场体系。

完善的市场体系，不仅要求有消费品和生产资料等商品市场，而且要求有资本市场、劳动力市场、技术市场、信息市场和土地市场等生产要素市场。这既是企业实现自主经营的前提，也是市场实现资源配置的必要条件。

完善的市场体系，要求平等、有序竞争较为充分地展开。如果出

① 《马克思恩格斯全集》第23卷，人民出版社1972年版，第102～103页。

现竞争不足、过度竞争和垄断,如果企业不重视商业信誉,进行广告欺骗宣传和推销假冒伪劣产品,就会使市场的配置资源的作用难以发挥。

完善的市场体系,不仅要求市场对内开放,而且要求市场对外开放。因为产品和生产要素在国际市场之间的流动,是发展市场经济的重要条件。这一点,在经济全球化和知识经济到来的时代,显得尤为突出。

完善的市场体系,最根本的要求是有既反映价值、又反映供求关系的价格机制。因为所谓市场配置资源,从根本上说来,就是要以价格机制为核心的,并与竞争机制相结合的市场机制来配置资源。如果没有合理的产品价格机制,市场配置资源就会成为一句空话。

第三,健全的宏观经济调控体系。

对现代市场经济来说,宏观经济调控是它的必要内涵,是题中应有之义。健全的宏观经济调控体系要求以经济的和法律的间接手段为主,以行政的直接手段为辅;要求把调控范围主要限制在宏观经济领域。当然,政府管理经济也不可避免地涉及某些微观领域。比如,对企业某些经营项目颁发许可证。但从主要方面来说,政府不干预企业的经营活动。健全的宏观经济调控体系主要是依法调控而不是以权调控。

第四,严格的市场运行规则。

市场经济原本具有契约经济和法制经济的特点。在现代市场经济条件下,这两个特点显得尤为重要。这样,作为法制化的市场竞争关系的市场运行规则,在保障市场经济有序发展方面的作用也变得更重要。

市场运行规则是有关机构(政府和立法机构等)按照市场运行的客观要求和法律、法规规定的市场主体各方必须共同遵守的行为准则。它要求:使各市场主体能够机会均等地进入市场,自主经营;使各市场主体能够平等地承担税收和其他负担;使各市场主体在法律和经济往来中处于平等地位。具体来说,市场运行规则大体上包括三方面:一是市场进入规则。这是各市场主体进入市场必须遵循的法则和应该具备的条件。二是市场竞争规则。这是各市场主体的平等的基础上充分展开竞争的行为准则。三是市场交易规则。这是各市场主体之间交易行为的准则。

二、市场经济的自发性

什么是市场经济的自发性?就是指每个商品生产者都按照对自己趋利避害的原则行事,都最大限度追求自身利益的最大化。这种建立在自发基础上的市场经济活动,使其又具有难以克服的弱点和局限性。

第一,市场经济具有自发的盲目性,市场调节是事后调节。因为,每一个市场主体都是自觉本着对自身来说的趋利避害的原则去制造商品,通过价格的涨落来配置资源,但整个商品生产却呈现出无政府状态,这样就会导致经济的周期波动,给经济带来极大的破坏。而且,作为市场最主要主体的企业,投资眼界相对狭隘,往往着眼于当前的短期利润,投资量相对较小,对于关系国民经济长期协调发展具有重要作用的重大建设项目则无心涉足或无力涉足。所以,要实现经济的总量平衡和长期稳定发展,单靠市场经济是不够的。

第二,竞争是市场经济的重要特征。竞争发展到一定阶段必然出现垄断,垄断必然走向腐朽,窒息竞争活力,阻碍科学技术进步和管理制度创新,降低生产效率。这样,作为市场经济法则的基本推动力量的竞争就走到了事情的反面。而且,优胜劣汰是市场竞争的必然结果。因此,如果单纯依靠市场经济的力量,必然导致贫富差别的扩大,甚至两极分化。这样,社会就难以稳定。

第三,社会消费的许多公共产品也不能或不能完全依靠市场经济的力量来提供。如重要的国防事业和基础设施、学校和医院等,公益性或半公益性的事业。这些属于公益性或半公益性的事业都不是或不完全是以营利为目标的。显然,它们不能依靠或不能完全依靠旨在实现利润最大化的企业来举办。在科学技术成为第一生产力的时代,重视基础科学研究,人力发展高新技术产业,保护重大技术发明者的权益,对于促进社会生产力的发展,具有十分重要的意义。但这一点依靠旨在实现利润最大化的企业也是难以或难以完全行得通的。

第四,在当代,治理环境污染和保护生态平衡,已经成为决定经济社会可持续发展的一个重要因素。但如果单纯依靠市场经济力量,环境污染和生态破坏不仅难以得到治理,而且会进一步恶化。要根本解决这个问题,必须有政府在财力、人力、法律和政策等方面的支持。

三、无法消解的悖论

市场经济要生存和发展,就需要社会具备支持系统,这是一种客观、全面的"市场经济的需要",它体现了市场经济理性的一面;而建立在独立的商品生产经营者追求自身利益最大化基础上的市场经济自发性,它体现了市场经济非理性的一面,这是一对矛盾,其背后隐藏的实质是,市场经济主体的私利与他人和社会公共利益的矛盾,这是一个无法完全通过市场经济这只"看不见的手"而自我消解的悖论。

18 世纪的经济自由主义者亚当·斯密等人,早已意识到市场经济中的这一内在矛盾,但是,他们又认为,这一矛盾可以在经济领域中自行得到解决,即可以通过市场的"无形之手"自然地消解矛盾,无须假以市场之外的力量。斯密下面这段著名的论述清楚地表达了这一思想:"事实上,总的来说他(商人——作者按)既没有打算促进公共利益也不知道他促进的程度。他喜欢支持国内工业而不喜欢支持国外工业,他这样做的目的只是为他自己的安全打算;他对国内工业加以指导以使产品达到最大价值,这样做的目的也只是为了他的个人所得着想。在这方面,同其他方面一样,他受无形的手的驱使促进一个目标的实现。这一目标根本不包括在他的意图之中,在追求自己的利益时他经常促进了社会的利益,而且比他真的打算促进社会利益时更有效。”[1]根据亚当·斯密的逻辑，私人利益和公共利益之间的确存在矛盾，但市场的“无形之手”是全能的，既可以使个人达到他的私人利益，又可以促进公共利益，一切都可以在市场经济社会的经济交往中自然地完成。

事实并非如此。市场经济主体以自身利益最大化为目标，即它要以最小的投入获得最大的经济效益。这本身并没有错。失去了效益，经济活动就失去了全部的动力机制。但利益的实现又必须是正当的、合理的，即要能够促进社会的整体利益，而不能以损害他人利益和社会利益为代价。因为，市场经济的巨大吸引力就在于它是迄今人类所创造的最有效率的经济形式，人们选择市场经济是把它当做手段而不是目的。作为手段，它的到来，是为满足社会的进步和人的全面发展的需要服务的。而恰恰是在这一点上，完全依靠市场经济这只“看不见的手”，是不能彻底消解私人利益和公共利益两者之间的对立和冲突的。

市场经济就其一般特征而言，具有自为性与为他性这样一种二重性。商品生产者只有在其产品能够满足他人和社会需要的条件下才具有为他性，才能实现其产品的交换价值，获取利润，即达到自为性的目的。因而，二者是相互联系的，不可分割地统一于商品生产的过程之中。另一方面，二者又是对立的，这种对立性表现在商品生产的手段与目的的矛盾中。从商品生产者本身来看，获得利润是他们的目的，满足他人和社会需要是手段。二者的实现始终受市场的“看不见的的手”的制约，并不以商品生产者的意志为转移。

市场经济就是交换经济，追求利益的最大化是这一领域的基本原则，从总体上说这是一个利益原则主宰的领域。因此，作为一般形式的商品经济，只是提供了自为性与为他性对立统一的可能性，它并没有能力通过自身的力量将这种可能性完全转化为现实性。而弥补

---

① 转引自列奥·施特劳斯：《政治哲学史》下卷，北京人民出版社 1995 年版，第 771 页。

市场缺陷的应是道德的责任。

第二节　市场经济的道德审视

一、市场经济与道德分裂的实践批判

诺贝尔经济学家得主阿马蒂亚·森(Amanya Sen)曾对现代经济学与伦理学之间日益加深的隔膜表露了良多感慨。他尖锐地指出:“随着现代经济学与伦理学之间隔阂的不断加深,现代经济学已经出现了严重的贫困化现象”;“经济学研究与伦理学和政治哲学的分离,使它失去了用武之地”;“现代经济学不自然的‘伦理不涉’(non-ethical)特征,与现代经济学是作为伦理学的一个分支而发展起来的事实之间存在矛盾”[①]。尽管森并不认为没有伦理考虑的方法就必定使现代经济学的研究失效,但他坚持主张,经济学可以通过更多、更明确地关注影响人类行为的伦理之维而变得更加有说服力。

阿马蒂亚·森对现代经济学思考中伦理之维匮乏现象的这种尖锐批评,深中肯綮。毫无疑问,经济活动,包括市场经济活动都与道德紧密联系,而不是分裂的,道德是所有社会经济活动秩序的不可缺少的条件之一。道德不是外在于市场经济一种异己的力量,而是经济增长的内生变量,市场经济本身蕴涵着道德。

马克思主义认为,道德不是离开历史发展的抽象观念,一定社会的道德,是对这一社会经济基础和生活方式的反映,并且对巩固和发展现有的社会秩序服务。

道德的基本原则和主要规范,都是从利益中引申出来的,或者说,是从一定社会或阶级所要求的个人利益和整体利益的关系中引申出来的。恩格斯指出:“每一个社会的经济关系首先是作为利益

---

① 阿马蒂亚·森:《伦理学与经济学》,商务印书馆2000年版,第7~13页。

表现出来的。”①马克思也认为：“人民奋斗所争取的一切，都同他们的利益有关。”②在原始社会，氏族、部落在调整内部个人与整体、个人与他人的关系时，所遵循的道德基本原则，不论在名义上或在实际上，都是自发地追求氏族、部类的整体利益，把个人利益淡化于氏族、部落的整体利益之中。原始社会正是根据这一道德原则，形成了一系列具有道德规范性质的风俗习惯。因此，原始社会的道德，尽管由于历史条件的限制，包含着这样或那样的历史局限性，仍不失为值得赞叹的纯朴道德的顶峰。在奴隶社会、封建社会和资本主义社会中，统治阶级的道德，虽然也往往强调社会整体利益，但实际奉行的道德基本原则，总是追逐个人的或阶级的狭隘私利，公开地或隐蔽地使社会整体利益屈服于他们的狭隘私利。从整个社会而言，他们所谓的“社会整体利益”，不过是用普遍形式表达的少数剥削者的利益。即使就其阶级内部而言，也常常是阶级的整体利益从属于某个人或某些人（如封建君主、金融寡头）的利益，并为此尔虞我诈、明争暗斗。正是在这个意义上，我们谴责剥削阶级的道德是自欺欺人的虚伪说教。共产主义的道德基本原则，在各个发展阶段上，都要求人民自觉地追求社会整体利益，使个人利益服从于社会整体利益。

利益是道德的基础，是追求社会整体利益或个人正当利益，还是追求不正当的个人利益，这是确定有无道德价值的根本标准。市场经济的存在与发展是以高度的社会分工、利益的分化和独立为前提，在市场经济条件下，人们的利益关系非但没有消除，反而更加复杂和明显，市场经济主体的私利与他人和社会公共利益的矛盾和冲突更加频繁和突出，这就从根本上决定了市场经济无法摆脱道德理性对其引导和规范。

从实践上看，市场经济一旦缺乏市场道德的调节，往往会导致极其严重的后果，不仅市场秩序的混乱，而且会阻碍社会经济的发展。

---

① 《马克思恩格斯选集》第 2 卷，人民出版社 1972 版，第 537 页。

② 《马克思恩格斯全集》第 1 卷，人民出版社 1956 年版，第 82 页。

比如,自私自利的动机与取向。一些人把追求个人利益的最大化作为经济行为的动机,奉行利己主义、拜金主义、享乐主义的原则。这种经济行为动机和取向的道德问题,突出体现在两个关节上:一是排斥或舍弃了经济主体应有的社会成就感和社会责任感;二是割断了谋利与人生意义、人文关怀的联系。这不仅仅是动机和取向不高尚的问题,更为重要的是,这意味着我们民族的经济发展丧失了来自主体方面的人文动力或精神动力的支持,并且造成了经济发展的动力不足。还有,这种基于原始物质冲动的单纯谋利的动机和取向,还使经济活动失去了应有的基本理性和必要的秩序条件,从而也失去了应有的秩序效率。

又如,不择手段的谋利。在经济活动中,一些人往往不是把致富和劳动创造、合法经营、科技投入、改善管理等联系起来,而是把致富和商业贿赂、商业欺骗、商业投机、商业偷窃和掠夺性开发经营等联系起来,通过利用各种超经济手段和不道德手段来掠取社会资源、占有市场份额、分割社会经济总量、多占他人经济利益,从而聚集财富或达到致富的目的。这对经济的健康发展构成了多层次、多方面的灾难性影响:它扼制了国有经济和乡镇集体经济的发展;它破坏了财富的应有流向;既使财富不是流向国库和财富创造者的口袋,而是流向"流氓致富"者的口袋。同时它也严重损害了人民群众的经济正义感和职业责任感,挫伤了他们投入经济建设的主体能动性;它严重地破坏了正在形成的公平竞争的市场经济秩序,从而也大大降低了经济运行的秩序效率;它造成了生态资源的巨大浪费和生态环境的严重恶化,使民族经济的可持续发展面临更为严峻的处境;它在割断了财富和劳动创造、合法经营和科技投入等正当经济行为的联系,造成一种错误的导向:即不是引导人们把时间、精力、才干和资金投向创业、创新事业中去,而是投到非法经营和商业投机以及捞钱、骗钱和玩钱的黑色游戏中去。

再如,导致"信用不足"。其突出的表现就是超出私人联系之外的经济活动中造假、卖假、行骗、违约、毁约、失信的人和事相当突出,有些地方和某些方面甚至达到了毫无信义可言的地步，这造成了经济信用的严重不足，并对经济发展构成了多方面的危害：它抑制了人们的消费欲望和消费需求，使消费受阻，从而也使经济增长失去必要的消费拉动或消费支持；它在生产领域造成了企业交易对象范围的缩小。

此外，还有欺行霸市、强买强卖、"搭便车"等等问题，不一而足。

由此可见，经济活动决不能删却道德价值理性的引导，而变成单纯服从谋取金钱、市场至上的经济活动。市场在未被人们理性尤其是道德性把握之前，往往处于一种自在的、盲目的、无序的状态，威胁着他人的存在和人类社会全面、持久的发展。道德理性通过对市场的引导、调控，可以自觉修正和恢复市场的功能性缺陷和紊乱，使人们的经济活动朝着应然的、道德合理的方向发展。因此，无论在理论上还是在实践上将市场经济与道德分裂开来的做法都是错误的。

二、市场经济与道德的互斥性和兼容性

市场经济与道德的互斥性和兼容性是对立统一规律在市场经济与道德关系问题上的具体体现。

1. 市场经济与道德之间的互斥。

首先，就市场经济趋向性而言，它是重物、重利的，而作为对人类社会进步有推进意义的道德，其趋向性是重人、重义。

现代市场经济是商品经济发展的高级阶段。商品经济按马克思的说法，它使人获得了以物的依赖性为特征的独立性。它以社会化的方式来培养独立的人，但这种独立的人只是基于个体利益意识的独立，只是在这个意义上把人从自然经济条件下无条件的人身依附中解脱出来，使人不再处于个体利益无意识状态。市场经济用经济机制、生活方式、价值取向来塑造个体的自我。我们看到，从现实生活中提炼出来的最贴近市场经济的观念，都与自我意识相关，交换是等价交换，认可的是双方都自保个体利益；竞争是公平竞争，认可的也是个体利益不受侵害。所以市场经济是重物、重利的。市场经济

把人追求财富的欲望和动机调动起来,激励人们同自满自足、听天由命作斗争,去竞争、去冒险、去开拓,这是它的生机与活力的底蕴。

对人类社会进步有推动意义的道德始终是重人、重义的。在人与物的关系上,进步的道德总是坚定地肯定天地万物间人是最宝贵的。进步的道德不以对财富占有的多寡衡量人,不以金钱衡量人,不以名誉地位衡量人,而只以人如何处理人己利害关系来衡量人。进步的道德是重义的,义包括两方面的含义:其一是大多数人的共同利益拥有无可争辩的至上性。其二是人的生命存在的价值更在于精神境界的品质的塑造。人类几千年道德发展的主流,都鲜明地体现了这一点。

其次,市场经济对人的行为规范基于他律,而道德对人的行为规范基于自律。他律就是行为者在交换中为了达到自己的目的而去尊重和满足对方的利益。恩格斯说:"当然,商人为了自己的利益必须同廉价卖给他货物的人们和高价买他的货物的人们保持良好的关系。因此,一个民族要是惹起它的供应者和顾客的敌视,那它就实在太愚蠢了。它表现得愈友好,就对它愈有利。"①他律的经典表述是"自觉"。对于市场经济来说,它规范人的行为只在于维持一种正常的市场秩序。但是,对于道德而言,它规范人的行为,是为了人格升华、人品高尚、心灵净化,它必然基于自律。自律,也就是对于行为者来说,要把行善本身视为目的,而不是为了自己获利而去行善。自律的经典表达就是"自觉"。

再次,市场经济在价值取向上的权重在经济效益,而道德在价值取向上的权重在社会的精神质量。市场经济以市场方式配置资源,它强调投入的最小化,产出的最大化,强调经济增长。对于一系列社会问题的合理解决,它权重于尽快地增长社会财富。道德则重视社会的精神建设质量,强调精神文明建设的地位,强调培养人的理想、信念等等。

---

① 《马克思恩格斯全集》第1卷,人民出版社1956年版,第601~602页。

2. 市场经济与道德之间的兼容。

市场经济与道德之间的兼容性是它们彼此容纳、彼此依赖、彼此统一的属性。

首先，二者都作用于人，并通过人的活动统一起来。交换双方既是市场经济的行为主体，又是道德行为的主体。交换行为，从市场经济角度观之，是经济行为；从道德角度观之，是道德行为。为此，我们只能在思维中相对区分，现实中二者是浑然一体的。这种情形表明，市场经济与道德必有兼容性。

其次，二者都以利益为轴心运动。市场经济重功利是不用说的，但并不是唯功利的，毋宁说它要求的是规则约束下的主体对功利的追求。这里，规则约束中就以一定道德作为基础。市场经济固然唤起了个体利益意识，但其本性并不包含淡化公众利益意识。例如，价值规律依然表达了人类对公众利益的关照。它要求人们为满足社会需要去生产而不能无政府地按主体自身偏好去生产；又如以市场为本位配置资源，目的无非是使稀缺资源效用最大化。而节约和合理利用资源不仅是经济问题，也是道德问题。同样，道德固然重义，但它并不是不讲功利，离开利益的道德是不可能的。道德总是现实利益要求的引申，如果道德无视自身还处在市场经济阶段，一味超功利地追求自身圆满，就很会蜕变成难有规范能力的精神摆设。

第三，二者互相促进对方的发展。市场经济扩大了人的交往，冲刷掉固步自封、愚昧保守、藐视科学和专制等污泥浊水，赋予人以进取心和对科学的崇尚以及平等自由的信念，这本身带来了道德的长足进步。同样，道德推崇人的价值高于物的价值、反对纵欲和拜金主义，又有利于为市场经济的发展创造良好的秩序。市场经济在他律的意义上规范人们的行为，可使人们正当利益获得满足，在通常情况下，这有利于人们进一步追求道德进步，不至于让多数人在任何情况下都像苦行僧那样去饿肚子追求道德完美；同样，道德在自律的意义上使人重视人格、人品的修养，这在必要的时候，起到市场经济无法企及的作用：例如在赈灾、救人、捍卫国家中牺牲个人的部分利益、全部利益乃至生命,其产生的道德感召力又可以激励人们更好地遵循市场经济的规范,这是有利于市场经济的繁荣。

总之,市场经济与道德的兼容,使市场经济接纳了自律性,而道德也认可了合理的他律。

三、道德建设对市场经济的适应与超越的统一

市场经济的健康发展需要道德理性作为建构市场的基础性、中介性要素,发挥重要的社会整合作用,这就凸显了道德建设的重要性。

1. 道德建设必须与市场经济相适应。

道德建设必须与市场经济相适应,从根本上说,是由社会存在决定社会意识这一历史唯物主义的最基本原理决定的。道德这一社会意识形态,本质上是社会生活尤其是社会经济生活的产物,道德的内容反映着社会生活的实际状况和发展态势,社会生活的变化终究要引起道德的变化。正如恩格斯指出:“人们自觉地或不自觉地、归根到底总是从他们阶级地位所依据的实际关系中——从他们进行生产和交换的经济关系中,吸取自己的道德观念。”[①]是经济决定道德。因此,只要我们选择市场经济的制度,那么,我们的道德建设就不仅不能回避它,而且必须适应它,道德只有不断地适应市场经济发展,才能汲取丰富的营养,发挥功能,取得进步。否则,道德建设便成为“无源之水”。

应当承认,由商品经济来替代自然经济,这体现了社会的巨大进步,同时也促进了道德的发展。社会的发展之所以会带来道德的进步,主要有两方面的原因。首先,生产力的发展为道德进步提供了必要的物质前提。一定社会的精神、道德文明总是以一定的物质文明为基础的,低下的物质文明支撑不起高度的道德文明大厦。当人类处于茹毛饮血、食不果腹的状况下,战俘只能被残酷地吃掉或杀掉。

---

① 《马克思恩格斯选集》第3卷,人民出版社1995年第1版,第434页。

所以，马克思恩格斯说，生产力的发展是道德发展和社会其他方面发展的必要前提，“因为如果没有这种发展，那就只会有贫穷、极端贫困和普遍化；而在极端的贫困的情况下，必须重新开始争取必需品的斗争，全部陈腐的东西又要死灰复燃”①。其次，社会生产力的发展，会使人们萌发新的道德要求。恩格斯说：“社会的经济进步一旦把摆脱封建桎梏和通过消除封建不平等来确立权利平等的要求提上日程，这种要求就必定迅速地扩大其范围。”②封建社会后期，新兴资产阶级的经济实力已相当雄厚，但封建专制政治和等级宗法关系却严重束缚了资本主义的发展。生产力发展的要求，把消灭专制统治和等级关系、确立权利平等提上了历史进程的议事日程，从而萌发了资产阶级新道德。

市场经济的本性彻底冲破一切封建的旧的生产关系及其旧道德的束缚，使个人摆脱了封建的依附和道德羁绊，人的个性、主体性和能动性得到了空前未有的发展，人的品格和人的道德也得到了空前未有的进步与提高；市场经济不仅使社会关系、人际关系和道德观念永远处于变动发展之中，而且打破了地方和民族的闭关自守，使社会生产和人类精神（包括道德精神）逐渐世界化，共同享用，为人类未来的共同道德创造了条件。

2. 道德建设对市场经济超越的依据。

道德建设对市场经济超越的依据，是建立在商品经济内在矛盾和道德本性基础上的。商品经济（市场经济）的内在矛盾，是指商品交换者在经济活动中的经济地位，决定他必然只关心自己的商品是否卖出，只关心自己的利益，对他人的利益漠不关心，这就从根本上决定了商品经济的发展既推动道德的进步，又伴随着道德退步现象的产生。马克思说：“每个人为另一个人服务，目的是为自己服务；

① 《马克思恩格斯选集》第1卷，人民出版社1995年第1版，第86页。
② 《马克思恩格斯选集》第3卷，人民出版社1995年第1版，第447页。

每一个人都把另一个人当作自己的手段互相利用。”[①]因而形成道德观念上的把自己当做目的、把他人当做手段的利己主义，一方面腐蚀了人的心灵，另一方面又消除了人们之间的互助关系。

马克思还认为，市场经济运行中从事经济活动的人，“只是经济范畴的人格化，是一定的阶级关系和利益的承担者”[②]。这样包括道德关系在内的人与人之间的一切关系，都是以物与物关系出现的；物的人格化和人格的物化现象也随之出现。“物”（即商品）本是人手的产物，但在商品世界里，作为特殊商品的货币却成为独立于人之外，并统治着人的东西，出现了对金钱的疯狂追求和膜拜，出现了商品拜物教或货币拜物教，正如马克思所说的：“货币不仅是致富欲望的一个对象，而且是致富欲望的惟一对象。这种欲望实质上就是万恶的求金欲。”[③]

而当资本主义市场经济所形成的商品拜物教和等价交换原则，一旦进入社会生活各个领域，就会对道德产生恶劣的影响，使人与人之间除了赤裸裸的利害关系即冷酷无情的“现金交易”之外，再也找不到任何别的联系了。它把高尚激昂的宗教虔诚、义侠的血性、庸人的温情，一概都淹没在利己主义的冷水之中。爱情、良心、尊严和人格都成了商品，一切人际关系都成了金钱关系。金钱是衡量道德的最高标准，也是最高的善，个人主义、利己主义成为社会普遍的道德原则。这显然不利于市场经济的健康发展。

以上事实说明，市场经济不仅要求道德与它相适应，而且还需要道德对它有合理的超越。从道德的本性来看，道德的本质是对社会经济基础和生活方式的反映，但它不是消极直观的反映，进步的道德是经济的能动的反映，它能抓住经济发展的本质，把握经济运动的趋势，实现对社会经济生活一定程度上的内在超越，因而，能够对处于

① 《马克思恩格斯全集》第46卷，人民出版社1979年版，第196页。
② 《马克思恩格斯全集》第23卷，人民出版社1972年版，第12页。
③ 《马克思恩格斯全集》第46卷，人民出版社1979年版，第171页。

市场经济中的人们展示更高的道德理想、道德境界、道德价值取向，为巩固和发展现有的社会秩序服务。所以，道德从来就不仅仅是为现存的经济关系和政治服务的，它必然还要力图为人类社会上升到更高的水平服务。只有这样，它才能作为一种巨大的精神力量，鼓舞和鼓励人们，为达到社会和自身更完善更完美而奋斗。

道德建设必须坚持对市场经济的适应与超越统一。如果“适应”不受其反面“超越”的制约，道德建设就会很容易放弃用进步的道德理想去规范和指导市场的完善和发展的责任，从而导致“道德边界的销蚀”，阻碍经济的健康发展。同理，“超越”若不受其反面“适应”的制约，道德建设就会脱离现实基础走上歧途。

第三节　资源配置中的道德规范

一、资源配置的伦理性

什么是资源？经济工作者对资源所下的定义是这样的：“凡是能给企业和个人带来收入的一切事物都是资源。土地、矿产、森林等等天赋资源自然无须再说；资金、机器设备、车间厂房是资源；专利、商标、信誉也是资源；更为重要的资源是人的智慧、远见、创业精神、冒险精神、甚至个人的洞察力和预见性。经济发展的历史一再显示，在市场经济的发展中，个人的洞察力和创业精神，往往是比有形资产重要得多的资源。只有在市场经济中，个人智慧和创造力才能得到真正自由地发挥。因此，必须从极其广泛的意义上理解资源的概念，这是了解市场经济运行规律的基础。”①

在社会经济发展的一定阶段，相对于人们的需求而言，资源总是表现出相对的稀缺性，这就要求人们对有限的、相对稀缺的资源进行合理配置，以便用最少的资源耗费生产出最适用的产品和劳务，获取

① 向松祚等：《市场经济新观念》，中国人民大学出版社 1993 年版，第 33 ~ 34 页。

最佳效益。

市场经济依靠利益驱动、价值规律的杠杆来促进经济增长，借以实现社会资源的优化配置和组合。自19世纪以来，世界经济的主流是市场经济，并且直到目前为止，市场经济仍是人类选择的最好的资源配置模式。

市场经济依靠利益驱动能够保证资源的有效配置，但又有它的局限与缺陷。它仅仅限于从效率的角度解决经济冲突，而不对经济目标的合理性作出评价和选择，最后会造成市场机制紊乱、经济危机。它单纯追求经济效率，还会放纵人的占有欲，会造成消费的巨大消费，容易导致悬殊的收入和财产的差距，造成社会的贫富分化，使社会失去公平和正义；它容易把人与人的全面、丰富的社会生活关系，简化、扭曲为商品交换关系、金钱及经济利益关系；把本应全面发展的人，变成单面的物化的经济人，使人在摆脱自然经济条件下“人的依赖关系”的同时，又陷入“物的依赖关系”中，甚至沦落为物的奴隶。

总之，完全依赖市场经手段来实现资源配置，无论是对自然资源还是人力资源；是有形资源还是无形资源，都难以避免其片面性。资源的配置在一定意义上可以说就是利益的分配。资源配置造成利益分配公道与否体现了资源配置的伦理性，资源配置的道德与否，关系到人与人类社会的持续发展。

可持续发展(sustainable development)理论最基本的道理就是要纠正人类对资源配置的急功近利，竭泽而渔，只顾当代人而置子孙后代于不顾。关于可持续发展的这一概念的定义，1987年世界环境与发展委员会在《我们共同的未来》中是这样表述的：“既满足当代人的需要，又不对后代人满足其需要的能力构成危害的发展。”可持续发展理论提供的是一种“整体的”、“综合的”、“内在的”发展模式。可持续发展理论的启迪价值在于，它表达了即使人类选择市场经济作为配置资源的手段，但发展仍然必须是以不断满足人的全面发展和社会的不断进步为宗旨。它以全面满足人的需求为价值取向，以人的智力资源开发和利用为发展基础。毫无疑问,这是一种以人为本的发展模式。

不论资源的产权是否已经确定,资源都应该被看成是人类共同的财富。当代人没有理由认为这些资源是当代人所拥有的,更没有理由认为自己有权尽量耗费它们,而不让后代人也能享有它们。坦率地说,后代人的生存权利当然是未来的权利,但它也不是空洞的抽象概念。生活没有资源作保障,就谈不上有什么生存权利。后代人不可能在缺乏生活必需的资源的条件下生存下来。我们应从全人类共同发展的角度,在当代人与后代人的共同发展中,来关注规范市场经济对资源的配置,唯有如此,才是公正的、道德的。

二、资源配置中的道德规范

1. 配置自然资源的道德规范。

第一,营造保护自然、促使人与自然和谐发展的精神氛围。

必须把爱护自然,促进人与自然和谐发展当做百年大计进行长期的、坚持不懈的教育,尤其要做到从儿童的教育抓起,使我们的后代从懂事起,就认识到自然环境是人类赖以生存的场所,保护自然,人人有责。树立以爱护自然为荣,以破坏生态为耻的道德观念。

第二,树立开发资源注重开、蓄、养结合的道德风尚。

资源总是稀缺的,即使是自然资源,在人类一定时期生产力特定水平下,可供利用的资源也并不是用之不竭、取之不尽的。对于稀缺资源采取无政府状态的开发,直接威胁到人类的生存,属于不道德行为。因此,要重视对资源开发的严格论证,有计划、有步骤地实施开发。并且开、蓄、养相结合。自然资源有些是可再生性的,有些是不可再生性的。对不可再生性资源,其形成是以数亿年计量的(如矿藏),对于人类来说,是开发一点就少一点,政府为考虑社会的可持续发展,既要开,又要蓄,只蓄不开,社会在当代就难以发展,而只开不蓄,不为后代着想,只求当代人获利,把难题甩给后人,这也是极不道德的,对于再生性资源,则不仅要开要蓄,还要立足于养,多养才能保证开发的可持续发展。

第三,积极参与保护全球性生态的国际活动。

当今,全球性生态失衡越来越严重,对此,工业文明先行国家和民族负有更多的道德责任。高度发达的大工业,一方面给这些先行国家和民族带来了巨大的利益,一方面又给全球生态带来了巨大的灾难;全球资源遭到掠夺性开发,表土质量衰变日益严重,海洋污染、空气污染日益严重,大气升温可能带来可怕的温室效应,臭氧层被破坏乃是一个潜在的灾害。由于意识形态、社会制度和民族利益的不同,各国在文明发展的过程中,对资源的道德态度各不相同,这就导致全球生态的破坏程度还在增加,尽管世界性组织已经制定了各种有关环境保护规则,但是,这些保护生态平衡的规则只有当主权国家有了对这些规则自觉时,才有约束力,而在很多情况下,由于国家利益的驱使,往往这些规则对国家行为没有约束力。我国作为一个发展中的社会主义大国,首先应当把属于自己的陆地、天空、湖海的环境保护好,同时也要积极参加国际性的环境保护活动。从道义上、物质上对全球生态平衡做出一个社会主义国家应有的贡献。

2. 配置人力资源的道德规范。

人力资源是一切资源中最宝贵的资源。配置人力资源的道德规范主要有:

一是合理用人,人尽其才。人力资源配置的主要内容是正确用人,量才录用,使其各尽所能。在市场经济体制下,用人主要是通过人才市场、劳动力市场来实现的。人才市场、劳动力市场的优越性在于,它可以较好地破除对人才、劳动力的行政性垄断,使人才、劳动力通过市场竞争得到合理配置,一般来说,如果竞争的条件是公平的,它可以实现优胜劣汰。要充分发挥人才市场、劳动力市场的优越性,就必须实行包括政府官员、公务员到企业职工在内的面向社会的公开招聘、公开考核、择优录取的原则,必须排除违反公平竞争的不道德因素,否则将导致人力资源的严重浪费。

二是用人和树人相结合。在科技突飞猛进、知识更新周期越来越短的时代，一种体制如果只知用人不知树人，那就等于有意毁灭人。因为如果这样，要不了多长时间，被使用的人就成了时代的落伍者，从而可能遭致下岗、失业的威胁。从经济学上来说，即使是一个普通工人，其劳动力价值的结构中，也包括着教育和训练的费用。应在配置人力资源的过程中，把教育培训作为一条道德规范通贯人力资源配置的管理过程中。

3. 无形资产的再生产和配置的道德规范。

无形资产指那些精神性的资源内容。无形资产的再生产和配置中的道德规范主要如下。

第一，坚持社会效益优先，生产更多的真、善、美的精神产品。

马克思主义认为，物质资料再生产的过程，同时也是社会意识再生产的过程，社会的精神生活资料的生产是与社会的物质生活资料的生活大体同步发展起来的。有阶级剥削和压迫的社会历史表明，在精神生活资料的生产中，除了有真、善、美的精神生活资料的生产以外，同时存在着假、丑、恶的精神生活资料的生产，为保障人们的心灵健康，必须防范和打击假丑恶的精神生活资料的生产。在经济效益与社会效益发生矛盾时，基本的道德规范应该始终把社会效益放在首位，将生产更多更好的精神生活资料作为无形资产的再生产和配置的重要道德责任。

第二，剔除中华文化中消极守旧的糟粕，弘扬其精华。

我国几千年悠久文化是祖先留下来的宝贵资源。开发和利用好文化资源，首先应该对资源进行分析、整理，区分良莠，鉴别糟粕与精华。其次，对文化糟粕，要坚持剔除原则，对文化精华，要坚持吸取原则。再次，对待文化资源问题上的道德主张，应该既要坚决反对民族虚无主义的文化观，也要坚决反对复古主义的文化观。

第三，批判吸收外来文化。

外来文化同样是一种重要的资源。在发展中华文化的同时，必须摒弃藐视和排斥外来文化的道德观。把道德关怀扩大到外来文化的引进和吸取上，是推进中华文化发展的重要环节。当然，在充分肯定外来文化价值地位的同时，我们也要防止“全盘西化”的文化道德观。

在开发文化资源问题上的正确道德规范，应该是批判吸收中外文化的已有成果，借鉴人类社会创造的一切文明成果为当今的文化建设服务，创造符合时代发展方向的新文化。

第四节　市场竞争的道德精神

一、市场竞争与合作

1. 市场竞争的含义。

市场竞争通常指商品经济条件各商品生产者为取得有利的产销条件而相互间展开的较量。

市场竞争是价值规律支配经济过程的产物。价值规律的客观要求是：商品价值量决定于生产该种商品的社会必要劳动时间，商品按价值量相等的原则进行交换。由于商品的价值是社会必要劳动时间，即劳动条件、劳动强度、劳动熟练程度都取中间状态（常态）下生产一商品所需的时间，且商品又按价值量相等的原则相交换，这就给同行业商品生产者相互间进行实力的较量提供了机遇和条件。价值规律使得同行业商品生产者关注于使自己的产品的个别价值低于社会价值这一目标，以便获得更多利润。为此，要提高科技水平，或改善经营管理。由于价值规律调节着社会总劳动在不同部门中的分配，这样，不同生产部门的生产者便会根据市场供求变化而展开旨在更多获利或规避破产风险的投资竞争。

市场竞争不仅是价值规律的产物，它还是价值规律得以实现的条件。价值规律以优胜劣汰为自己开辟道路，而行业与行业、企业与企业、个人与个人谁优谁劣，谁胜谁汰，这要通过竞争来见分晓。行业与行业之间的竞争，实现着社会总劳动在各部门的合理分配，使资源从浪费性大的部门中抽出来，投入最需要的部门，从而实现资源的合理配置。行业与行业之间的竞争又刺激着企业与企业之间的竞争，使得最有前途、最有潜力和实力的行业充满新的生长点、具有企业自我更新的充分必要条件，使得没有前途、走向衰败的行业里的企业产生对行业的离异和转向行为。行业间的竞争，又促成了劳动者之间的竞争，劳动者之间为谋求就业，规避失业展开的对于经济变化的适应能力的竞争，劳动者之间谋求收入增长所开展的竞争等等。并且，通过这些竞争的社会实践，使得社会和个人的自主意识、效率意识、民主意识、法制意识、开拓进取意识得以逐步确立。

当然，市场竞争必须是正当的，即合理的。实践证明恶性竞争不仅不能起到积极作用，而且还会带来极大的负面效应。把竞争推向极端，崇尚完全竞争在本质上是崇尚市场经济的自发性，崇尚拜金主义，这会将包括互助在内的所有维系社会进步的重大原则席卷一空。毫无疑问，只有规范有序的竞争才是市场经济条件下社会进步和人的全面发展的巨大杠杆。

2. 合作。

合作是指在商品经济条件下各商品生产者为达到共同的目的而联合，为相互利益而协调一致的活动。

合作既可发生在实力相当的经济主体之间，也可发生在经济主体的强者和弱者之间，不同的经济主体合作的发生，是与市场经济条件下的分工协作有着密切关系。现代行业之间、企业之间、劳动者之间，基本的联系形式之一是分工协作。它们既是竞争对手，又是合作的伙伴，分工协作在本质上就是一种互助合作的关系，因为在分工协作中总是存在着优势互补、资源共用、利益共享、朝着一个共同的目标前进的因素。因此，我们不能简单地仅仅将合作互助看做是一种道义的要求，这种合作互助是纳入社会化的大生产过程中，被高度组织化了，并通过制度、决策、可操作性等，在各个层面表现出来。

3. 竞争与合作的互动。

市场竞争与合作的关系是既对立又统一的关系，在市场经济条件下，必须认识和处理好这一对矛盾，使其相互制约、相互促进、共同发展。

首先,市场竞争与合作是对立的。具体表现为,一方面从对立统一规律来看,市场竞争属于斗争性,它与对立、斗争、排斥、离异、对抗等范畴一样,体现了矛盾的斗争性;合作属于同一性,它与统一、联合、团结、吸收、亲和等范畴一样,体现了矛盾同一性。另一方面,从两者的目的和实践方式来看,又是相互否定、相互排斥的。市场竞争的目的是决雌雄、分胜负,是要一方压倒另一方;合作的目的则是通有无、补长短。因而在实践活动中,竞争过程总是排斥合作的,同样,合作过程也总是排斥竞争的。例如正在竞争着的双方是不会把自己战胜对手的“绝招”告诉对方的,双方都想打听对手的动向为自己谋求对策,都反对自己的职员站在对手的立场上做出不利于己方争胜的事来。同样,正在合作的双方也不允许把另一方当做竞争的对手来战而胜之或取而代之。

其次,市场竞争与合作又是统一的。具体表现为,一是市场竞争与合作共同服务于人类对物质利益的追求、社会进步和人的全面发展。市场竞争可以防止人类的懈怠;促使经济、政治、文化发展的日新月异,社会充满活力;提高人类改造自然、改造社会、改造人自身的本领。合作促使人们更紧密地团结起来,形成集体的伟大力量,从而更好地推动生产力的发展和物质文化的发展。

二是两者相互依存,不可分割。市场竞争受到合作互助的制约,才不失其合理性。离开了合作互助,市场竞争就会恶化成生物界的生存斗争,适者生存、弱肉强食。人类的发展有过这种惨痛的经历。因此,我们反对以否定合作来开展竞争的认识和行为,把市场竞争变成“一切人反对一切人的战争”。合作互助也受市场竞争的制约,离开了竞争的合作,最后必然会演变成平均主义,吃“大锅饭”的局面。因此,我们也反对以牺牲市场竞争来求得合作的认识和行为。实践证明,人们只要生活在商品经济阶段,其经济活动就不能不受竞争支配,硬性地否定市场竞争来实现合作,必然违背市场经济的规律,导致社会经济活动无生机、低效益和人心的涣散以及助长懒惰之风。

三是市场竞争包含着合作，合作中也包含着市场竞争。在合作的过程中，仍然存在双方比效率、比产品质量、比售后服务等的竞争关系；反之，在竞争过程中，同样存在真实的分工协作的内在联系，双方进行切磋，相互排忧解难也不乏其例。

竞争是效率的源泉，合作是稳定的保证，竞争与合作的统一，既是市场经济健康发展的表征，又是确保市场经济健康发展的必不可少的条件。因此，良好的竞争应当内涵有促使竞争双方互助合作的机制。

二、市场竞争中的道德精神

市场经济是一种充满竞争，充满风险，充满收益，充满活力与生机的经济形式。市场主体的独立人格是市场经济的活动的前提条件，它决定市场主体具有生产和经营的自主权，自愿交易的自由和互不辖属的平等地位。市场经济发展的动力在于资本无限增值的欲望和个人资本相互间的竞争，个别资本在人格上是独立的、平等的，相互间是冷冰冰的，它们没有宗法血缘关系，也没有行政隶属关系，竞争是相互间普遍的、基本的准则，仁义礼让、亲情互爱，表现为与资本的本性不相符合，社会合作、互助互帮的道德倾向，也与市场经济中人们之间激烈的竞争相矛盾。在这种情况下，人们容易为片面追求个人价值的实现和经济利益的最大化，而把个人利益看做是最高的、至上的思想行为准则，从而导致了极端利己主义、享乐主义和玩世不恭的观念蔓延；诚实、正直、廉洁则日益减少；金钱的作用被无限夸大，社会的公正和秩序受到严重威胁；贪污、受贿、以权谋私的腐败现象不断升级；吸毒、卖淫、赌博和暴力掠夺再度广泛兴起等等。虽然这些恶习并非完全由激烈市场竞争所致，但只有在货币和市场关系高度发达的情况下，它们才能以如此广泛和赤裸裸的形式表现出来，才能加入到市场交易的行列和渗透到社会生活的各个角落，获得巨大的生存空间和发展动力。

在某种意义上，竞争的确是残酷的。但是，人类是在为了社会进步和人的发展这一目的上把竞争当做手段加以利用的。人类能够利用这一手段,就能够控制得住它的恶的一面,绝对不会让它的残酷性自发地发展到社会达尔文主义的地步,从而使社会退化到自然界,使人类退化为兽类。因此,有必要大力弘扬包含在正当合理的市场竞争中的道德精神。

正当合理的市场竞争包含的道德精神主要有如下几点:

第一,公正平等。市场经济条件下的公正,要求人们的行为服从真理,合乎理性,守法践约;做到有法可依、有法必依,对一些法律难以具体涉及的,按约履行,强化契约意识。而平等是指人格平等、机会均等、分配公道。

第二,诚实守信。市场经济是高度契约化的经济,对契约的处理,除了法律的约束外,便是受道德的诚实信用的约束。无论从实际利益看,还是从做人修身看,诚实守信都是规范市场经济的重要道德原则。

第三,互惠互利。市场经济要求,市场主体合道德的获利行为,是行为主体在获利的同时,也给予别的行为主体的利益,至少不直接损害别的行为主体利益或不妨碍别的行为主体也合道德合法律规范地去追求其利益。这一原则内在地肯定了个人利益的合理性;同时又要求尊重他人的劳动,肯定他人利益;并在处理国家、集体、个人三者的关系时,做到兼顾他人、国家、社会的利益。

第四,自由竞争。合乎道义的或为市场经济道德秩序所允许的自由竞争,从本质上讲是指排除非经济因素介入、干扰的经济竞争。竞争为市场经济创造活力和效率。只有通过竞争,实行以效率决定报酬的动态的竞争刺激机制,才能奖勤罚懒,优胜劣汰,鼓励劳动者个人多做贡献。因此,应该最大限度地保证竞争的公平性、公开性、合理性和有效性,对以违法乱纪、损人利己为竞争手段给予法纪的制裁和道德的谴责,而对合理的竞争者及其行为,则给予物质利益的鼓励和道德褒奖。

第五节　经典理论与经典案例

一、关于“亚当·斯密问题”

所谓“亚当·斯密问题”，形式上是指近代西方古典政治经济学奠基人亚当·斯密的两部代表作《道德情操论》(1759)与《国富论》(1776)之间主题观点的相互冲突，但其真正的意义在于，是它提出了市场经济与道德的关系问题。

市场经济与道德的关系究竟如何，或者进一步说市场经济有无道德基础，如果有，我们又应当如何理解这种道德基础？几个世纪以来，这一课题一直是社会科学领域争论的焦点问题。

一般意义上的经济与道德关系问题自古有之。中国先秦时期儒、墨两家的义利之争，西方古典伦理学中亚里士多德和康德关于德与福关系的探究，都以不同的方式表达了这一主题和观念。然而，在19世纪德国历史学派经济学家们提出所谓“亚当·斯密问题”之前，这一问题一直被置于道德哲学的整体知识框架内加以思考，它没有被分割成属于经济学和伦理学的两个独立无关的知识主题，因而也不可能产生市场经济与道德的关系问题，所以，在这个意义上说，市场经济与道德的关系问题是一个“现代性”问题。而“亚当·斯密问题”就仿佛是现代经济伦理研究必须由之开始的一道原始方程式，不解开它，就难以厘清经济与道德这两个同样具有人类生活之根本意义的社会价值函数之间的蕴涵关系。

斯密在其表达经济学思想体系的《国富论》中把人们的行为归结于自私。他说：“我们每天所需的食料和饮料，不是出自屠户、酿酒家或烙面师的恩惠，而是出于他们自利的打算。我们不说唤起他们利他心的话，而说唤起他们利己心的话。我们不说自己有需要，而说对他们有利。”[①]斯密认识到资本主义生产方式的本质,在于资本家对利润的追逐。他说:“私人利润的打算,是决定资本用途的惟一动机。”[②]“确实,他通常既不打算促进公共的利益,也不知道他自己是在什么程度上促进……他只是盘算他自己的安全;……他所盘算的也只是他自己的利益。”[③]那些“把资本用来支持产业的人,既以谋取利润为惟一目的,他自然总会努力使他用其资本所支持的产业的生产物能具有最大的价值,换言之,能交换最大数量的货币或其他货物”[④],这就是说,经济社会中的人都是十分理性的,他们非常清楚自己的利益所在,并且在他们的行为中,时时刻刻都在计算着自己所能获得的利益。

斯密又在其表达伦理学思想体系的《道德情操论》中说:“无论人们会认为某人怎样自私,这个人的天赋中总是明显地存在着这样一些本性,这些本性使她关心别人的命运,把别人的幸福看成是自己的事情,虽然他除了看到别人幸福而感到高兴以外,一无所得……最大的恶棍,极其严重地违反社会法律的人,也不会全然丧失同情心。”[⑤]

1878 年德国历史派的学者斯卡尔茨基在其《亚当·斯密的道德哲学及其作为政治经济学的创始人》一书中指出,斯密《道德情操论》的人性观是利他的,而《国富论》的人性观是利己的、自私的。一种人性本善的道德利他主义社会(普通)道义论与一种人性本恶的经济利己主义个人(特殊)目的论,矛盾而奇妙地共生于斯密的理论

① [英]亚当·斯密著,郭大力、王亚南译:《国富论》上卷,商务印书馆 1972 年版,第 14、344 页。

② [英]亚当·斯密著,郭大力、王亚南译:《国富论》上卷,商务印书馆 1972 年版,第 14、344 页。

③ [英]亚当·斯密著,郭大力、王亚南译:《国富论》下卷,商务印书馆 1972 年版,第 27 页。

④ [英]亚当·斯密著,郭大力、王亚南译:《国富论》下卷,商务印书馆 1972 年版,第 27 页。

⑤ [英]亚当·斯密著,蒋自强译:《道德情操论》,商务印刷书馆 1997 年版,第 5 页。

之中。而遗憾的是,斯密自己对其《道德情操论》与《国富论》的关系几乎没有任何明确的说明,因而,形成了著名的“亚当·斯密问题”。

虽然,亚当·斯密作为一个资产阶级思想家,其并没能够超出他那个时代用人性解释经济发展和道德进步的狭隘性,但其经济伦理思想价值取向中,确实存在许多科学积极而合理的方面,比如亚当·斯密的经济伦理思想对普通人追求自身合法利益这种自利追求的颂扬对于破除封建社会对人们追求的禁锢产生的重要影响,再比如亚当·斯密关于市场经济伦理秩序以及达到这一秩序的有效手段的思想,斯密不仅指出了市场经济最基本的道德原则和伦理秩序是互利,而且指明了自由竞争是保障互利实现的基本条件等,这些都为后人如何正确认识市场经济的道德基础问题,以及其所关涉的经济伦理(道德作为经济的价值要素和评价标准)与伦理经济(经济生活作为人类道德的利益基础)的科学理解,留下了极其宝贵的思想财富。

二、市场经济道德基础论

市场经济的道德基础,一般是指市场经济本身的道德性及其理解。著名学者万俊人认为,它至少涉及两个方面:其基本方面是,作为现代人类经济生活和行为的基本模式,市场经济是否具有内在的道德意义和价值尺度?这一问题的前提预设是,作为人类经济行为的创造性成果而非自发性产物,市场经济的建立与运行必定有其内在的合道德性价值依据。因为很难想象,人类会选择一种“不道德的”经济生活方式,作为一种先进的经济模式,市场经济如果没有更为充分的“道德理由”作为其内在支持,其“先进性”就是可疑的。问题在于,这种合道德性或道德证明的论据何在?另一个直接相关的方面是对市场经济生活的价值评价和道德规范,也就是市场经济所必需的道德秩序或规范。缺少这一方面的支持,市场经济的支持系统将是不完备的。问题在于,如何确立和理解这种特殊的道德考量标准和道德规范?前一方面关乎人类现代经济生活和经济行为本身的价值理解;后一方面则延伸到了有关人类经济生活与道德生活的关系理解，以及基于这两大生活领域的经济学与伦理学之间的关系理解。

万俊人先生认为，从根本处说，市场经济本身的正当性和合法性是不难证明的。首先，作为人类社会迄今为止最为先进合理的经济模式，市场经济已经被实践证明是最有效率的。当马克思在《共产党宣言》中谈到，一百多年的工业革命创造了比此前人类社会全部文明之总和还多得多的物质财富时，他实际也肯定了市场经济这一崭新的经济模式创造巨大效率的优越性。当然，市场经济的高效率与现代科技高速发展也是直接相关的。科技的发达不仅大大改善了生产工具的生产效能，也提高了生产者的各种素质。但市场经济本身的机制及其作用，也无疑是现代社会科技发展和高效率生产的体制之源。从这一点来看，市场经济的确有其制度上的道德合理性。

其次，从一种理想的意义上说，市场经济也是一种较为公平合理的经济模式。市场经济的根本目标是效率的最大化。为有效达成这一目标，它必须有效地调动和配置全社会的物质资源和人力资源。而要保证资源的合理有效利用，就必须建立一套公平合理的市场机制。因此，市场经济模式一方面要求经济的自由竞争、各尽所能；另一方面，它又要求这种自由竞争必须是公平合理的。没有公平，竞争既不能合理持久，也不能是高效的。市场首先通过普遍均衡或平均化的市场价格体系与利润分配机制来确保市场面前人人平等、事事平等。任何非经济的政治力量（权力或权威）、社会文化力量（传统习惯或个人心理偏好）原则上都不能直接限制或改变这种市场竞争的公平秩序。也就是说，在市场经济条件下，生产者的生产效益（利润）、劳动者的劳动收益（工资报酬）、商品的市场价格等等，都是首先由市场来决定、分配或调节的。而由于市场行为本身的非人格化特性和普遍客观化力量所致，使得市场分配或市场调节具有其原始的正义性。当然，这种原始的市场正义还只是一种具有市场平均化、理想化特征的经济正义。它更多地具有理想化起点公正和市场过程公正的性质，并不表示其结果的绝对公正。因此，我们还不能把市场分配的经济正义看做是社会分配正义的全部内容,更不能把它等同于伦理正义。正因为如此,著名学者厉以宁形象地把市场分配或调节称之为"第一次"分配(或调节)。在其后,为了确保社会分配结果的尽可能公正合理,还需要有"第二次(政府)分配"(或调节)和"第三次(道德)分配"(或调节)。但尽管如此,作为市场经济行为的原始分配,市场分配或市场调节本身仍具有不可否认的原始公正性质。在某种意义上,市场的确像一场游戏场所,它不管参与游戏的游戏者的社会身份、文化角色、自然属性(种族、性别等),而只注意游戏者的能力、技巧和智慧,不带任何主观倾向或特殊立场,使市场经济具有一种天然平等的特征。

第三,市场经济还以其特有的市场化扩张力量,极大地增进了人类社会相互交往和沟通的机会、深度和广度。实践证明,正是凭借市场经济的普遍化力量,人类的交往程度和范围才得以空前的拓展,形成了较为充分的人际、群际和国际经济交换活动,出现了日益广泛而深入的跨集团、跨地区、跨国界的经济贸易。这不仅加速了物质资源和经济资本的广泛流动,促进了生产,提高了经济效益,而且也使人类分享经济成果(商品)、丰富其物质生活的能力大大提高,因之最终为人类追求和实现自身的幸福生活目标,创造了前所未有的社会物质生活条件。这一点也是市场经济的道德性之重要方面。

当然,万俊人先生也认为,上述能够证实市场经济之道德正当合理性的三个主要方面,即效率价值、市场分配正义、较充分的行为交往和利益共享,虽然具有内在本然的道德性质——即它们本身具有人类善的积极价值,但是,第一,这只是在某种理想化的意义上说的,并不能必然成为完全的现实;在某种特殊情景条件下,还可能走向其反面。比如,无节制的放任主义的市场经济,不仅不会创造生产的高效率,反而有可能造成效益的浪费,20 世纪前期发生的世界性经济危机就是明证。所以说,在市场经济的效率标准中,生产高效与生产过剩仅一步之遥。第二,市场经济的"市场分配公正"只是原初的、有局限的。作为"第一次分配",市场调节的作用只限于交易性领域,并不能扩及非交易性领域。而且,市场公正本身虽然具有其客观普遍性,但并不彻底。比如说,它并不能完全确保有资格进入市场的所有"经济人"或"游戏者"具有真正意义上的起点公平,因而其自由的公平竞争也可能从一开始起就是不公平的。拥有大量土地和地租收入的庄园主与一无所有的无产者毕竟不可能享有真正平等的参与资格,他们在市场游戏中的角逐一开始就不是真正公平的。第三,市场经济本身不能完全脱离人类生活的其他方面而孤立存在和发展,更不可能完全自发进行,它需要有必要的社会政治、文化和道德的条件。"文革"时期的中国不能实行市场经济,20 世纪末期的中国也不可能重复 17、18 世纪英国资本主义和殖民扩张式经济发展道路。由于其特殊的政治经济结构、文化传统和其所面临的国际经济形势,今天的中国只可能选择"社会主义的市场经济",这些条件限制说明了市场经济本身的现实合理性的限度。

因此,万俊人先生强调对市场经济的道德审察或伦理批判是必要的,其目的不是限制经济本身,而是限制经济活动中潜在的缺陷和可能的风险,规范人们的经济行为和活动,使其成本或费用尽可能经济合理,从而最终实现真正合理高效的经济目标。而它更深远的意义在于,始终保持人类政治、经济和文化之生活世界的完整和统一,确保人类社会理想与人格理想的完整和统一。这样,我们对市场经济的道德基础的探究也就是对人类幸福生活之道德基础与价值意义的追问。

三、"大败局"带来的思考

在企业界,2001 年有一本题为《大败局》的书十分畅销。作者通过对瀛海威、秦池、爱多、玫瑰园、飞龙、巨人、三株、太阳神、南德、亚细亚这十家著名企业之败局的分析,得出了他们共同的三大失败原因,而这三大失败原因多与企业伦理因素相关①:

① 参见吴晓波:《大败局》,浙江人民出版社 2001 年版,第 4 ~7 页。

失败原因之一:普遍缺乏道德感和人文关怀意识。

草创型的中国企业家群体,在某种意义上算得上是“功利的、不择手段的理想主义者”的俱乐部,在这个特殊的群体中蔓延着一种病态的道德观。在关注史玉柱、吴炳新、姜伟这些悲剧人物的时候,我们会发现一个很奇异的现象。

这些企业家中的绝大多数就他们个人品质和道德而言算得上无可挑剔,甚至律己之严达到了苛刻的地步,他们的生活都十分简朴,不讲究吃穿排场,为人真诚坦直,做事认真投入,富有责任心。同时,他们还是一些十分真诚的“理想主义者”,他们对中国社会的进步拥有自己的理想和方案,对中华民族和东方文明有着深厚的感情。他们中的一些人还算得上是狂热的民族经济的捍卫者。

可是,当我们考察其市场行为的时候,我们又看到另一番景象。他们对民众智商极度地蔑视,在营销和推广上无不夸大其词,随心所欲,他们对市场游戏规则十分地漠然,对待竞争对手冷酷无情,言行诡异。而我们的公众舆论和社会集体意识又有着一种根深蒂固的“成者为王,败者为寇”的考核标准,对那些取得辉煌市场业绩的企业家往往无意于追究其过程的道德性,这在很大程度上也助长了企业家们的功利意识。这一现象,几乎阻碍中国许多新生代企业家真正走向成熟的最致命的痼疾。

失败原因之二:普遍缺乏对规律和秩序的尊重。

1800 年,当法国经济学家 J. B. 萨伊撰出“企业家”这个名词时,他是这样下的定义:将经济资源从生产力较低的领域转移到较高的领域。20 世纪中期,西方最重要的经济学家熊彼特这样简捷地描述说:企业家的工作是“创造性的破坏”。

当然,萨伊或熊彼特都没有从道德的范畴来规范企业家的行为。甚至在工业文明的早期,连恩格斯都认为,“原始积累的每个毛孔都充满了血腥”。如果我们用书卷气的固执来坚持对这一切经济行为的道德认同,那显然是不现实的。问题在于,当经济或一个企业的发展到了一个稳态的平台期后,经济宏观环境的道德秩序的建立及企业内部道德责任的培育,便成了一个无法回避的课题。一个成熟的、健康的竞争生态圈,不是简单地在政府所提供的若干条法律法规的框架内追求利益,它更应该体现为法律与道义传统、社会行为规范的整体协调。

而我们的许多企业家则缺乏对游戏规则的遵守和对竞争对手的尊重。在捍卫市场公平这个层面上,他们的责任感相当淡薄,往往信口开河,翻云覆雨,对社会和整个经济秩序的均衡有序缺少最起码的责任感。

他们中的相当一部分以"不按牌理出牌的人"来标榜自己。在他们的潜意识中,"牌理"是为芸芸众生而设的,天才如我,岂为此限。于是天马行空,百无禁忌。岂不知,如果人人都不按牌理出牌,那么还要牌理干什么?一位老是不按牌理出牌的人,还有谁愿意跟他玩牌?一位不按牌理出牌的人,他所获取的超额利润,其实是以伤害大多数按牌理出牌的人的利益为前提的,是通过以破坏市场秩序为策略的。

失败原因之三:普遍缺乏系统的职业精神。

深圳万科的董事长王石曾经概括过包括他自己企业在内的新兴民营企业的七大特征:一是企业的初期规范很小;二是短期内急速膨胀;三是创业资金很少或没有;四是毛利率较高,总是找一个利润空间较大的行业钻进去;五是初期的发展战略不清晰;六是创业者没有受过现代企业管理的训练;七是企业家的权威作用毋庸置疑。王石描述出了几乎所有新兴民营企业和草创型企业家先天不足的原因所在。

"现代管理学之父"彼得·杜拉克在他1995年出版的《创新与企业家精神》一书中,第一次指出美国经济已经从"管理的经济"转型为"企业家经济"。他认为"这是战后美国经济和社会历史中出现的最有意义、最富希望的事情"。

一个真正的"企业家经济"应该具有三个基本的特征:一是该国拥有量大面广的中型现代企业,它们以蓬勃的生命力成为这个国家经济进步的孵化器和推动力；二是管理成为一门技术被广泛地应用，由此出现了一个具有职业精神的专业型经理人阶层；三是在经济生态圈中形成一个成熟而健康的经济道德秩序。

如果用这个标尺来衡量，我们认为，中国企业家要真正成为这个社会和时代的主流力量，那么首先必须完成的一项工作——一项比技术升级、管理创新乃至种种超前的经营理念更为关键的工作。是塑造中国企业家的职业精神和重建中国企业的道德秩序。

第六章

生产道德与消费道德

我国的理财观，是追求收支平衡的；但在西方的理财观念中，则主张支收平衡，虽然两者以平衡作为目标价值，但他们的起跑点却是有所不同的。收支平衡观以收为先，支收平衡观则以支为先。收是何者？谓之生产；支为何者？谓之消费。追求平衡，则说明在常态下，两者往往是不平衡的，否则，平衡就不能成为目标性价值。

在一般意义上，收在经济活动中可表达为生产性行为；支在经济活动中则表现为消费性行为。因此，理财中的收支关系投射在经济活动中就表现为生产与消费的关系。生产与消费这一对基本范畴，在经济活动中是处在充分的矛盾运动中。这种矛盾性或表现为生产大于消费，或表现为消费大于生产。而这两种状态都将给社会带来消极因素。前者的不利是浪费了社会资源；后者的不利是使人们处在不幸福之中。当生产等于消费时，即处于平衡之中时，则是最大的获利。其利之一，是资源的效用得到了充分的实现而没有被浪费；其利之二是人们的需求得到了充分的满足与幸福。因此，在经济伦理的视野中，不是说生产得越多越道德；也不是说消费得越多越道德；而是在生产与消费的矛盾运动中，让他们处于平衡状况是最优化的表现，也是最具道德性的状态。

本章将专题讨论两者在博弈关系中如何保持平衡所体现的道德

价值。

第一节　生产的伦理价值

生产是社会生活中最常见的一种社会现象。生产活动是人的活动系统中不可或缺的环节。人类的生产活动是人区别于其它动物最本质最显著的特征。生产活动源于人,而惠于人,因此,生产活动内涵着丰富的伦理因素。

一、解读生产

生产概念,存在着两种基本的形式:理论形式的生产概念和实践形式的生产活动。

从理论形态论生产概念,古典经济学和现代经济学都发出了自己的声音。古典经济学认为:生产即劳动,生产是创造物质财富的劳动。现代经济学认为,生产是通过广义劳动环节的供给,即生产是以劳动为纽带向社会供给物质财富和精神财富来满足社会需求的活动。

两者虽然在内涵上有区别,但劳动作为生产概念的基本要素却被共识了。事实上,无论在古典经济学和现代经济学的大系统中,不同的经济学流派,以及同一经济学派中的不同代表人物,在不同的经济发展阶段都有着自己对生产概念的看法和解释。就像世界上只有一个贝多芬的英雄交响曲,却有着成千上万个人在演奏着英雄交响曲,结果造成了千差万别的英雄交响曲一样,关于生产的概念是一个多义化的概念。

在多如牛毛的生产定义中,虽然我们不难发现其中有弥足珍贵的学术遗产。但本章采信的生产概念来自于《辞海》的解码。因为《辞海》对生产的定义不仅具有权威性,同时具有经典性。

《辞海》在"生产"这一条目中写道:生产是"以一定生产关系联

系起来的人们利用生产工具改变劳动对象以适合自己需要的过程"①。

这个生产定义揭示了如下的核心要义,第一,生产指的是一个过程。这说明生产不是人们的终极目标,从而排除了为生产而生产的唯生产论。既然生产是人们实现目标的过程。那么生产的目标是什么呢?第二,生产的目标是适合自己的需要。这里的自己,是指人类社会,自己的需要即指人类社会的需要。当然,人类社会的需要,是根据人类社会发展的阶段性,来表现为需要的阶段性和不同性。阶段性是一个动态的过程,因此,需要也是变化的。人类的需要在经济系统中则表现为消费需求。因此,生产与消费是经济活动中的一个纽带。第三,生产指的是改变劳动对象,这就揭示了生产是一种劳动,劳动对象则是随着社会的发展,产生新的对象,因此,劳动的外在形式的内在要求也会随着新对象的不断涌现而创新。第四,生产活动的方法论是利用工具,这就把生产与工具结成了同盟。这种同盟关系又逻辑地表明了新工具的创造和使用反映了生产力的水平。第五,生产指的是一种社会关系。这种社会关系是既不同于血缘关系,也有别于行政关系和道德与法的关系,这种关系反映的是一种生产中的关系。而维系生产过程中的基本关系就是劳动者与资本的关系。在资本的面前,劳动者是被雇佣的,资本无论是私有的还是国家的,都是通过雇佣劳动者来实现生产活动的,这是一个不争的事实。

这样,我们就可以把《辞海》中关于"生产"的定义从抽象的哲学化界定下放到具体的经济学意义上的定义。我们认为:生产是以劳动与资本为前提,以工具为手段,通过改变劳动对象来满足人们消费需求的一种供给活力。

解读理论形态的生产定义,是指生产的理想状态,而理想状态生产定义与实际的生产活动现状,则是有着距离的。简言之,生产的应有之理和生产的实有之情却是存在着落差。

---

① 《辞海》,上海辞书出版社1999年版,第2085页。

实有的生产过程，是在两个现实的制度框架下生存着和发展着。一是生产在计划体制下生存与发展，由于计划永远赶不上变化，生产极易造成了两个极端：一个极端是生产大于消费需求，形成生产过剩的状况，结果社会的物质资源和精神资源被无效的损耗，造就社会财富的浪费，另一个极端是生产小于消费需求，形成短缺经济，使消费需求得不到满足，从而造成人们的生活水平长期停滞不前，发展缓慢。二是生产在自由主义的市场体制下生存与发展。由于市场的完全自由化价值取向，使人的逐利本性无节制的放大。自由主义市场体制下的贪婪造成了供给大大超越了有效需求的边界，使得虚幻的经济繁荣以巨大的社会资产损耗为代价。而贪婪的归宿是恐惧的产生。恐惧让需求萎缩，这又推动了经济的迅速下滑，从而威胁到劳动与资本。在经济危机的条件下，资产缩水，资本短缺，造就了劳动者失业与下岗，这两者的结合使生产力以几何级数递减。

因此，如何实现生产应有之理与实有之情的对接便成为生产与消费关系中必需面对的道德课题。

二、生产的伦理价值

当我们初步解读了什么是生产概念后，思考生产的伦理价值便是自然之举。

生产的伦理价值表现在何处呢？

首先，从人的起源看，生产劳动推动了人类社会的形成，具有历史发展的道德价值。

我们知道，社会是由人构成的。人和社会不是神创造的。也不是由纯粹的自然力量缔造的。科学史以无可辩驳的史料证明，人类是自然界长期进化的结果。它起源于动物界，通过生产劳动超越动物界，成为动物界中的另类，即人类。达尔文的理论最清晰地向人们揭示了人是从高度发达的类人猿这种动物直接进化而来的。那么，是什么力量把类人猿变成了人呢？这里既不是上帝，也不是神仙，靠的是生产劳动。

事实上,人与动物的区别在于:动物只能被动地适应外部自然界,只能以自己的本能生存为力量来局部改变外部的世界,而人则能通过生产劳动来改造外部自然界,使外部世界为自己的生存与发展服务。简言之,动物只能适应自然,人能支配自然。

人为什么能够支配自然呢?这是因为"人自身作为一种自然力与自然物质相对立,为了在对自身生活有用的形式上占有自然物质,人就被他身上的自然力——臂与腿,头和手运动起来。但当他通过这种运动作用于自身外的自然并改变自然时,也就同时改变了他自身的自然"①。

从上述人类发展的历史逻辑中,我们至少可以发现生产劳动的伦理价值之一是它以自己独特的方式孕育了人类社会的诞生,而人类社会的诞生则极大地改变了自然界的自然面貌,从而使自然从一个旧世界转向一个新世界,生产劳动的伦理价值之二是生产劳动不仅仅是形成人类社会的第一个动力,同时它又成就了道德的产生。因为,正是有了人类社会,才会形成社会关系,而社会关系的存在是道德产生之源,正是从这个意义上说,道德的本源带着鲜明的生产劳动的胎记。

其次,从两个文明的发展进程看,生产劳动极大地满足人类社会的需要,具有幸福效用性的道德价值。

人类,作为超越动物界的另类,它"另"去何处呢?它"另"在不仅追求物质财富的满足,同时也追求精神财富的满足,而动物仅仅满足于基本的生理性需求。

考察两个文明的历史轨迹,人类经历了采集经济时代,种植经济时代制造经济时代和知识经济时代。与采集经济相适应的是原始社会。在这个时代中,除了野蛮没有文明的空间。但是原始的生产劳动所形成的经验让种植经济取而代之。与种植经济相适应的农业文明给人类带来基本的民生保障和封建文化。当制造经济替代种植经

① 《马克思恩格斯全集》第23卷,人民出版社1972年版,第202页。

济成为社会生活的主流时，与制造经济相适应的工业文明给人类带来的不仅仅是民生的保障，还有民主与民权的享受。当代社会，已经进入到知识经济的时代。与知识经济时代相适应的创新文明给人类带来的不仅仅是物质和精神的消费而是进入到文化享受境界中。

从本能享受到效能再享受到文化享受的升华，其核心环节仍然是生产劳动。因为生产劳动使人们感悟到种植经济比采集经济更有保障；因为生产劳动使人们体会到制造经济比种植经济能够提供更多的物品；因为生产劳动使人们发现知识经济比制造经济更经济，更高效，能够提供更丰富多彩的物质财富和精神财富。总之，人类的幸福效用是通过实际的生产劳动的杠杆作用来实现的。

第二节 消费的道德意义

相对于生产概念，人们更乐于探究消费问题。因为，生产对人的要求，更多的是表现为向外付出和投入，而消费对人的吸引力则较多地表现为满足需求的享用，是一种向内摄入和索取的过程。在传统社会中，生产劳动概念往往是被美化的对象；消费概念则又通常被妖魔化的概念。本节将通过解读消费概念着手，揭示出消费在人类社会发展的道德意义。

一、解读消费概念

什么叫消费？要用一个定义来阅读消费概念，是极其困难的。在经济学范畴中，消费概念是一个极具时代性的发展概念和动态概念。以《辞海》为代表的消费概念，把消费定格在："人们消耗物质资料以满足物质和文化生活需要的过程。"这一定义的局限性在于它把消费简单地归结为对物质资料的消耗。事实上，21 世纪的现代社会是一个知识经济社会，因此人们对知识与文化产品的消费需求在日益增长。以知识和文化为载体的精神产品与一般的物质产品在消费中的表现是完全不同的。首先，被消费的物质产品将被消耗掉，而被消费的精神产品则是被消化。其次，一旦物质产品被当做消费对象时，物质产品必定在消耗中消亡；而一旦精神产品被当做消费对象时，精神产品势必在消化中保留下来。

因此，我们这里所指出的消费概念，是现代意义的消费概念，它是指人们为了满足生存和发展的需要，而消耗自然资源和物质资料及其消化精神产品的行为过程。

消费的这一特征，在中国的封建社会中和欧洲的中世纪时期，则是被丑化的对象。在长达二千多年的中国封建社会中，传统力量用节俭概念来对抗消费；在历经千年的欧洲中世纪，教会力量用禁欲主义来对抗消费。中外传统力量的一个共同心意是：生产是正类，消费是另类。在现代社会以前，对消费抑或因无知而被误解；抑或因故意的歪曲被蹂躏，使消费背上了不应该有的沉重的十字架。

二、消费的道德意义

消费的历史冤案，是在马丁·路德的宗教改革中被平反的。但是消费的道德价值的被发现，则是到了近现代资产阶级革命和资本主义制度的确立之时。在我国，对消费的道德价值的认可，事实上是到了改革开放以后才被社会所接受。

在讨论消费的道德意义之前，必须对节俭、浪费和奢侈这三个概念作一番探究。因为长期以来社会对消费存在着如下的误解：其一，认为消费是节俭的反动，主张消费就是反对节俭；其二，认为消费是浪费的导火索，点燃消费会引爆浪费；其三，消费等同于奢侈，主张消费会导致奢侈之风的聚起。

关于节俭与消费的关系问题。首先，节俭与消费是隶属于两个不同的学科范畴。节俭是对人的消费行为的一种规范、准则，属于伦理学范畴；消费是人们为满足自身需要去消耗或消化某种物质资料和精神文化产品的过程，属于经济学范畴，因此，两者之间既不具有对冲性矛盾，也不具有重复性雷同。其次，节俭，等同于节约和节省。

从古希腊的思想家到中国诸子百家时代，都把节俭奉为美德。但是，节俭即美德是有条件的。在古希腊和诸子百家时期的社会经济是短缺经济。当社会的生产劳动所供给的物质财富和精神财富远远满足不了社会需求的状况下，每个个体的节俭，是当时平衡社会供给与需求的唯一路径。节俭的品质在当时的状态下起到了供需平衡的支点作用。这当然是一种历史美德。再次，即使在短缺经济条件下的节俭，也没有排斥消费，节俭的品质则是导致人们有限有度地消费，而不是否定消费，可见节俭概念中内生着消费的基因。因为，衡量一个人，一个组织乃至一个民族和国家是否节俭是通过消费平台来评价的。从上所述，消费与节俭不是反动性的运动，是互动性的连结。主张消费，肯定消费的道德价值也是对节俭美德的肯定。

关于消费与浪费的关系问题，消费与浪费虽然只有一字之差，但它们之间表达了大相径庭的行为方向和结果。浪费是指对物品的失效损耗即不应该损耗的东西被消耗了。因此它是对物质财富与精神财富的糟塌。浪费现象是由浪费行为导致的结果。而人的浪费行为的发生其基本原因有下列几种情况：一是过度消费可造成浪费；二是计划失真可造成浪费；三是制度失灵可造成浪费；四是因无知消费可造成浪费；五是恶意消费可造成浪费，可见，浪费是与人的非理性行为有关，而杜绝浪费，珍惜财富的良方是提高人在消费活动中的理性程度。人在消费中防止了“过度”，避免了“失真”、告别了“无知”，杜绝的“恶意”，则会减少甚至消除不该消费的消费现象，不该损耗的损耗现象。

在实践中，我们批判浪费，抨击浪费，阻止浪费，是因为浪费对物质财富的损耗和对精神财富的轻视，实际上是否定了人的产生劳动成果，从而也否定了人本身。

总之，消费与浪费虽然都是对物质财富和精神财富的损耗，但前者是消耗应该损耗的东西，后者是消耗不应该损耗的东西。这是两者之间的本质区别。消费与浪费是冰碳不同炉的。

关于消费与奢侈的关系问题。上面我们已经说到，消费不是节俭的反动，但是奢侈恰恰是节俭的反动。所谓奢侈，即不节俭，也就是超出必要开支的花费。那么，什么是“必要开支”呢？“必要开支”是一个相对概念，它既可以用价值判断的方式来确定“必要开支”，也可以用客观的数量标准来确定“必要开支”。例如女人戴戒指，戴一个还是两个、三个，可用审美的价值判断来确定它的“必要开支”，而女人戴手表则可以用客观的数量标准来确定“必要开支”，戴一个手表是“必要开支”，戴两个、三个手表则是“不必要开支”。

关于奢侈的边界，可以通过数量和质量两个维度去认定。

在数量上，奢侈与挥霍是同义。即一定数量可完成的事，却故意用数倍乃至数十倍、百倍的数量来完成，这就是奢侈。例如在奥斯曼帝国的后院里，明明雇用数百个仆人就可以胜任的事，却雇用了成千个仆人来为王妃服务，这就是奢侈，是挥霍帝国的金钱。

在质量上，奢侈与顶级相联系。这里就产生出一个商品概念——“奢侈品”。所谓奢侈品，是指该产品或商品已经大大超越了实际可接受的功能范畴。奢侈品具有“精制性”特征。所谓精制，一是选用的原材料是精制的，即品质是最优良的；二是制作是精制的，即加工的工艺复杂精细，外型豪华高贵。奢侈品对消费者而言，是超越功能需求，它着眼于感官刺激和虚荣心的极度满足。消费奢侈品的核心价值取向是炫耀自身的财富。

通过对奢侈的剖析，我们可以确认，消费不完全等同于奢侈。但是，部分的消费者是以奢侈品消费为对象的。这里必须厘清，奢侈品与奢侈的边界。奢侈品是一种商品，它针对着特定的收入群体，奢侈不是一种商品，而是一种品德。无论是在发达国家个不发达的国家中，奢侈的品德，不会被社会接受。而奢侈品则可以存在。总之，消费奢侈品不是主张奢侈，同样，当我们在批评奢侈之风时，不能把消费纳入批判的瞄准器。

在梳理了消费与节俭、浪费和奢侈的关系后，探究消费的道德意义便是顺理成章之事。

首先，消费既是一种经济现象，更是一种道德现象。

长期以来,人们有一种误解,总认为消费是一种纯粹的经济现象。消费行为的发生只受经济能力的支配。仿佛存在着这样一个逻辑,即只要在经济上有支付能力,人们就会去消费。但是,现实的消费现象往往是反逻辑的。许多有能力支付头等舱位的乘客,反而更愿意买经济舱机票。这说明人们的消费是受到了道德观念的支配。经济上的支付能力虽然是消费的基础,但最后决定这样消费和那样消费的决策力量来自于消费主体的道德价值观念。道德观念是构成道德的组成部分,这是其一。

同时,消费主体的消费行为,也不是纯粹的个体的行为归因,它带有强烈的社会性色彩。许多人的消费的冲动不是来自于纯粹的个人享受,而是受制于风尚和时尚的影响。马克思在谈到消费的起点和终点是人的需要时说:“我们的需要和享受是由社会产生的。因此,我们在衡量需要和享受时是以社会为尺度的,而不是以满足它们的物品为尺度的,因为我们的需要和享受具有社会的性质。”①马克思的这一段话说明人的消费是受制于社会风尚,尤其是受制于社会的道德风尚,因为道德风尚内涵着善的诉求,是人们最愿意接受的东西。因此,许多人的消费行为是跟随着社会道德风尚而发起的,并且随着道德风尚的变化而变更着自己的消费行为。

其次,消费的道德性,表现为它是人类社会不断发展的内在根据。传统理论认为,在生产与消费关系上,生产具有决定性力量,生产是第一位的,消费是第二位的。“生产是社会再生产过程的决定性环节,没有生产就没有交换,分配和消费;而交换、分配和消费反过来又影响生产,促进和阻碍生产的发展。”②按照上述的观点,我们可以追问,既然没有生产就没有消费,那么生产又是怎么来的呢?生产是一种自然力量催生的吗?当然不是。在本质上,生产是人的需要的转化。人的生理和心理需要对外部世界的反映,就是消费。消费

① 《马克思恩格斯选集》第1卷,人民出版社1995年版,第350页。

② 《辞海》,上海辞书出版社1999年版,第2085页。

代表着人的需要,正是需要——消费机制推动了生产活动的产生,而不是相反。深度考察社会发展史,包括人类自身的发展史都可以浅显地领悟到人的需要的外化形式为消费,它是社会发展的第一推动力。社会发动系统中的消费是原发性的动力。因此,从本源上看,消费所代表的需要是人类发展的决定性因素,消费是第一位的,生产活动是因消费要求而形成的,是第二位的。传统的理论主张,人是能进行劳动和思维的高级动物。不管前面有三个定语即劳动的,思维的和高级的来修饰人这种动物,其主语还是动物,当然是有别于一般性动物。如果我们赞同上述观点。那么作为特殊动物的人,就脱离不了一般动物的普遍性特征,即惰性。那么,人为什么能超越一般动物的懒性而投身于生产劳动呢?因为人在生存与发展的过程中,需要通过消费来维护基本的生存,需要通过消费来实现发展,那么要实现消费的手段和路径是什么呢?只能通过克服自身的惰性去参加生产劳动,通过生产环节去实现消费满足需要。因此,生产是人类社会发展的重要环节而不是决定环节。生产是实现人类消费要求的手段,而不是目的。消费所内含的需求才是目的。从这个意义上说,人类社会在不断产生新需要新消费的过程中创造出新的生产力和新的生产关系,实践着生生不息的新的生产活动。消费在人类生存与发展中的这种地位与作用力,深刻地表现它的道德意义。

我们从源头上肯定消费的道德性,并不是说在消费的实践过程中,消费的本源性道德都会忠实地表达出来。消费实践中的道德性问题,往往与消费主体的道德认识、道德意识和道德修养的水平有关。一个有自觉道德意识的消费者的消费实践总是表现为合理消费,从而具有积极意义;相反,一个道德意识薄弱的消费者的消费实践总是抑制消费或过度消费,这些都对社会发展产生消极作用。我们充分肯定消费的道德意义,并不是肯定所有形态的消费行为。

第三节　生产道德与消费道德

通过上述两节的分析,本章的基本理论主张是清晰的:第一,从古猿到人的历史性转变的杠杆是生产劳动;第二,人类社会的生存与发展的杠杆是消费。这说明生产与消费在不同的历史发展阶段承载着不同的道德责任,表现为不同的道德价值。这种道德价值在今天仍然以不同的形式既生动又顽强地表现着。

既然生产和消费都具有内在的道德性,那么生产行为作为生产的实践形式和消费行为作为消费实践形式是否就不需要道德规范的调节？回答是否定的。

一、生产道德规范

人们从事生产,必须具备两个条件:一是劳动者,二是生产资料。即人的要素和物的要素。因此,对人的尊重和对物的尊重是生产者道德的逻辑起点。在这两个要素中,人的要素起着主导和决定性的作用。因为人是生产过程的主体,一切劳动资料如果没有人去发掘,去使用就会成为死的,无用的东西。人在生产中的地位属于第一价值。但是,人在生产劳动中从来也不是以纯粹的单干形式出现的。在自给自足的自然经济时代不是如此,在今天以知识为载体的工业化时代更不是如此。人在生产中是以一定的生产关系组织起来进行生产活动的,这种生产关系既有经济关系的联结,也有道德关系的维系。因此,生产活动的内在规律,必然要求人的生产行为遵循一定的道德规范。这些道德规范如下:第一,"以人为本"是生产活动最基本的道德理念,因为生产活动的出发点是为了满足人的消费需求。生产的最终结果是实现了人的消费需要。而在生产的始与终之间,渗透着人的劳动。人在生产的全过程中突显了它的核心价值,如果没有以人为本的生产道德观念,生产将失去方向,人在生产中的作用也不能得到充分的释放。

第二，遵守生产制度是生产者的道德底线。因为生产过程是众人的集合劳动的过程。为了提高劳动的有效性，依据经验和知识凝炼而成的劳动制度是实现生产劳动有效性的保障机制。对生产制度的遵守反映了生产者对前人知识与经验的尊重，反映了生产者的契约精神。

第三，爱护生产工具是生产者的道德义务。在生产过程中，除了人以外，生产工具是重要的生产力。生产者在生产过程中总是通过使用生产工具来改变或改造劳动对象，使它们成为对人们有使用价值的物品。生产工具不是自然之物，生产工具本身凝结着人的智慧和劳动。爱护生产工具不仅仅意味着对效率的追求，也内涵着对人的尊重和对劳动的肯定。

第四，保护生产环境是生产者的道德责任。因为，任何生产活动都需要在一定的生产坊中进行，不管这个“场”叫做作坊、车间、工场还是工厂。生产环境的整齐、干净和健康，将有利于生产者培育良好的生产情绪，激发生产者的劳动积极性。这是“以人为本”生产道德理念的具体落实。

第五，坚守质量标准是生产者的道德操守。因为，生产的效率，不仅仅是通过生产的数量指标表达的，更是通过生产的质量标准体现的。质量标准代表了产品的有效性和有用性的统一。当生产者在生产操作过程中违反了质量标准，这样的产品将会失去它的有效性和有用性特征，或者使用价值得不到保证。这既是对自己劳动的否定，也是对他人劳动的藐视，更是对社会资源的浪费。众所周知，现代社会的工业化生产过程，是一个社会大协作的过程，在微观的生产环节中，人的劳动总是在一个流水线上完成的。生产者由于自己不坚守质量标准，就会造成整个产品的质量下降，这就像木桶原理那样，一个木桶的容量不是由木桶的最长一块木板决定的，而是由它的最短的一块木板决定的。

第六，不生产假冒伪劣产品是生产者的道德律令。因为，生产假冒产品是对原创者劳动创造和知识产权的侵犯,是一种变相的偷盗行为。生产者生产假冒产品一旦进入市场,则是一种变相的欺诈行为,这都是社会道德所唾弃的。而生产伪劣产品则将会危及消费者的身心健康与安全,同时是对社会资料的浪费。

总之,坚守“生产六主德”充分体现了生产的道德良心,也是生产者在生产活动中最基本的道德路线图。

二、消费道德规范

消费,包括公共消费、生产消费和个人消费三个方面,我们将以这三个领域中的消费来讨论它们的特殊的道德规范问题。

关于公共消费领域中的消费道德规范,应当分为政府行政消费、转移性扶贫消费和社会福利消费三个层面来讨论。在政府行政消费中,节俭是政府行政性消费的道德原则。因为,政府通过税收机制获得的财政收入都是纳税人的劳动成果。政府的资金来自于民,应用于民,是政府的天职。政府不应该利用委托所获得的权力权威,任意扩大政府行政消费。节俭每一个铜钿是为人民服务,而不是政府自行获得享受的效用。在转移性扶贫消费中,公正、公平地实行转移支付消费是扶贫的道德责任。因为,政府有责任为稳定社会去帮助和扶助不发达地区和不发展地区的人民改善生活、加强生产。政府利用财政资金向经济发展与生活水平双低地区和低收入群体实行转移性支付消费是消除社会不公正的主要渠道,是政府职能的道德体现。在社会福利消费中,保障全体国民在教育、住房、医疗和养老等民生的基本消费,是社会福利消费的基本道德要义。因为,任何一个国家的经济发展,都将给本国人民带来巨大的福利。这也成就了发展的道德性特点。在经济全球化的进程中,一个国家的发展道路有两个可供选择的路径:一是靠外需拉动;二是靠内需拉动。其中内需是发展之本,外需具有很大的风险。而拉动内需的前提条件,是使本国国民在教育、住房、医疗和养老等主要民生方面的基本消费得到保障。它为内需增长提供了消费信心。

关于生产消费领域中的道德规范,其基本原则是重点发展和优先安排民生性产生消费。因为,民生性产生消费涉及全社会每一个家庭和个人的生活利益。它是维持社会生活稳定的基本保证,这是其一;生产消费道德的责任,是实现生产消费过程中的节能减排的绿色目标。因为节能减排不仅仅是一种经济目标,而且是一种道德目标。节能减排式的生产消费是有利于经济的可持续发展进程,它体现了代际公平,这是其二;生产消费道德标准是对可再生资源的消费要实行补偿原则。即伐一棵树要补栽大于一棵树的作业法,以便可以让我们的下一代获得更多的资源。与此同时,对不可再生的资源消费,要实行有限度利用和开发,以便人们争取更多的时间去发现和创造出更多的替代资源,避免因资源的短缺和枯竭而危害人类生存的道德困境。

在个人消费领域中,消费道德规范的维度表现在六个方面。首先,理性消费是个人消费的道德原则。什么叫理性消费?所谓理性消费就是经过个人思考后的消费,而不是盲目消费。理性消费的特点是消费以个人实际需要为基点,经过计算后的消费。理性消费不会产生浪费,理性消费不是满足虚荣心的消费。其次,务实消费是个人消费的道德标准。由于每个人在市场中知识和技能不一样,每个人的劳动态度不一样及其每个人的冒险精神不一样,使它通过业绩机制反映出来的给社会的贡献也不一样,因此,每个人从社会中获取的报酬也就不一样。个人收入的落差决定了个人消费中支付能力的差别性,务实消费就是根据自己的支付能力来消费。再次,文明消费是个人消费的道德方式。文明消费内涵着以科学的方式、健康的方式、符合民族文化习俗的方式进行消费;文明消费是对炫耀性消费、奢侈性消费的否定,更是对违法性消费的反动;文明消费是主张对高消费和超前消费实行适度控制的消费。文明消费保护了社会商品的最优化使用。因此,文明消费方式具有道德价值。

三、生产与消费道德关系

在传统的道德体系中,只有人才能有资格获得道德关怀。这就是典型的伦理道德的人类中心论。在人类中心主义的概念中,除了人以外的一切存在物都不具有道德享受的权利。因此,人类把道德占为己有。但是,道德的人类中心主义在历史进程中并没有给人类带来更大的道德享受,反而越来越受到其他存在物的报复。人类对森林的不道德性,造成了大量的土地流失和水资源的枯竭,结果反而损害了人类自身的利益;人类对土地的不道德性,造成了土地肥力的下降,使农作物欠收,造成人类粮食危机;人类对包括大气层在内的环境不道德性,造成了臭氧层的被破坏和冰山的溶化使气侯异常,造成了温室效应的增强和自然灾害的频繁发生。现实是人类最好的老师。除了人类之升的存在物是不是应该享有道德关怀的权利。一个符合现代文明的可持续发展的新道德的诞生,这就是非人类中心主义道德论。非人类中心主义道德理论突破了人类中心主义道德旧巢,主张动物、植物、其他一切生物与存在物都具有享受道德关怀的权利,因为这种扩大了的道德享受必然最终是惠泽人类本身。

从道德发展的现代意义而言,传统道德的内涵与外延都发生了极大的变化。正是从现代道德的发展视角出发,我们主张生产道德与消费道德是基于生产与消费之间存在着道德关系的结果。生产与消费都是一种行为,它们都是人的一种具体行为。它们是人们在经济活动中人的道德关系的体现。生产行为的主体是生产者这么一些人,消费行为的主体是消费者那么一些人,生产者在特定的时间和空间里是消费者,同样,消费者在特定的时间与空间里又是生产者,他们之间的关系是互动中互换,互换中互动。因此,他们之间具有共同的利益纽结。

我们主张人与人之间的和谐,因为这是人际之间最高的道德境界。反映在生产与消费的道德关系中,便是生产与消费的平衡。这里的平衡具有两个方面的道德要求,一是生产作为供给方,必须符合消费作为需求方的要求进行生产，二是消费方应该根据现实的生产水平所能提出的供给确定需求的消费强度，这个平衡所反映的道德哲学便是人与人互相尊重在生产与消费过程中的表现。

在经济活动的实践中，要真正做到生产对消费的尊重和消费对生产的尊重并非易事。因为无论是生产者还是消费者，道德理性的相对性往往会屈服于一时的利益追求。

为了实现生产与消费的道德互动，人们进行了长期、艰苦的机制创新和摸索。市场经济与计划经济二大流派，剔除它们的政治哲学和社会理念成分。不能不承认它们在生产与消费问题上的勇敢摸索。市场经济学派想通过纯粹的市场机制来解决生产与消费之间的平衡问题，而在市场学派内部又分完全自由的市场学派与政府干预下的市场学派。完全自由的市场学派由于缺乏代表社会利益的政府的有效监管，容易造成贪婪下的经济泡沫和恐惧下的经济危机。无论是经济泡沫还是经济危机，核心问题仍然是生产与消费的失调和不对称。政府干预下的市场学派的假设前提是政府积极干预来避免完全自由的市场学派所出现的市场混乱，但是，这个假设是不可靠的。第一，如果政府不代表社会利益怎么办？第二，如果政府也贪婪怎么办？在现实世界里，政府是非理性的现象不是凤毛鳞角，甚至出现法西斯政府；第三，如果政府对干预不作为又怎么办？计划经济学派想通过严格的的计划调控解决生产与消费的平衡问题。但是人为的主观计划永远赶不上客观的变化。市场自身的信息与计划所依据的信息是不对称信息。这些不对称信息势必造成生产与消费的不平衡。由于市场信息一般总是强于计划信息，从已有的社会实践看，计划体制的社会经济总是走向短缺经济的死胡同。

在生产与消费的关系中，经常性的情况是抑或生产大于消费造成生产过剩，从而在浪费社会资源的同时，否定了生产者的生产劳动价值；抑或消费大于生产，造成短缺经济从而使消费者，包括生产者自身作为消费者的经济利益和相关的社会福利得不到实现。

应该承认，关注生产者与消费者道德关系下的生产与消费的道德现状,需要分两步走。第一步是道德理念上的建设,这是行为的前提条件;第二步是探索生产与消费和谐发展的实践路径和机制。本章的任务是完成第一步,并且努力地思考第二步。

第七章
生 态 道 德

当人们在充分享受高科技和高信息的时代所带来的福利时，必须清醒地认识到“我们只有一个地球”，因此崇尚生态道德，选择与环境有益的高质量的绿色文明生活，使人类社会的经济发展过程与自然过程和谐统一起来，这是我们必须承担的道德责任。

第一节　生态对人类的意义

一、生态环境失衡对人类的挑战

众所周知，21 世纪的文明，不仅仅与二战相伴，更与牺牲的环境相联。其间，有多少的物种绝种在工业文明中，有多少诸如煤、石油和天然气等能源的巨量消耗。经济发展与环境污染几乎成了行影不离的孪生兄弟。严酷的事实告诉人们，已经发生的现代文明足以高能耗损环境为代价的。

鉴此，对生态环境的失衡轨迹，可以作如下描述：其一，20 世纪初为公害发生期。在这一时期中，煤的大规模使用，产生了大量烟尘、二氧化硫和其他污染物质，冶炼业加剧了二氧化硫和其他有毒物质的排放，如冶炼铜矿时排出的有害物质使河水污染，鱼虾绝迹；炼钢厂排出的废气,使周围的树木逐渐枯萎死亡,使之山荒林秃。每当雨季,洪水成灾,居民迫迁,流离失所。据统计,全世界每年排放的二氧化硫达几千万吨,其中2/3是由燃煤生成的。燃煤造成了大气污染。

其二,20世纪中叶为公害泛滥期,石油等燃料的生产和消费量急剧增长,煤炭的年产量也不断增加。在60年代,随着城市汽车大量增多,使最初发生在洛杉矶的光化学烟雾现象在世界很多城市出现。大量石油通过海洋运输和海底开采,使海洋受到的石油污染的风险越来越大。这一时期还出现了两种新的污染风险,一是由原子能利用和核动力发展带来的放射性污染风险;二是由农药等有机合成化合物的大量生产和使用带来的有机氯化物对土地的污染和人类食品污染的风险。

近些年来全世界每年都有大量的各种环境污染事件发生。其中很多污染事件涉及面广,危害人数多,影响时间长,后果严重,社会、经济损失巨大,有些甚至是跨国家跨地区性的,引起全世界的强烈震动。

据美国环保局报道,仅5年间,美国的工厂发生各种污染事故达6928起,平均每天就要发生近4起。全世界每年约有100万人由于农药事故中毒,其中第三世界国家受农药污染更为严重,平均每年发生37.5万起农药中毒事件。据美国核能安全局统计,全世界每年平均发生200多起严重的化学污染事件。油船因在航行中搁浅、碰撞、触礁、起火爆炸以及船体本身结构破损等原因造成的溢油事故在世界各地每月都有发生。每年大约溢油40万吨。据联合国环境署的环境资料报告,仅在两年中重大漏油事件的次数,总计为8721次。

其实,生态环境问题早在20世纪中期已经出现。联合国《我们共同的未来》报告中,列出当今威胁地球的人口问题、土壤资源流失和退化、沙漠化日趋扩大、森林惨遭破坏、大气污染严重、水污染加剧、军费开支巨大、自然灾害倍增、温室效应、臭氧层危机、日用化学品、能源日趋枯竭、污染事故频发、海洋污染严重等15个环境问题。

目前,我国环境污染和生态破坏的情况也相当严重,并有继续发展的趋势。我国生态环境问题主要有:

一是,水污染严重。我国水资源是相对紧缺的,但水资源的浪费和破坏却又是相当严重的,每年仅工业污水排放量就高达 8000 万吨,基本是未经处理就向江河排放,导致水源的污染。大城市的水污染更为严重,上海黄浦江每天接纳的工业污水高达 400 万吨,每到夏季,江水发黑发臭。全国 27 条主要河流,有 15 条河流受到比较严重的污染,有的江河湖泊成了鱼虾绝迹的“死水”。水污染对人体健康、工农业生产都带来了消极影响。

二是,空气质量下降。我国许多城市,尤其是工业集中区域,常年烟雾弥漫,空气中降尘量大大超过国家卫生标准每月每平方公里降尘量 6 ~ 8 吨的指标,有的高达百吨,个别的超过千吨。如兰州近年还发生过光化学烟雾污染。

三是,森林草原面积减少。我国森林覆盖率本来就低,只有 12.7% ,居世界第 102 位。目前,每年消耗森林资源两亿立方米,加上乱砍滥伐,毁林开荒,森林资源日趋减少。草原也因为乱垦滥牧,植被破坏,造成沙化严重。森材草原的减少,引起水土流失,并且造成水旱等各种自然灾害不断。1998 年长江流域、松花江流域发生特大洪水,皆是环境恶化所致。

四是,野生动物种群锐减。滥砍林木和违反自然规律的开发,破坏了动物生存的自然环境,致使野生动物的存活和繁衍受到严重威胁,而大肆捕猎野生动物则更加剧了动物的生存危机。不少动物种,尤其是群珍稀动物濒临绝境,即使还存在的动物种群,有些也岌岌可危。以东北虎为例,我国野生东北虎不到 50 只,并且还有继续减少的趋势。

上述各类生态环境问题,基本上是人为造成的,因此,解决生态环境问题还是要从人着手。面对严峻的生态环境问题,从 20 世纪 40 年代起,就有学者从伦理的视角来研究现代生态环境问题,提出要用道德的态度对待自然、对待人类生存的环境。

二、生态危机对人类价值的威胁

生态系统是自然界的一个基本单位,由生物和其他周围环境所组成,生物与环境之间具有互约性和相用性,从而处于相对平衡的动形状态。生态系统在自我作用过程中,表现出下述特征:其一是稳定性。稳定性是生态系统保持其基本特征的能力。其二是可塑性。可塑性是指生态系统在受干扰后,具有重建正常状态的能力。其三是多样性。多样性是指生态系统的生物由较多的物种组成。多样性是生态系统稳定性和可塑性的基础,假如多样性受到冲击或破坏,生态系统稳定程度就会降低,生态系统的再生能力也就削弱。

通常情况下,大自然的生态系统保持着天然的生态平衡。纵使发生火山爆发、地震、台风、海啸等危害生物的重大灾害,自然的生态系统能够自我调节,具有消除这些灾害引起污染的自净能力。然而,一个生态系统的调节能力再强,总是有限的,超过了生态系统自我调节的限度,生态平衡就会遭到破坏,出现生态危机。

生态危机主要由于生态系统的生物链遭到破坏,进而对其他生物的生存发展带来了困难。因为生物链是有机的统一体,一种生物的生存往往依赖其他生物而生。如果所依赖的其他生物减少乃至消失或繁殖过多;都会对该生物构成生存的危险,甚至出现连锁反应。如,滥捕鸟类,害虫就可能泛滥成灾,导致森林和庄稼失去天然的保护者,进而被毁。导致森林的消失则使栖息于其间的禽兽无家可归。又因湖泊污染,则使绿藻过度繁盛,导致鱼类难以生存。①

当然,生态平衡的破坏所形成的生态危机,可能是自然本身的原因,也有人为的原因。目前人类所面临的生态危机主要是人为的结果。随着现代科技的发展,人类的活动能力极大提高,活动范围无所不及,但人类的活动在造福自身的同时,却对自然造成很大的冲击,使自然的生态系统严重失衡,甚至使某些生态系统遭到毁灭性的破

① 参见胡近、余玉花主编:《思想道德修养》,上海教育出版社 2002 年版,第 237 页。

坏。生态失调,必然使人类生态环境的质量日益下降,最终造成生态危机。

但问题的严重性还在于,对于已经存在的生态危机,我们是否已经意识到它的严重性？是否意识到人所应该负起的责任？对于地球上其他生物应该采取什么样的态度？由于自然之大,有的人感受不到生态危机的到来,继续我行我素;由于世界物种之丰富,有的人认为某种物种的消亡与人类无关,无碍于人类的发展,从而对其他生物采取漠然视之的态度。在可可西里,百万藏羚羊群已被捕杀得不足十万头,但捕杀藏羚羊的枪声依然不绝;在高等学府,不仅发生大学生用微波炉烤小狗的闹剧,而且发生动物园5只狗熊遭硫酸泼洒受重伤之事。虽然这些事情发生在少数人身上,但其影响很大,提出了值得人们思考的生态大问题:

即如何看待人类之外的生命价值,如何处理人与生态环境的道德关系,如何去尊重生物的多样性等伦理问题,有关此类问题事实上,我们的先哲早有真知灼见。

第一,先哲们强调人与自然的一致性、统一性,那就是“天人合一”的思想。“天”即是指自然界,所谓:四时行焉,百物生焉,就是天。“天人合一”,不仅是对自然界规律的正确认识,而且也是对人的道德要求。晋代张载说,儒者则因明至诚,因诚至明,故天人合一。明代的程颢更是提出,仁者以天地万物为一体的要求。

第二,提出“仁爱万物”的思想。无论是道家还是儒家都主张“天道生生”。认为所有的生生不息的生命都来自于自然界,而且认为生生不息的“天道”与“人德”是统一的,也就是说,万物生生不息是人类应有的“大德”。在此前提下,儒家从“仁民”扩之到“爱物”。当然儒家所讲的爱物,不是毫无原则的泛爱万物,而是出于维护自然规律,有利于人类发展的考虑。如孔子要求,树木以时伐焉,禽兽以时杀焉。断一树,杀一兽,不以其时,非孝也。主张,国君春田不围泽,大夫不掩群,士不取麛卵。倘若说孔孟的爱物还是一种为了人而爱物的“仁术”的话,则汉代的董仲舒体现的是较为彻底的爱物。他认为,质于爱民,以下至鸟兽昆虫莫不爱。不爱,何以谓仁?将道德爱心从人的世界扩展到自然界所有的生命。

西方思想家对非人类生命的关注,起因于对工业化反思的结果。西方社会一直关注人神关系,没有人与自然和谐的思想传统。在中世纪是神统治人,文艺复兴后人的地位突出,强调人的权利和价值,认为“人是目的”,是最高的道德价值。自然界的价值,只有在为人所用时才存在的。正是在这样的思想指导下,开始了向大自然全面开战的工业化运动。但是工业文明对大自然无节制掠夺产生的后果,使有识之士开始怀疑人统治自然的思想,提出道德价值不仅体现在人身上,同样也应体现在其他生命的身上。甚至提出动物与人有同等的平等权利。如,英国的思想家塞尔特在《动物权利与社会进步》一书中提出,动物与人类一样,也拥有天赋的权利,所有的生命都是神圣可爱的,动物的解放与人类的解放具有同等的意义。美国思想家穆尔等人则进一步提出,大自然拥有权利的思想,不仅肯定动物的权利,还肯定荒野和石头等无生物的权利。

令人关注的是,现代生态伦理学的奠基人、法国思想家施韦兹提出的,敬畏生命、崇拜生命、尊重生命的伦理思想。他的思想包括:生命都是有价值的,尊重一切生命的伦理学才是完整的。只有当人认为所有生命,包括人的生命和一切生物的生命都是神圣的时候,他才是道德的;伦理学应当把爱的原则扩展到动物。

无论是中国古代的“仁爱万物”论,还是现代西方的“动物权利”说,其实都表达了同一个道德理念:生命的价值不为人类所独有,所有的生命体都是有价值的,都是需要珍视和保护的。漠视非人类生命的权利和价值,任意地处置非人类生命,这是产生生态危机的重要原因。由此可见,尊重所有的生命正是尊重人类本身,正如英国文学家劳伦斯所指出的:如果人仅仅以自身的存在为目的,无视大自然中动植物的权利,那么人类最终会发现他践踏生物原来是践踏自己。或许有人对此不以为然,认为有些生物与人的生存有直接关系,如鱼类等,那是需要保护的;而有些生物与人类生存并无直接关系,如虎狼之类,它们存在与否对人类没多大的意义。这里涉及对生物多样性的认识,也是进一步理解非人类生命价值所需要的。

由此可见,生态系统是个整体性的概念,地球上物种和其他生物系统的相互联系,必然要求生物的多样性。如果生物多样性减少,生活在地球上的人类将失去许多生存的条件。为此,1992 年联合国环境与发展大会制定《生物多样性公约》,指出生物多样性对进化和保持生物圈的生命维持系统的重要性,小至微生物、大至宇宙天体,所有的物种都是人类的表兄弟,对人类进化发展都是不可缺少的。正因如此,联合国确认生物多样性的保护是全人类共同关切的事项。保护物种和生物多样性,同样意味着对非人类生命的价值肯定,不管其与人关系的亲疏如何。

三、生态环境可持续发展的意义

生态环境是人类社会生存和经济发展的物质基础。生态环境的可持续性保证了人类社会发展的可持续性发展,是人类社会永恒的主题,那么,生态环境的可持续性问题也必然是人类关心的主题。人类社会在千百年的进程中,对自然听天由命的漫长历史过程,在以牛顿力学和技术革命为先导的工业文明开始的时代,对大自然的主宰。然而正如恩格斯在 100 多年前指出的:不要过分陶醉于我们对自然界的胜利。因为对于每一次这样的胜利,自然界都报复了我们。就在人类为科学技术和经济发展的硕果津津乐道的时候,那种以大量消耗资源和粗放经营为特征的生产体系和对生活资料高消费的生活体系构成的传统发展模式,已经和正在造成严重的环境污染和资源枯竭,其后果必将是使经济发展难以持续。随着传统发展模式所面临的严峻挑战,可持续发展思想在冲破了固有的思想观念和思维方式后,脱颖而出,并日益为各国政府和国际组织所普遍接受的新理念①。

首先,我国的可持续发展的核心是经济可持续发展。我国现代化建设是在工业基础薄弱、技术落后的基础上起步的,因此资源主导型的发展模式成为不可避免的价值趋向。这种拼资源消耗的增长模式,不仅使经济增长缺乏后劲,而且也带来资源短缺、生态破坏和环境污染等不良后果。改革开放以来我国经济发展虽然取得了可喜的成绩,但是总体上走的仍然是"高投入、高消耗、低效益"的传统轨道。在效益方面,实行粗放式的经济增长,单位产值所消耗的资金、劳力、原材料和能源,比发达国家甚至比其他发展中国家要高。

这说明经济发展的"速度病"在我国有很大市场。我国经济要在无通胀或低通胀中平稳发展,还需做出相当艰苦的努力。在结构方面,我国突出的问题是基础产业、基础设施和高新技术发展相对不足,主要表现在:农业基础脆弱,农业发展缺乏后劲;地区产业结构趋同化,在低技术水平上盲目扩张,既不能形成规模效益,又不利于质量提高;"第三产业"发展滞后,科技教育同经济发展不相适应。由此可见,我国经济要持续、快速、健康发展,必须选择可持续发展道路。

其次,我国的可持续发展的前提是生态资源可持续发展。我国的自然资源总量虽然不低,但是由于人口基数庞大,人均占有量远远低于世界平均水平。随着人口的持续增长和生活水平的提高,人均占有资源偏少将日益加剧。我国的生态环境脆弱、自然灾害频繁。据中国科学院可持续发展研究组2002年度的调查报告资料表明,我国几百万平方公里的国土遭受水土流失的严重威胁,使沙漠化面积占国土面积达27%。大约有20%的动植物种处于濒危状态。近40年来每年由于气候、海洋、洪涝、地震、地质、农业、林业等七类灾害造成的直接经济损失约占当年国民生产总值的5%。由于受到以煤炭

① 参见刘维屏、刘广深主编:《环境科学与人类文明》,浙江大学出版社2002年版,第246页。

为主的能源结构的影响，全国600多座城市大气质量符合国家一级标准的不足1%，酸雨的范围和程度日益扩大。水质恶化也相当严重。全国七大水系有近一半河段遭到污染。这些问题的产生，固然与我国的生态环境的先天不足有关，但是主要是由于多年来不合理的生产活动和消费方式所致的。自然条件无法选择，发展模式却是可以选择的。面对非常紧迫的资源环境问题，我们要解决经济起飞与环境容量的矛盾，唯一的选择是根据我国的国情和承受能力，把经济建设与自然资源环境有效地结合起来，探索一条自然资源可持续发展的道路。也就是说，要在合理利用和保护人类赖以生存和发展的自然资源和生态环境的基础上进行发展，在解决好人口、资源和环境等问题的基础上进行发展。

再次，我国的可持续发展目标是社会的可持续发展。环境和资源问题，说到底是人口和经济发展问题。人口问题一直是制约我国社会发展的最大问题。我国人口已有13亿之多，每年仍净增1000万人以上。到2010年将达到14亿人，2050年达到16亿人左右时才能实现人口的零增长。每年新增国民收入的1/4被新增人口消费。这意味着人均占有资源将相应减少1/4。据有关方面研究，我国人口老龄化的问题与时突现。2000年60岁以上的老人已超过总人口的10%，在不久的将来可能突破20%，到那时老人的赡养就成为最棘手的社会问题之一。

就文化素质看，文盲仍高达1亿人多，相当于一个人口大国。不仅如此，每年还要出现200万新文盲加入这一文盲大军；人口素质问题的存在意味着我国未来的发展在教育、医疗、营养等方面面临着十分艰巨的任务。除此之外，消除贫困人口和缩小地区的贫富差距也是我国面临的重要社会问题。我国现有500多个贫困县，占全国县市总数的27%左右；7000多万人口需要摆脱贫困，占全国总人口的1/17。如何把我国人口最终控制在环境最大容量之内，并逐步达到适当的规模，使我国人民具有比较好的生活质量和比较大的环境空间，是今后应当追求的一种目标。

我国在实施可持续发展战略的过程中，应当正确认识和处理以下三个伦理问题。

第一，正确处理"代内公平"问题。从宏观上说，我国由生态环境问题引发的社会伦理关系主要有：经济比较发达的东南部地区与经济比较落后的西北部地区之间的关系，经济比较发达的省市与经济比较落后的省市之间的关系，经济比较发达的城市或农村与经济比较落后的城市或农村关系；从微观上说，由生态环境问题引发的社会伦理关系主要有：企业与企业所在地区群众之间的关系，"销售方与消费者之间的关系，科研机构与环境保护主义者之间的关系，不同企业之间的关系，不同地方政府之间的关系，不同地区群众之间的关系，决策机构与群众之间的关系以及中央政府与地方政府之间的关系等。本来，在我们这样的社会主义国家，自然资源和生态环境属于全国人民所有。可持续发展应是"全国的可持续发展"，表现为地区之间的公平、城乡之间的公平、企业之间的公平，即人们之间在发展权利上的平等，在自然资源和生态环境享用权上的平等，在全国生态环境问题上的责任和义务的平等。但是由于各种复杂的原因，我国各地区、各民族的人民对自然资源的占有和享用的份额和程度是千差万别的，事实上是不平等。那么，如何作到"代内公平"呢？从社会学意义上说，关键在于实施和落实邓小平提出的"社会主义本质论"的要求，解放生产力，发展生产力，消灭剥削，消除两极分化，最终达到共同富裕。从伦理学意义上说，关键在于国家和政府必须公平地分配治理我国生态环境的责任。发达地区或富裕地区不仅要治理好自己的生态环境，而且要通过国家政府在资金和技术等方面支持落后地区或贫困地区治理生态环境，而落后地区或贫困地区应当在加速发展本地经济的同时，要很好地治理自己的生态环境，人们应当"以邻为友"，而不应当"以邻为壑"。

第二，正确处理"代际公平"问题。人类不仅是一种同时性的整体，而且是一种历时性的整体。人类的代际关系是一种伦理关系。帕斯尊尔尔说得好："我们不应该把后代抽象地理解为未来的人类，而应该理解为通过直系子孙的爱的纽带。西方有位学者曾经提出一个深刻的命题,未出生的后代的权利。这个问题被称为世代间的权利。它有两方面的含义:一是,既然人类后代也有享受地球资源的权利,那么我们就有避免浪费有限资源、把资源留给后代人的义务;二是,既然后代人也和我们一样具有享受优良环境的权利,那么我们就有为后代人保全环境的义务。后代人在住宅空间、肥沃土壤、新鲜空气等各个方面上,都具有相同利益。其理由是:我们与后代人有着共同利益;我们与后代人依据世代契约属于一个道德共同体。当代人与后代人在自然资源的分配和消费上应该是平等的但现有是存在着不平等。

我国的自然资源无论是生物资源和非生物资源,都是有限的。非生物资源的特点是数量上的有限性,消费后不能再生。生物资源虽然在数量上是无限的、消费后可以再生,但是它们的繁殖和再生的速度和规模又是有限的,都受生态平衡规律的制约。如果当代人只顾满足本代人的各种需要,掠夺性开发和利用自然资源,那么不仅不可再生资源很快就会枯竭,而且可再生资源也会因为过度开发或开采不合理,使其再生过程受阻,物种消失,再生量不断减少,以致枯竭。长此以往,我们的后代赖以生存和发展的自然资源和生态环境将会不复存在。因此,当代人在开发自然资源以满足自己的需要时,必须明智地担负起在不同代际之间合理分配自然资源的职责,为子孙后代的健康生存和正常发展安排良好的生态环境。

从伦理学意义上说,解决代际公平问题的关键在哪里呢?有学者说在于建立"正义的储存原则"。所谓正义的储存原则,是指代际之间的一种相互理解,以便各自承担实现和维持正义社会所需负担的公平的一份。每一代人都可以想象自己是处于父亲的地位,根据自己所认为的对他们的父亲的合理要求来弄清他们应该为子女储存多少,当他们达到一个从父子两方面看来都是公平的估计、并且为改善他们的环境留下必要的资金时,这一阶段的公平储存比例(或比例的范围)就被确定了。一旦社会的所有阶段上的人们都这样做了，我们就确定了正义的储存原则。但是，对于生态环境来说，这个原则不可能用精确的储存率即储存什么、储存多少、如何储存来确定，而必须通过另一个原则来加以落实，即人与自然和谐原则。每一代人使用资源的限度是：使资源的循环利用成为可能，或者即使某种资源被用光了，但是并未损害自然环境产出资源的总能力。

可持续发展的最终关怀是全人类的生存和发展问题。它不仅要关怀当代人的利益和发展，而且要关怀后代人的利益和发展。当代社会发展只能以上一代所遗留下来的基础为前提条件，同时它又为未来社会的发展提供必要的基础。因此，当代人应当以持续的和长远的利益作为衡量社会发展的一个重要尺度，在发展问题上任何急功近利的短期行为，任何为今天利益而牺牲明天利益的行为，任何吃祖宗饭、断子孙路的行为，都是非理性的和不道德的。坚持可持续发展的战略的伦理意义，就是要把我们的现实利益和长远利益统一起来，既满足当代人的发展，又满足后代人的发展。

第三，正确处理消费问题。人的主体性不仅表现在人与自然的关系之中，而且表现在人与自身的关系之中。造成当前生态危机的原因之一，可以归于畸形的需求观念。就全球而言，人口增长与异化消费，哪个对生态环境的影响更大？一些学者认为后者比前者的影响更大。异化消费，实质上就是奢侈消费和超前消费，这不仅是对自然资源的巨大浪费问题，也是对自然资源的一种不道德行为。因为异化消费背离以“理”导“欲”、以“理”节“欲”的问题。众所周知，“欲”即人类的需要，是与生俱来的自然本性，是人类生存和发展的原动力之一。但是，人是具有社会性的动物，人的需要受社会关系和思想意识的指导和制约。就人类的发展远景而言，人类的需要及其满足是无限的，但是在特定的历史条件下，人类的需要又是有限的，自然资源在时空的有限性，决定了人类的需要可分为生存型、享受型和发展型三个层次。生存型需要即求温饱，是人的基本需要；温饱问题解决以后，才产生追求各种感官满足的享受型需要。所谓发展型需要是指在基本需要得到满足的情况下，并不刻意追逐对物质财富的享受和占有，而以全部发挥自己的潜力、以创造为最大快乐的价值取向。三种不同的需要层次导致不同的消费观念和消费方式。从生存型需要到享受型需求的过渡是自然的，只要物质产品充分，它们之间的转换就会发生。但是，如何对待享受型需要，具有不同价值观的人有着不同的追求。有人认为，满足享受型需要应当与提升人的本性同步，人类在基本需要得到满足以后，不应当去刻意追求对物质财富的占有和享受，而应当追求全面发挥自己的潜能和创造性，追求精神世界的充实和愉悦，向发展性需要提升。也有人把享受性需要理解为满足感官刺激，疯狂占有和任意糟蹋自然资源。这既无益于人们的身心健康，又无益于自然的生态平衡。显然，作为一个 21 世纪的文明人，应当选择的道德行为是追求人与人、人与自然的和谐共处。我们一方面需要一定的物质生活的满足，保证自己的丰衣足食，另一方面又需要摆脱和超越物质生活的纠缠，获得创造性精神生活的满足。

事实上，当前的生态危机的发生，罪不在自然，而在于人们的急功近利的非道德行为和不道德行为。正如英国科学家 P. 拉塞尔所说的，真正的问题并不在于外部世界所强加的物质约束，而在于我们自己心灵的约束。

总而言之，我国的可持续发展内涵着保护生态平衡、经济发展和社会发展的具体方面。

第二节　古代生态伦理的现实意义

一、东西方文化生态伦理聚焦

资本全球化引起了生态问题，发达国家的环境转移，已成为国际冲突的根源之一。海德格尔认为现代科学与技术对自然界的解蔽和征服，源于西方文明的立足之本，对存在的遗忘。他认为，作为生存过程的存在，是世界的本体，是生命的意义之所在，因此这种存在本体也是价值本体。哲学应当关注的正应是这种作为生存过程的本体。然而自苏格拉底之后，西方文明走错了道路，忘记了活生生的生存过程本身，而把作为生存过程的存在，错误处理为作为事物的“存在者”在主客对立中存在着的事物，一方面为作为主体的人，另一方面是作为对象的客观事物。在海德格尔看来，这种“存在者”只是存在本体的结果或外在形式，是末而非本，由此建立起来的哲学，是盲目的舍本逐末的“无根的本体论”，它成为西方文明所遵循的道路。海德格尔认为，这种在场的形而上学将人与存在分裂而成为两极对立的存在者。在这种分裂的世界杂乱人被建构为“主体”，而与之相对立的“对象”则被建构为“客体”特别是在近代以来，“在场”的形而上学同时也就是“主体”的形而上学。海德格尔确信，正是这种主客二分的无根的本体论，导致了现代社会的生态问题与困境。人类寻求有别于西方生态观的理性态度，理性地将目光投向中国古代生态伦理。

在全球化时代的今天，对中国古代生态伦理进行现代解读和延伸，有其十分积极的现实意义。我国古代有着十分丰富的生态伦理，时至今日仍具有重要的现实价值。我国古代儒家有着“天人合一”、“和而不同”、“民胞物与”、“道为天下母”的宇宙万物诞育根源理论:“万物齐一”的人与自然万物平等关系理论:“心斋坐忘”所包含的“离形去知，同与大道”之古典现象学思想:“至德之世”所包含的“同与禽兽居，族与万物并”之古典生态社会理想等。这些古典生态伦理达到很高水平，得到国际学术界的高度肯定，并给予西方当代生态理论的产生发展以重要影响。人是自然界的产物，万物之灵也是自然界的一部分，不是凌驾于自然界之上的主宰者。马克思指出，人创造环境，环境也创造了人。自然界为人类的生存发展提供了一切资源和条件，但更重要的是，它赋予人以内在德性和神圣使命，要在实践中实现生命的最高价值“与天地合其德”，而不是满足不断膨胀的物质欲望。必须使科学理性建立在人与自然正确的价值关系之上，两者有机地结合起来，才能发挥科学理性的正常功能。

当资本全球化引起严重的生态危机，发达国家的环境转移，导致国际冲突剧增，迫使东西方不同文化视野中的人们，从碰撞到交融，殊途同归地从“和谐”、“爱物”、“节欲”和“素食”等古代生态理性伦理中，取其精华，去其糟粕，从而达到古为今用之目的。重新构建人与自然的和谐关系，重新构建人与动物的和谐关系，作出建立全新生态环境和生存环境的伦理抉择。

二、和谐生态的现实意义

和谐世界的一个重要方面即生态环境和谐，这是人和自然关系的重新调整。现代科学的本质是支配自然，从而决定了现代社会的本质，把世界当做图象来支配与征服。现代技术的本质是对自然界进行“解蔽”，促逼自然界作为储存物而听任人类的摆治与征服。海德格尔不是从认识论的角度把科学技术理解为人类对世界的认识方式与改造方式，而是从人类生存方式的角度来解剖科学与技术的本质，把科学与技术理解为人类生存方式。在这一启示下，人们在挣脱西方生态观的潜篱中苦苦寻觅，以理性态度聚焦于中国古代生态伦理宝库中的《周易》，探索构建生态和谐行之有效的方法和途径。

《周易》是中国古代生态和谐的开先河之作。《周易》蕴涵了“既雨既处”的生态道德伦理。《周易·小畜》卦上九交提出了“既雨既处，尚德载”即该下雨的时候就下雨，该停雨的时候就停雨，在西周初期先民已将风调雨顺、生态平衡与人类的高尚道德联系在一起。所以保持“既雨既处”的理想、生态平衡景观，就成为我国古代先民现实生活中最关注的重大问题；《周易》蕴涵了“系于苞桑”的生态爱护伦理。《周易》提出了生态爱护和资源节用思想。为了爱护资源，保护生态系统，提倡一种节俭消费观。《大有》卦九四爻辞认为：“匪其彭，无咎。”即不奢侈就不会有过失。这个“彭”既指饮食穿着太奢侈，又指居住豪华、大兴土木。饮食穿着太奢侈势必过多消费粮食和布匹，而居住太豪华，大兴土木则势必耗费过多的土地空间和建筑材料，故会有咎。《周易》通过讲解“有咎、无咎”来推行自己的节俭消费观，强调节俭就“无咎”，否则就会遭天的处罚。爱护资源，节俭消费，也包括对动物资源的爱护和节用；《周易》蕴涵了“鸣鹤在阴”的生态和谐伦理。《周易》倡导生态资源的爱护、节用，其目的是为了防止资源枯竭，危害人类的生存，《中孚》卦九二爻描绘了：“鸣鹤在阴，其子和之：我有好爵，吾与尔靡之。”这种生态社会理想的太平盛世是与统治者、老百姓推行德治，讲究道德修养分不开的。

《周易》强调生态伦理与社会伦理相统一，才会有“亨”的太平盛世出现。否则，不会有太平盛世。《周易》这种和谐生态伦理对后来儒家提出大同社会理想、道家提出“至德之世”的社会理想、汉儒董仲舒提出儒家理想生态社会蓝图，都产生了巨大的积极影响。时至今日，《周易》蕴涵的“既雨既处”、“系于苞桑”和“鸣鹤在阴”的生态和谐伦理，仍然需要人们去理性构建。现代经济发展离不开生态环境，消除贫困落后离不开生态和谐。《周易》蕴涵的生态和谐，在经济全球化的历史条件下的世界经济一体化进程中，仍折射着睿智之光。由于工业生产所大量排放的废气，严重破坏了生态环境和谐，空气中的总悬浮颗粒物、硫氧化物、氮氧化物、一氧化碳、光化学氧化剂造成了严重的大气污染，使肺癌得病率在 55 年中提高了 200 多倍，严重威胁人类的健康和生命；由于现代工农业大量排污和生活污水：耗氧污染物、致病污染物、合成有机物、放射性物质、矿物质等大量渗入水中，水污染直接导致人们的骨疼病、氟骨病等不断出现；由于有机碑、有机汞、有机锅等重金属有机化合物以及农药对土壤的污染，污染物被作物吸入人体内，对人体组织带来严重损害。因此，净化空气、水源和土壤，净化生态环境是人类持续发展的基本依据，保持生态和谐，防止环境污染，势在必行。

三、“爱物生态伦理”的现实意义

人类无止境地追求对世界的统治，而忘记了自己的存在，忘记了自己通过主客一体的存在而与世界融为一体。这种人类中心论危机是人类生存目的至上的危机，它导致的结果是人类生存失去了其精神家园,迷失于以人类为中心而对存在者的追求之中;现代人类文明是随着生态环境的变化而改变其存在方式的,人类试图用自己的伦理,重新建立一个新的生态家园,从而让人与自然重新结盟,使人类重新找回在自然中失落的自我,只有真正爱护自然物质世界,才能避免现代潜移默化的生态危机,才能保证人类丰衣足食的物质供给,从而实现人类文明的再一次复兴和人类发展的再一次飞跃。

在漫长的蒙昧和野蛮时代,人们在强大的自然力面前,一种自然崇拜的文化现象油然而生。这类对自然现象和动植物的热爱,对于人类生活具有重要意义。她不仅呈现为一种生态文化,而且表现为古人对待生活的一种态度。它对保护人类自身生命和自然发挥了重要的作用。这是人类最早的生态伦理的雏形,自然界一切事物的产生和发展都有其自身的规律性,生命的产生和生生不息,既是自然之"道"又是自然之"德"。儒家一贯提倡"益于生灵"和"利于庶物",对待万物应采取友善爱护的态度,天地万物是人类赖以生存的物质基础,若随意破坏消费这些资源,会损害人类自身。孔子曰:"伐一木杀一兽不以其时,非孝也",这意味着将人们对自然的珍惜上升到道德要求的高度。

孟子强调敬爱亲友而泛爱他人,由泛爱他人而仁爱万物,从"仁民"而"爱物"。人类要爱护自然之物,因为物可以养育人,因此,爱物是为了爱人,爱人也应该把爱物和爱人有机地结合起来。荀子提出:"圣人者以己度者也,故以人度人,以情度情,以类度类。"即这"以类度类"就是行为活动要考虑和顾及动物和植物等。汉代董仲舒认为:"天地人,万物之本也。天生之,地养之,人成之。"在这种天地人的统一中,董仲舒贯彻了儒家泛爱众的思想,主张把"爱人"扩展到"爱物",他把爱物视为仁的表现,视为人的道德内容。宋代二程以仁为生生之性,至此"仁"始有了形而上之含义。后来朱熹以"仁"为"心之德,爱之理",此理也就是天地之心以生万物之理。"惟有由于天地以生物为心之理,始能生爱。即此结论为儒家伦理予以形而上学的根据。朱熹认为:"天有春夏秋冬,地有金木水火,人有仁义礼智，皆以四者相为用。”“天地以生物为心，天包着地，别无所作为，只是生物专己，亘古至今，生生不息，人物则得此生物之心以为心”。儒家强调对人的关心、尤其是将这种关心付诸实践的次序，一般是从人类再推及其他生食。但是，这并不意味着人的价值就绝对比其他生命要高明，人就可以为自己的目的和利益对其他生命为所欲为。人之优越之处恰恰在于他能以合乎道德的方式对待他人及其它动物，在于他是道德的主动者和代理人。在儒家的宇宙哲学中，人与天地的关系应是融洽无间的，人并不能把自己看做是世界上万事万物的主宰，不能以自然为仆人，而应视天地为父母，视所有生命都与自己相通。儒家从全生态的视角来思考问题，可为现代处在生态危机严重困扰中的人们提供深厚的生态伦理。

在中国古代生态伦理中，儒家虽不像道家那样极端，像老子那样希望回到并保护“小国寡民”的孤立停滞状态，甚或像庄子那样希望回到一种“与木石居，与鹿家游”的自然状态，并视技术为有机事必有机心而绝对予以拒斥。但是，儒家并非以经济的不断发展为其基本的价值取向，儒家不以物质财富的不断涌流、人们生活水平的不断提高为己任，而是更注重形成崇高而优美的“仁民爱物”的人格和德性，一方面不断在道德上超越，力求造就高尚的君子和圣贤；另一方面竭力倡导社会的风俗淳美，上下相安。儒家固然也主张富民养民，丰衣足食，但却强调在人们的生活资料满足到一定程度后必转向道德修身和教化，而不鼓励民众拓殖财富为能事。它促使社会上最优秀的一部分人的精力朝向人文和道德修养，而不是科技与经营，这就抑制了最有可能带动经济飞速发展的商业活动，逐渐培养起一种以读书为荣、任官为贵的社会风尚。这种经济发展的制约仍然可以说是最根本的制约，中国几千年来的经济被控制在一定范围之内，大体上仍保护了中国的山水还是青山绿水，儒家“仁民爱物”生态伦理形成了对环境保护的一道最有力保障。当今人类生活所消耗的，大量的是一次性物质能源，倘若世界按照发达国家的标准生产、生活和消费，几乎需要 20 个地球的物质来支撑。世界油价的不断飙升，敲响了世人“爱物”和“节能”的警钟，从生态可持续发展的视野出发，人类必须调整自己的生产方式和消费模式，选择与生态环境友好的高质量的绿色文明生活，在世界范围内积极提倡“仁民爱物”人人爱护自然物质，积极开发和利用太阳能、地热能、潮汐能和风能等可再生能源，并全方位倡导绿色生态，保持生态环境的平衡，使人类社会经济过程与自然过程和谐地统一起来。

四、节欲生态的现实意义

在经济全球化的进程中，由于资本全球化引起了严重的链式生态失衡，发达国家的战略性环境转移以及无节制的超前耗用自然资源，致使生态系统出现明显失衡，引起全球性的严重生态危机。海德格尔追随荷尔德林，将当代视为一个完全“贫困的时代”，一个落入诸旧神已去和新来诸神“尚未降临”之间的被遗弃的时期。1946 年他在《克服形而上学》一文中，把现时代的特征描述为“这个世界的崩溃”，“大地的荒芜”，“现存一切无条件的物化”。总而言之，这是一个总体破灭的时代。

现代文明的一切问题，如环境污染、战争威胁、资源滥用与枯竭等，都是这种破灭时代的具体表现。于是，使人类直面生存的困境而开始对自身日益膨胀的物欲进行深刻的反思，整个世界发出“节欲”的时代呼唤。道家的始祖老子在《道德经》中指出：“绝圣弃智，民利百倍；绝仁弃义，民复孝慈；绝巧弃利，盗贼无有。此三者，以为文，未足。故令之有所属。见素抱朴，少私寡欲，绝学无忧。”庄子也认为“故绝圣弃知，大盗乃止；掷玉毁珠，小盗不起；焚符破堡，而民朴鄙；措斗折衡，而民不争。他不想把人的聪明才智用于发展物质利益的方向，不想开启放任物欲的匣子。而且，在他看来，节制物欲并不是轻视生命，恰恰相反，只有轻视物质利益才是重视生命的真实意义，人“重生则轻利”虚己方能成己，有人有土者将反为其所累，而能虚己以游世者则可无害。老子提倡“无为而治”，“是以圣人处无为之事，行不言兰教”，“天下莫柔弱于水，而攻坚强者莫之能胜，以其元以易之。弱之胜强，柔之胜刚，天下莫不知，莫能行，”当代著名生态哲学家卡普拉指出，在伟大的宗教传统中，道家提供了最深刻和最美妙的生态伦理的表达之一。他强调本原的唯一性和自然与社会现象的能动本性。老子和庄子都反对把贵贱观念应用于自然界，反对人类妄自尊大，以自己为中心，把大自然当成自己的征服对象和统治对象，反对人类仅仅为了自己的需要而违反自然规律，掠夺自然、危害环境的行为。庄子举“混沌”被凿七窍而死的寓言故事说明，由这些“自我观之”的功利心态去改造自然，就必然会造成对自然、包括人类自身的自然的损害，而社会也就分裂而变得不安宁。防止人类破坏自然环境的关键是节制人类的物欲，道家希望有一种预先的防范，即在有可能引起物欲的地方就开始进行节制，不使人们残酷地参与竞争和厮杀。人与自然关系的恶化，责任在人。调整人与自然的关系，建立人与自然的和谐关系，关键也在人。实践证明，人类破坏自然环境的种种行为，都是违反自然规律的，在认识和行为上具有相当的盲目性。要重建人与自然的和谐关系，人类必须真正认识和掌握生态运动的规律，最大限度地“节制物欲”。古希腊的斯多葛学派也主张“寡欲”，因此有人将斯多葛派与道家进行比较，认为他们都主张人的修养。但是，二者之间仍有区别。斯多葛派主要针对人的“理智”而言，关心的是人的身体健康，因而与西方文化的基本传统相一致，并不十分在意人与自然之间的伦理关系。中国古代道家则主要涉及人与自然之间的伦理关系，主要是从人的道德情感与道德出发，关心他人与自然界的万物即不仅要尊重他人，而且要尊重万物。这样，在人与自然之间形成了伦理关系，即所谓生态伦理。这是最重要的贡献。因此，现在人类必须走出“人是自然的统治者”、“发展必然以牺牲环境为代价”和“自然界的自净能力无限”的认知误区，真正将自己改造自然的行为严格控制在生态运动的规律之中，抑制因科学技术的发展和征服自然的胜利而引起的亢奋和偏激情绪，细心地维护自然这一人类赖以生存的生命之舟。

五、"素食生态伦理"的现实意义

经济全球化的历史条件是远不能与当年相提并论的。当今科技突飞猛进,物质财富极其丰富,但是人类的浪费与奢侈现象却更加严重,诸多发达国家几乎只知向自然界拼命掠夺,却不知向自然界合理回报,在经济高度发展的今天,富裕的人们及时行乐,钟情美食,什么"鸡鸭鱼肉滚下台,龟鳖龙虾不理睬,珍禽奇兽端上来",这样狂捉滥吃珍奇动物的生活方式,可能使诸多稀有动物濒临灭绝,也会将人类带进坟墓。佛家提倡的"素食"对现代人而言,确是治疗现代病的良药。

佛教教义认为,慈悲是从实相伦理中生发的理智化的情感,上求佛道下化众生的巨大动力源,是成就佛果之母。所以,大乘佛教千经万论处处倡导赞叹慈悲功德。"爱物放生",我国古圣先贤皆行此事:简子放坞、子产畜鱼、随候济蛇、杨宝救雀等,此固圣贤一视同仁之心。佛教东来,慈心不杀的理念与华夏本土文化糅合,戒杀放生之理亦昭明于我国,得到社会有识之士的广泛认同,放生慈行亦广为奉行。实行素食是戒杀放生的究竟依止处,是培植慈悲心的良佳途径。素食亦能有效地起到保护自然界珍奇稀有动物,并进而起到保护大自然生态平衡的作用。生态环境保护是一个系统工程,戒杀放生素食的行持,体现出佛家同体大悲的襟怀。佛家的戒杀放生素食的理念与实践,千年来为地球人类带来无量的福祉,是治疗现代生态环境病的灵丹妙药。

中国古代生态伦理以尊重生命为基本原则。把尊重生命作为人类最高的德行,这在整个生态伦理思想的发展进程中是非常宝贵的。早在夏商之际中国古代生态伦理就把保护动物视为君王的道德行为。商汤网开一面,仁德广施到禽兽,得到了诸侯们的赞美,后来便纷纷归顺商汤。当时,保护禽兽不但是一种生态道德行为,更重要的是君王征服人心的政治行为。也正是因为生物资源得到保护,财物充裕,老百姓温饱得到满足,民心才能归顺,天下才能统一。古代思想家也正是从政治意义这个角度来说服君主重视生态保护的。生态道德法制化具有客观上保护环境的积极意义。

马克思认为:“共产主义,作为完成了的自然主义,等于人道主义,而作为完成了的人道主义,等于自然主义,它是人和自然界之间、人和人之间的矛盾的真正解决……它是历史之谜的解答,而且知道自己就是这种解答。”[①]这一新形态的世界应是改造自然与改造人类的统一,这就是令人向往的人类未来的理想社会。

第三节　生态发展与道德关系

人与环境的关系而产生的道德,如同人与人之间的关系一样,都内嵌着自己的道德关系。但前者与后者相比,有其特殊的地方,其主要表现为:

第一,道德要求的单向性。

在人与人的道德关系中,道德主客体在不同的条件或不同的情境下是可以转化的,因而道德要求通常也是双向的。但在人与环境的关系中,道德要求则是单向的,仅仅对人提出道德要求。环境道德这个特点是由人与物关系的物质性所引申出来的。在人与自然环境之间,道德主体始终是人,客体是环境,两者的关系始终不能颠倒的。正因为人是道德活动的主体,在与环境发生关系时,处在主动的支配地位上;作为客体的环境则处在被支配的地位上,自然环境没有意志,没有欲望,只是遵照客观规律进行自身的物质运动,它只能被动地承受来自人类的种种活动。当然,自然环境也会发生变化,如果运动形式的量达到极致的时候,也会发生环境质的变化。如地壳运动引发的火山爆发、地震、海啸等。自然界这些表现虽然可怕,而且对人有害,但决不是自然有意与人作难,完全是无意志运动规律使然。

---

① 《马克思恩格斯全集》第42卷,人民出版社1979年版,第120页。

同样道理，当人作用于自然环境，也会出现由量变到质变的结果。如过度的放牧使草原沙化，森林的减少使洪水泛滥，城市工业超量的排气排污，使空气混浊等等。由此可见，在人与环境的作用过程中，自然环境所出现的不利人类的情况均由人的所为而致。那也就是说，当人与环境的关系出现严重危机时，责任在于人。我们不能也无法苛求环境对人类有所承诺，自然环境始终是自在的存在物，不会理会人类的要求。因此环境道德只是对人类单方面提出的道德要求，无论是保持环境原始的美丽，还是创设优美的环境，人类都无从推脱地承担道义上的责任。

第二，道德的公共性。

在人与人的一般道德中，道德类型既有公共性的道德、局部范围内的道德，也有私人道德，而人与环境关系的道德则完全是公共性的。其公共性主要体现在：首先，自然环境是公共性的。无论是水源、大气，还是环境空间都是公共的。这里的公共性概念与人们通常理解的公共所有权的概念不同，更多体现在它的不可分割和人类共享上。正是环境的不可分割性，造成以往对环境极不负责的状况，如上游排污，受害的是中、下游。环境的不可分割性，使人们共享环境的质量，不管是优质的环境，还是恶化的环境。而恶化的环境往往影响一片区域，甚至全球，水源和大气的污染就是如此。其次，道德要求的公共性。自然环境的公共性，以及人们在环境问题上的全球整体性和相互依存性说明，保护环境、制止环境恶化决不是个别人或某些集团、某个政府的事，而是全社会乃至全球人共同的责任。正是从公共性原则出发，一方面保护环境应当成为人们的共识，成为人们共同的道德愿望；另一方面，每一个人都要担负起保护环境的责任，自觉地遵守环境道德规范，无人可以例外。

第三，道德律的高度自觉性。

一般说来，道德都包含自觉性的要求，由于在人们之间的道德关系中，是人与人的相对，利益关系非常明确，道德目的又是在人们的交往中实现的，其间或多或少存在着他律的成分。而在人与环境的关系中，虽然人对待环境的行为在某些时候某些地方也可受到公众的监督，但由于环境的广袤，再加上环境有无形环境和有形环境之分，以及环境的非私有性特点，因此更多的时候和更多的场合，人们对环境态度和行为往往是不被人知的，外在监督的可能性小，这就要求环境道德的遵守需要高度的道德自觉性。

二、人与生态环境关系的道德内容

环境道德是人类在同自然环境的交往中所应遵循的行为规范和道德准则。是要建立一个与人类文明发展相适应，有利于人的生存和可持续发展的物质环境，这就要求环境道德建设的内容必须体现一定的时代性和国家性。从我国保护环境的现实情况而言，环境道德的建设方向，应该既考虑环保道德原则的价值趋向，又要考虑环保道德规范的实际内容，从而在道德理念和操作两个方面实现环保的价值目标。环保道德具体可以从三个方向去建设：

第一，保护环境，热爱自然。

人与自然和谐有序的良好环境，是全体人民健康生活的需要，也是社会主义现代化发展的重要保证。因此，把保护环境作为一项基本国策。是文明国家的题中应有之义。其根据在于自然环境是人民群众的衣食之源，生命健康的安全之盾。正是从这个意义上说，保护环境，是合乎人类社会自身利益的，是道德的。

保护环境，热爱自然。热爱自然从某种意义上讲就是热爱生命、热爱人类自身。人永远是自然的一部分的逻辑前提是，因为人虽然是自然界最高级的生物，但始终与自然不可分；自然界向人类无私奉献一切，养育了人类，它似母亲，更是朋友，维护着人类的生存和繁衍。对于这样亲密的朋友、伙伴，人类应该以无条件的爱来报答。热爱自然，从亲和自然开始，对自然界一切充满生机的物体，表达热情的关注，感悟生命的心灵相通，无论是草木，还是鸟兽，都和人类有着生存的联系，人类应该喜爱它们，关怀它们。水是生命之泉，离开水生命必然枯萎，因此，水也是生命的象征。祖国的江河是祖国母亲的血脉，是我们每一个人生存的希望，热爱江河湖海，热爱一切洁净的水体，也就是热爱我们自己的生命。

热爱自然在行为上就是要保护环境。之所以提出保护环境，是因为存在着环境被破坏的现实。环境的破坏来自于两方面：一是自然自身运动所造成的破坏，如火山喷发、地震、沙尘暴等等。一是人类的行为所造成的破坏。人类造成的环境破坏对人类生存的危害更大，常常发生在人类比较集中聚居的地方。对于来自于自然本身的破坏，除了某些人类尚无抗灾能力的以外，可充分运用现代高科技手段实行预警防范和人工弥补。如对地震进行监测预报，建立人工森林，防止风沙侵扰和缓解沙漠化速度，凡此种种人为的努力都是尽可能减少自然运动给人类环境带来的破坏。至于人为造成的环境破坏，首先应当停止破坏，其次对破坏的环境进行治理。保护环境更重要的是对现存良好的环境予以保护，使其免遭破坏的危险。如保护城市地下优质饮用水，保护城市绿地、行道树，保护原始森林、防护林等。

第二，利益兼顾，造福子孙。

环境道德强调保护环境，并不意味着人们就不能利用自然资源了。事实上，人类不可能不使用自然资源，问题是如何使用宝贵的资源和利用现成的环境，这里既有技术性的问题，也有利益上的关系。它技术上的问题是指能否有效地利用资源，防止出现负面结果。利益关系就复杂了，和技术性的问题有一定联系，但又不纯粹是技术问题，因为它涉及人们自身利益的问题。其实，环境问题说到底还是一个利益问题。一是代内利益问题的处置，二是代际利益的处理。

正因如此，环境道德要求社会上所有的单位和个人，在获取自然资源和利用环境时，既立足于现实又要面向未来，既满足自我的需要又要兼顾社会他人，既为当代人服务又要为子孙后代造福。具体地说，就要限制那些有损于人类生存环境的各行其是的“自由”，要求人们克服对待自然环境的实用主义和唯利主义的态度及行为，严厉谴责、制止在开发自然资源中“竭泽而渔”、“杀鸡取卵”式的野蛮做法。要求人们自觉地把个人和局部的行为纳入到有利于保护环境、有利于生态平衡的轨道上来，把人类及后代的根本利益、民族利益、社会发展利益及个人眼前利益正确地统一起来。

第三，戒恶规范与行善规范的社会。

环保道德的实践，不仅需要观念性的内容，更需要倡导性观念相匹配的戒行规范和行善规范，从而为实现道德目的提供德行路径。例如上海公民所必须遵守的“七不”规范中，就有四个有关环境道德的禁止性规范。它们是“不随地吐痰”、“不乱抛垃圾”、“不破坏绿化”和“不在公共场所抽烟”。“不随地吐痰”，不是不让人吐痰，而是不准许随地乱吐痰。随地吐痰是个坏习惯，洁净的地上出现了痰迹，令人恶心。更糟的是痰会传播细菌，是传染之源，影响环境卫生。正确的做法是将痰吐在痰盂里或垃圾袋里。“不乱抛垃圾”的道理与不随地吐痰的道理相同。走在垃圾成堆的路上，人们不会感到舒服，同时垃圾会吸引蚊蝇，传染病菌，危害人的身体健康。不乱抛垃圾不限于公共道路、街弄、水域，包括一切生活空间都不得乱抛垃圾。“不在公共场所抽烟”是当代人对烟草危害性的一种抗拒。抽烟喝茶虽是各人所好，属私权范畴，他人无从干涉。问题在于烟草散发出的烟雾有害人体健康，在公共场所则会污染环境，影响他人健康，于是，当私权影响和危害公权时，在公共领域对私权的应用采用道德戒律则有道德意义。“不破坏绿化”具体指，不得为了造房、建厂而侵吞绿地、毁坏树木；不得为了方便在绿地上踩出几条羊肠小道；不得违约砍树；不得攀折公共树枝、花草等。因为，这一戒律有利于生态环境的供护和发展，从而有利于人类的生活质量的提高。

上述这些道德戒律的实施，应该与弘扬道德善行相结合，否则，就会出现道德真空，这也不利于环保道德的建设和发展。又例如，在环境道德规范一般都倡导爱护绿化（种植和护养树木花草），爱护鸟类，爱护动物，爱护自然，爱护环保设施；要讲究卫生，要节约资源，要遵守环境秩序等等行善规范和要求。总之，在环境道德中戒律与善行规的和合，是确保环境发展的道德必然。

四、人类与生态的和谐发展

自然与人类的发展史表明,人与自然的关系本来是和谐的,只是由于人类在认识上的偏差,出现了对自然的粗暴统治和干扰,才造成了人类与自然之间的紧张关系。缓和这种关系就必须把重建人与自然之间的和谐关系提上议事日程,

1. 重建人类与自然的和谐关系。

鉴于当前环境污染已严重破坏了人类与自然之间的和谐,因此,重建人类与自然的和谐关系,可以从以下几个方面做起:

第一,人口与地球环境容量的协调工作。

20 世纪以来,世界人口迅猛增长给人类赖以生存的地球造成了巨大的压力。因此,要重建人类与自然之间的和谐关系,首先必须控制人口的增长,使人口的增长与地球的人口环境容量相适应。所谓地球人口环境容量,是指在不损害生物圈或不耗尽可利用的非再生性资源的条件下,世界资源在长期、稳定状态的基础上能够供养的人口数量。那么,地球究竟能供养多少人口呢?或者说,地球的人口环境容量究竟有多大呢?在 1972 年的联合国人类环境会议上,多数科学家估计地球可以维持 110 亿人口健康、合理的生活;但 1982 年世界观察研究所认为,地球的资源只能保证 60 亿人的健康、合理的生活;如今大多数学者以地球上植物能量的总生产为基础,测算出地球最多可容纳的人口为 80 亿。世界现有人口已达 60 亿,若不加控制地继续增长,在 2050 年将达 100 亿,即超过地球人口环境容量的警戒线,从而将“造成普遍性饥荒”这样一种灾难性的结果。何况如果人口的增长超过了地球可能容纳的人口数量,那么毁灭的就不只是某个地区的文明,而是整个人类文明了。因此,人类必须控制自己的生育,把人口的增长限制在地球人口环境容量之内,以保障人类的需求与自然再生产的供给相协调。

第二,人类的活动与自然规律的协调。

人类与自然关系的恶化,责任在人。建立人类与自然的和谐关

系，关键也在人。实践证明，人类破坏环境的种种行为，都是违背自然规律、在认识和行动上陷入盲目性造成的。所以，要重建人类与自然之间的和谐关系，必须真正认识和掌握生态运动的规律，把自己改造自然的行为严格地限制在生态运动的规律之内。例如，在规划大的工程建设的时候，不能违背生态运动整体性的规律，要考虑到它对周边生物群落可能造成的影响；在进行生产开发的时候，人是自然的征服者和统治者。诚然，人类作为高等动物，在自然界中比其他任何生物占据着更优越的位置，但这并不意味着人类可以以“征服者”和“统治者”的身份随意地处置自然。因为人类不是站在自然之外，而是以自然界的一部分立足于地球之上的。在地球这个相互联系、相互依赖的生命网络中，人类同其他生物一样，只是这张巨网中的一个结，而不是超然于这张巨网之外的撒网者或收网者。就人类与自然的相互依赖而言，没有人类，其他生物可能还生活得更好些；但如果没有其他生物，人类就不能生存。也就是说，在天、地、人三者中，是人类对天地具有更大的依赖性，是天地控制着人类的生存，而不是人类控制着天地。因此，“控制自然”这个词是一个妄自尊大的想象产物，是生物学和哲学还处于低级幼稚阶段时的产物。今后，尽管人类的技术能力会进一步提高，思想会进一步深刻，但人类理性将指导人类对自然的纯粹控制转变为对自然的调整、改善和理解。当然，“控制”还是需要的。但这里的控制，不是人类对大自然的掠夺性控制，调整性控制，改善性控制和理解性控制，即对自身行为的理智性控制。

第三，污染物排放与自然生态系统的自净能力的协调。

污染物排放量超过生态系统的自净能力，是造成环境污染和破坏生态平衡的基本原因。自然界的自净能力是有限的。如果人类排放的污染物超过了大自然的自净能力，污染物就会在大气、水体、生物体内积存下来，对生物和人体产生持续性的危害。因而，要重建人类与自然的和谐关系，人类必须严格地控制污染物的排放量，把排污量控制在自然界的自净能力之内。

第四,自然资源开发利用与自然再生产能力的协调。

非再生资源的枯竭和可再生资源的加速减少,是当代生态危机的重要方面。所以,对非再生资源有节制的开发,为后代的生存和人类的持续发展留下充足的空间,是实现人与自然协调的重要内容。人类为此,必须自觉地在开发中实行储存原则。对于可再生资源的开发利用,也必须坚持开发与保护并重的原则,促进自然再生产能力的提高,以保证在长期内,物种的灭绝不超过物种的进化,土壤的侵蚀不超过土壤的形成,森林的破坏不超过森林的再造,捕鱼量不超过渔场的再生能力等。为此,人类必须自觉地在利用自然资源中实行补偿原则。这样,生态平衡就有了保障,人类与自然的关系也就能和睦相处。

2. 发展不以牺牲环境为代价。

由于人类的劳动是人与自然之间的物质变换过程,人类的活动必然对生态运动带来种种干扰,从而对环境造成或轻或重的影响。事实上,人类几千年特别是近两三个世纪的发展,也确实带来了对生态环境的破坏,但是,这只能说明发展可能会给环境造成一定的破坏,但不能把环境的破坏归咎于发展,因为人类一刻也不能停止其发展。当代的许多环境问题,正是与人类发展程度低相联系的,发展程度愈低,人们的生活愈贫困,技术等级越低,就愈是要对自然资源进行掠夺式的开采。实际上贫困往往才迫使人们在改善生存的斗争中挖掉他们未来的幸福的生态基础。发展会给环境造成一定的破坏,并不意味着发展必然以牺牲环境为代价。在人类发展的过程中,只要人们正确认识和运用自然规律,把对自然干扰的力度控制在生态系统所允许的范围之内,就可以把对环境的影响控制在可能的最低限度,即在不破坏生态平衡的情况下求得人类的发展和人类文明的进步。这就是人类世世代代的可持续发展。如果以牺牲环境为代价来换取人类的一时发展,那么这种发展只能是暂时的、有限的,而且最终则会阻碍人类及其文明的持续发展。

3. 尊重自然界自净能力的有限性。

保持良好的生态环境，一方面需要依靠人为的力量，一方面需要依托自然界的自净能力，长期以来，人类错误地认为自然界的自净能力是无限的，因此，人们在环境保护上可以不作为，这也成为人们随意向大自然排放废弃物的一个理由。事实上，任何生态系统都有一定的自我调节能力或自净能力，以维持自己的平衡稳定，但这种自净能力又是有限的。在一定的阈限内，自然可以化解一定数量的污染物，以保持系统的稳定；而超过了一定的阈限，污染物就会积存起来，对人类和自然带来危害。如，大气对二氧化硫有一定的稀释能力，大气的流动会将二氧化硫的毒性化解；但是，如果排放量超过了大气的稀释能力，二氧化硫就会与空气中的水分子化合，形成酸雨，影响植物的生长和人类的健康。因此，人们在向大自然排放工业和生活废弃物时，一定要考虑大自然环境容量的阈限，把排放量限制在自然所能降解或稀释的范围之内。否则，就会造成环境的污染和生态平衡的破坏。

总而言之，要建立人类与自然之间的和谐的朋友和伙伴关系，关键在于提高人类的认识，摆正人类自己在大自然中的道德地位。只有当人类能够自觉地根据自然规律来控制自己的道德、环境道德行为，并理智而友善地对待自然界的一切生命时，人类与自然的关系才会走向和谐。

第四节　生态道德与经济伦理

一、理性处理人与生态的关系

我国日益严重的环境问题，这与人们对生态环境的非理性行为相联系的。在生态环境问题上，当前的非理性行为，主要表现为以下四个方面。其一，受个人行为自由观念影响的非理性行为。这种非理性行为表现为对花草树木的任意践踏；对公共场所清洁卫生的随意糟蹋；对“三废”物质的蓄意排放；对自然资源的无度开发等。其二,受人类中心主义观念影响的非理性行为。这种非理性行为表现为只关心人的权利,漠视人以外存在物的权利,因此,只要人的技术能力能达到的领域,都不顾其他存在物的正当权利。例如人们为了象牙贸易,可以大肆捕杀大象,为了美食可以大量捕杀蛇类等等。其三,受先破坏后治理论影响的非理性行为。这种非理性行为表现为人们往往为了功利目的和效用价值而不顾生态环境的实际承受能力,为图眼前利益进行破坏性索取,不顾破坏的量度限度,尤其是人类对自然生态环境的利用往往只有达到质变性破坏而危及人类自身存在时,才被迫进行治理,结果,加大了对环境治理的难度和社会成本。其四,受环境无偿论影响的非理性行为。这种非理性行为表现为,有些人认为,反正环境是无偿的,可以自己为所欲为,我行我素。在公共领域的空间里,我们经常可以看到人们对环境糟蹋的不道德行为:一是,参天古木被"某某到此一游"的刀刻搞得伤痕累累;二是绿色的草坪上垃圾狼藉;三是街道马路果皮纸屑遍地;四是公共场所,吞云吐雾,旁若无人。这些人认为这是个人的自由,不关他人的闲事。这里提出了个人的行动自由与环境保护的关系。

个人行动固然可以自由,但是个人自由并不是任意的,也是有限度的。在自然环境中,人的行为应当有利于环境的整洁、卫生和安全,如果人的行为违背了这个原则,必然受到社会主义环境道德的谴责和批评。环境道德对人们行为的规范恰恰从根本上让人们在良好的环境里自由地生活。如果不按照道德规则行事,人人我行我素,任意地行为,那么我们就有可能生活在一个由我们自己所造成的脏乱不堪、空气污浊的环境里。在这种条件下,人的健康受到影响,人的视觉美感被破坏,还有什么自由可言。因此,人与生态关系应该具有理性的行为:其一,逐步形成"自然是我家,环境靠大家"的理念,提倡人人讲究和遵循环境道德;其二,强调保护环境从一点一滴做起,从我做起,从现在做起严格遵守"七不"规范;其三,教育少年儿童,从小养成保护自然,爱惜环境的良好习惯。

理性处理人与环境的关系,离不开建立相应的社会控制机制。

首先，必须建理性和科学的规章制度，形成社会激励机制，对破坏环境的行为，处以一定的重罚。对环境保护有功人员给予一定的奖励，做到赏罚分明。其次，社会结构定期对旅游网点和重大环境保护区域进行检查，责任到人，与经济直接挂钩。再次，设立环境警察，进行环境背后监督和环境检查执法。最后，政府机构应将环境的保护作为考核各单位绩效的一个重要指标。直接监督各单位的环境保护和清洁状况，层层监督保障实施。逐步形成一个空气清新，水质良好，环境清洁，风景宜人的生存环境。

二、保护环境与恢复生态平衡

保护环境是每个公民应尽的职责，但是真正做好也是不容易的，首先要有自觉的意愿。保护环境贵在自觉。所谓自觉，非强制也，而是出于对事物正确认识而形成的自我要求。

1. 环境是自在的存在，是无意识的空间和物体。

其一，环境既不会表达自己的情感，也不会对所遇到的伤害予以反抗，它默默无言地存在着，环境永远是人类行为的客体，一个被动的客体。它既不会鼓励人的行为，也不会指责、阻止人的行为。无论其行为道德与否。保护环境的主体是人，人对自己的行为拥有支配权，因此，保护环境责任在于人，在于人的自觉性。其二，环境的好坏对自然环境本身来说，是无所谓的。无论是芳草如茵鲜花盛开，还是山崩地裂洪水滔天，对自然来说都是它的一部分，不存在好坏，何善何恶的问题。确实，自然界本身不存在善恶问题，自然不会疼爱好山，也不会痛恨恶水。好坏善恶只是人对自然的价值评价。当我们讲到自然对人类的破坏所进行的报复，那也只是人的感受，自然界并不刻意要报复人，如果要说报复，也只是人自己报复自己。创设一个良好的环境，是人的要求，保护环境，也是人的要求，那就是说，保护自然环境纯粹是人的意愿，没有人的自觉，保护环境就是一句空话。其三，保护环境人人有责，需要人人都要有自觉性。那是因为自然环境的宏大，仅靠部分人的管理是不够的。虽然国家制定了环境法，也有相应的行政法规,实行依法治理环境。空间与管理空间的巨大落差,使得环境管理的真空难以避免,填补这一真空的唯一途径只能是人们对环境保护的道德自觉。

要自觉地保护环境,首先要解决人们对环境保护的道德意识。只有在意识层次上树立了对环境保护的道德观念,保护环境的行为才有可能发生。其次,要养成保护环境的良好习惯。好习惯的养成,来自于旧习惯、坏习惯的消除。例如随地吐痰、随意抽烟、随便倾倒垃圾、随心大声喧哗都将造成环境的污染。而企业发生的这种"四随"行为则会破坏整个生态系统的大环境。在破除旧习惯、坏习惯的同时,需要人们养成保护环境的良好行为习惯。事实证明,良好习惯的养成也并不是容易的,甚至比去掉不良习惯更难。因为良好习惯培养的过程,常常受到旧习惯的干扰,使好习惯的培养显得困难重重。培养良好的习惯还需要人们有坚持力,经受时间的考验。

树立保护环境首先要从自我做起,从身边小事做起。俗语说:"一屋不扫,何以扫天下?"反之,环境首先是个人净。

2. 承担保护环境的道德使命。

在我国,环境保护尚未形成全民意识,因而常常发生有意或无意地破坏环境的事件。

例如,每年长江口的鳗鱼苗捕捞之争;天然河港里炸药捕鱼;大饭馆里野生动物上餐桌;原始天然林无证砍伐;房地产商的寸土必争,毁绿造房;工厂污水排放江河,毒气排放天空等等。凡此种种行为的发生,都是缺乏对就保护的道德使命感相联系的,保护环境的具体使命应该有以下几条:

一是举报。对于那些违反法律法规严重破坏环境的行为,如工厂乱排污,较大规模毁绿;私自占据水道,盗猎动物等,应该向有关执法部门举报,以便执法机构能及时掌握和处理,及时制止不法的破坏行为。二是劝阻。在我们身边存在着大量轻微破坏环境的行为。如乱倒垃圾、折树摘花、随地吐痰、制造噪音等。对此,要本着公民应有的责任感,勇敢地予以劝阻。毫无疑问,劝阻是需要勇气的,有时可能会遭致不应有的冷嘲热讽，但是只要是有利于环境保护的事，最终会得到大多数人的支持。当然，在劝阻时，要晓之以理，动之以情，使劝阻结果更加有效。三是救援。当遇到紧急特殊的情况，要能够挺身而出为挽救环境采取应急救援行为。如突然遇到各种包括人为的火灾，在能力可能的情况下，积极灭火抗灾；对自然原因或人为原因致伤的植物和动物要积极救治。

三、生态经济的伦理思考

1. 生态世界观与传统世界观的区别。

在如何对待生态问题上，英国科学家拉塞尔认为，当前流行的世界观是：人是自然的支配者和操纵者，天生就是侵略性的，有强烈的国家意识，以生产率、物质进步、经济效率和经济增长为首要目的。科学被看成是获得知识的最重要的方法，它最终能够解释一切，技术被当成是达到所期望的任何目的的手段。这种世界观已经引发了全球性的生态危机，威胁了人类的生存和发展。“如果我们要避免共同的灾难的话，某些重要而且根本的改变将是必须的：同我们自身、我们的肉体及周围事物的联系方式中的变化，我们的需要中的变化，我们对于其他人和这颗行星的需要中的变化，我们对世界的认识和了解中的变化。正像许多人指出的那样，需要一种新的世界观一种整体论、不滥用自然资源的、在生态学上合理的、长期的、综合的、爱好和平的、人道的、合作的世界观。我们需要转变到一种真正全球性的观念上，在这种观念中，个人、社会和这颗行星都被给予充分的重视。我们必须从一种协同程度较低的世界观转变到一种协同程度较高的世界观。

自然中心主义者认为，这种世界观，又称有机世界观、生态世界观、系统世界观、新世界观，可以统称之为“生态世界观”。它是从生态学方法提升起来的一种哲学方法。所谓生态学方法，就是用生态学观点说明与生命有关的现象及其发展变化，揭示各种现象的相互关系和规律性，认识和解决与生命现象有关的问题。它的特点是：全面地和辩证地把握所研究的对象、对象的整体性，用相互联系、相互作用的系统化和网络化的观点，从线性因果关系分析过渡到网络因果关系分析，注重概率统计方法和数学模型方法的应用；它既表示对人的目的、人的作用和人的未来的关切，又表示对地球生态系统、生命多样性和自然环境健全的关切。自然中心主义认为，我们已经到了科学从分化走向综合的时代；时代要求我们从机械论思维转向整体思维。随着生态学向人类生态学发展，生态学已经从自然科学发展为综合性科学，自然科学与社会科学的几乎全部新思潮都在这里得到鲜明的表现和现实化。在这里，生态学已经不是作为一门科学，而是一种思想、一种观点、一种一般的方法，可以用来研究一切科学，包括一切社会科学。

生态世界观的基本观点是：第一，地球是一个活的生态系统，具有自组织、自调控、自己发展的性质，朝着有序和价值进化的方向发展；生态过程和生态结构是不可分割的。第二，人与自然的辩证关系实际上是一种生态关系。人与自然的关系是部分与整体的关系，不是由部分组成整体，而是由整体组成部分，强调事物的相互联系和相互作用，强调"人—社会—自然"系统的健全发展，也就是："人与自然界的和谐"，而不强调首要和次要之分，不强调以什么为中心。第三，主体与客体没有绝对不可逾越的界限；在生态系统中，不仅人是主体，生物个体、种群和群落也是生态主体；在价值论的意义上，不仅人是价值主体和权利主体，而且生命和自然界也是价值主体和权利主体。第四，确认自然界的价值是工具价值和内在价值的统一。自然不仅具有相对于人而言的"工具价值"，而且具有不以人的评价为转移的"内在价值"，要求人类不能单纯利用自然物的工具价值，而应当从整体出发，保护自然的"内在价值"。这是生态世界观的理论核心。第五，知识的确定性和真理性具有相对意义，科学知识对事物的描述虽然是客观的，但是包含着主观因素，世界无穷无尽，科学只反映世界的一部分。

自然中心主义同时认为，生态世界观与传统世界观有着原则的区别。所谓“传统世界观”，又称“机械世界观”。它有四大特点：

其一，关于存在论的看法是二元论，即人和自然、主体和客体二元分离和对立。它强调人与自然的本质区别，人独立于自然界，而不是自然界的一部分；同时强调自然界独立于人，单独存在。它否认人与自然关系的互相联系、互相作用、互相依赖、互相制约这样重要的性质。其二，认识论上的还原主义，消极的反映论。它强调事物独立于人的客观性，认为它不以人的意志为转移。它把自然界预设为一台机器，认为这台机器可以还原为它的基本构件，人们只有分别认识这些部件，才可能正确认识自然事物。其三，方法论上的分析主义，强调对部分的认识，以为找出哪部分是主要矛盾，一切问题就迎刃而解了。有四个预设：仅接受清楚而明确的认识；把每个问题分解为数量；从最简单、最易理解的对象开始，逐渐进到最复杂的对象；不遗漏任何事情。其四，在价值论上，只承认人的内在价值，不承认自然界的内在价值。自然界没有目的、没有生命、没有精神，没有主动性；只有人有目的、生命和精神，人为了自己的目的，可以控制、支配和主宰自然。

有些自然中心主义者则认为，现代自然科学的发展已经超越了传统世界观。例如，现代物理学，特别是量子力学和相对论，新的科学事实的发现，已经超越了传统世界观，不再把世界分为一个个独立存在、相互孤立的组成部分；现代生物学，特别是遗传学的发展，证明还原论及其分析方法已经过时，需要一种新的模式系统论生命观取而代之；现代医学的发展，证明传统医学把人看成是机器，把疾病归结为人的部件有了病灶的还原论疾病观是过时的。按照新世界观，人是活的系统，把疾病的生物学研究与人的社会环境、心理因素联系起来，才能科学地说明和医治疾病。因此，机械论世界观正在逐渐让位于另一种世界观——生态世界观、系统世界观、有机世界观。我们应当实现“从人类中心主义到生态中心主义”的世界观转变。

2. 生态世界观的合理性。

自然中心主义者所提出的所谓“生态世界观”能否真正提升为

一种哲学方法、一种世界观，固然有待进一步的研究和探讨，但是它所阐发的某些基本观点确实有合理之处，它对所谓“传统世界观”的批评，也确实有发人深省的地方。我们应当批判地吸收这些合理因素，用以充实和发展马克思主义的世界观。

例如，从生态伦理学的角度看问题，一些学者关于批判个人主义、走向整体主义的思想，就具有合理因素。他们认为，个人主义作为现代社会的一种世界观，主要有三个特点：一是以机械论为哲学基础。它依据机械论提出“社会原子论”，把个人看成是社会的基本构件，把对社会的研究还原为对个人行为的研究，而个人行为总是以求利为动机和目的的。因而所有的个人都拥有作为劳动果实的财富，都拥有追求自由和平等的权利。它承认所有的人都按照自己的意愿去生活和创造，即使是在一个完整的流水线上工作，或者为一个整体事业服务，仍然是突出个人，不需要了解整个过程，不需要了解一起工作的其他人的意义和作用。它只注重个人自己。二是强调个人独立于他人的重要性。人在同自然作斗争的过程中，把自己与自然界区别开来，导致自我意识的产生。而所有的个人都在追求个人利益，把自己视为完全独立的、与他物无关的存在。依据这个观点，当人与他人的关系被解释为外在的、偶然的、派生的关系时，导致个人主义的产生。三是强调个人具有最高价值。在人与人的社会关系上，它强调个人自由、个人意志的自主性和创造性，个人权利神圣不可侵犯，以个人为中心，通过自由竞争达到个人的价值目标，并把它看成是世界上的最高价值。上述三个特点集中表达了在人与自然的关系上的“主客二分”论，其核心话语权就是自然界是无意识的，这在本质上为个人肆意掠夺和统治自然的欲望提供意识形态的理由。从而使人类行为频频出现统治、征服、控制、支配自然达到肆无忌惮的程度。

“主客二分论”的错误之处在于：首先，它的哲学基础已经过时。在“人—社会—自然”系统中，人、特别是个人，只是这个系统的一部分，把个人孤立出来，又把这样的个人提到最高价值的高度，允许这样的个人为所欲为，显然是不符合潮流的。实际上，个体性和整体性不是对立的而是互补的。个体固然有无限的复杂性、多样性和差异性，这是创造性力量的源泉，但是没有任何个人可以离开社会而单独生存，没有任何个人可以脱离与他人的合作能实现自己的价值。每一个人的自我肯定、自我实现以及发展他的个性，都是社会的行为，需要服从整体性，同时不能忽视个人对社会的义务和责任。

其次，基于个人主义的自由竞争已经使社会陷入困境。个人主义的自由竞争理论作为垄断资本主义的哲学基础，把全部社会价值缩减为增加个人利益。现代跨国公司甚至认为赚钱就是他们的唯一价值，要求允许公司在道义和伦理的秩序之外活动。实际上就是不顾他人的利益和价值，不顾环境和资源的价值，追求自己最大限度的利润。个人主义自由竞争在西方社会所造成的混乱是有目共睹的。

再次，以个人利益为唯一目标，工业社会在个人主义世界观的指导下，最大限度地消耗自然资源，误导人们确立“增加或消费更多的物质财富就是幸福的价值观，生产最大限度的新产品，发展了掠夺自然的生产方式、消费主义和享乐主义的生活方式。这就是所谓单向度的人，即沉迷于对物质享乐的追逐、精神沦丧、自主性和创造性衰退的畸形发展的人。这种人造成了人与自然、人与他人之间的极端对立，从而使自己深深陷入因自身发展状态不完善而带来的种种生存危机的困境之中。

可持续发展要求从个人主义向整体主义发展。生态世界观把世界看做是“人—社会—自然”复合生态系统；在这里，个人主义向整体主义过渡，不仅是从个人走向社会集体主义或人类整体主义，而且是包括生命和自然界的“人—社会—自然”的整体主义，是从“小我”到“大我”的发展。个人主义的“自我”是“小我”，一种分离的自我或“本我”。它强调个人欲望，追求享乐主义的满足。这种“自我”打乱了人们的正常秩序，使人类变成社会时尚的牺牲品，人类也因此失去了探索自身独特精神和生物人性（即人的生物属性）的机会。现实发展需要一种大写的“自我”、“大我”。只有当人们不再把自己看成分离的、狭隘的“自我”，并使每个人都能够同其他人——从他的家庭、朋友，直到整个人类——紧紧地结合在一起时，人自身所独有的精神和生物人性就会成长、发育，“自我”就会逐渐扩展，超越整个人类而达到一种包括非人类世界的整体认同。

这种“自我”的认同和实现，是人的潜能的充分展现，使人成为真正的人的境界。它表明，我们只是更大的整体的一部分，而不是与大自然分离的、不同的个体；我们人性的展现是由我们与他人以及自然界中其他存在物的关系所决定的。因此，自我实现的过程，也就是把自我理解并扩展为大我的过程，缩小自我与其他存在物的疏离感的过程，把其他存在物的利益看做自我利益的过程。“自我实现”原则能够能动地引导人去自觉地维护生态环境，实现人与自然的和谐共处。

3. 坚持自然观与历史观的统一。

保持生态环境需要科学的力量和理论的支撑，而生态伦理学的应运而生，正是符合了上述的逻辑关系，但是，在研究和建构生态伦理学的科学理论体系中，有两种倾向是需要加以批判的。一是自然主义倾向，用自然观代替历史观。自然中心主义者就是坚持这种倾向。美国未来学家 V. 弗基斯曾经总结说，生态世界观有三个原则，即自然主义、整体主义和内在价值；其哲学基础是：以自然原理代替人的原理，以存在论代替实践论、价值论和伦理原则。在这样的世界观指导下研究和建构生态伦理学，就是企图用自然观来解释人类社会的伦理生活现象，这显然是失之偏颇的。另一种倾向是所谓“机械论世界观”倾向，简单地用历史观代替自然观。正如有些自然中心主义者所批评的，某些传统伦理学家无视生态伦理学的特点，无视生态世界观，一味用传统伦理学的基本原理来解释生态伦理学的诸多复杂问题，实际上是站在一种既定的僵化的道德立场上来评说生态伦理，表现出一种将人际道德普遍化，将人的价值尺度绝对化的理论企图；这一点在科学技术迅速发展的今天，在人类生活的客观环境和现实需要发生了很大变化的今天，已经十分地不合时宜了。

我们必须吸取历史教训与经验，纠正上述两种错误倾向。也就是说，我们在研究和建构生态伦理学的科学理论体系时，一定要坚持自然观与历史观的统一。由于生态伦理学是生态学与伦理学的交叉学科，由于生态学是生态伦理学的科学基础，所以我们必须以马克思主义的自然观为生态伦理学的重要基础；又由于生态伦理学本质上是一门伦理学，是以人类的整体利益和长远利益为宗旨的，所以我们又必须以马克思主义的唯物史观为生态伦理学的根本指导。

生态伦理学的核心问题是解决好人与自然的关系问题，实质问题是与自然关系背后的人与人关系问题。现代人类中心主义者坚持唯物史观的方法论，从社会实践上界定人类和自然，把人与自然的关系统一在人的社会实践活动之上，因而能够正确说明人与自然的相互关系。在社会实践中，人与自然的关系是对象性关系，作为人的对象化的自然就成为人的世界的一部分。因此，人与自然的关系就具有社会性的内容：第一，人与自然的物质交换不同于纯粹自然物之间的物质交换，人能够创造人工自然；第二，人与人工自然的关系同时是一种社会关系，是人与他人或前人的关系；第三，人与自然关系的解决不仅依靠科学技术，而且离不开伦理文化。自然中心主义者则离开社会实践、离开人与人的社会关系来考察人与自然的关系。他们从人的自然属性方面，把人主要地作为自然因素的、服从生态规律的生物人，把人的本质归结为人的生物性，而忽视或无视人类的社会性，认为人像其他生物那样，被作为一个系统的构成要素而填充于地表空间或区域之中。他们像马克思所批评的德国唯物主义哲学家费尔巴哈那样，把人理解为感性的存在，把人的类概念仅仅理解为：把许多个人纯粹自然地联系起来的共同性，从来没有看到真实存在着的、活动的人，而是停留在抽象的人上，并且仅仅限于在感情范围内承认现实的、单独的、肉体的人。同样，他们对自然界也作了单纯自然主义的理解；把自然客体仅仅看成是人的直观认识的对象，而没有看到正是由于人的活动，自然界才转化为现实的客体。他们不懂得自己周围的自然界已经不是原来的单纯的自然，而是由于人的活动而在某种程度上改变了性状的自然。他们重蹈了费尔巴哈的错误。紧紧地抓住自然界和人,但是,在他那里,自然界和人都只是空话。无论关于现实的自然界或关于现实的人,他都不能对我们说出任何确定的东西。他们从物质是世界的本质的观点出发,从起源上把握人与自然的同一,认为人与自然万物之间的差异并不是质的不同,而是同一基质的多样组合,最后把人与自然的关系统一于自然物质。他们之所以未能进一步揭示这些现象背后的人与人的社会关系,根本要害在于没看到社会实践在人和自然关系中的作用,不理解实践是原始自然向社会自然、人化自然转化的机制和基础。

马克思曾经认为,从前的一切唯物主义(包括费尔巴哈的唯物主义)的主要缺点是:对对象、现实、感性,只是从客体的或者直观的形式去理解,而不是把它们当做人的感性活动,当做实践去理解,不是从主体方面去理解。环境的改变和人的活动的一致,只能被看做是并合理地理解为革命的实践。他们像历史上的旧唯物主义一样,从来没有把感性世界理解为构成这一世界的个人的共同的、活生生的、感性的活动。

生态伦理学的价值追求和价值目标是遵循和改造生态平衡,是“必然性”与“应然性”的统一。人的实践活动是“应然性”的,而自然界的生态平衡是“必然性”的。所谓“必然性”,是指自然界发展过程中的由本质的、根本的因素所决定、确定不移的联系和唯一可能的趋势,即自然界发展过程中不以人的意志为转移的客观规律性;生态平衡就是自然界的这样一种“必然性”的运动形式。生态学揭示的就是自然界生物之间的关系和生态平衡的客观规律。它向人类展示自然界正常发展的必然性和非正常发展的各种可能性,以供人类活动的选择。而所谓“应然性”,是指作为主体的人在实践活动中应当如何,即对自然界发展的各种可能性按照自己的利益和需要进行评价和选择;人类遵循和改造生态平衡就是这样一种应然性的运动形式。伦理学和人的价值理论揭示的是人类主体的伦理关系、道德原则以及人类的目的、利益、意志、需求等内容。它的实质是要把主体对象化,能动地改造自然生态环境①。

在马克思主义世界观看来,“必然性”与“应然性”是对立统一的。一方面,“应然性”与“必然性”是对立的。自从“人猿揖别”以来,随着人类主体能力的扩大,主体自我意识的提高,“主客二分”已经不可“消解”,人们改造自然的“应然性”与自然生态平衡的“必然性”的矛盾,将伴随人类活动的始终。除非人类回归动物世界,否则人类的实践活动必然要或多或少、或轻或重、或广泛或狭隘地同生态平衡发生矛盾。人类改造自然的实践活动必然对自然起巨大的作用。另一方面,“应然性”与“必然性”又是统一的。“应然性”并不完全是主观的东西,而是在对自然界生态平衡的“必然性”的认识的基础上提出来的,或者说它始终以自然界生态平衡的“必然性”为前提。但是,它并不等同于自然界生态平衡的“必然性”运动。“应然性”范畴将规范人们对自然界生态平衡所应当采取的实践态度。“必然性”是人们在实践中必须掌握的,不遵循生态平衡规律,人类要遭殃。但是人不会也不应当无条件地去遵循生态平衡。

总之,以人为中心的人道主义和以自然为中心的自然主义,都有其理论上的缺损和实践上的风险。实践证明,克服了人道主义和自然主义在生态问题的理想选择,就是奉行“人与自然”的和谐意义。

第五节　经典个案与经典理论

一、大猩猩怎么啦?

据美国生态保护委员会统计,美国时下幸存下来的大猩猩只有大约 240 只,而且最有希望存活下去的是维尔康斯公园中的 150 只。该公园是卢旺达境内的一个国家公园,占地三万英亩。卢旺达这个非洲小国是非洲人口密度最大的国家,而在 21 世纪末,它的人口数

---

① 参见傅华著:《生态伦理学探究》,华夏出版社 2002 年版,第 344 页。

量预计会翻一番。大约95%的人口靠每个家庭平均2.5英亩的小农场维持生计。为了将土地变成耕田,公园面积已经减少了40%;并且还有继续减少的压力。毁掉公园也许能勉强维持大约三万六千人的生计,而这个数字只是这个国家每年人口增长数目的25%。卢旺达的大多数人对野生动物几乎没有什么兴趣。有些人偷猎大猩猩,将猩猩的头颅做成纪念品卖给旅游者,或把某些器官——睾丸、舌头、耳朵——当做他们对付其敌人的神秘武器。它的头颅和手卖了20美元。而在公园的囚禁状态中,大猩猩繁殖力很差。在这种情况下——为爆炸性的人口开辟土地、把大猩猩的纪念品或当做护身符出售——人的价值能成为灭绝大猩猩的正当理由吗?这样做会造成许多消极后果:开垦高山土地会带来弊端,并会减少旅游收入;更重要的是,在现存的社会制度下,放牧以及出售动物资源的好处,不可能落到大多数穷人手里。事实上,没有什么证据可以证明,在以后的十年中,卢旺达人的平均生活水平会有所提高,因为政府并未采取什么措施来消除贫穷和不公正的真正根源。需要维持生计的农民数量每年都在增加,灭绝大猩猩只能使一部分人得到暂时的救济,而这是不能解决更深层的问题的。虽然人优于大猩猩,但大猩猩也是一种高级的生命形态。它常常被列入猩猩科,但许多人认为它应该被列入人科中,与人类属于同一科。人类是一个数量过剩的物种,而大猩猩却因为人的得寸进尺的侵犯而处于灭绝边缘。就是从人的角度来看,这些人从毁灭大猩猩中得到的收益是否会超过他们保护大猩猩所遭受的损失,也是值得怀疑的;对于现在的人来说,这种收益也是值得怀疑的收益,而且对于还未出生的一小部分人来说,这种收益虽是真实的,但却是无足轻重的。因为这是以大猩猩的灭绝——永久性灭绝——为代价的。在这种情况下,如果人们确实得牺牲某些东西的话,那么,他们就应该做出牺牲;美国生存于佛罗里达州的美洲豹属濒危物种,仅现存三十只左右。其中的一只曾被一辆小汽车严重撞伤。由直升飞机送往州立大学兽医学院进行抢救。其双腿都嵌放了钢片,右腿被重造了。这是对待它的恰当行为吗?这是人们出于正义和仁慈应该做的事吗？这是出于关心动物个体还是出于关心亚种？引用大个子的故事主要是为了使人们关注一个更为重要的问题。它不能被放回野外，而只能被饲养，其子孙将被用来作为保护这一物种的试验品。保护美洲豹——佛罗里达州的州兽，可能要花费 11.25 亿美元。这一亚种奇怪地适应于佛罗里达沼泽地，与栖息于干燥高山带的西部美洲狮形成对比。由于栖息地缩小，美洲豹已濒临灭绝，而它的最后一块重要栖息地——大柏杉沼泽，佛罗里达州曾要求花 2700 万美元（平均每只美洲豹约 100 万美元）来建造四十座桥梁，以便让美洲豹从筑有较高围栏的州际公路底下穿过；这些桥梁包括跨越干燥地带的“动物通道”，也包括把两端的桥墩建在陆地上的跨越水面的“延伸桥”。否则，许多美洲豹将会像大个子那样，被日益增加的高速车辆撞死。批评家包括一些联邦机构，他们得承担 90% 的费用——认为这样做费用太高，而且不会起作用。野生动物学家断言，这样做会起作用（正如为了能让北美驯鹿迁徙，阿拉斯加州的输油管被重新设计了一样）；他们曾经跟踪了这种带着无线项圈的猫科动物并探明了它们的活动路线。建上十英尺高的围栏，再配上一个支架和一条排水道，就可以阻止这种猫科动物进入公路。剩余的大部分费用将用来赔偿几十个地主，以帮助他们隔离其土地和购买缓冲地带。同时也有必要限制猎鹿者（鹿是美洲豹的主要捕食物），并阻止 4000 名开着越野车滋扰这一地区的休闲者①。

二、内蒙古大草原，你在哪里？

一个韩国旅游团到我国内蒙古旅游，回到北京投诉中方旅行社，称他们被欺骗了——来说好去内蒙古大草原，却被带到内蒙古大沙漠。这是全国人大科教文卫委员会委员、内蒙古沙尘暴研究治理促进会主席陈寿朋教授给记者讲的。陈寿朋说，内蒙古的沙化问题从

① 参见堆尔姆斯·罗尔斯顿著：《环境伦理学》，中国社会科学出版社 2000 年版，第 189 页。

来没有像现在这样严重。全区荒漠化面积已占总面积的60%以上，每年仍以1000万亩的速度扩展，每年直接经济损失达180亿元。2007年北京等地发生的32次扬沙和沙尘暴天气有14次起源于内蒙古。沙漠化不仅夺去大片美丽草原，也使华北、华中、东北再无安宁之日。2007年7月，在陈寿朋倡导下，以推广生态道德理念，加强环境教育，示范防沙治沙成果，引进国际技术、资金、设备，加强沙尘暴研究治理为宗旨的内蒙古沙尘暴研究治理促进会成立。陈寿朋倡议开展生态道德教育，他与团中央、国家林业局共同编写了中小学生《生态道德教育读本》。他说，我国生态环境恶化与人们保护环境的意识淡漠有很大关系。我国的道德教育中对人与自然、人与其他生命如何相处的阐述还不够明确。人类能否与自然和谐相处，是人类社会可持续发展的关键。生态恶化不能都归于天灾，生态道德的缺失也是一个重要方面。《生态道德教育读本》的小学版于近期发行，该书介绍了危及人类生态安全的10大环境问题以及如何保护生物多样性、节约能源、绿化环境等。人大环资委主任曲格平在该书的序言中写道：从一个号令自然的主人，到一个善待自然的朋友，这是一次人类意识的深刻觉醒，也是一次人类角色的深刻转换。实现这一角色的转换不仅需要外在的法律强制，更需要人类的良知和内在的道德力量。

三、佛山市对环境的治理

我国佛山市坚决贯彻执行《国务院关于环境保护若干问题的决定》，下大力气调整产业结构，整顿和处理“十五小”污染企业。在1996年、1997年和1999年，市政府经过核查，先后取缔和关停了不符合规定的“十五小”污染企业共59家，其中土法电镀厂42家。市政府于1996年下达限期治理项目22个，到1997年底，除一家无法安排场地外，共完成11项，自行关停4项，还有6项正在施工。1999年6月，市政府又下达限期治理项目29个(其中废水项目18个)限期达标项目45个(其中废水项目29个)。到年底，限期治理的18个废水项目已完成 13 个,限期达标的 29 个废水项目中已完成 22 个,其余的项目正在施工或整治中。对于申办选址在水源保护区内的建设项目,我们都按照规定严格把关。一级水源保护区内不准建设与保护水源和供水无关的项目,二级保护区内不准建设有严重污染水源的项目。有一个旅游单位曾准备在水源保护区内扩大经营规模和搞大型活动,已经登报。我们发现后,立即报告市政府,市政府会同有关方面予以制止。另外,桂城水厂附近一级水源保护区,外滩地曾有单位擅自建堆放垃圾淤泥停放场,被发现后立即向市环保局报告,有效及时地制止了一级水源保护区的污染隐患。坚决整治水源保护区内的企业,认真落实"双达标"工作。我们把位于水源保护区内的企业的污染防治列为优先考虑的项目,重点去抓。南庄镇的陶瓷业是近年兴起的,开始时污染治理一度跟不上,废水治理不好,对水源造成很大威胁。市、镇两级人大和政府都十分重视,南庄镇对陶瓷企业放出了限期整治的决定,各厂也积极行动。几年来,全镇共投资 5000 余万元,建成 79 套废水治理设施,日处理能力达到 4.1 万吨,年运行费用 1007 万元,污染治理取得显著效果。据市环境监测站统计,1993 年该镇废水达标率只有 10.92%,到 1997 年已达到 90%。1999 年,南庄镇陶瓷废水达标率已超过 90%。此外,他们还投入 1500 多万元,清理了镇内河涌,彻底改变了南庄水环境状况。南庄的经验推动了全市陶瓷废水的治理,全市 120 多家陶瓷厂都配备了污水处理设施,1999 年全市陶瓷行业废水达标率达到 80% 以上,成为我市工业废水达标率最高的行业。据统计,目前,我市已建成废水治理设施 500 多套,日处理能力达 20 多万吨,总投资近 3 亿元,每年运转费用达 7000 多万元,这些设施对净化工业废水,削减污染物排放量起到十分巨大的作用。为了全面落实国务院关于到 2000 年所有工业企业都要实现达标排放和污染物总量控制的决定,市政府在 2007 年成立了达标工作领导组,制订了全市工业企业达标排放工作方案和污染物排放总量控制计划分解到各个镇区,明确规定重点企业必须按省的要求到年底有 80% 以上实现达标排放,各镇区污染物排放总量不能突破下达的控制指标。全市所有工业企业都必须按国家“双达标”要求，在今年内全部通过达标排放的验收原则，否则依法处理。各镇区把总量控制指标进一步细分到重点企业，从而在全市范围内掀起了整改高潮。各企业纷纷行动起来，对原有设备进行整改、完善、加强管理，提高处理效果。根据统计，到2007年年底，全市70家工业企业已有60家实现达标排放，占85.7%，主要污染物化学需氧量、悬浮物、六价铬、氰化物的排放总量都没有超过总量控制指标。由于污染防治工作的进展，关停了一批污染严重的企业和“一控双达标”工作的不断深入，我市在经济发展的同时，工业污染得到有效的控制，废水处理率和达标率逐年增加。1999年与1991年相比，工业生产总值增加了5.1倍，而废水处理率提高了29.2个百分点，废水达标率提高了26.9个百分点，作为污染物综合评价的指数污染负荷则由3110.84降至1000.84，削减了67.8%，其中化学需氧量削减了74.8%，悬浮物削减了81.6%，六价铬削减了81%，氰化物削减了68.1%，实现了“增产减污”，污染物排放量的不断削减，有效地保护了大江大河的水质。

第八章
经济发展与危机伦理

道德通过制度和人这两个既相互独立,又相互制约的因素和环节对经济增长发生影响。作为制度中以非正规规则形式存在的道德规范,具有普适性、刚性和工具性的特点,在经济增长中发挥着建构、维持和指导作用;而个体人的道德发生机制,由于具有特殊性、灵活性和复杂性的特点,在经济增长中发挥着动力机制和创新机制的作用。

第一节　经济发展中的道德

一、道德对经济增长发生影响的表现——经济增长周期内表现出的道德影响

经济增长一般是指一国一定时期内国民生产总值的增长。短期内,譬如相邻的两个国民经济核算周期内,道德具有相对稳定性,所以它对经济增长的影响很难观察。所以观察道德影响就只能通过这样两个途径:一种是国际比较,表现在:(1)国际货物贸易中,进口国厂商依对各出口国产品、企业及行业的道德经验和道德预期做出欢迎或排斥的态度;(2)在对外直接投资中,东道国国民对投资国企业的道德评价,欢迎或排斥程度,就业倾向;或者投资国为了培养自身

的道德形象在东道国的专项投入，包括某些公益广告、公共推广、甚至慈善捐助等；更直接的表现是一国通过商誉、品牌等作为投资手段的能力。阿马蒂亚·森在《以自由看待发展》一书中说，资本主义在全世界成功的提高了经济繁荣的一般水平，得益于市场交易既经济又有实效的道德和行为准则。那么道德是如何影响经济增长的呢？笔者认为在文章开始作者所提到的森在《以自由看待发展》一书中所言就是这种国际比较。这两项直接影响到各国国外部门的收入，从而在一国的经济增长指标中表现出来。张维迎和柯荣住两位教授在《信任及其解释:来自中国的跨省调查分析》揭示了地区差别的信任对于人均 GDP 及其增长的影响，可以作为这种国际比较的参考。

另一种途径是从一定的时间跨度来观察经济增长。这种情况适用于一定社会，意识到道德作为一种资源的作用，有意识地进行了道德重建，经过一段时期的努力，社会道德风尚发生了较大变化的情形。也是用于由于经济、政治等其他体制因素发生了重大变革，在这种大的震荡中，道德以一种自适应的姿态或(和)非自然的强制做出响应，在正规规则和非正规规则都做了相应调整的前后这种影响也是可以观察到的。具体的计量方法可以从丹尼森·爱德华对经济增长因素分析的方法中得到启示，他的分析方法是，首先用柯布道格拉斯生产函数估计劳动和资本对国民产出的贡献，然后得出一个增长余值，最后将这个余值再分解为其他成分，如劳动和资本质量的改进，行业之间的资源流动，规模经济、教育、知识的增进等。”具体的分解方法，可以采用赋予权数的方法。在这里可以对道德因素也赋予权数；另外一个方法就是采用投入法，比如计算进行个人道德教育的费用，公共机构进行道德宣传的支出等。当然，也可以把这两种方法结合起来。

二、作为非正规规则的道德存在及其对经济增长的作用机制

1. 以非正规规则形式存在的道德。

作为非正规规则形式存在的道德，有着三个基本层次，他们分别

为:经济基础层面的道德规范;经济运行层面的道德规范和私人经济生活中的道德规范。

经济基础层面的道德包括了所有制、产权关系等重大和基础层面,调节这些关系的道德规范往往最初是政治法律等正式规则的先导,最终又以道德和政治、法律等正式规则相融合的形式出现。以产权为例,产权的定义是人权定义的一部分,在英国经验主义哲学家洛克那里最早得到理论阐述,他把人权分为三部分:个体的生命权、财产权、自由的权力。实践上的证明是法国 1789 年 8 月 26 日《人和公民的权利宣言》,其第二条规定:"一切政治结合的目的都在于保存自然的、不可消灭的人权;这些权利是自由、财产权、安全和反抗压迫。"而对于产权定义内容的扩展,伦理理论和法律理论的融合就更明显。在这里财产权就是我们今天所说的产权,而这种财产权仅仅是对物的占有,而不包括非实物的精神的或智力的发明创造的权力,没有相应的理论指导是很重要的原因。另一方面也是因为,社会对技术发明的需求很大,而供给不足,国家出于促进经济发展的考虑,往往也不愿意进行专利保护。当对发明人的侵犯达到足以抑制发明人的发明创造的积极性时,各种思想理论开始出现,促使国家对发明进行保护,逐渐形成了早期的自然法理论、工业产权理论、专利契约理论、技术价值理论等。以工业产权理论的代表——1791 年的法国专利法为例,它的前言指出"所有新颖的设想本来就应当属于想出这种思想的人。假若不承认工业发明为创造者的财产,就是从实质上无视人权"①。我们不难想象,随着社会经济实践的发展,有可能出现新的关于产权保护的法律,而这种法律的先导很可能就是道德思想、道德理论甚至道德规则,所以法律有时被称为一种"底线道德"。而这时的道德和法律已经互相渗透。而这些作为经济运行的基础层面的道德,之所以要以政治法律等正式规则加以约束是因为:从洛克的人权概念来看,只有产权是与人相分离的,所以也是最容易

① 吴汉东:《知识产权法学》,北京大学出版社 2000 年版,第 179 ~ 180 页。

被侵犯的,仅仅依靠道德规范不足以维护当事人的权利。

社会经济运行层面的道德规范:这种道德规范是指个人作为社会经济组织中的工作人员,在进行经济活动中所可能面临的道德规范,职业道德规范是其中的重要内容。这些道德规范虽然仍是非正式规则,但往往也以一种显性存在。表现在,这种道德规范经常被作为职业准入和考核的内容。如,我们国家的“会计准则”、“律师职业道德”,美国的注册金融分析师(CFA)中的伦理内容都是很好的说明。有时,这些道德规范也是以行政法规的形式出现的。

社会公共生活中的有关经济活动的规范:这主要是指个人作为社会的一员,在日常生活中进行个人活动,涉及他人和社会时所面临的一些道德规范。比如,在银行取钱时,排在后面的人应该与他保持一米左右的距离。这种尊重别人财产权和隐私权的问题,虽然也以一条线明示,但实际并不关涉整个社会经济系统的正常运行。

以上所提到的这些道德规范,虽然重要程度不同,但都是一定社会的道德共识,或多或少都以一种显性的方式存在于社会经济活动的各个角落里,都可以称之为社会公共道德规范。在公共领域内,这些社会道德规范以及所反映出的社会道德意识,协调着人们之间的利益冲突;在有些情况下,作为一种方法,指导着人们解决经济活动中所遇到的一些经济伦理困境,成为道德决策的工具。有时,由于对于公共规范的遵守,甚至使有些个人或经济组织(包括政府)得到了信誉和别人的良好道德预期,愿意与之发生更多的经济交往,相当于获得了一种道德资本。最后,这些作为非正规规则存在的道德规范,也是私人领域内个人处理道德问题的重要参照系。

2.“路径依赖”和非正规规则的作用机制。

“路径依赖”(path dependence)原是用以描述技术变迁过程的自我强化、自我积累性质的,既是指新技术常常可以凭借占先的优势地位,利用巨大规模促成的单位成本降低,利用普遍流行导致的学习效应和许多行为者采取相同技术产生的协调效应,致使它在市场上越来越流行,人们也就越来越相信它会更加流行,从而实现自我增强的良性循环。相反地，一种具有较之其他技术更为优良的品质的技术却也可能由于晚人一步，没有获得足够的跟随者，而陷入恶性循环，甚至“闭锁”(lock-in)在某种被动状态，无以解脱。

诺斯把技术变迁的上述机制扩展到制度变迁中，用“路径依赖”概念来描述过去的绩效对观在和未来的强大影响力。一国的经济发展一旦走上某一轨道，它的既定方向会在往后的发展中得到自我强化，所以人们过去的选择决定着他们现在可能的选择。制度给人们带来的规模收益决定了制度变迁的方向，并最终使得制度变迁可能呈现出两条截然相反的轨迹。当收益递增普遍发生时制度变迁不仅得到巩固和支持，而且能在此基础上一环紧扣一环，沿着良性循环轨迹发展，即“路径依赖”或“相互依赖的通道”；当收益递增不能普遍发生时，制度变迁就朝着无效或不利于产出最大化的方向发展，结果在痛苦深渊中愈陷愈深，甚至被“闭锁”在某种无效率状态。①

作为非正规规则存在的社会道德规范具有相对的稳定性，以上提到的经济基础层面的道德规范由于与政治、法律相融合存在，具有最大的稳定性；经济运行层面的道德规范次之；私人经济生活中的道德规范稳定性最小。他们在国家、社会组织、家庭等各种集体组织中，以各种形式的集体选择和集体学习的方式，使“路径依赖”得以实现，最终得以在建构了一定社会的经济体制之后，自我强化，得以维持和延续。

三、经济活动中存在于个人的道德及其发生机制。

1. 道德在个人那里的发生机制

道德在经济领域作为一种普遍的非正规规则存在，从总体上影响着经济增长的进程。但是，非正规规则能否得到实行，最终还是要落实到人身上。因为无论企业还是政府都是由人组成的，不可能摆脱人的影响。这样，道德在个人那里的发生机制，就成为我们以下探

① 谭崇台：《发展经济学辞典》，山西经济出版社2002年版，第422～423页。

讨的内容。结合现有的伦理学理论和实践，有这样几种情况：(1)理性的形式①。这种作用机制下的道德发生，即要不要做某一件事以及要做的这件事是否道德，要经过道德主体的理性道德判断。在道德判断的标准上有义务论和结果论两种不同的理论观点。义务论的判断标准是行为的动机，即一个行为只要动机是好的，就是道德的；道德行为的实现，需要理性战胜欲望。另一种结果论的观点则是，只要结果是好的就是道德的。(2)情操的形式。这种理论观点起源于亚里士多德，在20世纪80年代早期出现了一股回潮。在这种观点的持有者看来，道德主体是一种存在的方式，而不是行为或决策的方式。这种作用机制下，“道德判断的作用削弱了，而道德情感(emotion)和道德直觉的作用加强了”。行为是否要履行(是不是道德的)，不仅要依靠理性判断和自律，还要靠积养而成的道德情操，道德主体需要向一定的道德标准看齐。(3)除了以上两种从理论上可以推导出的道德发生机制之外，笔者认为还有一种道德的发生机制就是道德情感的冲动。这种情况下的道德情感区别于道德情操机制中的稳定的道德情感和敏锐的道德直觉，这种情况下道德行为的发生，既可能是一个奉行“道德无用论”的道德情感缺失的人，在偶尔良心发现的情况下的表现；也可能是一个奉行理性至上的人，违背理性计算原则而发生的道德行为。无论哪种情况，行为者在事后很可能会认为这种道德行为违背了自己一贯的原则，有的甚至感到后悔。

正是由于道德在个人那里的发生机制具有多样性，所以个体道德的约束机制要比作为非正规规则存在的道德规范具有更直接的影响，如果个体道德规范与社会道德规范相一致，则这种约束作用可以

---

① 这里我们或许需要对“理性”进行一下定义。我们这里所说的理性是一种认识论上的理性，即认为理性是“人认识事物本质和规律的逻辑思维形式”。这种理性既包括从经济角度进行的思维形式，即认为“个人在经济意义上是理性的，总是寻求个人满足最大化，或寻求利润最大化或成本最小化”；也包括从道德和人性角度所进行的思维形式：“人的抽象的逻辑思维能力以及受这种思维能力所支配的人的理智的、克制的、自觉能力和存在属性。”

最好的发挥出来。不仅如此,个体道德规范由于发生机制的特点还有创新机制和动力机制的作用,为经济增长提供创新途径和动力源泉。

2. 个体道德的创新机制。

经济增长中,道德就是通过道德规范对组织和公共机构的影响;以及个人的道德发生机制对社会的非正规规则和自身道德准则进行权衡而发挥影响作用的。在这两者当中,非正规规则具有工具性、普适性、刚性;个体发生机制具有复杂性、特殊性、灵活性。后者对于经济发展的变化反映最敏锐,在他那里往往会出现非正规规则变革与创新的"火花"。也由于后者的渗透力更强,可以导致非正规规则的名存实亡,因而是道德制度创新的重要力量。无论是经济组织还是公共机构都是由人组成的,无法消解人的影响,如果一种以非正规规则形式存在的道德规范,与社会大多数个人的道德标准相冲突,那么它就无法在个人的道德发生机制那里实现。那就意味着这种规则是过时的,或不切实际的,社会需要新的与之相适应的道德规则,这时候就需要非正规规则的制度创新。同时,我们要看到道德规范发生作用的"路径依赖",要打破这种"路径依赖",需要很大的社会成本。而这种成本往往不是个人所能支付的,所以它需要社会和政府的响应。

3. 个体道德的动力机制。

在经济增长诸要素中,劳动者具有很大的潜力。我们这里所指的动力机制,不是指劳动者在经济发展史上从劳动、到职业经理人、到新经济条件下集技术与管理职能于一身的人的这种地位的逐渐上升。而仅仅是指对于同一个劳动者,在不同的工作态度、工作热情的条件下对于经济增长贡献的差别。马克斯・韦伯研究了资本主义经济发展与道德伦理文化的关系,提出了人的职业道德观念对经济发展的影响。按照托马斯・阿奎所代表的传统,经济活动和其他人世间活动一样,只是信仰生活不可缺少的必要的自然条件,这时人的经济活动具有依附性,是消极的;路德在宗教改革中宣扬:修道生活没有任何意义，是一种对生活的逃避；而从事生产活动，通过职业劳动却能显示人们对上帝的尊服和对邻人的爱。这种对于生产活动的积极评价，进一步刺激人们从事经济生产活动。而加尔文更进一步认为，人类从事生产活动和具体职业，在证明对上帝尊服的同时，也是履行对上帝的责任和义务的过程。所以，积极的争取和利用上帝给予的每一个获利和升迁的机会是对的，而安于职守是不够的。这种道德的属性就是强迫自己去工作。可以想象一个具有这种职业道德观念的劳动者和一个做一天和尚撞一天钟的劳动者工作效率的差别。

四、经济发展模式的道德性

1. 经济发展模式。

“模式”这一用语，原指数学上的数学方程，也可以指借助数学符号或图示对一种理论的表述。在经济理论研究中，人们常把这一概念应用于对社会经济关系的表述，把一些可以用数学形式表述的，或虽不能用数学形式表示、但具有一定特征的经济关系的理论结构称为经济模式。波兰经济学家 W. 布鲁斯曾说：“使用模式这个术语的正确意思是表示经济机制运行的图示，它是撇开复杂细节，而提供经济运行的主要原则的图示。”①

从词义来解释，“发展”代表一种前进的、上升的运动和变化，它的反义词是“倒退”，但是，把“经济发展模式”中的“发展”用“倒退”来代替，我们就会发现，“发展”在这里近乎多余，因为虽然有关于经济危机、经济衰退现象的系统与专门研究，但是，还没有谁会把他总结为一种模式——“经济倒退模式”。细究原因就可以发现：经济模式的总结或创造，目的在于借鉴和推广应用。这从着眼“模式”研究经济学的趋势的兴起就可见一斑。张孝德在《模式经济学新探——

① 布鲁斯著：《社会主义经济的运行问题》，中国社会科学出版社 1984 年中文版，第 2 页。

中国经济模式的选择与创新》一书中提到:从模式的角度研究经济问题已成为现代经济学常见的现象,特别是二战以后掀起的发展经济学,对模式使用的频率最高。赋予模式最具现实意义和国际影响的是20世纪60年代以来出现的“东亚模式”。经济学界把在西方以外的地区出现经济发展归结为经济模式的创新,而不仅仅是制度的创新。

一般经济学家的“经济发展模式”、“经济模式”与“经济运行模式”并没有本质的区别。所以,只要是以理论化的形式,表现的经济系统结构与某一方面运行特征的模型,都可以称为经济模式。这样,经济发展模式就不仅包括广义上的“农业经济发展模式”、“工业经济发展模式”、“可持续经济发展模式”;还应该包括“市场经济发展模式”与“计划经济发展模式”;“东亚经济发展模式”与“中国经济模式”及其他发展中国家的经济发展模式;“内陆地区经济发展模式”、“沿海地区经济发展模式”;甚至“跨越式经济发展模式”和“可持续经济发展模式”。

经济模式的组成有三个特征:(1)有一定的内涵或主体,即关于某一事物的模式,如经济发展模式、市场模式、企业模式等;(2)有一定的结构,即这一模式是由哪些基本要素组成的,各要素在结构中所处的地位和作用如何,其相互之间怎样联结;(3)理论性,即它排除了一些现象性的东西,从本质上把复杂的事务简化或进行理论抽象,因此经济模式都有一定的理论性。

2. 经济发展模式的道德性含义。

经济发展模式的道德性是指经济发展模式的道德发展层次和应用维度。它是道德哲学在经济领域的运用,它从具体考察经济发展模式的理论假设动机、手段、逻辑结果入手,揭示经济发展模式中所蕴含着的人的价值取向;人的行为方式;个人与社会的伦理关系从而确认它的道德发展层次。

诚如上面所提到的,经济发展模式是经济发展方式的理论总结,某些经济发展模式本身并不包含道德的因素,但是它毕竟是人类为达到一定经济目的所采用的手段。经济发展模式的道德性含义的另一方面就是经济目的与经济效果的冲突与和谐在道德上的体现。"道德权衡机制的诸多因素:一方面是指不同的伦理范式:如康德的理性伦理学、亚里士多德的德行伦理、边沁的功利主义、叔本华的同情伦理、哈特曼的价值理论、罗尔斯的正义原则、尤那斯的责任原则、马伽利特的尊重原则、格特的不伤害原则等;另一方面是指社会中通过不同群体所体现出来的各种各样的利益要求。"

由于模式的应用的特性,而这种应用是在一定社会环境下的应用,如果不考虑模型的道德性就会使所借鉴的经济发展模式"水土不服",不能发挥预期的效果。甚至,可能造成意料之外的损失。

3. 现存的经济发展模式道德性的反思。

第一,经济增长模式和经济发展模式及其道德评价。

半个世纪以来,人们对发展的认识大致经历了经济增长、经济发展、全面的社会发展三个阶段。经济增长一般是指,一国在一定时期中产品和劳务的实际产出的增长,也就是 GNP 或准确的说是人均 GNP 的增长。而经济发展的概念包括了经济增长的含义,又不仅仅限于这一层含义。他还包括伴随着经济增长所发生经济、政治、文化以及社会制度的变化。经济增长模式是人类发展的必经阶段,从亚当·斯密开始探索人类财富的起源开始到关于经济发展因素的研究,提出了一系列经济增长的模型,这实际上都是在探究西方传统概念的经济发展模式。在经济增长模式中,没有人的道德理性的地位。人完全按照经济理性行为。"传统的经济增长理论,在讨论经济发展时把现实的人及其活动抽象掉了,仅仅依靠表示物的各种经济范畴去建构经济增长或发展理论。"

在经济发展模式中经济增长被作为手段,经济发展作为目的,看到了增长与发展的本质区别,并对二者的地位进行了明确。人的需要的多样性得到尊重。如果由于制度上的原因,产出增长的结果是长期两极分化,富者更富,贫者更贫;产出有快速的增长,但产出中相当大一部分无补于国计民生,而是国民经济的虚耗;为了追求快速的产出增长，不顾及人们的福利，不考虑所付出的社会代价。这几种情况的出现，都表明增长和发展并非一致，增长而无发展，或者说出现了"无发展的增长"。经济发展模式将采取更审慎和人性化的选择。

经济发展模式又称可持续发展模式扩大了伦理关怀的范围。考虑到经济发展中的代际伦理关系，人与生态环境之间的伦理关系。

世界银行2000年出版物《绿色工业——社区、市场和政府的新职能》专栏4.2中以"中国的穷人遭受更多的污染"为题讨论了污染与贫穷的问题。文章以中国50个城市的平均工资水平和污染强度的关系图例，分析指出"贫穷是一种灾难，但穷人至少希望有一种补偿，因为富裕地区有更多的工业，因而要遭受到更多的污染。不幸的是，中国贫穷地区的居民得不到这种安慰"。而造成这种"悲剧性的关系"原因在于虽然富裕地区确实存在较高水平的工业化生产，但这些地区的反馈机制也相对要好；环境管理更严格，所以生产更加清洁。另外，"工业规模是中国各地区污染的第二号因素"，工业设备的运转效率不会产生更多的废弃物。而在那些工业不是太发达的地区，熟练工人相对不足，就会造成这种局面。

第二，计划经济模式和市场经济模式。

"市场经济与计划经济有一个根本的不同。计划经济为了保证政府的经济指令能够被不折不扣的执行，希望执行指令的人都是没有私心的人，于是他将个人追求私利视为恶并严加限制。而市场经济则不仅视个人追求私利为正当，还把个人追求个人利益最大化当作市场经济得以运作并实现资源优化配置的原动力。"①可以说计划经济模式，境界是高的，但由于计划手段的局限性，比如，政府获得经济发展信息的能力有限，因而决策不免粗糙，有些经济决策容易一刀切，由于脱离了经济发展的实际水平，无视人的正常的物质需要，因而是不切实际的。它的对人的私利的全盘否定和压抑，从某种意义上来说，是一种恶的手段。

---

① 韩东屏：《论道德建设的制度安排》，浙江社会科学，2002年第2期.

国有企业模式的选择是向苏联学习的结果，而实际上改革之前，企业属于全体人民所有，企业按照国家的计划指令进行生产活动。对于苏联模式，即由中央计划部门领导按职能划分的各部委，而各部委负责监督按行业归属的各国有企业的生产活动的学习是一个买一送一的套餐。传统国有企业的产生和计划经济体制的产生是同一时间。

从企业关系来看，企业与国家的关系相对于市场经济条件下私营企业与国家的关系成为企业所面临的社会关系中最具差异性的一种。按照西方经济学的短期生产函数资本、劳动是企业生产的内生条件，国家不直接干预企业的生产活动，即不会直接决定资源在企业间的流通，干涉企业的生产经营活动。而对于国有企业来讲的约束条件则存在预算约束软化，以及生产要素的投入完全不自主的情况，甚至要接受国家的生产指标，他的约束条件是国家行为及其结果。[①]这种不仅是生产经营方式的不同，甚至是组织目的的不同，也正是从市场经济的角度，有的理论家提出计划经济不存在企业。而由于这种目的和利益的不独立性，决定了国有企业从一开始就是不独立的。根据道德的选择可能性原则(PAP)的规定："行为者只有在他可以自由地做出彼种选择的情况下，才对它所做出的此种选择负道德责任。"或作为(PAP)的一种弱观点认为，一个行为者对他所选择实行的行为负道德责任只有在他可以自由的不选择实行这种行为的前提下。按照这一原则，我们无法从企业的本性方面来对企业进行道德判断。

从国有企业对个人和社会的影响来看。相对于饥寒交迫连生存权都得不到保障的旧中国工人阶级，新中国的国企工人，正如前面所提到的，国家不仅保障了他们的劳动权利，并且提供了相应的福利，在企业内部享有充分的民主权利，企业员工尤其是工会对企业内部事务有很大的发言权。这极大地唤醒了民众的主人翁意识；然而，

① 张宇燕：《国有企业的性质》。

“道德学发轫于道德本性的高贵性质，这种性质的发展和教化指向一种无穷的益处，终结于——热狂和迷信”[①]。道德在个人那里的稳固性建立在自由和理性的基础之上，这也正如我们前面提到的道德的是调节人性内在矛盾的自我规范。人的需求是多样的，个人的选择也受诸多条件的限制。如果这种道德相对于利益的选择不是建立在对自我多种价值取向的选择的基础上；不是建立在对道德类型的了解的基础上的自由选择，那么这种道德在个人那里的稳固性就难以维持。而相对于当时的个人选择来讲，由于当时国民素质以及宣传的问题难免存在盲从的痕迹。

从对企业本身的效率来讲，国有企业也不是一无是处，“爱厂如家的口号”曾经风靡一时，“舍小家，顾大家”甚至真正成为许多工人的由衷的道德觉悟，和更多人的学习楷模；民众焕发出来的劳动热情使新中国在“一穷二白”的基础上迅速恢复经济，并建立起一个较为完整的国民经济体系；国有企业也不是想某些经济学家所言缺少激励机制，实际上，企业之间互相攀比，虚报数字，经济发展的过程中，社会一度出现了“大跃进”、“浮夸风”以及“数字出官”的现象说明荣誉曾经是一个很强的激励信号。只是当这种美好的道德追求走向一种极端时，就可能出现意想不到的结果。

那么市场经济发展模式的道德性如何呢？这里笔者以产权学派经济学家科斯的理论威力进行分析。

在科斯的理论中，企业被描述为以盈利为目的的一个契约组织。在这个企业内部，为了以更少的交易成本与资本所有者签订契约，也为了提高生产的效率，一些人愿意听从一个人的指挥，于是企业就与平等交易的市场不同存在权威。而企业的本质是赢利。企业之所以区别于其他的契约组织，就在于它的盈利性。否则他就不是一个企业，而是一个社团组织。这里的契约关系即是一种社会关系。诸如

---

① 转引自任建东：《道德信仰的演变及其规律性》，《伦理学研究》2003 年 1 月第 1 期，第 28 页。

"对他人产生有害影响的那些工商业企业的行为",例如,工厂的烟囱的例子:工厂冒出来的烟影响了附近居民的生活质量。这个问题的解决方式,不是按照传统的道德原则——人的生命健康权高于获得经济的利益这样一条道德原则;也不是依照庇古在《福利经济学》中提出的观点:"要求工厂主对烟尘所引起的损害负责赔偿,或者根据工厂排出烟尘的不同容量及其所致损害的相应金额标准对工厂主征税,或者最终责令该厂迁出居民区(当然也指烟尘排放对他人产生有害影响的地区)";按照科斯的观点,选择的实质不是怎样赔偿,而"必须决定的真正问题是,允许甲损害乙,还是允许乙损害甲?关键在于避免较严重的损害。"即是允许工厂损害居民还是允许居民损害工厂?① 在这里,科斯把产权的契约安排提到了问题的焦点。

由此我们可以想到西方对制度伦理化和伦理制度化,如果以契约的建立基础来分析信用,我们就可以看到道德在西方企业中有一种传统道德逐渐淡出和个人道德向组织和制度道德化的过程。正如我们前面所讲到的,最初的合伙契约是建立在亲戚朋友之间,这种契约的基础是双方的了解和信任,这是一种传统的以道德信任为基础的人合企业;而随着企业资金越来越来源于互不相识的个人,这种信任关系的来源也就不再是陌生人社会中的个人,而是内涵了道德要求的制度对企业组织的约束。我们或者可以说是制度的伦理化。

从道德的角度来理解科斯的观点有两种可能性:可能一,产权安排的合理性能够解决不道德问题的出现。对于这一点,笔者认为科斯没有进行证实,而人类迄今为止似乎还没有出现这样一种制度,而事实上无论哪种产权安排下的社会,在经济领域都存在不道德现象;遗憾的是笔者也不能进行证伪。实际上从空想社会主义到共产主义,从理论到实践,关于理想社会的安排人类探索的步伐从来没有停歇过。但是至少有一点可以肯定,在社会发展的现阶段,以这种观点来排斥道德,既是不明智的也是不现实的。可能二,不可能存在金钱

① [英]R. H. 科斯.《社会成本问题》http://www.stevenxue.com/ref_01.htm。

不能购买到的东西,有了经济准则的安排就不再需要道德;只要可以决定谁来支付,并进行足够的支付,那么任何人都不会出现不能放弃的东西。对于这一问题的回答我们可以做一设想,住在这个工厂旁边的是一位老太太,她现在孤身一人,这所房子是曾经与她相依为命的已故亲人共同生活几十年的地方。对于她来说优越的住房条件都已经不重要,她唯一的希望就是能够在这所自己生活几十年的“家”中安度晚年。那么她的这种要求可不可能存在？制度是不是应该尊重、保护她的选择？按照笔者的观点,企业道德不是来源于个体而是来源于制度这种观点是不能接受的。但是,合理的制度安排能够促进效率这一点却是科斯一定想论证,并且论证成功的。经济制度当然存在是否道德的问题,并且由于它的涉及范围的广泛性,道德建设也存在效率的问题,这是我们可以从科斯那里借鉴的。

通过上面的比较论述我们可以看到,计划经济发展模式和市场经济发展模式本身内涵着很明显的人与人关系的处理原则和道德价值取向,而无论是哪种发展模式的道德性都不是完美的。

五、经济增长率选择的道德价值

一般来说,经济增长是“指一国的总产出、国民生产总值或国民收入的增长,特别是一国的人均产出、人均国民生产总值或人均收入的增长。或者说,一国的商品和服务增加了,即是经济增长”[①]。经济增长率经常被用 GDP 或 GNP 来代替。经济增长率选择的问题始于凯恩斯主义,它是政府干预经济的表现;是国家干预主义与经济自由主义斗争的一个表现。

经济增长率选择并不意味着行政命令和直接调控,而往往是使用经济政策间接调控。

1. 价值、经济价值与道德价值。

“价值”一词作为一个概念(区别于日常生活用语)被使用,最早

---

① 谭崇台:《发展经济学辞典》,山西经济出版社 2002 年版,第 301 页。

是在经济学中，在经济学那里，"'价值'或'有价值的'意味着被指称的一些事物是能满足我们需要的客体……通常的评价标准是用"得"或"失"来表达，评价者也通常是个人……价值不是被评价的客体的概念，而是一个客体与人之间关系的概念——它是这种关系客体的一个象征。换句话说，价值是客体与人之间的一种关系……"①19世纪中下叶渗入哲学，上升为一个普遍的哲学范畴，并得到进一步的发展，形成了这样的价值系统："在每一个价值领域里，必须划分为四个方面：价值，价值与现实的结合，主体对价值的态度，从他们当中产生的世界观类型。其次，把价值分为逻辑、美学、伦理、宗教等六个领域。在逻辑领域，真理是价值，科学是财富，判断是主体的态度；承认这种价值的世界观是唯理主义。在美学领域，美是价值，艺术是财富，直观是主体的态度，世界观是唯美主义。在伦理领域，道德是价值，自由人的世界是财富，自由的活动是主体的态度，世界观是道德主义。"②

就其理论渊源来看，经济价值与道德价值在"对人的意义"这一点上具有一致性；但是二者的一致性还不仅于此。把道德作为价值来考虑是规范伦理学的一个流派——目的论（teleological theories）或结果论（consequentialism）的理论。在目的论者看来，应该根据"好"或"善"（good）、"价值"（value）这样的标准来判断行为或行为准则；这组概念从广义上来讲指"一切人们认为有价值的东西"；从狭义上来说是指"人们所欲求的生活目标、性质、品格、趣味、实际状态以及行为结果中一切有正面意义的东西、人们希望得到的东西"③。而与它相对的义务论（deontological theories）则认为，应该根据"正当"或"义务"（duty）这样的标准来判断行为或行为准则；这组概念主要是

① 〔日〕牧口常三郎：《价值哲学》马俊峰、江畅：北京：中国人民大学出版社1989年版，第55页。

② 韦朝烈：《"价值哲学"兴起的社会学和经济背景》，《社会科学研究》2003年版，第1期，第59～63页。

③ 何怀宏：《伦理学是什么》，北京大学出版社2002年版，第65页。

针对行为、过程及其规则而言。因为广义的目的论的“好”的概念包括了“正当”这样的范畴。所以本文主要也是从广义上来讨论经济增长率选择的道德价值。主要的目的伦理论有至善论、功利主义、利己主义等。在进一步探讨主题之前,有必要对这些理论作一下简要介绍。

“亚里士多德是传统完善论伦理学的主要代表和系统阐述者。人们有时把他的伦理学理论称之为“至善论”、“自我实现论”或“精力论”。亚里士多德认为,人的一切活动、计划都以某种善的事物为目的,这些作为目标的善则有主从、高下、以及同时也作为手段和仅仅作为目的本身的分别。善的事物可以分为三个部分,一部分成为外在的善,另两部分成为灵魂的善和身体的善。其中灵魂的善是主要的、最高的善,是作为最后目的或目的本身的善。这也就是“至善”或“善自身”。由此,我们可以推论,在亚里士多德那里“道德价值”是比“经济价值”更高的“善”;“经济价值”如果仅仅为了自身存在,那就不具有道德价值,而如果是一种达到“灵魂的善”的手段而存在,那么它就具有了“手段”的“善”的含义,也就有了道德价值。

功利主义者认为:道德的价值在于效用,即如果一个决策比其他任何一个选择的效用都大,那它就是道德的。在这里“经济价值”与“道德价值”是一致的,甚至“经济价值是道德价值的基础,没有经济价值的增进就谈不上道德”,约翰·密尔在《功利主义》这本书里的一段话,可以说明这一点。他“承认功利为道德基础的信条,换言之,最大幸福主义,主张行为的正当是与它增进幸福的倾向为比例;行为的不正当是与它产生不幸福的倾向为比例。幸福是指快乐与免除痛苦;不幸福是指痛苦和丧失快乐”。功利主义者强调的这种“幸福”的客观的、可见利益和效用与经济价值实际上是一致的。功利主义又分为行为功利主义和准则功利主义。他们本质上没有差别,只是行为功利主义认为行为的道德价值取决于特定行为的后果;准则功利主义认为道德的价值在于遵守一系列准则,因为持续遵守这些准则会产生最大功效。

利己主义(egoism)是一种优先考虑自我利益的道德价值取向。又分为自我利己主义和开明利己主义两种。这种分类可以被看做是因行为主体的不同,也可以看做是因考虑时间长短的不同。自我利己主义是绝对以自我为中心,其他人都要为自己的利益让步;而开明利己主义则承认其他人的利己主义,因而在考虑自身的利益时会从长远来考虑。在短期内为自我利己主义所采取的行为,未必会为考虑长远利益的开明利己主义所赞赏。在利己主义那里,经济价值和道德价值的关系表现的不是太明显,它强调的是一种处理经济利益的优先性问题。

通过上面的理论解释不难看出在某些学者那里,道德价值与经济价值在内容上也具有一致性。对同一主体来说,同一行为既可能具有经济价值也可能体现出道德价值。实际上,任何一个道德行为都不可能仅仅是道德行为而不是其他行为。可以说,一个见义勇为的行为,同时也是一个同歹徒做斗争的行为;一个慈善的行为同时也是一个捐助的行为。所以道德价值往往是通过某一个特定的行为体现出来的,而这一行为可能就是经济行为。

2. 政府行为的中性或道德性。

本文所指的道德价值就是指政府的经济增长率选择这一行为对于社会(作为全体的人)的道德价值。在我们的道德价值判断中,道德价值的主体是社会(作为全体的人),客体是政府的经济增长率选择行为,而这一行为的主体是政府。

按照一般的观点,政府能够代表社会,并能够按照社会的利益去纠正由于市场自发调节所带来的"恶",同时不会造成新的"恶"。如果这样那就好像一个人判断自己对自己有没有价值一样,没有任何意义。那在经济增长率选择这一行为实践中社会和政府是否可作为同样的概念呢?我们只要看一下经济增长率的选择的过程就会明了。经济增长率的选择可以说是这样做出的:首先,社会选出自己的政府及其组成人员;然后,由这些政府工作人员代理进行最后的经济增长率选择。按照代理理论的推理,这样的结果是可能的;代理人由于自身利益与委托人利益结合不是太紧密，违背代理人即社会公众的意愿，从而做出不利于委托人的选择，使经济决策不符合公共利益，即出现了委托代理问题；公共选择理论认为：人们在做出政治决定和经济决定时没有动机上的差别，都从自己的经济人本能出发，按照趋利避害。在政府工作人员的产生过程，公众的投票是按照这一原则进行的；在经济决策的过程中，"人也不会因为他占有一个总经理的头衔或部长的头衔，人性就会发生变化，不管是在私营企业工作还是在政府部门服务，只要有可能便会选择能为自己带来更大满足（物质上的或纯粹心理上的，如权力、威望、职业成就等等）的决策，即使该决策可能不太符合公众利益"①。

从实践来看，自由主义者的中立性原则是行不通的。经济决策行为虽然发生在某几个人身上，但毕竟发生在政府当中，是政府负担公共责任时的行为。只要有不道德的行为——违反"公共的善"的行为，就影响政府承担的公共责任。同时，政府对道德持中立态度容易导致社会价值观念多元化，利益集团可能通过理性的方式诱导寻租，在执政者的道德缺失的情况下就会发生经济决策仅代表利益集团利益的情形。对自由主义的中立行为进行的批判，使自由主义发生了对传统的偏离。约瑟夫·拉茨在坚持自由主义的同时反对中立性原则，赞同至善论。他认为，政府的责任之一是促进道德，"政府也可能是自由的源泉，他可以创造条件使人得到更多的自由"。

以上的论述，既说明了政府行为作为价值判断的可能性，同时也体现了政府决策过程就是一个伦理权衡过程，必然体现一定的道德价值。经济增长率选择这个特定的行为，不是一个瞬间的行为，而是一个由一定主体发生的事件，包括行为人、动机、过程（手段）和结果几个环节。这当中包含着的道德价值不仅仅在决策过程中体现出来，还在作为事件一部分的执行过程和结果中得到体现。

① 蒋自强：《当代西方经济学流派》，浙江大学出版社 1988 年版，第 252 页。

3. 经济增长率选择的正面的道德价值。

经济增长率选择的正面道德价值,在于它解放了人类的自我意识;促进了平等的观念;给人们提供了更多自由意志的可能性,从而提供了道德选择的空间。

首先,经济发展使人们摆脱了对自然的恐惧。“在农业文明时代,人类与自然的关系,主要是人类与地球上自然生态圈的关系。在农业生产中,由于动植物的生产过程严格受到外在的天时和内在的遗传基因的影响,所以人们可以控制植物的栽培和收获、控制畜养动物的活动空间,却不能控制四季变化的天时和神秘的遗传基因。古代的农业生产活动是一个在天时控制下的生产活动,在这样一种特定的生存时空中,以顺应天时、敬畏生命为主要内容的天人统一观就成了古代人类特有的自然观。近代的经济增长,不仅其所需要的资源主要来自化合物,而且整个生产过程都是人为控制的。产品的生产周期不受四季循环、昼夜交替的控制,主要受技术进步、管理水平等因素的制约。在这样一种生产活动中人类与自然的关系,不再是人类敬畏自然、服从自然,而是征服自然、改造自然的关系,天人对立观也就成了工业文明时代特有的自然观。”①

同时,经济增长和经济发展也使人摆脱了对宗教、宗法制度以及等级制度等思想、人情、或政治的盲目崇拜。随着经济增长到商品经济发达的阶段。商品的发展必然要求市场交易主体按照自由竞争的原则进行交换,而排斥由于政治造成的垄断;排斥由于等级造成的不平等交易。“商品是天生的平等派”,“平等和自由不仅在以交换价值为基础的交换中受到尊重,而且交换价值的交换是一切平等和自由的生产的现实的基础。作为纯粹观念,平等和自由不过是另一次方上的这种基础而已。”“交换价值,或者更确切的说,货币制度,事实上是自由和平等的制度。”②

① 洪银兴:《可持续发展经济学》,商务印书馆 2000 年版,第 373 页。

② 何建华:《道德自律和意志自由》,《浙江社会科学》,2002 年第 4 期,第 118 页。

最后，适度的经济增长率带来了社会产品的极大丰富，这不仅使世界日益富裕，并且使人们获得了进行道德修养的必要条件。“亚里士多德说，作为一个人，思辨总要求有外部条件，进行思辨的本性本不是自足的”[①]；而“梭伦对人的幸福作过一番很好的描述：这就是具有中等的外部供应，而做着高尚的事情，过着节俭的生活”[②]。同时，经济增长使人的活动空间越来越大，使人类不得不面对更多的道德考验。超出了一国的范围的经济活动，增强了人类的相互依赖性和相互了解，有利于推动人们在全球范围内谋求合作，包括全球伦理建立的探讨。人的道德价值不再是一种朴素的原始的道德价值，而是在经历更多道德经验之后的日益丰富的道德价值。

4. 经济增长率选择带来的负面道德价值。

就经济增长率选择来说，有一个恰当与否的问题。不能说高一点就好，低一点就不好：也不能说在这个国家好；在另外的国家也好。不适当的经济增长率选择则会带来负的道德价值。

发达国家经济增长率选择的问题主要表现在过度发展。其负面道德价值表现在：从人与自身的关系来看，过分刺激对实利的欲望，使商品拜物教和享乐主义盛行，模糊了目的与手段的界限，人为物欲所主宰，精神日益躁动不安；需求的多样性与现实追求的单一性，导致人的精神分裂，迷失了自己的精神家园。从人与自然生态的关系来看，由于持续的经济发展导致对能源、材料的巨大需求和产品的巨大供给，带来人口爆炸，环境破坏，生态失衡，人与自然生物圈的伦理协调被打破，人类可持续发展受到威胁。（这一点可参见《经济发展模式的道德性》一节）；以下面摘抄的一段文章来看：

第二次世界大战后，世界经济发展的特征主要表现在：发达国家以重工业、化学工业和自动化为核心，使生产力得到了飞跃般的发展，并取得了经济的高速增长。在二战后的高速增长期（1995 ~

① 何怀宏：《伦理学是什么》，北京大学出版社 2002 年版，第 162 页。

② 何怀宏：《伦理学是什么》，北京大学出版社 2002 年版，第 162 页。

1970)，美、日、欧洲诸发达国家的 GNP 平均递增率为 6% ~9%。其中，日本的经济增长率最高，为 6.3% ~13.5%。

但是，支持这些发达国家经济高速增长的是前所未有的资源的大规模投入和技术创新。诸发达国家在 20 世纪 50 年代初，就完成了所谓的“能源革命”，即能源由主要消耗煤炭向主要消耗石油转换，从而更加巩固了大批量生产的基础。与此同时，中东的石油开始成为世界性的能源资源。

然而，第一次石油危机(1973 ~1974，第四次中东战争爆发，原油价格由 1973 年 1 月 1 日的每桶 2.591 美元上升到 1974 年 1 月 1 日的 11.651 美元)使世界经济陷入低增长的状态，在这期间，美国工业经济增长下降了 20%，呈现了负增长。石油危机告诉人类，绝大多数资源是会枯竭的！

因为受物理定律(能量守恒、物质不灭)的约束，生产过程是一个能量转换的过程，所以，在有益的生产过程中也要或多或少的产生一些废物，即只有负加值的物质或能量(废气、废水、废渣、简称“三废”)。若以经济(生产)为轴心来考虑问题的话，在投入方面表现为资源问题，在产出方面则表现为环境问题(有附图，作者注)。1987 年，日本人均石油(原油)消耗量:2130 升，人均 GNP:23884 美元，人均排放二氧化碳 11 吨；美国同期人均石油(原油)消耗量:500 升，人均 GNP:125 美元(11049 亿元/108073 万人/8.2)，同年世界人均石油(原油)消耗量为 720 升。

综上所述，人类经济活动，换言之，经济增长，是靠消费大量的资源来维持的。各国人均 GNP 与人均资源消耗量以及二氧化碳等有害气体排放之间存在正相关关系。

处理资源环境上的道德价值表现在:首先，对后代经济利益的尊重。资源是有限的，本代进行了过多的开发和享用，势必造成后代可利用资源的不足或枯竭，限制这种需求却可以为后代留下更多可享用的资源，这就需要在本代人的需要和后代人的需要之间进行取舍。其次，表现在对其他国家人民的需要的尊重，世界越来越取得共识，即资源环境问题，不是一个国家的问题。一个国家造成的大面积空气、水域污染，不可能不影响到相邻国家；一个国家的资源过量使用，意味着另一国家将来可用资源的减少；因而，适当的经济增长率选择，需要在国家间的环境安全和环境公平角度进行思考。最后，体现了对自然的尊重。人类中心主义认为，自然是附属于人的存在，人们可以无限制的从自然索取和塞进垃圾。随着经济发展，人类进一步意识到自然生态系统自身规律的重要性，人与自然的关系应该是一种伦理的关系而不是附属的关系，对自然的尊重，同时也是对人类自身的尊重。

而在发展中国家，单纯追求经济增长带来许多社会问题：如效率与公平、自由与平等、速度与效益、质量与数量、个人与社会、农村与城市、富人与穷人等。这些矛盾与冲突，对人们道德价值观念造成很大冲击，引起了人们对特定增长率选择的道德价值的重视。就经济增长率选择本身来说，就导致了“大跃进”、“浮夸风”以及“数字出官”等不正常现象。政府的经济增长率选择脱离实际，在一些道德修养不高，而权力欲望强的人那里，道德理性被权力欲望战胜，虚报数字成为升官的手段；而作为它的下级，即使有一定的道德修养，也可能不得不虚报数字。因为他所面临的政治风险、经济风险或其他方面的压力可能比道德惩罚带来的后果更严重。可以想象，越是处于下级的地位，他承受风险的能力越低，他越可能迫于压力而不得不屈服于上级的指示或暗示，丧失道德自主性。在这种情况下，根据道德的选择可能性原则（PAP）的一种强观点：“行为者只有在他可以自由地做出彼种选择的情况下，才对它所做出的此种选择负道德责任”①，那么，下级不对行为负责任。而实际上，当许多人都面临这种压力时，那这种增长率选择的负面的道德价值就可能大大削弱了其正面的道德价值。

① 〔美〕斯图尔特：《选择可能性原则和法兰克福式的反例》，李红霞译，《国外社会科学》，2003 年第 1 期，第 60 页。

第二节　经济危机中的道德

在人类享受经济增长带来的财富增加、生活水平的提高的同时，经济危机也偶尔会不期而遇，给社会经济生活、伦理道德带来复杂的影响。危机中道德会发生什么样的变化？道德因素对危机又会产生什么样的作用？怎么样从伦理道德方面构建防危之"墙"、应该拿出什么样的治理危机的"伦理药方"？从道德的角度对经济危机进行反思，探讨经济危机中的道德，以及道德对经济危机的影响有一定的理论和现实意义。

一、经济衰退与危机

每一个经济周期都必然含有一个比较明显的经济衰退，但是，应当看到，经济周期中的经济衰退与经济危机并不完全相同。经济衰退有大有小，有重有轻，而经济危机一般都是比较严重的大范围衰退。

1.经济衰退的概念与特征。

经济衰退是经济周期向下变动的阶段，是经济由繁荣走向萧条的向下滑坡阶段。周期性的经济衰退包含着一定的人为因素，但在多数情况下，在较大程度上，它表现为市场机制本身不完善的一种周期性的自然产物。经济衰退，特别是小规模的经济衰退，固然会影响暂时的经济发展，但它同时也可以起到清洗市场的作用，让那些效率低、经不起衰退压力的企业破产，退出市场，从而"净化"环境，增强市场经济的竞争实力和健康发展的能力，因此可以看做是市场经济新陈代谢的自然代价。

经济衰退的特征表现在如下几个方面：

第一，产出缺口加大。

经济衰退的一个很明显的特征就是产出缺口。所谓产出缺口是指实际产出与潜在产出之间的差额，当前者低于后者时就意味着生产能力的过剩，经济进入衰退状态。以我国为例，1978 年以来中国 GDP 的增长趋势为 9.5%，进入 90 年代以来，这一增长趋势又进一步上升，1991～1997 年期间增长趋势为 10.9%。如果按改革以来经济增长趋势计算，即 1978～1997 年 GDP 潜在产出增长率为 9.5%，那么 1997 年就出现了经济衰退，1997 年 GDP 产出缺口为 -0.7%（8.8%～9.5%），全社会闲置生产能力（指产出缺口与增长趋势的百分比）为 7.4%（-0.7%÷9.5%）[①]；如果按北京大学宋国青测算的 1978～1998 年期间我国 GDP 潜在产出增长率为 8.4% 计算，则在 1998 年就出现经济衰退。

第二，投资、生产水平下降.

经济衰退到来时，投资者受到经济衰退心理预期的影响，投资会更为谨慎，在其没有预测到经济将触底反弹之前，不会增加投资，许多人甚至会不断抽回投资，因此，经济衰退往往伴随着投资水平的明显下降。投资对国民经济的影响是双面的，既可以使国民经济加速发展，也可以使国民经济加速衰退。

第三，失业率上升。

由于企业投资减少，企业开工不足，导致对劳动力的需求减少。从 2000 年下半年开始，由于美国经济的衰退，许多美国企业开始大量裁员，失业率逐月攀升。据统计，2000 年第四季度美国公司一次裁减 50 人以上的大规模裁员达到 5248 次，总共裁减了 64.7 万多人，远远超过前年同期的水平。就连非常风光的新经济宠儿如戴尔电脑、世界通、朗讯科技、摩托罗拉等公司，以及一些大公司如通用电气、通用汽车、波音、戴姆勒—克莱斯勒等，都宣布大幅裁员[②]。

第四，通货紧缩。

社会总需求大幅度下降，经济甚至出现负增长，总供给与总需求

---

① 胡鞍钢：《我国通货紧缩的特点、成因及对策》，《管理世界》1999 年第 3 期。

② 人大复印资料：《世界经济零刊》，2002 年 5 月。

之间的差额越拉越大，再加上是消费者对未来预期失去信心，消费者“持币待购”的投机心理不断加强，进而出现通货紧缩。

2. 经济危机的概念及其特征

经济危机是指经济发展过程中爆发的社会经济的大混乱，它的实质是生产相对过剩。列宁指出，危机是什么？是生产过剩，生产的商品不能实现，找不到需求。在西方国家自工业革命以来的两百多年历史上，危机与繁荣交替，伴随空前的繁荣而来的经常是空前的经济大危机。1788 年，英国棉纺织工业破天荒地出现第一次过剩危机。到 1825 年，又是在英国爆发了人类历史上的第一次工业生产普遍过剩危机，这场危机几乎冲击了英国所有的工业部门。伴随着资本主义在世界范围的扩张，各国的经济联系日趋紧密，到 1847 年，英国爆发的经济危机开始具有广泛的国际影响。1857 年，第一次世界性经济危机爆发。在 20 世纪初，经历了第一次世界大战破坏和 20 年代的空前繁荣后，爆发了最具有破坏性的经济大灾难——1929～1933 年的世界经济大危机，1929 年 6 月，美国工业生产在经历高峰后开始下降，同年 10 月，纽约证券市场上刮起的股市暴跌狂潮，正式拉开了大危机的序幕，随即扩展到德、日、英、法等国，最终席卷了整个资本主义世界。20 世纪 70 年代由于石油危机的冲击，从 1973 年 11 月开始，意、英、美、日、联邦德国、法国等相继进入危机阶段，工业生产普遍、持续、大幅度地下降，酿成了世界性的经济危机。

随着工业经济时代的渐渐退色，金融经济时代悄然降临，经济危机的爆发更多地和金融因素联结在一起。20 世纪 80 年代末期，另一种方式的资本主义日本爆发了金融危机，并把日本拖进衰退的泥潭，至今不能自拔。80 年代的另一出戏，是由于世界债务的惊人发展促成的债务危机的多次爆发。进入 90 年代以来国际金融危机此起彼伏，最引人注目的是 1994 年的墨西哥危机，以及发轫于泰国，横扫东南亚，波及全球的东南亚金融危机。因其来势迅猛、波及面广、破坏力强最终演变为一场经济危机，堪称现代经济危机的典型。

经济危机的特征表现在如下几方面：

第一，生产过剩是经济危机的重要特征。

林晨辉在《危机时刻》中认为，过剩具体表现为生产出来的商品找不到市场，企业存货增加、利润下降、亏损破产、大批工人下岗失业。在1929～1932年，英国工业公司的利润降低了28.6%，1932年，美国钢铁、机器制造、汽车、建材和采矿业的202家公司共亏损27亿美元。美国破产的企业超过14万家，德国约6万家，法国5.7万家，英国达3.2万家。随着生产的停顿和企业大量破产，失业人数急剧增长，资本主义世界的全失业人数曾经高达3000万人以上，如果加上半失业者共计4000万～4500万人。在1973～1975年危机阶段，整个发达资本主义国家国民生产总值下降了2.3%，生产能力的利用率降到了70%～72%，企业破产严重，股票行情大幅度下跌，失业人数也大量增加。1975年年底，发达资本主义国家的失业人数达1850万人。在1979～1982年危机期间，企业的破产率以及工人失业率再次达到惊人的程度。

第二，经济危机多以金融危机的形式出现。

金融危机频繁爆发的根本原因是虚拟经济与实物经济的背离，虚拟经济的过度膨胀与实物经济的相对萎缩，危机的实质仍然是生产相对过剩。历史上最早的投机行为可以追溯到约公元前2世纪的古罗马时代。当时，罗马的金融制度已经具备现代资本主义的多项特征：罗马律令允许自由转移财产，借贷金钱必须支付利息，只要银行出具证明，就可以在罗马帝国全境向换汇商兑换外币或要求支付，信用的观念已经形成。罗马人热衷积累财富，他们以现金或信用方式买卖收税公司的股票和债券等产品。20世纪20年代，由于美国大资本家和美国政府的推波助澜，投机风气盛行。通用汽车公司的拉斯科布叫大家都投资于股票，准保发财。当时一位观察家感叹地说："做买卖几乎成了美国的国教。"在华尔街掀起了强劲的证券投机狂热。20年代初股票成交额每年平均3亿股，1929年上升到11亿股。杜邦公司股票从310美元上涨到425美元。在生产力相对过剩的情况下，股票市场反常的活跃造成了经济过分繁荣的假象。

1929 年 10 月 24 日，纽约股票交易所的股票价格突然从高峰暴跌，正式拉开了历史上最严重的大危机的序幕。70 年代以来，各国金融活动逐步自由化，阻碍资金跨国流动的藩篱被不断拆除，使得本来各自独立运行的各国国内金融日益融合在全球金融的大潮之中，资本跨国游动，寻找投资、投机场所。此外，不断发展的金融创新也为国际资本投机创造了更方便的金融工具。大量资本从实物生产和贸易领域转向金融、房地产投机场所，导致有价证券、期货、外汇等无实物载体的虚拟资本剧增。1980～1997 年底，世界股票市场上的资本额增加了 1388%，而同期西方发达国家 GNP 总值仅增加 60%。90 年代中期，美国道琼斯 30 种工业股票平均指数年均增长超过 20%，而其 GNP 的年增长率只为 3% 左右①。金融资本高度虚拟化，日益演变成一个具有相对独立性的符号经济系统。虚拟资本的超高回报率，吸引大量资本涌入股市、汇市等投机场所，而用于人才培养、技术改造、产业升级等实体经济的投资却严重不足，投资结构不合理导致整个经济结构的严重失衡，经济发展缺乏后劲。在这种虚假繁荣中，投机需求的膨胀掩盖了真实需求的不足，由于经济"过热"而导致的产品相对过剩、产业结构不合理等问题长期未能解决，且日益恶化，一旦金融危机爆发，实物经济的问题也会暴露出来，经济危机在劫难逃。

第三，与经济衰退的局部性特征不同，经济危机日益成为世界性的危机。

危机不仅仅是发达国家的专利，发展中国家开始成为危机的始作俑者。从 1857 年爆发第一次世界经济危机起，直至 20 世纪 80 年代，全球总共发生了 16 次世界性的经济危机。它们都是起源于当时经济最为发达或较为发达的资本主义工业国家。1929～1933 年的世界经济危机是从美国开始爆发的。20 世纪 70 年代的世界经济危机同样起源于发达的资本主义国家。然而到了 80 年代，随着经济全

① 课题组：《当代资本主义的基本矛盾》，《求是》2001 年第 3 期。

球化趋势的加快,情况发生了变化,发展中国家出现了的债务危机,90 年代处于转轨阶段的俄罗斯爆发了危机。特别是东南亚经济危机,竟始自一个小小的新型工业化国家——泰国。1997 年 7 月,由于泰铢汇率急剧跌落而引发的国际货币风潮,迅速波及马来西亚、新加坡、印尼和菲律宾等东南亚国家,然后又迅速扩散到整个东亚地区,甚至影响到东亚地区以外的各大陆,诸如欧洲、拉丁美洲和非洲的发展中国家或经济转轨国家。这场危机波及数十个国家和地区,给它们乃至世界经济的发展蒙上了沉重的阴影。

3. 关于经济危机起因的思考。

为什么会爆发经济危机?经济学家们从不同角度探讨了经济危机发生的原因,在经济史中对经济危机的解释多达 11 种,颇具代表性的不外乎以下几种。

第一,消费不足论。

这种理论把经济危机及萧条产生的原因归结为消费不足。这一理论的早期拥护者中最突出的是马尔萨斯和西斯蒙第。西斯蒙第否认自由竞争具有无限优越性的学说,是第一个论证资本主义必然发生经济危机的经济学家。西斯蒙第认为经济危机的根源在于消费不足。为什么消费不足呢?第一,由于大生产排挤小生产,造成大批小生产者破产,小生产者人口大大减少,他们的消费大为减少。第二,资本主义不公平的分配制度,使广大一无所有的劳动群众的处境日益恶化,他们的收入和消费也日益减少。第三,富人的消费虽然会随着收入的增加而增加,但富人的收入大都用于积累,富人增加的消费要比劳动人民减少的消费少得多。后来的消费不足论者认为经济危机和萧条的原因是社会对消费品的需求赶不上消费品的生产,产生这一问题的深层根源是富人储蓄过度。由于富人储蓄过度,社会又不能将储蓄有效地转化为投资,结果是:产品供给过剩、价格下降,失业增加和生产萎缩。根据上述理论,消除消费不足,从而解决危机问题的思路有两种:一种是通过调节收入分配,从而调整消费,使之形成较大的需求,另一种是通过调节投资,从而吸收过度的储蓄,使经济平衡发展。西斯蒙第指出资本主义制度下经济危机的必然性，这是他的巨大功绩。他看到了生产和消费的尖锐矛盾，同时他还认为市场的无政府状态也是造成生产超过消费的重要原因，这为马克思的经济危机理论奠定了基础。

第二，经济制度危机论。

经济制度危机论，其代表人物是马克思。马克思认为经济危机只有在资本主义制度下才会发生，其实质是生产相对过剩的危机。其根源在于生产的社会化和生产资料的资本主义私人占有之间的矛盾，即资本主义的基本矛盾。这个矛盾随着资本主义生产方式占据统治地位而充分展开，当这一矛盾达到尖锐激化程度时，就引起经济危机的爆发。资本主义基本矛盾引起经济危机具体表现为两个矛盾的激化：一是个别企业内部生产的有组织性和整个社会生产的无政府状态之间的矛盾，二是资本主义生产无限扩大趋势同劳动人民有支付能力需求相对缩小的矛盾。马克思第一次站在被统治阶级立场上，为了推翻资产阶级统治，提出经济危机是资本主义生产方式所特有的，且正确揭示了资本主义制度下经济危机的实质及其根源。马克思还提出了经济危机周期性的物质基础是固定资本更新的观点。这一理论为消除经济危机提供了正确思路。

第三，创新理论。

创新理论认为，经济周期是企业创新的结果。这一理论是由熊彼特提出的。他认为，创新是提供新产品或劳务、引进新方法、采用新原料、开辟新市场和建立新企业组织形式等行为。创新可以提高生产率、增加利润、引起投资增长，从而刺激经济增长。同时，创新也使经济活动形成从“繁荣”到“衰退”的周而复始变化。尽管创新是某些企业家在一个较短时间内进行的，但是一旦创新实现，创新使得大量企业相继模仿、效法，形成“创新浪潮”。创新浪潮的出现主要以投资活动的迅速增加为标志，从而引起银行信用和需求的扩大，于是经济出现高涨。待创新逐渐普及，一方面企业创新利润减少，甚至消失；另一方面企业偿还贷款，必然引起信用收缩、需求减少。这时如果没有新的创新出现，就会出现经济萧条。由于创新活动不可能经常出现，所以经济活动的周期性波动也就不可避免。

二、对经济危机起因的伦理学解释

1. 自由主义下的“赌博资本主义”。

资本主义经济在自由主义的旗帜下，取得了历史上任何朝代所无法取得的成就，然而，伴随经济的不断发展，勤奋、虔诚被疯狂的投机、赌博所代替，资本主义正逐渐被冠名为“赌博资本主义”。投机、赌博的欲望充斥于社会经济生活的各个方面，银行家凯索尔自嘲道，当我年轻的时候，别人叫我赌徒；等我活动范围扩大以后，就变成了投机客；现在，大家称我是银行家。其实我始终如一，做同样的事。虚拟经济在快速的运转，并日益脱离实体经济，投资在演变为投机，股票市场的价格波动和企业生产经营的好坏没有多少关系。大型投资机构每日的买卖交易，由计算机设定好的程序自动运行。企业经营的实际变化被争分夺秒的程序交易排除了。当索罗斯携大小炒家蜂拥东南亚金融市场的时候，亚洲的管理者们一开始还以为是吸收资本的天赐良机，殊不知国际投机专家在一次又一次地进行实战。中国的美国经济老专家张海涛认为：“金融衍生品交易，是与人类生产活动毫无关系的一种金融赌博。”90 年代初的诺贝尔经济学奖得主——莫里斯·阿莱惊呼：“世界变成了一个大赌场，赌场里边横排竖排，摆满了赌桌。”现实中的人们早已按捺不住，急切地下海，在股市的海洋中追波逐浪。当发生到人们身上的事情，越来越多地被运气控制和决定时，技巧、努力、进取心、毅力、勤奋、刻苦等所起的作用就越来越小了，结果不可避免地导致对社会政治制度的忠诚和信心的迅速衰退。当一种以制造业为中心的经济转向为以金融交易和投机为主宰的经济时候，无数个诈骗之门就会随之洞开。金融交易一直存在着一些道德模糊，政治上的腐败和贿赂根本就不是什么新鲜事情。政策的制定者或多或少地扮演着不光彩的角色，有时还会有一些漂亮的借口。20 世纪 80 年代以来，随着政府对金融管制的解除，股票、债券市场在资本主义经济中占据了前所未有的地位，期货市场和期权市场也得到很大发展。以美国为例，1994～1999年全部公司平均利润年增长率约为8.9%，而股市的价格却以23.6%的速度增长。在利益的驱使下，企业也成为了现金流动器，随着市场的波动而波动，因而不时受到难以预测的股市投机风暴的威胁。据统计，全世界只有3%的金融活动与生产贸易有关，其余97%的金融活动则属于没有实物经济基础的投机行为。不合理的融资结构造成泡沫经济，并导致世界范围内的金融危机。

2. 政府干预下的"裙带资本主义"。

自由市场经济运行的结果是带来狂热投机、赌博。为此，政府要加强宏观调控，解决市场失灵。但是，一不小心自身又陷入政府失灵的尴尬局面。政府介入经济会滋生所谓的裙带资本主义。裙带资本主义，又被称之为关系资本主义、朋党资本主义、权贵资本主义、密友资本主义。东南亚危机爆发后，这一名称迅速传开。人们开始反思作为另一特色的资本主义的亚洲，哪里发生了问题。关于裙带资本主义，保罗·克鲁格曼将它定义为商界和政府通过合作使国民福利最大化他认为在经济发展的某个阶段这种固然可以把整个国家的力量引到最有利于经济发展的途径上，但是，随着日积月累，它会造成监管不力和贪污盗窃的"道德风险"。按照保罗·萨谬尔森的看法，"裙带资本主义在全世界是一个普遍现象，美国也有，在韩国、印度尼西亚、泰国和马来西亚等地流行的是一种亚洲式的裙带资本主义"。实际上，裙带资本主义就是一种商界与政界不道德的结合。比较常见的是，政府指示银行给某特定的企业贷款，这个受政府特殊庇护的企业则凭借政府的权势和银行的"大力支持"，于是盲目扩张，铺张浪费，效率低下，成本上升，肥了私人和当权者，却给企业和国家经济埋下了严重的隐患，随时可能因某个导火索而引发经济危机。韩国的政府—银行—企业三位一体制度，使政府和银行都陷入企业的低效率发展和巨额亏损的泥潭当中，为了救活这些有"关系"的企业，只好继续给它们贷款，以致越陷越深。企业没有效率，就扩张规模,反正钱来得容易,大冒道德风险。结果出现了一大批“大型综合性企业集团”,而这些企业的效率更为低下,国家经济严重泡沫化,经济危机不期而遇。在经济全球化的背景下,周期性的经济危机的爆发更具有世界性的特点,资本主义的世界范围的扩张,并没有带来辉煌的胜利,相反却是更加深重的危机。萨米尔·阿明在《资本主义的危机》一书中指出:“这种自称‘全球化的新自由主义’思想更确切地说,应该叫做‘在放纵的全球化背景下的非社会的新自由主义’。它所建立的教义太为大家所熟知了(私有化、开放、浮动汇率、削减公共开支、放开市场),我们就没有必要再提它了。这些教条持久不了,因为它关死了所有能克服危机、通向新一轮扩张的大门,使资本主义陷入了致命的停滞。”资本主义制度到了该深刻反省的时候了。

三、经济危机中的道德加减法

经济危机对于道德的影响集中表现为经济危机一方面造成了道德减少,另一方面造成了道德的生成。总体来说,经济危机造成了道德的沦丧。

1. 经济危机中的“道德牺牲”。

恩格斯在《政治经济学批判大纲》中指出:“近八十年来,商业危机象过去的大瘟疫一样按期来临,而且它所造成的悲惨现象和不道德后果比瘟疫所造成的更大。”经济危机导致或加剧了信用丧失、失业和社会道德沦丧、蓄意转嫁危机等伦理问题。

首先是信用的丧失。市场经济的本质是信用经济,19 世纪,德国旧历史学派经济学家鲁诺·希尔布兰德在其首次系统论述信用经济方式时,曾将市场经济发展划分成三个阶段:以物易物为主导的自然经济时期、以货币为主要交换媒介的货币经济时期和以信用为主要媒介的信用经济时期。越来越多的国家已经或即将进入信用经济时期。每一次经济危机的爆发都和信用有密切的联系,信用膨胀引发投资、生产的虚假繁荣,及至危机来临,信用又受到了严重的破坏。

银行的惜贷、拒绝贷款,阻碍了银行信用体系的正常运转。商业信用同样受到严重的破坏,企业之间的信用关系、信任程度在危机面前几乎荡然无存。信用链条断开了,整个经济陷入一盘散沙、孤立状态。虽然良好的信用有助于减缓危机的冲击,但是,一旦社会形成悲观的心理预期,形成恐慌性的社会病症时,再诚信的企业、个人也会感到不寒而栗,信别人远不如信自己的本能使得自己格外小心,断绝与别人发生信用交易。工业革命初期的英国工业大危机刚刚开始不久,400 多家地方银行中就有 100 多家停止货币支付。1929—1933 年的大危机中,美国的货币供应总量减少了 1/3,破产银行达 10500 家,占全国总数的 49%。黄金大量外流,银行存款大量被提取,致使整个银行信贷体系到 1933 年处于瘫痪状态。后来,罗斯福实行新政时,对惊魂不定的美国人民说:"我向你们保证,把你们的钱存入重新开业的银行比藏在床褥下更为保险。"美国工业全面休克,工业生产倒退到 1905 年的水平,工商业企业倒闭 86500 多家。危机最严重时,美国主要工业基本停止运行,汽车工业生产开工率仅为 5%,钢铁工业开工率仅为 15%。农业生产严重倒退,拖拉机被马拉犁代替,机器操作被手工劳动代替,化肥使用剧减,耕地恶化,农民大批破产。在德国,以达姆斯达特银行倒闭为导火索,柏林一系列大银行处于风雨飘摇之中。信用危机引起了挤兑和大量外国信贷的被提取,使国家黄金储备由 23.9 亿马克减少到 13.63 亿马克。二战前柏林九大银行减为四个,1929 年至 1931 年有 200 多家中小银行倒闭,整个信用体系濒于崩溃。不仅几十万个中小企业破产倒闭,而且像毛纺织业的杜尔巴赫这样的大康采恩也破产了。信用的丧失很快地就扩散到欧美所有国家。存户纷纷向银行挤兑提款,弄得银行库底空虚,由此牵连而破产者不计其数。各国中央银行的黄金迅速流失,原已恢复的金本位制被迫重新放弃,各自实行通货贬值。1997 年的亚洲经济危机导致大批企业、金融机构破产和倒闭。例如,泰国和印尼分别关闭了 56 家和 17 家金融机构,日本则有包括山一证券在内的多家全国性金融机构出现大量亏损和破产倒闭,信用等级普遍下降。

为了维持国家信用，韩国几乎使出浑身解数，甚至不惜国家的尊严，向日本低三下四请求予以延缓债务。印尼危机导致粮食短缺，以至于国家信用崩溃，居然没法开出信用证买粮食，引发深重的社会危机。

其次是失业和社会道德沦丧。

赫尔穆特·施密特在《全球化与道德重建》中警告，“大量失业是个道德问题”。工作对于有工作能力的人来说，不但是谋生的手段，有时甚至是目的。人们在工作中学会生存、享受，体验到生活的乐趣，劳动的权利是人权的一种。没有职业就没有个性意识，也不会有公民的荣誉；没有职业就不是实实在在的国家公民，因为有职业的人才能在必要性和自由的冲突中共同形成和完全享受公民权，只有有职业的人才能被宣布为成年人。马克斯·韦伯写道：“在我们的国家，以前的公民就想成为有职业的人，我们今天的人就必然成为有职业的人。”大量非自愿失业的代价是很高的，首先是失业者和社会失去了收入，接着是失业者的技能逐渐下降。乔治·恩德勒在《经济伦理学大辞典》中认为，失业者还会失去非物质的效用，特别是在寻找劳动岗位时得不到社会的承认。结果，不少失业者患上身心疾病，而且一切损失都由本人承担。因此，在过错全归咎于“制度”时，会促使政治激进主义的发展。”[①]面临失业的事实，失业者的心理很难会保持平衡，在看到别人有稳定、正常的工作、收入的时候，就会由埋怨自己转而埋怨社会、抱怨政府。心理上会想到，为什么该我失业？为什么我等了这么久仍然找不到工作？难道我比别人差？伴随其心理上的失落，其情绪极易激动，甚至会有过激行为。厉以宁在《经济学中的伦理问题》一书中指出：“甚至会演变为社会治安，极端地演变为政治问题，即有些失业者被政治上的反动势力所利用。”社会的稳定与否，直接关系到社会经济的秩序，影响外资的投入，影响人们的正常的生活、工作秩序。有人会认为，失业毕竟只牵涉到少数

---

① ，上海人民出版社2001年版。

人,因而是局部问题,无须大惊小怪。如果失业者都是孤单一人,那么问题会简单得多,失业者自身只承担有限的责任。可是,在危机中,失业者不可能全是年轻的、单身的。大部分人是上有老、下有小,失业者要承担家庭的责任,对小家庭、大家庭具有道义上的责任,他的失业可能是牵一发而动一家。另外,失业者还有自己的社交网,对他的关系人也会产生影响。作为失业者的关系人,如:朋友、同学、同事,至少在情绪上、情感上受到影响。道德责任的范围变大了。由失业而引起的社会安定和社会治安问题,也不会局限在某一空间,某一类群体。所带来的可能是全局的形势的恶化。工业革命初期的英国工业大危机导致大批工人失业,大大加剧贫困问题,饥民铤而走险,到处出现夺取面包的暴动。危机时期,企业主借削减工资来寻找出路。棉纺织工业三大中心——曼彻斯特、格拉斯哥、培斯利——的工人工资降低了一半以上,他们每周加班加点也挣不到5先令。1808年至1809年,已经发生了尖锐的搏斗和冲突。有些地方争取提高工资的罢工,转为严重的风潮。1811年,工人的生活更加困苦,又爆发席卷许多工业中心的风潮。纺织工人和织袜工人破坏机器的运动声势浩大,他们把机器看成是贫困日益加深的原因,因而大批捣毁机器设备。工人运动受到了残酷的镇压。林晨辉在《危机时刻》指出,在约克市,一天之内有12个参加骚动的工人被处以绞刑。大危机年代的美国失业人数迅猛增加,最多达1336万人,每四个人中间就有一个人失业,失业率高达25%。失业者受尽饥寒之苦,很多人活活饿死。失业者愤起而罢工,引起社会动荡。数千名工人在底特律的福特汽车厂举行示威,遭到警察镇压,4名游行者被枪杀。数万名退伍军人组织向华盛顿的请愿,也遭到军警镇压,数十名士兵被击伤。各种骚动和摩擦遍地皆是。英国的失业人数接近300万,平均失业率高达22.2%。失业问题引发社会动荡,1929年至1932年英国工人每年平均参加罢工的人数都超过40万人。1929年~1933年的大危机中结婚率比正常年份下降了15%,而离婚率也降低了25%。历史学家发现离婚率降低的主要原因是夫妻双方不愿意承担分居后的住房费用。大危机期间出生的新生儿长期缺乏营养和医疗护理、约有200万～400万中学生中途辍学、大量的无家可归者栖身于铁道边简易的纸棚、许多人忍受不了生理和心理的痛苦而自杀、社会治安恶化。火药味最浓的事件是1932年的“向华盛顿进军”，两万多老兵由于没有拿到抚恤金，在华盛顿搭建起他们的“临时城市”，发誓除非政府拿出钱来，否则他们不会离开。惊恐的胡佛总统下令麦克阿瑟和艾森豪威尔率领军队驱散老兵，这是美国历史上一次非常不光彩的用武力对付和平请愿的事件。为了维持农产品的价格，农业资本家和大农场主大量销毁“过剩”的产品，用小麦和玉米代替煤炭做燃料，把牛奶倒进密西西比河，使这条河变成“银河”。

第三是蓄意转嫁危机。

我们知道，经济危机特别是金融危机有其内在的传导机制，无论是危机的潜伏阶段、爆发阶段，还是危机的恢复阶段都会通过传导来实现。国内的传导与国际的传导机制是不同的，其中国内传导是一般在国内的货币市场、商品市场、资本市场之间进行；而国际传导则泛指危机在国与国之间的传播与扩散，既有存在于贸易金融关系紧密的国家间的接触性传导，也有存在于贸易金融关系并不紧密的国家间的非接触性、传染性传导，如东南亚危机。但是，不能因为危机本身的传导机制起作用，就漠视有人故意转嫁危机的事实。危机中的国家固然是不幸的，但是，不能因为自己不幸，就要把痛苦转嫁到别人头上。马克思在信中对恩格斯说道：“叫嚣反对“劳动权”的资本家们，现在到处请求政府给予“公家的帮助”，——宣称，要牺牲公众的利益维持自己的“利润权”。列宁在《内政评论》中写道：“资本主义国家的主人是不管饥荒和危机中的大量牺牲者的，正如机车在其行进中不管被它压死的人一样。”为了摆脱经济危机，资本家们毫不心疼地牺牲工人、农民的利益。历史上的第一次大危机——工业革命初期的英国工业大危机，记载了英国工业企图把危机的灾难转嫁到其他国家的不良行为的事实。在这次危机期间，英国工业猛烈削价，极力扩大国外市场，破坏竞争对手的还未成长壮大的工业。受害特别严重的是英美战争年代里蓬勃发展起来的美国棉纺织工业，棉纺织主大批破产，棉纺织工业2/3处于瘫痪状态。英国的行为使德国同样深受其害，由于英国大量在世界市场和德国市场上倾销廉价的棉布，全面排挤德国的亚麻布，沉重地打击了德国的亚麻工业，因此，德国出现大批无工可做的手工业者。为了摆脱20世纪初的危机，垄断组织靠牺牲竞争者来扩大自己的势力范围和自己的销售数量，在国外市场上为此目的采用了倾销、资本输出、各种方式的政治压迫、殖民地市场的垄断化。在极其尖锐的斗争中，垄断组织蚕食局外企业，使得大量的中小资本家"死亡"。危机加深了英德、法德之间的矛盾，以至于战争成为解决危机的"最有效"的手段。1929年以后主要资本主义国家把挽救经济危机的希望寄托在侵略战争上。30年代日本、德国先后在国内建立了法西斯政权，大搞扩军备战，加紧侵略活动。纳粹德国实行种族歧视政策，没收犹太人及其他外人的财产，采取强迫劳动、服役的办法强制闲散的人工作，大力发展军事工业，为侵略战争作了积极准备，直到第二次世界大战的全面爆发。

2. 危机中的道德生成。

在我们抱怨危机所带来的的痛苦、付出的代价的同时，危机的一个副作用也产生了——道德生成。

1. 首先，"新道德"的产生。

任何一个社会的经济关系、经济状态中，往往孕育着未来新的经济关系的一些因素，逐渐产生属于未来社会或阶级的道德。而罗国杰在《伦理学教程》中指出，一些具有远见的进步思想家，常常在旧的社会经济关系被消灭以前的久远时日，抓住某些正在生长或孕育着新的道德因素，根据科学家预见或多或少正确猜测到的某种历史发展趋势，提出与旧道德理论不同的甚至根本对立的新道德理论。"经济危机的爆发预示着新旧经济关系或经济结构的对立与冲突，为新道德的产生提供了契机。空想社会主义者们看到经济危机的真实面目，提出了关于未来社会的道德架构。傅立叶提出了他未来社会制度的设想，他把自己设想的这种未来社会叫做"协作制度"，其基本原则是：为了使富人幸福，就必须让穷人们享受各种不同程度的幸福。

马克思主义把危机看成是资本主义的末日，是社会主义的前夜。在危机中会诞生无产阶级的新道德。伴随资产阶级道德的衰落和腐朽，无产阶级的道德生活呈现出两种倾向：一方面，在资本主义的社会化大生产中，产生了迥然不同于资产阶级的新道德因素，另一方面，由于经济危机所造成的恶劣环境的逼迫以及腐朽道德的侵蚀，出现了精神上和道德上的蜕化倾向。这为马克思主义总结无产阶级道德体系提供了素材。在社会生产中，无产阶级不仅渐渐摆脱了小生产者的心理和习惯，抛弃了剥削阶级道德的腐蚀与影响，而且逐渐超出个人眼前利益的狭隘视界，进而追求着整体的、集体的、阶级的利益。在马克思主义看来，危机是无产阶级革命的时刻，是无产阶级新道德新生与发挥作用的最佳时机。大危机的爆发在某种程度上是资本主义的报应，是资本主义道德水平的表现，同时也是无产阶级新道德的催生婆。骆祖望在《伦理学新编》中指出，“马克思、恩格斯在对资产阶级道德批判的同时，对无产阶级道德的形成及其基本原则，作了科学的说明，使资产阶级道德和无产阶级道德的界限得到了鲜明的区分。”苏维埃社会主义政权的取得体现了新道德的生命力，见证了新道德的产生，我国的50年代的道德盛世至今令人留恋。

其次，团结美德的扩张。

根据《经济伦理学大词典》所述，“团结概念在19世纪由法律用语（共同责任）转化为社会哲学用语，并在20世纪得到了广泛运用。它系指个人与共同体相互之间庄道义方面和谐的、基本的积极的联系，基本等同于天主教社会理论所说的‘团结一致’概念”。在公民道德中，团结是最重要的美德之一，许多人认为它是一项重要的基本价值，类似的称呼还有：慈善、关怀、主动关心、博爱、友爱等，由此可见，团结根源于人与其社会共同体之间的相互依赖，一般来说，在困难时刻、危机关头，人们的团结意识更为明显。团结的需要既可以源自自身，也可以源自他人。在共同体面临危机的时候，自救和他救往往具有相同的道德意义，因为自救的同时也就是在进行他救。2000年2月16日，中国《人民日报》的记者拜见了以非凡的胆略与智慧率领韩国人民克服金融危机、走上经济复苏之路的韩国总统金大中，并进行了独家专访。在谈起韩国率先克服金融危机走上经济复苏之路的经验时，金大中说，这首先要归功于韩国人民的奋发努力和精诚团结，在克服金融危机的过程中，韩国人民以危机意识积极投入到救国复兴的大潮之中，不仅掀起了热火朝天的向国家“献金”运动，而且全力支持政府的改革措施。韩国之所以能够克服金融危机，是人民和政府团结一致、共同奋斗的结果。韩国汉城市长高建在他1998年7月1日的市长演讲中所说，“为克服目前的经济危机，提高国家的竞争能力，汉城应走在最前列。汉城经济是国家经济的大动脉，拯救国家经济是汉城市的第一使命”。危难中，人们或被迫或主动守望相助，“团结起来到明天”，自私、自利为团结的集体精神所取代，这是进行单纯道德教化所无法获得的意外效果。危机时代的精神当然不局限于此次，更为重要的是，为日后的时代留下了宝贵的精神财富，甚至可以令人们坦然面对一次危机的到来。

再次，互助的发扬。

捐赠是一种无私奉献，一种利他行为，较多地出现在别人处于困境的时候。捐赠一般是通过物质的赠与，是一种雪中送炭。但是其意义不仅仅在于物质上，由物质意义延伸的精神价值更为重要、久远。经济危机中的人们整体境况糟糕，但是程度毕竟不一。条件较好的主动捐助、捐赠是可能的、也是难能可贵的。人人都可以伸出慷慨之手，而不管其是贵族还是一般市民。李立绪在《韩国启示录》一书中写到：对金大中要求各财阀掏腰包“公私合营”一事，最早响应的不是特别有名的大财阀，而是大邱一家经营铝门窗合炊事机械的中小企业的老板张亨洙，他将自己一块3776坪的土地捐献给了自己的公司，此地时价为79亿韩元。政府、领导人的榜样力量无疑是巨大的。金大中这边也积极行动，他的夫人李姬镐女士参加泛国民募金运动，捐出了金制“幸运钥匙”四把、戒指一个，总重量451.94克。

1998年3月26日为帮助1502万失业者，金大中号召掀起泛国民运动，他尤其号召社会各界领导人，经济界人士参加这一运动。李健熙（三星老板）首先响应，个人向失业救济基金捐献10亿韩元。

与捐赠有点区别的是援助，援助的主体大都为组织、国家。一般而言，援助、援救也是一种"见义勇为"，雪中送炭，虽然它是有条件的、有要求的，但是总比袖手旁观、冷漠无情要高尚许多。无论是20世纪80年代的拉美债务危机，还是90年代的墨西哥危机，乃至于日后的东南亚经济危机，我们都可以目睹到国际组织的援助行为、大国的援救举动，虽然，有时从效果来看，与人们的期望可能相反。在东南亚经济危机中，有人抱怨国际货币基金组织用错了药方，甚至指责其用心叵测，这实际上是一种不冷静、不负责的推脱借口。东南亚国家自身的原因应该更值得深思，从长远看，国际组织的行为应该得到道义上的支持。在对韩国提供援助的国际机构包括国际货币基金组织、世界银行、亚洲开发银行，国家共12个，几乎包括了所有发达国家，因此，可以说是一次全球大救援、各国际组织的援救。值得关注的是，作为亚洲的大国——中国在危机中所表现出的援助姿态：坚持人民币不贬值，众所周知，东南亚国家的货币轮番贬值，人民币面临着巨大的贬值压力，如果人民币也贬值，无疑会加剧亚洲的新一轮的贬值浪潮，进而会给危机的国家的商品出口雪上加霜，令其经济无力复苏。从事后得知，中国政府的负责任行为虽然给本国的经济增长带来了严重的负面影响，但是，为东南亚缓解经济危机、促进经济恢复作出了巨大贡献。中国的这种没有"援助"的援助行为一直在道义上为世人所称赞。

3. 经济危机对道德沦失的推动与生成道德对危机的抑制。

第一，经济危机对道德沦失的推动。

经济危机的爆发导致了国民经济的严重衰退，企业的利润急剧减少，人们的生活水平骤然下降，不论是社会整体道德，还是企业道德，乃至于家庭、个人道德都受到严重影响。经济决定道德，当经济收入不足以维持日常生活的时候，让个人继续保持道德情怀是不现实的,生存的需要成为基础性的、也是第一性的需要,为了生计采取一些不道德的手段,也就可以被理解、接受了。危机中,发生的穷人对富人的财富的侵占,严格意义上是不道德的,但是,面临生存威胁的时候,又有谁可以、愿意指责穷人的行为?企业的正常信用受到威胁,无法按期履行契约,并非企业主观上有意识地想拖欠债务、撕毁合同,更多的时候是企业无能为力,企业本身也是受害者。在危机中,没有几家企业能够自保,信用链条的中断是天灾。该采购的原料、该销售的商品、该继续雇佣的员工,所有的"应该"都几乎变成了不能够。普遍的恐慌造成了整个社会的无秩序,涌现大量社会的问题,诸如政治风波、社会暴乱等等。经济危机还会引发社会危机、道德危机,有人甚至把道德危机看成是人类社会最严重的危机。

第二,生成道德对危机的抑制。

如前所述。在危机中可以生成道德,道德的人、道德的企业、道德的政府在危机中依靠道德的力量,是可以、能够发挥一定的作用的。个人的道德操守很重要,社会是个人的集合,没有个人的道德,也就不会有社会的道德。韩国国民在金大中总统的呼吁下,慷慨解囊,进行国民捐赠,或许是杯水车薪,但是,重要的是唤醒了民族精神,在强大的精神力量牵引下,韩国有力地摆脱了经济危机,从而走向经济振兴。并不是所有的企业在危机中都无能为力,总有一些目光远大、追求长期发展的企业,能够在危机中不惜牺牲眼前、局部利益,力所能及地履行企业的道德责任。当物价飞涨的时候,依然以平价向社会提供能够满足需要的商品,虽然企业的利润大大受到影响,但是,企业可以得到社会的赞誉,赢得消费者的忠诚,这样的事例在历史中并不少见,特别是一些"老字号",坚持一贯经营本色——诚实守信。很明显,政府在危机中扮演的角色最重要,也只有政府可以在危机中大显身手。一个强有力的政府运用积极的财政、货币政策,刺激消费者需求,调整产业结构,惩治腐败。只要方法得当、时机合适,就可以尽快地克服危机。

四、伦理道德对经济危机的综合治理作用

传统的经济学理论都假定经济人是完全自私的，因而治理经济的危机方法只能是“经济”的。事实上在许多场合下，经济主体在做决策时，总是要或多或少的顾及他人的利益，这就是道德在起作用。厉以宁认为：“重视道德力量的调节作用。市场调节是无形的手，靠市场供求规律起作用，政府调节是有形的手，靠法律政策起作用；道德调节介于二者之间，道是无形却有形，道是有形又无形。效率有两个基础：物质技术基础产生常规效率；道德基础产生超常规效率。”马克思、恩格斯承认道德的影响，但是从不把道德因素的影响看成是起最终决定的作用，“历史过程中的决定因素归根到底是现实生活的生产和再生产”①。指望通过道德来克服经济危机，那是空想社会主义者的梦想而已。但是从上述的分析来看既然经济危机的起因有两种解释：经济学的解释和伦理学的解释，则有理由认为伦理道德对经济危机具有治理作用，道德等非正式规则对熨平经济危机的创伤是必不可少的。

1. 制度伦理对经济危机的影响。

关于经济制度与经济危机的关系的行为层次分析。

按照马克思的说法，资本主义的经济危机的全部根源就在于资本主义制度本身，经济危机就是资本主义的经济危机，消除经济危机的根本措施就是推翻资本主义制度，建设新的社会制度。马克思的分析是深刻的，但是更有必要的是在人的行为层次上进一步分析危机与经济制度的关系。在制度与危机的关系方面，首先应该把危机看做是人的行为状态和结果。“过剩”来自于人们行为的两方面：生产的无限扩大和消费的不足，直接导致这一局面的是“资本的逐利本性”，即资本在经济领域内对高利润率的追逐，现代经济社会普遍存在的“泡沫经济”，都与人们追逐高回报把大量资金投放于金融衍

① 《马克思恩格斯选集》第4卷，人民出版社1975年版，第477页。

生品的投资行为有关，而同样在资本逐利本性驱使下的银行的过度信贷和企业对信贷的不当使用，本身就都已是行为层次的危机，所以可以把经济危机首先看做是人的行为危机。其次，制度的本质是人的行为规范。制度学家曾就制度与人的活动关系打了一个形象的比方：人的活动就像拴在树上的狗，绳子的长短决定了狗的活动的半径。人的行动本质上就是选择，事实表明，人们选择什么、如何选择，很大程度上是由制度因素决定的。资本主义制度虽然已经形成了成熟的复杂的体系，但是它本质上体现着资本的统治、演绎着资本的逻辑。在资本主义的对内对外政策中也同样能看到“为本国资本服务”的目的。尽管资本主义的政治法律文化的一系列规章中包含了自由竞争、平等等精神，但真正的目的是为资本的逐利提供更为广阔的空间。两极分化、社会危机是这个制度的题中应有之义。现代资本主义诱导和保护着资本的贪欲、诱导着欺骗和唯利是图的品质，因而规定了人的行为的大致特征。危机是人的行为危机，人的行为危机潜伏在制度中。经济危机的原因归于制度，必然要从制度方面寻找解决经济危机的答案，要注目于制度的伦理化。

关于制度伦理化。

制度伦理化就是倡导好的制度。那么好的制度的尺度又是什么呢？好的制度应该符合这样几个标准：(1)是否平等地给每个个体提供了相等的行为选择自由；(2)是否平等地为每个个体提供了价值保护的机制；(3)是否激发了个体的好的品质，而抑制了坏的品质。现代资本主义旨在为资本提供广阔的空间、无限地扩张了资本所有者权利、激发了人们的投机、赌博和不负责任的行为和品质，无疑不是一个好的制度，而主流的资本主义国家却在“全球化”的名义下推动这一制度一统天下，旨在全球的资本主义化，其结果是在全球范围内纵容资本的扩张，把全球变成一个大赌场。好的制度最为现实的问题看来是如何扼制“经济人”的过分的经济理性。

关于根本经济制度的伦理化。现代资本主义市场经济被西方学者看成是人类的一大发明，他们曾津津乐道于亚当·斯密的“看不见的手”的玄妙机制，但是外部性问题的广泛存在，带来了人们对于市场的效率和福利的普遍责难。现代资本主义市场经济始终未能走出经济危机的阴影，未能走出马克思的预言，而经济危机对所有的当事者来说都不是“善”。在凯恩斯主义的良药中现代资本主义走得更远：政府信用危机和政府失灵。解决现代资本主义市场经济国家经济危机的出路，在于根本经济制度的伦理化。

首先，根本经济制度伦理化要灭私有制。马克思曾用经济异化的概念描绘资本主义经济的实质：生产力，一切财富，知识等的创造，表现为从事劳动的个人本身的异化，他不是把他自己创造出来的东西当做自己的财富的条件，而是当做他人财富和自己贫困的条件。资本主义私有制本质上把物质财富的创造者和享有者分离开来，造成了经济强制和经济异化，这种异化的最恶劣的结果是经济危机，尽管当代资本主义通过工会法的颁布、社会保障制度的建立和完善，在社会物质文明整体进步下，缓和了劳资关系；在现代公司治理的修进过程中，淡化了资本逻辑，例如，90 年代美国 29 个州修改公司法，用关注“利益相关者”代替“股东至上”，但是，资本主义国家的贫富分化在加大，在资本主义主导的国际经济旧秩序中，发达国家与发展中国家之间的差距在扩大，世界上越来越多的人在这种制度下制造着自己命运的枷锁，在不可克服的危机中更加感受“异化”的力量。

怎么样消灭私有制？恩格斯说：“只有在废除私有制所必需的大量生产资料创造出来之后才能废除私有制。”消灭私有制的必要条件，根本地说，只有一个：生产高度发展；全面地说，一方面是物质的，即生产高度发展，另一方面是精神的，即品质普遍提高。如果生产还不够高度发展、品德尚未普遍提高，那么废除私有制不但不能消灭剥削和经济异化，而且必定导致效率低下。在生产尚未高度发展、人们品德尚未普遍提高的前提下，私有制却具有效率意义。所以并不能简单地对待私有制的消灭，最终意义上，消除经济异化就是要消灭私有制。我国在 20 世纪 90 年代走上了社会主义市场经济的轨道，为了形成一个适合社会主义市场经济生长的根本经济制度、避免经济上大的波动,就应该坚持公有制为主体、多种所有制并存发展的制度,在提高生产力效率的前提下,反对“私有化”和全盘西化。在国际社会,只有制度多元化、不断进行制度创新才能有助于避免世界性的经济危机的发生。

其次,根本经济制度伦理化建立公正的分配制度。公正的分配制度的关键是处理好经济权利和经济贡献的关系和分清基本经济权利和非基本经济权利。经济危机可以看做是分配问题,是分配不公正的结果。在以货币为媒介的价值分配过程中产生了两个问题:第一是产品分配的结构问题,被购买的产品部分才被分配、而未被购买的部分并没被分配;第二是财富的阶层分配问题,价值分配的原则和形式直接产生了不同的阶层或阶级、富有者和贫困者。因此什么样的分配原则和方式变得很重要,分配原则方式与经济危机具有内在的相关性。公正的分配制度的关键是公正的分配原则。而公正的分配原则至今有两种:按劳分配和按需分配。在把基本人权作为分配对象的前提下,按需分配显然是最公正的分配原则,因为人权完全平等分配已经是一个不争的社会公正原则。人权就是满足每个人基本的、最低的、起码的、必需的权利,是每个人因其是一个人所应享有的权利;更确切地说,是每个人因其是缔结人类社会的一分子、一成员、一股东所应享有的权利。按劳分配的公正性就在于:每个人在经济上所享有的权利与其在经济上所做出的贡献或义务,说到底实为同一事物,即都是劳动产品,我的贡献是我给予社会和他人的产品;我的经济权利则是社会和他人给予我的产品,经济权利的分配过程,说到底无非是每个人所创造的产品的交换过程,因此要等价交换,亦即按劳分配。

2. 企业伦理对经济危机的影响。

关于信用危机和经济危机的关系的系统阐述。

经济危机与信用危机具有对应的关系。信用危机的几种形式都可能是导致经济危机的原因。其一,企业的商业信用危机往往是经济危机诱因之一。诚如前述,在商业信用和货币支付手段中已经蕴藏了经济危机的可能性,企业之间往往形成复杂的债务链,而当中任一环节断裂,都会引起“多米诺效应”,企业的普遍的支付危机一旦出现,便形成了经济危机。往往企业的观念层次的信用,对这种经济危机的出现具有十分重要的意义。韩国90年代的危机直接导源于政府支持下大企业的高负债率和商业信用的过度扩张。其二,银行信用的危机也是现代经济危机的重要起因之一。90年代韩日和东南亚国家的经济危机早就潜伏在银行信用的“问题”之中,政府主导了银行对企业的大量放款,造成了两个结果:一方面银行对借款人的约束软化,银行并不注重信贷资产的安全性;另一方面纵容了企业过度借资和不正当使用信贷资金。另外银证不严格分开的情况下,银行大量资金进入房地产和股票市场,造成了经济的很大的“泡沫”并最终破裂。这是现代经济社会经常出现的危机诱因。其三,政府信用危机往往也是现代经济危机的诱因之一。旧的经济秩序造成了发展中国家对发达国家的经济依赖,发展中国家向发达国家的高息借款有可能促进他们的经济发展,但是使用不当就会背上沉重的债务负担,导致经济危机;现代资本主义国家普遍推行凯恩斯主义,把赤字财政当做刺激经济的良方妙药,结果形成很强的“药物依赖性”,最终政府债台高筑,形成偿还危机,美国一度曾出现这种严重的局面。政府失灵的结果有可能是听任经济紧缩的出现。其四,股市危机更是往往直接引发经济危机。股份信用构筑了资金资源合理配置的“平台”,但是股本的不可退还,分红的非确定性注定了股份信用是比债券更高度化的信用,因为股份信用中出资人对筹资人是软约束,债券到期要还本付息是硬约束。所以股份信用建立在企业高度的信用水准和很强的信用观念基础上,上市企业欺骗性融资、制造虚假报表、转移资金使用不仅仅扭曲了证券市场的资金合理配置的功能,而且会推动人们投机、赌博的不正当投资心态、进而使大量的金融资产在股市“空转”,经济过度虚拟化、泡沫化为金融和经济危机创造了温床。其五,消费信用对提高消费力和增加消费量,缓和生产和消费的冲突起着重要作用,这也是凯恩斯主义的经验之一,但是它依然存在一个制约性因素:消费者的信用水准。因此,重要的是建立和完善社会信用信息体系。

社会信用体系的建立是一个庞大的社会系统工程,也可以称之为是一种社会机制,它把各种与信用相关的社会力量有机组合起来,共同促进信用的完善和发展,制约和惩罚失信行为,从而保障社会秩序和经济秩序正常地运行和发展。完整的信用体系一般包括:有完善的管理信用立法和失信惩罚机制;有发达的商业化、社会化运作的信用中介服务机构;有信用管理行业的自律组织;有普遍具有良好的全民信用教育和信用意识。

关于企业伦理建设的再思考。

企业伦理建设的关键是克服“经济人”的利润至上的观念和短视现象、短期行为;将人本主义的精神带进生产、经营和管理中;推动企业理性的、对社会负责任的投资;推动企业注重信誉资产的形成和作用。片面地追求利润必然会导致狂热投机、赌博、腐败等恶行,如前所述,这些恶行对经济危机的形成有着特别的“贡献”。将企业的眼光放远,追求可持续发展、良性发展,有利于企业走出“丛林”,避免深重危机的降临。应该注意,全社会的企业伦理建设依赖于一系列客观的条件的成熟。西方的企业伦理运动起源于消费者主权运动和新闻媒介的“扒粪”运动。前者依赖于整个社会生产力发展从“卖方市场”进入“买方市场”、消费者成了“上帝”,在这种情况下,企业必然从自我本位的意识中走出来,关爱社会,后者是民主制度发展和新闻开放的结果。现实中的企业伦理运动还依赖于社会对于“守信”奖、“失信”罚的机制的成熟。

企业伦理建设会有力推动“诚信为本”经营理念的形成,通过倡导主人翁精神、拼搏精神、协作精神、顾全大局的品质推动企业效率的提高,扼制企业内部和外部不端行为。企业伦理建设应该探索有效的途径和方法,第一,重视典型的示范引导作用;即通过榜样的教育作用形成学先进、赶先进和当先进的良好氛围。第二,以法治企和以德治企相结合,在实施教育的同时通过规章制度明确提倡什么、禁止什么、褒扬什么、惩处什么，实行内外约束相结合。第三，寓教于乐，通过生动活泼、健康向上的文化娱乐形式，灌输积极的思想感情和是非观念，引导人们的价值取向，推动企业规范行为。伦理性的企业无论在经济活动的高峰期，还是萧条期，都应该而且能够做到处乱不惊。

3. 个人道德对经济危机的影响。

诚如前述，危机具有行为层次上的意义，消费信用的建立有助于消解经济危机的发生。在现代委托代理制下和存在内部人控制的前提下，职业经理人的道德素养直接影响企业行为。因此，经济危机的克服最终会落实到个人道德的建设上来。个人道德建设在克服危机意义上至少有两个层次：第一，职业经理人的道德建设；第二，个人信用征用体系的建设。

关于职业经理人道德。

应该在全社会倡导道德和诚信观念，进行道德教育，但是一定要重视伦理制度化，所谓伦理制度是关于伦理道德问题的提倡和保障制度，它把相对抽象的伦理要求和道德命令具体化为群体成员所必须遵循的一系列可操作的规范，它对人们合乎规范的行为进行褒扬，对不合规范的行为进行惩罚。大量的案例表明：企业的失败和问题往往起源于经理人的个人问题，中国郑州百文股份有限公司杭州分公司的经理利用郑州百文的销售渠道销售自己的产品，所有收入流进自己的账户，而所有成本进入郑州百文的账户，最终导致郑州百文的倒台就是经理人道德导致企业问题的典型案例。经理人的道德与企业生产经营的负外部性直接相关，因此职业经理人必须拥有良好的社会道德品质和很高的个人道德素质，这是推动企业健康发展，避免企业危机的重要一环。

关于个人信用征信体系。

个人信用征信体系客观上一方面会促进社会信用观念的强化，另一方面会推动个人消费信贷的广泛开展，进而成为防止经济危机的一道屏障。在机制上，个人信用联合征信信息主要是从各商业银行、法院公安部门采集,个人贷款及偿还记录、信用卡的透支及付款记录;以及个人在银行的不良信用记录;个人的民事和刑事诉讼记录;个人身份证及各方面处罚记录等。这种信用信息库能够全面地反映个人信用状况。它的作用机制是通过将分散的信用信息、偏低的失信成本归总累积、信息共享,让个人信用记录成为“第二身份证”,失信者为自己的失信会出高昂的代价,激活守信效应。国家应建立专门的法律法规,建立个人账户体系,结合个人收入申报制度使个人的正常、非正常收入状况得到界定,使货币资产具有真实的衡量标准。目前我国在政府主导下,吸引欧美的体系的特点,进行了有益的尝试,2000 年,由上海市信息投资股份有限公司、上海市信息中心等 4 家股东单位共同斥资 500 万元组建的上海资信有限公司,已经征集了数百万个信用卡账户、银行开户口还款的记录。它对推动我国经济稳定持续的发展、防范经济波动具有十分重要的意义。

第九章

社会保障与福利伦理

社会保障和福利是两个既相互独立又相互关联的概念。

作为一个独立的概念,社会保障既是一个经济学概念,也是一个伦理学概念。社会福利既是经济学中一个重要的范畴,也是伦理学中的重要范畴。事实上,社会福利和保障最典型地反映了经济的伦理化与伦理的经济化。

作为一个关联性概念的依据,是社会保障和福利具有共同的道德价值。

第一节 社会保障与福利概述

一、社会保障与福利的概念及内容

1. 社会保障与福利的概念。

给社会保障下通俗性定义是比较困难的,因为:一方面作为一项社会经济政策,其具体内容的展开有赖于特定国家的社会制度、价值观念与文化背景;另一方面,它又是个历史性的、动态的概念,即使是同一国家,对社会保障定义也是随社会保障制度的变迁而变化的。最宽泛的社会保障的定义是指社会通过正式的或非正式的制度为其国民提供的安全保障，狭义的社会保障是国家以再分配为手段而达到社会安定的一种正式社会性供给制度安排。

国际劳工局对社会保障一词的概括是：在社会通过一系列的公共措施后，为其社会成员提供的用以抵御因疾病、生育、工伤、失业、伤残、年老和死亡丧失收入或税收锐减引起的经济和社会灾难的保护、医疗保障的提供及有关子女家庭补贴的提供①。综合各种观点，可以给社会保障下一个这样的定义，即社会保障是国家通过立法并依法采取强制手段对国民收入进行再分配，对暂时或永久失去劳动能力及因各种原因造成的生活困难的社会成员提供基本生活保障，以保证劳动力再生产、社会安全、经济有序进行的措施、制度的总称。

对社会福利的理解因经济发展水平及由文化、政治决定的理念不同而各异，学者们一般从剩余性、制度性、发展性对社会福利作出阐释。剩余性社会福利观点认为，在通常情况下，家庭和市场是满足个人需要的自然渠道。但在特殊情况下，比如发生家庭危机导致家庭解体、较大范围的经济萧条或者个人年老、疾病，这两个自然渠道不能正常发挥作用来维持个人需要，这时作为满足个人需要的第三种社会机制的社会福利制度才开始介入。这种社会福利制度往往被视为家庭和市场的支持系统，起到防止意外紧急事件的作用。当家庭、市场制度重新正常运作之后，社会福利制度就会撤回。由于这种福利制度的暂时性、替代性特征，往往被看做带有“施舍”或“慈善”的印记。福利的接受者常常被视为社会的弱者或是市场竞争中的失败者，从而带有蒙羞感。

制度性社会福利观点认为，社会福利不是在家庭和市场不能满足个人需求时才介入的，而是现代社会结构中常规化的、永久性的、必需的而且值得称赞的重要组成部分，是一种不同于自由市场和家庭的实行再分配的利益机制。该观点把社会福利的对象从特殊的弱

① 社会保障司编著：《社会保障导论（Introduction to Social Security）》（日内瓦，1989年版）。

势群体扩展到社会中的所有公民,从“被保护者”或“非正常人”扩展到“普通人”,从而实现了从选择性社会福利到普遍性社会福利的转变。社会福利的接受者不再被视为社会弱者,社会福利也不再带有仁慈或施舍的“善行”性质,而往往被视为公民的一项正当的社会权利。相对来说,制度性社会福利所提供的福利水平要比剩余性的高。

发展性社会福利则更进一步,要求社会建立起一套仅仅旨在提高人们的生活质量和满足人类发展需要的福利制度,而不是它解决社会问题。其实,一个完整的社会福利概念应该是包含以上三个层次的综合性概念,这一综合性概念可以用“提高公民生活质量”来概括,既指当社会成员因年老、疾病、生理或心理缺陷而丧失劳动能力而出现生活困难时向其提供的服务措施,又指为了改善和提高全体社会成员的物质生活和精神生活的各种社会服务措施。

综上所述,社会福利与社会保障有着层次上的差异:福利都是更加强调幸福、舒适,而保障则强调保护、安全。从内容上看,福利是社会保障的子系统。如果将社会保障作为宏观的社会再分配来理解,则可以将狭义与广义的社会福利包含在内。当然,也有学者认为,广义的社会福利是比社会保障更加宽泛与抽象的概念,它理应涵盖社会保障。

2. 社会保障与福利的内容。

社会保障与福利是庞大的社会政策体系,不同的国家甚至同一国家有不同的项目,即使同一项目也会有很多不同的内涵与外延。综上所述,将社会福利作为社会保障的一个子项目来考量,即可将社会保障的内容分为社会保险、社会救助、社会福利与优抚安置。

社会保险是国家通过立法,对劳动者在遇到生、老、病、伤、死、失业等风险时,由于暂时或永久丧失劳动能力或暂时失去工作机会,给予物质帮助的形式。基本项目包括养老保险、生育和疾病保险、失业保险、工伤保险。社会保险是非盈利性的,但是一种缴费制的社会保障,只有尽到缴纳保障费的义务,才享有收入补偿的权利,因而它强调权利与义务的对等关系。社会保险是现代社会保障制度的核心和主体，因为它的保障对象是人口中最多、最重要的劳动者；它承担的风险也最多，包括导致劳动者丧失工资收入的所有可能性风险。

社会救助也称社会救济，是指国家或社会对意外发生的事件，或自然灾害等造成的特殊困难者，给予社会资助和救济。包括灾害救助、特殊救助，即对无法定继承人或保护人、无生活来源无劳动能力的孤老、寡妇、孤儿、严重残疾者的救助，贫困救助、对老少边穷地区的扶贫救助、失业救助等。社会救助的目标是扶危济困，救济社会特困者。它的标准是低层次的，它提供的仅仅是满足最低生活需求的资金或实物，它是社会保障制度中的最后一道安全网。社会救助的权利义务是单向性的，通常被看做是纯粹的政府责任和义务，为了增大社会救助的力度，国家总是主张和推动社会团体参与社会救助。

社会福利是国家和社会为保障和维持社会成员一定的生活质量，满足其物质和精神生活需要，而采取的社会保障政策及提供的设施和相应的服务。其基本目标不仅仅是要保障人们的基本生活，更重要的在于不断提高人们的生活质量。

优抚安置，包括社会优待、抚恤和安置。抚恤是国家对因公伤残人员、因公牺牲以及病故人员家属所采取的一种物质抚慰形式，包括伤残抚恤和死亡抚恤。优待是给现役的义务兵家属和抚恤补助对象一定的物质帮助。社会安置是对一切退出现役的军人进行安置，包括就业安置、回原籍安置，离休、退休干部安置等。优抚安置的特殊性在于，它是一种带有褒扬性质的特殊社会保障制度，它给曾为社会和国家做出贡献，甚至牺牲的人们以应有的、现实的伦理回报。

二、社会保障与福利的产生与发展

社会保障与福利作为一种互助救济行为，是随着人类社会的产生而出现的，并随着生产力的发展而不断完善。

2. 社会保障与福利的产生。

社会保障与福利最早萌芽于原始社会，原始社会的社会组织特征确定了其保障对象是部落氏族、内部的成员，保障内容主要是扶老携幼，相互帮助，相依为命，此时的社会保障与福利仅仅是一种不自觉、无意识的模糊状态，其思想特征可以归结为互助共济。

由于互助共济思想的沿袭，逐渐产生了慈善事业。在宗教问世后，慈善便作为宗教的主要社会活动而蓬勃发展起来，并且逐渐发展成为统治阶级维护政权、保证社会安定的重要手段。在这个意义上，宗教成为了社会保障与福利的道德缘起。

在西方，宗教被称为慈善之母，它对早期社会保障与福利的影响不仅表现在理论上，而且表现在实践中。西方宗教所主张的博爱、互助、平等的思想，无疑为社会保障与福利的形成发展奠定了道德基础。在西方的各种宗教教义中，我们不难找到有关福利的观念。早期的福利形式出现在古埃及宗教教义中。在那里，神是主张给予和施舍的。当人间有饥者、寒者、无家可归者时，人们往往借助高于人的神，号召自愿捐助予以解救。用超人的力量解决人类的生活和社会需求，这种宗教的说教就是福利最早的道德表现形式。

在统治了欧洲上千年的基督教教义中，上述道德说教比比皆是。基督教早期的教义宣称，“贫困”不是罪恶，而人们对于不幸者的救济扶助，并不是简单的慈善或者怜悯，而是正义的行动，是社会其他成员对于不幸必须承担的义务和责任。在《圣经》中，“福利”这个概念首先是一个价值观念，和“善”与“恶”的价值判断紧密相连：依从上帝的旨意救济并照拂他人，特别是贫弱无依的人的行为就被称之为“善”，反之就被称之为“恶”。随着基督教徒的增多，基督教形成了社团，在社团内部实行原始的共产制度。信徒们实行按需分配，还征集、募捐钱财，用于赈济穷人，供给传教者食宿。随着宗教组织的日益发展，越来越多的富人、商人、奴隶主贵族接受洗礼入教，富人的加入为教会发展提供了经济来源。教会的这种发展需要富人更多的经济支持，也需要通过救济穷人来为教会的存在正名。所以，这时候出现的《圣经·新约》篇章就出现了大量劝人行善的说教：“耶稣说，你若愿意做完全的人，可以变卖你所有的，分给穷人，就必有财宝在天上。”

中国的福利与保障思想也是渊源流长。中国古代典籍《礼记·礼运》篇，就表述了“人不独亲其亲，不独子其子；使老有所终，壮有所用，幼有所长，鳏、寡、孤、独、废疾者，皆有所养”。的保障与福利的思想。左敏、朱德云、李森在《社会保障学》中指，出中国的福利传统还有着极强的人本和人性色彩，强调推己及人，如孟子的“老吾老，以及人之老。幼吾幼，以及人之幼”。中国的福利传统有着社会互助的观念，如墨子主张“兼爱非攻”，孟子主张“出入相友，守望相助，疾病相扶持，则百姓亲睦”。我国古代不仅有社会保障的理想，而且还有社会保障制度。如，战国时期官办的“常平仓”、始于北齐盛行于隋朝的官督民办的“义仓”、范仲淹举办的“义田”、朱熹的“社仓”、刘宰的“粥局”、清代熊希龄举办慈幼局等。

2. 社会保障与福利的发展①。

由于传统慈善事业已不能满足社会保障的需求，于是开始了政府行为的济贫工作，这使传统社会保障进入到了更高级的济贫阶段。其主要特征是社会保障开始走上国家化、社会化的道路。法国在6世纪30年代开始了由世俗政权代替神权管理济贫工作的“福利改革”，并把单一的济贫扶助扩大到社会福利事业；英国于1601年伊丽莎白一世颁布了《济贫法》。该法案用征税的办法向圈地运动中流离失所的贫民实行救助，包括各教区负责向居民和房地产所有者征收济贫税，用以救助无力谋生的人，并负责组织失业者从事劳动，安排孤儿当学徒。以法国的“福利改革”和英国的《济贫法》为代表的欧洲中世纪末的社会保障改革，标志着传统社会保障开始向现代社会保障迈进。德国是现代社会保障的发源地。在“铁血宰相”俾斯麦(1815~1890)时期，生活工作条件日渐恶劣的工人组成了社会工人党，通过激烈的工人运动反抗资本家的压榨。为了调和社会矛盾，俾斯麦不得不由压制工人运动转而采用安抚政策，1881年1月，德

---

① 陈银娥：《西方福利经济理论的发展演变》，《华中师范大学学报(人文社会科学版)》，2000年第7期。

皇威廉一世发布了有关社会保障和社会救助的诏书,这个诏书被称为德国社会政策的“大宪章”。在此背景下,1883 年制定了世界上第一部《疾病保险法》,1884 年颁布《工人赔偿法》,1889 年实行了《老年与病残强制保险法》。这三项法案的实施,使德国收到了良好的社会效果,成为欧洲资本主义效仿的榜样,欧洲许多国家建立了程度不同的保险制度。英国于 1911 年通过了《失业保险法》和《国民健康保险法》。

3. 社会保障与福利的完善。

此后,社会保障不断完善与成熟起来,并进一步形成一种制度,其显著标志是以普遍性为特征的福利国家的出现。以美国在 20 世纪 30 年代颁布的世界上第一部《社会保障法》为标志,社会保障形成了比较完整的经济社会制度。二战后,英国创造了福利国家的初步雏形,这一蓝图是由贝弗里奇于 1942 年勾勒的。在贝弗里奇报告基础上,英国从 1946 年至 1948 年的三年时间里相继颁布了《国民保险法》、《国民医疗保健法》、《国民救济法》。在这一系列法案基础上,1948 年英国宣布建成“福利国家”。随之而后,西欧、北欧、北美、大洋洲等发达国家纷纷宣布实施“普遍福利政策”。其中福利国家制度最完善的是以瑞典为代表的北欧国家。这时,社会保障与福利实现了由社会互助、社会慈善向社会制度的转变,其内容也向多层次、全方位的方向发展。社会保障与福利进入了成熟时期。

“普遍社会福利”的社会保障,对社会的公平与稳定和缓解经济危机有着积极的促进作用,但当社会保障支出超过经济承受能力时,危机就会出现。20 世纪 70 年代,福利国家纷纷陷入了困境:高额的社会保障支出超过了国家的财政支出能力,出现了入不敷出、财政赤字居高不下的现象。为了摆脱困境,清除弊端,以 1979 年英国对社会保障制度的修正为始,西方发达国家相继出台各种改革构想和计划,出现了改革福利制度的浪潮。其改革的主要内容是:开征社会保障税;通过制定限制性条件,削减社会保障经费的支出。

三、社会保障与福利的类型与功能

1. 社会保障与福利的类型。

社会保障与福利在不同的国家、不同的文化背景中经历了不断成长的过程，在这漫长的时期中，形成了林林总总的社会保障与福利类型。我们可以根据不同的标准对其进行归类。

其一，根据保障对象不同，分为普遍保障制与选择保障制。普遍保障制的对象是全体居民和公民的，选择保障制的对象是特殊群体，如低收入者、残疾人等。

其二，根据资金筹集方式不同，分为基金预筹制，现收现付制、部分积累制。基金预筹制是指国家立法强制执行的用于保障社会成员收入中断或遭遇意外风险时基本生活的资金储蓄制度，多用于养老保险。预筹的资金来源于雇员和雇主的缴纳及基金运营的收入，国家一般不提供资助。现收现付制指政府根据当前一定时期内社会保障经费支出需要，确定社会保障税率或缴纳比例，以支定收，不作节余。资金一般由雇员与雇主支付，国家给予一定补贴。部分积累制指前两者的结合模式，一般以现收现付为主，同时留有一定比例的基金积累。

其三，根据社会范畴的不同，分为剩余性社会福利与制度性社会福利。剩余性社会福利指社会保障作为暂时性、替代性的社会机制，只有在自然的供给渠道（家庭、市场）受到破坏时才发挥作用，当社会的通常制度（家庭、市场）重新正常运作之后，社会福利制度就会撤回。这种社会福利制度往往被视为家庭和市场的支持系统，起到防止意外紧急事件的作用。制度性社会保障将社会保障制度化，并把它作为除市场活动之外的另一社会活动范畴，是社会结构中常规的、永久的、必须的重要组成部分。

其四，根据社会政治制度不同，分为社会主义范式与资本主义范式两种类型。社会主义范式的社会保障和福利制度与资本主义范式的社会保障福利制度是有区别的，从根本上说两者建立的目的不同。

社会主义范式的社会保障制度建立的最终目的是为了全体人员都能享受社会物质保障，体现社会主义的优越性，使劳动人民能安居乐业、当家作主。资本主义范式的社会保障制度的目的仅仅是为了维持资本主义制度，从他形成的背景可以证实这一点。社会主义国家建立社会保障制度的出发点首先并不是一个社会安定问题，它本身被看做是一个社会再生产的问题，是社会再生产客观上需要建立社会保障制度，其次是社会主义经济制度本身的要求，生产资料公有制，人民群众是生产资料的主人，每一个社会公民都享有生、老、病、死的社会保障权利，在社会主义初级阶段的市场经济条件下，客观上存在劳动者待业现象，这些失去劳动机会的人和一些丧失劳动能力的人一样，都应享有必要的社会物质保障，以实现他们当家作主的权利。而最终达到的社会安定仅仅是它的客观结果。这与资本主义国家为了维护资本统治，实现社会安定是有根本性质区别的。资本主义范式安定作为目的，社会主义范式以安定作为结果。

可以说，世界上没有一套能得到各国公认的最合理的社会保障制度，即使经济体制，甚至政治、社会制度相同的国家，社会保障制度也可能存在巨大的差异。如，美国是以具有选择性的就业保障为主，而英国却是世界上最早宣布建立普遍性福利制度的国家。同时，不同社会政治制度的国家的社会保障与福利制度是可以相互借鉴的。因此，不存在纯而又纯的单一社会保障与福利模式，世界各国的社会福利与保障大多是以一种为主而兼有其他模式的混合模式。但不论何种模式，其功能上是基本相同的。

2. 社会保障与福利的功能。

社会保障制度作为一项经济政策，首要功能是调节经济，使之发挥经济“内在稳定器”的作用：即通过社会保障的收入与支付的调节，使国民经济保持均衡。在经济萧条时期，因失业增加和工业利润下降使职工收入减少，导致更多的人因收入锐减而使社会保障支付增加，而与此同时，社会保障的收入则会减少，这会使得社会消费部分因此而有所增加（或减少幅度趋缓），而消费需求又构成了社会经济增长的推动力,从而有助于使经济走出衰退实现增长。相反,在经济繁荣或膨胀时期,就业的增加和工业盈利的增加导致居民收入增加,社会保障基金收入也因此大幅上升,而同时由于居民收入水平的提高又减少了社会保障支付,从而抑制了消费需求增长,抑制了经济过热,保持国民经济的稳定发展。

社会保障的第二个功能是稳定社会。社会是一个组织系统,是由许多要素按一定结构组成的具有特定功能的有机整体,具有自我调节和自我适应的功能。这种功能包括动力机制和稳定机制,二者是互为条件,互为因果,相互作用,相互促进。在市场经济条件下是通过市场机制调节人们的经济利益关系作为社会的动力机制。这种动力机制无疑极大地刺激了人们从事经济活动的积极性,创造了大量的物质财富,推动了社会经济增长。但市场经济带来的收入分配悬殊的问题,如果没有相应的稳定机制来协调,会酿成各种各样的社会冲突。社会保障制度就是具有稳定作用的"安全网"和"减震器",是社会稳定机制的重要组成部分。

为社会成员提供各种社会保障的直接目的,就是为了维护社会稳定,减少社会冲突,保证经济和社会生活的正常运转。社会保障通过立法,以社会保障税或所得税的形式将高收入者的部分收入以社会保障形式转移支付给低收入者,力求实现收入均衡。如英国 1982 年收入最高的 20% 的家庭与收入最低的 20% 的家庭纳税前的收入比为 120:1,经过纳税和各种社会保障补贴的增减后,其最终收入比变为 4:1,这使得由于收入分配问题而引发的社会矛盾得到大大缓解①。

社会保障还具有弘扬道德的功能。社会保障是对国民收入进行的再分配,其资金来源于全体社会成员的劳动成果的缴纳所形成的共同基金。当某一受保障人从社会保障得到的利益大于其对社会保

① 孙光德、董克用主编:《社会保障概论》,中国人民大学出版社 2000 年版,第 34 页。

障基金的缴纳时,实际上他就得到了其他社会成员的资助;而当他从社会保障中得到的利益小于其对社会保障的缴纳时,他就对享受社会保障资助的其他社会成员提供了帮助。社会保障在横向上是社会成员间的彼此互助、互济,在纵向上是不同年龄劳动者的代际赡养、抚育,是代际互助、互济。这种互助、互济有助于社会成员间的团结,有利于代际的沟通,有利于社会体制、道德观念的维护和延续,可以促进社会成员、社会各阶层为共同的利益而努力工作。

第二节　社会保障与福利的道德品质

一、语意的道德性

不同的发展阶段,社会保障与福利有着不同的形式与内容,同一阶段不同的社会制度、经济体制、文化背景,造成了各国的社会保障与福利形式的多样化与差异化。然而,不论处于何种阶段、采取何种形式,其词源、内容、功能及实践活动都显示了一定的伦理意义。

首先,从词源来说,无论西方还是中国对福利与保障的定义,都具有伦理的意蕴。在韦伯斯特新世界大学词典里,“福利”是一种健康、幸福和舒适的良好状态,“保障”是一种感到安全的状态,使人从恐惧、焦虑、危险、疑虑中摆脱出来而获得自由①。在中国,“福利”指幸福利益,据《后汉书》(卷四九)记载,“仲长统傅昌言理乱:是使奸人擅无穷之福利,而善士挂不赦之罪辜”。据《辞源》所载,“保障”意指保护障蔽,“且成,孟氏之保障也;无成,是无孟氏也”。(《左传·定公十二年》)②可见,无论西方还是中国,福利强调幸福、舒适,保障强调保护、安全。而幸福、舒适、保护、安全都是伦理的应有之意。

① 田凯:《关于社会福利的定义及其与社会保障关系的再探讨》,《上海社会科学院学术季刊》,2001 年第 1 期,第 157 页。

② 孙志祥:《论社会福利与社会保障的关系》,《争鸣探索》,2001 年第 10 期,第 21 页。

社会保障与福利的语意道德性充分体现在其形成、发展及进一步的完善过程中。在社会保障与福利的历史演进过程中，始终贯穿着互助、互利、互爱的伦理道德观念，并且随着社会保障与福利的逐步制度化、规范化，利他、同情心、福利性、互助性等道德观念也得到强化，并进而形成社会普遍道德观念。社会保障与福利不仅具有道德的内涵，而且对社会伦理道德的弘扬起着积极的作用，这一点在其功能里得到了充分的体现。社会保障与福利的重要特征在于它是人类的实践活动，这种行为所依据的道德是和人类发展息息相关的。无政府主义者声称，在人类道德的进步中，起主导作用的是“互助”而不是互争。空想共产主义者主张按照需要公平分配。西方社会中的一种主流的意识认为贫困产生于个人的缺陷和失误的意识。他们认为，那些需要救助的老人、孤儿、残疾人、非自愿失业者都是由于天灾人祸等非个人所能控制的因素而处于贫困的，都是“合格”的需求者，都应当得到食品、衣服、住房、工作安排等方面的扶助。这种“接受扶助合法性”的观念在欧洲社会有着悠久的历史渊源，在现代资本主义的福利国家中亦占据了重要的位置。

二、基础的功利性

社会保障与福利作为经济制度，其经济学的理论支持就是福利经济学。瑞典等“福利型国家”的社会保障制度就是由福利经济学脱胎而来的。如果追根溯源，福利经济学是由经济伦理思想——功利主义发展而来。功利主义的根本原则是要实现最大多数人的最大幸福，这是一种道德标准。其代表人物是边沁与穆勒。在边沁看来，道德就是欢乐和痛苦的计算，他把这称为“效用原则”。效用原则或者说功利主义或功用原则，认为社会是个人的总和，因此，它不规定个人应当做什么和将要做什么。

边沁功利主义学说到了英国资产阶级经济学家詹姆斯·穆勒手里，便同政治经济学正式结合在一起。穆勒从边沁的功利主义出发，认为经济学的研究应当关心人的幸福所在。后来，穆勒的儿子约翰·穆勒坚持功利主义伦理经济,并在这方面作了新的发展。他认为凡是能促进最大多数人的最幸福的行为,就是正义的行为。

事实上,约翰·穆勒与李特尔赋予了功利主义更多的经济理论和政策的涵义。李特尔在其名著《福利经济学述评》中曾明确指出,功利主义是一种科学的伦理学,而福利经济学是伦理学的一个分支。他认为福利的术语就是价值的术语。至此,他把伦理学上的价值判断引入经济学体系中,用是非善恶来探讨经济行为的合理性,反对实证经济学对各种经济现象的客观描述,主张建立规范经济学。他们的道德标准是:个人是他们自己福利的唯一判断者;社会福利取决于组成社会的个人的福利。同时,福利经济学主张,经济政策的制定必须以伦理标准为根据。福利经济学需要道德学说,福利经济学在于建立恰当的伦理标准并把这些伦理标准应用于政策。

庇古认为,人的本性是追求福利最大化,个人福利最大化构成社会福利最大化,"福利"是人对满足即效用的心理反映和主观评价。庇古认为福利有两层含义:一是要增加社会财富,一是社会财富的平均分配。后者是福利经济学所强调的平等。而无论是福利的概念、起源、产生发展都蕴涵着平等的伦理精神,平等始终是社会保障与福利最根本的伦理原则①。

三、前提的同情性

同情心就是仁爱之心、利他之心和善良之心,是一种道德情感。情感论伦理学强调作为人性本质的道德情感,把仁爱情感凌驾于理性之上,并把它同增进人们的福利与大多数人的幸福联系起来。休谟与斯密在此基础上更加强调了"同情"和"仁爱"的作用。休谟与斯密都认为人类天生具有同情心,正像人性中固有自私的组织结构一样,而只是通过联想的机制,在同情原则作用下,才使人们跳出自我的目的,去关心他人和社会。休谟认为,正是人类具有仁爱和利他

---

① 陶一桃:《庇古与福利经济学的产生》,《特区经济》,2000年版第8期,第51页。

的性情才导致“同情”的体验,他深信同情是人性中一个强有力的原则,通过它,人们表现出慷慨和高尚的友谊,以及互助友爱的生活交往方式。斯密说:“‘同情’这个词,就其最恰当和最初的意义来说,是我们同情别人的痛苦,而不是别人的快乐。”[①]中国自古就有仁爱的传统,孔子仁学的基本方法就是将心比心、推己及人、同情人、爱护人。

社会福利和保障中自爱与仁爱的统一与道德同情心如出一辙,可以说,道德同情心是社会保障与福利的道德前提。同开展其他社会活动相比较,大多数人参加社会保障,并不需要过多的说服、教育,甚至强制,而能自觉自愿地参与。其深刻的道德动力和源泉,就在于社会保障对己是自爱的要求,对人又是仁爱的表达,并且实现了自爱和仁爱的统一。人们都珍惜自己的生命,爱护自己的身体,希望健康长寿,安度晚年,都希望一帆风顺,即使遇上意外的风险和打击也能克服。因此,人们积极地参与养老、医疗、失业等社会保险。社会保险正是以个人的逐年积累,以个人的力量,增添社会保险的整体力量,将即时消费转化为延迟消费。这样,便把个人利益同社会整体利益和他人利益、眼前利益和长远利益紧密地结合起来了。社会救助、社会福利、社会互助、优抚安置的资金来源,一是来自国家财政,二是个人捐助。国家财政支付资金,虽属国民收入再分配的范畴,是国家的社会安全政策职能,但从社会心理基础和动力机制来说,它和个人捐助一样,都是一种道德同情。前者是社会同情,后者是个体道德同情。道德同情同宗教的怜悯、恩赐、施舍是不同的。道德同情的基础是承认他人的需要和利益的合法性,是对他人的感情和思想的理解,是物质上和道义上给予无私的支持,以帮助他人克服困难和危机。道德同情是在道德良心、责任心、义务感、爱心等情感的基础上形成的。人的行为是受理性指导的,但对某一行为的发动者来说,人的情感,如爱心、同情心、憎恶之心等,往往有更大更直接的力量。“希望

① 亚当·斯密:《道德情操论》,商务印书馆1992年版,第52页。

工程”、“送温暖工程”、购买福利奖券，特别是 1998 年特大洪灾中的献爱心大捐赠，这类活动和效果，是用法律规定不能奏效的。正是这种道德同情，才有一方有难，全国支援的宏伟场面，才有慷慨解囊，甚至英勇牺牲的感人事迹。

四、原则的公平性

社会保障与福利制度安排，属于公共产品、公共资源在公共领域中的分配，因此缓和社会不公平、创造并维护社会公平，是社会保障与福利制度安排的基本出发点，也是社会保障与福利政策实践的基本归宿。因而，在制定实施社会保障和福利制度时，要遵循和体现公平的伦理原则。尽管不同的国家与不同模式的社会保障制度安排，在公平方面存在着程度不同的差异，但这种制度的建立初衷与运行过程，却是以公平为原则的。

所谓社会公平是指社会应当以公正的、不偏不倚的态度来对待每一个社会成员。社会公平作为人类追求的最高目标，客观上标志着每一社会发展阶段的发展水平状况。一般来说，社会是否公平，主要体现在社会成员的收益分配与生活状况方面。就社会公平而言，它包含三层涵义：一是起点公平；二是过程公平；三是结果公平。这三者相互制约，相互支持，起点的公平和过程的公平决定了结果公平，后者的实现往往反射了前两者。国家和社会应该尽可能地创造条件实现社会成员发展的起点公平和过程公平，同时采取有效措施在适当的程度上缩小结果的不公平。因为在人类社会发展史上，除原始社会，结果公平是很难实现的。症结在于存在着阶级的社会里，生产资料私有制本身造成社会的不平等。在社会主义市场经济条件下，虽然社会成员的根本利益是一致的，但由于受到各种不可避免的先天的和后天的因素的影响，客观上形成了社会成员个人利益的差别性。因此，市场经济可以创造高效率，却无法自动消除伴随着发展的社会不公平现象，它在一定程度上还制造着社会成员生活结果的不公平。这表明，在当代谋求社会成员结果的普遍公平是不切实际的，只能尽可能缩小差距。正如江泽民同志指出的："在社会主义初级阶段，社会成员之间收入存在一定程度的差距，是难以避免的。但如果差距悬殊，而且任其扩大，就会造成多方面的严重后果。我们必须坚持允许和鼓励一部分人先富起来，最终实现共同富裕的政策。在发展经济的基础上，逐步增加城乡居民收入。同时要把调节个人收入分配、防止两极分化，作为全局性的大事来抓。要区分不同情况，采取有针对性的措施，保护合法收入，取缔非法收入，调节过高收入，保障低收入者的基本生活。"①社会保障与福利的公平原则的内涵应当是：

第一，社会保障强调社会成员参与的机会公平性原则。

在社会化的社会保障制度实施中，保障对象是全体社会成员，不存在任何特殊阶级。全民保障实现的是全体国民社会保障权益的公平性，选择保障实现的亦是覆盖范围内的所有社会成员在社会权益方面的公平性。只要符合法律规定的条件，不论性别、职业、民族、地位等都被纳入保障范围。如福利国家的普通国民年金、香港地区的高龄津贴等，无论贫富，只要达到了规定的受益年龄就可以享受；绝大多数国家的救济政策均规定，只要是低于贫困线或最低生活保障线的居民家庭，均可以享受贫困救助，等等。由此可见，社会保障对于其适用范围内的成员而言，即是一种建立在权利平等基础上的机会公平的保障。社会保障的社会化程度越高，这种机会的公平性就愈显得充分。

第二，社会保障在一定程度上维持着社会成员发展的起点与过程公平。

社会保障的机会公平性决定了其对全体社会成员的基本生活提供着保障，社会成员能够在基本生活有保障并解除后顾之忧的条件下，参与社会的公平竞争，不至于因先天不足或生活无保障而陷入生存困境，从而在一定程度上维持着社会发展的起点公平。在社会发

① 《党的十四届五中全会文件汇编》，人民出版社1995年版，第21～22页。

展过程中，这会保障通过对灾祸中的不幸者的救助，能够使其迅速从灾害打击中恢复正常生活；对失业者的失业保险与失业救济及职业培训，并结合再就业工程的实施，能使一部分竞争中的失败者重新参与社会竞争；通过对社会成员的疾病、职业病等提供医疗保障，使社会成员因此迅速恢复健康，重新走上工作岗位，等等。所有这些均表明社会保障能在一定程度上消除社会发展过程中因意外灾祸、竞争失败及疾病等因素导致的社会不公平，起到了维持社会成员发展过程公平的作用。

3. 社会保障在一定程度上缩小着社会成员发展结果的社会不公平。

在市场经济条件下，由于社会成员的资本、劳动技能、身体素质、家庭人口等因素的差异性，社会成员的发展结果是不公平的，主要表现为收入分配上的差异。贫富差距的扩大是市场经济条件下社会发展的客观现象，贫困化是社会发展中的严重社会问题。对此，社会保障所具有的收入再分配功能即能在一定程度上缩小这种发展结果的社会不公平。一方面，社会保障功能的实施需要多方筹集资金，它一般要求高收入者多缴纳费用，低收入者少缴纳费用；另一方面，收入高、富裕的家庭或社会成员因其生活水平高而享受社会保障的机会要少，而贫穷的家庭或低收入家庭或社会成员享有社会保障的机会多。从总体上说，是后者较前者更能从社会保障制度中获得好处，如社会救助就只有生活水平在贫困线或最低生活保障线下的社会成员才有资格享受，失业保障只有失业者才有资格领取，等等。通过上述“收”、“支”的调整，将一部分国民收入集中起来进行再分配，客观上起到了缩小贫富差别的作用，使社会成员在社会发展中的结果不公平得到了缩小。

总之，社会公平需要通过社会保障制度的建立与实施来维护，而社会保障也能够从多方面维护着社会公平。正是由于社会保障具有维护社会公平的功能，它才成为各国国民的一项基本权益，并为各国政府和社会各界所高度重视。

五、特征的互助性与福利性

中国传统道德向来主张有无相恤，扶危济困，患难相救。对别人的危难幸灾乐祸，甚至落井下石，最为人所不齿；而解囊相助、雪中送炭、助人为乐是人类最为称颂的美德。社会保障的实际内容，就是对社会脆弱群体的物质生活的扶助，充分体现了社会保障的互济性、福利性。福利性原则指相对于社会成员的个人而言，其在社会保障方面的支出要小于在社会保障方面的收入，换言之，凡所得大于所费即具有了福利性。这一原则适用于受益群体而不是非受益群体。社会保险的受益者虽然通常要付出一定的经济代价，但因国家、企业分担了社会保险费或运行成本而获得大于所费的福利保障。对社会救助而言，受益者只要符合相应的资格条件就无须付出经济代价。

互济性既是社会保障制度赖以生存和发展的基础，也是增进整个社会协调发展的重要条件。互济性原则其实是以互惠制为基础的，即我为他人做贡献，他人也为我做贡献，两者互为条件，互相促进。互济或互惠最早应当出现在家庭，家庭成员之间是一种互惠与互助关系。“养儿防老”道出了家庭成员之间经济关系的真谛。由家庭而家族，由家族扩展到邻里和社区，再由社区扩展到整个社会，就构成了社会保障潜在的思想基础与群体意识。社会保障制度安排，正是这种互助或互惠制的加强化、固定化和规范化。没有互济性，就不会有福利性，福利性在道德水平上高于互济性。

在众多的社会保障的项目中，核心内容是社会保险。从资金的来源，保险可区分为三类，即由国家、单位和个人三方承担资金，对劳动者年老、疾病、失业、工伤、生育等风险实行的强制性投保；单位与团体兴办的补充保险，如“中国职工互助保险”；个人储蓄型的商业保险。在实际生活中，不可能每个投保人都遇到重病、失业、工伤等风险，因此，除个人储蓄型商业保险以外，其他形式的保险都是运用了“大数法则”的规律，多数人“共济”少数特定人的损失和风险，强者在经济上帮助弱者。特别像“职工互助保险”这一类，完全是一种群众自愿参与、自筹资金的互济互助，它充满了奉献爱心的道德力量和浓厚的人情味。社会保障的内容，几乎涵盖了全社会主要的社会救济、社会福利一类的公益事业。正是社会保障的人道性、互济性、公益性的利益调节机制，营造了全社会的道德氛围。一方面，通过扶危、济困、抢险、救灾、助残、尊老、爱幼，使社会充满互助、友爱、温馨、融洽的气氛。另一方面，通过互助互济、奉献爱心的社会保障形式，对不同社会群体的收入进行再分配的调节，使市场经济中的效率和公平的矛盾、贫富差距拉大的矛盾得到缓解，促进社会公平和安定团结。

第三节　社会保障与福利的人道主义价值

一、人道主义是一种永恒的伦理原则

人道主义最初起源于确立人在宇宙中的地位。中国春秋战国时期的思想家子产就认为“大道远，人道迩”，即认为，“人道”比“大道”更近。重视人道，即是重视“人之所以为人”的伦理，这可视为中国最早的人道论。作为中国传统文化主干的儒家思想以为，天地生人，人是万物之灵，自有其高于万物的价值，《礼记·礼运》指出：“人者，其天地之德，阴刚之交，鬼神之会，五行之秀气也。”《孝经》云：“天地之性，人为贵。”从某种意义上甚至可以说，儒学就是一种发现“人”，提升“人”、宣扬“人道”的学问。在西方，古希腊的思想家普罗塔戈拉提出“人是万物的尺度”，古希腊的另一个思想家苏格拉底第一个把哲学从天上挪到人间，教导人们思考生活和风尚、辨别善良与邪恶，号召人类：“认识自己。”①

严格意义上的人道主义是欧洲资产阶级反对封建主义的产物。文艺复兴时期，新兴资产阶级为了发展资本主义的生产关系，首先向

① 韩庆祥：《人道主义·个人全面发展·社会进步》，《人文杂志》1994 年第 4 期。

封建专制制度和封建的思想文化,尤其是宗教神学发动了猛烈的进攻。他们打着复兴古希腊罗马文化的旗号,宣称在光辉灿烂、令人景仰的古希腊罗马文化中,重新发现了"人"。他们认为,人生来具有追求自由和幸福、完善自我、实现自我价值的愿望;他们主张重视人的现实生活,要求把注意力从"神"转到"人",从"天堂"转向"尘世"。这种主张尊重人的价值,反对漠视人的尊严;张扬个性自由,反对封建桎梏;倡导人权,反对神权;提倡人道,反对神道;护人的需要,反对蔑视个人利益的道德原则和道德价值观,就是资产阶级人道主义的最初表现。

继文艺复兴时期的人道主义之后,伴随着资本主义生产关系的发展,资产阶级人道主义也发生了既有联系又有差异的历史演变。从伦理原则的角度审视,次递出现过18世纪法国启蒙运动中的人道主义,19世纪费尔巴哈的人道主义,20世纪存在主义的人道主义。

18世纪阐发以满足个人欲望和需要为前提的伦理学说,全面地论证以人性论为基础的人道主义。其代表人物之一霍尔巴赫明确指出,人从本性上说既不善也不恶。他一生之中时时刻刻都在寻求幸福,他的一切能力都用在取得快乐和规避痛苦上面。霍尔巴赫强调,社会道德当中第一个道德是人道,人道是一切其他道德的总体。这就是广义的人道说,它就是给我们同类的人的心灵以正义的那种感情,它促使人们对同类做出力所能及的善事。它的效果就是人们对邻人的爱、善行、大度、宽容、慈善。同时期的卢梭提出了"天赋人权论",即人权是自然赋予的,人人都有追求自由、平等、博爱的"自然权利"。

19世纪的费尔巴哈强调,人的自然本质必须在"类"中实现,个体追求幸福的愿望只有在与他人的交往中才能实现。以人与人相互需要为依据,他主张个体在追求自己幸福的同时承认他人追求幸福的权利,对己以合理的节制,对人以爱。他把"爱"视为调节个人与他人、利己与利他的最高道德原则。

到了现代,随着飞速发展的科学技术,人们的生活水平不断提高。但与此同时，环境污染、能源短缺、粮食匮乏、人口爆炸和吸毒、色情、核扩散等严重地威胁着人类的生存和发展。面对这种种难题，人道主义思潮重新兴起。其中影响最大、流传最广的当属萨特的存在主义的人道主义。存在主义的人道主义宣扬人的自由，并把人的自由视为人的最高价值。存在主义认为自己关怀现实人生，最尊重人、最注重人的个性的自由发展。存在主义的人道主义始终以个人为基本出发点，着力关注人的存在、自由、价值、乃至生命等人生哲理。它正视现代物质文明给人们带来的压抑、困惑，看到科学技术的"双刃"作用，揭露了垄断资本主义社会中的道德危机，强调个体要有选择的自由；它主张从现实生活中去认识人，肯定人的主体性和创造性。

作为伦理原则的完整意义的"人道主义"是一种关心人、尊重人、倡导保护个人的权利，要求重视人的价值主张实现人的平等和自由，宣扬在宇宙和人类社会中必须以人为中心的伦理观。广义的、低层次的人道就是我们所说的仁爱待人，狭义、高层次的人道是给人自由，促使人全面地发展。而人道的根本原则就是自由。

二、社会保障与福利的人道主义价值

1. 社会保障与福利是保障人权的基本手段。

"人权"概念最早是在资产阶级反对封建的斗争中，针对封建社会的君权神授、等级特权等提出的一个进步口号。资产阶级在取得斗争胜利后便将人权以权利宣言和法律的形式确定下来。如美国的《独立宣言》、法国的《人权宣言》、苏联的《被剥夺劳动人民权利宣言》，目前，包括中国在内的许多国家都在宪法或专门法律中作了有关人权的规定。人权的观念已经走向具体化、规范化、国际化。1948年联合国通过的《世界人权宣言》是国际社会公认的最重要的人权宪法，它成为许多国家处理国际人权关系乃至国内人权问题的重要法律依据。

人权的内容十分广泛,包括平等权、自由权、社会经济权、政治权[①]。其中主要的是人的生存与发展:因为生存权是人的基本权利,离开生存权,就谈不上人的其他权利;而在享有生存权的前提下,社会成员还要发展,其他权利实际上均围绕发展权而展开的。尽管生存权似乎层次很低,一般意义的生存权仅仅是吃饱穿暖而已,但它仅是人的第一需要;尽管发展权似乎很抽象,但把握了这一点,我们就可能不至于因为人权观念的冲突而无所适从。

只有得到保护的人权才是真正意义上的人权。人权的保障机制包括政治保障、社会保障、经济保障、文化保障、思想保障等,但因为人的发展生存是人权之本,这就使社会经济保障的重要性突出地显现出来。

人权保障在社会保障时间中的表现,就是由国家和社会向其社会成员提供物质方面的支援,其路径是通过收入分配的均等化,来提高福利水平。瑞典学派主张收入和财产应实行均等化分配,给所有的人,无论其社会阶级、种族、性别、语言或信仰如何,带来尽可能多的幸福。而这种均等化分配的实现,还可以提高社会经济福利的总水平,因为穷人和富人之间交换,可以导致双方合计起来的总效用,从而全社会的总效用,要比一切都听任自由竞争的摆布时所获得的总效用大得多。

阿瑟·奥肯也认为:“对处于最高层的收入和财富加重税收,并不是为了降低富人的生活水平,而是要提高被剥夺者的生活水平。”[②]“社会保障大概是所有美国历史上联邦主要支出计划中最伟大的一项成就。”[③]

当然,目前社会还不可能实现真正的收入均等化,但社会保障确

---

① 自由权包括精神自由、人身自由、经济自由等权利;社会经济权包括生存、受教育、劳动、休息、物质帮助、退休保障、财产权利;政治权包括选举与被选举、申诉、控告。

② 阿瑟·奥肯:《效率与公平》,华夏出版社 1999 年版,第 102 ~ 103 页。

③ 阿瑟·奥肯:《效率与公平》,华夏出版社 1999 年版,第 105 页。

实是人权保障的基础性保障机制，社会保障的目的即是保障人的生存权与发展权。其一，社会保障能使穷人与低收入阶层免于生存危机。国家救济制度可以保障他们最基本的生活。其二，社会保障能够通过各项社会保险制度来解除社会成员在年老、疾病、工伤、失业等等方面的后顾之忧，能够通过对收入分配的调节来缩小贫富差别，为社会成员公平参与社会竞争提供保障。其三，社会保障能通过各种社会福利及其设施来满足社会成员在生活、服务、保健、教育等方面的福利需求，这是社会成员在生活质量、身体素质、技能素质等方面发展权的具体体现。其四，社会保障作为现代社会的安全阀，通过缓和社会矛盾，维护社会稳定，有助于实现社会成员的各项权利。可见，现代社会保障的理念即是实现人的生存与发展权，而健全的社会保障制度则能够有力地保障生存权与发展权的实现。但如果认为社会保障能够解决一切人权问题，那也是天真的想法，因为人权是一个内容十分广泛的社会问题，要全面落实还需要有政治、法律、文化等方面的保障，有时甚至国家与国防的保障。这些领域却是社会保障无能为力的。因此，人权保障实为一个宏大的社会系统工程，而社会保障则是其中的基础性措施。

2. 社会保障与福利保证人的自由。

自由是人类的一种核心价值，是最深刻的人性需要。人作为特殊的生命存在物，他的生命活动的性质、他的内在本性的基本要求就是“自由”。所以马克思把这种自由解释为人的生命的自由表现。自由是人的内在本性的体现。按照马克思的解读，人的生命活动同动物的生命活动的区别，就在于人能使自己的生命活动本身变成自己的意志和意识的对象，而仅仅由于这一点，人的活动才称得上是自由的活动。这就是说，人能够通过自己的意识把自己的内在本性的需要反映出来，形成意志，并在自己的活动中将这一意志加以贯彻和实现，从这个意义上看自由，它是人对自身发展的关系中的个性自由。作为人的内在本性要求即生命体现的个性自由，首先表现为人自由地实现或满足自身各方面的需要。在马克思主义看来，人的需要是可以从各种不同的角度加以区分的，一般来说，包括各种物质生活需要（衣、食、住、行等方面）和精神生活需要（思想、文化、情感、认知、审美、自尊等方面），以及作为二者统一的综合需要（生存、享受、发展等方面）。

自由还具有一种外在价值，它是达成自我实现和社会进步的根本条件。所谓自我实现，即自我完善，充分发挥、实现自己的潜能，使自己成为一个有价值的人。自我实现的根本条件：是个性的发挥，而个性充分发挥的条件：是自由。可以说，一个人越自由，其个性发挥得越充分，他的潜能便越能得到实现，自我实现程度就越高。同时，自由也是社会进步的根本因素与条件，因为所有社会进步的因素，都是人类活动的能力，尤其是潜能发挥的结果，而潜能发挥的根本条件就是自由。所以，自由是人自身与社会进步的根本。人道主义的根本原则就是保卫个人自由。而社会福利与保障就是一种自由——人道的制度安排。由于社会生活的多样性与个体存在各方面的差异性，并不是每个人都能达到理想的自由，甚至较低层次的物质生活需要也不能通过自身去满足。社会保障中的社会救济为无法定继承人或保护人、无生活来源无劳动能力的孤老、寡妇、孤儿、严重残疾者提供了生命活动自由的保证。社会福利是以提高人们生活质量为标准的，是高水平的社会保障，因而，它不仅可以满足较高的物质要求，而且，从一定程度上满足人的更高的精神需求与综合需求，从而使人的自由得以充分发展，使人的活动拥有更多的选择，使人的个性得以张扬。

3. 社会保障与福利促进人的发展的健康化与高素质化。

黑格尔称，"社会和国家的目的在于使一切人类的潜能以及一切个人的能力在一切方面和一切方向都可以得到发展和表现"①。这里的发展思想实质上就是"人的全面发展"，其主要元素就是指与现代科学技术和生产力发展水平相适应的人的生理素质、心理素质、

① 黑格尔：《美学》第1卷，商务印书馆1979年版，第59页。

能力素质、科学文化素质、思想道德素质的普遍提高和综合发展。实际上，这是一项系统工程，各要素之间相互影响，相互作用，一种素质的变化必然引起其他素质的相应变化。其中生理素质是发展的基础。人的一切活动都离不开人的身体，它是人各方面素质的载体。没有健康的生理素质，其他素质也无从谈起。心理素质是发展的关键，良好健康的心理素质不仅有益于人的身体健康，而且是个人成功和社会进步的关键。能力素质是发展的动力，它包括认知能力、组织能力、判断能力、实践能力和创新能力。然而，人的发展、提升过程是通过科学文化的发展过程来实现的。人的其他素质无不得益于科学文化水平的提高。思想道德素质是发展的灵魂，是人的伟大与高尚的体现，是人的社会存在的体现。

然而，人的全面发展是需要条件的。"当人们还不能使自己的吃喝住穿在质和量方面得到充分供应的时候，人们就根本不能获得解放。"[①]作为人的全面发展的两个保证是人的身体健康与文化素质。

对于每个人来说，追求健康是其生存与发展的至关重要的方面，健康不仅是社会成员最基本的需求，同时也是其服务社会的重要资本。然而，疾病与意外伤害是每个人都无法避免的风险，疾病的医疗服务则是每个人都需要的基本保障。因此，国民健康与社会保障尤其是社会化的医保有着天然的、不可分割的联系。健全的社会保障制度是直接保障国民身体健康的安全阀，世界上第一部社会保障法律就是德国颁布的疾病医疗保障法。它的影响所及，使得今日的许多国家建立了自己的医疗保障制度。

人的素质的提高有赖于所受的教育。从国际国内情况看，社会成员的基础教育或称义务教育和职业教育，通常都是具有福利色彩的公益事业，这一点又决定了人的高素质化与社会保障具有内在的直接关系。社会保障促进了社会成员的素质不断得到提高。一方

---

① 《马克思恩格斯全集》第 42 卷，人民出版社 1979 年版，第 368 页。

面，国家将教育纳入社会保障体系，并采取有力的措施促使教育福利事业社会化，使社会成员有直接受教育的机会，一些发展中国家注重解决贫困地区的失学儿童义务教育问题，给大中专学校贫困学生给予社会救助，以此确保国民的基本素质教育得到保证和提高。另一方面，针对社会成员中的劳动者，尤其是失业工人，国家建立失业或就业保障制度不仅会解除生活困难，还有组织地开展各种职业技能培训，以促进劳动者技能素质提高。实际上，作为教育福利和失业保障范围内的内容，对提高人的素质起了重大的促进作用。

第四节　相关理论与观点

一、庇古的福利经济学

庇古被称为“福利经济学之父”。庇古以边际效用价值学说基础提出了一整套福利学说。并在他的福利经济学基础上提出了一系列经济政策的准则。庇古认为，一个人的福利寓于他自己的满足之中；这种满足可以是由于对财物的占有而产生的，也可以是由于其他原因诸如知识、情感、欲望等而产生；一个人的全部福利则应该包括所有这些满足。与此同时，庇古把研究的主题集中于与经济生活有关的、能够直接或间接同货币量有关的那部分社会福利。即经济福利。他认为，一个人的经济福利就是由效用构成的，而效用可以用单位商品价格来计量。最后增加的单位商品所取得的效用，叫做边际效用。边际效用是递减的。在假定货币边际效用不变的同时，庇古还假定不同的阶级所支出的货币量与所得的满足量是相同的。正因为假定货币的边际效用对于不同的人是相同的，从而满足数量也就与货币数量成比例。在个人经济福利的计量解决后，庇古用国民收入来表示全社会的经济福利，认为国民收入增长意味着经济福利增长，国民收入总量的增加是促进经济福利的主要因素。在福利与国民收入分配问题上，庇古认为，福利经济学应当研究国民收入的分配问题。他进一步认为,如果政府一方面采取累进所得税、遗产税之类的措施,另一方面采取一些社会福利设施,将货币收入从富人那里转移给一些穷人,就可以增加货币的边际效用,而使社会的满足总量增加。

二、李特尔的福利经济思想

李特尔是福利经济学的重要代表人物。李特尔认为,关于分配的道德标准,特别是关于收入分配的价值判断,在福利经济学中是不可回避的。他还认为,只有在假想补偿检验之上再加上实际补偿,才能使增加福利的标准成为充足的标准。在这里实际补偿就是指收入再分配。李特尔提出了三重福利标准:第一,卡尔多—希克斯即既得利益能够补偿受损者有余)满足了吗?第二,西托大斯基即双重检验标准满足了吗?第三,收入分配是适当的吗?在前两个标准满足之后,还必须看收入再分配是不是适当的。如果收入再分配不好,那就必须用转移货币收入的办法来补偿。李特尔的三重标准,被不少经济学家赞赏为具有“稳当的富于常识的素质”,或者被推崇为“对于解决问题有真正的贡献”,当有的经济学家把“好的收入分配”解读为“趋于较为均等的分配”时,李特尔加以否认。他说,新的情况比原来的分配好,只是指在另一个状态下,至少有一个人的境况好些,而没有人的情况坏些;至于为什么说好些,这可能由于分配上的公正,也可能由于其他原因。李特尔收入分配上的公正是指不损害效率的公正。在收入分配问题上,李特尔表达了经济学家试图改变现实社会中收入分配失控状况的良好愿望。

三、社会福利函数论

社会福利函数论的倡导者是美国经济学家柏格森、萨缪尔森等人。社会福利函数论强调收入分配问题要由一定的道德标准去决定。社会福利函数论者则认为,根据个人偏好和道德准则所得出的交换和生产的最优条件,只构成“最大福利”的必要条件,而不是达到“最大福利”的充分条件。要达到唯一的最优位置,还必须满足充分条件,即关于理想的收入分配的确定。萨缪尔森说,从一个人享有一切利益的一种情况,经过某些中间的情况,到另一个人享有一切利益的情况之间,存在着无数个最优位置。如果没有一定的福利函数,即如果没有关于个人间的效用比较的假定,就不可能决定这些位置中究竟哪一个是唯一最优位置。萨缪尔森认为,一个体系的所有经济变量的函数,是作为表征某种道德信念的。这种信念可以是一个仁慈的、暴君的、完全唯我主义者的、善心善意者的、厌世者的、国家的、种族的、或集团思想的、上帝的等等。可见,萨缪尔森的既定的收入分配的道德原则是指社会制度方面的因素,但是具体是什么没有明确说明,这也就为当时的垄断资产阶级制定政策提供了依据。1957 年,荷兰中央计划局曾经采取社会福利函数建立一种经济模型,以便解决有关经济政策的问题。目标包括:(1)最大限度提高实际国民收入;(2)维持高度而稳定的就业水平;(3)实现国际收支的平衡;(4)维持稳定的价格水平;(5)达到高度的投资水平;(6)实行合理的收入分配。这些模型所确定的目标,就是社会福利函数论者所要确定的具体道德原则。

四、瑞典学派的福利思想

瑞典学派的经济理论的奠基人是维克塞力尔等人。维克塞尔以边际效用和一般均衡理论为基础形成了自己的理论体系,提出了具有改良色彩的政策主张。他从效用理论出发,认为通过收入再分配的调节,可以缩小人们之间的贫富收入差距,提高整个社会的总效用。他的理论就是福利再分配和宏观管理理论。他的观点为以后的瑞典经济学家所继承和进一步发展。瑞典学派强调收入和财富分配均等化,主要用累进税率来解决分配问题。他们认为,一个理性的社会应当把福利普遍给予社会的每个成员,使人人得到幸福。为此,国家应当担负起环境保护、公共商品和劳务的供应、经济稳定、收入和财富的分配公正等方面的责任。

瑞典学派理论和政策有两大战略思想：一是依靠政府的干预，通过宏观经济调节的方式来平抑经济周期的波动；二是用收入再分配的方法，主要利用累进所得税以及转移性支付，举办社会福利设施，使社会各阶级、集团之间的收入和消费水平通过再分配趋于均等化，从而实现收入的平等。这两项主张不仅在理论上为福利制度奠定了基础，而且在实践上也得到了应用。使瑞典成为世界上第一个走上积极稳定政策道路的国家，同时也开创了以国家干预进行“充分就业”和“收入均等”的瑞典福利模式，成为独特的“混合经济”下的“福利国家”。

五、基督教教义中的福利思想

在统治了欧洲上千年的基督教教义经典《圣经》中，福利这个概念首先是一个价值观念，和“善”与“恶”的价值判断紧密相连。《圣经》具体指出“谁提供救济（给穷人），谁就能得到（上帝的）祝福”。

福利作为一种价值判断也是随着时代变化而变化的。早期的基督教教义强调现世的“牺牲”和从天国来的福音。此后，出现了一种对权利和财富进行再分配的说教：“叫有权柄的失位，叫卑贱的升高，叫饥饿的饱美食，叫富足的空手回去。”再晚些时候，基督教徒开始增多，形成了社团，在社团内部实行原始的共产制度。这个时期的《圣经》可以看到有关财产公有和平均分配的说教：“要你们的富余，现在可以补他们的不足，使他们富余，将来也可以弥补你们的不足，这样就均平了。”随着宗教组织的日益发展，越来越多的富人、商人、奴隶主贵族接受洗礼入教，富人的加入为教会发展提供了经济来源。这时候出现的《圣经·新约》篇章就出现了大量劝人行善的说教：“耶稣说，你若愿意做完全的人，可以变卖你所有的，分给穷人，就必有财宝在天上。”

由此可见，《圣经》道德说教中的福利观念随着时代条件的变化而发展，从早期的“天国来的福音”和“终审判决日”里对有权有钱人的恶性报复，发展到了现世的赎罪和善行。福利道德说教的不同形式,反映了不同时代的条件和相同的人类生存需求。这里的中心是穷人、饥寒交迫者,他们对满足温饱的方式从寄希望于未来天国里享福,变化为要求富人在现世施舍。宗教利用这种人类生存的基本需求,根据不同时代的特征和自身发展的要求,提出各种各样有关福利的道德说教,对人类社会的需求做出反应和解释,扩大了影响,发展了教会组织。

第十章
政府经济道德

在现代经济生活中，政府承担着统管全社会的经济责任，其参与经济活动的广度和深度是任何一个企业所无法比拟的。因此，政府经济行为的道德性问题将深刻影响社会经济活动的质量。

第一节　政府经济行为

一、市场缺陷与政府的干预

市场缺陷既包括狭义的“市场失灵”，也包括市场不能解决的其他经济与社会问题，即在完全竞争市场的条件下仍然会出现或存在的种种问题，如：收入分配的不平等、供求总量的失衡、人口的膨胀等等。这些即便不是“市场失灵”，却也是市场没有能力解决的，是市场的缺点或局限性。市场缺陷的存在决定了市场经济中政府对经济进行调控干预的必要性。

1. 市场的天生缺陷。

市场不是万能的。在现实市场经济实践中，单靠市场并不能完全实现资源的最佳配置，市场本身存在着许多天生的缺陷。

首先，市场经济的内在逻辑决定了垄断的产生，并由此引起价格和产量的扭曲。垄断者通过垄断高价和垄断低价获取超额利润,使得消费者的边际估价或者生产者多生产这一单位的边际成本不能获得正确反映。垄断者为了持续获得垄断利润还故意减少其所控制的产品的生产,使得社会无法得到足够多的这类产品。此外,垄断还会引起收入的扭曲,垄断者通过对某个产品的垄断,获取比在完全竞争条件下多得多的利润,而这往往是以牺牲消费者利益为前提的。所以,在市场产生扭曲的情况下,市场均衡作用失灵,不可能实现资源的合理配置。

市场另一个天生的缺陷就是外部经济效应的存在。外部经济效应是指一个经济活动主体的经济活动对其他经济活动主体所施加的外部影响。而按影响的性质区分可表现为负的外部经济效应与正的外部经济效应两类。由于市场没有对外部经济效应进行标价的机制,不能通过价格制度对资源在有好的外部经济效应的生产者与坏的外部经济效应的生产者之间进行分配,也没有促使边际社会成本等于边际社会效益的机制。因此导致在市场经济的社会里,产生不良外部经济效应的商品生产太多,而好的外部经济效应的商品生产者却得不到资源的合理配置。所以,靠市场的自发调节不能解决资源的最优化配置问题,达不到帕累托最优状态。

再者,市场机制不可能完全实现公正的收入分配。它带来的是收入分配的悬殊差异。萨缪尔森曾经指出:“价格机制的辩护者和批评者们应当认识到,有效率的市场制度可能产生极大的不平等。”①因为市场机制所导致的就是优胜劣汰,它决定了具有丰厚资产或具有良好经营能力的人,能够得到高于他人的收入,进而又能获得其生存和发展所需的大多数资源,所谓富者愈富,穷者愈穷。这对社会的发展来说是一个很大的缺陷,而且是与市场共生共存的固有的缺陷。

---

①[美]保罗·萨缪尔森、威廉·诺德豪斯:《经济学》,华夏出版社 1999 年版,第 83 页。

2. 政府干预的产生。

所谓政府干预是指政府以管理者的身份，通过一定的措施对经济生活进行干预，使经济运行和发展符合政府预定的目标。在这里，政府干预不等于计划调节，它包括经济的、法律的和行政的手段；而且政府干预也不仅仅是对宏观领域进行调控，它的范围还包括微观经济领域和某些社会领域。

在现代市场经济的实践中，市场以其价格机制合理配置社会资源，推动了经济的发展。然而由于市场本身的局限性，其实际运作总是偏离理想设计状态，而且它无法解决伴随经济发展而来的社会问题，这就构成了政府干预的一般依据。从我国市场经济发展的具体国情出发，又构成了我国政府干预经济的特殊依据，如庞大的人口压力和沉重的就业压力，正处在转型时期尚未发育健全的市场主体等等，若完全依靠市场机制来调节，显然是十分有限甚至是无能为力的，必须借助于政府的力量。所以，在市场经济发展过程中，政府在市场运作中扮演着重要的角色，市场缺陷是政府干预的产生的基本理由，政府的干预可以弥补市场的不足，推动经济稳定协调地发展。

从逻辑上讲，市场缺陷并不一定非由政府去解决，因为市场以外的力量不仅限于政府。但诸如行业协会、民间组织等“第三种力量”所起的作用是有限的，因为它缺乏解决市场缺陷所需要的权威和有效手段，而政府则具有这种权威和有效手段。因此，市场经济条件下，经济与社会的正常运行离不开政府的调控干预，市场缺陷的解决只能依赖于政府的调控干预。

3. 谨防政府的过度干预。

市场缺陷需要政府来帮助解决，但市场缺陷规定了政府调控干预经济的范围。一般情况下，政府应当履行其政治职能、经济职能和社会职能，在市场经济的成长过程中，政府还应当履行培育和完善市场的职能。

市场缺陷的存在要求政府必须承担起弥补市场缺陷、调控干预经济的责任。然而，政府也不是万能的，市场管不了或管不好的事

情,政府未必就一定也能管好,政府干预同样存在着缺陷。例如:

(1)政府的决策不可能完全都正确和科学,也不能够绝对保证政府的决策完全反映公众的利益,所以政府的干预有时也会发生失误。

(2)政府的干预需要花费一定的成本和代价,会产生一定的副作用。

(3)政府干预的结果有时候是不确定的,并非都能达到预期的目的和效果。

(4)政府干预往往是导致寻租活动加剧、腐败现象滋生的根源。

所以,政府的干预应该适度,不要一味夸大政府的作用,不要让政府去包揽一切,不要去做本来应该由市场去做而且实践已经证明市场能够做好的事情。政府对经济的干预应注意以下几个方面:一是政府干预的范围应该是弥补市场的缺陷和不足,是对市场机制的拾遗补阙;二是政府干预的目的应该是促使市场机制恢复和发挥功能,而不是以政府去替代市场,政府干预经济的方式和力度不是固定不变的;三是政府干预的结果应该是比干预前要有所改善和好转,否则就不要干预。

可见,政府对经济的干预调控,主要应通过政府的政策引导市场力量,在不损害市场经济正常运行机制的条件下,来弥补市场的缺陷,绝不能随意扩大政府干预的范围,夸大政府干预的作用。

二、政府经济管理行为的基本内容与特点

政府对国民经济的发展与运行负有重大的制度使命,如对国民经济发展的引导和预测,对市场经济活动的监管,对国民经济重大比例的调整以及对国有资产的保值和增值等等。因此,政府对经济的管理一方面要重视市场对资源配置的基础性作用,发挥"看不见的手"的作用,另一方面要加强宏观调控工作,在市场失灵的领域发挥"看得见的手"的作用。

1. 维持社会总供给与总需求的平衡。

宏观经济管理的基本特征之一就是总量管理，而总供给与总需求是两个最重要的总量指标，保证两者的基本平衡是宏观经济管理的首要目标。总供给与总需求的基本平衡，是实现宏观经济良性循环和微观经济有效运行的基础，是国民经济持续、快速、健康发展的重要保证和必要条件。实现总供给与总需求的相对均衡，对于保证充分就业和物价相对稳定以及适度的经济增长有着重要的意义。现实经济活动表明，由于经济因素和其他复杂因素的影响，尤其是社会生产和需求时刻在变化，社会总供求的平衡只是相对的，有时甚至会出现总量和结构的失衡。当总需求大于总供给，就会引起严重的通货膨胀；而当总需求小于总供给，就会引起生产过剩、经济衰退、失业增加；当两者交替出现时，就会引起经济周期性的波动。所以，政府要努力通过各种调控措施使两者达到平衡。只要能够保持总供给与总需求的基本一致，国家经济的发展就不会出现大的问题和大的波动，经济就能够比较平稳地发展。否则，就会给经济带来剧烈的波动和震荡。

2. 促进产业结构的合理优化。

宏观供求总量平衡与经济结构的调整是密切相关的，结构的平衡是总量平衡的基础。在宏观经济管理中，如果只重视供求总量的管理而不重视对结构的控制和调整，就不会实现结构的动态合理化，而且当供给结构与需求结构不相适应时，即便是总供给与总需求之间已经达到了宏观总量上的平衡，这种平衡也是维持不久的。所以，在保证总量平衡的前提下，政府应不断调整经济结构尤其是产业结构，使之与需求结构相适应，并不断趋于最优化。一个国家产业结构的状况，反映着这个国家的经济技术发展水平。产业结构是否合理，在很大程度上决定着自然资源和社会资源能否得到恰当配置和有效利用，也决定着国民经济能否持续协调稳定发展。当高新技术出现或经济增长持续下降、缺乏增长动力时，政府就必须采取相应的产业政策进行产业结构的合理调整。政府制定的产业政策包括产业结构政策、产业组织政策、部门内部产业组织政策以及产业立法和行政指导等,以此促进产业结构的合理与优化。

3. 保持物价的基本稳定和经济的稳定增长。

要实现宏观经济的协调稳定发展,必须保持物价总水平的基本稳定,或将通货膨胀控制在一定限度内。因为物价水平及其变化是宏观经济中多种因素综合作用的结果,而物价水平的变化反过来又对宏观经济产生极其重要的影响。所以,物价稳定是通货稳定、经济稳定、社会稳定的反映。导致物价水平变动的因素很多,如商品价值量的变化、商品供求的变化和货币发行量的变化等等。所以,要控制物价并使之保持基本稳定,不仅要增加生产、抑制过度需求,而且要控制货币发行量和信贷规模。此外,政府还要根据国情、国力和国际情况,合理地确定国民经济的增长速度,寻求经济的持续稳定增长,以避免经济的大幅度起落。一定幅度的经济增长不仅能够改善人民生活水平,提高国家在国际上的地位,而且能够推动经济与社会的全面发展。

4. 实现社会资源的充分开发与有效利用。

在宏观经济管理中,社会资源的充分开发与有效利用具有十分广泛的内容,其中包含了整个社会中人力、物力、财力和科学技术资源等诸多方面。首先,对人力资源的开发与利用。政府应把对社会总人口的控制与对劳动力人口的教育培训、就业安置及有效利用结合起来,努力将巨大的人口压力转变为经济社会可持续发展的资源动力。其次,对现有自然资源实行保护、利用、增殖并重的政策,做到合理配置与开发,提高资源的利用率,研究开发新能源,防止资源的过度损耗而使经济发展变得不可持续。再次,重视环境保护,加强治理污染和消灭公害,运用综合化、系统化手段加大防治力度,以实现经济发展与生态环境的协调统一。此外,还包括对高新科学技术的研究、推广和投入应用,使社会各项资源得到充分开发与利用。

三、社会主义市场经济中政府经济职能的转变

随着社会主义市场经济体制的逐步建立与发展，政府管理经济的方式发生了变化，政府的经济职能也在发生重要的转变。如：政府应为市场经济的运作提供基本必需的制度、规则和框架；政府对社会现有人力、物力、财力等社会资源结构与流向的调整与选择；政府对社会成员的收入、财富和福利进行合理的分配；政府对整个社会的稳定进行有效的调控等。

1. 微观规制。

微观经济是国民经济活动的基础，是政府管理经济首先要解决的问题。政府对于微观经济，既要放开放活，又要限制其消极作用；既要管住，又不能管死；政府要履行消极规制的职能。所谓消极规制是指政府通过法律和法规的形式，规定经济个体不应该干什么和不应该怎么干，给经济个体的决策加以限制性条件，防止它们的消极行为，保障市场机制的健康作用，为微观经济活动提供良好的环境。政府对微观经济的这种消极规制职能，是理性化的有效管理。具体包括五个方面：一是对关系到国计民生的商品价格由政府依据一定的规则制定。二是对员工工作时间和劳动工资等进行规定保护。三是制定和实施反垄断法，保护和促进市场平等竞争。四是通过一系列法律法规的制定有效地保护自然环境。五是实行严格的商品质量规定，防止假冒伪劣产品的出现。

2. 宏观调控。

宏观调控是政府这只“看得见的手”调节经济的重要职能，也是市场机制不可能完全替代的领域。入世后，不仅国内经济的不稳定性因素增多，而且外来不可预见性因素及影响也会增大，比如世界经济的波动、突发性金融动荡、石油等重要商品的国际价格变动等等。这些问题依靠市场内在调节机制是无法解决的，必须依靠政府的宏观预测和调控。但是，这种宏观调控既不能代替企业和个人的决策，也不能直接干预企业和个人的微观经济活动，而只能从经济运行的

全局出发，通过财政、货币、产业、区域、收入等政策手段间接地进行调节。首先，政府要对整个社会经济的长期发展战略进行决策，并以此为基础编制宏观经济发展计划；然后通过政府组织机构和经济组织形式，利用各种调控手段和监督系统，对经济发展进行协调控制，从而保证经济发展目标的实现。

3. 制度维护。

市场经济是法制经济，现代社会是法治社会，市场经济秩序的确立和运行必须靠制度来维护与保证。研究表明，市场经济的有效发展要以良好的经济秩序和开放的市场环境作为必要的前提条件，而市场本身并不能自发提供这些条件。现实经济生活中，由于国家、地区、企业之间存在利益上的矛盾，加上决策者的短视，容易导致封锁分割市场及扰乱经济秩序的行为发生。市场壁垒的存在和经济纠纷的发生，增加了交易成本，造成了效率的损失。因此，政府必须为市场经济的运作提供基本必需的制度、规则和框架。具体包括：界定和保护产权，保证契约的执行，制定有关法律法规，维持正常经济运作秩序等等。实践证明：市场交易的前提是受保护的财产权、得到维护的交易秩序和对经济纠纷的有效解决，没有游戏规则和经济生活的框架，现代经济体系的运转是难以想象的。只有政府才能提供安全、公正、具有规模经济的制度安排和制度维护。

4. 支持市场。

健全、完善的市场体系，是市场机制得以发挥作用的重要前提。在市场经济不成熟的条件下，政府还应当促进市场的成长。政府要为市场经济优越性的发挥创造条件，要补充、配合、帮助和支持市场。在建立社会主义市场经济的过程中，政府更具有培育和完善市场的职能，要放弃传统的行政干预，为市场的拓展和发育创造必要的条件。一方面，政府应减少对市场的直接管制和干预，降低企业的税负和各种负担，为企业的创造和创新活动提供更加宽松的政策环境等，使企业更好地增强其活力和竞争力。另一方面，要制定有利于发挥市场作用的规则和立法保障，把类似于政府购买、公共投资、社会公益项目、国有资产管理及交易等涉及经济利益的活动纳入市场交易体系，制定透明公开的交易程序和体系，使政府从涉及经济利益的审批程序中撤离出来，更好地发挥市场调节机制的作用。当前我国政府在完善市场体系方面，尤其要注意协调好商品市场和生产要素市场的关系，低层次初级市场和专业化高级市场的关系，区域市场和全国市场的关系以及国内市场和国际市场的关系等等，使市场机制得到充分的发挥。

第二节　政府经济行为的道德责任

政府经济行为能否有效进行，取决于自身角色的准确定位，这直接影响到政府职能的发挥。市场经济条件下，政府应充当起公益人、管制人、守夜人和调控人等角色的作用。而且，在不同的国家、不同的生态环境和不同的民族文化条件下，对于这些角色的要求程度是不同的，并由此决定了政府经济行为的道德责任与取向。

一、公益人角色①

所谓公益人角色，是指政府通过公共物品和社会服务的充分供给，保证市场经济的有序运行，同时保证社会公共利益不受到损害，实现并维护一定的公共目标。其担负的职责主要体现在以下几个方面：

1. 提供充分的公共物品和社会服务。

公共物品与社会服务的提供包括国防、公共教育、基础研究、社会福利与保障、基础设施、公共交通系统、环境保护、消防救灾、信息服务等等。民众生活和经济社会的正常运转与发展，需要有充足的公共物品、社会服务和基础设施供给。这是保证经济资源优化配置、生产效率提高、消费者福利实现并最终促进经济发展的重要条件和

① 孙荣、许洁：《政府经济学》，复旦大学出版社 2001 年版，第 38 页。

因素，也是市场经济有序运行的必要条件。由于公共物品与社会服务在消费上具有共享性和非排他性，这就使得公共物品与社会服务无法制定价格，从而使收费成为不可能，这样就没有人愿意生产公共物品，发展社会公共事业。因此，社会就需要依靠政府的力量来取得资源，安排生产，提供足够的公共物品。政府必须填补市场失灵留下的空白，担负起直接经营一定经济事务、为全社会提供充分的公共物品、完善的社会服务以及公共基础设施的职能。公共物品的充分供应是政府履行其经济职能的重要条件和手段。

2. 保护有益的外部效应，制止有害的外部效应。

政府应努力解决外部经济效应问题，以实现市场经济的良性持续发展。对于有益的正外部效应，如科学研究、发明创造、植树造林、免费教育等，政府应通过各种奖励性政策来鼓励，并通过各种法规如专利法等来保护知识产权，使生产者获得外部收益。具体的政策包括：税收优惠、财政补贴、融资方面的经济优惠政策以及对生产者的精神激励等。对于有害的负外部效应，如环境污染、生态破坏、噪音、过度开采、使用资源等，除少数可以通过界定产权的办法由市场去调节外，大多数需要政府借助行政、财政和税收等手段来处理，以限制有害外部效应的产品生产，减少有害的外部效应，从而有效地保护共有资源和自然环境。具体政策有：征收污染排放税（费）、对积极治理环境污染的行为采取津贴或税收减免政策、制定和实施损害赔偿法、直接的行政管制和经济处罚等。

3. 调节收入分配及贫富差距，建立健全社会保障机制。

市场经济运行的目标是追求效率的最大化，各经济利益主体考虑的也是各自利益的最大化。在这一过程中，如果没有外力去维护收入公平分配的话，社会的贫富差距将会变得严重起来，甚至加剧社会矛盾，危及整个社会的稳定。这就需要政府采取行动，通过实施正确的税收政策和收入政策来维护分配的公平性。在初次分配领域，政府应通过各种经济法律、法规来保证微观经济主体竞争机会的平等，鼓励他们的合理、合法的收入，严格限制不合理不合法的收入。

在再次分配领域，政府则一方面通过个人所得税和消费税来调节收入差别，缩小贫富之间的差距；另一方面通过建立完善的社会保障制度，为市场竞争提供基本的安全保障。社会保障既是对公民基本生存环境的保障，也是对社会经济体制正常运行的保障。一个社会如果仅有激励的竞争机制，而没有相应的风险规避机制也是不行的。一个文明的社会必须有健全、完善的社会保障体系，以保证其成员都能享受到最基本的生活资料。通过社会保障体系向社会成员提供物质帮助，确保社会成员的基本生存，是现代社会中政府的基本责任。

二、管制人角色①

所谓管制人角色，即政府对私人经济部门的活动进行某些限制和规定，制定和实施公平交易和公平竞争的相关规则，以保证市场经济的有序进行。其主要职责包括：

1. 防止垄断。

垄断的存在不仅造成资源配置的低效率，而且垄断最大的危害是排斥竞争，践踏公平公正的市场准则。所以，政府应通告限制个别垄断企业的规模和市场占有率，打破垄断企业造成的"进入壁垒"，鼓励其他企业进入市场，保证正常的市场竞争。政府对垄断进行干预的主要手段有：制定反垄断法和预防垄断产生的相关政策；进行价格、质量与产量的管制；适度引入增加竞争；进行行政处罚；等等。如西方很多国家不同程度地制定了反托拉斯法，把限制贸易的协议或共谋、垄断或企图垄断市场、兼并、排他性规定、价格歧视、不正当竞争或欺诈行为等规定为非法。而对这些非法行为可以依法由法院提出警告、罚款、改组公司直到判刑。

2. 防止不正当竞争。

竞争是市场发挥优化资源配置作用的基础，推动着社会经济的健康有序发展。不正当竞争存在着两种主要形式：一是过度竞争；二

---

①孙荣、许洁：《政府经济学》，复旦大学出版社 2001 年版，第 39 页。

是无序竞争。过度竞争，就是竞争超过了限度。竞争如果超过一定的限度就会损害竞争的作用，出现诸如重复建设、生产过剩、行业封锁、价格的恶性竞争等许多不良影响，损害了市场经济的有序发展。无序竞争，就是竞争在没有秩序框架内的竞争。实际上，竞争在没有外力干预的条件下，市场经济中必然会出现不公平竞争，因此，政府应担负起形成和维护公平竞争经济秩序的责任。如政府可以通过价格管制等方法，把价格限制在平均价格以上，以避免因过度竞争而造成企业之间的自相残杀和资源的浪费。政府还可以通过提高进入壁垒和降低退出壁垒等方法避免无序竞争，减少生产资源的无谓浪费，促进生产资源的合理流动。我国目前已制定出台《反不正当竞争法》，但在具体市场竞争中还未能得到有效贯彻执行，政府还需加大执法力度，以保障社会主义市场经济体制的正常运行。

3. 保护消费者及雇员的利益。

在市场中消费者往往是弱势一方，尤其当供给小于需求时更是如此。造成这一状况的原因之一是由于信息的不对称或者是由于维权成本过高，其权益容易受到不法厂商的侵犯。而市场本身并没有自动维护消费者权益的机制，无法制止和杜绝生产者和中间商采用欺诈、涨价、降低产品质量、制造假冒伪劣产品等方法侵犯消费者权益的行为。所以，政府必须承担起维护消费者权益的职能，通过立法、提供商品信息、支持消费者协会成立以及对商标、虚假广告等的管制，限制企业欺骗消费者的种种行为，做到切实维护消费者的利益。同样，对企业中的雇员，则通过对劳动时间、劳动报酬等设置“上限”和“下限”，制定相关的劳动保护法规和条例，切实维护雇员的合法权益。

三、守夜人角色①

所谓守夜人角色，即政府通过强制力成为建立和维护社会正常

---

①孙荣、许洁：《政府经济学》，复旦大学出版社2001年版，第40页。

经济秩序的主要力量。其主要职责是通过法律的制定，防止和打击经济领域的违法犯罪行为，维护社会经济生活的正常秩序，保证经济主体的社会利益不受他人侵犯。

1. 制定法律法规，维护市场经济秩序。

要充分发挥市场在资源配置中的基础作用，不仅要培育各类市场，建立起开放的市场体系，而且必须建立良好的市场秩序，为市场经济运行提供基本的制度、规则和框架，保证使市场体系的运行有序化、规范化、制度化。只有这样，才能充分发挥市场机制的积极作用，防止和抑制它的消极方面，真正实现社会资源的合理配置。如果一个国家市场秩序混乱，那么市场机制就会失效。所以，为了维护良好的社会秩序，就需要政府制定一整套维护市场正常运行的法规和制度，以规范经济主体的行为，确保市场交易和市场竞争的公平与平等，为市场公平竞争创造必要的制度环境。随着中国加入世贸组织，我国政府还应建立健全涉外经济法规体系，加大对涉外经济活动的监管力度，建立我国经济安全指标体系，提高防范风险的能力，以确保我国经济发展的安全。

2. 防止和打击经济领域违法犯罪行为。

在激烈的市场竞争中，总有一些人为了获得利益而不择手段或铤而走险，侵犯他人权益或社会利益，从而导致经济违法犯罪行为的发生，而一般经济主体往往既缺乏保护自己的有效手段，又没有足够的力量来打击违法犯罪的人和行为，导致社会经济活动的正常秩序受到损害和影响。所以，政府必须对各生产经营者、组织者制定相应的法律规范，通过严格依法采取资格认定、财政许可制度来预防经济违法犯罪行为的产生，如政府通过制定市场工商管理条例等有关规章制度，要求经营者遵守相关的法规、条例，在政府政策法令允许的范围内从事生产经营活动，以防止经济领域违法犯罪行为的发生。对于对经济活动中出现的违法犯罪行为，政府则依靠强有力的国家暴力机关予以经济和法律的严厉制裁，狠狠打击经济领域违法犯罪行为，以保证市场经济的有序健康发展。

3. 维护经济主体的社会利益。

在市场经济活动中,作为经济人以谋求自我利益最大化为目标的市场主体在竞争中,产生相互间的利益冲突与矛盾是不可避免的。所以,明确市场主体界定的财产权和利益分界是市场机制有效运作的首要前提,政府的宗旨是保障每个经济主体的合法财产和合法权益以及属于每个公民的财产权利,担当起保护经济主体合法权益的责任,从而保证经济主体的社会利益不受侵犯。为此,政府不仅要界定和保护公有产权,而且还要保护合法的私有产权,要以政策和法律的形式明确界定市场主体的产权关系和利益关系,调节各种经济纠纷。在我国,明确界定国有企业产权关系,加强国有资产管理,不仅有利于企业自主经营、自负盈亏,而且可以防止国有资产流失,实现国有资产保值增殖。而从法律上保护公民合法的私有财产,则能够使每位公民焕发出创造财富的巨大热情,尤其是可以鼓励个体私营企业发展生产,增加投资,有利于经济发展。

四、调控人角色[①]

所谓调控人角色,是指政府对宏观经济总量进行调节和控制,克服和避免出现市场宏观性失灵。这是由于市场主体由于各自利益的限制,在其经济行为中不可避免地会表现出短期性和功利性,市场因而会产生宏观性失灵。所以,政府应对宏观经济总量进行调节和控制,承担起调控人角色的重要职责。

1. 调节经济总量的平衡与发展。

在经济发展过程中出现总量失衡是时有发生的经济现象,这在自由市场中尤其如此。这时市场本身的力量并不能够解决总量失衡问题,政府只有通过调节总供求关系来加以解决。政府一方面可以通过经济手段、法律手段和必要的行政手段来调控经济总量,以实现宏观的资源优化配置。另一方面,微观层次的资源优化配置虽然主

①孙荣、许洁:《政府经济学》,复旦大学出版社 2001 年版,第 40 页。

要由市场机制来完成,但是政府可以通过间接调控手段,利用其在信息方面的优势,制定经济发展计划和产业政策以及相关的税收政策,来引导资源的流向和微观经济主体的经济行为。由于短时期内供给变化的可能性比较小,所以政府调节供求关系的重点是总需求,主要通过政策工具和经济杠杆来进行调节。具体表现为:一是通过货币政策来调节。当出现总需求不足型的总量失衡,政府应采取扩张性货币政策,增加货币供应量;而出现总需求过度型的总量失衡,政府则采取紧缩性货币政策,减少货币供应量。二是通过财政政策来调节。当出现总需求不足型的总量失衡,政府应采取包括减税、增加财政支出等扩张性财政政策,以增加消费需求和投资需求;而出现总需求过度型的总量失衡,政府则采取紧缩性财政政策,力求减少消费需求和投资需求。三是通过投资政策来调节。当出现总需求不足型的总量失衡,政府应采取对投资者实行税收减免或贷款利息补贴等投资优惠政策,以鼓励投资者增加投资;而出现总需求过度型的总量失衡,政府则采取抑制投资需求的政策,力求投资者减少投资。此外政府还可以通过汇率政策、外贸政策以及外资政策等对总量失衡及时作出反应并予以调节。

2. 指导产业结构的调整和优化。

产业结构指经济总量的产业构成,是经济增长的结构基础。随着社会经济的发展,产业结构在不断发生着变化,尤其是由信息和通信技术带动的高新科学技术的发展产生了知识经济的概念,形成了以信息技术为主导的新的产业机构。为了更好地实现资源在各产业部门之间的合理配置,促进产业结构的合理化,政府应根据对世界经济发展趋势的预测和本国经济发展的目标,立足长远和全面,制定经济发展计划目标、产业政策和相关的税收政策,来引导资源的流向和微观经济主体的经济行为,指导产业结构的优化和促进产业的升级,以配合经济总量的控制。具体可采取:其一,政府通过立法手段依法进行产业结构调整。其二,加强政府指导,以建议的形式规劝指引企业行为与产业政策保持一致。其三,政府运用投资、调剂物资供应等行政干预的手段直接作用于企业，达到调整产业结构的目的。其四，采用各种经济政策和经济杠杆工具，建立支柱产业、扶持新兴产业或鼓励支持优先发展的产业，限制某些产业，实施灵活有效的产业管理和产业政策。

3. 利用税收杠杆调节贫富差距。

市场经济条件下，由于资源原始配置的不合理、人们占有的生产要素的不均等以及个人能力、接受教育和参与竞争的机会不均等因素，因此，按市场原则进行初始分配必然会产生收入的差距，甚至出现两极分化。这种差距不符合人类社会基本的价值目标——公平。所以，政府必须通过收入再分配政策，利用税收杠杆来调节收入贫富的差异。税收杠杆具有强制性和无偿性的特点，体现了国家对国民经济运行的调节：其一，政府按照支付能力原则设计税收制度，强制性地把财富从高收入者那里收集起来，再通过救济补助制度用货币或实物形式把财富转移给那些低收入者。其二，政府对奢侈品进行高税率征税，对生活日用品实行价格补贴，借以加重高收入阶层的负担，减轻低收入阶层的负担。其三，政府将征收的累进所得税筹集的收入用于公共事业投资和社会福利保障。

第三节　政府经济行为的道德规范

市场经济条件下，政府经济活动的开展应符合社会经济发展的客观规律，做到依法行使政府管理经济的职能，并遵循相应的道德原则和道德规范。

一、政府失败问题的分析

政府并不是万能的，这一方面表现为市场做不好的事，政府并非就一定能够做得好；另一方面表现为政府也有自己的能力界限。只有在自身能力范围之内政府才可以有所作为，一旦超出了自己能力的边界，政府也免不了失灵。“政府失败的主要原因在于公共物品供求关系的特点、公共决策的内在困难以及缺少一种有效的非市场机制——它能够把私人的或组织的成本与效益同整个社会的成本与效益进行调节和计算。”①因此，客观地分析政府的缺陷，并根据实际情况科学地界定政府的经济职能及其行为是至关重要的。

1. 信息不完全与公共政策的失效。

政府拥有的信息往往是有限的，因为决策信息的获取总是比较困难而且需要成本的。除了技术手段的限制外，经济当事人的利益差别往往有碍于信息的传递，尤其是造成信息的不准确。因此，政府的许多公共政策实际是在信息不完全的情况下作出的，这就很容易导致决策的失误。例如受大众传播媒体的影响或受领导者个人偏好的影响等等，致使决策者获取信息的偏差和决策的片面。

政府对经济生活干预的基本手段是制定和实施公共政策，以政策、法规和行政手段来弥补市场的缺陷，纠正市场的失灵。与市场决策相比，公共决策的过程本身更为复杂，由于存在种种困难、障碍和制约因素，再加上现有公共决策体制和方式的缺陷，政府常常难以制定并执行更为合理有效的公共政策，从而导致公共政策的失效。其主要原因表现为：一是现有公共决策体制难以达到最优化或理想的程度，政府经济活动所追求的公共利益最大化目标缺乏有效的监督和保证。二是决策人的“短视效应”，使政府经济行为常着眼于近期眼前的利益，从而选择制定一些忽视长远利益的政策。三是即便决策是合理的，但在执行过程中由于执行机构的不健全，各部门的不协调、不配合，执行人员的不得力，同样会引起政策执行的走样和政策的失效。

2. 公共物品供给的低效率。

由于政府机构的官僚本性以及公共物品供求关系的特点，政府在提供公共物品时难以做到高效合理，往往产生提供过剩公共物品

①孙荣、许洁：《政府经济学》，复旦大学出版社 2001 年版，第 130 页。

和增加成本的现象，从而导致公共物品供给的低效和浪费。造成公共物品供给低效率的原因是多方面的：一是对公共物品的估价或评价上存在困难，尤其是国防、医疗卫生和社会保障一类的公共物品。由于政府提供公共物品追求的是社会效益不是经济效益，而社会效益的衡量缺乏准确的标准和可靠的估算方法，所以要合理确定社会对某一类公共物品需求的数量或对提供公共物品的政府机构进行绩效的评估是困难的，甚至是不可能的。二是政府部门往往垄断了公共物品的供给，缺乏优胜劣汰的竞争机制，从而导致政府机构过多的投资，生产出过多的公共物品，且成本费用增加，造成大量的浪费。三是政府机构和官员缺乏降低成本、追求利润的激励动机和机制。由于政府机构和官员不能把利润占为己有，加上公共物品的成本与收益难以测定，因此预算的增长、机构及人员规模的扩大便成为追求的主要目标，政府运作的成本大大提高了，而政府组织的效率却不断降低。

3. 内部效应及政府的扩张。

与市场的外部效应相对，政府存在着内部效应问题，主要表现为政府部门及其官员追求自身的组织目标或自身利益，而非公共利益或社会福利。内部效应的存在意味着私人的或组织的成本和利润很可能支配了公共决策的制定，这又决定了公共组织机构的运行以及政府官员的行为。内部效应问题是政府失败的一个最基本或深层次的根源。再加上监督机制的缺陷，公众缺少足够的必要信息和权利来有效监督政府机构和政府官员的活动。这样，政府部门及官员很可能制定并实施某些有利于自身利益而损害公共利益的公共政策，甚至为显示自己的政绩、增加自己的升迁机会和扩大自己的势力范围，政府官员在短期行为和长远利益的选择中可能会着眼于近期的影响，选择从长远看往往是弊大于利的政策，从而导致机构和人员规模的最大化，形成政府的扩张。

4. 寻租行为及腐败。

寻租及腐败是政府干预的副产品。当政府干预市场时，会形成集中的经济利益和扩散的经济费用，会带来以“租金”形式出现的经济利益。“租”的概念是从地租引申开来的，是指某种要素的供给由于种种原因（自然存在量、政府管制等）难以满足需求时而产生的差价。这里的租则泛指政府干预或行政管制市场而形成的级差收入，也就是超过机会成本的差价，一切市场经济中的行政管制都会创造出这种差价收入。寻租行为也就是利用各种合法或非法的手段，如游说、疏通、搞关系、走后门、贿赂等，以获得拥有租金的特权，以较低的贿赂成本获得较高的收益或利润。现代社会中最常见的寻租活动则是政府某些官员利用行政法律的手段来维护和攫取既得利益的行为，即权与钱的交易行为。寻租活动是资源无效配置的一个根源，是一种非生产性活动，它并不增加任何新的产品或财富，只是改变了生产要素的产权关系，把更大一部分社会财富装入了私人腰包，是腐败产生的重要原因。寻租行为及腐败对社会危害极大，不仅容易导致政府部门及官员之间争权夺利，严重影响政府的声誉与形象，而且妨碍了公共政策的制定与执行，降低了行政运转速度甚至影响政权的稳定，从而导致整个社会经济的低效、停滞甚至混乱。

二、政府经济行为应遵循的道德原则

随着生产力的不断发展，政府对经济的管理由外在直接干预为主转向由内在控制为主，政府行为的重点由扶持企业和消费者、直接投资创造经济增长转向了监督经济主体的行为、维持市场秩序并为整个社会的未来提供发展的框架。政府经济行为要力求符合社会经济发展的规律，则必须遵循一定的道德原则。

1. 社会协调发展原则。

国民经济和社会发展有其内在客观规律，经济发展是基础，经济实力增强了，就为科技和社会事业的发展创造了可靠的物质前提。但是，如果没有科技和社会事业的协调发展，经济的发展也会受到很大的限制。所以，政府要以经济发展战略为中心，努力增强国家综合经济实力，提高国际竞争能力，并围绕着它来制定科技和社会发展的

一系列目标，使它们彼此能够有机协调，共同发展，从而使社会各项事业得到推动和促进。

此外，政府应通过采取适当调整部分国民收入再分配的手段，建立一种公平再分配的机制，同时完善社会保障体系，来协调各社会集团、各部门和各阶层之间的经济利益关系，防止因收入差距的过分悬殊而可能产生的矛盾冲突，帮助扶持社会弱势群体，以促进社会各方面的均衡协调发展。

2. 可持续性发展原则。

经济的增长给人类社会带来福利的同时，也带来了一系列负面影响：如人口过度膨胀，某些自然资源遭到毁灭性破坏，生态环境日益恶化，人类生存与发展的环境面临极其严峻的挑战。环境问题的存在，既影响当代人、更威胁着后代人的生存与发展。在经历了一系列全球性生态环境问题对经济发展所带来的痛苦后，人们开始探索如何更为有效地保护和改善资源与生态环境，可持续发展理论应运而生。因此，实施可持续发展战略，建立一种全新的人口、资源、环境与经济社会协调发展的经济发展模式，成为各国政府进行经济管理活动的重要内容和所遵循的重要原则。

随着中国加入世贸组织，当前我国政府尤其应加强立法和政策引导，加强环境意识教育，采取有力措施，有效解决国内生产、境外投资和贸易增长所带来的污染和生态破坏问题，全面实施可持续发展战略。例如防止国外借投资为名，对我们转移一些污染严重、破坏生态的产业和项目；禁止以生态环境破坏为代价的生产性活动；制定并严格执行保护生态环境的技术标准等。

3. 程序公开透明原则。

传统体制下的政府许多活动都处于不公开状态，包括政府的经济行为，如重大的公共工程、国家预算、公共资金的使用情况以及税收的流向等基本信息往往隐而不告，“暗箱操作”带来了权力腐败问题，影响破坏了政府的形象。所以，民众对政府行为公开的诉求日益强烈。

现代信息技术的发展和电子化政府的出现扩大了政府公共决策信息宣传的渠道,增加了社会外界对政府各项工作程序的了解,促进了政府角色的转变。尤其是通过立法手段规范了政府的经济管理行为,增加了政府经济管理工作的透明度,为消除腐败,建立廉洁、高效的政府创造了条件。为此,政府一方面应将其所有活动尤其是经济活动、决策过程、相关法规及公共信息等向社会公开,接受社会公众的监督,以更好地规范政府经济行为;另一方面,政府应利用现代化技术手段,建立便利的网络沟通及快捷反馈机制,提高决策的科学性和民主性,更好地发挥政府对经济的管理职能。

4."有限政府"作用原则。

在生产力水平达到一定高度之后,政府经济行为呈现出间接的特点。政府经济行为的重点由过去扶持企业和消费者、直接投资创造经济增长的条件,转向了监督经济主体的行为,维持市场秩序,并为整个社会的未来提供发展的框架。因此,并不是所有应该由政府做的事,政府都有能力做好,如果政府对能够做什么并不清楚,政府做了没有能力做或仅靠政府不能做好的事,而政府去做了,那么政府自然无法达到预期目标。政府的能力本身受到许多方面的限制,如果不能明确界定政府的职能范围,出现政府错位、政府缺位或政府越位,自然就会出现政府失效。所以,要实现资源配置的优化,实现政府有效,就必须认识到政府作用的有限性,即政府不是万能的,政府的权力、职能和规模具有法律边界。

在"有限政府"的原则下,首先应明确界定政府的职能范围,政府不做超出其现有能力的事情。政府在市场经济中的作用不是代替市场,而是补充市场,政府所做的是市场不能做或仅靠市场做不好的事,政府既不能越位,也不能缺位和错位。其次,政府必须选择合理发挥作用的方式和尺度。对于不同的领域,政府发挥作用的方式是不同的。需要政府直接干预的领域,政府就应该采取直接干预的方式,需要政府间接干预的领域,政府就应该采取间接干预的方式,需要同时采取两种方式的政府就应该同时采取两种方式。而掌握好政府干预的度则更为重要，这就要求政府不断学习，掌握更多的信息和知识，充分利用发挥好市场机制的作用。再次，政府还应不断改进自身的有效运行，不断完善民主和法治制度，使政府经济行为具有良好的制度保障。

三、政府经济行为应遵循的道德规范

政府工作的目标是谋取社会的公共利益，并对社会公众负责。所以，政府的经济活动一方面不能忽视收益与成本，另一方面又必须是以全社会的公正与公平为前提和目标，它必须遵循相应的道德规范。

1. 坚持速度与效益的统一。

经济的增长是政府经济行为的最终目标，即政府要根据国家客观实际，合理地确定经济增长速度，不片面追求产值的增长速度，不脱离物力、财力的可能条件，使经济按照一定的增长率或增长速度持续稳定地发展，避免经济的大起大落。因此，从客观实际出发，合理确定国家经济增长的速度至关重要。

最优速度的标准是投入与产出的比例关系最优，宏观经济效益最好。也就是说要以一定的投入取得最大的产出，生产出尽可能多的符合社会需要的产品和使用价值。这个最优目标，不仅表现在各个具体目标的选择上，而且更重要的是表现在综合目标的选择上，要努力达到整体优化。除了要尽可能地寻求高速度经济发展外，还必须以比例和效益为基础，即经济的高速度发展要与产业结构的调整相适应，要促进产业结构的合理化，要能够带来社会经济效益的同步或更快增长，要遵从社会基本经济规律的要求，给人民带来更多的实惠。只有以比例和效益为基础的高速度才是可靠的，是能够持续保持的。否则，一味追求所谓的高速度，而不顾实际经济效益和社会效益，甚至搞“杀鸡取卵”式的所谓发展，非但不能保持经济的持续发展，而且会带来诸如比例失调、效益低下、环境污染等一系列严重后果。

2. 坚持公平与效率的统一。

一方面，效率作为人类社会的基本价值目标，贯穿于政府经济行为的始终，这也是衡量、判断政府经济行为成效的基本标准之一。但另一方面，政府的经济活动又必须以全社会的公正与公平为前提和目标。公平与效率永远是一对矛盾，政府追求社会公平的努力往往会损害市场效率，而市场机制可以更好地解决效率问题，但解决不了公平分配问题。因此，通过税收、转移支付、社会保障、消除贫困和扶助低收入阶层的任务，就落在政府部门的肩上。入世以后，市场竞争更加激烈，经济效率成为人们关注的重点。在这种情况下，如果放松了公平分配问题而造成地区、城乡、贫富之间差距进一步扩大，就会影响甚至危及社会的稳定，继而影响到经济效率的提高。

随着社会整体发展水平的提高，公众在更高的层面上要求政府通过公共政策更加合理地分配社会资源，"公平"成为政府必须确立的又一种基本价值标准。人们不仅关心经济是否得到了发展，而且更加关心如何分配经济发展的成果，包括分配标准、分配过程、分配形式等规则及其分配的有效性。政府的公共性质，即政府代表全体国民、主持社会正义、从事社会资源合理分配的重要性由此日益显露。因此，只有兼顾社会公益和公平的效率才是人们真正期望的高效率，政府应以促进经济效率的提高作为主要目标，同时也要采取缩小收入差距等措施来实现社会的公平，即做到效率优先，兼顾公平，既注重经济效益的提高，又促进企业、个人之间的平等竞争，维护社会的公平与公正。只有这样，才能既有利于经济效率的提高和经济的增长，又有利于削减社会矛盾，满足或部分满足社会对公平的伦理需求。

3. 坚持局部与整体的统一。

随着市场经济的发展，处理好局部与整体利益之间的关系问题显得日益突出。有些地方和部门过多地考虑本地区、本部门的局部利益，出现了地方保护主义和部门、小集团利益，造成了政府对经济管理的分散和上下不相统一，影响了社会的整体协调发展。

为此,政府在经济活动中必须既要体现出全局利益的统一性,又要有兼顾局部利益的灵活性,既要维护国家宏观调控的集中有效,又要给予地方、部门必要的权力和利益,坚持局部利益与整体利益的统一,坚持全局性与多样性相结合,该集中的集中,该分散的分散。具体措施体现在:第一,正确划分中央政府和地方政府作为国有经济所有者代表的职能范围。第二,正确划分中央政府和地方政府作为宏观调控主体的分工和权限。第三,正确划分中央政府和地方政府在经济基础设施建设上的任务和职责。第四,建立以法律为基础的稳定的中央与地方关系体制。在我国,要继续深化经济体制改革,实现“中央主导、地方配合、共同发展”的新模式,促进地方局部利益与全国整体利益的协调和统一。

4. 坚持程序性与权威性的统一。

随着市场经济的发展,政府由权力的集中代表者转变为公共服务的执行者,这就要求政府一方面强化政府权威,另一方面加强政府管理决策的法制化、程序化,实现依法行政。

在强化政府权威方面,首先要提高政府领导集体的整体素质,树立良好的政府形象,具体包括:具有现代化社会特征的行为价值观,如竞争意识、平等意识、服务意识、法律意识、效率意识等等;具有较高的理论修养和丰富的工作实践经验;具有以系统性、连续性和创造性为特点的思维方式等。其次,实现政府行为的法规化、程序化,使政府权力的行使具有科学的规范,提高政府的办事效率,有效防止政府行为的失范。再次,提高政府的财政实力,这是政府履行并实现其职能的经济基础,也是建立政府权威的必要条件。政府的权威不是一种摆设,而是通过政府一系列工作和职能所表现出来的一种实践力量,如对国民经济发展的调节,社会公共物品与社会服务的提供,国家安全与社会稳定的维护,对社会文化、教育、科学、卫生等各项事业的支持和发展等,这些职能的有效履行和目标的实现,无不是以足够的财政实力为基础的。

而在加强政府管理决策的法制化、程序化方面,要将政府的公共决策和行政管理纳入法制化轨道，改善公共决策系统，提高公共决策质量，加强行政立法和行政执法，依法约束政府行为，建立科学的政府工作程序，提高依法行政水平。此外，政府必须重视制度规则的选择和制度创新，尽快推进政治行政体制与经济体制的变革，要从体制上根本消除寻租及腐败现象滋生的土壤和条件，形成一整套切实有效的政府行政法规和办事制度，从而建立起一个高效、权威、廉洁的政府管理体制，更好地推动国民经济的持续稳定发展。

第四节　经典案例

一、"1.7 万亿元市值换来纠错机制——国有股减持政策的终止"

2001 年 5 月，财政部经国务院授权宣布，为进一步完善社会保障体制，筹集和充实社保基金，支持国企改革和发展，国家将对上市公司的国有股（即非市场流通股）进行减持。该项政策一出台，引起了很大反响。但无论是经济学家还是广大股民，都认同这一政策取向并纷纷献计献策，大家对政府国有股减持方式和定价这一最为关键性问题抱有很大的信心和较高的预期，并相信政府会听取各方面意见拿出一套切实可行的、符合市场规律的政策措施来。因此，股市当时并未发生大的波动。

6 月 12 日，国务院授权财政部发布国有股减持方案，出台了《减持国有股筹集社会保障资金管理暂行办法》。其中明确规定，凡国家拥有股份的上市公司在今后的首发和增发新股时，均按照融资额的 10%"捆绑式"出售国有股，国有股存量出售的收入全部上缴全国社会保障基金。这一方案引起了股民的愤慨。因为在我国，上市公司的股份不是全流通的，占绝大部分的国有股是在当初设立股份公司时由国家以每股极低的价格购入的，这本身就已经具有背离市场定价原则的不合理性，然而时至今日，这部分已经以同股同权名义占了很大便宜的国有股又要将其拿到流通股市场，用市场十年来积累起来的市盈率所产生的高价来出售，在离开资本市场时还要占最后一大笔好处，简直是明目张胆的圈钱行为。尤其令股民气愤的是，财政部是将欲减持的国有股"捆绑"在新股上出售的，而新股是人人想买以至必须以抽签方式产生幸运认购者的畅销产品。因此，这种方式具有强卖的性质。这就必然造成流通股市场资金面吃紧，甚至造成广大投资者对政府和股市的信心的崩溃。

就在大家还未回过神来的时候，6 月 13 日，财政部单方面向市场"宣战"，仅在一周内，烽火通讯等 4 家公司纷纷上市发行新股，并无一例外地"捆绑"着 10% 比例的国有股，几乎到了滥发的程度。市场终究是市场，它以自己特有的方式，表明了自己的看法。广大投资者"用脚投票"，造成资金撤离年，股市大跌，沪市综合指数到 10 月 18 日已从 6 月份的 2245 点跌至 1650 点。而就在此时，财政部的一位副部长依然说："国有股减持，方向正确，方式定价合理。"此言一出，10 月 22 日，沪市综合指数再跌至 1520 点，股市几近崩盘。眼看一场由资本市场引发的金融危机就要发生，券商要倒，基金欲亏，资金撤离，上市公司无法融资，新股停发……就在这天深夜 12 点，中国证监会终于宣布："在具体操作方法出台前，停止执行有关国有股减持的规定。中国证监会将会同有关部门在广泛征求各方面意见的基础上，研究制定具体的操作办法，稳定推进国有股减持工作。"

于是，2001 年 10 月 23 日，沪深股市在重大利好事件带动下跳空高开，仅在 5 分钟之内 1000 多种股票全部封至涨停，此举为世界资本市场发展史上所罕见。但人们不禁要问："用 1.7 万亿元市值换来的纠错机制，这一代价是否太大了？"

应该说对于国有股减持，人们是持支持态度的，但问题是政府对国有股减持的方案尤其是定价方式是不公平的。有关专家指出，通过高溢价发行国有股，使国有股的净资产大幅增值，其实是利用证券市场的制度缺陷形成不公平价值，是低质资产高价出卖，是与民争利。此外，国有股减持方案从根本上缺乏法律基础，违背了同股同权的基本法理,也没有考虑到中国的特殊情况。在西方发达国家,政府部门的角色定位是单纯的监管者,而中国政府部门既是所有者又是监管者,既是裁判员又是运动员,与拥有特殊政策的国家队踢球比赛,是没有获胜希望的。而此次国有股减持方案相当于赋予国家队以特权,由此导致市场信心的崩盘也就在情理之中了。毫无疑问,我们为政府所制定的国有股减持的错误方案付出了巨大的代价。那么,在未来中国证券市场的发展中,政府究竟应该扮演好怎样的角色?!

二、"稳健货币政策的实行与推进"

自 1997 年亚洲金融危机爆发以后,中国经济出现了前所未有的重大变化:经济增长速度放慢,投资和消费增长趋缓,出口大幅回落,市场有效需求不足,物价出现连续负增长,宏观经济发展出现了通货紧缩的趋势。针对这种情况,中国政府采取了扩大内需的一系列政策措施,在财政方面实施积极的财政政策,但是在货币政策方面,则提出和实行稳健的货币政策。之所以采取稳健的货币政策而不是积极的货币政策,主要是考虑到当时货币供应存量和增量过多、国有企业负债率过高、经济结构失衡、银行不良资产较高等因素。因而,在社会资金总量一定的情况下,如果实行积极的财政政策和积极的货币政策"双松"的操作组合,在资金的供给上则很可能出现宏观政策之间的相互"挤出效应"。

首先在 1999 年,通过灵活运用利率杠杆、适时下调存款准备金率、进一步完善货币市场、加大公开市场业务操作、加强信贷政策指导、协调货币市场和资本市场的发展、发挥货币政策稳定金融的作用等措施,贯彻了稳健货币政策的指导思想。具体在货币政策的运行机制上,采取了以下几点措施:一是制定了货币政策操作流程,发挥货币政策委员会的咨询议事作用,加强经济金融分析监测。二是适时调整利率和准备金率,金融间接调控取得重要进展。三是合理引导金融机构信贷投向,鼓励金融创新,发挥信贷政策的"窗口指导"

作用。四是批准证券公司和基金管理公司进行同业拆借市场，打通货币市场与资本市场的联系。五是剥离国有银行不良资产，成立金融资产管理公司，维持金融的正常稳健运行。六是授予分行部分货币政策工具动用权，建立分行货币信贷责任制。七是积极运用再贷款，维护公众对中小金融机构的信心。八是做好国债项目银行配套贷款发放工作，维护人民币汇率稳定。到年底，稳健货币政策取得了一定的效果

其次是 2000 年，继续实行稳健的货币政策，灵活运用多种货币政策工具，巩固和发展国民经济回升的良好势头。同时，进一步改进宏观调控方式，对货币信贷运行机制继续进行改革：第一，充分发挥公开市场业务操作的作用，及时调节商业银行流动性和货币市场利率水平。第二，积极发展再贴现业务，使再贴现成为央行基础货币投放的重要渠道之一，推动了票据市场发展，减少企业相互拖欠。第三，充分发挥利率政策工具的作用，努力协调本外币利率关系，稳步推进利率市场化改革。第四，继续发挥信贷政策引导贷款投向的作用。第五，运用再贷款手段发挥货币政策稳定金融的作用，防范金融风险。第六，加快货币市场建设，完善货币政策传导机制。2000 年，在稳健货币政策的影响下，我国经济的运行出现重大转机，经济增长 7 年来持续下滑的趋势得到扭转，通货紧缩迹象基本消除，稳健货币政策的效应开始逐渐显现。

到 2001 年，中国人民银行继续执行稳健货币政策，并配合其他宏观经济政策的实施，保持货币供应量的适度增长，大力加强金融监管，努力改进金融服务，支持国民经济的稳步回升。具体政策措施有：第一，加大对农村和农业的信贷投入，增加了支农力度。第二，继续推动消费信贷业务的开展，如个人住房贷款和国家助学贷款等。第三，积极支持中小企业发展，改善中小企业贷款难的问题。第四，整顿和规范金融秩序，严肃查处金融机构违法违规经营。第五，努力降低国有独资商业银行不良贷款比率，加强风险管理的政策指导。

经过几年的努力，中国已经逐渐克服亚洲金融危机带来的困难，

经济发展出现了重要转机,稳健货币政策的实施已取得一定成效。但是,我们也应该看到,经济回升的基础还不够稳固,经济结构调整的任务还很艰巨。要保持国家经济发展的良好势头,仍要继续执行积极的财政政策和稳健的货币政策,同时还要看到银行再贷款增加较多、商业银行贷款加快、货币供应增长迅速上升所带来的问题。为此,今后几年在宏观经济发展处于稳定回升时期,稳健的货币政策还应该做到:一是落实已出台的各项货币政策,及时调节货币供应量,满足经济发展对货币供应的合理需求。二是加快发展货币市场,稳步推进利率市场化改革。三是逐步建立现代银行制度,完善货币政策传导机制。四是加强金融监管,完善金融监管体系。五是继续扩大金融对外开放,加强外汇管理,保持国际收支平衡。

三、"减轻农民负担的重大举措:安徽省农村税费改革试点"

在中国人多地少的基本国情的制约下,土地所承担的农民生存保障性功能远大于其生产性功能,农业劳动生产率低、剩余少、积累能力弱的问题十分突出。在家庭承包经营制度下,政府在管理农业、农村和农民过程中,面对数量庞大、规模狭小且高度分散的2亿多农户,产生了极高的交易成本。农民负担重,并不是税费制度本身的问题,而是在政府既不能给低收益农业提供直接补贴、又不能给政府与农民之间的交易提供全部财政支撑的情况下,政府和农村基层组织利用农村税费制度这个手段,实现向低收益的农业转嫁高交易成本的结果。农民负担逐年加重,生活水平逐渐下降,地方政府及其部门在与农民的交易过程中产生了尖锐的利益冲突。20世纪90年代以来,各级政府为减轻农民负担付出许多努力,但未能取得"标本兼治"的效果。

2000年,中央决定在安徽省以省为单位,按照中央制定的试点方案进行农村税费改革的试点工作。安徽省农村税费改革试点的主要内容有:

一是"三项取消"。即取消乡统筹费,取消农村教育集资等专门面向农民征收的行政事业性收费和政府性基金和集资,取消屠宰税。

二是“一项逐步取消”。即逐步取消统一规定的劳动积累工和义务工。

三是“两项调整”。即调整农业税政策和农业特产税政策,实行一个应税品目只在一个环节征税。

四是“一项改革”。即改革村提留征收使用办法,将原来的村提留改为按新的农业税附加方式统一收取,比例最高不超过农业税正税的20%,开支内容仅限于村干部报酬、“五保”户供养和办公经费三项,并实行村由乡管。

安徽省农村税费改革试点推行后,取得了明显的成效。首先,减轻了农民负担。2000年,安徽全省征收的农业税和农业特产税及附加总计为37.61亿元,比改革前的49.15亿元减少了11.64亿元,加上取消的屠宰税和农村教育集资,农民总的税费负担减少了16.9亿元,减幅达31%。其次,促进了乡村机构改革和教育布局的调整,精简了乡镇政府机构和人员。再次,促进了农村税费征管形式的改革,推行了农业税“定点、定时、定额”征收的办法,规范收费方式。但与此同时,试点工作也暴露出不少矛盾和问题。比如:乡村组织可用财力明显减少,运转难度加大,农村公益事业建设困难,这些都为农民负担的反弹留下了隐患。再比如土地“税负不公”和农业特产税“平摊”问题未能有效解决,还产生了新的农业负担问题。另外,影响了农村土地的流转和农村产业结构的调整、影响了农民的生产积极性等等。

为此,在今后的改革工作中,国务院要求进一步做好安徽省的改革试点,要在巩固已有试点成果的基础上,努力探索解决上述问题的措施与方法。例如如何合理确定农民的计税面积、产量和价格,如何平衡不同从业农民的负担,如何防止农民负担反弹等,为全国农村税费改革工作的逐步推开积累经验、创造条件,从根本上减轻农民负担,切实解决好农民、农村和农业问题。

第十一章

企业经营道德

企业道德是现代企业经营与管理的重要组成部分，是企业规范的重要内容。企业作为企业道德的主体，面对着众多的关系，诸如股东关系、员工关系、政府关系、市场关系、生态环境关系等等；企业要妥善处理好这一系列的关系，都需要有一个道德自律性。本章将从道德因素之于企业社会责任、企业竞争力和企业效益的重要性为切入点，剖析企业的内部性和外部性道德关系，并从传统的道德理论推理企业道德选择的原则，为进一步探究企业应有的道德规范和道德责任奠定基础。

第一节　企业道德的必要性

企业是社会经济的细胞，企业经营与管理活动的成败，会直接带来社会财富的增加或减少；同时，企业的经营与管理活动又与社会的方方面面发生直接或间接的联系，会造成社会环境的变化。因此，企业在现代社会所扮演的角色，不仅有“经济人”的一面，也有“社会人”的一面。

“经济人”的角色反映着企业作为独立自主的经济实体和利益

主体，有自己的正当权益和利益的追求。因此，企业通过向社会提供商品和服务，创造自身效用；并在激烈的市场竞争中不断提升自身实力从而达到利润的最大化。在“经济人”的角色里，盈利的多少，成为企业衡量自己的市场行为和价值取向的重要标准。

“社会人”的角色反映了企业并不是孤立存在的，它作为一个整体要实现自身的价值，尤其是上述的经济价值，就必须与外界发生各种各样的联系；如企业与企业之间的联系，企业与政府之间的联系，企业与媒体的联系，企业与社区的联系等等。这些千丝万缕的联系，就将企业放置在了一个广泛的社会环境系统之中；企业希望通过自身的活动达到与其他企业和社会组织的认可，并与之共融，成为社会整体中的一员。

企业要成功地担当好“经济人”和“社会人”的双重角色，企业自身的道德素质必不可少。只有具有道德素质的企业，才能充分地调动全体员工的积极性和创造性，为消费者提供安全、合格乃至优质的产品和服务，以自身的信誉赢得市场，从而实现经济利益的最大化。同样，也只有具有道德素质的企业，才能正确认识自己与周围社会环境休戚相关的鱼水关系，勇于承担自身应有的社会责任，让企业的发展为社会造福。

以下就从企业的双重角色出发，分别从企业的社会责任、竞争力和效益三个角度来具体分析企业道德对于企业的必要性。

一、企业道德与企业的社会责任

1. 企业的社会责任。

关于企业社会责任的含义，从20世纪50年代开始，就在美国的经济学和管理学界引起了热烈的讨论；这种讨论伴随着企业的发展一直持续到现在。到目前为止，关于企业社会责任的含义，主要存在以下几种观点：

（1）美国经济学家、诺贝尔经济学奖获得者密尔顿·弗里德曼（Milton Friedman）指出，企业的社会责任就是增加利润；（2）斯蒂芬. P. 罗宾斯(Stephen P. Robbins)认为:"企业社会责任是指超过法律和经济要求的、企业为谋求对社会有利的长远目标所承担的责任。"同时,他还指出了企业的社会责任和社会义务的区别。他认为一个企业只要履行了经济和法律责任,就可以认为其履行了社会义务;但社会责任还要在社会义务的基础上加上企业的道德责任,这个道德责任要求企业分清是非并遵守基本的道德准则[①]。

(3)里基 . W. 格里芬(Ricky. W. Griffin)则认为"企业社会责任是指在提高本身利润的同时,对保护和增加整个社会福利方面所承担的责任"[②]。

(4)哈罗德·孔茨(Harold Koontz)和海因茨·韦里克(Heinz Weihrich)的观点是"公司的社会责任就是认真地考虑公司的一举一动对社会的影响"[③]。

(5)我国的一些学者将企业的社会责任表述为:"企业为所处社会的全面和长远利益而需要关心、全力履行的责任和义务,表现为企业对社会的适应和发展的参与。企业社会责任的内容极为丰富,既有强制的法律责任,也有自觉的道义责任"[④]。

另外,也有人把企业的社会责任理解成对社会文化事业、教育事业和慈善事业的支持;还有人把企业的社会责任看做是对政府履行责任,即缴纳税金、环境保护、提供就业等等。

根据上述讨论,可以看出关于企业社会责任的内涵大致可以划分为两种基本观点:

一种是从企业的"经济人"角度出发的纯经济观点,认为企业的

---

①参见 Stephen. P. Robbins, Management (Englewood Cliffs, NJ: Prentice-Hall, 1991), P120。

②[美]里基 . W. 格里芬著,杨洪兰,康芳仪编译:《实用管理学》,复旦大学出版社 1989 年版,第 73 页。

③[美]哈罗德·孔茨,海因茨·韦里克:《管理学》,经济科学出版社 1993 年版,第 689 页。

④《关于企业社会责任研讨》,《中国企业管理年鉴(1990)》,企业管理出版社 1990 年版,第 778 页。

社会责任就是使利润最大化。这一观点的持有者认为企业在追求利润的同时就能使社会成员获得好处；此观点的代表人物即是密尔顿·弗里德曼；从单纯的经济观点出发来理解企业的社会责任，突出了企业作为社会经济活动的基本单位的重要作用，但它的狭隘性将直接为企业反对承担社会责任提供充分的理由：如承担社会责任会冲淡企业的主要盈利目标；承担社会责任会导致企业的运营成本增加，产品价格上升，企业获利能力下降；等等。

二是从企业的"社会人"角度考虑的社会经济观点，认为对企业来说，长期的生存与发展才是最重要的，因此，除了履行经济和法律的责任外，还应该保护社会大众的利益并在改善社会的活动中发挥积极的作用。这是对企业社会责任的全局考虑，也逐渐为大多数学者和企业管理者所接受。从社会经济观点出发来看待企业的社会责任，充分展现了企业作为社会组织的职能和作用。企业不能脱离社会而孤立存在，因此，在其自身发展的过程中，必须承担相应的社会责任。企业勇于承担其社会责任，将会使企业的信誉得到改善，增强消费者与投资者对企业的信任感，增加员工和管理者的工作满足感，从而使企业的长期获利能力增强。这也成为支持企业承担社会责任的理由。

2. 企业道德与企业社会责任的关系：企业道德有利于企业去承担应有的社会责任。

企业道德是调整企业之间、企业与其内外利益相关者之间关系的行为规范的总和。它是围绕企业生产和企业的一切活动生产和发展起来的。"企业道德作为一种特殊的隐性行为规范，它的功能、机制、作用是从企业伦理关系的角度和对人们意识的制约角度发挥出来的。"①在此，我们根据企业活动的特点把企业道德对企业活动的调节划分为事前与事后两个阶段。无论是哪一阶段的企业道德调

①《现代管理伦理学——理论与企业的实践》，苏勇著，石油工业出版社 2003 年版，第 302～303 页。

节，都会对企业承担其应有的社会责任起到积极的推动和促进作用：

（1）事前调节：在企业的决策过程中就充分考虑企业应承担的社会责任，从而使企业在执行决策时履行其社会责任。在企业的战略决策中，道德因素是其重要的决策变量。因此，在企业决策的过程中，道德内容能被企业的战略目标、愿景和理念所考虑并吸纳。这一方面可以通过在企业的规章中加以对企业价值观的描述和决策成员中有专门的伦理道德方面专家的参与来实现；另一方面，也可以通过企业对各种内外关系的调节，使企业要承担的社会责任尤其是道德责任在企业决策中凸现出来：如企业管理者作为企业社会形象的重要塑造者会以身作则的起到表率带头作用；企业在内部组织机构的建设中，将会成立专门的伦理委员会，对企业运作中存在的道德问题进行专业化的建议，确保企业在运作程序上不丧失其道德敏感性；企业的业务管理更加趋于人性化，无论对内部的员工、股东还是对外部的顾客、供应商、销售商都能体现其在物质与道德上的两方面要求。这些具体的措施，都将增强企业的社会责任感。

（2）事后调节：它主要是在企业行为涉及道德问题时，能够通过企业内外对道德问题的讨论评价，产生惩恶扬善的效果，从而督促企业对其社会责任的承担与履行。有道德的企业行为如果得到广泛积极的评价，则能够提高企业的知名度、公众形象、信誉度，这些因素又会使得员工对企业产生更深的认同感，更加积极工作；使供应商和销售商更加信任企业，让双方的经济业务往来更加频繁流畅；企业也可以通过自身信誉增强赢得更多顾客，击败竞争对手。不道德的企业行为会带来相应的惩罚，而且这种惩罚是多种多样的。如前所述的种种经济效益的变化都会因此而向相反的方向发展。更需要指出的是，经济的惩罚往往比较直接、短暂，但道德的惩罚却是间接、长期的，一旦企业丧失了道德信誉，企业将要付出大量的代价才能弥补。所以，事后的道德调节，将促使企业管理者和决策者进行道德上的反省，提高其对自身道德责任和社会责任的关切度。

无论是事前调节的积极引导还是事后调节的消极督促，都会促进企业对其社会责任尤其是道德责任的思考，增强企业承担其应有的社会责任的信心和勇气。

3. 社会责任标准(SA8000)。

随着企业自身发展中因忽视道德因素而出现各种负面影响，同时企业管理者对企业道德责任认识的逐步增强，对企业勇于承担社会责任的呼声也越来越高。1999 年 1 月，在瑞士达沃斯世界经济论坛上，联合国秘书长安南提出了"全球协议"，该协议号召公司遵守如下 9 项原则，并于 2000 年 7 月在联合国总部正式启动：

①企业应支持并尊重国际公认的各项人权；

②绝不参与任何漠视和践踏人权的行为；

③企业应支持结社自由，承认劳资双方就工资等问题谈判的权力；

④消除各种形式的强制性劳动；

⑤有效禁止童工；

⑥杜绝任何在用工和行业方面的歧视行为；

⑦企业应对环境挑战未雨绸缪；

⑧主动增加对环保所承担的责任；

⑨鼓励无害环境科技的发展与推广。[①]

以上 9 项原则为一项国际性道德标准的出台吹响了前奏。根据国际劳工组织(ILO)公约、联合国儿童权利公约及世界人权宣言，SA8000 即"社会责任标准"诞生。它是 Social Accoutability 8000 的英文简称，是全球首个道德规范国际标准。其主要内容涉及童工、强迫劳动、安全卫生、结社自由和集体谈判权、歧视、惩罚措施、工作时间、工资报酬及管理体系等 9 个方面。

SA8000 标准是一个通用的国际标准，不仅适用于发展中国家，也适用于发达国家；不仅适用于各类工商企业，也适用于公共机构；

---

①《现代管理伦理学——理论与企业的实践》，苏勇著，石油工业出版社 2003 年版，第 289 ~ 290 页。

其依据与 ISO9000 质量管理体系及 ISO14000 环境管理体系一样，皆为一套可被第三方认证机构审核的国际标准。同时，SA8000 标准还可以代替公司或行业制定的社会责任守则。

这一标准的出台，标志着国际社会对企业发展中的道德因素和其应该承担的社会责任的重视；它的进一步完善，也将逐步规范企业在经营活动中应承担的道德责任。目前，企业社会责任已经越来越多的出现在许多跨国公司订单的附加条件中，很多企业也因为没有达到最低工资标准、生产安全标准或管理体系标准而痛失产品的订单。据估计，到目前为止，我国沿海地区至少有近万家企业接受了有关 SA8000 的审核；从 2000 年开始，几乎所有的欧美企业都对其全球供应商和承包商实施社会责任评估和审核。我们可以预见，随着 SA8000 体系的不断修订和完善，它最终可能成为一个覆盖道德、社会和环境等范围很广的标准，并最终转化成为像 ISO 标准一样的真正国际性标准。

二、企业道德与企业的竞争力

1. 企业的竞争力。

企业的竞争力是竞争力的形态之一，它通常是指：企业在竞争的市场环境中，通过配置或创造企业资源，在占有市场创造价值、维持发展等方面与同行业其他企业在市场竞争中的比较能力①。对于企业竞争力的把握，必须注意以下几个层面：

（1）企业竞争力是以企业之间的竞争为前提的，它是一种比较能力。

（2）企业竞争力不仅体现在企业产品的市场占有率和盈利能力方面，而且更体现在企业的创新发展能力上。只有不断创新发展，企业才能持续经营，永葆活力。因此创新发展能力是企业竞争力最重要的内涵之一。

①《国富之源：企业竞争力》，李显君著，企业管理出版社 2002 年版，第 38 页。

(3)企业竞争力是在生产经营过程中形成的。它是动态的产物,企业只有通过各种资源的配置,在战略规划、产品开发、市场营销、采购、生产、销售及管理过程中逐渐形成的。

(4)企业的竞争力是环境的存在物,制度环境、政府环境、市场环境、技术环境、法律环境、教育和文化环境都会影响企业竞争力的形成。

2. 企业道德与企业竞争力的关系:企业道德有利于提升企业的竞争力。

许多人认为,竞争企业竞争力的问题不涉及道德问题,竞争只要遵纪守法就行了。只要不违反法律,什么样的招数都可以使用以达到提升企业竞争力的目的。事实上,法律仅仅只是一种最低的道德,是提升竞争能力的最低要求;而道德是一种最高的法律,是一种更高的层次要求:

(1)道德可以调节企业行为提升企业竞争力:我们知道道德的调节作用是通过社会舆论、传统习惯和内心信念而起作用的。道德对企业内部的组成人员行为的调节就是对企业行为的调节:如激励企业员工勤奋工作,诚实守信,员工之间团结、友爱、互助;引导企业管理者不断创新、进步,追求卓越。同时,在经济社会里,企业与利益相关者之间形成了各种复杂的社会关系,每个企业的行为都会对其他企业或社会产生各种影响。在企业行为中引入道德因素,由于道德的非强制性、导向性等特点,就会使企业自觉地约束自己的行为,内在地克服竞争中的不道德行为;鼓励企业与竞争对手互相尊重,互利互惠;企业以优质的产品和真诚的服务来吸引顾客,扩大产品的市场占有率和盈利能力,使其竞争实力不断增强。

(2)道德通过长期效应来提升企业竞争力:虽然企业在竞争中讲道德有可能在短时间内利益上会有所损失,如销毁不合格产品,增设防污染环境设备,增加了企业产品的成本,减少了利润,但从长远来看,企业建立了信誉,将会增强企业在市场中的竞争力;这也是竞争力自身需要一个形成的时间过程所要求的。同时企业竞争力是一项综合能力,除了看它的经济实力等显性的实力,还包括文化、伦理等隐性的能力。在企业内部,经过战略规划、产品开发、市场营销、采购、生产、销售及管理过程等一系列生产经营过程培养企业产品的品质的竞争实力离不开道德规范的约束;在企业的外部,为企业赢得一个良好的制度环境、政府环境、市场环境、技术环境、法律环境、教育和文化环境,更加需要诚信为企业营造良好的声誉。

3. 竞争道德原则。

既然企业在竞争中恪守道德如此重要,那么企业在竞争活动中就要把道德因素的重要性提高到企业管理的重要议程上来。竞争道德规范主要是由企业自身来制定;不同的行业、企业,管理人员、企业员工对道德的认识不一样,制定出来的道德规范的具体内容也不相同,但一般都应遵循以下原则:

(1)公平原则:它包含以下三方面的内容:一是所有企业都有参与社会竞争的同等权利。这是企业竞争力自身的客观要求。二是企业在竞争中采取正当的竞争手段,如不仿冒他人的企业名称、不侵犯商业秘密、不压价排挤竞争对手、不损害他人企业信誉等。三是让竞争者享有与其贡献相称的利益。参与社会竞争的企业在一定意义上说都是在为社会作贡献。竞争企业的力量越是强大,为社会提供的产品和服务越多,那么从投资中所获得的利润也就越大。

(2)无害原则:根据这条基本的原则,企业在竞争中应当尽可能地避免给他人(利益相关者)、社会、环境造成不必要的伤害。如企业在产品介绍中隐瞒其副作用或不适用人群,而导致他人身心受损;窃取竞争对手的商业秘密而制定击败对手的策略,使竞争对手受到严重的冲击和伤害、环境污染等等。

(3)诚信原则:诚信是中华民族的传统美德,也是所有参与社会竞争的企业所应遵守的准则。它要求企业在市场竞争中全面地履行合同义务,对自己的诺言和行为全面负责,从道义上谴责弄虚作假、背信弃义、互相拆台、互相丑化、互不信任、互相攻击的不良风气和做法。它还要求企业在竞争中提供货真价实的产品和劳务。

三、企业道德与企业的经济效益

1. 企业的效益。

企业的效益是其经营成果的一个反映重要指标。从企业作社会经济活动的重要组织形式来说,企业的经济效益又是效益好坏的最直接和最重要体现。

经济效益是指人们在物质生产活动中,劳动占用和劳动消耗量同符合社会需要的劳动成果的比较。它反映的是企业经营活动中有效的那一部分价值。在我国,对于企业经济效益的好坏的衡量经历了如下过程①:

(1)1972 年制订了工业企业 7 项经济技术指标,即产量、品种、质量、消耗、劳动生产率、成本和利润。它主要考核计划的执行,而没有考核产品的适销对路等情况。

(2)1982 年制订了 16 项指标,同时适用于地区经济效益评价与工业企业经济效益评价。这一指标体系的缺点是反映经济效益的指标不突出,指标较多,主次不明确,考核标准以前期为主。

(3)1992 年制订了 6 项指标,即工业产品销售率、工业资金利税率、工业成本费用利润率、工业增加值率、工业全员劳动生产率、流动资金周转次数。它淡化了总产值指标,强化了经济效益指标,促使企业增强市场意识,转换经营机制。

(4)1999 年 6 月,财政部、国家经贸委、国家计委等单位联合颁布了企业效益评价指标体系,该体系设计了 8 项基本计量指标,16 项修正计量指标和 8 项评议非计量指标,改变了我国传统的完全以财务指标来评价企业的状况。

企业效益评价方法的转变,反映了国家在经济增长中指导思想的重大变革;也促使企业在自身发展中从单纯地片面地强调财务经

①此处分阶段观点借鉴《社会主义经济效益通论》中相关方法;李慰严、樊光鼎著,人民出版社 1997 年版。

济上的收益逐步向企业全面素质上的提升方向转变。所以，从表面而言，经济效益似乎仅仅只包含了企业的产出和投入等经济因素，但事实上现代企业经济效益的好坏，还要综合取决于企业在处理自身与社会能源、自然环境和人文环境等等因素的关系方面。

2. 企业道德与企业经济效益的关系：企业道德建设与企业的经济效益提高互为促进。

(1)企业道德与企业发展的目标是一致的。围绕以“经济建设为中心”的工作重点，企业要最大限度地发挥经济效益，而企业道德虽不能直接产生经济效益，但它能够通过多种教育和疏导等手段，最大限度地调动管理者和员工的主观能动性，工作主动性与积极性，为企业发挥经济效益提供了有利的条件，为促进企业发展提供良好的精神动力。也就是说，加强企业的道德建设，就是在间接地发挥企业的经济效益。

(2)企业道德与企业经济效益有着共同的社会效应。企业道德建设是否受到重视，直接影响着企业精神文明建设的发展，同时影响着企业经济效益的发挥；从抓经济效益入手，正确调解和规范管理者和员工行为，不但能取得良好的经济效益，促进企业发展，而且能够使企业的精神文明建设工作迈上一个新台阶，一些不道德因素对企业员工的消极影响。从这个意义上说，企业得到建设与发挥企业效益的社会效应是一致的。

(3)企业道德与企业经济效益是互为条件，互相促进的。一方面，卓有成效的道德建设能够调动广大管理者和员工的生产积极性，为企业发展提供强有力的精神动力和智力支持，是企业发展的动力源泉。另一方面，良好的经济效益使管理者和员工物质生活条件进一步提高，这又反过来促使管理者的管理水平的提高和员工工作观念的更新，此时，企业就要从更高层次制定道德建设的目标，以适应企业管理者和员工思想境界的提高。经济效益的取得为进一步增强企业的道德建设提供了十分有利的条件。因此，我们就可以说，企业道德与企业经济效益之间是互为条件，互相促进，互相影响的辩证关系。

3. 加强企业道德建设，提高企业经济效益。

从上述对于企业道德建设和企业经济效益辩证关系的分析中，我们不难看出，要提高企业的经济效益，企业的道德建设决不能忽视。针对提高企业经济效益的目标，企业的道德建设应侧重在以下几个方面：

(1)开展有效的思想政治教育，提高管理者和员工的工作积极性与创造性。管理者和员工的工作积极性与创造性是一个企业赖以发展的原动力。企业不但要有健全的竞争机制，引导职工通过竞赛的方式去实现自我价值，而且要通过思想政治教育进一步提高管理者和员工的道德素质，使其在拥有较高的专业技术的同时，有一个良好的思想境界，这样才能够更彻底地投入到生产中去，为企业的发展做出自己最大的贡献。

(2)企业道德建设要培养管理者和员工强烈的事业心与责任感。管理者和员工强烈的事业心与责任感，是企业良性发展不可缺少的一环。企业管理者和员工只有具备了这一素质，才能够有迎难而上的拼搏精神，才能够有不屈不挠的竞争意识，也才能够有自强争先的精神状态和市场经济条件下的紧迫感与危机感。这样，管理者和员工才能够认清形势，主动为企业发展出谋划策、群策群力，创造出可喜的佳绩。

(3)培养企业管理者和员工正确的人生观、价值观，是企业道德建设的重要内容。管理者和员工的人生观、价值观必然影响着企业效益的发挥。管理者和员工的价值取向与企业发展目标是否一致，直接影响着管理者和员工的生产、工作积极性，同时也决定企业的兴衰与成败。所以，树立管理者和员工的价值取向与企业发展目标相一致的工作观念是十分重要的，这将关系到企业生死存亡。相反，一旦管理者和员工的价值取向与企业的发展目标发生分歧，就会严重阻碍企业的发展，而且会造成不可估量的损失。

第二节　企业道德关系

从现代企业管理的角度来看待企业，它是一个从事生产、流通等经济活动，为获取盈利，进行自主经营、自负盈亏，实行独立经济核算，具有法人资格的经济实体①。从系统论的观点来看，现代企业是一个人造的、开放的社会经济系统，执行着社会所赋予的生产和流通职能，发展社会生产力和为社会创造和积累财富。因此，企业既有其作为独立法人的整体性；又有其作为系统的内外有机层次性，具体而言就是企业有其内部组织和外部公共关系。那么，在我们研究企业的道德关系时，就应该遵循企业的上述特征，既研究企业作为法人的整体道德（在此从企业自身的角度，把企业法人道德纳入企业内部性道德）；也研究企业内部组成人员主要包括管理者、生产者和所有者的各自的道德特征，即管理层道德、员工道德和股东道德；同时也探讨企业与外部公共关系中的道德层面，本书把研究的视角主要集中在企业道德行为对政府、市场、生态环境和社会风气的影响上。

一、企业的内部性道德

（一）企业法人道德

从严格的法律意义上讲，企业可以分为法人企业和自然人企业。这主要是从企业财产的组织形式来加以分类的。这种分类方法中，法人企业专指公司制的企业，而自然人企业指个人业主制和合伙制企业②。但随着企业的现代化发展，许多专家和学者都把企业界定为具有法人资格的经济实体。如中南财经大学林友孚教授早在

①林友孚主编：《现代企业管理》，中国统计出版社 1996 年版，第 2 页。

②谭道明主编：《企业管理概论》，全国高等自学考试指定教材，武汉大学出版社 1996 年版，第 25 页。

1994 年主编有关工商管理硕士的教材时就给企业下了如下的定义："企业是从事生产、流通等经济活动，为获取盈利，进行自主经营、自负盈亏，实行独立经济核算，具有法人资格的经济实体（在本节开头就已引用过这一定义）。"同样也有学者认为"通常所说的现代企业，一般是指根据社会需要来组织和安排某种商品（包括物质产品和非物质产品）生产、流通获服务等活动，进行自主经营、自负盈亏、承担风险、实行独立核算，具有法人资格的基本经济单位"①。本书根据实际研究的需要，在此不对企业作以法人和非法人的区分，即采用企业是具有法人资格的经济实体的观点。

企业作为一个法人，往往具有如下的特征：

（1）依法成立，即经工商行政管理部门审查登记，有自己独立的组织机构，使用自己的名称，有自己的场所。

（2）拥有独立支配的财产，这是企业从事生产经营活动的物质基础；是自负盈亏、对经营的好坏独立承担经济责任和民事责任，维护市场经济秩序的条件和保证。这一特征是法人的主要特征。

（3）以自己的名义进行生产经营活动并承担法律责任，其经济活动的后果由自己承担，当发生经济纠纷时，以自己的名义参加诉讼，独立地享有民事权利和承担民事责任。

法人主体的资格，不仅使企业成为了独立的经济主体，而且使企业成为了独立的道德主体。这主要体现在企业具备了相对于政府、出资人以及公司股东和员工的自由——资产处置的自由、经营管理上的自由以及决策和行为的自由。

1. 企业法人道德的含义及重要性。

企业法人道德是企业作为一个法人在经济和法律方面权利与义务的延伸。由于企业在经济上获得了独立的支配权，在法律上享有了民事责任并承担了民事责任，那么其作为一个组织或实体，也应该

①陈富生、黄顺春主编：《现代企业管理教程》，上海财经大学出版社 2004 年版，第 2 页。

同时就其行为享有道德权利并履行道德责任。这就是企业法人道德的含义。

企业法人道德是一个整体性的概念。它不能被支解为企业各个组成部分的道德权利和责任。只要有企业的存在,企业就必须对其行为负责;所以,企业法人道德对企业的生存与发展具有十分重要的意义。结合本章开始时关于企业道德与企业社会责任、竞争力、经济效益的重要性的讨论,企业法人道德的重要意义主要体现在以下三个方面:

(1)企业法人道德是企业承担社会责任的重要保障。只有企业作为一个整体敢于承担其在道德方面的责任,那么,它才可能承担起其在社会各方面的责任。

(2)企业法人道德是企业提升竞争力的重要条件。企业形象是企业竞争力中一个重要因素,企业法人道德又将在很大程度上决定其在诚信等道德方面的形象。因此,提升竞争力绝不能忽视法人道德。

(3)企业法人道德是企业提高经济效益的重要促进因素。从前面企业道德之于企业经济效益互为条件,互相促进,互相影响的辩证关系的论述中,我们不难看出企业法人道德对企业经济效益的促进作用。

2. 企业法人道德的特征。

企业法人道德作为一种整体性的道德,基于企业的法人特征,它也呈现出以下几个方面的特征:

(1)较强的约束性:这一特征主要是源自于企业法人特征的法律性。企业的法人资格是依法取得的,这就使得企业的生产经营活动必须在法律允许的范围内进行。在企业的生产经营活动中涉略的道德问题而需要企业承担相应的法人道德责任时,也因此带上了一定程度的法律强制性的烙印,所以,企业法人道德较其他层次的道德具有较强的约束性。

(2)较强的独立性:企业法人道德是以企业在经济上和法律上

具有独立资格为基础的。企业在经济上自主经营、自负盈亏，对自己的经济后果独自承担责任；在法律上以独立的名义参加法律活动，并根据自己经营成果的好坏享有权利承担责任；那么企业在道德上也应该为其相关的行为和后果负责，而不应该将责任推委给政府、消费者或其他个人或组织。尤其是在我国的国有企业在实行经营方式改革之后，企业从以往政府的附属物成为独立的经济法人，更应该意识到自己在道德责任上的独立性。

(3)较强的自主性：企业法人道德的自主性主要体现在企业有以这种方式或那种方式享受道德权利和承担道德责任。只要在法律允许的范围内，企业以其独立的法人身份，可以自主的选择其行为方式。因此，我们可以看到，法人道德意识强烈的企业在各项工作中都贯彻相关的道德要求，如规章制度、员工工作条件和工资标准、管理人员素质等等；而在法人道德意识薄弱的企业，可能会忽视相关的道德责任，或仅仅对其产品负起码的安全责任。

(二)企业管理层道德

企业作为经济体系中进行生产和经营的微观经济组织形式，是市场经济运行的基础和主要力量。而企业的经营管理层在企业的整个运作过程中担当着重要的角色。企业管理层是企业生产和经营活动的重要组织者，他们通过发挥自身的领导才能，根据宏观经济形势和微观市场变化，审时度势，把握企业的生产经营方向，努力实现企业的经营目标。随着社会对企业发展的要求不断提高，社会对企业管理层的素质要求也越来越高。作为管理者，不仅要精通经营之道，而且要注重个人修养；不仅要成为某一专业领域的专家，而且要在个人知识结构和道德品性方面不断提升自我。为什么作为专业的管理人员要在道德品性上不断提升呢？这就要从企业管理层道德之于企业发展的重要性谈起：

1. 企业管理层道德的重要性。

首先，从企业管理的全局而言，在企业的人力资源中，管理层是重中之重；他们是规划的制订者、实施的组织者和结果的评价者。一个管理人员持有什么样的经营理念和贯彻什么样的获利方式，都会通过其管理活动渗透到企业的各个层面。因此，管理层道德具有强烈的示范效应：管理人员的道德水准会影响企业所有成员的道德水准，而所有成员的道德水准已经在很大的程度上决定了企业的生存状态。正是从这个意义上说，管理人员的品德就是整个企业最直观的教科书，是企业的“心灵支柱”和“精神领袖”。管理层的良好道德素质也成为企业赢得感召力和吸引力的根本所在。

其次，就管理层自身的专业性工作而言，在其管理工作展开中，需要有相当的威信；否则有效地指挥企业的一切活动就只能是一句空谈。而威信的树立，除了需要在客观上需要赋予权利的保证外，还需要管理人员自身能产生让人敬重的魅力。缺乏能力肯定不会有威信；但仅仅有管理的专业能力，而品格低下，对企业的事务从个人利益出发趋利避害，敷衍塞责，缺乏信用，对自己的行为不敢承担后果和责任，同样也不会赢得威信。

2. 企业管理层道德的特征。

(1)实践性：对企业管理人员的道德要求本身就是针对他们的行为提出的，因此，管理人员道德不能脱离企业管理的实践活动。这也就是说，管理人员道德必须与企业的生产经营活动紧密相连：把管理人员的自身道德素养运用到如何让产品更符合顾客需要、如何使员工管理更人性化、如何树立企业良好的声誉为企业发展壮大赢得更宽松的环境等等诸多方面，从而使管理人员的道德素质成为提高企业管理水平和效果的重要促进条件。

(2)兼顾性：企业管理层道德要为企业的管理服务，因此，它与企业实现自身经济效益的基本目标是一致的。但是当企业的逐利行为与社会的道德标准发生冲突时，管理人员应该作到舍利而求义，绝不为管理者个人的一己私利或企业一时的获利而做出有悖于社会公德的事情。

(3)内省性：管理层道德是管理人员自身道德修养的一种体现；它的获得和增强都只能依赖于管理人员的自我完善和自我约束。管理人员的地位和作用应该受到重视,但他本人则应该自重和自爱,要有清醒的道德意识和伦理原则,知道该做什么和怎样做;并且不断在管理实践中积累和学习,提高自身的素养;尤其要经常对自己的行为进行自我检查,规范自己的行为。

3. 企业管理层的道德规范。

企业管理层的道德规范按照其管理职能可以划分为两部分:一是来自上级董事会的要求,即对董事会负责。具体表现在管理人员必须向董事会按时、真实的通报企业的活动、即将出台的和已经出台的决策、企业的经济状况及其成功和失败等等情况。通过自身的行为,管理层为企业营造一种道德氛围。二是来自下层员工的要求,即对员工负责。管理人员在雇佣员工时,有义务按照公众众所周知的公正雇佣原则办事,一旦一个员工被雇佣,在评估、提升等方面就要平等对待。同时,管理人员还要为员工提供一个安全的工作环境。

(三)企业员工道德

1. 员工道德的重要性。

员工是企业最宝贵的资源财富,因为企业的任何工作最终都是要通过员工去实施完成的;因此,员工表现的好坏在很大程度上决定了企业经营业绩的好坏。虽然在物质激励机制下,员工会因为自身的表现将直接与自己的劳动报酬相联系,企业可以通过较高的工资来促使员工积极工作。但这种方式一方面会因为支付工资的增多而增加企业的生产成本,同时也会是员工过分的关注物质收益忽视劳动的质量,还有可能由于工资标准而引发不必要的劳资纠纷等等。那有没有更好的方法来促进员工的工作来为企业创造更多的财富呢?从员工自身的道德素质着手,树立员工的主人翁意识,变企业要员工工作为员工乐于积极主动为企业做贡献,不失为一条妥善处理企业与员工关系的路径。可见,员工道德将会为企业带来巨大的效益。

2. 员工道德的内涵。

一般而言,企业对员工的道德要求是基于员工在企业中享有的权利和承担的责任,尤其是后者提出的。所以在确立员工道德内涵

之前,必须明确员工在企业中的权利责任。从现代企业管理的科学规范角度,可以将员工的权利责任概括为以下 10 个方面:

(1)工作的权利;

(2)公平报酬的权利;

(3)自由集会和罢工的权利;

(4)是非感的自由和言论自由;

(5)诉讼的权利;

(6)健康安全的工作条件权利;

(7)工作质量的权利;

(8)遵守劳动合同的责任;

(9)忠于企业;

(10)尊重目前的法律和道德的规范。①

从上述第(8)~(10)关于员工的责任的有关规定,我们可以看出企业员工的道德至少应该包括以下内容:

(1)为企业诚实劳动:工作是员工的权利;当员工一旦与某一特定的企业签订劳动合约之后,为该企业工作就成了员工的基本责任。作为高层次的道德要求,就是指员工在完成自己的本职工作中应严格按照企业的要求,保证自己的劳动的成果达到相关的质量要求。在此基础上,可以进一步的引申出员工对于工作任务应采取积极主动的态度,即每个员工为企业的发展出谋划策。只有主动的工作态度才能从根本上确保企业产品或服务的质量。

(2)忠诚于自己的企业:在企业为员工提供了其所需的各项保障后,忠诚的员工是企业获得发展和成功的一项内在原动力。不忠诚于企业的员工会出于自己的私利或其他原因轻易地离开企业,一方面会造成企业人才的流失以及人才培养费用的浪费,严重的还会造成员工与企业商业机密的一起损失;另一方面会造成一个不稳定的员工队伍和组织机构,而这种不稳定性势必会影响到企业的正常

①陈炳富、周祖城编著:《企业伦理学概论》,南开大学出版社 2000 年版,第 250 页。

运营。所以，员工应该在自身利益得到满足的情况下，有一种以企业为家的信念。

(3)守法遵规：为规范企业的行为，国家和各级政府会出台一些法律法规；企业为规范其成员也会出台一系列的规章制度。这就为员工的行为规范提出了最基本的要求。员工的行为不违反国家的法律法规，也与企业自身的规范要求保持一致。

企业员工道德的集中体现在企业的职业道德上。所谓的职业道德，"就是同人们的职业活动紧密联系的、具有自身职业特征的道德准则、规范的总和"①。具体而言，即企业的所有员工，不分职位高低，都要做好自己的本职工作，都要敬业、勤业、精业、爱业。员工的职业道德主要是通过员工自身的职业感情、职业意识、职业信念，形成职业责任、职业纪律，从而形成稳定的职业道德素质，达到规范员工自身行为的目的。

事实上，员工的职业道德一方面来源于员工自身的素质和学习能力的高低，但结合职业道德的特殊性——必须与职业活动结合，职业道德的培养就离不开员工工作的地方——企业。因此，每一个企业也为培养和规范员工的职业道德而孕育了具体的职业道德规范。它就是各企业制定的员工在职业活动中的行为规范。职业道德规范不仅仅是一句话或者是一段话，为了不使职业道德规范流于形式和口号，企业往往把它与岗位直接挂钩，制定出具体的岗位职业道德规范。因为每个岗位在企业中发挥的作用是不同的，企业对不同岗位员工的职业道德要求也是有差异的。同时，职业道德规范的要求必须融入到企业各项管理制度和业务流程中去，职业道德规范真正对产品、服务质量的提高以及企业形象的提升起到促进作用。

(四)企业股东道德

股东是企业的主要投资者，它可以是投资商、股票交易商、股票经纪人、证券分析家、托管银行、投资公司等金融公众的任意一员。

①罗国杰主编：《伦理学》，人民出版社1989年版，第246页。

它以投资人的独特身份介入企业的管理,成为企业的所有者。在企业的运营过程中,资金支持就像血液对人体一样重要,只有稳定的资金供给,才能保证企业正常运转;尤其在企业面对各种不确定的竞争因素时,强大的资金后盾,是企业能击败对手最终赢得市场的重要保证。从这个意义上说,股东是企业生命体的"源头活水"。那么,股东能否履行其对企业的出资责任,在很大程度上就关系到企业的生死存亡。而股东的道德素质又将在很大程度上决定其对自身出资责任的态度。

1. 股东不履行出资责任的表现:

股东不履行出资责任按其程度不同,可以分为两类:(1)股东完全不履行出资责任,具体表现为拒绝出资、不能出资、虚假出资、抽逃出资等①。拒绝出资是指股东在章程制定或填写认购书后拒绝按规定出资;不能出资是指因客观条件,不能履行出资责任;虚假出资是指表面上出资而实际上并未出资;抽逃出资是股东在公司成立后将其所缴纳的出资暗中抽回。(2)股东不适当履行出资责任,包括迟延出资、不完全出资、瑕疵给付和出资不实等情形。迟延出资是指股东不按规定的期限缴纳出资或办理财产权转移手续;不完全出资,指股东不按规定数额足额缴纳出资;瑕疵给付,指股东缴付的现物存在着品格或权利上的瑕疵;出资不实,是指股东出资现物的实际价值显著低于其章程所确定的价值。

2. 股东履行出资责任的道德要求:忠实。

事实上,出资责任是股东基于其股东地位,为企业目的事业所负之对企业所为的一定给付责任;股东应当足额缴纳企业章程中各自所认缴的出资额。这就是要求股东忠实地完成其出资责任。按照出资责任自身的特点,股东忠实的道德要求又可以细分为以下三个具体要求:

---

①陈苏:《公司设立者的出资违约责任与资本充实责任》,《法学研究》1995 年第 6 期,第 50 页。

(1)按量出资:股东应按照自己与企业达成的相关出资协议的规定,足额认缴出资额。股东一旦在企业章程制定或填写认购书后就应该承担相关的责任,不能出于个人私利而拒绝按规定出资或不按规定数额足额缴纳出资。

(2)按时出资:按出资协议的有关规定,股东可以在企业成立前或运行中履行出资责任;股东应按协议规定按时出资。当股东发生以外事件使得其无力在规定的时间内完成出资责任,应告之企业并出具有关事由,同时说明是否继续履行出资责任及完成该责任的具体时间。不得无故拖延出资,以免造成企业在资金周转上的困难。

(3)按质出资:股东除了在时间上保证其出资责任的完成以外,还要在质量上保证其出具资金的真实性和有用性。不得出现虚假出资、瑕疵给付和出资不实的情况。

二、企业的外部性道德

在分析了企业内部的有关道德关系之后,我们就应该把视角转向企业作为一个经济组织其行为对外部社会关系的影响。通过前面对于企业内部道德关系的分析描述,我们不难看出,企业的规范操作最直接最直观的结果就是企业盈利的增加。而企业运作中道德所起的积极作用也正是通过"企业盈利"这一桥梁间接作用于其他外部社会关系的。所以,直接从正面作用来考察企业道德行为对外部社会关系的影响,往往会因其间接性、隐藏性和长期性而存在一定的困难。但企业的不道德行为给企业外部关系带来的消极影响却是直截了当、一目了然的;如企业的偷税漏税给政府财政带来的损失,企业的假冒伪劣产品给消费者带来经济和身心的损害,企业的排污给社会环境带来的污染等等。因此,我们在研究企业外部性道德时,将从企业的不道德行为入手,反面论证企业道德行为对外部社会关系的影响。

综合国内外企业伦理学界的研究成果,主要把企业的不道德行为概括为以下五类：贿赂、胁迫、欺骗、窃取、不公平歧视[1]。这五大类的不道德行为在企业的活动中又有不同的表现形态。下面就从政府、市场、生态环境以及社会风气几个方面来具体考察企业不道德行为的影响。

（一）企业道德行为对政府的影响

1. 企业与政府的关系。

从世界范围来看，政府与企业的关系大致可以分为三种：一是"交警与司机"的关系，即政府致力于维护正常的市场秩序，只需要告诉企业什么不可以做，在此范围之内企业拥有经营活动的全权，政府不进行干涉；二是"手足"关系，企业与某些政府部门结成利益共同体，政府全力扶持企业的发展。三是"父子"关系，企业完全成为政府的附属物，没有独立的地位；政府通过制定各项计划直接对企业进行协调。

事实上，企业是经济活动的主体，政府是社会活动的主体，二者之间在主体关系上时是完全对等的：一方面，政府可以利用经济手段对宏观经济进行调控，对微观的企业进行引导；另一方面，企业通过创造社会财富，增加政府的财政收入，对社会做贡献；同时对于政府的越权行为，企业有权力也有途径进行申诉。

2. 企业不道德行为对政府的影响。

在我国，由于历史的原因，调整和改进政府与企业之间的关系上，重点过多地放在了把以往政府承担的职能还给企业，使其具有自主经营权，成为独立的市场主体方面。但由于企业的不规范行为，对政府权威和资源造成的严重侵蚀却过于忽视。仅仅来自重庆市检察机关统计，1995 年 1 月到 1997 年 9 月，全市立案侦办厂长、经理的经济案件就有 302 件，占经济罪立案总数的 16.2%。其中，贿赂案 124 件，占 41.6%；贪污案 53 件，占 17.5%；挪用公款案 49 件，占

---

①D. J. Fritzsche, *Business Ethics: A Global and Managerial Perspective*, McGraw-Hill, 1997, P10.

16.2%;偷税案40件,占13.2%;侵占公有财产案33件,占10.9%;假冒商标案3件,占约1%。以上案件导致的国家和集体经济损失达四亿多元。[①] 企业对政府权威和资源侵蚀主要有以下几种形式:

(1)直接侵吞。典型的如企业参与集体走私、集体制假、集体骗税偷税等,这些活动已经不仅仅停留在企业欺骗政府职能部门、窃取国家财产等道德层面,他们已经在很大程度上触犯了国家的法律。

(2)浪费资源。这里指企业通过自身在当地经济发展中的地位或者与政府领导人的特殊关系,以胁迫或贿赂等不道德方式大肆进行寻租活动,寻租行为主要通过政府影响收入和财富分配,竭力改变法定的权力来实现个人或某个集团的利益。

(3)优惠政策。为促进经济的发展,由政府给予地方、部门乃至企业优惠政策,而企业利用其在市场中的特权和优先地位以及与政府官员的密切联系,采用不公平的手段竞争,这将严重的阻碍经济发展和市场机制作用的顺利发挥。

(4)"内部人控制"。这是企业对政府资源和权威构成威胁的主要形式之一。"内部人控制"的局面,往往造成政府对企业不能实行有效监督,使企业活动"无法无天",导致企业及其负责人大肆侵吞国家资源的严重后果。究其原因,主要源于资源分配大权在一定程度上为企业的一部分人所掌握,"权力腐蚀人,极端的权力极端地腐蚀人"。

由此可见,企业的骗税偷税、贿赂官员、利用政策特权、利用企业势力"一手遮天"等等诸多不道德行为,已经严重地侵犯了政府的权威和国家的经济利益。这为我们在改革政府职能,为企业发展做好有关服务的同时,绝不能放松对企业自身行为的规范:一方面,企业要自觉履行其对政府的纳税义务,在为企业自己创造财富的同时,为社会创造财富做应有的贡献;另一方面,企业在自己的发展过程中要合理的使用国家的资源并自觉地接受政府的监督。

---

①资料来源:《参考消息》1996年10月25日。

（二）企业道德行为对市场的影响

1. 企业与市场的关系。

从本质上说市场就是人与人通过物品与服务的等价交换而形成的一种交换、共生的人类生存结构，是人类社会依据各个个体或组织的比较优势而自发产生的一种相互需求、互通有无、取长补短的生存关系。市场的基本构成是买方与卖方或供方与需方或厂商与顾客的互动。

同样，从本质上说企业就是人与人的一种权威共生的生存结构，从事专门的经济生产和交换，它最大的特点是生存在一系列的相互需求、相互依存的共生关系中。

在传统的经济理论，在市场机制下，企业和它的经营活动是由市场力量所支配的。企业从市场采购其生产经营所需的资源，市场的需求引导企业的生产，市场供求关系决定企业产品的价格，企业必须对市场供求趋势做出反应，于是实现企业运营的全过程。这固然是企业与市场关系中重要的一面，但是另一面——企业对市场的能动作用往往被忽略了。现实中的企业能对市场产生影响、支配等能动的反作用，而这被忽视的一面对于企业来说有着重要的决策含义。因此，全面、正确地认识企业与市场的关系，应当从二者的相互作用出发；并特别注意被忽视的企业对市场的反作用，这也正是企业的道德行为能对市场加以影响的重要途径。

2. 企业不道德行为对市场的影响。

上面对于企业对市场反作用的认识，来源于企业在市场中扮演的角色。企业既可以是市场结构的供方——供应商方，专门负责的产品和服务的生产与供给；它又可以是市场体系的需方——消费者方，一方面它要解决生产的所有的需求，要采购原料，要购置水电气，要有资本、土地和劳动力；另一方面，企业的员工又是个体的终端的消费者。同时，每一个企业尤其是同一类型的企业，又会在市场有限的资源环境中展开激烈的竞争，以求得自身的发展。企业通过自身角色的不同，对市场产生不同的影响。在此，我们就从企业作为供应商、消费者和竞争者三个角度来分析企业不道德行为对市场的影响：

(1)企业作为供应商：在逐利动机下，由于生产、销售假冒伪劣产品比生产、销售正品能获得额外盈利，企业会铤而走险的提供假冒伪劣产品。“只要能在竞争的市场蒙混过去，商人便会把沙子掺进食糖里去。”[①]而企业提供假冒伪劣产品的欺骗行为会严重损害购买者的经济利益，有的甚至会危害到消费者的身心健康。

(2)企业作为消费者：当企业为自身的生存而去市场上采购其所需要的原材料和购置水电气等能源物资时，可能会出于自身资金周转的考虑，有意地拖欠相关的款项。另外，企业还可能会采用贿赂、胁迫等手段得到其在获取资金、土地和劳动力等方面的优惠。

(3)企业作为竞争者：许多企业形成一定规模之后，往往会凭借其在资金或技术上的优势，在某一生产领域形成垄断。这种局面一旦形成，这些企业就可以操纵市场价格，来谋取高额的垄断利润；那么消费者就将因此而付出更高的代价来获取自己所需要的产品。

无论企业担当哪一种角色时实施了不道德的行为，都将严重的破坏市场公平交易的秩序，影响市场的正常运行以及其合理配置资源的作用。因此，在市场交易中，对企业诚信的呼声越来越高：希望企业诚实经营、公平竞争！也只有这样，才能为企业自身的发展赢得一个健康、有序的市场环境。

(三)企业道德行为对生态环境的影响

1. 企业与生态环境的关系。

企业作为一个社会经济系统，仅仅是人类整个生态系统中的一部分。企业的生存和发展和整个生态系统是紧密相连的。这是由生态系统自身的特点决定的：

(1)生态的系统性。每一种生物的存在都是人类生命支持系统的组成部分，企业的经济行为要尊重生物的生存权利，系统性规范着企业对自然的开发和利用。作为企业而言，在其经济行为过程中，离

①萨缪尔森著：《经济学》(下册)，商务印书馆1982年版，第246页。

不开大气、土壤、水等等赖以存在的外部环境，因此企业不但要追求经济效益，而且更要注意社会效益，需要有全球意识、全人类意识。

(2)生态的整体性。人类是地球自然生态系统的一部分，是通过物质、能量和信息与环境系统紧紧地联系在一起的，因此，作为人类的活动，任何个体的活动均不是孤立的，而是联系的，企业的行为亦如此。企业要处理好整体利益和局部利益的关系。

(3)生态的永久性。发展只有建立在资源保护和合理利用的基础上，才是可持续的。人类只有一个地球，人类还将在这个星球上生存繁衍下去，因此，保护我们的地球，我们的生存空间才将长期存在。我们的企业需要发展，而这种发展是建立在对能源、矿产等资源的消耗上的，而这也正是建立在生态自身的持续性上的。

2. 企业不道德行为对生态环境的影响。

从上面企业对环境的依存关系，很容易推导出在企业的生存和发展中要与生态环境和谐相处；那么从企业自身来讲，就是要保护生态环境，从而谋求自己的长足发展。但在现实状况中，企业却只顾眼前的经济利益，对生态环境造成了严重的破坏。其中由于企业不道德行为而造成的环境又集中表现在以下两个方面：

(1)蓄意污染：对于人类科学技术目前尚未解决的污染难题，我们不应当苛求企业去解决。但对于以下两种情况下蓄意污染，企业应该受到强烈的道德谴责：一是企业明知道自己的排污行为会破坏生态环境的情况下，继续明目张胆地排放污水废气和其他污染物；二是企业在有能力治理相关的污染时，仅仅从节省自己生产经营成本的角度，任由企业继续排放污水废气和其他污染物。这种污染行为严重违背了企业应该承担的社会责任。

(2)污染转移：这种行为多发生在西方发达国家；他们对于自己企业造成的污染不但不进行处理，而且还把污染物“出口”到不发达的国家或地区。这样一种明显带有经济歧视的行为，更应当遭到全人类的唾弃。

事实上，不管是环境污染中的水污染、空气污染、噪音污染还是有毒化学物质和放射性物质的扩散，都将直接危及企业职工的身体健康和生命，同时对企业所在地的社区，乃至全球，都造成危害。有害物质对环境的污染是没有空间界限的。聚沙成塔，集腋成裘，污染的日积月累，如果不下力气治理的话，将来的地球将无可供人栖息之地了。因此，作为一个企业，必须其在企业价值观中确立了生态伦理的观念；只有这样企业追求经济效益目的的同时，才会考虑到社会效益，才会避免和最大程度的减少污染，为人类美好的生存环境做出自己应有的贡献。

（四）企业道德行为对社会风气的影响

1. 企业与社会风气。

社会风气是在某种社会心理的驱动下或某种价值取向的引导下，表现出的一种普遍流行的社会行为。[①] 它具有以下特征：

（1）社会性：作为一种客观的、外显的社会行为，社会风气对个体社会化具有观念性的、平常意义上的社会规范难以替代的优势；它具有具体、形象、生动等鲜明的特征，因而易于被人们模仿，进而形成一种普遍的趋势。

（2）传递性：一种社会行为成为一种风气，往往是通过一个主动者的行为唤起被动者相似行为的过程，然后借助人们的交往和互动，不断对别人行为进行判断、理解和模仿，并做出自我行为的调节；这就是“蔚然成风”的传递过程。

（3）可滞留与可固定性：从存在状态来看，社会风气似乎像“风”一样具有较大的变动性和短暂性，但当社会风气或普遍流行的社会行为一旦满足了人们的需要，甚至给人们带来了可观的收益，这种普遍流行的社会行为便会被人们不断地重复，久而久之，就可能作为某种社会标准滞留并固定下来。

企业是社会生活中重要的一种组织形式，它所崇尚的某种社会

---

①《论转型期社会风气的社会化功能》，陈立旭，《社会科学辑刊》1998 年第 2 期，第 45 页。

心理或价值取向，会对社会公众产生巨大的吸引力。因此，很容易对社会风气带来影响，或者促进形成某种社会风气；另一方面，社会风气因其强大的流行性，它的影响会不可避免地波及企业。从这种相互关系上，我们可以看出企业良好的道德行为会与社会风气形成良性循环与发展；反之，不道德的企业行为会与社会风气造成恶性循环与发展，带来极其恶劣的后果。

2. 企业不道德行为对社会风气的扭曲。

在市场经济机制中，许多企业把“唯利是图”、“不讲信用”、“不择手段”、“尔虞我诈”、“无商不奸”等视为天经地义，完全忽略企业道德建设，在经营活动中引发出了前面所提到过的五大类不道德现象和问题，而这些不道德行为已经在很大程度上扭曲了社会风气。这又具体表现为：

第一，不公平交易对社会公平的扭曲：部分企业为谋求自身利益最大化，肆意或强行进行非公平交易，使消费者利益受到极大损害。如一些厂商出售的商品物非所值，其质量或数量达不到消费者的购买预期，或忽略甚至歧视其他少数或处境不利的消费者，或生产和出售潜在危及消费者安全和健康的商品等等。这些由于信息不对称造成的不公平交易，将会破坏人们心目中人人平等的价值观念；在多次上当受骗之后，对社会的公平性丧失信心。

第二，无信用现象对社会诚信的扭曲。许多企业在接受平等竞争、自主经营、追求利润、讲求效益等观念的同时，严重忽略了信用意识。在商品销售、特别是与之相关的售后服务方面，常常表现为不讲信誉、不遵守承诺；在业务往来中不信守合同，任意违约，不履行债务。在现实社会交往中，人们的很多交往都是建立在彼此信任即个人信用基础之上的，企业的肆意破坏会对社会诚信造成无情的打击。

第三，不正当竞争现象对社会正义的扭曲：现实经营活动中，有些企业竞争意识有余，守法、守德意识不足。如采用行贿受贿、高额回扣、恶意贬低竞争对手、大打价格战、提供有偿新闻、窃取商业情报等等不正当手段来谋取自身竞争优势，严重破坏了正常的市场竞争秩序,同时也消解了社会的正义意识。

第五,危害自然及社会环境现象对社会和谐文明的扭曲:在愈来愈多的企业开始把保护环境、倡导健康文明的生活方式、实现人类社会与环境和谐统一的可持续发展,视为不可推卸的责任和经营道德的最新标准的同时,仍有许多企业未能及时转变观念,在经营活动中为谋取眼前利益而不惜对自然资源进行掠夺性开采、滥用和浪费,随意排放废气、污水和有毒物质,以致造成资源日渐枯竭,环境严重污染。此外,有些经营者为谋取暴利,经营淫秽书刊、音像制品和色情娱乐场所,或者以金钱、色情手段拉拢诱惑客户,买通政府官员,其结果不仅严重败坏了企业的经营道德,同时对社会精神文明及政府形象造成极大侵蚀和危害。

考虑企业与社会风气的互动关系,企业应该尽快地纠正自己的不道德行为,从而使社会风气回归到公平、诚信、正义、和谐、文明的美好图景中来!

第三节　企业道德原则

企业道德从本质上讲是一种实践道德。因此,我们在确立了道德对企业的重要意义,分析了企业内外部的道德关系,阐明了企业道德行为对相关社会关系的影响之后,要进一步探讨企业为何要进行道德选择,以及企业道德选择遵循什么原则。

一、企业道德选择

(一)何谓企业道德选择

1. 含义。

选择即为“挑选”,意指在两个或两个以上的对象中间做出的取舍。选择作为一种现象,从人类具有自我意识以来,就开始伴随着人类的生活。也正是人类不断地进行选择,人的智力和体力、人类社会的组织形式和生活状态才得到了不断的发展。

选择有各种各样的形式：从主体上看，有个人的选择和群体的选择；从过程上看，有认识选择、情感选择、行为选择、交往选择等等；从社会生活领域来看，有政治选择、法律选择、经济选择、道德选择等等。在此，我们探讨的企业道德选择，就是企业作为一个社会群体，在社会道德领域进行的行为选择。当然，这仅仅是从选择形式的角度对企业道德选择的一种初步认识。

具体而言，企业道德选择是一种特殊的社会选择，它是企业在一定的道德意识支配下，根据某种道德标准在不同的价值准则或善恶冲突之间对自己的行为所做的自觉自愿的抉择。企业的道德选择是一种价值取向，是企业为了达到某一目标尤其是道德目标而主动做出的取舍。在此，我们把企业的道德选择限定在了其道德行为方面的选择这样一个狭义的范围内，而不去过多地深究企业道德选择的动机、意图和目的等等内在因素；这主要是考虑到企业这一道德主体的特殊性和复杂性，而其动机、意图和目的可以通过行为上的选择得到较好的展现。

2. 重要性。

企业作为一个社会经济组织，为何要进行道德选择呢？企业不进行道德选择会带来什么严重的后果吗？对于这些问题的回答，要涉及本章关于企业道德与企业自身发展、企业内外道德关系的相关讨论上，具体体现在：

（1）企业要承担社会责任、提升竞争力、提高经济效益必须做出道德选择。从前面的论述中我们已经很真切地体会到无论是从整体上看待企业道德还是单就企业作为单独地法人探讨企业法人道德，企业在道德方面的选择已经成为企业承担社会责任、提升竞争力、提高经济效益的重要内容和重要保障。

（2）企业调节内部道德关系必须做出道德选择。企业要对管理人员、员工、股东等成员提出道德素质上的要求来更加促进企业的发展壮大，那么企业首先必须在众多的价值理念和道德倾向中做出自己的选择，确立自己的道德标准，这样才能为规范成员的行为提供重要的参照依据；同时通过这个道德上的选择与判断形成自己的企业价值观进而凝练出企业文化，为企业的发展找到“灵魂”。

(3)企业处理外部社会关系必须做出道德选择。企业在自己的生产经营过程中必须处理和与政府、市场、生态环境和社会的关系；企业自身的道德行为表现会对这些关系的处理产生重大的影响。因此，企业应该在行为之前先进行合理的道德选择来规范和优化自己的行为，这会为企业发展赢得良好的外部社会关系奠定先决条件。

(二)企业道德选择的前提

企业道德是企业依据一定的道德标准在多种道德可能性中进行的抉择，是在不同的道德价值之间、在对立的价值准则之间做出的取舍。可见，企业道德选择不是凭空而生的，它必须有它自己的前提条件。

1. 前提之一：企业自由选择权。

企业的自由选择权分为内外两个层面：从内部而言，就是企业自身必须是一个独立自由的主体。这是企业能够去选择的首要前提。如果企业仅仅只是一种附属物，它就只能听命于上级的安排，而根本无从选择。随着现代企业的发展与改革，企业逐步获得自己在经济上独立核算、在经营上自负盈亏的自主地位。因此，企业拥有权利去决定在自己的生产经营中采用何种价值理念。从外部而言，就是社会必须为企业提供可供选择的对象，而且至少是两个以上的选择对象；否则，只有一种可能性的选择只能称之为“规定”。道德选择的可能性是由社会提供的：社会越发展，展现在人们面前的选择可能性就越丰富，企业选择的自由也就越大；反之，企业活动受到的限制就越多。

当然，从以上内外两个层面让企业享有充分的自由选择权，仅仅为企业道德选择提供了一种可能性。

前提之二：从善原则。

在企业有了道德选择的可能性之后，还要为其道德选择提供一定的要求和方向,才能使选择的可能性转变为必要性。前面对企业道德选择重要性的论述,已经为这里要讲的必要性打下了基础;我们在此基础上明确地提出“从善原则”,就是为企业道德选择指出明确的要求和方向。

所谓的“从善原则”包括两层含义:一是在善与恶的抉择中择善而从之;二是在大善与小善的抉择中择大善而从之。如果没有这样两层要求,企业在面对诸多的道德选择可能时可以不做出自己的选择或不知如何选择。事实上,对于道德重要性的论述,已经要求企业在面对善与恶的较量中,必须择善而行;但对于同属于善的道德行为,仅仅因为它们属于不同的道德体系或属于相同的道德体系下的不同道德规范,企业应该如何抉择呢?这里的从善原则,也给这种情形下的选择提供了方向:更大更高的善。

只有上述的两个前提条件都存在,才能使企业道德选择成为既是可能的又是有必要的现实行为。

(三)企业道德选择的责任

一般来说,凡承认选择自由也承认行为当事人应该为这种选择负责。因为面对一种以上的道德可能性,企业可以在其中进行思考、权衡和取舍;那么,它的这种选择就是它自己的,就证明它是同意所选择的道德可能性的,企业也就必然要为这种道德选择造成的后果负责。只有选择时的自由才能使选择者负有责任,也只有责任才能说明选择者是自由的。这样一层辩证关系,充分说明了企业道德选择的前提与责任的重要性;同时,要弄清企业究竟应该承担多重的道德选择责任,我们就必须弄清道德选择时的处境。下面,我们选取两种具有代表性的企业道德选择情形,来分析企业道德选择的责任问题。

1. 企业基于良心的道德选择。

良心在已有的道德学说中是一个最古老而又最经常被提及的范

畴之一。“良心是在自己本身内的自我的自由”①,“良心就是内部的绝对自我确信……是特殊性的设定者、规定者和决定者”②。良心是主体在道德行为选择时发自内心深处的认知和理性。因此,它在道德行为发生的机制中属于主体内在方面的因素。

良心的道德选择机制体现在企业的道德行为选择中的具体表现是:企业通过认知对社会道德规范的必然性充分的理解、把握并接受,并通过这种认识内化于自己的精神世界之中。由于有这种认知的基础,良心就必然要求企业在自己的选择中克服不利的因素,而努力维护社会关系中积淀并巩固下来的道德价值原则。

基于良心这种机制的道德选择,企业的责任将由良心自身特有的评价机制来使企业自觉承担。这是因为作为对行为善恶的自我评价形式,良心能够从内在心理控制上起到“行善”和“制恶”的作用。具体表现为以下三个阶段:

(1)在道德选择前,良心要依据社会的道德要求和道德责任,对企业行为的动机进行自我检查。即根据其特有的“问心无愧”还是“问心有愧”的形式对企业行为动机进行审查。

(2)在道德选择中,良心起着监督作用,对企业选择的行为趋善避恶起到保证作用。

(3)在道德选择后,良心能够对企业自由选择行为的后果和影响做出评价,从而对企业道德认识方面的反省和提高起到促进作用。

基于良心的道德选择,无论企业对其行为的后果产生满足和欣慰之情,还是充满内疚、惭愧和悔恨,良心本身已经帮助企业承担起了企业应承担的责任;并且这还将对企业今后的道德选择产生巨大的影响和借鉴作用。

2. 企业基于义务的道德选择。

关于义务问题,马克思曾经说过:“作为确定的人,现实的人,你

---

①黑格尔《法哲学原理》,商务印书馆1961年版,第139页。

②黑格尔《法哲学原理》,商务印书馆1961年版,第139页。

就有规定,就有使命,就有义务,至于你是否意识到这一点,那都是无所谓的。”①人的义务正是由于人的社会性需要及其与现实世界的联系而必然产生的。义务一旦被作为一种被意识到的道德责任,它就体现行为主体对人性发展的客观要求和社会进步的历史必然的充分自觉认识。

企业本身就是社会的一个重要组成部分,所以它肯定有其社会性的需要;同时,企业的生存发展又一定会与现实世界发生各种各样的联系。因此,企业的行为也必然有出于义务的一面。而在企业的道德选择中,道德义务有起着重要的作用。而且相比于良心,道德义务是一种高度的道德责任感,这主要体现在道德义务在道德选择中机制的实现途径上:

(1)道德义务通常是企业以牺牲自己的某种个体的利益来调节行为的。这也就是说,义务本身的含义就要求企业趋善避恶,做出有利于他人和社会的行为。它不但不以获得企业个体的权利或报偿为前提,而且相反总要牺牲一些企业的个体利益。这也是道德义务与法律义务或其他义务的一个本质区别。

(2)道德义务是在企业对其道德境界的追求中实现对行为调节的。这主要是因为企业在道德选择中对义务的履行是自觉自愿的,而且这种自觉自愿的履行是建立在企业充分认识到了社会发展的需要,把握了社会对其自身的要求以及意识到了自己存在的价值、使命、职责的基础上的。它体现了企业不把道德义务作为沉重的负担,而是把它看成自己追求自由自觉活动的一个愉悦的行动的崇高的道德境界。

从道德义务在企业道德选择中的调节作用来看,道德义务无疑有着一种“强制”因素。在现实生活中,确实有企业把道德义务视为企业发展的枷锁。其实,这恰恰是对道德义务的误解或无知。道德义务作为对他人、社会的道德责任,诚然是一种限制与约束,但这是

①《马克思恩格斯全集》第3卷,人民出版社1958年版,第329页。

一种企业行为充分必要的限制与约束。“义务仅是限制主观性和任性。”①一个在道德意识方面具有高度觉悟的道德主体，总是善于在扬弃主观性和任性的基础上，把自己发展的需要纳入一定的道德义务之中，从而造就自己的理想德行的。

基于道德义务的企业道德选择，是对企业道德境界的更高要求。

二、企业道德原则的工具性价值分析

（一）企业与功利论原则

1. 功利论及其行为评价原则。

现代理论形式的功利论发源于17世纪的英国，形成于19世纪的英国，主要的代表人物是边沁和穆勒。其创始人边沁从人的趋乐避苦的本性出发，第一次明确地提出并界定了功利论的道德原则，把人的苦乐、祸福当做衡量人行为的道德性的最终标准。后来，到功利论的集大成者穆勒那里，就明确地把功利原则称作“最大幸福主义”，即认为道德的最终标准（或最终目标）是最大多数人的最大幸福。衡量一个行为是否具有道德价值，具有多大的道德价值，其唯一的标准就是，看该行为是否促进了最大多数人的最大幸福。如果离开人的快乐或幸福，就不能说明哪一种行为好和哪一种行为坏，也就不能对行为进行适当的道德判断。同时，穆勒还认为，人的快乐（或幸福）不仅有量的差别，而且有质的不同。按照快乐质的高低等级，穆勒把快乐大致分两类，一类是肉体的、物质的快乐，一类是人精神上的快乐。穆勒认为精神快乐比肉体快乐更有价值、更为高尚、更为可取。

功利论又分行为功利论与规则功利论。所谓行为功利论，是说不依据规则，而是根据当下的情况决定行为，只要它能够带来好的效果便是道德的。规则功利主义是依据规则能够带来好的结果的行为即为道德行为。

---

①黑格尔：《法哲学原理》，商务印书馆1961年版，第158页。

从上面对功利论的简单介绍中，我们不难看出，功利论的行为评价原则就是："一个行动在道德上是正确的或是正当的，当且仅当它产生或会产生出全体利益相关者的最大多数人的幸福[①]。由此可见功利论对道德的行为的评价把握以下三个层面：一是注重行为的效果或结果，不计较行为的动机；即行为产生的结果是评判的依据。二是趋利避害，强调结果对个人的有用性，即对行为者而言是幸福的。三是立足于个人，追求个人的幸福是根本的；但又不得不顾及他人、社会大众的幸福，所以将幸福推广到他人与社会，要实现最大多数人的幸福。

2. 功利论原则在企业道德中的运用。

功利论原则在企业道德中的运用，主要源于它自身的优缺点：功利论原则的主要优点就是强调了个人幸福在伦理道德中的首要地位，引用了结果这个直观的事实作为行为评价的重要标准。这就意味着在企业行为做道德评价时，必须注意两点：一是要肯定的企业合理利益尤其是经济上的收益。对于企业这个特殊的个体而言，它的"幸福"就体现在它的收益尤其是经济收益上。二是要注重企业生产的效用和效率。企业行为的结果就是看它为社会提供了多少产品或服务，也就是企业为社会公众所提供的效用上。而且多少还要取决于企业的生产效率，效率越高，单位时间创造的效用就越多。

功利论原则的主要缺点就是只强调结果的重要性而忽视了得到结果的方式以及对结果在所有利益相关者之间的处置。这样，一旦只采用功利的原则来评价企业的行为，就会只看企业的经济产出，而忽视企业进行相关生产的动机，以及在生产过程中是否资源浪费或环境污染、是否保障了员工的相关利益等等问题；也会忽视经济产出的分配问题，很容易造成平均主义或分配不公。

---

①徐大建著：《企业伦理学》，上海人民出版社 2002 年版，第 5 页。

（二）企业与义务论原则

1. 义务论及其行为评价原则。

义务论，又称道义论。苏格拉底、柏拉图、康德等著名的伦理学家都倡导义务论伦理学观点:其中又以康德的义务论观点最具有代表性。康德直接针对目的论的缺陷，认为道德是人的意志自律，若从感性幸福推出道德或从道德推出幸福，则会从根本上破坏道德的根基。因而人们在依道德而行时，不仅不应该以利益、快乐、幸福等经验目的为前提，而且连想都不能想，道德的行为只从义务感出发，只从对道德规律的敬重出发去做。只有如此，才能保证行为具有道德价值。康德明确指出:“行为要有道德价值，一定要是为义务而实行的”，又说:“出于义务心的行为所以有道德价值，不是因为它所求达的目的，而是因为决定这个行为的格准;所以这种价值不是靠着行为的目的之实现，只是在于行为由以发生的立志作用所依据的原则，与欲望的对象无关。”①

从康德的义务论观点中，我们可以总结出义务论对行为的评价原则是:一个行为在道德上是否正确或正当，看该行为是否遵循了某些义务，或是否出自义务。它强调了义务在道德评价中的重要性，也就提升了动机或手段在道德评价中的作用，克服的功利论单纯以结果判断善恶的不足。

2. 义务论原则在企业道德中的运用。

义务论崇尚道德的内在价值，强调道德动机的纯粹性、道德法则的绝对性和道德价值的崇高性，因而无疑有助于企业中道德作用的发挥和道德功能的实现，为企业的运营发展创造出一种激励人的道德风尚和道德秩序。同时，它有效地克服了仅仅以结果作为唯一衡量标准的最大弊端:为了达到善的目的而不择手段。这对于进一步规范企业的行为，起到了极大的约束作用。

当然，义务论忽视企业的现实需要和经济收益，为突出企业自身

①《道德形而上学探本》，商务印书馆 1957 年版，第 14 ~ 15 页。

的道德义务而把企业的道德价值与其他价值对立起来，这将无助于道德价值在企业的真正实现，为义务而义务的观念完全有可能使道德成为枯燥、空洞和生硬的东西。从而也无法调动企业履行义务的积极性和主动性。

（三）企业与正义论原则。

1. 正义论及其行为评价原则。

对正义的讨论，多出现在西方学者的研究领域。在当代西方政治思想史、伦理思想史上，有影响的正义理论有三种①。

其一，是罗尔斯的分配正义论，其基本思想体现在《正义论》一书中。罗尔斯认为，为了保护或照顾弱势群体（即处于社会最底层的"最少受惠者"）的利益，主张正义优先于效率，企图超越"按贡献分配"、"按努力分配"和"按需要分配"等三种模式而建立一种程序性的分配正义即"差别原则"，也就是说通过再分配，将社会上处境较好者的一部分利益通过合法的途径（主要是税收）转让给处境较差者。

其二，是诺齐克（和哈耶克）的程序正义论，其思想主要体现在《无政府主义、国家和乌托邦》一书中。诺齐克以"财产权的不可侵犯性"为出发点，主张一个人对其持有的东西，只要来路正当，无论是通过合法劳动获取的或是通过继承得到的，还是通过机遇获得的，只要程序上合法，就享有所有权，任何其他人包括政府都无权夺走他的财产，即使是通过税收等合法的途径，财产的处置权在所有者。由此诺齐克认为：罗尔斯的"差别原则"实质是通过税收从一些人手中强行夺走某些东西，然后将它们给予另一些人，实际上是强迫一些人为另一些人劳动，是对前者权利（尤其是财产权）的侵犯。

从罗尔斯和诺齐克的主张都是有道理的，只是前者注重的是可供分配的财富该由谁来占有，从而倾向于一种平等分配的结果，主张由政府去干预财富的分配过程和结果；后者强调的是财富从哪里来，

①段忠桥《马克思和恩格斯的公平观》，《哲学研究》2000 年第 8 期。

从而主张财富由谁创造的就应由谁所有，用权利来对抗平等。

三是桑德尔、麦金太尔等“社群主义”理论的主要代表则试图解决罗尔斯与诺齐克两种正义论之间的争论。桑德尔认为罗尔斯的“差别原则”只能建立在“共同体”的基础之上，不然的话，就不能应对诺齐克的反驳。麦金太尔认为，要贯彻罗尔斯的“差别原则”，就应考虑到“应得”的观念，而这种“应得”的观念只能存在于这样的共同体中，即人们对个人的善和共同体的善拥有一种共同的认识，而每个人都参照这些善来确定自己的利益，也就是说，罗尔斯要改变自己的根本立场：个人是第一位，社会是第二位的，个人利益优先于并独立于社会或共同体的利益，变为社会是第一位的，社会利益优先于个人利益。

可以说桑德尔和麦金太尔等人对罗尔斯、诺齐克等人正义理论的批评和修补是成功的。对共同体利益（共同善）的关注和维护是一种终极目的的考虑，对弱势群体利益和需要的照顾则体现着对人类自然权利（尤其是生存权）的尊重，程序正义就是要求财富的取得合乎社会实证法律规范。总之，正义原则的这三个方面是一个相互补充的统一体。

正义是与人、与人类活动紧密相关的范畴，对社会正义的一代又一代的追求是经济发展、社会进步的重要精神动力。因此，正义也成为行为评价的一种标准。它评价行为的原则是：一个行为在道德上是否正确或正当，看该行动是否符合正义的原则。按照正义原则在具体践行过程中的不同形态，它又可以划分为事前正义原则（机会平等原则）、过程正义原则（规则公平原则）、事后正义原则（分配公正原则）三种类型。

2. 正义论原则在企业道德中的运用。

正义原则是指导企业行为的道德原则。根据正义原则，企业应承担三项责任：(1)追求企业自己的效益，与此同时不能妨碍别人的追求；(2)合乎正义地对待他人，即平等地对待所有的人，不能有偏见、偏私，在分配中公平地对待所有的成员，在交换中公平地对待所有供应商、消费者和竞争者；(3)企业要去为自己所在社会的共同福利着想，为社会总财富的增加贡献自己的力量。

但由于不同的历史时期和不同社会形态，人们对正义的含义理解是不一样的，这就为企业准确地把握正义原则增加了难度，当然也就为企业按照正义原则去规范自己的行为提出了更高的要求。目前，企业多遵守人类社会普遍公认的一些正义原则，如平等、公平、公正等等。

(四)企业与德行论原则

1. 德行论及其行为评价原则。

德行论又叫品德论或美德论；它以人性、人格或人的本质为理论出发点，探讨道德上完美的人是什么样子，人如何实现道德完美的理想。这一伦理学说在人类历史上由来已久。

在西方，亚里士多德是德行论思想的确立者和综合者。他认为人是理性动物，这一特殊本质决定人有一定的目的，并使人在本性上朝向这个目的迈进。他又把人的目的规定为“幸福”，而美德是这样一些品质，拥有它将会使人获得幸福，缺乏它则会妨碍人达此目的。在亚里士多德那里，美德是沟通偶然的人性(未经教化的人性)和认识到自身目的而成的人性这两个因素的必然途径，是促人达到其真正目的——获取幸福的桥梁。

在中国传统伦理思想史上，孔子是第一个从德行论角度构建伦理学说的思想家。他抓住当时已经出现的“仁”的观念，把它提升为具有人本主义和德行主义思想内涵的伦理原则和理想，并以此为核心建立了自己的伦理学说体系。以仁为核心，孔子提出了孝悌、忠信、智勇、中庸、礼义、温、良、恭、俭、让、宽、敏、惠、刚、毅等反映人的品德状况的伦理范畴。他还把具备了较完美德性的人称为“仁人”或“君子”，把与此相反的人称为“小人”。这就为人们建立了一种人格理想和人生价值观。

德行论作为行为的评价标准在中西方都有悠久的历史，它的评价原则就是：一个行为在道德上是否正确或正当，看该行动是否符合社会美德的要求。这种原则体现了人们对完美的追求。因此,德行论原则呈现如下特点:(1)重视人的道德主体性,强调自由、自律和负责精神。(2)把品德价值视为人的价值的一个方面。它不仅把品德好坏作为区分人与非人的界线,而且还作为衡量人的价值的重要标准。它把人的美德作为价值追求的目的,而不是作为达到其他目的之手段。(3)在道德评价中,重视道德品性分析。认为道德表现于人的言谈举止,深藏于人的品性之中。因此,重视知、情、意等理性和非理性因素对行为选择的影响。

2. 德行论原则在企业道德中的运用。

以美德为标准的德行论,反映了人们在道德上的完美追求。对企业在自身行为中的自律性和责任感提出了更高的要求;同时德行论重视品德范畴的特性,还为企业构建自己的道德规范体系提出了有利的条件,许多企业都把自己所处的社会中的传统美德写入规章制度或企业文化,为企业的发展描绘了美丽的道德愿景,为企业提升自己的道德境界提供的目标和方向。

也正是德行论原则体现的是一种对完美的追求与向往,企业当前的实际情况往往与它存在较大的差距,所以它在企业中发挥的作用是十分有限的。

第十二章

家庭理财道德

家庭理财规划可以提高家庭资金使用效率，增加家庭财富产出，提升家庭生活质量，规避风险与保障生活、为家庭成员的身心发展打好经济基础。然而，这一切离开了道德基础，就会导致家庭内部成员在经济上的平等的丧失，许多家庭会因此失去——诚实、坦白、交流、分享和责任，有的家庭甚至因此走向破裂。实际上，当家庭成员以民主、互惠、合作、尊重的态度开展关于金钱的对话，分享财富资源，表达相互的关心，希望所爱的家人实现各自的梦想，家庭的凝聚作用就发生了。民主、互惠、合作、尊重正是家庭理财的道德基础，有了它的强力支撑，合理的家庭财政计划才能得以实现，才能保证或努力使自己的家人健康、富有，并实现自我价值。

第一节　家庭角色与经济责任

一、家庭角色与经济地位的历史变迁

1937 年著名社会学家尼·米德把角色一词引进到社会科学领

域,定义为:“人处在某一个位置,有一定的权利与责任。”[①]从此,角色理论得以广泛推广并得到人们普遍认可。这一理论通过角色这一中心观念,影响人类行为的文化背景、社会隶属关系与个人自我等各个环节因素联系成为一个有机的系统,并从整个行为动力系统来考察个人行为的心理状况和发展水平。角色理论给我们提供了研究家庭理财道德理想的切入点。所谓角色,可以把它定义为与人们的某种社会地位、身份相一致的一整套权利、义务的规范与行为模式,同时它也是社会对具有特定身份的人的某种行为期望。家庭角色指的则是社会期望家庭成员在家庭中只有的男性和女性、夫与妻、父母与子女、长辈与后辈特有行为模式以及家庭个体成员对这种行为模式的认识即他对自己的家庭角色的定位。实际上,这种行为模式不仅与社会所给定的角色的规定性以及社会普遍认可的共同价值观念有关,它与婚姻形式、个人认知和心理认同程度也有着紧密的联系。

角色和地位是两个相互联系的概念。地位是指人们在社会关系中所处的位置。角色是地位外在的、动态的表现形式,而地位则是角色的内在根据。经济地位指的是家庭成员在家庭关系中对经济收入、财产管理与分配所拥有的权力及所处位置。家庭角色的发展和演变受两种社会条件的制约和影响。一种是随着社会生产力的变化和发展,家庭成员的社会角色和经济地位也随之发生了相应的改动;另一种是价值取向的变化,其中包括整个社会的价值取向以及每个家庭的价值取向,人们在不同程度上支持、信奉或从事社会所期望的社会角色,并拥有相应的经济地位。探寻家庭角色与经济地位的动态变化,首先需要沿着家庭的历史发展轨迹去寻找它的内在联系。

随着时空的转换,家庭经历了从血缘家族到普那路亚家庭,再到对偶家庭,最后到一夫一妻制家庭的漫长演进过程。而一夫一妻制家庭,又从宗族宗法性质的大家庭到核心小家庭。中国传统意义的家庭多属大家庭,这种家庭一般有这样一个特点,家庭人口数量多,

①李德显:《师生权利与角色分析》,《教育理论与实践》2000 年第 2 期。

包含三代或三代以上的代际关系。传统的大家庭通常又可分为:联合家庭、主干家庭和扩大家庭。家庭规模的大小直接影响到家庭成员在家庭生活中的地位,家庭人际关系之间的疏密程度以及家庭成员在家庭经济关系和家庭劳动分工所扮演的角色。联合家庭由父母和多对已婚子女组成或兄弟姐妹结婚仍不分家模式,主干家庭由父母和一对已婚子女组成模式,扩大家庭则指在父母和多对已婚子女的基础上,又有了下一代的几代同堂的大家庭模式。

马克思的历史唯物主义理论,其着眼点就是经济基础决定上层建筑。而家庭的经济基础指的是与整个社会生产力发展阶段相适应的占统治地位的家庭生产关系;所谓上层建筑指的则是建立在一定的社会经济基础之上的思想意识形态,这种社会意识形态一旦得到社会成员的认可,反映到家庭成员身上就是家庭角色意识的认可。在生产力落后的原始社会,男性从事狩猎和战斗,女性进行采集和养育子女。男子狩猎常常不能保证有足够的收获,而女子从事采集劳动则能为人们提供基本的和稳定的生活资源,这种生产关系就决定了男子在家庭中的地位显然不如女子;另一个原因就在于原始家庭婚姻状态是杂交,即“男女杂游,不媒不娉”。在这种婚姻形式下,一女子与很多男子发生性关系,生的孩子只能知其母而不知其父,血统也只能按母系计算。这就决定了人类最先出现的氏族社会是以母权为中心,氏族财产由氏族集体继承,氏族男性成员无继承权。这种共产制家庭经济,是母系氏族社会中妇女统治的物质基础。随着农业与手工业的分工和生产劳动的进一步专业化,男性逐步在各项生产活动中居于主要地位,从而逐步在氏族中居于支配地位,母系氏族制转变为父系氏族制了。封建社会,中国由于推行自上而下三纲五常的儒家教义,使得妇女的活动大多只能囿于家庭内部,男性则有更多的社会交往自由,人们广为称道的是“贤妻良母”和“男儿志在四方”的行为模式。进入资本主义社会之后,妇女从封建家庭桎梏中解脱出来,参与较多的社会活动。但性别角色的传统观念仍然是男性应有事业心、进取心和独立性,行为粗犷豪爽、敢于竞争,即具有“男性气质”;女性则应富有同情心和敏感性,善于理家和哺育子女、对人温柔体贴、举止文雅娴静,即只有“女性气质”。凡其行为模式与所期望的性别角色一致,便会受到社会的接纳和赞许;否则,会遭到周围人群的冷讽热嘲或排斥。

历史演进到近代,由于中国经济的不发达和文化意识的落后,家庭内部的分工从最早的男耕女织缓慢地推进到男主外女主内的传统模式。也就是说,丈夫外出工作,担任家庭的主要角色,赚钱养家,安排收支等,而妻子则待在家里做家务、看孩子,除管理家务,安排好丈夫给定的日常生活开支外均无经济管理权。到了现代,这种男主外、女主内的传统模式仍然存在。成年男性多为家庭的创收者,成年女性多为家务劳动的承受者和家庭开支的支配者。

随着中国家庭的历史变迁使得家庭结构不断缩小,表现为家庭规模的小型化和家庭的核心化,家庭内部关系包括犬夫妻关系、代际关系、经济关系以及家庭生活方式也相应地产生了很大的变化,总的来说,家庭内部的关系由复杂走向简单,形成稳定的一夫一妻制家庭,婚姻由包办走向自主,这些变化无一不与人们的家庭观念巨变有着密切的联系,这就使得人们对家庭角色的社会期望同样发生了变化,传统意义的家庭逐渐走向了现代家庭。

二、现代家庭中的经济关系与特点

经过漫长的历史变迁,家庭的功能不可避免也发生了巨大的变化。从传统家庭的功能多样化,即家庭不仅是生育单位、生活单位,而且是教育单位、分配单位。更主要的是,传统家庭还是自供自足的经济单位。随着历史的推进,家庭也是个消费单位,节流已经不再是家庭理财观念的主流。家庭实际上成为小小的资产经营单位,家庭的各种资产、财产和财富,有一个怎样积累和怎样升值、增值的问题,这就需要现代的理财观念去指导怎样做大家庭的“蛋糕”。

现代社会的家庭,主要有四种功能,即经济合作功能、家庭成员的社会化功能、性规则功能、情感需要功能。但对于传统意义的家庭来说,家庭的功能更多地表现为工具性功能,即经济合作功能、生育功能、子女教育功能等,情感成为可有可无的东西。现代家庭则偏重于家庭的情感性功能,其原因就在于现代家庭的组合往往是建立在双方的感情基础上,即婚姻自主。也就是说,现代家庭的组成大多是基于男女双方的情感的结果,因此现代家庭的情感纽带在家庭经济关系中也具有非常大的影响力,夫妻关系往往是影响甚至是决定家庭理财权的主导方面。

现代家庭的经济关系主要表现为夫妻之间的经济关系以及父母与子女之间的经济关系。夫妻之间的经济关系包括3种类型:一是独立型,夫妻彼此间的经济关系相互独立。二是全面合作型,经济收入完全混合在一起,共同支配。三是一方主导型,即夫妻中的一方提供家庭主要经济来源。

父母与子女之间的经济关系有4种类型。一是独立型,代际之间彼此间的经济关系相互独立。二是向下流动型,父母在经济上支持子女,而子女无返回。经济关系从上一代向下一代流动。三是向上流动型,子女在经济上支持父母。而父母无返回,经济关系从下一代向上一代流动。第四种是双向流动型,即父母与子女之间彼此均有经济支持。

引起家庭经济关系发生巨大的变动的根源是我国家庭结构的变迁,即以核心家庭为主流的现代小型家庭逐渐取代以主干家庭为代表的传统大型家庭,由一对夫妻和一个未婚子女组成的核心家庭增多,在城市里这种三口之家尤为典型。核心家庭较之主干家庭,人际关系较为简单,只有夫妻关系、亲子关系这两种简单的人际关系。另外,与祖辈的离居以及家庭中没有兄弟姐妹使得独生的子女成为家庭的中心,同辈玩伴的减少也使父母的传统角色开始改变,由高高在上的权威代言人成为与孩子平行的游戏伙伴,因此在这个独特三合体中很难建立起严格的等级观念,相反这种面对面的互动特点使得亲子关系较之以前更加平等化,家庭各项决策过程也相应地趋于民主化。因此现代核心家庭人际关系趋向平等、民主的趋势,夫妻双方共同承担经济责任,家庭经济收入的使用倾向于夫妻协商安排。这种平等民主的家庭气氛为家庭理财带来新鲜的空气,协商式管理家庭财务成为现代家庭经济关系的又一大特点。

据最新统计,在全国31个城市47921户被调查家庭中,平均每户家庭人口为2.81~3.59人,每户就业人口平均为1.21~1.78人。① 这些数字充分说明了我国现代家庭结构的动态走势和家庭经济状况。其特点主要表现为两方面:一是平均每户就业人口数字的增加表明职业妇女的日益增多,这必定使得经济理财大权发生移位;二是平均每户家庭人口数字的减少表明核心家处在全国的普遍性,这就使得家庭成员的个人权益受到重视并加以明确,未成年子女的家庭财产地位也在不断加强。

此外的另一个重要影响因素就是社会思想潮流推动着家庭经济关系的变动。社会经济的发展促进并推动了民主思潮传播,女性的权利和机会得到了人们普遍的响应和支持,现代科技的高速发展使得妇女胜任更多工作的机会大增。经济上的独立和观念的解放,显然有助于提高妇女在家庭中的地位。《东北之窗》杂志的调查表明,家庭理财主角55%是女性,45%是男性,而家庭重大消费和投资的决策人则60%是男性,40%通过共商;70%的女性是家庭存折、信用卡、票据的"保管员";总体看来,赚钱能力比男人稍逊的女人对金钱的态度更重视些,为数不少的男人,尤其是投资了实体的男人,甚至对自己的年收入"不知晓"。关于这个方面,城市之间并没有表现出强烈的地域差异。

综上看来,现代的家庭经济主要有以下四个特点:第一,家庭经济关系简单化;第二,家庭的子女利益优先化;第三,家庭理财民主化;第四,家庭的传统责任仍然稳定化。

①数据引自2003年6月7日《人才市场报》。

三、不同家庭角色与经济责任

家庭与社会的关系犹如小河与大河的关系，小河无水大河干，小河涨水大河满。家庭的幸福与和谐是整个社会繁荣和稳定的基础，而整个社会经济发展更离不开家庭小康的支撑。每个人作为家庭中的一员，就必然肩负了相应的责任。责任清楚地反射了每个人的家庭角色甚至社会角色。具体而言，便是夫妻双方、父母与子女之间要对家庭各自承担相应的义务，同时也在家庭中享有一定的权利。责任同时包含权利和义务，如妻子对丈夫的权利和义务、丈夫对妻子的权利和义务，父母对子女的权利和义务，子女对父母的权利和义务等。而经济责任是责任的核心，经济责任决定一个家庭的生活状况以及家庭整体及成员的和谐与健康发展。因此，首先要明确家庭成员各自的经济责任究竟是什么，经济责任的明确不仅关系到每个家庭成员应尽的义务和享受的权利，也关系到家庭成员在家庭乃至社会活动空间的分工与合作，同时这也是维持家庭温馨幸福的关键。否则家庭成员之间责任不分，相互推托，日积月累，难免会有纠纷、埋怨，长此以往，必将成为动摇家庭幸福的导火线。

首先，夫妻之间的经济责任主要体现在互相扶养。《中华人民共和国婚姻法》第十四条就此作了明确的规定："夫妻有互相扶养的义务。一方不履行扶养义务时，需要扶养的一方，有要求对方付给扶养费的权利。"夫妻间的扶养义务是相互的、对等的。夫妻间双方均应自觉地履行，特别是在一方年老、多病或丧失劳动能力、生活困难的情况下，有负担能力的一方，更应主动承担扶养义务。一方不履行扶养义务时，需要扶养的一方，有权要求对方给予扶养费。

其次，父母对子女的经济责任主要体现在抚养教育义务。《中华人民共和国婚姻法》第十五条规定，"父母对子女有抚养教育的义务"，"父母不履行抚养义务时，未成年的或不能独立生活的子女，有要求父母付给抚养费的权利"。所谓抚养，是指父母对子女的养育和生活上的照料，提供最基本的经济支持。实际上，抚养教育好后代，这不仅是父母对子女应尽的义务,同时也是对社会应尽的义务。父母对子女的生活和学习应提供一定的物质条件,承担一定的经济责任。父母对未成年子女的抚养义务是无条件的,除了法律另有规定以外,任何情况下都不能免除,即使父母离婚,仍应负担抚养义务。父母对成年子女的抚养是有条件的,只有当成年子女没有劳动能力或者因某种原因不能维持生活(如继续上学等),父母才有义务承担。

然而在实际生活中,父母对子女无论是经济上的投入还是情感上的投入,都远远大于子女对父母这两方面的投入。如在子女的结婚与住房费用上,父母大多竭尽全力为子女提供经济支持。当然,由于传统风俗的习惯,父母对子女的投入还存在一定程度的性别倾斜。如中国的父母多与已婚儿子一起居住,因此儿子在住房上得到家庭帮助的比例高于女儿。还有年轻人结婚,按照中国的传统,结婚费用以男方家长为主,因此,儿子在结婚时得到父母帮助的几乎是女儿的倍数。

再次,子女对父母的经济责任主要体现在成年子女身上,也就是说,成年子女有赡养父母的义务。中国老龄科学研究中心最近的一次调查显示:在中国城市,无论儿子与女儿,他们身上都无例外地体现了中华民族孝敬老人的优良传统。因此,城市的父母,无论有男孩还是有女孩,他们都可以期待到老年时得到子女的帮助。然而,儿子与女儿在老年父母家庭生活中扮演的角色并不相同。儿子对父母的人均支持量、支持总量及父母的人均获得量均明显高于女儿。在日常生活方面,儿子给予父母的帮助也比女儿多。总的来说,儿子在父母的晚年生活中起着主导作用。

第二节　家庭理财的经济责任与道德责任

一、家庭理财的内涵及其要求

家庭理财，从经济学的角度来说，即合理配置家庭的资源，使家庭成员协调行动，最终达到家庭整体效用的最大化。这里的家庭资源主要指家庭成员的经济收入，家庭整体效用指的是以家庭为单位所有家庭成员所享用的物质和精神最大满意度。家庭理财的主要目的是以钱生钱，合理规划，提高整个家庭的生活质量。实际上这种经济意义的家庭理财究其本质只是一种理财手段，也就是说，其探讨的核心只是最佳消费与投资方式。然而家庭理财的内涵实际上并不仅仅在此，家庭理“财”的财指的不仅仅是家庭财源即家庭成员的经济收入，而应该是更普遍意义的家庭内部资源或者家庭内部所拥有的资产，我们可以把它划分为三个方面：实物资产、金融资产、教育资产。因此，仅仅从经济角度去考虑家庭理财是不够充分的，实际上，我们可以把家庭资源划分为两部分：精神方面和物质方面。精神方面指的是家庭文化，主要涵盖家庭氛围、家庭成员的全面发展尤其是教育和文化素质、家庭成员的精神享受及其载体等等；物质方面指的是家庭物质享受如衣食住行及固定资产如房产、汽车等等。家庭理财的涵义就在于以家庭感情为基础，以共同愿景为目标，理性支配费用为核心，管理好家庭财产，进行家庭资源合理配置以达到帕累托最优状态，使家庭成员对家庭资源即精神方面和物质方面达到最大满意程度。而经济学所关注的家庭理财，只是理性管理财源，用最少的成本去有效地消费和投资，创造最大的物质收益和资本增值，并非从道德的角度去寻求最佳的精神财富和物质财富结合点。然而，恰恰只有这种结合才能使家庭整体全面发展。家庭的和谐、健康发展主要表现为两方面：一方面使得家庭成员之间关系亲密和谐，家庭成员有机会得到全面发展，营造一种健康向上、其乐融融的家庭文化，其中包括正确的金钱观、人生观、事业观、婚姻观；另一方面，家庭经济收入有效利用，合理消费，理性投资，以钱生钱，不断满足家庭成员日益上升的物质需求，力争早日进入小康家庭的生活水平。

由此可见，家庭理财不仅仅是经济意义上的财产管理，不仅仅是如何理性投资与储蓄、使整个家庭经济效益最大化的问题，或者说，从经济角度出发的理财只是探讨家庭的理财方式或理财手段；然而事实上，家庭理财还涉及家庭理财权、理财观念、家庭角色及家庭关系，因此更应该站在道德意义的角度，从更深的层次去探讨和研究这个带有浓郁价值观和感情色彩的家庭理财问题。家庭理财的实质就在于处理并协调好家庭内部的经济利益关系以及与其有关的各方面的关系，进而提高家庭的生活质量。

从道德的角度去探讨家庭理财并非虚拟，"为了孩子，我们老两口砸锅卖铁也要送他们读书"就是最生动的写照。生活中这样的例子也屡见不鲜。诸如为了能让孩子享受更好的教育环境，有些夫妇往往宁可抛弃小城里安逸舒适的小日子，放弃那份收入不菲的薪水，换取经济发达地区一份收入相对较低的工作。也有的年轻母亲为了小孩的健康发展，甚至辞掉工作，一心一意做全职妈妈，并且认为挣钱事小孩子事大。这些层出不穷的事例表明了家庭利益往往向孩子方向倾斜，追求经济利益的增值在这儿似乎显得不那么重要了。然而，这正是家庭理财的一个特点，即为了家庭某个成员的长远发展和更美好的未来，自愿牺牲家庭其他成员眼前的甚至是长远的利益。无疑，这和家庭成员的价值观念有着极大的关系，观念决定着家庭理财的定位和投入方向。

从宏观层面来看，衡量国内主要城市理财景气程度的"联华——《理财周刊》"，目前发布的 2002 年下半年的理财综合指数，该指数在上半年 61.6 点的基础上略有下降，为 60.4 点。但从总体趋势看，不动产和教育理财仍被看好，居民理财观念越来越趋向理性化；京沪渝继续房产热，广州人则仍然痴情于自己和子女的不断深造。这就说明尽管人们文化程度不同，职业经历不同，生活在不同的城市,但是家庭理财的需求却比较一致,特别是对房产和个人教育的需求更加旺盛。这正说明了人们对家庭理财的共同愿景有趋同的走势,家庭成员都渴望能享受优质的家庭生活空间,并且对子女寄托着未来的期望,理财的重点不再是仅仅强调实物管理和有形资产,与此同时更加关注知识和无形资产。

市场经济的竞争、信息技术力量的强大无不对家庭理财提出了新的要求:即家庭理财行为中的学习观念。只有不断学习,了解外部环境,才能更好地运用理财工具,提高家庭资源效益。

由于家庭理财的内涵在于以共同愿景为目标,理性支配费用为核心,管理好家庭财源,进行家庭资源合理配置以达到帕累托最优状态,使家庭成员对家庭资源即精神方面和物质方面达到最大满意程度。实际上,这就强调家庭成员必须注重个体的持续发展。以意大利古典经济学家帕累托命名的"帕累托最优"指出,在资源配置过程中,当没有谁可能在不损害他人福利的前提下进一步改善自己福利时,此时群体的资源配置达到帕累托最优,也就是处于一般均衡状态。但是这种帕累托最优状态在短期内往往难以实现,因为在实际生活中,父母或家庭成员中的一方往往为了子女或另一方的福利增值,会自愿牺牲自己的眼前利益甚至是长远利益。这就对家庭理财提出了另一个要求,即家庭成员之间利益的协调与整体利益的最大化。

综上而言,家庭理财的关键就在于两点:一是理财行为中必须具有学习观念,这样才能跟上时代的步伐,使理财工具能为我所用;二是理财的方法虽然力求达到帕累托最优,但也应注意协调家庭成员之间的利益及个体成员的持续发展关系,尽量使家庭的长远利益最大化。

二、家庭理财中的权益分配

家庭理财中的权益分配指的是财产权益的配置方式。财产权益是公民享有的最基本的权利,是公民行使政治权利、文化教育权利、劳动权利、人身权利和婚姻家庭等权利的基础。它主要体现在社会生活中的财产关系、在婚姻家庭生活中的财产关系。财产权利是具有物质财富内容、具有直接和经济利益相联系的民事权利,它包括所有权、债权、继承权、著作权、专利权、商标权等。国家保障妇女享有与男子平等的财产权利。《中华人民共和国妇女权益保障法》规定:"在婚姻、家庭共有财产关系中,不得侵害妇女依法享有的权益。""农村划分责任田口粮田以及批准宅基地,妇女享有与男子平等权利,不得侵害妇女的合法权益。""妇女享有的与男子平等的财产继承权受法律保护。在同一顺序法定继承人中,不得歧视妇女。"家庭理财中的权益分配中,最重要的因素就是家庭成员对自己的资产权益应该有一定的认识,不能轻言放弃。据华坤女性调查中心对1000余名女性进行随机调查,发现丈夫在家庭中的经济地位明显高于妻子。本次调查主要在28岁至49岁之间的妻子中进行。被调查女性居住在大城市的占25.67%,中等城市的占38.73%,小城镇的占31.52%,农村的占4.08%。她们当中拥有大专及以上学历的占59.68%。调查表明:66.20%的房产证上写着丈夫的名字;丈夫名下的存款比妻子高出8个百分点;日常消费妻子做主,大额消费共同做主;超过四成的妻子不清楚丈夫工资以外的收入;超过半数的女性认同"婚前财产公证"。

1. 家庭理财类型:

(1)合作共济型:即家庭成员的全部经济收入加在一起,共同维持家庭成员生活,家庭经济的使用由家庭成员协商安排,一般不会出现涉及经济原因的家庭纠纷。这种理财方式基于这样一种观念:即一家人经济上不需分彼此,个人权益模糊,婚姻就是方舟,夫妻双方就得同舟共济,共同建设家庭,实行财富的增值,提高家庭的生活质量。

(2)赡养抚育型:即家庭中一个或几个成员没有经济收入或固定的经济收入,要依靠家庭其他成员的经济收入维持生活。在这种家庭中,由于家庭经济状况影响了家庭的生活状况,即家庭经济的来源和数量的有限,家庭首先要维持成员的生存,满足家庭成员的基本需要,因此这种家庭的理财观念与第一种家庭基本相似。

(3)贴补相助型:即家庭中一些成员以直接或间接的形式把自己的经济收入贴补相助给另一些成员。例如核心家庭中,子女参加工作但尚未结婚,在父母当家而经济尚不富裕的情况下,子女将收入的一部分交给父母,贴补家庭开支的缺口。现代社会主干家庭中已婚子女和父母生活在一起,两代家庭成员都有经济收入,但并不是把经济收入全部混在一起进行“全面合作”,而是采取以一方承担家庭支出为主,另一方以部分经济收入贴补的方式参与承担家庭支出。其中,有的家庭是由父母承担家庭主要开支,已婚子女交一部分钱补贴,有的是家庭开支由小辈承担,父母以部分退休金贴补家用。

(4)AA 分担型:即家庭成员按照均摊原则向家庭主管交纳家庭费用以应对家庭生活中必要的公共开支。AA 制的家庭经济结构,有利于家庭成员的独立感。也就是说,AA 制家庭中的成员相对独立性强,个人权益明确,相互间的经济关系更容易促进家庭平等关系的确立和发展。AA 制家庭多见于婚姻家庭。

2. 家庭理财中的权益分配特点:

(1)开支性。

家庭开支主要是为了解决家庭成员对生活中的迫切需求需要支付的费用,其中既包括衣食住行的生活必需性费用,也包括对闲暇享受的精神需求和家庭成员的发展需求。针对一个家庭整体而言,由于每个家庭的可支配收入、家庭具体情况及共同愿景的定位都有很大的差异,各个家庭所应解决的迫切需求也就不一,家庭开支的偏重点也就不同。低收入家庭开支偏重于解决整个家庭的基本需要——生理需要,如吃饭、穿衣、住宅医疗等等,以及安全需要,对友情、信任、温暖、爱情的需要。而中等或高收入家庭则更偏重于更高层次的需要,如社交需要、尊重需要、自我实现需要。为了说明经济发展、收入增加对每个家庭生活支出的影响,可以采用恩格尔系数即食品支出占消费总支出的比例来衡量。一个家庭的恩格尔系数越低,就说明在食物需求基本满足的情况下,家庭消费重心已经开始向其他更高层次的需求转移,整个家庭的生活也就越富裕。反之,一个家庭的恩格尔系数越高,它的消费也就越集中于满足家庭的最底层需要,生活也就越贫困。就一个家庭而言,其开支安排应以效用原则为标准。就消费而言,人们对已有物品的消费越多,每增加一个单位,消费所能提供的效用(即满足感)越少。这就是边际效用递减原理。也就是说,每个家庭应该理性支配费用,让有限的资金发挥最大的作用。

针对一个家庭的内部情况而言,由于存在各个家庭成员的发展机会、经济地位、个性差异、资质禀赋以及对家庭责任感等因素的差异,这就决定了家庭支出在他们之间的具体分配的不均。出于对子女的关爱或希望的寄托,大多数家庭的支出往往偏重于子女的教育投资和其他消费。注重个人自我发展的家庭,继续教育费用往往占整个家庭开支的很大比例。现存的状况是:两性对继续教育的享有存在较大差距,女性持续发展能力不足。

(2)投资性。

家庭理财中的投资,目的就在于使家庭财产保本增值。在一个家庭的投资中,投资策略和投资方向至关重要,具有全局性、方向性。一步不慎,则可能全盘皆输。家庭投资主要有两种:以钱赚钱和以权谋钱。以钱赚钱,主要是以家庭及个人的原始积累资本为基础,根据家庭的经济状况、用钱的缓急确定合适的投资比例。在分析投资机会时,以“三性”——安全性、流动性、获利性以及“三性”的协调为原则,综合运用个人的知识水平、能力和专长,设计合理的投资组合,选择合适的投资工具,分散投资风险,避免高风险的投资。

家庭投资的另一种方式是以权谋钱,其关键就在于正当性和合理合法性。这里的“权”即权力,指的是人们在政治、经济、地位、技术上的垄断。经济的垄断可以表现为家庭财产带来的增值,地位的垄断可以表现为名誉的增值和关联收入的增加,技术上的垄断则表现为专利权的出让所带来的收入等等,而政治上的垄断通常会带来名利双收,但是这种垄断尤其要注意的是要杜绝“权力寻租现象”。“权力寻租现象”即利用自己在某个环节的垄断,故意设置交易障碍,增加交易费用,使得办事者为了降低这些费用而以一定的价格

(低于被设置的交易费用)购买或租用权力。

(3)储存性。

据最新统计显示,2007年中国城乡居民储蓄额比上年增长17.8%。而全年城镇居民人均可支配收入超过7500元,只比上年实际增长10%左右。居民储蓄的增速略高于居民可支配收入的增速,表明储蓄增量不仅来自居民和企业的增收,还有相当一部分来自居民的“超储蓄”。这种现象说明,随着我国住房、医疗、养老、教育等制度的改革,人们防御风险意识明显提高,中国人的消费日趋理性。现在许多家庭节衣缩食,就是把钱存在银行里,其主要目的有:保值增利、为子女教育费用做储备、养老防老、储币待购、为将来的创业作原始的资本积累或者是为了预防未来的其他不确定性。家庭储存的关键就在于建立合理的日常储存方式,为实现未来的家庭愿景提供准备资金。

(4)共商性。

家庭财政计划的目的是保证或努力使家人健康、富有并实现自我价值。家庭理财中的大忌是:透明性不够、信任感缺乏以及财政目标不一致。家庭幸福是以家庭整体需要(包括物资需要和精神需要)的满足程度为基础,这样家庭的财政计划就应合理分配资源与利用,考虑家庭成员需要的轻重缓急,以共商为理财准则,合理安排,使得家庭幸福最大化。共商是家庭决策的关键,它天生具有感情色彩,从而会影响家庭成员之间的关系。共商也是家庭成员相互尊重、互敬互爱、互亲互善的结果。对家庭成员需要的分配,是对家人爱与奉献的象征。而交流协商,有助于家庭财政计划的透明性和公平性。大量的事实证明,在家庭开支、投资、储蓄上意见不一致或者家庭成员一方的独断性,常常会导致家庭不和谐甚至家庭破裂。由此可见,家庭理财的过程和结果,对于家庭中的成员以及家庭本身的健康发展都具有重要的作用,而共商是解决家庭理财冲突和非理性的关键。

三、经济责任与道德责任的确定与协调

1. 明确各自的经济责任和道德责任。

责任，也就是对自己的职责、义务的感知。一定的角色连就一定的责任。责任具体说来，也就是那种对自己的角色以及由角色衍生的义务的感知。每个人都有选择的自由，而选择的背后是婚姻家庭。如何处理好家庭理财的问题，实质上也就是妥善处理家庭成员的经济责任和道德责任之间的关系，明确各自的经济责任和道德责任，化解现实中的冲突和矛盾。

经济责任不仅仅指肩负整个家庭的经济收入、日常开支，还包括为了实现家庭财产增值所进行的分析、计划、执行和控制的理财责任。也就是说，家庭成员的经济责任不仅仅是要创造家庭经济收入，还应以理性支配费用为己任，管理好家庭财产。家庭的经济责任主要落实在有劳动能力的家庭成员身上，并且与家庭成员的知识水平、专业技能、天性禀赋、兴趣爱好、性别年龄有着密切的联系。个体的种种差异和文化传统习惯决定了家庭成员之间的劳动分工，而这种劳动角色分工也因此披上了对性别角色期待的色彩。这种分工协作不仅体现了家庭成员对经济责任的共同履行，同时也是家庭成员相互体贴的一种关怀，是道德责任的表现形式之一。

道德责任的核心即家庭美德，它要求家庭成员之间和睦相处、同心同德、各尽义务、互敬互爱、互信互勉、互帮互慰。在家庭理财领域，道德责任具体表现为：资源在家庭成员之间的合理分配，以及由此衍生的利己和利他的关系，直至达到家庭共同愿景的实现。在现实生活中，为了追求长远家庭整体利益最大化的实现，家庭资源的配置往往会倾向有发展前途或被认为有发展前途的家庭成员，其他家庭成员的利益暂时被牺牲。道德责任强调的是以利益补偿弥补分配不公，即以促进家庭整体利益最大化的实现为最终目标，确保家庭资源配置公平性的最终实现，使家庭成员对家庭资源即精神方面和物质方面达到最大满意程度。

按照家庭成员内部之间的关系，道德责任主要可分为：

(1)夫妻之间的道德责任主要有:①情感专一,忠心不贰。男女双方都要对对方履行爱的义务,相互关心爱护。②尊重对方,互相帮助。尊重对方的感情和人格,不能把自己的意志强加于人,贬低侮辱对方的人格。各方面互相关心,互相照顾。③赤诚相见,坦白无掩。自己的经济收入,应向对方实事求是地说明。④权利和义务并重。男女双方在家庭中享有自己权利的同时,夫妻之间还有相互履行抚养的义务,以及为家庭整体的稳定和谐向上的发展承担共同的义务。

(2)父母对子女的道德责任主要有:①父母有抚养未成年子女的义务,为子女的生活提供物质保障;②父母有教育未成年子女的义务,关注子女的思想状况、性格脾气、智力能力以及身心发展的情况;

(3)子女对父母的道德责任主要有:①尊重、孝敬、关心父母,具体体现在协助父母做好家务以及其他事项;②成年子女对父母有赡养扶助的义务,这种义务不仅包括经济上的供养,而且包括生活上的照顾和感情上的慰藉。

如果家庭成员不能明确各自的经济责任和道德责任,那么这种责任的边界模糊很容易会给家庭带来不必要的纠纷;究竟经济责任是否高于道德责任的争论,两者的经常衡量就像跷跷板的上下波动容易给围城里的人们带来心理失落。为了免去此类纠纷和失落,家庭成员有必要在已经定位好家庭角色的基础上,明确各自的经济责任和道德责任,营造民主、和谐、进取、诚信的家庭氛围,为家庭理财创造充分的条件。

2. 协调各自的经济责任和道德责任。

然而责任的明确只是认识层面的问题,在实际生活中,人们往往不能够认知和认同自己的责任,或者是缺乏付诸实行的动力和决心,或者是因为不能平衡经济责任与道德责任之间的关系,往往会出现这样或那样的冲突。为了解决这种认知与实践的矛盾,化解责任之间的冲突,一方面需要使家庭成员形成并确立责任感,另一方面还需要清楚经济责任与道德责任之间并非相互替代的关系。

(1)责任感的形成与确立。

明确责任是一个认识问题,而责任感的形成与确立就是从认识到实践的问题。事实上，只有以家庭共同愿景为信念，以自我愿望为内驱力，确切地认识到自己的责任并付诸实行，责任感才能形成并在实践中得到不断强化。不难看出，这种认识到实践的前提是：对责任的意识必须通过感情色彩才能起着动机的作用。在家庭领域，这种感情色彩表现为以家庭共同愿景为联结纽带，体现的是家人之间的相互承诺，以及对彼此生活愿望的相互支持。这种共同愿景同时也是家庭成员共同改善生活质量的期望和决心，当这种期望和决心转化为个人的内在动力，明确的责任才能真正实践，这样，家庭成员的责任感也就得以形成并能在实践中不断强化，家庭成员才乐意为家庭努力创造财富，为家庭理财的合理化积极地奉献自己的力量。

(2)经济责任与道德责任不能相互替代。

经济责任和道德责任之间并不存在相互替代的关系。生活中，当家庭成员不能有效地协调两者之间的关系，将两者相互替代，或者过于强调其中的一种责任，种种矛盾和冲突就会纷至沓来。经济责任并不高于道德责任，承担了经济责任的家庭成员，并不等于高人一等，从而忽视甚至不履行自己的道德责任；而只强调道德责任的家庭成员，也不能不履行自己的经济责任，这样容易丢失自己的社会角色，难以完成较高层次的自我实现。

现实生活中这样的事例比比皆是，不管是“全职妻子”或者是“全职老公”，他们中很多人最终往往陷入尴尬的境地，有的甚至被对方抛弃，或者是失去了做人的尊严，失去了自我。也就是说，如果忽视了自己的经济责任，很容易在生理和安全需要实现的同时，迷失了自己的社会角色，难以认识到自己的社会价值，个人的潜能就难以发挥。全心全意尽力承担道德责任的家庭成员往往会被满足了尊重需要和自我实现需要的家庭经济供养者所轻视，造成围城内人员的心理落差和不平衡。面对这种失衡情况，家庭成员应该根据家庭实际情况，合理设计家庭的生活安排，探讨“家庭全职”的实际必要性，正视留守一方家务劳动的经济价值。

第三节　家庭理财中的道德原则

一、和谐式家庭的理财道德

和谐式家庭的内涵具有两大特征：一是稳固的婚姻与家庭关系；二是家庭成员存在共同的家庭愿景，希望共同营造一个温馨、富裕、幸福的家。和谐式家庭的外延同样包括那种家庭即使遭到外部因素的干扰，或者是经历内部的思想动荡不安，最终仍然愿意在一个屋檐下生活一辈子。和谐式家庭所提供的平和及安全感、和谐的自然秩序是相对稳定的，对大多数人来说，这种家庭就如一个心灵的港湾，因此这种家庭类型所占比例相当高，为个人的健康发展、社会的稳定有序奠定了坚实的根基。和谐式家庭理财道德原则有：

1. 经济理性原则。

什么是经济理性？经济理性的含义就在于合理理财，优化配置家庭资产，其最终目标是为了实现家庭成员的共同愿景。理性理财的最基本要求是守法。法律是对道德的最低要求，而理性是理财的必要条件。因此，守法和理性是家庭理财的底线，不法之财不宜取，非理性理财不宜行，因为两者的结果必然是竹篮打水一场空，而且往往还会使当事人枉自陷入牢狱之灾，反受财产诱惑的拖累，没了自由之身和原有的家庭幸福。其实生活中不乏这样的事例。据《南方日报》1999 年 3 月 6 日讯：一名被"赈灾彩票中大奖"冲昏了头脑的男子在购买数千元彩票仍未中的情况下竟把制止自己购买彩票的妻子视为灾星，持棍将妻子打得遍体鳞伤。也有不少关于中彩之后的报道，讲的是中奖者如何不顾家庭其他成员的劝告，大肆挥霍钱财，最终落得身无分文、家破人散的惨淡下场。而理性对理财的要求就是合理运用理财手段，实行财产增值。其实说到底，就是理财应讲究一个效率原则，即争取以最小的投入得到最大的产出，或者说，以最小的代价得到最大的效用，提高效率的主要办法就在于有效地配置资源。

2. 民主平等原则。

民主平等的原则是家庭财产管理的一条重要原则。实行民主管理,就是要防止家庭资产管理中的独断专行,充分调动和发挥参加家庭生产的全体劳动者的积极性和主动性,集中家人的智慧和才干,搞好家庭理财。民主管理是一条重要法则,它体现了家庭成员之间完全平等的新型家庭关系。家庭经济生活的管理是家庭理财在家庭的具体实施,也是家庭成员的权益保障。它关系到每个家庭成员的权利、责任和义务,实行民主的原则,具有以下含义:(1)家中每个成员都有同等的参与家庭经济管理的权利,家中大事应由家庭成员积极参与,民主协商作出决定。(2)每个家庭在家务事的承担上,应讲究民主和平等,要合理安排各自的时间和精力,分工协作,各尽所能,而不要把所有的家事丢给一方不管。(3)家庭成员对家中人和事应有发表看法甚至批评意见的民主权利。子女对家庭财务方面有一定的影响力。

3. 诚实守信原则。

现在许多家庭实行共同协商管理家庭财务,或者实行董事长总经理制,即家庭财务一般民主协商,具体操作由一方负责。这时,操作的一方应遵循诚实守信的原则,不辜负一方的信用与委托,为家庭整体利益服务。诚实守信伦理准则的提出基于欺骗行为的存在。欺骗的表象往往表现于说谎或说假话,其实质有两点:第一,自己知道真相;第二,企图使家庭其他成员相信假象。只要具备这两点,那么不论有没有说假话,都构成了欺骗。而欺骗的动机往往出于个人私利或个人隐私。而欺骗行为的暴露往往是家庭破裂的开端。

那么如此说来,如何评价家庭成员的私房钱问题呢?因为是"私房钱",所以自然涉及隐私和隐瞒。所以当涉及这个问题时,大部分被调查者都说自己没有私房钱,也不认为自己的配偶有,有人谨慎地在括号里注明"可能有",西安、广州、上海、长春、大连则举城皆无私房钱。"私房钱"不是工资,不是奖金,不是家庭账面上的投资收入,而是以不好"侦查"的稿费、策划费、红包、好处费等非账面形式出现,隐秘且不足为"内人"道也,于是,便成了隐私。我认为解决这个问题的最好办法是遵循弹性原则,因为现代家庭经济是一个多因素、多变量的动态系统,传统的刚性管理,即僵化的、没有应变性、没有伸缩余地的管理,或者是只能导致管理效益下降。弹性管理则要求管理有充分的灵活性、应变性,要求有伸缩的余地。当然弹性管理亦有度,如果弹性太大,则有可能破坏张力的限度,很可能会导致整体效益的降低甚至存在道德风险,如"包二奶"等等现象,这样就会导致家庭的破裂。如果弹性太小,则接近于刚性管理,家庭成员的一举一动,都需要汇报,连一般的应酬都需要时时协商,这样家庭成员之间的交易成本过大,也就是说家庭成员为了必须的社交行动中,相互之间协商所耗费的时间和精力过多,因此弹性有度是解决这个问题的有效办法。这样,家庭成员就不需事事协商,时时汇报,又可以在相互平等的基础上共创财富。而"度"的限定,应该取决于家庭成员之间的坦诚相待,相互协商,这样既能调动家庭成员积极共创财富的热情,又能在信任的基础上,个人对于小额度的钱财享有一定的自由支配度和自主权。在这种诚实守信的原则指导下,家庭经济生活才会具有充分的活力,达到人和物的最佳结合与最优配置。

4. 权义对等原则。

所谓权义对等原则,指的是家庭成员主要指夫妻之间的权利义务对等,包括夫妻在人身方面与财产方面的平等,不允许出现只享受权利不尽义务,或者只尽义务不享受权利的不合理现象。首先,我们来看看权利。权利,是指受社会存在所制约的人在物质上和精神上的权能和利益。权利的享有者,即权利主体,通过其自身的行为,包括作为和不作为,去实现权利。当然,权利只是给权利享有者提供了作为或不作为的可能性,而并非权利享有者必须作为或不作为。严格地说,权利享有者在其权利的范围内,既可实现其权利,也可暂缓实现甚至放弃其权利,这也是权利享有者的一项权利。而家庭成员间之所以不平等,正是因为某一家庭成员放弃权利的结果。也就是说，家庭成员一方之所以能在家庭财务上独裁通揽，正是由于家庭成员另一方的妥协或者说对权利的放弃才导致的结果。

《中华人民共和国婚姻法》明确规定：夫妻对共同所有的财产有平等的处理权。这是指夫妻双方在衣食住行等日常生活的开支和花费上，都可独立决定，即双方有同等的决定权；但对于数目较大的开支，如住房的买卖、巨额高档耐用消费品的购买等，夫妻任何一方都不能单独作出决定，必须经过双方平等协商，取得一致意见。地位的高低、收入的多少并不能影响夫妻之间的权利平等。

任何权利都必然有相应的义务，否则就不称其为权利。权利的实现，主要依靠负有相应义务的个人履行相应的义务。我们知道，道德权利不仅包括道德选择的自由，同样还包括人们在一定道德关系中的地位、尊严和受惠性，以及道德行为的公正评价。每一种社会角色都有相应的道德权利，既然选择了走进婚姻，那么在一定的道德关系中的地位、人格、尊严也各不相同，即这里牵涉到一个道德角色形象的社会认可程度问题，这既是人的道德权利的重要表现，也是权利与义务分配的参照体系。

在这里，我们主要讨论的是家庭的义务，这是一种基于特定关系的特殊义务。这种道德义务是道德上应当的核心体现。而且这种义务已经得到社会的认可，已经成为权利与义务分配的参照体系。在这种特定关系之下，夫妻之间存在的特殊义务是彼此相爱、彼此忠诚、彼此照顾；父母对孩子负有的特殊义务是抚养、照顾，尽可能为其提供食品、衣服、居所、关爱以及教育；子女对父母有赡养和孝敬的义务。这种义务就是一种约束力，是道德上应当的核心表现。因此只有遵循理财的道德原则，履行各自扮演角色所赋予的特定义务，家庭才能维持下去，家庭的共同愿景才能实现。而家庭共同愿景的实现，不但能为家庭及其家庭成员谋取更大的福利，同时也为社会创造尽可能多的财富，既利己又利他。人人都想有个舒适温馨富有的家，人人都想进入小康水平的现代家庭，而家庭理财的道德原则就像一个指南针，指引着人们坚定地推进各自的目标，执着地向前，协调解决好家庭的经济矛盾问题，让人们幸福地品尝成功的滋味。

二、新建式家庭的理财道德

新建立家庭也就是新组合的家庭。新组合家庭一般有两种情况：一种是男女双方都是第一次进入婚姻围城及新婚家庭；另一种是重新组合家庭，即男女双方或其中的一方曾经经历过一次或多次婚姻在离异后，共同组建的新家庭。

新建家庭有以下几个特点：首先是双方的角色都有了重大的变化，从甜蜜的恋人成为同舟共济的生活伙伴，双方都要承担许多义务和责任；其次是新建家庭进入家庭角色有一个磨合期。夫妻双方应尊重对方的金钱观念，循序渐进的改造或适应。要尊重对方的金钱观念，按照个性去分配各自承担的理财责任，对于较大的财务收支，要相互协商，共同决策。这种家庭在理财方面不仅应该遵循以上四大原则，根据其特有的特点，还应该遵循这两大原则：独立原则与合作原则。这两大原则乍一看来似乎有点对立，其实不然，独立的目的就是为了追求平等，而家庭成员的合作的对话平台就是平等，否则就不能称之为合作。而合作既是为了能够自觉地维护家庭“财务体制”，优化配置家庭资产，更是为了实现新建家庭的美好未来规划。

1. 独立原则。

所谓独立原则实质上强调的就是独立意识，也就是说新建立家庭的男女双方各自应具有一定的独立意识，尤其是由于男尊女卑传统处于弱势的女性更应如此，这样才能安身立本，才会在任何情况下都能应对自如，才有可能去追求幸福。有了独立意识，才会设法寻求经济独立。独立意识体现在行动上，就是经济独立。经济独立是人格独立、个人尊严的保证，也是个人自我实现的重要手段。

独立的对立面就是依赖，其中包括精神上的依赖与生活上的依赖。在实际生活中，也有一些人甚至把选择配偶当做寻找终身饭票，或者说把婚姻当做一种谋生的途径。依赖所带来的负面效应是多方面的，如处世不积极，经常会做出非理性的判断，甚至为了依赖的一方,放弃自己的事业和理想,独处易觉得孤独,并且常常有压抑的感觉。在现实生活中,由于传统家庭角色意识尚存,这种依赖并非少见,而且依赖的悲剧同样也屡见不鲜。

可喜的是,在价值观念和生活方式发生急剧变化的今天,人们已经越来越强调个人的独立。婚姻中经济关系的 AA 制,已成为都市职业女性的自主选择。近年来,沿海地区和北京、上海、广州等经济文化发达的城市,越来越多的人也开始接受和办理婚前财产公证。他们认为,既然现代人都在追求人格、尊严等各自平等、独立的地位,那么在财产方面要求独立又未尝不可呢? 更有人认为,现代家庭应该理性化、法制化,它和真诚相爱、互相体谅一样是婚姻关系存续的支柱。

所谓婚前财产公证就是指公证机关依法对将要结婚的男女双方就各自婚前财产和债务的范围和权利归属问题所达成的协议的真实性、合法性给予证明的活动。婚前财产公证包括两种形式:第一种是未婚夫妻在结婚登记前达成协议,办理公证;第二种是夫妻双方在婚姻关系存续期间达成协议,办理公证。广义的婚前财产公证还包括夫妻财产约定,即夫妻对婚后双方所得财产的所有权归属等问题做的约定。

尽管在生活中婚前财产公证与传统美德——“夫妻财产不分家”时不时也会发生碰撞。但是我们应该理性看待婚前财产公证。首先要明确办理婚前财产公证目的应该是为了保证自己经济地位乃至社会权利、地位的平等。其次,婚前公证体现了现代人对自己今后婚姻生活的高度理性。值得一提的是,办理婚前财产公证不应该是出于对婚姻的牢固性信心不足,对婚姻的另一方有所怀疑或怕对方拿走自己的东西,才走进公证处,如果出于这样的目的,就意味着其婚姻本身的先天不足。

最近,全国妇联对我国 10 个省(自治区)、市的 4000 名群众进行了“婚前双方财产是否有必要公证”的大型民意调查,调查对象 48.1% 为男性,51.9% 为女性,大体符合我国人口的性别比例,调查对象的地域、收入、年龄和婚姻状况构成也基本符合我国人口分布。此次调查结果显示，中国人对婚前财产公证意见分歧很大，持支持态度的占 42.6%，持反对意见的占 57.4%。这就说明传统观念目前还稍占上风。面对强劲的传统观念碰撞，婚前财产公证究竟应不应该推广呢？据《南方周末》报道，离婚率急剧增高，无过错离婚、良性离婚、协议离婚成为主流等等，都成为婚姻关系新的表现。而离婚案件中，双方争取利益，财产分割纠纷也越来越多。设想如果当初进行婚前财产公证，不仅在一定程度上能避免以金钱、财产为筹码的功利性婚姻，而且可以作为解决日后婚姻、财产纠纷的重要法律依据。

2. 合作原则。

合作原则是从个体理性原则的基础上得来的。个体理性原则是指个体以实现自身利益最大化为目标，以最小的代价获得最大的满足，这是决定个体理性行为的第一准则，任何集体理性不能够违背个体理性这一原则，否则这样的行动都不会发生。家庭理财的关键在于处理并协调好家庭内部的经济利益关系以及与其有关的各方面的关系，进而提高家庭的生活质量，使得家庭成员最大程度地享受家庭幸福。这种经济利益从不同的角度去分类，主要有家庭整体利益和家庭成员个人利益、长远利益和眼前利益、家庭利益与外部利益。鉴于长远利益和眼前利益主要考虑的是理财方式或者说理财手段，即理性与法的问题；而家庭利益与外部利益的协调牵涉到一个外部性的问题，即私人成本或利益与社会成本或利益相比较的问题以及政府有关外部影响的政策问题，本文所要探讨的主要是家庭成员之间的利益协调问题，从家庭的整体利益和家庭成员个人利益的角度出发，去分析家庭理财的道德原则。

为什么合作原则应该成为家庭理财的道德原则呢？本文主要借用的分析工具是博弈的分析方法。博弈，即一些人、队组或其他组织，面对一定的环境条件，在一定的规则下，同时或先后，一次或多次，从各自允许选择的行为或策略中进行选择并加以实施，各自取得结果的过程。对于一个核心家庭，最基本的家庭关系显然是夫妻关系，因此该博弈是一个夫妻之间的博弈。根据博弈方各可选的全部策略或行为的集合、进行博弈的次序、博弈方的得益，我们可以建立一个夫妻博弈模型，比较策略之间的优劣关系，以便筛选出一个较好的策略均衡。假设在家庭经济收入既定的前提下，第一种策略是丈夫和妻子民主协商共同管理家庭经济，如果本着民主协商的原则，具体情况由其中一方负责，这种情况实际上仍然属于夫妻双方选择民主协商共同理财的策略，这时家庭的整体利益得以最大化，共同利益的提高给他们分别带来的利益是 10 个单位；第二种和第三种策略是丈夫或妻子选择独自当家管理家庭财产的策略，另一方协商不成只有转为妥协的策略，这时双方的共同得益显然小于第一种策略，尽管主导的一方得益为 7 个单位，但却损害了另一方的利益，因此另一方的得益仅为 3 个单位；第四种策略为双方都要做主管理财产，在这种情况下，实际上，各自管理家庭财产已不可能，因此双方独自做主管理的只是各自的经济收入，即双方选择 AA 制的策略，显然双方选择这种策略的结果使得家庭整体的财富并没有得到很好的提高，此时双方得益各为 5 个单位。

博弈方的最终目标都是实现自身的最大利益。在具有策略和利益相互依存性的博弈问题中，博弈双方丈夫和妻子的得益既取决于自己选择的策略，还与博弈另一方选择的策略有关，因此博弈方在决策时必须考虑其他博弈方的存在和策略选择。

当丈夫选择协商的策略时，妻子针对协商还是独自做主的策略得益 10 与 7 进行优劣比较，显然应选择协商的策略，因此可以在该数字下画一短线，表示妻子的选择；当丈夫选择独自做主的策略时，妻子针对协商还是独自做主的策略得益 3 和 5 进行优劣比较，显然应选择独自做主的策略，因此可以在该数字下画一短线，表示妻子此时的选择。同样，当妻子选择协商的策略时，丈夫针对协商还是独自做主的策略得益 10 与 7 进行优劣比较，显然应选择协商的策略，因此可以在该数字下画一短线，表示丈夫的选择；当妻子选择独自做主的策略时，丈夫针对协商还是独自做主的策略得益 3 和 5 进行优劣比较，显然应选择独自做主的策略，因此可以在该数字下画一短线，表示丈夫此时的选择。

根据下图可以看出，这个博弈中有两个策略组合，（协商，协商）和（独自做主，独自做主），所对应得益数组的两个数字下均画有短线，这意味着这两个策略组合中的双方策略都是对对方策略的最佳对策，并且这两个策略组合也是比较稳定的组合。

（注：该博弈矩阵中第一个数字表示妻子的得益，第二个数字表示丈夫的得益）

在实际生活中，这两种策略组合表现为两种家庭类型的经济管理，一为 AA 制型家庭，另一为民主协商型家庭。通过博弈分析我们得出的策略均衡有两个，为什么在实际生活中，民主协商型家庭占绝大多数呢？这就牵涉到一个 AA 制型家庭的家庭整体利益问题。作为一个家庭，家庭成员往往把家庭整体利益放在第一位。而从家庭整体利益的得益比较，显然 AA 制家庭的整体利益低于民主协商型家庭的整体利益，因为 AA 制家庭成员考虑更多的是各自的利益，他们对于各自收入有着充分的自我决策权和处置权。这种相互之间经济的不透明性，就如少了一层理财监控，难免会有个体决策的失误和对家庭整体利益的损害。更重要的是，家庭的利益与需求具有共享性，在 AA 制型家庭由于个人需求与家庭需求的不一致性，这种家庭因利益的摩擦较多，家庭结构因而不太稳定，容易破裂。而另两种表现为丈夫决定型家庭和妻子决定型家庭，从上面的分析看来，这两种家庭类型也有着相当的不稳定性，无论是丈夫还是妻子独自主宰家庭经济，都必须以另一方的妥协退让为条件，这种类型的家庭才能得以维持。如果家庭的一方以自我为中心独自专行作出决策，另一方同样强调自己的利益，则这种家庭同样容易解体。因为一方对于家庭经济的独裁，不仅易损害另一方的经济利益以至家庭的整体利益，而且由于不尊重对方的意愿，这种家庭类型因而并不稳定。

因此，无论是从家庭成员个人的最大利益，还是从家庭的整体利益最大化考虑，无疑最优的策略组合应该是（协商，协商）。当然，如果该博弈是一个动态博弈，换句话来说，就是家庭成员具有把这个家庭继续经营下去的愿望并且希望改善其原有家庭的整体效用的话，而且家庭其他成员也能够予以配合的话，那么家庭的其他三种类型完全可以进行帕累托改进，重新选择（协商，协商）的最佳策略。而相互的协商意味着双方的合作。因此，合作原则是家庭理财的理性选择。

三、离异家庭的理财道德

"月有阴晴圆缺，家有悲欢离合。"一旦夫妻双方离异，家庭也随之走向破裂。在目前的离婚案件中，财产纠纷也日益增加。因此如何处理家庭离异中的财产问题，已成为亟须解决的关注焦点。家庭离异中的理财道德主要是遵循公平合理原则，保障子女权益的原则，体现在具体行动上，主要表现为财产分配协商遵循公正原则、利益补偿性的合理安排；对有子女的离异家庭，还表现为对子女养育的安排上应该充分有利于子女的身心健康发展。实质上，这里的理财就是家庭成员之间的财产分配问题，这里的财产指的是在没有约定或约定不明的情况下，根据《婚姻法》规定，夫妻在婚姻关系存续期间所得的工资、奖金，生产、经营的收益，知识产权的收益，继承或赠与所得的财产（遗嘱或赠与合同中确定只归夫或妻一方的财产除外）及其他应当归共同所有的财产应归夫妻共同所有。

1. 公平合理原则。

首先，我们来看看离异的男女双方之间的财产分配应如何遵循公平合理的道德原则。这种原则主要体现在离异的男女双方能相互协商并达成共识，对利益受损一方做出合理的利益补偿，这种离异补偿通常是经济补偿，如金钱、房产或者是其他形式的实物资产。

至于离婚协议中的经济补偿具体如何实行，目前通常是根据照顾子女、女方权益和照顾无过错方的原则对待。也有法律界人士为了进一步保护妇女权益,对《中华人民共和国权益保障法》的修改建议中提出家务劳动的价值问题。原因在于现实生活中,妻子在婚姻期间尽的家庭义务远较丈夫多,而丈夫的经济收入又远比妻子的高,而且妻子往往无法掌握丈夫的收入情况。如果妻子提不出有关丈夫收入状况的证据,而法院又因任务繁重不能对每一案件实施调查,离婚时妻子往往分割不到一半的夫妻共同财产。这时,如果不给予妻子一定的经济补偿,则在事实上对妻子是很不公平的。因此,建议把家务劳动的价值明文规定在离婚经济补偿制度中。另外还要注意的是离异的男女双方之间的财产分配指的是夫妻共同财产。由于夫妻共同财产来源的复杂性,夫妻各方对财产性质认识的差异性,往往会在分割财产过程中产生或多或少的纠纷。

如案例一:王某与李某在 1996 年 5 月 1 日办理结婚登记手续。婚初夫妻恩爱,李某夫妻即与公公婆婆一起从事家庭私营企业经营,李某承担企业会计工作。1998 年以李在内的家庭成员批得宅基地,建造别墅一幢。1999 年 8 月份夫妻二人前往浙江绍兴经营布匹生意,由女方用婚前存款 10 万元及公婆赠予的 12 万元,购得店铺二间;2001 年因男方未经女方同意兼做电器生意,向女方借得私房钱 2 万元。2001 年 6 月男方因吸毒强制送往戒毒所劳教;女方在男方戒毒期间赚钱 13 余万元。2008 年 8 月,女方起诉离婚,男方即向法院申请诉讼保全冻结女方存在绍兴某银行的 13 万元的存款。女方认为这 2 万元私房钱及自己在男方戒毒期间所赚的钱,原购买店铺个人出资的 10 万元为个人财产;别墅一幢为家庭财产,扣去 10 万元的店铺余值为夫妻共同财产。

离婚分割夫妻共同财产,应首先确定夫妻共同财产的范围,分清家庭共同财产、夫妻共同财产及个人财产的界限。在上述的案例中,1998 年所建的别墅一幢系家庭共同财产无疑。所购的店铺中女方投入的 10 万元,是由女方婚前存款转化过来的,应将这 10 万元认定为女方个人婚前财产,但必须有证据予以证实。扣除 10 万元之后店铺的余值应作为夫妻共同财产分割。女方在男方强制戒毒期间所赚的13万元钱系夫妻婚姻关系存续期间所得的收入,应为夫妻共同财产。至于私房钱2万元则应由女方提供其为婚前财产或婚后约定个人财产的证据,如不能提供证据应视为夫妻共同财产,男方只返还一万元即可;如女方能证明的,则男方理应返还2万元。

2. 保障子女权益的原则。

保障子女权益的原则,主要体现在对于子女的养育安排问题上。

对有子女的离异家庭,对子女养育的安排更应合理落实,如子女抚养费的数目确定、给付方式与日后能否变更。在目前的离婚案件中,除了子女已长大成人或还未能生育子女的,当事人能自愿达成子女抚养费而协议离婚的为数不多。相反,离婚案件因当事人双方达不成这方面的协议而诉至法院,由法院对子女抚养问题作出判决的占绝大部分。生活中有相当多的当事人,会提出巨额的抚养费要求。无论是自愿给付的还是协商不成的,父母双方都非常关心子女抚养费的数目确定、给付方式与日后能否变更。抚养费包括日常开支如吃穿住、教育费、医疗费等,抚养费应该支付到孩子能够独立生活为止。首先,离异的双方应该对子女抚养费的数目确定、给付方式与日后能否变更达成一致,离婚时应对子女的抚养费的支付有明确约定或判决。

根据《婚姻法》及最高人民法院有关规定:从有利于子女身心健康,保障子女的合法权益出发,结合父母双方的抚养能力和抚养条件等具体发问妥善解决子女抚养问题。对两周岁以上的未成年的子女,父方和母方均要求随其生活,一方有下列情形之一的,可予优先考虑:(1)已做绝育手术或因其他原因丧失生育能力的;(2)子女随其生活时间较长,改变生活环境对子女健康成长明显不利的;(3)无其他子女,而另一方有其他子女的;(4)子女随其生活,对子女成长有利,而另一方患有久治不愈的传染性疾病或其他严重疾病,或者有其他不利于子女身心健康的情形,不宜与子女共同生活的。

美国流行这样一句话:子女抚养费的支付必须是自动的、不可抗拒的,“就像死亡和纳税一样”。也就是说,保障子女的合法权益是父母不容推卸的责任，同样，这对子女的健康成长具有举足轻重的作用和影响。在具体实践中，在确定子女抚养费时通常应从以下几方面给予考虑：子女实际需要；父母双方的负担能力；当地的实际生活水平。

如对于子女的抚养费变更，有这样一个咨询案例：女方和男方8年前离婚时，两个孩子都判归女方抚养。当时由于孩子小，男方对每个孩子每月负担15元生活费。现在孩子大了，随着物价的上涨，生活费用急剧增加，每月15元钱已远远不够负担孩子的生活。而且近几年男方工资增加较多，经济状况比女方要好得多。在这种情况下，女方能否要求男方增加对子女的抚养费。律师的答复是：夫妻离婚时，对子女抚养费的协议或判决，一般是以当时男女双方的经济状况为根据的。离婚后男女双方或一方的经济状况随时都有变化的可能，随着子女年龄的增长，对子女的生活费和教育费也确有增加或减少的必要。因此，《中华人民共和国婚姻法》明确规定："对于子女生活费和教育费的协议或判决，不放弃子女在必要时间向父母任何一方提出超过协议或判决原定数额的合理要求。"所以，父母双方或一方，应该按照自己的经济情况及子女生活费和教育费的必要费用，酌情予以增加。至于具体增加的数额，双方可以先进行协商，如果协商不成，可以诉请人民法院依法解决。

四、遗产继承中的理财道德

遗产继承中的理财实质上同样是财产应如何分配的问题。不同的是遗产继承指的是将死者生前所有的个人财产和其他合法权益转归有权取得该项财产和权益的人，继承人可以继承遗产的资格，通常由继承人和被继承人之间的关系所决定的，如相互有婚姻关系、血缘关系以及因共同生活而形成的扶养关系。遗产继承通常有两种情况：法定继承和遗嘱继承。法定继承即按照《中华人民共和国继承法》的第二章法定继承部分继承财产。法定继承的头一条就是继承权男女平等。接下来的第十条就按照继承人和被继承人之间的关系规定了遗产的继承顺序。并且《中华人民共和国继承法婚姻法》第二十六条规定:夫妻在婚姻关系存续期间所得的共同所有的财产,除有约定的以外,如果分割遗产,应当先将共同所有的财产的一半分出为配偶所有,其余的为被继承人的遗产。

而遗嘱继承指的是公民可以依照法律规定,立遗嘱处分个人财产,并可以指定遗嘱执行人。公民也可以立遗嘱将个人财产指定由法定继承人的一人或者数人继承。公民可以立遗嘱将个人财产赠给国家、集体或者法定继承人以外的人。

不难看出,实质上这些法律条文是建立在尊重被继承人的个人权利、强调赡养老人的义务和权利相结合以及男女平等的继承权基础上。

这就充分说明了遗产继承中的理财道德应该遵循以下原则:

(1)个人权利正义性原则。

首先,要保证个人权利的正义性,就必须使"持有"具有"正义性"。这就是诺齐克的"持有正义原则"。这个原则包括三个主要论点:第一个论点是说持有的最初获得,或对无物主的获取。这是个人对财富和利益持有的最初"运动"。如果这个持有完全是通过"合法"手段实现的,那么这个持有就是正义的。这可以叫做"获取的正义原则"。第二个论点涉及的是利益从一个人的持有到另一个持有的转让。如果个人之间的转让是通过合法的自愿交换、馈赠等方式完成的,那么,这种转让就是正义或正当的。这就是"转让正义原则"。个人按照这两个持有正义原则而持有,个人同时也就对持有具有了权利。诺齐克归纳说:"(1)一个符合获取的正义原则获得一个持有的人,对那个持有是有权利的。(2)一个符合转让的正义原则,从别的对持有拥有权利的人那里获得一个持有的人,对这个持有是有权利的。(3)除非是通过上述1与2的(重复)应用,无人对一个持有拥有权利。"当然,诺齐克也意识到由于历史的久远性和现实的复杂性,要在历史和现实中"辨明"非正义的持有,是非常困难的,因此他还提出了第三个补充原则即矫正正义原则。既然个人通过持有正义获得的经济利益是正当的，是个人所拥有的不可侵犯的权利或资格，因此国家就必须以法律的形式对这种权利加以保护。

尽管生活中也不乏这样的案例，“不管孝顺不孝顺，反正老人财产最后得归自己”——然而如今这种老黄历已经不大管用了。因为，越来越多的老年人表示：“子女不孝顺，我就把财产送给对我好的人。”据天津市内六区公证处提供的信息：近两年来，天津市已有100余位老人通过遗嘱或公证放弃让子女继承财产，而赠给了子女以外的人。天津市河北区85岁的老人孙某5年前患上尿失禁症，两个儿子、一个女儿对老人非常冷漠，很少上门看望。而老人的侄子却经常来照看，给他洗衣做饭，照顾得无微不至。2008年8月份，老人在去世前，一纸遗嘱将2万元存款以及房产赠给了侄子。南开区71岁的老人王某，子女对他不很孝顺。前年他与48岁的孙某再婚后，孙某在生活上给予王某悉心照料。王某日前请来公证人员，在家里办理了公证手续。公证书上写明：自己去世后，房子由再婚妻子继承。

(2)权义均衡原则。

权义均衡原则与前面已经提到的权义对等原则有什么区别呢？实质上，两者强调的要点是一致的，即权利和义务应该是对等关系。前面的权义对等原则，主要关注夫妻之间的权利和义务。而这里的权利和义务尤其强调对老人的赡养义务和财产继承的权利。

同样，权义即权利和义务的合称。所谓权益均衡原则，指的是家庭成员主要指父母与子女之间、长辈与孙辈之间的权利义务对等，这种对等关系包括在人身方面与财产方面的平等，不允许出现只享受继承权利不尽赡养或抚养义务，或只尽赡养或抚养义务不享受继承权利的不合理现象。而认定继承人是否尽了主要赡养义务或主要扶养义务的主要标准是对被继承人生活提供了主要的经济来源，或在劳务等方面给予了主要扶助。

值得注意的是，在现实生活中，赡养义务有偿转让悄然出现。在许多儿女身在远方的家庭中，儿女们纷纷与亲戚、邻居、学生和养老机构达成协议，以有偿的形式将部分赡养老人的义务拜托给了第三方，老人的生活开支和其他所需费用由子女负担，子女有空时才回来看望老人，平时照顾老人的担子就落在了第三者身上。

如成功案例：学生照顾老师亲如一家。

原住芳村的何婆婆因为儿女不在身边，由她原来的学生、30岁的阿苏照顾自己的日常生活。何婆婆的3个儿女都定居海外，一年最多春节回来一次，平时只能靠电话和书信问候。从1998年起，阿苏就负责何婆婆的日常生活，老人的儿女和阿苏签订协议，老人去世后，老人两室一厅的房产归阿苏所有，平时老人的费用由老人的儿女全部负担。何婆婆和学生生活了这么多年，早已把学生当成了自己的儿子，学生也把老师当成了亲妈。儿女从海外回来探望母亲，看到此番情景，高兴不已。（引自《南方都市报》）

当然，失败的案例也在所难免。但是，有偿托付赡养义务还是可行的。原因之一是角色的困境。在竞争日益激烈的今天，儿女既要扮演好成功人士的角色、合格父母的角色和孝顺子女的角色，难免会力不从心。原因之二是居住空间选择的两难。子女工作地点空间的流动转换性强，父母又不愿离开自己的故土。在最大限度保护老人权利的前提下，经子女和其他人之间协商达成协议，将赡养义务有偿托付一部分，不失为一个好办法，对三方有利。现在国家实行社会福利社会化，被赡养人也完全可以选择去条件好的养老机构安度晚年。当然，有偿转让赡养义务毕竟是一种无奈的选择，我们也要警惕它的负面影响，避免这种方式成为一种借口，成为家庭关系疏离的引线。《中华人民共和国老年人权益保障法》第十五条规定："赡养老人不得以放弃继承权或者其他理由，拒绝履行赡养义务。"由此可见，赡养人的赡养义务是由法律明文规定了的，赡养人不得以任何理由推卸责任；同样，在赡养老年人这个问题上也是不能附加任何条件的。

在遗产继承中的理财道德还有一个原则就是男女平等。根据《继承法》第九条规定继承权男女平等的原则，妇女无论已婚未婚，均有与男子平等的继承权。因为既然结婚的男子有继承权，那么已婚的妇女自然也有继承权，不能因女儿出嫁便不允许其继承，否则便是违背了继承权男女平等的原则。同时既然妻死再娶的丈夫继承已死妻子的财产不受任何限制，那么丈夫死亡后妻子继承其财产也不应予以阻挠，寡妇带产改嫁是符合继承权男女平等的原则的。

男女平等是天道自然的社会基础。男女两性关系是社会关系的基础。然而，法律上规定的男女平等，是权利而不是现实，权利并不像福利那样可以发放到每一个人的手中，权利只是提供了前提、机会和可能性，权利的实现必须去争取。由于中国传统的重男轻女、男尊女卑的封建思想意识，在当前尚未彻底得到消除，女性在社会及家庭中的权利很难得到保障。虽然同为第一顺序继承人，但被继承人女儿的继承权被其兄弟所侵犯剥夺的情况时有发生。在这种情况下，女性应该具有维权意识，拿起法律的武器，勇敢地维护自己的合法权益。

第四节　经典个案

案例一：

丈夫醉心于做全职爸爸　妻子不满要求离婚

在人们的印象中，一个家庭里“爸爸”总是在社会上打拼努力工作赚钱养家的角色。而近日记者采访到一位专门在家带孩子的男子，因为醉心于做“全职爸爸”，妻子离开了他。如今他想要重组家庭，却仍想扮演“全职爸爸”的角色——

被迫辞职带孩子

今年34岁的钱先生家住南京市下关区。钱先生说，当初开始做“全职爸爸”纯属无奈之举，全是为了初生的女儿没人带。钱先生说，因为自己是孤儿，没有父母可以帮助照顾孩子，而前妻的父母的身体都不好，前妻坚决不同意回家带孩子，最后钱先生妥协了，他牺牲了会计的工作，停薪留职当起了“全职爸爸”。

“刚开始的时候还真不适应，买菜、做饭、带孩子去公园转转，当时最不能忍受的就是朋友和邻居那种怪怪的眼光”,钱先生这样告诉记者,但是后来他就变得相当坦然,因为看到女儿健康成长,妻子升职,他心里就非常高兴。

“没男人味”,妻子要离婚

一心在家照顾女儿的钱先生直到女儿5岁也没有重新上岗,而原来的单位也因为改制也解聘了他,失业后的钱先生干脆在家写些育儿文章赚稿费。

谁料好景不长,事业蒸蒸日上的妻子开始不满意丈夫的“没出息”,反复劝说丈夫出外找工作。钱先生说,当时他的想法是等孩子上了小学再考虑找份工作,可谁料,2003年底妻子跟他摊牌要求离婚。离婚后,房子判给了他,而女儿也判给了前妻,因为自己没有固定工作,前妻也不要求他付抚养费。

尽管经历了一场婚变,然而钱先生面对未来的选择还是想做“全职爸爸”。

(文中人物为化名)(记者　林清)

(来源:《现代快报》)

案例二:

AA制夫妻三年　就变了味道

●她崇尚自主,他欣赏独立,一拍即合的他们幸福地步入了婚姻。

●两人继续实行AA制,随着双方的收入对比渐渐发生变化,AA制生活也变得不那么平静。

●终于有一天,她的亲人重病需要用钱之际,他的一番话让她大吃一惊……

第一年:做了现代小夫妻。

遇到文轩时,Feina 25岁。Feina很坦白地告诉她对人生的设计,尤其是对婚姻中的平等的渴望。文轩淡淡地笑了,说他就欣赏这种独立型的现代女子。

他们幸福地步入了婚姻,婚后他们实行AA制:文轩负责130平方米的婚房的还贷（约每月 2600 元），而 Feina 负责物业费水电煤费以及其他日用开销。“亲兄弟明算账”，但算账也不影响兄弟情谊啊。夫妻从某种角度而言不也是长期合伙人吗？结婚证应是世界上最甜蜜的契约吧。

第二年：掉进“超市陷阱”。

Feina 换了一份工作，收入也从三四千元攀升到税后工资 12,000 元（不包括年底的奖励分红）。从这以后，Feina 发现家里的日用开销增长了许多。原本两三千元就够花的，现在却突破了四千元大关。

大大咧咧的 Feina 起初并不在意，然而这以后文轩依然不带分文地到超市购置自己的行头，理所当然地袖手旁观 Feina 结账。Feina 的内心开始对文轩产生了一丝芥蒂。既然讲究夫妻平等，Feina 可以承担 50% 的家庭责任（包括 50% 的家庭支出），那他也该从公平的角度承担同样的权利和义务啊！房贷是定额的，不会涨。如今家庭支出比初婚时增长了近两倍，身为会计师的他会毫无察觉？然而他什么表示都没有。

第三年：病床前的寒心

这时刚回上海养老的母亲突发脑溢血，住进了医院的重症监护病房。医生告诉 Feina 母亲已病危，随时可能去世。如果注射一种进口针剂，能比较有效地缓解痛苦。Feina 怎么也没想到文轩嗫嚅了半天，“一针要 5000 多块钱呢，要是咱妈成了植物人，开销更是大得不得了。你可要想清楚，自己辛辛苦苦赚的血汗钱，要是都投在这上面，他们将来还怎么养孩子啊？”他的语气清清楚楚地向 Feina 传达出这样一个信息：这是你家的事情，你愿意花，就花你自己的钱吧，可别怪我事先没提醒过你。

Feina 彻底发现 AA 制为他们构筑了一条冷漠的鸿沟，他固守着他那部分支出，而不愿“越雷池半步”，多尽一份力量。像他今日的所为，根本就泯灭了善良的人性，连个普通的朋友都不如！

（来源：《新闻晨报》）

案例三:

三明:家庭协议赡养

“我的两个儿子每年都给我和老伴2500元呢!谷子也按协议上写的给了我们500公斤。平时也没什么事,自由,日子过得很舒服……”

9月29日,记者来到深山中的三明市梅列区陈人镇渔溪村采访,67岁的苏隆开高兴地对记者说。这位干了几十年农村赤脚医生的老汉对签订家庭赡养书连声称好,“要不是老年协会推出这个赡养协议书,我们还真不好向子女开口要多少钱……”

三明市老龄委的李科长告诉记者,1992年,三明市在泰宁县大田乡开始试点推行子女赡养老人要签订家庭赡养书制度。之后,为切实保障老年人的合法权益,使他们老有所养,三明市开始推出签订家庭赡养书的做法。协议书具体规定了老人在“吃、住、穿、衣”等方面应得到的具体待遇。比如,每个月的零用钱、口粮、衣服、生病药费、薪柴、住房等标准如何,如何供给和照顾。各个子女应承担什么责任和履行什么义务都在协议上写清楚。父母及赡养人各留一份,当地老年协会也留一份,老人所在的村民委员会或居委会对协议负有监督执行权,如果赡养人不履行协议规定或虐待、遗弃、打骂被赡养人,被赡养人可申诉司法机关依法处理。

三明市老龄委的李科长还告诉记者,家庭赡养书推行十几年来,三明市共有5万多个有老人的家庭签订了赡养协议书。在当地老年协会的努力下,赡养协议都得到比较好的执行。今年4月,大田县上京镇组织人员对16个农村1762位老人家中开展“一访四查”工作,评定出家庭尊老、养老好、中、差。其中,好的占20%,中等的占70%,差的占10%。协议书的签订明显改善了家庭关系,兄弟因赡养父母而产生的纠纷也少了,老年人的生活更加有了保障。更重要的是扩大了社会影响,使尊老、敬老、爱老、养老的传统美德得到了进一步弘扬。

(来源:《福建日报》)

第十三章
个人经济行为道德

在改革开放以前，个人收入的来源比较单一，城镇居民的收入主要是工资，而个人收入来源渠道多样化，是改革开放以来尤其是进入90年代以来城镇居民收入变化的基本特征。除了按劳分配以外，还有按生产要素分配。

企业内部实行按劳分配原则，个体、私营、外资企业都实行与其所有制性质相适应的分配方式，如按资分配、按劳动力价格分配、按本人提供的产品和劳务取得收入等。以按劳分配为主体、多种分配方式并存的分配制度正在形成。随着市场经济的发展，不仅集体、个体、私营、外资企业的从业人员从多种渠道获得了个人收入，国有企业和机关、事业单位的职工也同样可从多种渠道获得收入。随着要素市场的不断发育和完善，管理、技术、资本诸要素共同参与财富分配，使居民收入来源趋于多元化。在居民收入构成中，财产性收入、技术专利转让收入、人力资本收入和投资收益等非劳动收入在城市居民家庭收入中的比重不断上升，而劳动性收入差距的拉大则是导致贫富差距的重要原因。

第一节　个人收入行为的道德准则

一、个人收入来源的多样化

在以按劳分配为主体,多种分配形式并存的分配制度下,工资性收入仍然是城市居民收入的一项重要来源,而投资收益是影响财富积聚的一个最重要因素。投资收益就是居民将自己拥有的资本、技术等生产要素投入到生产经营领域进行个人直接投资而取得的合理回报以及投资金融市场购买股票、国债进行个人间接投资所取得的股息等,十六大报告中指出:“一切合法的劳动收入和合法的非劳动收入,都应该得到保护。”这就为居民收入多元化提供了政策保障,由于居民拥有财产的多寡不同而导致收入差距的拉大,将是合法和必然的。另外,随着知识经济的到来,知识对财富的创造力不亚于甚至超过了货币资本,高级人才已不单是劳动力而逐渐成为人力资本,并遵循资本分配规律参与财富分配,其价值也逐步与国际市场接轨。知识在财富分配中的作用将进一步得到体现,拥有知识的高级人才已构成了城市富裕群体的重要组成部分。

二、“体制外”高收入现象

中国贫富差距拉大的现象已引起人们的关注,也是经济研究的热点问题,这里面的原因不少经济学家也作了详尽的分析,其中不少是宏观层面上的,如城乡二元结构、地理差异等。这些问题的解决有赖于国家经济制度的改革,是宏观政策所要解决的。还有一类原因就是体制外收入。“体制外”收入成为当前城镇职工收入差距的主要来源。关于“体制外”收入的来源可归为以下几方面:单位大面积的创收所得;个人合法的体外收入补充;还有就是个人利用手中权力获得的大量回扣以及其他的非法收入。“体制外”收入差距扩大带来很多问题,第一就是工作行为的扭曲;第二是职工工资不反映劳动力市场价格;第三是经营垄断;第四是职位垄断,职位能上不能下、职位不开放。值得注意的是,“体制外”收入中的“灰色收入”和“黑色收入”引起人们强烈不满,产生人们对收入不公的心理感觉。而“灰色收入”和“黑色收入”的取得,很明显是违背基本的道德要求的。

1.“灰色收入”。

就以个人的收入而言,从理论上来说只能有两种:合法的收入和不合法的收入,而“灰色收入”,置于合法的和不合法的之间。著名经济学专家茅于轼认为“灰色收入”其实不含任何贬义的色彩,它是市场经济的产物,是在改革开放以后才出现的。所以,从某种意义上说,“灰色收入”当初的出现应该说是个好征兆,它预示着经济开始活跃,个人有了更多发挥、运用自己长处的机会。这种看法虽然有其合理的一面,但并不能代表一般的看法。对于“灰色收入”的解释,大致有两种:第一是指没有缴税的收入。“灰色收入”是指在正常工资之外的不为公众所知的另一收入,且多在向税务机关报税的时候隐瞒了这个收入。一部分是在国家监控之外的非法经营,这种经营活动对社会没有危害,但却在国家税收、工商部门的监管之外。另一部分是在职职工的非工资性收入,比如,工作之外干“副业”、公款私存、挪用公款炒股等。如果此理解是正确的话,那么无论是企业还是个人,产生“灰色收入”的行为都应该被认定为偷税。“灰色经济”在隐形经济中占了大头。而最突出的问题是高收入者的纳税问题,刘晓庆事件之所以受到广泛的关注就是因为这一事件具有一定的代表性。最近几年高收入群体增长很快,调查显示,这些人的收入中50.2%是来自工资性收入,其余一半几乎无法监控。有一种说法是全国80%的财富集中在20%的人手中,但是从税收的情况来看,绝大部分的税收还是由较低收入的群体在承担。

另外一种解释是“灰色收入”指那些法律规定不清,难以区分其合法性的收入。比如在商业、采购、广告、贷款、报道、发稿、评审等活动中,凡是有“审批权”的地方,都有为了得到批准,或者为了尽快得到批准,得到有利于自己的政策,而广泛进行的“寻租”活动。其手法灵活多样,除传统的回扣和请客送礼外,早已经变本加厉,如邀请出国考察,安排子女亲属出国留学。相对于少量腐败分子和完全违法的收入而言,大多数并非腐败分子的政府官员的不合法收入、即"灰色"收入问题,对收入分配秩序的破坏也是巨大的,尽管很难把他们的行为和收入与少数官员的贪污腐败等量齐观。从特征上看,"灰色"收入主所以能够产生,是与政府官员的公共权力运用者的独特身份相联系的,究其实质仍然是滥用公共权力的收益,因而显然也是非法收入,但另一方面这种实质性的非法收入,由于在操作时有意模糊和利用了目前有关制度、政策规定的漏洞,造成了行为性质的含混不清,因此与明显的贪污腐败又不完全一样,是一种不明显违法的非法行为。正是这种"灰色"性质赋予了这种行为以极大的腐蚀性、传染性和破坏性:由于不是明显可以认定的腐败行为,因此大部分政府官员可以心安理得、且不必顾虑后果地卷入其中;由于这种行为的产生和存在是与现行体制、制度的缺陷联系在一起的,现行制度和政策对此无能为力,因此这种行为对整个制度的破坏也就更加严重。正是由于这些特点,"灰色"收入以不可遏制的势头迅速蔓延,且不断地扩大其收入范围和获益者,因而具有防不胜防、法不责众的性质。

"灰色收入"行为的蔓延表明在现行体制下政府政策与为数众多的政府官员之间存在着微妙的关系:制度和政策的缺位为政府官员提供了从事"灰色收入"的可能和机会,而一般情况下,政府政策的制定和完善又必须得到政府官员的支持,因此现行体制下政府政策与政府官员的关系完全是一种"内部"关系,而在"内部"关系支配的条件下,指望政府官员自身制定限制其寻求自身利益最大化的政府政策,将是非常困难的。实际情况往往相反:政府官员经常利用其掌握的专业技能和公共权力的便利,在不惜牺牲政府总体利益的条件下,就如何使官员个人利益最大化问题与政府展开了一场在目前体制下政府注定要失败的博弈。因此,解决"灰色收入"问题要比解决完全的贪污腐败问题要困难得多,不仅因其法不责众的性质,而且更重要的是在目前的政府体制下，政府要想制定针对众多政府官员参与其中的、且与每一个政府官员切身利益密切相关的反“灰色收入”政策，是很难得到官员的广泛认同和支持的，而得不到官员认同和支持的政策意图是很难被实际地制定为可操作、可执行的政府政策的。在目前政府政策的制定有着浓厚“内部”色彩的情况下，情形更是如此：由于政府政策在通常情况下是政府官员以政府的名义制定的，政府官员在预知某项政策有可能损害其自身利益的情况下，一旦采取反对立场，政府的政策意图、社会对某项政策的需求就很难被官员所采纳，而进入到实际的政策制定过程。因此到目前为止，尽管“灰色收入”猖獗、种类繁多，但政府并没有、也不可能制定出严格、有效的打击“灰色收入”的政策，而只能继续听任“灰色收入”对正常收入分配秩序的破坏。

2.“黑色收入”

非法收入又称“黑色收入”，是指一些暴富者和其他人员利用种种非法手段，如侵吞公有财产、偷税逃税、权钱交易、贪污受贿、走私贩毒、制造假冒伪劣产品而取得的收入。非法收入是不义之财，意味着对国家财产、集体财产的占有，意味着对别人劳动成果的剥夺，意味着对法律、道德和公平原则的践踏，因而是每一个守法公民所不能容忍的。现在许多人对收入差距、贫富差距拉大的不满，主要就表现为对非法收入大量存在的不满。

贪污受贿、侵吞国有财产、走私贩毒、卖淫嫖娼、黑社会、制假卖假、洗钱等都被归在了“黑色经济”的“旗下”。这种经济也因此被人称做地下经济。比如洗钱的规模，专家对此的估计是在2000亿元以上。洗钱是罪犯“合法”其犯罪活动收益的手段。无论是贩毒、走私、黑社会集团还是诈骗，都要通过洗钱来隐瞒其不法钱财来源，以避免在使用过程中被发现而落入法网。中国的资本外流数额为每年160亿美元，这是中国吸引外资总额的40%。另有一项统计数据也值得深思：过去3年，香港的“外来直接投资”从1998年的147亿美元蹿升至2000年的643亿美元。分析人士认为，如此大幅的上升应该与内地地下钱庄的洗钱活动频繁有关。

古语云:君子爱财,取之有道。讲的就是收入来源要合乎道德,不取不义之财。而“灰色收入”和“黑色收入”明显是一种不义之财,是违背基本的道德要求的。

三、个人收入行为的道德准则

1. 收入来源公正。

由于市场经济的发展,个人收入来源多样化,并由此引出一些不合理及不合法的“体制外”高收入现象,有人认为这些不合理和不合法的“体制外”高收入是导致贫富悬殊拉大的主要原因,并引起很多人的不满,影响到了社会公平和社会稳定。因而从政策上规范这些“体制外”高收入就是当务之急。但是应该看到的是,除了从“体制外”上进行完善,最行之有效的办法是改善社会风气,培养人们正确的道德观念,从根本上抓起,要求人们在获取收入的时候,有良好的道德约束能力,能够自觉地意识到自己的收入来源是否正当,是不是“取之有道”,是否会侵害到他人和社会整体的利益。如果加强了人们的自我道德约束能力,在这个基础上进行国家宏观政策上的规范,就会更加有效,若没有提高道德水平,那政策实行效果将大打折扣。故而,应加强人们的道德意识,使其收入来源合理合法,做到“君子爱财,取之有道”。

2. 收入转移公正。

我们都知道,依法纳税是每个公民的基本义务。但从社会现状来看,逃税现象屡禁不止,而“灰色收入”也就指的是这种不缴税的隐性收入。税收是国家进行二次分配的资金来源,是体现社会公正的表现方式,通过二次分配,可以缩小贫富差距,增进社会福利,维护社会公平。让高收入者意识到交纳所得税不仅是法律上规定的义务,而且是帮助弱者的道德要求,是体现社会公正的一种方式或许能更好地改善偷税漏税的不良风气。

第二节　个人消费行为的道德准则

一、中西方两种不同的消费伦理

消费伦理是建立在一定的物质生活条件之上的，并受到文化传统的深刻影响。尽管人类在消费伦理方面有许多共同点，但由于中国和西方在物质生活条件和文化传统方面的明显区别，中西方消费伦理有其不同的特点。

1. 中国传统的消费伦理：节约主义。

在消费活动中，古今中外伦理评价的核心问题是节俭和奢侈的善恶问题。中国古代以"崇俭黜奢"著称，先秦诸子都主张"崇俭"或"节用"，但具体论点不尽相同，特别是儒墨两家更是大相径庭。在"奢"和"俭"的标准上，儒家以等级制为基础，以符合还是超过与等级所相适应的消费水平为标准，而墨子则认为标准是"有用"，财富使用在"有用"的地方，就符合节用原则，否则就是奢侈。这里的"有用"，主要是指衣、食、住、行方面能满足基本生理需要。无论是儒家、道家、墨家都主张崇俭，崇俭构成了中华美德的重要内容。但是西汉时期的作品《侈靡》却提出相反的观点，其消费伦理观点的思路是，侈靡消费—解决就业—促进经济发展。英国古典经济学创始人配第提出宁愿粉饰"凯旋门"以增加就业的看法，现代西方著名经济学家凯恩斯的公共工程政策，都与《侈靡》篇中的观点有不谋而合处。

对节俭的颂扬，概括起来不外是两个层面：个体层面和社会层面。从个体层面分析，节俭能对各种自发的物质欲望进行节制，从而奠定道德自律的基础，而奢侈意味着纵欲，必将动摇道德人格的根基。物质欲望的节制，可以使人集中心力追求高尚的精神境界，奢侈和纵欲，沉湎于声色之中，坚强意志和刚毅精神将荡然无存。从社会层面分析，节俭能造就社会良好的道德风尚，使社会稳定且具有凝聚力,国家能长治久安,而奢侈造成人心涣散,世风日下,家庭、民族和国家的道德纽带将被破坏。

2. 西方的消费伦理主流:消费主义。

与中国的节俭主义不一样,西方消费伦理的主流是消费主义,但是这并不是说西方没有节俭的传统。比如,亚里士多德就曾指出“正确的消费才是合乎德性的”。在西方,主张用节俭的消费观推动生产的思想家有重商主义者、亚当·斯密、韦伯等,而主张通过消费拉动需求,甚至用奢侈推动经济发展的有孟德威尔、凯恩斯等。

消费主义的特点是无节制地追求物质消费,不惜毁掉自然家园,荒掉精神家园,把人变成纯粹的消费机器和生产机器,同时又使消费和生产都不能持续。消费主义主张消费的“炫耀性、奢侈性和新奇性”,追求无节制的物质享受,并以此作为生活的目的和人生的价值”。炫耀性消费是美国制度学派经济学家凡勃仑在《有闲阶级论》提出来的,是指有闲阶级想通过生活上的炫耀以显示其地位、身份,从而能受到社会的尊重。而奢侈性消费是指个人的消费支出过多地超出收入水平和财力状况。奢侈性消费方式是20世纪30年代兴起的,它开始于美国,其理论基础是凯恩斯的消费主义理论。奢侈性消费生活方式造成大量的物质浪费,并严重污染了生存环境。炫耀性消费和奢侈性消费还是有区别的。从社会现状来看,由于受到有闲阶级的影响,炫耀性消费比较普遍,有的是本身收入水平能够承受的,并不属于奢侈性消费。

消费主义的另一个表现是超前消费。但应该注意到超前消费不是针对个人消费行为而言的,而是指整个的社会消费水平。超前消费的概念是罗斯方首先提出的,是基于解决这样的问题,即工业化竞争激烈的情况下,在发达国家的消费气氛中,发展中国家如何避免超前消费。

值得注意的是西方国家的消费主义生活方式已经开始向全球扩展,发展中国家在推进工业化进程中,已在不自觉中模仿了发达国家的发展模式和由其派生的消费方式。我国处在社会转型时期,也出现了奢侈性消费的问题，并且带来的浪费现象和对环境造成的污染也说明我国的消费方式也存在着不可持续的问题。

二、可持续消费

1. 可持续消费的提出。

不可持续的消费方式是与不可持续的发展模式相伴而生的，为实现经济增长，工业社会以刺激消费作为手段，在自己不断毁灭自己赖以生存的条件中运行。目前，世界上少数地区的消费极高，但大部分人类的基本消费需求并未得到满足。而正是工业化国家的不可持续的生产和消费模式加剧了环境退化和世界一些地区的贫困。在这种情况下，可持续消费的观念应运而生。1992 年在里约热内卢召开的联合国环境发展会议通过的《21 世纪议程》提出，世界所有国家均应全力促进可持续消费模式，发达国家应率先达成可持续消费模式，发展中国家应在其发展过程中谋求可持续消费模式，避免工业化国家的那种过分危害环境、无效率和浪费的消费模式，工业化国家要提供更多的技术和其他援助。

同样，我国也非常注意引导和建立可持续的消费模式。《中国 21 世纪议程》指出，合理的消费模式和适度的消费规模不仅有利于经济的持续增长，同时还会减少由于人口增长带来的种种压力，使人们赖以生存的环境得到保护和改善。人口的迅速增长加上不可持续的消费形态，对有限的能源、资源已构成巨大压力，尤其是低效、高耗和不合理的消费模式，鼓励并引导合理的、可持续的消费模式的形成和推广，尤其是寻求改变贫困地区落后消费模式的对策，促进这些地区提高经济和生活水平，消除贫困，减缓对环境造成的压力。我国实施可持续消费模式的目标是，在确保 2000 年人民达到小康生活的同时，保持人均能源及原材料消耗不再相应增加，并减少有害废物对环境的污染；改进居民消费结构；缩小贫富差距，追求共同富裕。拟采取的主要行动是：大力发展社会生产力，建立一个低耗、高效、少污染或无污染的生产体系，增加生活资料的数量、多样性和提高质量；建立与合理消费结构相适应的产品结构，包括发展绿色食品等。

2. 可持续消费内涵。

联合国环境署在1994年发表的《可持续消费的政策因素》中给可持续消费下了定义：提供服务以及相关的产品以满足人类的基本需要，提高生活质量，使服务或产品的生命周期中产生的废物和污染物最少，从而不危及后代的需要。

可持续消费是人类对旧工业文明体系中消费主义或非持续消费的反省和矫正。它以5R为基本内涵：Reduce 节约资源、Re-evaluate 环保选购、Reuse 重复使用、Recycle 垃圾分类、Rescue 救助物种。作为一种生活方式，可持续消费是指与环境友好的消费观念和消费行为，在商品的选择、消耗到废弃的全过程中考虑其对环境造成的影响，并尽可能减少负面影响。作为一种发展战略，可持续消费是指与人们衣食住行游购娱相关的可持续的经济发展模式，包括绿色建筑、公共交通、绿色食品、垃圾分类、绿色标志等等。通过创造与环境友好的消费需求来维护自然资本，使生产和消费能够持续，保证国民经济的持续增长和开拓经济发展的新的契机。作为一种精神文明，可持续消费是对健康、爱心和自然的崇尚，对精神世界、社会和谐和自然平衡的追求。它认为人类的幸福不能仅仅从无节制地追求物质中得到，而同时应该从与自然的和谐，从建筑自己的精神世界中获得，让不同阶层的人都看到精神家园和自然家园的价值并使之成为共同的价值目标。

可持续消费模式基于以下原则：承认地球资源的有限性和后代人的消费权益。当代人的消费不以破坏后代人的生存条件为前提。可持续消费的指标是生活的质量而不是对资源量的消耗量；注重对精神文化的追求而不是对物质无节制的消耗。可持续消费不是降低生活品质，而是对真正高品质生活的追求。

3. 可持续消费表征。

可持续消费所提倡的是以知识和智慧的价值代替物质主义的价值；以适度消费代替过量消费；以简朴的生活代替奢侈和浪费的生

活;消费生活从崇尚物质转向追求生态保护和对社会有责任感的生活方式。

(1)适度消费。

适度消费的目标是要建立起一种与环境相协调的、低资源和能量消耗、高消费质量的消费体系。在这个消费体系中消费品的特征是持久耐用、可回收、易于处理。适度消费方式的推行,需要对广告进行一次回归,回归到为消费者提供信息的恰当位子上。在可持续消费的提倡下,人们的生活方式应由高消费重返简单朴素。适度消费的界限应划在满足生活需要的范围之内,而不是过度的欲求生存、享受、发展这三个层次的需要,都可以划在适度消费的范围里。随着社会的进步,人的需要的内容是不断发展和变化的,但只要限定在需要这个范围内,就可以避免许多浪费,而有利于人的健康。

(2)绿色消费。

可持续消费是消费者的权益和义务,每个消费者都有享受安全健康的环境权益,也有维护资源环境使之能够持续的义务。而做到这些, 从消费者角度而言,首先要建立绿色消费观念。绿色消费包括三层含义:一是倡导消费者在消费时选择没有被污染或有助于公众健康的绿色产品;二是在消费过程中,注重对环境的保护,比如垃圾的处置,以减少对环境的污染;三是引导消费者转变观念,在追求生活舒适的同时节约资源,实现可持续消费。

80 年代以来,世界上出现了以环境标志(绿色标志)制度为核心的绿色消费浪潮,对转变不可持续消费模式产生了推动作用。据 1990 年的一项调查表明,67% 的荷兰人、80% 的德国人、77% 的美国人表示在购买商品时会考虑环境问题。在我国,绿色消费观念处在起步阶段, 绿色消费还没有形成规模。不少消费者仍将款式、价格、质量等列为购买商品的首选,不注重产品是不是“绿色”。但是面对环境污染、农药、化肥、生长素的大量使用,一些中等收入家庭首先关注宜于健康的产品,这为绿色经济的发展奠定了基础。同时随着我国可持续发展战略逐步渗透到人们生活的各个角落,尤其是国家陆续出台有利于环境保护的相关政策,使得绿色经济发展有了保证。2000 年我国社会消费品零售总额为 34153 亿元,其中绿色产品消费约占 8%,预计到 2005 年我国社会消费品零售总额将达到 55004 亿元,届时绿色产品将占到 20%,也就是说绿色消费将达到 11000 亿元。如果有一个庞大的绿色消费者群体,就会迫使更多的企业实行清洁生产。从一定意义上说,消费者代表了经济的需求方向,是决定经济和社会是否可持续发展的主体。

(3)精神消费。

工业社会的一大缺陷在于:在精神上,社会还没有来得及提供精神享受之乐时,物欲就已借着生产的发达填补来了精神的空白,于是享乐主义、消费主义就占领了人的精神境界。精神消费表现在两个方面:占了优势。可持续消费则进入更注重精神追求的消费,一是,它是一种追求接近自然的生态消费,不以获得具体有形的商品为主要目的,而是从中获得美感、知识、闲暇为指向的消费方式。如生态旅游、生态小区建设等,都具有这样的精神内涵。二是,它是一种在物质需求之外,更多地要求文化教育、科学技术学习、健康的娱乐活动和体育活动的消费。这既可以开发人的智慧和能力,又有利于培养高尚的品德和高雅的情操,把人格从功利型的“经济人”中拯救出来。

4. 个人消费行为准则。

(1)物质消费与精神消费并重。

精神消费是指通过读书学习、文化娱乐等活动使人的精神健康得到发展、智力得以增加的消费活动。其重要性就在于既能提高劳动的素质,又能陶冶人的性情,提高人们的生产品质。江泽民同志在党的十五大的报告中强调指出:“拓宽消费领域,引导合理消费。在改善物质生活的同时,充实精神生活,美化生活环境,提高生活质量。”人们的消费生活,不仅在于物质消费的满足,更重要的在于精神文化消费的满足,精神文化是消费人类特有的消费现象,而科学文化又是人类文明的重要因素。所以,在物质消费有了一定基础的前提下,我们要注重丰富精神文化生活,加大精神消费量。物质消费,用以保持人的生理健康,精神消费可以增进人的精神健康,购买各类书籍开发人的智力,经常参加锻炼,进行健康的娱乐活动等,都是精神消费的表现。我们在个人消费过程中应该不断提高消费中的文化含量,并不断提高精神文化生活的质量。

加强精神消费的一个有效途径是扩大高层次的文化消费领域,开拓一些高层次的文化娱乐场所和文化娱乐活动。如高雅音乐、高雅艺术的表演,高雅文艺作品的欣赏;发展一些内容丰富、文化含量高的公共文化设施,包括图书馆、博物馆、科学馆、文化馆,有特色的公园等。还可开展一些有益于身心健康的闲暇消费活动,如琴棋书画、种花种草以及参观访问等。还可开展文化旅游、生态旅游等,丰富闲暇消费的内容。特别要提高高层次的精神文化消费的比重,从根本上提高消费质量。

(2)消费欲望和支付能力相适应。

个人消费应该注意将消费控制在支付能力范围以内,要考虑个人的实际收入水平,避免奢侈性消费。奢侈性消费是西方消费主义的表现形式,是指个人的消费支出过多的超出收入水平和财力状况。奢侈性消费方式是 20 世纪 30 年代兴起的,它开始于美国,其理论基础是凯恩斯的消费主义理论,奢侈性消费生活方式造成大量的物质浪费,并严重污染了生存环境,很明显是违反道德原则的。

(3)个人消费和社会消费相容。

个人消费应该和社会的生产水平相适应,也就是说,个人消费和社会消费相容,应该避免超前消费。超前消费的本质是超越了经济发展阶段所决定的消费水平,超出了此阶段生产力发展水平可以承受的界限。虽有暂时促进生产的积极作用,但超前消费带来的消费与积累比例失衡不利于保持生产的连续性、扩张性,其消极作用更为突出。我们应该提倡合理消费。合理消费,包括不抑制消费和不超前消费两层意思,就是使消费与我国的国情和家庭收入状况以及需求状况相适应,量入为出,既不滞后,又不超前;提倡“量入为出”有计划地消费;

强调节约、勤劳俭朴等节俭消费观，反对及时享乐、奢侈腐化、挥霍浪费等消费主义观，不提倡吝啬型消费观；强调理性消费、理性行为，反对非理性的盲目消费，包括盲目攀比、盲目从众的病态消费。

第三节　个人投资行为的道德责任

一、个人投资行为

个人投资行为是指个人运用自己的收入直接或间接地参加各种生产和经营活动，并由此取得一定的收入。个人投资有两种方式：个人直接投资和个人间接投资。

个人直接投资是指个人购买生产资料，然后依据自己投入的劳动和生产经营的成果而得到生产经营性收入，是拥有实际的管理控制权的一种投资。常见的一种形式即通常所说的私营企业。而个人间接投资是指个人参加社会集资而间接地参加生产经营活动，个人将依据自己参加社会集资份额的多少而取得利息收入和股息收入。这是指通过购买公司股票、债券等金融性资产，依靠股息、利息及买卖差价来实现资本增值职能的一种投资。对于个人投资者来说，拥有的资本数量较少，进行直接投资的比例并不大，而主要进行间接投资。故而我们本节主要论述个人间接投资中的道德问题。个人间接投资的对象是金融市场中的各种金融工具包括货币市场工具，如国库券、商业票据、银行承兑汇票；资本市场工具，如中长期国债、市场债券、公司债券；股权证券，即上市公司股票。个人在进行投资于金融市场的活动中，可选择投资于各种基金，或自己投资各种进工具。前者由投资专家管理，后者由自己作出决策，即通常所说的散户。

二、个人投资的道德约束

1. 何谓不道德公司。

对于那些在生产经营活动中有不道德行为或经营方向被视为不

道德的公司,我们可以把其称作不道德公司。这个界定包含的范围比较广泛,很明显,从经营方向来看,合法的公司不一定是合乎道德的公司。比如,烟酒公司、军火商、加工动物皮毛的制造商等,这些公司往往成为一些关注道德因素的社会团体像动物保护组织等的抨击对象。从经营活动来看,不道德的公司可能有以下一些行为:肆意污染环境、忽视安全生产、销售不合格产品、行贿受贿、偷漏税等等。对于从事直接投资的私营企业主来说,如果他们有对社会负责任的心态,就应该将其资金投向从事道德经营的行业,而不是这一类不道德公司。

2. 道德性投资。

道德性投资并非新事物。它的出现与宗教组织有关。在 19 世纪,教友派和卫理公会派等宗教团体都劝告他们的信徒,不要投资于虐待工人或利用人来赚钱的公司。而在 20 世纪初,卫理公会派开始投资于股票市场时,就明确地将酒业公司和博彩公司排除投资范围之外。这就很明显表明该宗教组织的投资立场就是道德性投资。这种道德性投资的趋势在 20 世纪不断增长:1971 年美国成立的和平女神世界基金在发起时就避免投资于卷入越战的公司。和平女神世界基金目前拥有的几项基金在管理中都在使用一系列的社会性标准,致力于"建立并达到特定的社会和环境责任标准"。

道德投资的发展,得益于 20 世纪开始的股权分散化以及全球对环境保护和人权的关注。公司的社会影响越来越受到投资者的关注。一场反对向实施种族隔离制度的南非投资的运动迫使福特汽车和可口可乐等许多公司减少甚至停止了在南非的业务。近来,还有活动抗议壳牌石油在北海油田和尼日利亚的投资,以及耐克在亚洲的雇佣政策。著名的绿色和平组织也发起了一轮针对埃克森石油公司的抗议活动。绿色和平组织指责埃克森造成环境恶化。这和过去的抗议活动有所不同,以往的抗议活动多数只是抨击公司对公众犯下的错误。日益普遍的道德性投资终于得到了商业社会的认可,由《金融时报》和伦敦证交所共同设立的一套道德投资指数正式开始运行。这套被称为 FTSE4Good 的指数,包含四个指数,分别评估英国、欧洲、美国和全球上市公司。该系列指数仅涵盖那些满足特定的环境、社会和人道主义标准的上市公司,而诸如烟草业、军火业、核电业、采矿业以及那些涉及放射性物质业务的公司被排除在指数外。道德性投资已经逐步成为一个拥有正式名分的产业,并成为全球金融市场的一个组成部分。有研究指出,几乎有 1/8 的专业投资基金都在某种程度上受到道德性因素的影响。事实表明道德性投资正在飞速增长:1998 年到 2000 年之间,投资于英国的道德性基金增长了 1,750%,达到 37 亿英镑。在美国,类似的投资在 1997 年和 1999 年间增长了 82%。但是值得注意的是,对公司行为影响的角度来评估道德投资的有效性往往十分复杂。一个重要的问题就是用于判别公司的标准常常是前后矛盾的。道德投资者对于公司行为的一些要求也常常会导致公司产生高昂的短期成本,比如说,放弃与那些军事政权组织的合同会直接影响到公司的利润。但实际上,做类似这种军火生意的公司虽然有可能为此受到客户的压力和责难,但考虑到全球资本市场的巨大容量和相比之下道德性投资的比例还是很微小的,这些公司还是会把道德性投资放在一边,不予理睬。正因为这类现象在现实中也很常见,我们更要提倡道德性投资,形成一种良好的社会风气,促使那些经营中已经存在不道德行为的公司有所转变,以及使那些想从事这些行业的公司意识到道德性投资的存在,从而改变他们的想法,考虑社会整体的利益。

三、社会责任投资

1. 对社会责任投资概念及现状。

社会责任投资又称对社会负责的投资,指的是将投资的目的与社会公正、环境保护等统一起来。与以往的投资观念所不一样的是,通过社会责任投资,投资者可以考虑更广泛的投资决定因素,而不仅仅是财务方面的考虑,这些因素包括环境保护、社会公正、消除贫穷及实现和平等等。由于投资者结合对社会、经济发展和环境健康的关心，再加上传统财务的考量，使经济和社会都能得益。

社会责任投资很好地体现在社会责任投资基金上。目前，在欧美基金界正流行着这种"社会责任投资基金"或简称社会责任基金SRI。具体而言，这种基金的投资政策中规定了社会责任的内容：也即不准投资于军工厂行业、烟草行业、博彩业等危害人民生命健康的行业，也不准投资于那些环保、劳工、道德记录不佳的上市公司。如果公司有不道德的行为或不诚信的表现，就会立刻被排除在投资名单之外。决定一个上市公司是被选进还是被排除在投资名单之外时所考虑的因素主要有：行业的社会道德性、一个公司的环保记录、劳工记录、产品质量记录。

从投资者角度来看，实际上是"在投资决定中结合了个人的价值取向和对社会的关注，不仅考虑投资者的金融需求，而且强调投资的社会影响"。社会责任投资允许投资者在投资选择中加入个人或组织、团体的价值理念和信仰，表达他们对经济和社会、利益和伦理、当前状态和未来持续发展的选择。从公司角度来看，社会责任投资作为在严谨的金融分析中考虑投资的正的和负的社会、环境效果的投资过程，识别并投资在满足一定的"公司社会责任"标准的公司。社会责任意味着建立在一定伦理价值和对雇员、社区、环境关注的基础上公开、透明的业务运作，它把可持续发展的理念最大程度地传播到社会和股东。

从可持续发展角度来看，社会责任投资是企业经济活动实现可持续性的市场机制。一个做到"文化、社会、环境可持续性"的企业不只追求利润最大化，而且也追求社会、文化、环境可持续发展的目标。经济目标和后者之间会产生一种可持续性的平衡，这种平衡将比一般投资带来更高的利润。

在英国以及美国，社会责任投资已经具备一定规模，管理的资金超过2.3兆美元。1997年，国际社会为此提出《社会责任8000》作为非官方的标准，1999年联合国秘书长安南带头签署了《联合国全球契约》等。美国普通股民纷纷加入支持行列，通过共同基金投资于具有社会责任的企业，以便做到“投资者可以既做出社会贡献又不损失自己的腰包里的钱。”1997年，这部分资金就已达整个美国专业管理基金的1/10。美国的社会责任投资基金在20世纪80年代初只有几个基金，现在则拥有60多个基金和超过2万亿美元的规模。在英国有50亿美元的规模。但在亚洲，虽然SRI能够促进经济持续增长，其潜力却未为人所认识。但是，在亚洲比较富裕的地区，甚至连普通投资者也开始要求他们支持的公司遵守高标准的环境和工作条件——或者至少提高标准。新成立的亚洲持续性和负责性投资协会主席特莎·坦南特说：“明年前后，我们很可能看到中国香港和新加坡出现更多的社会责任投资基金，中国台湾、韩国和印度也有这种可能。”在日本，日兴生态基金经理瑞枝筑紫说：“大多数公司不愿回答我们的问题，但是当基金启动6个月后我们募集到超过20亿美元的资金时，这些公司突然变得有环保意识了。一些公司甚至还与我们联系，把它们新出版的环境报告给我们看。”

2. 社会责任投资与决策。

(1)投资者优先投资的“应有”偏好。

如果投资者优先在投资时，优先考虑那些对社会负责、关注社会整体利益的公司，那将极大地促使企业考虑社会责任问题，改善企业唯利是图，轻视社会利益和大众权益的不良风气。随着投资者越来越意识到环境、和平、健康的重要，在投资时，也确实对负责任的公司进行优先考虑。在英国，95%的成年人赞同“我希望我的投资给那些帮助而不是伤害世界的公司带来利润”。据估计，在美国全社会大约20%的投资属于社会责任投资基金管理。1997年以来，数万名日本人向全国纷纷出现的社会责任投资共同基金中的7种投入了数十亿美元。在香港，中等规模的北极星资产管理公司宣布，今后它所属的6家信托投资分公司只对符合其社会和伦理标准的股票进行投资。自1999年起，新加坡人就有机会购买保护妇女和家庭的新加坡妇女联合基金。

（2）企业社会责任运动的发展趋势。

企业社会责任运动不仅是一种理念，也是一种实践。今天，在当代西方，尽管传统资本主义以竞争为特征，以盈利为唯一目的的实践依然很强势，但越来越多的人和企业开始接受这样一种具有社会责任感的企业实践。此外，来自社会的压力包括舆论压力和各种法规，也从另一面促成了这一运动的发展。管理瑞士联合银行股本基金和生态事务的英格博格·舒马赫称赞丰田公司积极降低新车型的燃料消耗，还研制出靠汽油和燃料电池工作的混合动力汽车。舒马赫也很喜欢大型电子厂商索尼公司。她对这家公司关于到 2003 年 3 月在其产品中停止使用有争议的物质如阻燃性卤化物和 PVC 的计划表示赞赏。舒马赫说："日本的公司意识到，对于他们来说处理环境问题是重要的，因为他们的欧洲顾客要求他们保护生态，否则就没有定单上门。"

亚洲持续性和负责性投资协会也开始对非日本的亚洲公司进行分级。坦南特称赞为曼谷提供饮用水的泰国东部水资源公司所开展的节约用水项目。菲律宾的软件公司 SPI 技术公司也由于其进步的劳工政策而受到赞扬。尽管目前社会责任投资也遇到一些困难，但支持这种投资行为的人认为假以时日，社会责任投资股票就会超过普通的股票。在 2000 年 12 月以前的 10 年里，多米尼 400 种社会行业股票指数的年收益率为 19.01%，而标准普尔 500 种股票的收益率只有 17.48%。从 1990 年 5 月开始统计的该指数剔除了美国公司中的酒类、烟草、赌博、核电和武器公司。在余下的范围内，该指数根据环境记录、产品安全、员工关系和多样化等因素选择了 400 家公司。坦南特说："社会责任投资从本质上说是长期投资。"她从目前的全球经济动荡中发现了积极的一面。她认为被迫进行重组的公司仅仅为了吸收新出现的社会责任投资，也必须进一步明确自己作为社会一员的责任。换句话说，从善者能成功。企业社会责任运动的许多原则不仅与中国传统美德而且与我们当代需要的道德伦理的内涵很接近，例如它对"所有人的利益"和"社会责任"的强调，对员工利益的强调，对女性地位的尊重，对物质至上主义和拜金主义的批判以及对生活内在质量特别是精神文明的强调，都是非常有价值的。它所提供的整体、合作、共同创造、同情、关心、分享、仁爱、正直、尊重他人、忠诚、有抱负、个人的创造性、对集体和国家的责任感等品质，都是我们今天重建道德伦理所需要的。这样的榜样企业家"对于做好事从来没有说过一个'不'字，"以及"对地球的圣洁的坚定不移的尊重，对高尚道德和伦理标准的严格恪守"，无疑也是企业家应当信守的。

另外，社会责任投资基金 SRI 也具有促进企业更好的考虑社会责任的作用。这是因为社会责任投资与传统组合投资的主要不同是，社会责任投资基金的管理者还试图通过控股，在社会问题上影响上市公司行为。国内的社保基金投资应该借鉴国外社会责任投资基金的标准做法。比如根据一定标准规定社保基金可以投资的上市公司股票名单，这些标准首先是社会、道德标准，然后才是回报率标准，主要在蓝筹股中选择并列出社保基金可以投资的名单。名单可以每 3 个月或 6 个月更新一次。社会责任投资随时对不道德的股票做出反应，抛售或者把它排除在投资名单之外，用道德和市场的力量把股市中的害群之马驱除出去。现在市场当中的很多错误是由于不道德而造成的，比如皮包公司诈骗、股市操纵、假冒伪劣产品、制造虚假的财务报表、股份公司自我炒作、大股东侵吞小股东的财产等。这些情况与以德治国、以德治市的要求相差甚远，除了通过健全法律来改善以外，我们还可以通过鼓励社会责任投资来帮助改进。在经济全球化快速发展的前景下，竞争优势的资源正在持续地发生变化，某一特定的表现标准正从获胜的标准转变成为限制性标准，成为公司能否存在的关键因素。传统的成本、质量、供货期、灵活性等要求已经成为最基本和最平常的标准，工商界已经明确地将社会责任看做竞争优势的一种资源。将社会责任纳入经营的战略考虑面临折衷选择的障碍，公司实现良好的社会责任表现必然会挤占其他竞争因素的资源，经理们通常相信，改善社会责任表现可能增加成本或者降低速度和灵活性,在某些情况下,甚至可能会对产品和服务质量造成负面的影响。但是,用于社会责任的投资永远不会是负面的,它会影响到商业表现的其他方面。在竞争环境下,对工人和经理的巨大创造性是一个明显的提示,持续提高的竞争性和日益稀缺的资源,同时推动工商企业走向更加灵活、更加有效的生产体系。

第四节 个人投机活动的道德风险

一、个人投机活动的界定

长期以来,在人们的传统观念当中,“投机”一直是一个贬义词,人们往往认为不付出辛勤劳动,通过单纯买卖而获利的投机行为是一种不道德的行为。但在市场经济条件下我们有必要重新正确认识投机行为,鼓励适当的合法投机,发挥投机活动在经济生活中的积极作用。在经济学中,投机是一个科学的概念,它指的是为了获利而依据对市场价格波动的预期而进行的各种买卖活动。在这里,投机不是为了他用,而是为了从不断的价格变动中获取利润。

在市场经济的条件下,对于参加市场交易的人来说,每个人都懂得“贱买贵卖”这一交易原则,如果这种交易超过一定的限度,利用价格频繁上下波动进行频繁买进和卖出,获取差价,那就形成了投机。这时,参与交易的人就成为我们所说的投机者,他们的行为叫做投机行为。投机行为的特征表现在:首先,投机具有很大的风险性。在以市场为导向的市场经济条件下,未来价格受多种因素的影响,有极大的不确定性,投机者判断的准确性取决于其掌握的信息。但投机者的精力也是有限的,不可能掌握所有的信息,而这就给其进行判断增加了难度,风险性随之加大。其次,投机的风险不是随机的,而是可以预测的。这也是投机和赌博的不同之处,赌博的风险是无法预测的,但是投机者却可以凭以往的经验和知识去把握市场信息。投机交易程序简捷,时间短。投机者获取信息之后,迅速作出决策,进行交易,以最快的速度获取较高的收益。

我们也应该看到,投机活动是一把“双刃剑”。经济学的理论分析证明,投机活动如果赢利,是有利于国民经济的,而且这一部分赢利应该计入国民生产总值。这就是说投机是创造财富的活动,而不仅仅只是财富的转移。正因为这个原因,各个市场经济国家虽然多半禁止赌博,但都承认投机是合法的。投机是促进市场流动的组成部分和投资等其他经济活动正确结合,起到积极作用,尤其是在期货市场、证券市场和外汇市场上。投机活动的经济功能表现在:(一)承担交易风险。在证券市场和期货市场上,保值者是那些为避免价格波动带来的损失而交易的投资者,往往利用套头交易的方式来逃避风险,而投机者则是专门承担价格波动风险的,没有投机者就没有风险的承担者。投机者在客观上保持着投资市场的供求平衡,扩大市场供求的规模,因此被称为“市场的制造者”。(二)活跃了市场。市场的活跃体现在一个市场能够迅速地向买方或卖方提供交易对象,而投机活动起到润滑作用,增加市场的流动性使消息快速传递,降低交易成本。但是如果投机活动造成了经济损失,那这时投机就成了一种反生产行为,即导致国民生产总值的减少。未来的价格即价格趋势是投机活动的产品,它对社会的贡献就是正确地预测了未来价格。如果预测错误,投机将导致国民生产总值的减少。

举个例子,20 世纪 90 年代初,海南的房地产泡沫就是对投机行为的最好注释。一个经济高速发展的地区,交易频繁,商业机会大量出现,必定会吸引外地资金大量涌入。这时就有大量游资投入到房地产、股票及其他金融证券场所。对于处于快速变动中的整个地区而言,了解未来的价格是至关重要的,尤其是房地产。如果没有投机活动,房地产价格必定偏低,这将导致土地资源的误用,特别是如果有外商进入购买房地产时,他们将不费吹灰之力而赚取巨额利润。有了房地产投机活动,未来价格就能在现在反映出来,所以这种投机活动是有利于整体经济的。然而参与投机活动的人未必都是经济学家,更未必都能准确预测未来价格,相反,绝大多数投机商的活动带有较大的盲目性。一窝蜂式的模仿行为往往把房地产价格炒过了头,于是就出现了泡沫经济。如果房地产价格炒过了头,将导致成本的普遍上升,使经济失去竞争力。本来在市场力的作用之下过头的房地产价格自然会回落,但这将导致一大批人遭受巨额亏损,所以他们将竭尽全力维持过高的价格,于是将出现一段持续较量的相持过程,但最终的结果是二者必居其一。或者是当地经济失去竞争力,或者是一大批房地产商人亏损破产,甚至两种坏结果先后出现,先是经济失去活力,继而房地产大跌价。投机行为的弊端是过度投机导致的,而这种盲目的投机行为需要一种外力的限制,从根本上来说,需要完善市场制度。例如限制一天内价格波动的幅度,提供正反两方面的价格信息,开辟更多投资渠道,分散投资项目。当然,政府发布价格预测也是有用的。如果政府的预测多数比较准确,它就逐渐享有很高的信誉,并起到价格风向标的作用。这对抑制盲目投机有重要的作用。

二、投机的道德风险

投机分为投机牟利和以权牟利,投机中的以权牟利在个人投机行为中并不多见,而主要是指一些有政府背景的组织利用其职权,获取相关信息进行的投机活动,比如在一级市场上就较容易发生以权牟利的行为。该行为毋庸置疑,是一种不道德的行为,对于参与以权谋利的个人来说,当然其行为是不道德的,因为其行为破坏了市场公平竞争的秩序,搅乱了市场的有序竞争。

对于个人投机者而言,其投机行为表现为利用变化频繁的差价,频频进行买进卖出的,是属于投机牟利,正如上文提到的这种行为有其积极的一面,可以促进国民经济的发展,但投机行为有着盲目的一面,并且有一部分投机者为获取高额的利润,可能就不惜制造散布虚假信息,扰乱市场的秩序,进行不正当的投机活动,违背了最基本的道德要求。并且一旦过度投机,其破坏力很大,如众所周知的泡沫经济。

虚拟经济是指相对独立于实体经济之外的虚拟资本的持有和交易活动。虚拟资本是市场经济中信用制度和货币资本化的产物，包括银行信贷信用，如期票和汇票，有价证券如股票和债券，产权、物权及各种金融衍生品等。证券市场和金融衍生工具交易中存在大量的投机活动，金融市场的交易额和金融活动本身的产值迅速增长，形成规模不断扩张的虚拟经济。而泡沫经济就是指这样一种当虚拟经济过度膨胀而引致的股票和房地产等长期资产价格迅速的膨胀，是虚拟经济增长速度超过实体经济增长速度所形成的整个经济虚假繁荣的现象。其形成过程为一种或一系列资产在一个连续过程中陡然涨价，价格上涨的预期吸引了大量新的买主，这些新买主一般只是想通过投机获取价差，牟取利润，而对所买卖的资产的实际使用价值或盈利能力不感兴趣；由于新买主的不断介入，价格节节攀升，形成泡沫经济现象；一旦价格上涨的预期发生逆转，价格暴跌，泡沫破裂，便引发金融危机并导致整个经济衰退。

泡沫经济扭曲了资源配置方式、降低资源配置效率，阻碍农业、工业等实体经济的发展。在泡沫经济兴起阶段，投资于股市、汇市和房地产等可以得到远非实体经济能够企及的很高的回报率，高回报率使大量资本从实体经济部门流入股市、汇市或房地产，使股市、汇市和房地产异常繁荣，资金供求失衡又会引致利率大幅上升，使实体经济部门的发展因融资成本过高而萎缩甚至停滞；同时，股市、汇市和房地产业的高收益使大批人才流入泡沫经济领域，使劳动成本因人力资本短缺而迅速提高；生产成本的过度膨胀会降低实体经济部门的国际竞争力，阻碍出口贸易的增长。泡沫经济所扭曲的资源配置方式，会严重损害一国的综合经济实力，阻碍一国的经济增长。同时，泡沫经济扭曲消费行为，恶化国际收支状况。泡沫经济引致的虚假繁荣景象扭曲了消费者的消费行为，是产生过度消费现象的重要根源，过度消费本身就是一种消费陋习，其道德性让人怀疑。而过度消费又容易引致进口大量增加，同时，企业由于借贷成本过高，劳动力成本加大，会降低出口竞争力。

泡沫经济也破坏金融系统运作，降低银行抗风险能力，引发金融危机。泡沫经济中投机活动盛行，资金需求剧增，诱使银行不断提高利率以获得更高的效益。高利率促使银行扩大信贷，放松对信贷质量的审查和可行性研究，使银行等金融机构的大量资金涌入股市、汇市和房地产等过度投机市场，实体经济由于无法承受过高的银行利率而使其正常资金需求受到极大抑制，银行等金融机构作为既得利益集团，对股市、汇市和房地产投机起到了推波助澜的不良作用。经济泡沫的破裂不仅使大批个人或企业陷于困境甚至破产，也会给金融机构带来巨额不良信贷，造成银行等金融机构资产质量低下，抗风险能力减弱，引发金融危机与经济危机，破坏宏观经济稳定。

三、对投机道德性的实证分析

对投机道德性进行实证分析，可以运用帕累托最优作为分析工具。帕累托最优分析是指在一个经济体系中，一个人的最优只产生于不影响到他人的最优的情况下，也就是不仅能够增加自己的经济收益，而且能够增大整个经济体系的经济收益。用帕累托最优来判断个人投机行为的道德性时，如果投机活动能促进帕累托最优，它就是道德的。

要理解用帕累托最优分析来判断投机活动的道德性，我们首先从交换谈起。市场经济体制说到底是建立在交换基础之上的，依靠市场竞争行为对稀缺资源进行配置的一种经济制度。在这种制度下，为保障资源配置效率能达到理想的帕累托最优状态，就必须要求经济主体之间的交换是平等自愿没有欺骗的交换，这其中就包含了道德的含义。没有欺诈即是要求交易双方要做到诚实守信，对于投机活动而言，为达到帕累托最优状态，也同样要遵循这样的道德标准；另一方面，正由于市场经济体制是建立在交换基础之上的，而每个参与交换的主体在法律上又是完全平等和自主的，因而任何形式的交换都可以看做是一种契约关系。这里的契约概念与法律上规定的契约或者说合同的概念有很大的不同，两者之间虽然有一定的联系，但前者的含义更加广泛。它不仅包括具有法律效力的契约，而且也包括一些默认的契约，即由于礼仪的、习俗的或者宗教的原因而产生的一些不需要明言双方也能明白的权利和义务，不言而喻，这里的契约概念是包含了道德的成分的。在新古典主义的契约理论当中，契约是完全的，也就是说，缔约双方不仅能完全准确地预见契约期内可能发生的所有重要事件，而且还能用双方都明白的语言规定在这些可能事件发生时双方的责任和义务，并且在双方发生争议时，第三方能够使合同得到强制执行。可以预见，在这种近乎完美的、有着完全信息的世界里，契约基本上都会得到完全自愿的履行，因为，如果不然的话，通过第三方的裁决，违约人也要付出同样的有时甚至更多的成本。因而对整个社会来讲，违约的总成本即是由这种违约或潜在的违约行为所带来的社会交易成本的扩大。

除道德约束力量以外，法律也是一种常见的手段。但是能用法律手段代替道德约束吗？是不是合法的投机行为就是合乎道德的行为呢？进一步说经过法律手段调整的投机行为能不能达到帕累托最优状态？要回答这些问题，我们就得从交易成本来分析。在契约理论中，交易成本不仅包括那些签约和谈判成本，而且也包括度量和界定产权的成本、监督绩效的成本以及判明并惩罚违约责任的成本等等为维护和保证契约得以履行的支出。很明显的是当诚信水平很低，即交易双方不遵循诚实守信的道德原则的时候，人们经常违约，要动用的执法人员就会增加，同时为了保障自己的利益，在与有违约记录的人进行交易时，人们也不得不试图签订更加详细具体的合同，或者干脆忍受一定程度的效用损失而放弃这次交易。显然所有这些都会带来全社会总交易成本的扩大并降低了人们应该享受的效用水平。

更进一步，在现实世界中，完全契约这种现象是从来都不曾真正存在过的。人们的有限理性和世界的复杂多变使得他们根本就不可能完全预见到即将发生的事；同时，一些人为了个人私利故意隐瞒真相甚至制造虚假信息的行为，大大增加了得到真实信息的成本；另外，由于人的有限理性和知识局限性问题，加上法律条文大多数情况下都是高度概括的，因而不排除在对合同条文和法律规定的理解与执行上有因人而异这样的状况。这样，在完全契约理论下，法律可以保证契约最终得到正确履行这种状况就不复存在了，在预计可以逃脱惩罚的情况下，一些投机者就会视契约和法律为无物，有时甚至会故意利用契约的不完全性和法律的漏洞来达到一己之私利，从而损害了整个社会的公信力，这种投机者不道德的行为是不可能达到帕累托最优状态的。

法律作用的局限性使得在契约的履行过程中，尤其是在默认契约的履行过程中，法律机制只能作为一种最后的威慑机制起作用，而大量的契约还是以建立在信誉基础之上的自动履行机制得以实施的，需要用道德的力量来约束市场交易双方。所以从交换和交易成本的角度，我们可以看出，一旦达到了帕累托最优状态，则此投机行为也是道德的。

附录:经典案例

马招德卖官链

海南省工商局局长马招德处于一个买官卖官金字塔结构的顶端,在他之下的每一层,向上进贡,向下搜刮。谁最终买单?

三任工商局长前赴后继

在金字塔顶端坐享其成的是权力最大的“批发商”,倒买倒卖拼命牟利的是层次不等的各色“中间商”和“掮客”,而最终为这一长长的链条买单的,则是海南的工商业者。

在人们面对各种形式的腐败似乎变得麻木的时候,发生在海南的一宗买官卖官案再度震动了公众的神经,横向比较的话,在这桩丑闻中,单个犯罪嫌疑人被确定的行贿受贿金额并不大,最多的不过90多万元,有的甚至不足10万元。然而此案的牵涉面之广却超出人们的想象,从省工商局长到副局长,再到县工商局局长甚至工商所所长。

2003年6月27日,已经销声匿迹多时的原海南省工商行政管理局局长马招德重新出现在了公众面前,不过,与往日坐在主席台上的意气风发不同,这一次马招德是站在海南省海口市中级人民法院的被告席上。一向风度翩翩的马招德看上去消瘦而苍老。

一个多月后的8月12日,还是在同一个地方,马招德以受贿罪被判处有期徒刑11年,剥夺政治权利3年并处没收人民币10万元。法庭确认马收受原屯昌县工商局局长吴岩等18人的贿赂共计人民币81.6万元,美元1万元,港币2万元。

实际上,早在2002年9月23日,马已因涉嫌受贿被“双规”,接替马招德主持工作的是时任海南省工商局副局长的郑先育,然而席不暇暖，郑很快也锒铛入狱。2003 年 8 月 2 日，检察院以郑先育先后 14 次收受屯昌县工商局局长吴岩和原万宁市工商局局长叶东雄贿赂款 9.2 万元对其提请公诉。

其时，最先被捕的叶东雄已于 2003 年 7 月 22 日在海南中院被提起公诉，而吴岩则仍在看守所中等待开庭。

然而，这四起案件并不是海南省工商局事件的全部。一个不为公众所知的事实是，马的前任富荣武已于 1999 年携家逃往海外。虽然富案尚未进入司法程序，但在工商系统的议论中，富涉嫌巨额贪污。

传说中富荣武逃跑的过程颇具戏剧性。富曾委托中间人转给前妻 200 万元，不料中途被现任妻子截下。中间人后来因害怕富追查出来危及其生命，就来到检察院寻求保护，富得知后立刻潜逃。

从富荣武到马招德、郑先育，以及叶东雄、吴岩，前后三任省工商局长和两位县工商局长相继落马，这还没有将卷入案件的 20 多名涉嫌行贿者计算在内，这些人中的绝大部分也都在海南省各级工商机构局担任领导职务。

这一长串名单，不但揭开了海南省有史以来最大一桩丑闻，也组合成一个 21 世纪买官卖官的典型案例。从案件发生和暴露的整个过程中，人们可以清晰地看见金钱与欲望怎样将这些分散的个体组合成一个高效的销售网，不过，这里买卖的却是一种特殊的商品——权力。在这个秘密的市场中，权力的大小决定着每个人的角色和收益，不同的官位也有着不同的市价行情。坐在金字塔顶端坐享其成的是权力最大的“批发商”，倒买倒卖拼命牟利的是层次不等的各色“中间商”和“掮客”，而最终为这一长长的链条买单的，则是海南的工商业者。

节选自《财经》2003 年第 18 期

卢万里真相

卢万里,前贵州省交通厅厅长。2002年1月24日出逃,2002年4月16日被递解回国,2002年5月9日因涉嫌受贿罪被贵州省检察院逮捕,2002年5月27日被免去九届人大代表职位。从2002年5月至今一直在押。

中国近年来失陷于经济案的省交通厅长绝不在少数,人们记忆所及,便有河南交通厅厅长石发亮、曾锦成、张昆桐,四川交通厅厅长刘中山,广东交通厅厅长牛和恩等等。相关罪案曝光之时,媒体说法都是"前交通厅长"。然而,在诸多"前交通厅长"中,卢万里当属目前最受关注、最富于戏剧性的人物。

关于卢万里之涉罪及牵连说法多多,零碎而且相互矛盾,直到2003年7月19日,贵州省纪委等七家单位在贵阳举办了一次"贵州省党风廉政建设和反腐败斗争成果展览",人们才从其中的案例图片,实物展示和文字叙述中,看到了卢案相当完整、同时也更为令人震惊的轮廓。

上述展览对也曾轰动一时的前贵州省委书记刘方仁和副省长刘长贵经济案亦尽述其详,使人一望可知两案正与卢万里案交织牵连,贵州省交通厅前副厅长张有德等一批当地公路工程领域的贪官的恶行,更在展览会上一一曝光。

展览是在内部进行的。全省巡回,团体参观。参观者为党政干部,现场不许照相、录音、记笔记。在贵阳的展览结束后不久,从8月13日起,贵阳中级人民法院逐日开庭,依次审理张有德等人贪污受贿案,此过程已经向当地部分官方媒体公开。

尽管如此,事实仍在步步公开,在贵州,以卢万里为中心人物,以绵延万里的公路建设为舞台,一组恶性连环案件尽数展示开来。人们这些年来颇有所闻却难知其详的"交通腐败"案,至此终于有了较为详尽的样本。

交通厅长之“最”

卢万里已可认定的涉嫌贪污受贿数额，包括人民币、房产、车辆、美元折合人民币 2461.5 万余元。这在国内目前已知的省级交通厅长犯案中可谓涉案数额最为巨大，情节最为恶劣。

贵州省曾是中国交通最为落后、经济也最为落后的省份之一。2001 年 12 月初，中国西南入海通道贵州段全长 539 公里的公路正式通车，贵州有了第一条贯通全省、连接四川和广西的高等级公路通道。这成了中国公路交通领域、亦是贵州省的一件盛事。交通部专门组织了“西南公路出海通道千里行”活动，中央级主流媒体争相报道。

12 月 3 日，卢万里在《中国交通报》发表题为《抓紧机遇加快发展》的长文，尽抒贵州公路大发展之豪情。12 月 5 日，卢万里又成了贵阳“西南公路出海通道与西部开发论坛”的发言人，其意气风发的“精彩发言”很受关注。

2001 年底，正是卢万里在贵州交通厅长位置上的第六年。按他本人也是贵州官方的惯常说法，西南入海通道贵州段 80% 的建设在“九五”计划期间和“十五”计划开局之年完成，贵州其他地区一些高等级公路的建设，也大都开工且长足发展完工于此一期间。这一说法，恰指卢万里本人从 1996 年至 2002 年初之任内。从贵州最贫困的铜仁地委书记转任省交通厅长，时年 52 岁的卢万里可谓正逢其时，贵州省关山重重。交通闭塞，借修路而打通北上长江、南下入海的通道，正是其实现经济起飞的关键。与此同时，贵州又因为山地占到 97% 左右，修路费工费时费钱，短期商业效益不显著，因此获得修路资金一直难上加难。

1996 年至 2000 年“九五”计划期间是转折性的一年。据交通部资料显示，在此期间，贵州用于交通建设的资金达到了 137.8 亿元，较此前五年增加了六倍余，此后的“十五”计划中，资金继续投放。相对充分的资金迎来了公路大开发，1995 年底，贵州的公路里程为 32487 公里，等级公路比例仅为 38.9%，而能够封闭运行的高级或次高级公路只有 11%。至 2002 年底，贵州的公路里程达到 44200 公里，更难得的是其中高级和次高级公路占到了 24%，等级公路占到了 69.5%。在山峦重叠的贵州，如此速度与发展质量都显得殊为不易。

不过，踌躇满志的卢万里本人并没有能够在交通厅长的位置坐到近年来贵州主要公路项目正式通车的 2002 年底。2002 年 1 月 7 日，就在庆祝西南通道贵州段通车后的一个月，他被贵州省人大免去交通厅厅长职位。改任经贸委副主任。当月 24 日，称病未前去报到的卢万里持假护照出逃，从广东经香港赴斐济共和国。其妻、儿、儿媳、女儿等人现居国外。

卢万里于 2002 年 4 月 16 日被递解回国。至 2008 年 8 月中旬，中纪委及贵州省纪委的调查结果显示，卢万里及其亲属隐匿在各地的人民币、美元、港元、车辆、房产等物资，折合人民币 6064 万余元，其中 3600 余万元目前仍来源不明，已可认定的涉嫌贪污受贿数额，包括人民币、房产、车辆、美元折合人民币 2461.5 万余元。

此一案件，在国内目前已知的交通厅长犯案中——例如四川刘中山、郑道帆，河南石发亮等前后三任，以及新近昭然的广东牛和恩案——可谓涉案数额最为巨大，情节最为恶劣。

节选自《财经》2003 年第 16 期

麦当劳公司的聚苯乙烯事件

在美国,环境意识在过去的15年内得到显著提高。越来越多的人意识到大量有毒废物、污染垃圾不断被埋入地下、破坏森林的危害性等问题。最大的餐饮连锁店麦当劳提供了一个著名的环境问题研究案例。

多年来麦当劳同其他快餐连锁店一样用聚苯乙烯来制作其汉堡包的包装盒——著名的大号汉堡包蛤壳式包装盒。这种包装盒重量轻,不吸收油脂,而且保温。麦当劳一直选用聚苯乙烯而不用纸板,并且和其他公司联手投资1600万美元在全国范围内建造7个聚苯乙烯回收工厂。但是到了20世纪90年代末麦当劳公司开始改变主意。由于它的规模和主导地位,麦当劳成了环境保护基金(Environmental Defense Fund)攻击的目标,他们声称制造聚苯乙烯包装盒可以产生有毒气体,其大量废物埋入地下,而且需要很长时间才能释解。此外,一个由纸业公司提供资金称为环保包装材料委员会(Pro - Environmental Packing Council)的户外活动集团在学校开展活动,宣传聚苯乙烯制品的副作用。很快,麦当劳就面临杂志 *Forbes Magazine* 所说的"儿童改革运动",其中包括送还活动,许多儿童写的抗议信,以及威胁将联合起来抵制购买麦当劳产品。1990年12月2日,麦当劳被迫宣布在60天之内将分期淘汰其聚苯乙烯包装盒并且用涂膜纸板取代它。

作为环境问题专家的胜利和舆论力量的证明,这一宣布受到欢迎。全国的报纸评论祝贺麦当劳在环境问题上所作的表率作用,同时向其他连锁店施加压力要求他们以麦当劳为榜样。

虽然没有人对关注环境的重要性提出异议,但是尽管很少被听到,还是有人表示怀疑麦当劳公司决定的有效性。负责麦当劳在美国经营的爱德华·H. 任希(Edward H. Rensi)长期以来一直称赞使用蛤壳式包装盒，他说："虽然一些科学研究表明泡沫包装是有利于环境的，但是我们的顾客却没有感觉到它有什么好处。"美国家阿奥杜邦协会（National Audubon Society）的科学家杰伊·贝叶（Jay Beyea）指出这一改变将导致使用大量的纸，"而使用大量的纸就意味着更多的污染"。斯坦佛研究学院（Stanford Research Institute）的一项研究表明没有可靠的根据宣称使用纸制品比使用聚苯乙烯或其他塑质原料更有利于环保。而且这一改变也不会使垃圾埋入地下的问题得到改观，因为这些原料按只占到1%体积的埋入地下垃圾的。Reason Foundation 的研究副总裁林恩·史卡来特（Lynn Scarlett）指出制造聚苯乙烯蛤壳式包装盒比制造纸板包装盒节约能源30%，而且可以减少40%的空气污染和42%的水污染。

最终，是环境问题专家赢了还是对造纸业有极大兴趣的某一派别赢了？舆论也取得了它的胜利。但是是谁告诉了小学儿童那些导致他们对这些问题作出与其年龄不符的武断的认识的事实呢？他们了解事情的始末吗？考虑到当时的环境和它所受的压力，麦当劳改用纸制品的做法也许是一个好的商业决定。但是，这一决定是有利于环境吗？从道义上讲麦当劳有采取这样的行动的义务吗？

不论人们怎样回答这些问题，麦当劳事件表明了公众关心企业对环境和社会的影响，也说明了逐渐加强要求企业具有社会责任感，它也暗示了具有社会责任感的企业才是好企业，而且它也提出了一个问题：企业的社会责任和道德责任之间是否存在有区别？

出自［美］理查德·T. 德·乔治《经济伦理学》，北京大学出版社2002年版。

参考资料

1. 亚当·斯密:《国民财富的性质和原因的研究》,中国社会科学出版社 1963 年版。
2. 阿马蒂亚·森,王宇译:《贫困与饥荒》,商务印书馆 2001 年版。
3. 波普尔:《开放社会及其敌人》,中国社会科学出版社 1999 年版。
4. 马克斯·韦伯《新教伦理与资本主义精神》,陕西师范大学出版社 2002 年版。
5. 约翰·肯尼斯·加尔布雷斯 :《自满的年代》,海南出版社 2000 年版。
6. 弗兰克纳:《善的求索》,辽宁出版社 1987 年版。
7. 保罗·萨缪尔顿:《经济学》,华夏出版社 1999 年版。
8. 阿瑟·奥肯:《效率与公平》,华夏出版社 1999 年版。
9. 霍尔姆斯·罗尔斯顿:《环境伦理学》,中国社会科学出版社 2000 年版。
10. 爱德华·钱思乐 :《投机狂潮》,西南财经大学出版社 2000 年版。
11. 乔治·恩德勒《经济伦理学大辞典》,上海人民出版社 2000 年版。
12. 保罗·克鲁格曼 :《萧条经济学的回归》,中国人民大学出版社 1999 年版。

13. 飞斯蒂芬·维恩斯 :《危机年代》,中国友谊出版公司 2000 年版。
14. 萨米尔·阿明 :《资本主义的危机》,社会科学文献出版社 2003 年版。
15. 爱弥尔·涂尔干 :《职业伦理与公民道德》,上海人民出版社 2001 年版。
16. 尤尔根·晗贝马斯 :《合法化危机》,上海人民出版社 2001 年版。
17. 马尔科姆·卢瑟福 :《经济学中的制度》,中国社会科学出版社 1999 年版。
18. 阿兰·佩雷菲特 :《论经济的奇迹——法兰西学院教程》,中国发展出版社 2001 年版。
19. 保罗·库尔兹 :《21 世纪的人道主义》,东方出版社 1998 年版。
20. 约翰·基恩 :《公共生活与晚期资本主义》,社会科学文献出版社 1999 年版。
21. 马克·斯考森 :《经济学的困惑与悖论》,华夏出版社 2001 年版。
22. 约瑟夫·熊比特 :《经济分析史》,商务印书馆 1994 年版。
23. 约翰·罗尔斯 :《正义论》,中国社会科学出版社 1988 年版。
24. 马克斯·韦伯:《宗教与世界》,简惠美译,台北远流出版社 1999 年版。
25. 休谟:《人性论》,商务印书馆 2001 年版。
26. 亚当·斯密著,蒋自强译《道德情操论》,商务印书馆 1997 年版。
27. 亚当·斯密著,蒋自强译《国富论》,商务印书馆 1974 年版。
28. 马克思:《政治经济学批判》,人民出版社 1955 年版。
29. 马克思:《资本论》,人民出版社 1975 年版。
30.《马克思恩格斯全集》第 42 卷,人民出版社 1979 年版。
31.《马克思、恩格斯、列宁、斯大林论资本主义经济危机》,人民出版社 1978 年版 。

32.《马克思恩格斯全集》第1卷,人民出版社1956年版。
33. 厉以宁:《经济学中的伦理问题》,生活·读书·新知三联书店1995年版。
34. 罗国杰:《伦理学教程》,中国人民大学出版社1985年版。
35. 万俊人:《论市场经济的道德纬度》,中国社会科学2000年第2期。
36. 万俊人:《现代西方伦理学史》,北京大学出版社1992年版。
37. 刘维屏:环境科学与人类文明》,浙江东西出版社2002年版。
38. 傅华:《生态伦理学探究》,华夏出版社2002年版。
39.《中国公共政策分析》2002年卷,中国社会科学出版社2002年版。
40.《中国公共政策分析》2003年卷,中国社会科学出版社2003年版。
41. 孙荣:《政府经济学》,复旦大学出版社2001年版。
42. 骆祖望:《伦理学新编》,上海财经大学出版社1997年版。
43. 张雄:《经济哲学——从历史哲学向经济哲学的跨越》,云南人民出版社2002年版。
44. 徐大建:《企业伦理学》,上海人民出版社2002年版。
45. 陆晓禾:《走出"丛林"——当代经济伦理学漫话》,湖北教育出版社1999年版。
46. 李小敏:《金融危机的国际传导》,中国金融出版社2001年版。
47. 赖德胜:《关于个人收入的几个问题》,《求索》1995年第4期。
48. 吕荣才:《论个人收入分配方式》,《社会科学家》1994年第4期。
49. 苏东斌:《个人经济收入的三大形态》,《特区理论与实践》2002年第12期。
50. 陈莉:《消费主义与可持续消费的困境》,《青年研究》2001年第5期。
51. 俞海山:《可持续消费:内涵、原则与意义》,《消费经济》1999

年第 3 期。
52. 张丽:《消费与投资》,《统计与决策》2003 年第 3 期。
53. 刘立峰:《投资形势分析与政策取向》,《宏观经济管理》2002 年第 12 期。
54. 李立绪 :《韩国启示录》,企业管理出版社 1998 年版。
55. 陈友芳 :《警惕滑入坏的市场经济》,羊城晚报出版社 2003 年版。
56. 林晨辉 :《危机时刻》,中央文献出版社 1998 年版。
57. 章正余:《罗斯福传》,京华出版社 2003 年版。
58. 赵修义:《作为经济伦理学的爱国主义——试论李斯特的经济伦理思想》,《华东师范大学学报》,2000 年第一期。
59.《中国股市投机性泡沫生成机理探析》,《南方经济》2002 年第 6 期。
60. 陶国富:《重视生态伦理建设》,《人民日报》2006 年 4 月 14 日理论版。
61. 陶国富:《中国古代生态智慧的现实意义》,《马克思主义研究》2007 年第 1 期。

新时期农村干部培训教材丛书　主编◎陈文胜　执行主编◎陆福兴

农村低碳发展之路

刘　玮◎编著

国家行政学院出版社

图书在版编目 (CIP) 数据

农村低碳发展之路 / 刘玮编著 . —北京 : 国家行政学院出版社，2012.1

ISBN 978-7-5150-0227-9

Ⅰ . ①农… Ⅱ . ①刘…Ⅲ . ①农村—节能 Ⅳ . ① S210.4

中国版本图书馆 CIP 数据核字（2012）第 007730 号

书　　名　农村低碳发展之路
作　　者　刘　玮
责任编辑　刘正刚 王 娜
出版发行　国家行政学院出版社
　　　　　（北京市海淀区长春桥路 6 号　100089）
电　　话　（010）68920640　68929037
编 辑 部　（010）68928745
经　　销　新华书店
印　　刷　北京天宇万达印刷有限公司
版　　次　2012 年 3 月北京第 1 版
印　　次　2012 年 3 月北京第 1 次印刷
开　　本　710 毫米 ×1000 毫米　1/16
印　　张　11.5
字　　数　200 千字
书　　号　ISBN 978-7-5150-0227-9/S•001
定　　价　22.00 元

总 序

韩 俊（国务院发展研究中心副主任）

农业、农村、农民问题始终关系党和国家事业发展的全局。新世纪以来，党中央国务院连续出台了多个关于“三农”工作的一号文件，彰显了党和国家对“三农”发展的高度重视，也凸显了加快解决“三农”问题的紧迫性。当前，我国农业农村发展取得了显著成效：粮食连年获得丰收，农民转移就业稳步增加，农民收入持续较快增长，农民生活不断改善，农村社会总体安定和谐。当前，我国正处于经济社会转型期，各种经济、社会矛盾交织，情况复杂，随着农民流动的加快，农村社会结构和城乡结构也发生重大变化，农民诉求也越来越多，当前既是农村群众得到实惠最多的时期，也是农村社会矛盾和问题相对较多的时期，农民进一步增收难度较大、农村公共事业发展滞后、乡村社会治理日趋复杂、统筹城乡发展任务更加艰巨。并且，“三农”问题正在变得更加复杂，由以前的单纯经济发展问题向政治、经济、社会、文化、生态等综合问题转化，出现了许多新的特征。这对我们解决“三农”问题提出了新的要求，迫切需要各级党委、政府认清形势，转变思路，增强组织、管理和服务能力，积极推动“三农”工作的持续健康发展。

农村干部是农村政策的执行者，是党和政府连接农民群众的纽带，是农村发展的“领头羊”，是解决“三农”问题的中坚力量，肩负着推动“三农”事业发展的神圣使命。新的形势和任务对农村干部的能力素质要求越来越高，面对复杂多变、千头万绪的农村经济社会矛盾，稍纵即逝的农村发展机遇和

千变万化的市场经济形势，迫切需要培养一支知识水平高、学习能力强，懂得现代领导方法，具有现代管理能力和创新思维，敢作敢为的农村干部队伍；迫切需要锻炼一支真正关心农业、关注农村、关爱农民，对“三农”工作有激情、有感情、有热情的干部队伍。这不仅是维护基层党委政府形象的需要，更是促进农民增收致富、加快推进新农村建设的迫切需要。

《新时期农村干部培训教材》丛书，是一套适应农村干部需求、质量较高的“三农”读物。丛书分别从农村干部如何提高领导艺术、如何组织农民发展、如何推动农村的文化发展、如何加强农村人才开发、如何促进农村低碳发展等方面，选取作为现代农村领导干部必须掌握的知识点构建内容框架，进行详细介绍。丛书内容丰富，选材讲究，既具有前瞻性，又贴近农村经济社会发展实际，是一套真正的适应新时期农村干部转型发展、提高能力素质的书籍，对于广大农村干部转变观念、创新思维具有较好的促进作用。特别是丛书以生动的案例说明问题，以活泼的语言阐释问题，注重把复杂的问题简单化、把深奥的理论通俗化、把枯燥的说教趣味化的编写风格，很适合作为农村干部的培训教程，在当前同类教材中具有鲜明的特色。

加强农村干部的培训事关“三农”事业发展大局。而做好农村干部培训工作，重要的一环是有一套适应农村经济社会发展特点和农村干部需求的好教材。《新时期农村干部培训教材》丛书站在促进“三农”事业持续健康发展的高度，坚持理论联系实际，以通俗化的前沿理论和实践知识为农村干部提供精神食粮，致力于提高农村发展“带头人”的能力来促进“三农”问题的解决，无论是出发点还是落脚点都是令人欣慰的。我希望它能够使广大农村干部从中受到启发，得到收获；更希望它能在推进农村经济社会全面发展中发挥积极作用。

是为序。

2012 年 1 月

目录
CONTENTS

引 言

世界气候异常变化，哥本哈根气候峰会上的激烈争锋，震惊了世人，产生了深远的影响：熄灯一小时行动、电动汽车上市、世博会低碳计划等一系列低碳环保事件成为街头巷尾热议的话题。上到大腕明星，下到坊间市民，节能低碳成为一种全新的生活方式和生活理念。农村是保障低碳发展的重要区域，也是我国实现低碳发展的关键。农村低碳发展具有重要的现实意义。首先，发展低碳农业是农产品安全生产的需要。农业是全人类生存所依赖的唯一食物来源，农产品安全生产直接关系到人类的健康和安全。农产品安全生产是食品安全的前提和保障。低碳农业的技术核心是通过技术创新、产业结构调整和制度创新以及农业生产发展观念的根本性转变，达到低能耗、低污染、低排放、高效益，从而为人们提供优质安全的农产品。其次，发展低碳农业是保护生态环境的需要。经过多年的实践和大量数据证明，低碳农业可以解决化学农业所造成的各类环境污染危害。通过大力发展低碳农业，减少农业品的投入量，通过各种绿色、生态农业技术的应用，最大限度地增加碳储量，可大大减少农业温室气体的排放，从而达到改善和保护生态环境的目的。最后，发展低碳农业是降低农业能源损耗的需要。大力推广资源节约型农业技术，减少资源消耗和物质投入，积极推进农作制度创新，推广应用农牧结合、水旱轮作、立体种养等新型高效农作模式，实现经济效益和生态效益的有机统一。

如何走好农村低碳发展之路，本书进行了有益的探索。本书从农村低碳发展的必要性、低碳发展的国际趋势、农村低碳生产、低碳消费、低碳文化、

低碳体制机制、低碳误区、低碳村镇建设等八个方面，全面探索了农村低碳发展之路径，深入浅出地解读了农村低碳发展的理论和实践问题。本书从案例入手，引申阐述，行文力求简洁、生动形象，语言竭力通俗易懂，力求适应广大农村干部和农民朋友阅读，是一本学习农村低碳发展知识的好书。

第一章
>>> 低碳潮流：全球低碳大博弈

两百多年前，苏格兰发明家詹姆斯·瓦特发明蒸汽机以后，人类开始步入工业化社会，逐渐摆脱土地的束缚走进城市，人类的吃、穿、住、用、行无不受着工业化的影响。然而，随着工业化进程的推进，人们为了追求速度与效益，也走进了高碳时代，逐渐产生了高碳危机。青山、绿水、野生动物慢慢地离我们远去，取而代之的是污水横流、空气污浊、尘土飞扬、沙尘酸雨……

2003 年英国政府发表了《能源白皮书》，题为：“我们未来的能源：创建低碳经济”(Our Energy Future:Creating a Low Carbon Economy)，正式提出了“低碳经济”概念，成为最早把“低碳经济”写进政府文件的国家，引起了国际社会的广泛关注。同时，英国政府将曼彻斯特、利兹、布里斯托三大核心城市作为“低碳示范城市”，由此英国也成为世界上最早建设低碳城市的国家。此后，丹麦、日本等都纷纷建立了低碳城市发展计划。从此，“低碳”在全球流行，逐渐成为一种国际潮流。

案例导读

拯救地球，请珍惜最后一次机会

哥本哈根世界气候大会，全称是《联合国气候变化框架公约》第15次缔约方会议暨《京都议定书》第5次缔约方会议，于2009年12月7日至18日在丹麦首都哥本哈根召开。这是一次举世瞩目的盛会，它是《联合国气候变化框架公约》缔约方大会历史上级别最高、人数最多的大会，来自192个国家的谈判代表出席了峰会。哥本哈根会议之所以引起如此广泛的关注，是因为《京都议定书》第一期承诺将于2012年到期，根据《巴厘行动计划》，国际社会必须商讨《京都议定书》一期承诺到期后的后续方案，即2012年至2020年的全球减排协议。

2011年11月28日至12月9日，新一轮联合国气候变化会议在南非德班召开，本次会议是《京都议定书》第一承诺期2012年到期之前的最后一次重要会议。在经历了“哥本哈根气候变化大会”的跌宕起伏和“墨西哥坎昆峰会”的静默进展后，德班大会被各界称为“人类为拯救地球达成共识的最后一次机会”。

“德班气候变化大会”会期延长。《联合国气候框架公约》秘书处10日凌晨宣布，当地时间2011年12月10日上午10时（北京时间同日16时）之前，不会举行全体会议，这意味着会期可能拖延到当地时间10日下午或晚上。据悉，一份新的决议草案已经出炉，正由各方代表审阅。与早先的草案相比，除了要求发达国家在《京都议定书》第二承诺期加大减排力度、落实资金和技术援助之外，也采纳了欧盟提出的2020年后减排安排问题。不过，具体措辞是否使用欧盟提出的“路线图”、“法律效力”等词句，还存在争议。依据大会的日程表，德班气候大会原定9日结束。但由于各方分歧较大，会议的会期被延长。各国在《京都议定书》第二承诺期、发达国家对发展中国家资金支持等问题上的巨大分歧再次成为舆论关注的焦点，而此前在曼谷、波恩和巴拿马召开的气候变化谈判进展不大。此次峰会是否会重蹈哥本哈根峰会的覆辙，甚至让《京都议定书》就此止步？在经过14天的艰苦谈判之后，《联合国气候变化框架公约》（简称《公约》）第十七次缔约方大会暨《京都议定书》（简称《议定书》）第七次缔约方会议11日在南非港

口城市德班正式落下帷幕。大会最终通过决议，对《议定书》第二承诺期作出了安排，启动了绿色气候基金，建立了德班增强行动平台特设工作组。由于《议定书》第一承诺期将于2012年年底到期，如何保证发达国家签署第二承诺期成为德班气候大会的关键问题。根据会议达成的有关发达国家进一步减排承诺的文件，《议定书》第二承诺期将于2013年1月1日起生效，到2017年12月31日结束，目标是发达国家到2020年将温室气体排放总量在1990年的基础上减少25%至40%。大会同时决定建立德班增强行动平台特设工作组，该工作组将于明年上半年投入工作，在2015年前负责制定一个适用于所有《公约》缔约方的法律工具或法律成果。各缔约方要在工作组工作成果的基础上，从2020年开始根据该法律工具或者法律成果探讨如何减排，降低温室气体排放。德班气候大会宣布启动了旨在帮助发展中国家应对气候变化的绿色气候基金。大会通过的有关成果文件显示，一些国家已经表示愿意为该基金的启动提供资金。基金有望在2012年完成相关工作，并帮助发展中国家准备好使用基金，促进发展中国家建立本国的清洁能源蓝图，适应气候变化。无论如何，只有同舟共济，才能保护我们共同的家园，预防和应对更大的自然灾害。

问题聚焦

1. 人类应该怎么直面高碳难题？
2. 低碳在世界范围内的发展状况是怎么样的？
3. 怎样理解低碳责任？
4. 广大农民应如何加入低碳行动？

第一节 世界流行低碳风

当气候变暖日益成为人类生存的重大威胁时，低碳化似乎是通向可持续发展的唯一途径。围绕“低碳”这个话题，也衍生了一系列与人类生产生活息息

相关的概念。随着人们对低碳的认识不断加深，世界各国开始构筑低碳社会的梦想。日本、美国和欧盟等发达国家，凭借其经济实力率先打出了低碳行动的旗号，试图在世界的低碳发展潮流中争得领先地位和主导权。

一、英国：圆低碳转型之梦

英国是世界上率先提出低碳的国家之一，它一直在引领全球低碳经济发展，创造了多个第一，不仅将低碳经济作为应对气候变化的重要途径，而且将低碳经济作为实现经济可持续发展的国家战略，高层次、全方位推动其低碳经济发展。英国继 2003 年《能源白皮书》之后，于 2006 年 10 月发布了由英国政府委托前世界银行首席经济学家、现任英国政府经济顾问尼古拉斯·斯特恩爵士（NicholasStern）领导编写的《气候变化的经济学：斯特恩报告》，对变暖的经济影响作了定量评估。报告认为，气候变化的经济代价堪比一场世界大战带来的经济损失，并呼吁全球躺在低碳经济转型。

到了 2007 年 5 月，英国政府发布了新版《能源白皮书》，提出了为实现能源安全和加速向低碳经济转型需采取的一系列国内外行动。行动同时还包括：节约能源；开发清洁能源；在竞争市场定价的基础上，确保能源可靠供应。具体措施包括：建立一个应对气候变化的国际框架，及强化执行欧盟温室气体排放交易计划；积极减少排放，为整个英国经济设定一个法定的捆绑式碳排放目标；设定一个为期五年的碳预算，确定 CO_2 总排放量；在实现完全竞争和透明的国际市场方面取得进展；提供更好的信息、激励和管制，估算节能量；为低碳技术提供更多的支持，确保良好的能源投资环境。

2007 年 6 月，英国在世界上领先制定了《气候变化法（草案）》，明确承诺到 2020 年削减 26% ～ 32% 的温室气体排放，到 2050 年削减 60%。同时，还出台了《英国气候变化战略框架》，提出了全球低碳经济的远景设想。英国的低碳经济是通过政府引导、市场激励的方式来实施的，包括碳预算、碳信托、碳交易、碳税、鼓励低碳技术创新和应用，促进整体经济结构的转型。

2008 年 11 月，英国正式颁布实施了《气候变化法案》，这使英国成为世界上第一个为减少温室气体排放、适应气候变化而建立具有法律约束性长期框架的国家，按照该法律，英国政府必须致力于发展低碳经济，到 2050 年达到减排 80%的目标。英国正在着力将“低碳模式”向全世界推广。

2008 年 12 月 1 日，英国气候变化委员会发布《创建低碳经济——英国温室气体减排路线图》报告，提出了一个涵盖 2008 ～ 2022 年三个五年期碳预算的未来减排路线图。

2009 年 4 月，布朗政府宣布将“碳预算”纳入政府预算框架，使之应用于经济社会各方面，并在与低碳经济相关的产业上追加了 104 亿英镑的投资，英国也因此成为世界上第一个公布“碳预算”的国家。

2009 年 6 月 26 日，英国能源和环境变化部发布的题为《通向哥本哈根之路》的报告称，低碳经济对英国和全世界都有益处。

2009 年 7 月，英国在纲领性文件《英国低碳转型计划》中提出了宏观构想，计划到 2020 年使低碳经济为英国带来超过 120 万个绿色工作岗位。目前，这一指标已逐渐细化到各个行业。绿色建筑产业可以创造 6.5 万个工作岗位，海上风能可带来约 7 万个工作岗位，波浪能和潮汐能等海洋能源的发展可带来 1.6 万个岗位。同时，颁布了《可再生能源战略》、《低碳工业战略》、《低碳交通计划》三个配套文件，要求能源、产业、居民生活等所有方面都向低碳化方向发展，这标志着英国成为世界上第一个在政府预算框架内特别设立碳排放管理规划的国家。

2009 年 11 月，英国能源与气候变化部公布了能源规划草案，明确提出核能、可再生能源和洁净煤是英国未来能源的三个重要组成部分，这也是实现低碳经济的重要途径。

英国充分认识到社会大众是进行低碳建设的重要主体，因而制定了与居民住房和日常消费等相关的需求拉动型政策，引导人们向低碳节能的生活方式转变，例如：建立公众低碳产品购买现金返还和奖励制度，如一所较好安装了太阳能电池板的住房，可每年奖励超过 800 英镑，另外还可以在能源账单上节省约 140 英镑；从 2011 年开始停止非节能灯泡的销售；2016 年所有新建房屋必须达到零碳排放；到 2020 年底每个家庭都要安装智能仪表等。①在英国，剩饭菜的处理也成为减碳的重要一环，政府有关部门给每个家庭配备了专门处理剩饭菜的垃圾桶，这样做等于减少了英国二氧化碳排放量的 1/5。

①李丽平．从低碳“先进生”英国，中国能学些什么．

二、日本：绘低碳社会情景的“福田蓝图”

日本低碳革命政策的推出，是建立在对相关问题深入研究基础之上的。2004年4月，日本环境省设立的全球环境研究基金就成立了“面向2050年的日本低碳社会情景”研究计划。该研究计划由来自大学、研究机构、公司等部门的约60名研究人员组成，分为发展情景、长期目标、城市结构、信息通讯技术、交通运输等5个研究团队，同时项目组还与日本国内相关大学、海外研究机构合作，共同研究日本2050年低碳社会发展的情景和路线图，提出在技术创新、制度变革和生活方式转变方面的具体对策。

2007年2月，项目组发表了题为“日本低碳社会情景：2050年的二氧化碳排放在1990年水平上减少70%的可行性研究”的研究报告，指出在满足到2050年日本社会经济发展所需能源需求的同时实现比1990年水平减排70%目标是可行的，日本具有相应的技术潜力，即对低碳社会构想的可行性加以肯定。2008年5月，项目组又完成了“面向低碳社会的12项行动”的研究报告。这12项行动涉及到住宅部门、工业部门、交通部门、能源转换部门以及相关交叉部门，每一项行动中都包含未来的目标、实现目标的障碍及其战略对策以及实施战略对策的过程与步骤等3部分。①

2008年6月，日本首相福田康夫提出日本新的防止全球气候变暖对策，即“福田蓝图”。其中指出，日本温室气体减排的长期目标是：到2050年日本的温室气体排放量比目前减少60%至80%。

2008年7月，日本内阁会议通过了“低碳社会行动计划”，根据“福田蓝图”提出了具体措施、行动日程、数字目标等，阐述了在未来3年至5年内将家用太阳能发电系统的成本减少一半等多项有关减少温室气体排放的内容。其中，推进低碳社会的九大具体行动计划是：一是努力推进二氧化碳捕捉及封存技术（CCS）的应用；二是积极推进燃料电池系统的大规模商业化应用；三是积极推进太阳能发电及其应用；四是积极探讨可再生能源的成本分担理想模式；五是采取激励措施推进电动汽车的高效商业化应用；六是建立国内碳排放交易制度；七是积极推进“地球环境税”等相关低碳研究课题及其应用；八是推进商品从制造到使用过程中的二氧化碳排放总量标注制度；九是调查研究采用夏令时制度的效果及成本，积极评估和构建科学的作息时间制度。该计划明确了2020年

①陈志恒．日本构建低碳社会行动及其主要进展［J］．现代日本经济，2009（5）：12-15.

规划目标，以及有关技术研发、税费政策等体制机制创新，作为日本今后低碳发展的宏伟蓝图，指导低碳经济发展。

随后，日本政府发起了“碳中和”行动，倡导国民挑选住房时尽可能选择有保温层、双层玻璃、防风装置的减碳型住房，而且号召大家计算自己的排碳量，并为此埋单。同时，在居民消费农产品方面，日本瑞穗综合研究所广泛2010年公布的一项调查结果显示，超过50%的日本消费者愿意购买获得认证的“低碳”农产品。该研究所对日本国内20岁以上的女性进行了调查，这一人群是购买农产品的主要群体。在2062名被调查者中，71%的人认为“有必要”实施“低碳”农产品认证制度，有53%的人愿意购买获得认证的“低碳”农产品。而且消费者也愿意接受一定幅度的价格上涨。这个调查结果证明了“低碳”农产品具有的附加价值，它将成为民众选择的重点。

三、德国：实施高技术低碳能源战略

德国政府提出实施气候保护高技术战略，先后出台了五期能源研究计划，以能源效率和可再生能源为重点，为“高技术战略”提供资金支持。2007年，德国联邦教育与研究部在“高技术战略”框架下制定了气候保护高技术战略。根据这项战略，联邦教研部将在未来10年内额外投入10亿欧元用于研发气候保护技术，德国工业界也相应投入一倍的资金用于开发气候保护技术。该战略确定了未来研究的4个重点领域，即气候预测和气候保护的基础研究、气候变化后果、适应气候变化的方法和与气候保护措施相适应的政策机制研究，通过立法和约束性较强的执行机制制定气候保护与节能减排的具体目标和时间表。根据这项战略，德科技界和经济界将就有机光伏材料、能源存储技术、新型电动汽车和CO分离与存储技术4个重点研究方向建立创新联盟。德国则希望在2020年，国内的低碳产业要超过其汽车产业。①

除了政策支持之外，德国政府在对公众的低碳理念倡导方面主要从交通能源开始入手。电动车是低碳经济中的代表产品之一。发展电动车不是将路上的内燃机汽车换成电动车这么简单，而是需要整个社会积极参与的重大事务，同时也是一个彻底重组整个社会能源与交通的契机。与很多国家重点突破电动车

①庄贵阳．低碳经济：气候变化背景下中国的发展之路 [M]．北京：气象出版社，2007：48-51，61-67.

本身的技术难关不同，德国更重视用“电动交通”解决方案，系统、整体地推动电动车发展。此外，德国政府还鼓励，在2012年到2014年间购买电动车的消费者可以获得德国政府提供的3000欧元到5000欧元补助。

四、美国：在能源与安全双重压力下屈从低碳

2007年7月11日，美国参议院提出了《低碳经济法案》，表明低碳经济的发展道路有望成为美国未来的重要战略选择。奥巴马出任总统后，高度重视，提出新能源政策，实施“总量控制和碳排放交易”计划，设立国家建筑物节能目标，预计到2030年，所有新建房屋都实现“碳中和”或“零碳排放”；成立芝加哥气候交易所，开展温室气体减排量交易。

2009年2月15日，美国出台了《美国复苏与再投资法案》(The American Recovery and Reinvestment Act)，投资总额达到7870亿美元。该法案将发展新能源作为重要内容，包括发展高效电池、智能电网、碳储存和碳捕获、可再生能源如风能和太阳能等。在节能方面最主要的是汽车节能。此外，应对气候变暖，美国力求通过一系列节能环保措施大力发展低碳经济。

2009年3月31日，由美国众议院能源委员会向国会提出了《2009年美国绿色能源与安全保障法案》(The American Clean Energy and Security Act of 2009)。该法案由绿色能源、能源效率、温室气体减排、向低碳经济转型等4个部分组成。《法案》在“向低碳经济转型”领域的主要内容有：确保美国产业的国际竞争力，绿色就业机会和劳动者转型，出口低碳技术和应对气候变化等四个方面，该法案构成了美国向低碳经济转型的法律框架。

2009年6月28日，美国众议院通过了《美国清洁能源和安全法案》(American Clean Energy and Security Act)。这是美国第一个应对气候变化的一揽子方案，不仅设定了美国温室气体减排的时间表，还设计了排放权交易，试图通过市场化手段，以最小成本来实现减排目标。

美国在气候变化问题上，其态度一向与多数国家相左。由于美国政府也意识到气候危机将会对经济有着巨大阻碍，所以在可持续能源发展方面，美国吸引的风险资本和私人投资最多，生产税收减免等联邦法规也对开发和利用可持续能源、发展低碳经济起到了积极的推动作用。在金融危机的影响下，低碳技术与新能源经济已经成为美国经济振兴计划的重要战略选择。

虽然多数美国人认为节能环保非常重要，但只有极少数美国人能在实际生活中真正做到节能环保。美国耶鲁大学和乔治·梅森大学不久前完成的一项调查发现，81% 的美国人认为应该重复使用购物袋，但能够“经常”或“持之以恒”做到的人只有 33%；76% 的人认为以步行或骑自行车取代汽车非常重要，但长期坚持这样做的人只有 15%；72% 的人认为使用公交或搭伴驾车非常重要，但长期实践的人只有 10%。[①]正是由于缺乏公民的实际行动和积极参与，美国国会在应对气候变化问题上一直谨小慎微。

五、丹麦：低碳在生活中推进

丹麦是一个资源较为贫乏的国家，也是受气候变化影响最大的国家。因此，丹麦政府和国民具有强烈的忧患意识，把技术创新作为丹麦发展的根本动力。为了保持在能源领域的竞争力，丹麦政府不断增加对能源研发的资助。丹麦能源研究咨询委员会 2006 年 4 月公布了一项《丹麦能源研究、技术开发和展示战略》，提出要高度重视能源技术研发和展示，要组织大型公司和研究机构合作，研究目标要更多地集中于促进经济增长和发挥市场潜力。近年来，能源科技已成为丹麦政府的重点公共研发投入领域。2005 年 6 月丹麦政府发布了《2025 能源战略》，作为政府的长期能源战略规划，该战略对 2025 年前丹麦的能源发展做出了规划和评估。丹麦能源研究咨询委员会 2006 年 4 月公布了一项《丹麦能源研究、技术开发和展示战略》，提出要高度重视能源技术研发和展示，要组织大型公司和研究机构合作，研究目标要更多地集中于促进经济增长和发挥市场潜力。

丹麦政府通过制定国家能源战略，引导能源利用方式改变，严格执行节能利用激励机制，并注重能源利用的过程管理和能源战略的实施。在这个国家中，可再生能源发电占到其总发电量的 30%，在过去的 25 年中，丹麦经济增长了 75%，但能源消耗总量却基本维持不变，创造了独特的“丹麦模式”。丹麦重视不断优化能源结构，煤炭在能源总消耗量中的比重不断下降，同时大量增加使用可再生能源和清洁能源。在丹麦的可再生能源发电量中，绝大多数来自风能，目前，在丹麦的陆上和海上共安装了 5000 多台风机，总装机容量达 3200MW，这些风机为整个国家提供了大约 20% 的电力供应。

---

① http://www.chinanews.com/ny/news/2010/04-06/2208714.shtml

丹麦推行高税能源使用政策，一千瓦时电的价格由三部分组成：能源市场价格、运送费用以及税收，其中税收占比高达57%。这种政策使居民认识到，如果不采取节能方式，就得付出高昂的费用，所以几乎家家户户都使用节能灯。

在丹麦的哥本哈根，"低碳生活"体现在生活的方方面面，渗透进市民的骨髓：哥本哈根市制定了严格的建筑标准，推广节能建筑。对房屋保温层和门窗密封程度都有严格规定，墙壁厚达三层，中间层是特殊保温材料，夏天隔热，冬天防寒。许多人把电子钟更换成发条闹钟，使用传统牙刷代替电动牙刷；人们开始推崇户外锻炼，尽量少用跑步机；洗涤衣服时让其自然晾干，不用洗衣机甩干；为了减少空调的使用次数，冬天多穿衣服，夏天少穿西装；同时，由于哥本哈根是国际自行车联盟命名的世界首座"自行车之城"，自行车代步已成为这座城市的文化符号。

除了个人生活方式的改变，政府也在不断加强宣传力量的投入，在哥本哈根街头常常会看到低碳的广告："今天你是用手洗衣服的吗？"在公共车辆上还印有支持循环利用的广告：一位年轻女子身着一件白色T恤衫，上面写着"I love waste（我爱废弃物）"；甚至酒店所用的卫生纸都用再生纸做成，这些都体现了哥本哈根人对垃圾回收利用的态度。

六、欧盟：实施低碳技术战略

欧盟在平衡与协调各成员国的基础上，于2007年通过了欧盟战略能源技术计划，其目的在于促进新的低碳技术研究与开发，以达成欧盟确定的气候变化目标。欧盟为自己确定的应对气候变化目标是：到2020年减少20%的温室气体排放量，到2050年则希望将温室气体排放量减少60%至80%，并且提出，若其他主要经济体也能承担此挑战性责任，则愿意在1990年的基础上削减到30%。

在推进低碳发展方面，欧盟主要从能源入手。2008年12月，欧盟就欧盟能源气候一揽子计划达成一致，形成了欧盟的低碳经济政策框架，并以此引领全球进入"后工业革命"时代。一揽子计划包括欧盟排放权交易机制修正案、欧盟成员国配套措施任务分配的决定、碳捕获和储存的法律框架、可再生能源指令、汽车二氧化碳排放法规和燃料质量指令等6项内容。计划中制定的具体措施可使欧盟实现其承诺的"3个20%"：到2020年将温室气体排放量在1990年基础上减少至少20%，将可再生清洁能源占总能源消耗的比例提高到20%，将煤、石油、

天然气等化石能源消费量减少 20%。[①]

此外，欧盟也积极推动二氧化碳减排，鼓励推广“低碳能源”技术，促进欧盟未来能源可持续利用机制的建立和发展。欧盟国家利用其在可再生能源和低碳技术等方面的优势，积极推动应对气候变化和温室气体减排的国际合作，力图通过技术转让为欧盟企业进入发展中国家能源环保市场创造条件。

七、中国：做负责的低碳大国

作为一个负责任的发展中国家，在 1992 年联合国环境与发展大会以后，中国政府率先组织制定了《中国 21 世纪议程——中国 21 世纪人口、环境与发展白皮书》，从我国的具体国情和人口、环境与发展的总体联系出发，提出了促进经济、社会、资源与环境相互协调和可持续发展的总体战略、对策以及行动方案。1993 年 1 月 5 日，中国又批准了《联合国气候变化框架公约》（以下简称《公约》），2002 年 8 月批准了《京都议定书》（以下简称《议定书》）。作为《公约》非附件一国家，中国积极参与了《公约》和《议定书》的谈判工作，自《公约》于 1994 年生效后，中国政府以认真负责的态度，积极履行在《公约》下作出的承诺。《议定书》生效后，中国又建立了清洁发展机制（CDM）领导和管理体制。2009 年 11 月哥本哈根气候大会召开之前，中国政府正式对外宣布控制温室气体排放的行动目标，决定到 2020 年单位国内生产总值（GDP）二氧化碳排放比 2005 年下降 40% ～ 45%。

2007 年 7 月，温家宝总理在两天时间里先后主持召开国家应对气候变化及节能减排工作领导小组第一次会议和国务院会议，研究部署应对气候变化工作，组织落实节能减排工作。

2007 年 9 月，中国国家主席胡锦涛在亚太经合组织（APEC）第 15 次领导人会议上，郑重提出了四项建议，明确主张“发展低碳经济”。他在这次重要讲话中，一共说了四回“碳”：“发展低碳经济”、研发和推广“低碳能源技术”、“增加碳汇”、“促进碳吸收技术发展”。他还提出：“开展全民气候变化宣传教育，提高公众节能减排意识，让每个公民自觉为减缓和适应气候变化做出努力。”

为了响应全世界的低碳行动，中国的肩膀上也担负起了自己的责任。

---

①陈柳钦．低碳经济：国外发展的动向及中国的选择［J］．甘肃行政学院学报，2009（6）．

第二节 国际竞争巧打低碳牌

告别高碳时代、发展低碳经济是各个国家的被动选择，这种选择也带有必然性的色彩。“低碳发展”如同一场大革命，使各国都开始卷入到这场“刚性革命”之中，“低碳”已成为新的国际竞争力。为应对全球气候变化和传统化石能源逐渐枯竭等问题，全世界都开始关注新能源的开发，从国家层面战略推进，抢占低碳经济竞争优势。欧、美、日等发达国已经在应对气候变化和向低碳经济转型的旗帜下开始打造新的“竞技舞台”，而发展中国家也在这种形势之下，努力扮演着响应者的角色，努力把自己拉进低碳者队伍。

一、发展中国家：勇担责任，积极作为

联合国的最新统计显示，未来20年全球能源需求将大幅增长，而增长最快的将是发展中国家。发展中国家在快速工业化的进程中，不仅带来了经济的繁荣，也带来了环境的恶化。

2009年10月15日，中国摄影师卢广以一组主题为《关注中国污染》的纪实图片，获得了第三十届尤金·史密斯人道主义摄影奖。这组照片一共40张，每一张都触目惊心，每张照片背后都有一个辛酸的故事。在河南省东南部的洪河流域，三家大型工厂的污水肆无忌惮地向洪河排放了20余年，污染了沿岸200多个村庄40余万人饮用的地下水。这里已成了癌症高发区，刘家湾是其中一个拥有600人口的村庄，每年因癌症死亡20余人。村里有一个青年叫李勇辉，2008年患癌症去世了，当时他只有17岁，刚参加完高考，当他的大学录取通知书还在路上时，他却先接到了死神的召唤，他父亲已在两年前因肝癌去世。

看着这些照片，卢广从南到北，从东到西给我们展示了一个个令人震惊的场景，难道谁还认为这样的悲剧只不过是孤立事件？当然不是。我们来看看他让我们了解的地方，东部——沿海发达地区：江苏泰兴、常熟、镇江、海门、连云港、滨海，浙江萧山，广东贵屿等；西部——落后的、待开发地区：云南宣威，宁夏石嘴山，内蒙古拉僧庙、黑龙贵、乌海，陕西韩城等；中部——繁荣的发展中地区：河北涉县，安徽马鞍山、慈湖、江西湖口、河南舞钢、安阳、西平，山西祁县、临汾等。无一不充满着肮脏、苦难和绝望情绪的画面，让人

感觉回到了19世纪早期工业革命初兴之际那种混乱和肮脏的氛围之中。

经过各地政府长期艰苦的招商引资努力，中国变成了一个集中了某些最有毒、最有害的生产过程的世界工业平台，不但消耗了全球大量的资源和能源，也对我国的生态环境造成很大破坏。据测算，中国每年由于环境污染和资源破坏所造成的生产力及相关卫生保健损失大约为1700亿美元，如果按2004年中国贸易依存度70%的比重来衡量，中国每年因外贸造成的环境与资源代价大致是1190亿美元。①

在气候变化的问题上，发展中国家正在努力形成相对一致的立场。世界第七大产油国阿联酋，2010年在新能源领域投入巨资，是2009年的5倍。该国计划通过发展核能来满足国内25%的电力需求，阿联酋原子能机构已经签署协议，决定建造四座1400兆瓦的核电站，首座核电站将于2017年并网发电。阿布扎比近期还将出台一系列法规，进一步统一建筑和节能标准，努力实践联合国积极倡导的绿色建筑理念。此外，阿联酋在太阳能电池板的硅材料设计和生产方面也已进入世界前列。印度、南非、印尼以及巴西等国都已经或是正在考虑提出自己的减排目标。

如果不能开发和大量运用新的绿色能源，实现经济可持续和跨越式发展将会面临困难。令人欣喜的是，现在，包括中国在内的广大发展中国家已经行动起来，包括中国在内的发展中大国首次自主提出了减排目标。近年来，发展中国家对新能源的投资迅速增加，有的发展中国家在新能源探索、研发和普及方面甚至走在了世界的前列。目前我国是世界上使用新能源最为广泛的国家，是世界第二大风能和太阳能生产国，积极倡导低碳经济发展模式。当前，我国大力开发和利用新能源发电技术，在降低能源成本、提高能源效率的同时，也推动了经济健康快速可持续发展。

二、发达国家：争相表现，抢占主动地位

发达国家根据各自国情和实际，通过调整产业结构、节能和提高能效、优化能源结构、增加碳汇等途径控制温室气体排放，已经有比较成功的经验。

在发展低碳经济方面，英国和德国等欧盟国家走在了世界的前列。21世纪的全球竞争格局中，欧盟尽管通过东扩实现了“大欧洲”的梦想，但是，仍然

①刘光溪．贸易结构的表层转变与贸易增长的粗放性．新华文摘，2006（21）．

不具备与美日竞争的优势。因此，为了提高自己在国际上的政治经济地位，欧盟从理念、政策、制度、技术、产业、企业经营和消费生活的各个领域，进行低碳经济的一系列创新活动，率先抓住了应对气候变化发展低碳经济的机会。它在世界上首先建立了对二氧化碳排放进行严格管制的政策体系和碳排放交易制度。同时，欧盟还积极主导全球范围的防止地球变暖的气候外交活动，力争成为低碳经济游戏规则的制定者，从而形成相对于美日等发达国家的竞争优势。

能源方面，发达国家在能效水平相对较高的基础上，进一步强化节能和提高能效的政策措施，抑制能源需求增长，通过利用低碳和无碳能源替代高碳能源，优化能源结构。发达国家一方面优化传统能源结构，另一方面凭借经济和技术优势，加大开发可再生能源力度。如欧盟提出2020年可再生能源占终端能源消费的比重提高到20%，汽车燃油的10%必须采用生物燃料。1997～2008年，欧盟的风电装机容量增长13倍，发电总装机容量中，风电的比重从不足1%增加到8%。2011年1月，美国总统奥巴马在国情咨文中，甚至将研发新能源称为美国新时代的“阿波罗计划”。

技术方面，设置技术、标准壁垒，确保低碳国际竞争优势。发达国家在支持和鼓励低碳经济发展的同时，正在通过主导国际节能环保标准的制定，迫使发展中国家以高昂代价进口其技术装备，限制和阻碍发展中国家的产品输出。他们正试图通过新一轮的国际规则，新一代的技术领先，以节能环保产业为载体，确保其在国际竞争中的优势地位。这些国家和跨国公司纷纷对其具有核心竞争力和发展潜力的节能环保领域追加投入。欧盟将通过政府和企业合作，在2013年前投入32亿欧元，用于创新型制造技术、新型低能耗建筑与建筑材料、环保汽车及智能化交通系统三个领域的科技研发。英国把今后十年的产业技术重点确定在6大领域：低碳工业、低碳汽车、信息网络、生命科学、医药和先进制造，并专门成立了国家低碳技术投资公司。德国西门子公司针对节能环保领域提出《2020图景》技术创新计划，研发预算达52亿欧元。

大型企业全球扩张，抢占全球低碳经济市场。一些发达国家通过鼓励和支持有实力的企业扩张、重组、转型，促进节能环保产业集中度的提高，实现规模化、专业化、国际化，抢占全球低碳经济市场。

一是节能环保基础设施运营和服务企业加速整合扩张。法国威立雅环境集团凭借在本国市场的垄断地位和管理技术与经验，重视高新技术研发，强化企业核心竞争力，加快市场扩张，成为国际节能环保基础设施运营排名第一的企业。

二是大型装备制造企业加速向节能环保装备制造及相关领域转型扩张。美国通用电气集团从2000年开始打造水处理部门，先后进行5次并购，成为世界上工业用水处理装备主要提供商之一；2003年并购奥地利颜巴赫公司，成为分布式能源技术装备的领跑者。

三是传统能源资源型企业加速配置节能环保及新能源业务组合。英国石油（BP）于2000年提出“不仅奉献石油”的战略转型，成立了替代能源部门，利用天然气、太阳能、风能等低碳或无碳能源技术，不仅提高了能效，也增强产业竞争力。①

已完成城市化和工业化进程的发达国家，加速产业结构升级，带动经济向低碳转型，单位国内生产总值温室气体排放呈现下降趋势。高能耗的原材料产业和制造业在国民经济中的比重明显下降，低排放的金融、服务、信息等产业迅速发展。同时，第二产业的内部结构也发生明显变化，通过提高环保标准等措施，低端制造业和冶金、化工等高耗能产业发展停滞甚至萎缩，部分转移到发展中国家。例如：1990—2007年，英国第二产业占国内生产总值的比重从35%下降到23%，第三产业从63%上升到76%。工业制造业中，粗钢的产量锐减2/3。

许多国家注重减少甲烷、氧化亚氮等其他温室气体排放。通过植树造林和加强森林管理，保持和增加碳汇，吸收二氧化碳；许多发达国家重视碳捕集与封存技术的研发，特别是燃煤发电比重较高的美国，在该技术的机理、潜力和经济性评估等方面开展了大量研究。②

三、挑战与机遇：低碳其实不单纯

在过去100年来，全球地表平均温度升高了0.74℃，气候变化造成冰川退缩、海平面上升、洪水泛滥、农业减产。如果温度升高超过2.5℃，全球所有区域都可能遭受不利影响；升温4℃，则可能对全球生态系统带来不可逆的损害。很多国家都意识到这个问题，但是，从哥本哈根会议可以看出，各国对气候、环境进行协商时，涉及到的不仅是环境问题，更是各方政治、经济利益的斗争，是发达国家与发展中国家政治与经济权力的对抗。

①http://pangdianfeng.blog.163.com/blog/static/951898582010190138432

②潘家华．走低碳之路提高国际竞争力．人民日报，2010-04-12

目前，各国都在采取不同的措施来应对气候变化，更引人注目的是，气候变化已成为国际政治博弈的手段。欧盟将气候变化问题作为重大的外交政策，并以应对气候变化的施压者出现；美国调整了布什政府的原有政策，声称要成为领导清洁能源发展的国家；人口众多的发展中国家则既遭受气候变化的影响，又必将增加能源消费，承受着很大压力；岛屿国家担心海平面上涨，导致从地图上消失，呼吁制定更为严格的减排目标。面对这场激烈的国际政治博弈，各国争议最多的是，谁应该承担更多的减排责任。

同样，各国在应对气候变化，向低碳经济发展时，也开始了一场持久的经济博弈。对于发展中国家而言，低碳经济势必会使工业受到的短期冲击最大，因为面临转型压力。对粗放型制造业会有较大的打击，但是会先受损后受益。对服务业来说，低碳化的发展战略长期来说会有好处，因为服务业的能耗是最低的。要降低单位能耗，产业结构就需要调整，不能完全以工业为主，要向服务业倾斜。所以，低碳发展一方面会提高发展中国家的经济成本，对那些目前还没有实现工业化的发展中国家也是很大的考验；另一方面，也会迫使发展中国家在低碳发展中放弃某些发展，降低赶超的速度。

而对于发达国家而言，他们应该是低碳经济发展的最大受益者。低碳经济离不开市场机制的运作，而市场是以利益最大化为目标，只要有利可图，有投机的可能，就会有商家参与，最终的利益还会注入商家的口袋。发达国家占据了市场的大部分，拥有低碳经济的高地，使广大发展中国家处于被动地位，所以自然也成了最大的受益者了。

因而，低碳其实不单纯，它既是各国的挑战也是机遇。发达国家往往以低碳为条件，限制发展中国家的发展，提出许多苛刻的条件，企图使发展中国家屈服，达到控制发展中国家的政治目的，从而使低碳政治化。

第三节 当代国家的低碳责任

当前虽然世界各国仍就碳减排问题进行着艰苦的角力，但“低碳”这个概念几乎得到了广泛认同，它已经成为了一个国际化的语言。发展低碳经济，倡导低碳生活，无论从环境保护、经济发展、生活影响，还是从长远利益发展考虑，

低碳这个话题必然会理性进行下去。近年来，可以看到全球灾难性气候变化屡屡出现，已经严重危害到我们的生存环境，所以“低碳”已逐渐从国家意识进入日常生活领域。无论发达国家还是发展中国家，面对低碳发展的要求时，都意识到了自己的责任。

一、气候危机：人类一个共同的高碳敌人

随着全球极端天气的加剧和自然环境的持续恶化，人类在不断思考和反思：究竟是什么原因导致全球极端天气和自然灾害的频繁发生？自然环境持续恶化带来的各种灾害频繁发生，谁应为此负有责任？

全球气候变化是当今世界以及今后长时期内人类所面临的最严峻的环境与发展挑战。气候变化，已从最初的科学问题上升到了政治问题，再到最近几年寻求增益机会的经济问题，从而渗透到了社会发展的很多方面。气候安全一直是全球应对气候变化问题的最原始推动力。人类活动对造成全球气候变化的影响有着直接的作用，导致气候变暖的重要原因是人类在生产和生活中过量碳排放所致，而自然灾害频发与人类对自然界的破坏息息相关。联合国政府间气候变化专门委员会（IPCC）在 1990、1995、2001 及 2007 年发表的四个《气候变迁评估报告》中，更加科学地证明了这种观点。

然而，气候变化反之又影响着人类的生产和生活，如飓风、海啸、干旱和洪水等极端天气越来越频繁地出现，不但造成了巨大的经济损失，而且某些地区的人类生活甚至在几十年内将直接受到气候变暖的威胁。

人们常常认为农村是低碳的生活状态，只有城市才是高碳的主要来源。其实，气候变化已经对我国农业产生了重大影响，它使我国中高纬度地区温度升高增加，导致农作物生长期延长，农业种植的界线开始向北移动；气候变化也给农业生产布局和产业结构带来了一定的影响，今后还将进一步增加农业的生产成本。当人类普遍重视城市的时候，农村却成为被“爱情遗忘的角落”。这种“嫌贫爱富”的低碳关注趋势，造成了农村低碳发展的诸多障碍。农村如何走低碳之路，应成为我国低碳发展的重中之重。

城市作为一个国家的基本行政单元和经济生产的集中承载体，相应地也从气候安全、国际责任和绿色增长等方面受到推动，承担起应对全球气候变化问题的地方应有之责。城市一般分布在沿海地区或河流入海口，独特的地理位置

决定了城市存在着巨大的气候脆弱敏感性。哥伦比亚大学发表报告曾提及中国上海、巴西里约热内卢和印度的孟买将是发展中国家中面临气候变化风险最大的三个超大型都市，可以说气候变化直接关系着城市的安全。

城市是人类活动的主要聚集地，是温室气体排放的主体。联合国人居署指出，城市温室气体排放大概占据人类总排放的 75% ～ 80%，因此城市发起低碳行动应对气候变化也是其责任担当的内在要求。

二、“自行车王国”：低碳之行的忧虑

“天，总是灰蒙蒙的，低沉得看不到白云……”工业污染、汽车尾气污染带来的二氧化碳是萦绕在城市上空挥之不去的阴霾。中国素有“自行车王国”之称，在过去的贫穷年代里，自行车成为人们出行的首选工具，浩浩荡荡的自行车大军成了中国城市的一大独特景观。如今物质生活有了明显的提高，以机动车代步就成了一种普遍的时尚。但是它在给人们带来享受的同时，也带来了困扰。交通拥挤，车满为患已经不是一两个大城市面临的问题。交通道路严重透支，城市空气质量也令人担忧。越来越多的汽车和为它们加宽的道路，将自行车逼到了越来越窄的自行车道甚至是人行道上。

2008 年中国自行车产量达 8500 万辆，占到世界总产量的 68%，出口量居世界第一。然而，这个自行车王国却是自行车运动文化的弱国。作为传统自行车大国的中国，正日益失去对自行车理念的坚持。人们的观念问题是自行车文化形成的最大障碍。“很多人一年只有三五万元的收入，却拼了命也要买一辆汽车。”“在中国，骑自行车给人一种卑微的感觉，是会被人瞧不起的。”这种观念的存在，迫使很多人虽然认同自行车却不敢骑自行车上下班。然而，这正是一种国民不自信的表现。

形成鲜明对比的是，随着低碳理念的渗透，国外的自行车文化日益蓬勃，如欧洲的荷兰。荷兰人口只有 1600 万，而自行车的用量却有 1800 万辆，人手不止一辆，只有 3 岁以下和 90 岁以上才不被允许骑自行车，自行车普及率世界第一。在荷兰，很多政府高级官员也都是自行车一族，骑着自行车上下班十分惬意。在邻国的韩国和日本，自行车文化也正在成为时尚。即使生活在北京的韩国、日本老板，见面谈的也不是买宝马汽车，而是买什么样的高级自行车。2009 年 5 月 3 日，韩国总统李明博骑自行车出席了该市举行的“韩国第一届自

行车节”活动。为实现2050年前将二氧化碳排放量减半的目标，他大力提倡骑自行车出行以实现“低碳绿色增长”，并希望能在5年内使韩国成为世界第三大自行车生产国。

目前，国内一批具有高文化素养的“强势人群”正在“脱离四轮，回归双轮”。我国北京大学著名教授孔庆东骑旧自行车代步的照片一度在网上流传。孔教授笑言:“这可不是普通的自行车,这是我的‘北京吉普’。我的祖先孔子讲‘俭，吾从众’。提倡节约，这是个真道理。”2010年，骑车奔两会的明星濮存昕倡导绿色出行，成为了一位令人刮目相看的低碳“犀利哥”。

从“两轮”到“四轮”似乎是眨眼间的事,汽车成为很多家庭的必备,而从“四轮”回归“两轮”似乎并不容易，却是人们渴望自然的回归。当我们在繁华的大街上开着车却寸步难移时，当我们呼吸着汽车吐出的废气时，才会想到以前的两轮或者两条腿是多么方便和环保。开着宝马出行并不会让人赞颂我们的身份和城市的品质；相反，一座空气清新、民风朴实和机会平等的城市才会让人们竖起大拇指。将来传统燃油汽车会慢慢驶离人们的视线，取而代之的是排放更少、效益更高的氢动力、纯电动力等新型清洁能源汽车。“清洁动力”好似地下喷涌而出的清泉潺潺绵延，必将取代传统动力成为人类社会进步的助推器。伴随着低碳时代的到来，一场“马路革命”即将而至。

三、节能环保：高碳习惯下的转型之痛

低碳与能源的相互关系在全球应对气候变化、环境保护的大背景下起着自己独特的作用。气候变化有周期因素，受到太阳活动、火山爆发的影响，在工业革命之后则主要是人类活动，除了工业活动，战争、核试验、现代化的生活以及能源结构都是气候变化的原因。众所周知，煤、石油、天然气等碳基能源是人类社会基本动力来源，与人类的衣食住行紧密相关，但其在燃烧过程中排放的大量二氧化碳和二氧化硫等温室气体，是造成大气褐云、灰霾、酸雨和温室效应的罪魁祸首。与此同时，大部分碳基能源将在21世纪内被开采殆尽。在环境被污染和能源被过度消耗的双重压力下，全球能源改革和节能减排呼声愈演愈烈，世界各国能源系统的零碳化转型迫在眉睫。

低碳生活需改变以大量消耗能源为代价的消费。由于人们将现代化生活方式片面理解为电气化、自动化，导致日常生活能耗越来越高，机动车、电梯、

大而无当的房子、高脂肪的饮食……对于世界第一人口大国来说，每个人生活习惯中浪费能源和碳排放的数量看似微小，一旦以13亿人口基数计算，就是天文数字。

降低碳排放不只是国家命题，也是我们每个人的责任。低碳应该是一种生活习惯，是一种自觉节约身边各种资源的习惯。城市居民长期以来形成的生活习惯和消费模式，在短时期内确实难以改变。在这种惯性生活模式下，推行低碳生活也可能会带来不便，但这些并不能成为市民拒绝低碳生活的理由。当然，低碳并不意味着刻意节俭，刻意放弃一些生活享受。低碳生活与提高生活水平并不冲突，其中关键是找到结合点，探索低碳可持续消费模式。

不少便利消费方式消耗着巨大的能源，低碳生活需改变以高耗能源为代价的便利消费嗜好，尤其需要严格限制“一次性”消费嗜好。比如限塑令的实施，大大降低白色污染的同时，它也成为人们的自觉行为。少开车，少吃肉，少用纸张和一次性筷子，尽量节电……只要能从日常点滴做到不浪费，就可以实现低碳生活。

四、低碳发展：文明发展需要企业伦理重建

低碳经济是以低能耗、低污染、低排放为基础的经济模式，是人类社会继农业文明、工业文明之后的又一次重大进步。低碳经济实质是能源高效利用、清洁能源开发、追求绿色GDP的问题，核心是能源技术和减排技术创新、产业结构和制度创新以及人类生存发展观念的根本性转变。

目前，发达国家和发展中国家对发展低碳经济的理解及做法有着明显不同，却承担着相同的责任。发达国家把发展低碳经济作为实现温室气体减排目标的重要途径，其低碳经济目标与控制温室气体排放的国际责任义务紧密联系在一起；而在发展中国家，由于人均排放较低，所以现阶段更关注经济社会发展，强调在发展过程中采用高能效、低排放的技术和资源节约的消费模式，力争走出一条不同于以高能耗、高污染为代价的传统发展路子，实现减排与发展的双赢。

在国家政策、产业转型和公众参与这三个层面中，产业因素是转变经济发展方式的基础，产业的良性发展不仅能够解决转变经济发展方式过程中产生的资金成本问题，同时，一些经济实力雄厚、在低碳环保方面发展较快的先锋企业更承担了探索和表率的作用。“位于上海世博会企业展馆区的万科馆内，有7座金灿灿的‘麦垛’，那是由天然麦秸秆为材料建成的相互独立的筒状建筑。这

7座‘麦垛’不仅仅是我们承诺的节省9000公顷的森林，我们在引领探索一种新的生活方式。这种新的生活方式是什么呢？阳光、绿色、平等、关爱、健康、丰盛。尽到企业公民责任，鼓励人们在‘不破坏’的情况下，产生经济作用。”① 万科董事长王石如此诠释万科低碳的“野性”精神。

2010年11月12日，大众汽车集团（中国）、中国工商银行股份有限公司、百事（中国）投资有限公司、青岛啤酒股份有限公司、欧莱雅中国有限公司、通用电气、海尔集团、蒙牛乳业集团、联想集团、搜狐公司等各行业领袖企业联合发起为期三年的“低碳企业责任行动”，并在北京举行了盛大的启动仪式，以更有效地推动中国低碳经济实践和发展。未来三年内，“低碳企业责任行动”将以各行业为中心，分享并探讨低碳责任竞争力先锋企业运营成果与成功经验。

在这种背景下，与一般意义上以环保为主题的活动不同，此次“低碳企业责任行动”涉及汽车、电子消费品、电气、快速消费品等多个重点产业，整合了龙头企业的优势和力量，同时，将逐步深入全国8个低碳城市，联合地方管理机构及国内知名研究机构，携手研究关于社会责任与可持续发展课题，开拓出低碳城市发展解决方案，旨在对中国的节能减排、可持续性发展和绿色经济产生积极影响。相信这个行动能够为中国低碳经济发展开拓出一条新的道路，关注低碳，行动更重要。

第四节 我国的低碳理念和行动

随着世界格局的不断变化，亚洲新兴市场和发展中国家经济总量快速提升，使得其在全球经济中的比重不断提高。最大的发展中经济体——中国的GDP总量已经超过日本，成为全球第二大经济体。这种变化对世界经济格局重构产生了重要影响。而生态环境的保护无疑是亚洲崛起的有力保障，被称为“拯救地球最后一次机会”的哥本哈根会议的争执言犹在耳，无论世界还是中国，发展低碳经济已是大势所趋。目前，为了顺应国际社会的发展，我国正在致力于生态环境的保护。作为一个发展中国家，中国正处于城市化、现代化加速时期，是能源需求快速增长阶段，发达国家在上百年工业化过程中分阶段出现的环境

①http://www.chinavalue.net/Media/Article.aspx?ArticleId=58756

问题，在我国已经集中出现。“发展排放”的高碳特征成为我国可持续发展的一大制约，生态破坏和环境污染，造成了巨大的经济损失，给人民生活和健康带来严重威胁。但在面对“现阶段发展”还是“未来生存”的选择时，中国政府义无反顾地选择了后者，并主动承担了自己的责任和义务。中国不断地向世界传达一个信号：节能减排，中国在行动！

一、低碳理念，想说爱你不容易

低碳理念其实就是追求一种最自然的生活方式，它贯穿于经济、文化、生活的各个层面。在我们居住和工作的地方，如果可以不需要人工制造气温，尽量自然通风、自然采光，这样的生活环境才是完整的，才称得上是具有低碳理念的生活方式。

近年来，我国经济实现了前所未有的高速增长，各种能源和环境问题集中凸显，粗放型的发展模式越来越难以为继。发展低碳经济不仅有助于保障能源安全、克服资源短缺、保护生态环境和减缓气候变化，也与“资源节约型、环境友好型”的两型社会建设和可持续发展的要求相一致。但是，作为一个发展中国家，我国尚未承担量化温室气体减排义务，并且目前正处于工业化、城镇化快速发展阶段，发展低碳经济不能急于求成，应从低碳理念的角度出发，一步步地改善我们的生活生产方式。

从上世纪70年代意识到环境问题开始，中国一直在做节能减排的工作，但并不系统。比如2008世界环境日我国的主题是:“改变传统观念,推行低碳经济。”联合国环境规划署确定2009年“六五”世界环境日的主题：“地球需要你，团结起来应对气候变化”(Your planet needs you！Unite to combat climate change)，中国主题为“减少污染——行动起来”。2010世界地球日的中国主题也是“低碳”。

在“十一五”期间，中国第一次在国家政策中明确提出单位GDP能耗下降20%的定量指标，而且非常负责任地完成了这个指标。2010年6月，北京环境交易所与清洁技术投资基金推出全球第一个反映中国低碳产业发展和证券化程度的中国低碳指数，它有利于促进中国低碳产业定价机制的完善。现在，国家承诺将要打一场“低碳攻坚战”，这是国家政策层面的一次大的突破。

我国低碳理念的核心在于加强研发和推广节能技术、环保技术、低碳能源

技术，增加碳汇，减缓气候变化。中国将把可持续发展作为经济社会发展的重要目标，充分发挥科技创新在减缓和适应气候变化中的先导性、基础性作用，开展全民气候变化宣传教育。

二、低碳行动，需要国家给力

2008 年，国家环境保护部首先对南京 1000 个家庭的碳排放情况进行了调查。调查发现，交通方式的碳排放约占家庭碳排放总量的 1/2。

同年，北京环境交易所、上海环境能源交易所、天津排放权交易所的相继建立标志着我国低碳行动迈出了一小步。

2008 年 10 月，《中共中央关于推进农村改革发展若干重大问题决定》指出，按照建设生态文明的要求，发展节约型农业、循环农业、生态农业，加强生态环境保护。积极培育以非粮油作物为原料的生物质产业，推进农林副产品和废弃物能源化、资源化利用。推广节能减排技术，加强农村工业、生活污染和农业面源污染防治。

2009 年 3 月 28 日，湖北环境资源交易所在武汉成立；8 月 16 日，昆明环境能源交易所正式挂牌成立。虽然这些交易所都只是企业行为，还只能从事清洁发展机制（CDM）下的碳交易，但他们正在尝试涉足自愿减排碳市场。

2009 年 4 月，国家环境保护部宣布全民低碳行动试点项目启动，在上海、重庆、天津等 11 个城市开展“2009 年全民低碳行动”。该活动在每个城市选择 330 户家庭，使用该中心与南京大学联合开发的碳计算器，进行家庭碳排放调查和分析，完成《2009 年中国家庭碳排放调查报告》。该活动还计算了上述 11 个城市参与社区的碳减排量，力争今后在北京环境交易所上市交易，交易所得将作为下一年度的项目基金。

2009 年 8 月 4 日，上海环境能源交易所对外宣布，已正式启动“绿色世博”自愿减排交易机制和交易平台的构建，准备在世博会会展期间由各国参观者通过这个平台来购买支付自己行程中的碳排放，实现自愿减排。

2009 年 8 月 5 日，北京环境交易所成功拍卖中国第一笔自愿减排量的交易，天平汽车保险股份有限公司用 277699 元人民币购买了 8026 吨碳减排指标，这批指标是去年北京奥运会期间的出行者累积下来的。

2009 年 9 月 8 日，天津排放权交易所发起“中国企业自愿减排联合行动”

首次推介会，以试点符合中国国情和企业实际的二氧化碳温室气体测量、报告、核实体系，以及减排和交易体系等。

2009年9月23日，北京环境交易所和法国BlueNext交易所宣布，双方共同启动中国第一个自愿碳减排标准——“熊猫标准”的开发，该标准将按照国际一流规则开发，专注于中国及其他国家大农业碳减排项目，在未来两年内，努力成为一个得到国际和国内广泛认可的标准。

2010年8月10日，中国启动了低碳省区和低碳城市试点，在广东、辽宁、湖北、陕西、云南5省和天津、重庆、深圳、厦门、杭州、南昌、贵阳、保定8市进行低碳探索。这是继英国、丹麦等国低碳城市计划之后，中国首次发布的国家层面低碳城市计划。

2010年两会期间，被誉为“一号提案”的《关于推动我国经济社会低碳发展的建议》得到了国家发改委的高度认同。提案指出，应将低碳发展道路确定为经济社会发展的重大战略，并将低碳经济作为新的经济增长点，将发展低碳经济作为应对气候变化、推动经济发展的重大战略。

为了加大财政投入，中央财政设立了节能减排和新能源发展两个专项基金。2010年投入规模达1000亿元，重点用于支持环保能源和环保产品消费，支持低碳技术研发和推广应用，支持新能源产业做大做强。2010年，全国供电煤耗335克标煤/千瓦时，线损率6.5%；全年关停小火电机组1100万千瓦，淘汰落后炼铁产能2500万吨、炼钢600万吨、水泥5000万吨、电解铝33万吨、平板玻璃600万重箱、造纸53万吨。我国积极推进十大重点节能工程，形成节能能力3310万吨标准煤。大力实施节能产品惠民工程，推广高效节能空调近3000万台、节能汽车100多万辆、高效照明产品1.6亿只。支持城镇污水垃圾处理设施建设，全年新增城镇污水日处理能力1900万立方米、城市生活垃圾日处理能力6.8万吨；城市污水处理率、城市生活垃圾无害化处理率分别达到76.9%和72.5%，比上年提高1.6个和1.2个百分点。①

2011年11月22日，国务院发布了《中国应对气候变化的政策与行动(2011)》白皮书，指出“十二五”期间，我国将把积极应对全球气候变化作为经济社会发展的一项重要任务。为此，我国提出了“十二五”时期应对气候变化约束性目标：到2015年，单位国内生产总值二氧化碳排放比2010年下降17%，单位

---

①http://www.gov.cn/2011lhft/1/content_1819541.htm，中央人民政府门户网

国内生产总值能耗比2010年下降16%，非化石能源占一次能源消费比重达到11.4%，新增森林面积1250万公顷，森林覆盖率提高到21.66%，森林蓄积量增加6亿立方米。

三、今天你减碳了吗？

随着气候的变化，过量二氧化碳排放导致的气候变化目前已经极大地威胁到地球上人类的生存。气候变化已经不再只是环保主义者、政府官员和专家学者关心的问题，而是与我们每个人息息相关。只有通过改变全球民众对于二氧化碳排放的态度，才能减轻这一威胁对世界造成的影响。2011年3月26日20:30～21:30，由世界自然基金会（WWF）应对全球气候变化所提出的一项倡议——“地球一小时（Earth Hour）”第四次引发全球城市、企业和个人的自愿参与，全球有4000多座城市参加，我国参与活动的城市在40个左右。它的目标是关闭灯光和其他电器一个小时（除了交通等必要的灯光，例如：电脑显示屏、电视机等）。其实质最主要的不是节电的问题，而是如何遏制气候变暖。熄灯是一种信号，它代表着对保护地球的信仰和参与改变的愿望。然而，除了熄灯，我们还能做些什么？

2011年5月25日～26日，第四届“中国碳交易”高层峰会在北京举行，峰会针对目前国际与国内碳市场的发展情况，设立了“国际趋势与新兴市场”、“国内市场分析”、“碳减排目标与碳交易”、“碳路未来”等专题，为业内人士提供学习与互动交流的专业平台。

低碳如今在公众中还不是一个普及的概念，但政府和企业层面已经在关注这个词，它在民间的认知度也越来越高。很多人都在积极推广着“碳中和”的概念。他们研究可以为减碳做些什么，怎么做，并想各种办法抵消自己的碳排放。近来，网上流行一种简洁易懂的“碳计算器”，网友们可以借此审计自己的“碳足迹”；不少商家、企业也积极加入“碳中和”计划。上海就推出了一家“碳中和”酒店，让人们在低碳生活中感受环保的舒适和有趣。一个名为“低碳生活”的小组，创建者旗帜鲜明地在主页上写道：“今天你减碳了么？”就连2010南非世界杯也要求参赛各国为球队航班尾气买单。

如今在发达国家，人们已经普遍接受了低碳生活方式，为了过上低碳生活，他们愿意做出自我牺牲——从出门关掉暖气到放弃驾车去上班。在提倡健康生

活已成潮流的今天，“低碳生活”不再只是一种理想，更是一种值得期待的新的生活方式。中国人有句俗话，“勿以善小而不为，勿以恶小而为之”，低碳生活其实只需要我们稍稍改变自己的生活方式。

1. 与“待机”说“拜拜”

统计数据显示，家庭中75%的用电都耗在电视、电脑和音响的待机状态上。平均一台台式电脑每天耗电60至250瓦。如果一台电脑每天使用4小时，其他时间关闭，那么每年能节省约500元人民币，且能减少83%的二氧化碳排放量。如果每台电视机每天待机16小时，按每千瓦时0.6元计算，我国一年电视机待机耗费人民币54.66亿元。

2. 公交步行任我选

每年由于交通产生的二氧化碳占温室气体排放量30%以上，主要是由汽车排放所产生的，所以选择小耗能的新能源车或是公交车才是减少此排放量的办法。公共交通联合会称，公共交通每年节省近53亿升天然气，这意味着能减少150万吨二氧化碳排放量。当然，如果路不远，最好是步行，既锻炼了身体，又是真正的低碳。

3. 素食真不错

联合国一项报告称：牛排放的废气是导致全球变暖的最大元凶，全球10.5亿头牛排放的废气，甚至超过了汽车、飞机等人类其他交通工具排放的二氧化碳总量；猪排放出的甲烷也相当惊人。地球上共有15亿只家养牛和野牛，17亿只绵羊和山羊，而且它们的数量还在快速增长。如果你转做一名素食主义者，每年的二氧化碳排量将减少约1.5吨。被誉为“地球变暖科学之父”的美国气象专家詹姆斯·汉森说：“从个人生活方式上来说，减少地球和所有物种所面临生态压力的最有效的方法，应该是强调更素食的饮食。”

4. 加减衣服也时尚

由于空调的大量使用，使我们每年人均排放约25吨二氧化碳，怎样减少这个数字？我们不想被空调打败，干脆随着季节的变化随时加减衣服以取代室内空调。即使夏天使用空调时，温度也稍微调高几度。数据统计表明，只要所有人把空调调高一度，全国每年能省下33亿度电。出门前提前十几分钟关闭空调，每年能减碳72万吨。

5. 衣服自己动手

研究表明，一件衣服60%的“能量”在清洗和晾干过程中释放。少用一次

洗衣机就可减排 3.6 千克，如果 1.9 亿台洗衣机这样，就可减排 68.4 万吨 CO_2；如果使用烘干机又会消耗掉能源，产生碳排放；衣服洗净后，不用烘干机甩干衣服，而是让其自然晾干，可减少 2.3 公斤的二氧化碳排放量。这样你总共可减少 90% 的二氧化碳排放量。

6. 购物袋是宝贝

塑料袋由聚乙烯制成，掩埋后需上千年时间实现生物递降分解，还会产生有害的温室气体。每年全球要消耗超过 5000 亿个塑料袋，其中只有不到 3% 可回收。尽管少生产 1 个塑料袋只能节能约 0.04 克标准煤，相应减排二氧化碳 0.1 克，但由于塑料袋日常用量极大，如果全国减少 10% 的塑料袋使用量，那么每年可以节能约 1.2 万吨标准煤，减排二氧化碳 3.1 万吨。

7. 栽树也有益低碳

你知道吗？有 20% 的二氧化碳排放，是因为森林面积减少和土地利用方式的变化而引起的。事实上“捕捉”二氧化碳的能手就是树木本身。即使你还不了解复杂的碳捕捉（CCS）技术，那也不必慌张，你只需要种树就行了。如果你嫌自己种树太麻烦的话，可以捐钱给环保组织，通过碳补偿的方式，使二氧化碳排放得到中和。

其实，我们生活的每个细节，都与低碳有着密切的关系，从我们开始，带动更多的人选择低碳生活，节能降耗，开展节能环保。

第五节 农村高碳逆潮流

我国是以中国制造和世界工厂的形象在最近 30 年不断崛起的，经济崛起和高碳经济形成了一个对应关系。经济崛起伴随着我国能源消耗不断增加，也是我国对世界的资源依赖越来越严重的过程。长期以来，高碳发展引发的气候、生态、能源、资源等种种危机与挑战，引发人们对高碳发展和生活方式的重新审视与反思。

我国的农村人口基数庞大，经济发展规模庞大，发展基础又十分薄弱。农业的发展经历了刀耕火种农业阶段、传统农业阶段和工业化农业阶段。在追逐经济发展指标的时候，人们往往忽视葱茏的山川，忽视清澈的河流。如果用碳

经济的概念来衡量当前农村的农业发展情况，那么这种农业可以被称之为“高碳农业”。伴随着高碳农业的持续，农业生产活动和农民的生活在很多方面还表现出“高碳”的特征，导致了不同程度的环境污染，成为高碳发展的传统区域之一。农村的高碳发展主要表现在如下几个方面：

第一，高碳的种植业。由于农药、化肥、农膜、农作物秸秆的不合理利用及耕作方式的不合理造成的环境破坏，已经成为农村高碳行为的主要方面。我国每年的农药和化肥的施用量均居世界首位，全面农田施用普遍偏高，平均施用水平达到 368kg/hm^2。这些对农产品、水体、土壤、空气等都造成了污染，对生物多样性也造成了严重的威胁。同时，由于大棚技术的推广和地膜技术的普及，农膜应用广泛，这种塑料薄膜属于高分子聚合物，在土壤耕层中很难降解，对土壤造成极大危害。加之耕作方式的不合理，品种选育过程的遗传背景单一化及其大面积推广，造成了对其他品种的排斥。农田开垦和连片种植，引起自然植被、自然物种的减少，也破坏了生物多样性，导致了环境的恶化。

第二，高碳的养殖业。在畜牧业发展的前提下，畜禽养殖业特别是集约化畜禽养殖业已成为我国环境污染的主要来源之一。据国家环保部统计，畜禽粪便的有机污染负荷（COD）超过了工业废水和生活污水的总和。高碳的污水排放进湖泊中，造成水质的恶化。在集约化畜禽养殖过程中，如果没有有效地处理粪便，那么粪便发酵后会产生大量的氨气、二氧化碳等有害气体，它们会严重影响人类的生活环境。“高碳农业”往往高度依赖大型农机具、化肥、农药，不但消耗了大量不可再生的能源，也造成土壤流失、空气和水污染等恶果。

第三，高碳的水产业。对于我国农村的水产养殖而言，水体自身的稳定和自净化能力相对较弱，农户在追求高产的高密度养殖时，由于残饵和粪便等有机物的大量存在，往往会造成水体缺氧和富营养化，这种后果除了可能导致养殖动物直接死亡，还可能使呈指数增长的浮游植物短期迅速爆发，形成激烈的生态竞争，而间接导致养殖生物严重大批死亡。其次，有些农村采用的工厂化养殖的方式，也就是集约化养殖形式，如果没有先进的技术作为支撑，加上通过外源输入饲料，养殖系统内容易形成以养殖生物为绝对主导的不稳定生态环境，同时，含有残饵等有机物的水直接排入附近水域中，对当地的环境危害很大。

第四，高碳的生活方式。与城市相比，我国农村没有专门处理固体垃圾的场所，公共设施也有所欠缺。人们把生活垃圾任意堆放，污水任意排放，加重了对周围的河流、湖泊的污染。此外，随着农民现在开始在意房屋的装修，导

致建筑物密闭程度的增加，大量易挥发的有害物质充斥着农村，各种建筑装饰材料等家具进入室内，严重影响着居民的身体健康，同时也对环境造成了一定的影响。

在推进社会主义新农村建设的进程中，为了统筹城乡发展，农村应该以改善生态环境、倡导绿色低碳为重点进行改造，实施农村低碳生活项目，如对村民生活污水纳管收集进行处理，对生活垃圾进行分类处理等。同时，向村民传播节能环保低碳新理念，让越来越多的农民能够享受绿色低碳的美好生活。

我们知道，人类能源利用的发展轨迹，将是一个从高碳时代逐步走向低碳时代的过程。从第一代能源薪柴，到第二代能源煤炭，再到第三代能源石油、天然气和核能，就是从不清洁到清洁、从低效到高效、从不可持续向可持续、从高碳经济转向低碳经济的过程。低碳发展是一场涉及生产模式、生活方式、观念和国家权益的全球性革命。因此，农村的高碳发展是不符合当今社会发展潮流的，最终会成为过去，农村低碳发展之路的开辟，在新时期显得越来越重要。

第二章
走出误区：农村低碳不低福

人类欲望的无限扩张，使生产生活方式日益呈现出高碳化的一面。碳排放急剧增多，世界气候面临越来越严重的问题，地球臭氧层正遭受前所未有的危机，全球屡屡出现的灾难性气候，已经严重危害到人类的生存环境和健康安全。

一提起碳排放，我们可能马上想到浓烟滚滚的厂矿企业烟囱，其实，农村也是高碳的发源地之一。特别是随着农业现代化的推进，农业生产的高石油化、高机械化趋势越来越高碳化；同时农民生活起居的碳排放基数也很大。当前，随着农村工业化、城镇化的推进，工业的高碳排放快速向农村转移，农村成为工业高碳排放产品的消费场所，客观上成为工业高碳排放的推动力。例如，农村农业使用的肥料、农药、机械设备和其他工业品，都是工业用高碳排放生产的，并且本身还要排放二氧化碳。新农村建设高速推进有可能与高碳排放并行。因此，农村走低碳发展之路，是当前新农村建设未雨绸缪的必然战略，是科学发展观的客观要求，也是人类可持续生存与发展的必然。

案例导读

桃花源——农村低碳生活的东方梦想

“一走进湖南馆，你就会看到一片碧水、翠竹、青草，两条缠绕飘舞的彩带。漫步其间，一路水欢鱼追，给人以幽静、深远的感觉。”湖南省贸促会会长、湖南参博组委会秘书长、上海世博会湖南馆馆长李沛介绍，湖南馆以独具一格、开放循环的展示效果及低碳、人性、自然的展示方式，在上海世博会4月20日至26日试营运期间，受到组委会和社会各界的称赞。

湖南馆取名“桃花源里•Xanadu”（英语意思为“世外仙境”），展示主题为“都市桃花源”，取东晋陶渊明笔下“桃花源记”之意境，展现“碧水蓝天、落英缤纷、万物自由，人情融洽、怡然自乐、安乐和美，心随梦回、寻向所志、欣然规往”的生活情态。“都市桃花源”分为三个部分：自然桃花源、人文桃花源、理想桃花源。不同于代表封闭农耕文化的古代桃花源，“都市桃花源”与现代世界潮流相融合，代表了一种新型的城市发展思路，即倡导用自然的睿智解决现代城市脱离自然发展而产生的问题，提倡“人性、低碳、自然”的都市发展模式，追求“自然、自由、自在”的东方城市生活境界。

“自然桃花源”这一主题以湖南自然风光为主要展示内容，采用现代演示手段，在“魔比斯环”上投影流动的全景影像，向世界观众展现湖南秀美的湖光山色，使其体验到“春竹里，莺歌燕舞，天马凤凰；楚天舒，山花烂漫，润荷飘香；秋风起，万山红遍，层林尽染；连天雪，洞庭波涌，无限风光”的意境，表现出“师法自然、崇尚自然、回归自然、享受自然”的生活理念。

张家界武陵源美轮美奂的自然风景、八百里洞庭的浩瀚、南岳衡山的秀美、凤凰古城的幽静等等湖南特色自然风光，都将在湖南馆内得到展示。

张家界市贸促会的工作人员介绍，“我们力求通过现代化舞台形式，穿越历史，萃取精华，将土家族、苗族、白族等民族在自然山水间所创造描绘的独特生活歌舞、情感状态进行浓缩展现，以欢乐为主旋律，使当代都市大众与张家界古朴原始生命力情景交融，形成至纯至善、梦飞故里的灵魂交流”。同时，整个展馆为绿色设计，

充分考虑展馆展项的循环再生再利用。如其主要结构材料为纸和竹，使用后可化物为泥；而且，在世博会后整个展陈可转入少儿科技馆继续使用，与低碳理念密切符合。

（来源：新华网，2010年5月1日）

问题聚焦

1. 低碳发展是否要放慢发展速度？
2. 低碳是否意味着生活的低水平？
3. 农村低碳怎样才能做到？
4. 什么样的生活方式才是低碳生活方式？

第一节 低碳发展不是低速发展

人们通常认为，高碳意味着高增长，低碳是不是就意味着低增长？减排，意味着更多投入，那么这笔经济账是否合算呢？低碳经济是否指“低速经济”？这些问题是人们在发展低碳经济中的最大悬念。一般而言，对于大多数国家来说，发展低碳经济意味着国家GDP的增速会降低0.12个百分点。然而，GDP的降低只是暂时的过程，低碳并不是指一个国家的经济发展应该处于低速状态。

一、低碳发展不是限制发展

有些人认为如果搞低碳经济，那么高耗能、高排放的重工业就不能发展了。我国有的城市一开始对低碳经济、低碳城市很有热情，但后来不愿意践行，就是因为害怕大型的化工、钢铁行业投资受到限制，阻碍了城市的快速发展。

其实，任何社会的稳定发展都必须要有一些相对高能耗、高排放的产业来保障经济运行、保障生活质量，否则社会将无法运转。要是没有钢铁、水泥、建筑材料，高速公路怎么建？房子怎么建？即使像英国、意大利那样，房子都建好了，也有个寿命期限，一二百年之后还得重建。所以，低碳经济绝对不是

意味着社会的低速发展和排斥高能耗、高排放的产业和产品，而是在社会快速发展的过程中尽量提高碳效率。

1. 低碳发展不是低速发展

低碳发展是通过能源技术创新、提高能源效率和清洁能源结构、最大限度地减少煤炭和石油等高碳能源消耗，建立以低能耗低污染为基础的发展，是希望通过走科技含量高、经济效益好、资源消耗低、环境污染少、人力资源优势得到充分发挥的经济发展之路。低碳发展是一种高速的综合发展。除了经济低碳发展以外，还要达到人与自然的和谐发展，最终实现人类福祉。也就是说，低碳经济的终极追求还是“以人为本”。低碳经济强调的是在尊重自然规律基础之上良性、健康的经济增长以及社会的全面发展，让经济发展的成果惠及全体人民，以实现人的全面发展为目标。低碳经济提倡的经济发展模式本质上是以人的全面发展为终极目标，因为人是社会的产物，是推动社会发展的根本动力。人发展好了，才能以更大的精力去改善自己的生存环境。以人为本，兼顾了人与自然的关系和人与人的关系。而人与自然的关系本质上反映出人与人的关系。人与自然的关系不和谐，实际是人与人之间的关系没有调节好。因为资源的有限性与人类需求之间的缺口非常大，导致人类对环境资源的竞争性使用。

2. 低碳发展可以实现低碳高增长

人在生态、经济、社会等因素中始终是最核心的一环，人的健康发展、人类福祉的实现，关乎整个生态系统。强调发展低碳经济要以人为本，在某种程度上就是充分发挥每个人的创造力和使每个人的价值体现最大化。社会经济的发展都是以人的需求为目的而进行的。为了追求 GDP 而滥用资源，以破坏环境来换取福利，这是严重违背低碳经济的理念。作为“高碳经济”典型的中国，虽然 GDP 的增速会降低，但是考虑到减排带来的对国民健康、能源安全等方面的积极因素，所以这一宏观经济成本是可以接受的，而且其好处完全可以抵消这一经济成本，一定会实现低碳高增长。同时，低碳经济的发展也会为全社会带来新的行业，这些新兴的低碳行业可以为人们的就业提供新的渠道。因此，低碳不等于低速发展。因为一定的物质是低碳经济发展的基础，没有物质的支撑，发展低碳经济就会变成一句单纯的口号，所以在世界范围内，发展低碳经济势必成为各国综合发展的一条必经之路。

二、低碳发展是可持续发展

地球是我们共同的家园，保护地球是每一个人的责任。人类对大自然进行开发的目的是为人类本身造福，但是自然界资源的有限性决定了人类不可能无止境地开发。人类的行为一旦超过大自然的承受能力，大自然就会反过来报复人类。因此，考虑到长久稳定的发展，走低碳之路是人类必然的选择。随着全球气候的变暖、节能环保技术的突破性发展及人们对社会环境的日益关注，世界各国都在高度关注低碳经济的发展。

当前，低碳经济逐渐因其倡行新的经济发展模式成为全球热点，成为世界各国寻求经济增长与环境保护的平衡路径，寻求长期的可持续发展模式的解决之道。欧、美、日等发达国家已先行进行了大量的低碳经济实践，大力推进以高能效、低排放为核心的“低碳革命”，着力发展“低碳技术”，并对产业、能源、技术、贸易等政策进行重大调整以抢占先机和产业制高点。我国也将在“十二五”时期尽快大力发展低碳经济，才能在这场全球低碳的争夺战中取胜。在亚太低碳经济论坛2009中国峰会上，我国提出将以资源节约、环境保护为基本国策以实现可持续发展为国家战略，继续从调整产业结构、提高能效、发展清洁及可再生能源三方面积极应对气候变化，发展低碳经济。

从长远战略上来看，低碳经济是世界经济发展的大势所趋，今后的竞争不是传统的劳动力竞争，也不是石油效率的竞争，而是碳生产率的竞争。低碳是全球减排的目标，也是促进经济复苏和可持续发展的重要推动力量。主要发达国家凭借低碳领域的技术和制度创新优势，加紧实施低碳经济发展战略，构筑世界新一轮产业和技术竞争新格局。我国传统的高碳经济和外贸发展模式目前面临着严峻的挑战，向低碳经济转型势在必行。

现在欧洲、美国的很多产品都有“碳标签”，标明该产品生命周期的碳排放。消费者会有意识地选择低碳产品，如果我们的产品碳含量比较高，别人不买，我们就失去了市场。比如发达国家要对中国产品征收所谓的“边境调节税”，就是因为考虑到我们的出口产品碳含量太高。除此之外，还有环境成本问题。化工石油能源除了排放二氧化碳，还可能造成二氧化硫、粉尘、氮氧化合物、重金属等污染；相比之下，可再生能源的环境负荷就非常低。①虽然低碳经济要

---

①http://www.mlr.gov.cn/wskt/wskt_bdqkt/201001/t20100120_133442.htm，怎样发展中国的低碳经济，2010.6

利用先进技术和低碳能源，这可能会引起成本过高，但是如果我们为减少成本，只贪图当前一点蝇头小利，那么将来我们的产品、产业甚至整个经济就可能没有竞争力，从而可能被排斥出世界经济的主流。

低碳发展是注重长远发展的，具有可持续性。我国很多城市大力发展低碳经济，纷纷以建设低碳城市为目标。有些城市提出的目标就是：大拆处大建，大建处大变，比如“三年大变样”。事实上，借鉴国外经验，在旧城改造过程中，都是保留与改造并存，并非盲目规划，追求概念，拆了重建，尤其是不能一刀切。有数据统计，我国建筑的平均寿命比较短，只有30年，这不是建筑品质问题，而是新的规划要求使然，有的仅建成10年就被拆掉了。在低碳城市发展过程中不能仅求速度，更要重质量，真正把低碳目标落到实处。所以，低碳发展是一种可持续发展理念的落实。

三、走出低碳发展的误区

不是说低碳经济就要抛弃高科技的技术，限制一切高碳的活动，而是要以保护地球上的有限资源，让地球的寿命更能够延长为出发点，节约能源，保护地球。低碳经济与经济的发展并不冲突，并不是要限制经济发展。在这里，清楚认识低碳经济的意义很重要。低碳有利于控制全球变暖，保护环境，加强国际交流与合作，建立公正合理的国际新秩序，构建和谐社会，符合和平与发展的时代主题。低碳经济有利于转变经济发展方式，促进国民经济又好又快地发展，调整产业结构，发展第三产业和高新技术产业，走新型工业化道路，建立资源节约型和环境友好型社会。

“全球二氧化碳大量排放引起温室效应，使得地球‘发烧’了。而低碳经济为‘生病’的地球开出了一剂‘退烧药’。”中国人民大学经济学院教授、博导杨志形象比喻道。与传统的经济增长模式相比，低碳经济的实质是能源高效利用、清洁能源开发、追求绿色GDP，核心是能源技术和减排技术创新、产业结构和制度创新以及人类生存发展观念的根本性转变，最终目的是实现世界经济的可持续发展。并不是说低碳就要限制发展，甚至不发展，相反地，发展是要摆在首位，只不过是提倡低耗能、低排放的发展。所以，我们要走出对低碳经济的理解误区：

首先，低碳经济并不是经济发展的停滞。有人认为，低碳经济会阻碍一个国家的行业发展，会使人们生活水平倒退。其实对于中国这样的人口大国，如果走低碳经济的道路，低碳经济的持续发展将会促进一批低碳经济的新行业出

现，从而促进就业，能够在一定程度上解决就业问题，那对经济发展的推动作用将是不可估量的。

其次，低碳经济并不意味着高成本。发展低碳经济不一定成本就高，使用新能源减少温室气体排放甚至会帮助节省成本，并且不需要很高的技术。比如，德国的家庭20%的能源来自于传统能源，烧已经释放二氧化碳的糟木头，木头都装进一个大箱子，烧半个月，烧完了之后，里头的木头变成一点灰烬。另外80%是太阳能和风能。这样一套设备总投资6万欧元，可以使用30年，每年节约50%的电费，10年收回成本。再如，农业生产活动会留下大量农业废弃物。如果处理不当，这些废弃物会释放二氧化碳，加剧全球变暖。而现在有人通过在无氧状态下不完全燃烧农业废弃物，不仅使木炭存在形式稳定，肥沃了土壤，还具有碳储存功能。这说明，低碳经济的实际成本反而低于传统经济活动的成本。

再者，低碳经济与发展中国家的自身发展并不矛盾。发达国家在发展中过度消耗了地球的资源，现在它们基本完成了产业结构调整，却将一些高能耗高污染的产业转移到发展中国家，这使得发展中国家必定要探索新的发展模式。目前资本市场中新能源汽车、智能电网、核电、环境污染处理等低碳细分行业具有较强的投资价值。风电、太阳能光伏放电、节能建筑、工业节能领域在更多政府扶持政策出台后会有较多的投资机会。如今，低碳经济已成为全球下一代经济体系的核心和基础，而由新技术推动的清洁能源和能效行业，将成为一个规模巨大的全球性产业。根据《斯特恩报告》预测，全球低碳商品和服务行业每年的营业额将达5000亿美元，已经超过了航天和防务工业的收入总和，增幅达到75%，到2020年将突破2万亿美元。高能耗且不在产业结构调整进程中的企业将会被淘汰出局。而且对于有待进行技术革新的企业来说，技术革新速度快的企业会得到更多国家扶植，也会得到更多机会，而革新慢的企业则会错过许多机会。在一定的条件下，低碳经济完全可以与发展相辅相成，并不会影响发展的进度。

最后，发展低碳经济并不意味着完全抛弃传统产业。对企业来讲，只要拥有低碳意识，低碳经济就不会遥远。从现在做起，瞄准低碳经济发展所带来的市场机遇，将传统产业与低碳意识相结合，超前谋划，提早着手，抢占未来经济发展制高点。比如英国“清洁煤炭”计划便是针对煤电厂的技术改造计划，要求煤电厂具有捕捉并储存二氧化碳的能力。中国也一样，不抛弃传统农业，并且借助传统农业可以更好地发展低碳经济。

各个国家必须要认清低碳经济的内涵，提高能源利用效率和创建清洁能源结构，通过技术创新、制度创新和发展观念的创新，把低碳经济发展看做是一场涉及生产模式、生产方式、价值观念等的全球性革命。

第二节 低碳生活不是低水平生活

“低碳城市”这四个字在中国远比全球变暖升温速度更快。据不完全统计，截至2010年底，中国至少有100个城市提出了打造“低碳城市”的口号，没有一个省份缺席。从对“低碳”闻所未闻到一知半解，到找准“苗头”、哄然而上，一夜之间，我们的城市全都迎来了“低碳”的清晨。

一、低碳与贫穷并不是一家人

当看到有些发达国家的高质量生活时，我们在羡慕之余常常没有理解低碳的真正含义，只看到了一些表面现象，认为低碳经济是贫困的经济。这是因为在贫穷和不发达国家的碳生产率都很高，人们不消费、不开车、交通困难，这种情况才能是低碳状态，而发达国家人均碳排放量都很高，高排放才有高质量的生活。其实，发展水平与低碳并不矛盾，在较高发展水平情况下也可以是低碳的。比如法国以零碳的核能为主，人均碳排放比发达国家的平均水平低一半；北欧国家绝大部分主要依靠可再生能源，丹麦基本上是风电，挪威、瑞典基本上是水电。①这些国家碳生产率很高，生活水平也很高。可见，生活质量并不是用碳排放的多少来度量的。发展低碳经济并不是要走向贫困，而是要在保护环境气候的前提下走向富裕。

低碳不等于贫困，低碳与贫穷并不是一家人。低碳经济的目标是低碳排放高经济增长，贫困不是低碳经济。以英国“清洁煤炭”计划草案为例，这一计划将在工程、制造等领域提供3～6万个就业岗位，到2030年它对英国经济的价值将达到每年40亿英镑。

由一些环保先锋发起的低碳生活方式，受到越来越多的都市时尚人士追捧，

①http://www.mlr.gov.cn/wskt/wskt_bdqkt/201001/t20100120_133442.htm，怎样发展中国的低碳经济，2010.6

很多人拥有丰厚的收入，但是仍然坚持节水、节电，使用低能耗的用品，他们的生活照样过得轻松、自在。在低碳面前，这些人开始尝试用形形色色的方法给予支持，无论居家、出行还是购物，都在身体力行地践行“低碳生活”准则。这种力量正在潜移默化地改变着更多人的生活，让人们都看到，低碳生活代表的是更健康、更自然、更安全，同时也是一种低成本、低代价的生活方式。因此，低碳并不等于贫困，低碳的生活方式要求我们对浪费的生活方式有所制约。

二、低碳生活是一种健康的消费习惯

低碳的真实含义是使生活对环境影响更小或有助改善环境，要向人们的身体提供最大的保护和舒适感。频发的自然灾害、加速灭绝的物种等现实一再告诉我们，地球只有一个，危情时不我待。我们首先应该要求自己做个低碳使者、环保达人。低碳生活，对于普通人来说，是一种习惯，我们应该积极提倡并去实践低碳生活。简单理解，低碳生活就是在保证基本生活的基础上，改变生活细节，返璞归真地去进行人与自然的活动，低碳生活需要我们养成健康的消费习惯。

“碳”的使用和排放与我们的生活密切相关。人类每使用 100 度电，就排放了 78.5 克二氧化碳；如果自驾车消耗了 100 公升汽油，那么就排放了 270 千克二氧化碳。“低碳生活”首先提倡的是一种环保意识。在做事时，我们不能避免碳排放，但可以减少碳排放。以量计算的话，工业生产排出的二氧化碳远远大于人类日常生活产生的量，但工业所生产的产品是为人类生活所服务。因此，发展低碳经济还需从提倡低碳生活开始。

低碳生活需要节俭朴素的消费习惯，就像我们生活中，随手关灯、一水多用的习惯。对于很多上了年纪的百姓来说，尽管他们不明白使用的 100 度电与 78.5 克二氧化碳是怎样的关系，但是他们知道每一度电都是要花钱的，因此会节省每一度电。对于他们而言，节电、节油、节气……是一生的生活习惯。如果单从经济角度讲，这种节俭是为了节省兜里本不多的金钱，那我们现在强调的低碳则主要是为了节省这个地球上仅剩的那点能源。然而，在日常生活中，许多人“大方”的行为正在危害着低碳。例如，有的人为了图个方便，会把插头一直保持在通电状态；有的人出门不是开私家车就是打的士，甚至有些人家里拥有两辆私家车，他们认为这样才显示自己生活得大方有派，低碳不是自己

的事。有的人会说，如果以量计算，工业生产排出的二氧化碳远远大于人类日常生活产生的量，相比之下，我们多用一度电，多开一天车排放的二氧化碳根本不值得计算了，但如果这看似微小的数量，以世界第一人口大国的 13 亿人口基数计算，所产生的碳排放就是天文数字了。

实现低碳生活，并进而推动低碳经济发展，其实很简单：合理适度地使用能源，有意识地节约能源，减少不必要的浪费。比如，尽量少使用“一次性”用品；减少电器待机时间；少开汽车，多骑自行车；上下楼不坐电梯……时下，白领环保者中还流行“买碳”，即通过专业网站购买二氧化碳排放的额度，以抵消个人日常生活中产生的二氧化碳对环境的影响，达到碳排放的“收支平衡”。其实，在生活中要想做到低碳并不难，关键是要把低碳作为一种健康的消费习惯。

三、低碳生活才能实现高品质生活

有人认为要使碳排放减少，必然导致生活质量降低。其实不然，在维持一定生活质量的基础上，完全可以做到节能减排。低碳生活不等于“勒紧裤腰带”，每个人可以在不降低现有生活水平的前提下，选择科学合理、节约能源的绿色生活方式。

有的人一味追求贵族生活，把贵族生活当成是一种高品质的生活。事实上，真正的高品质生活是指简单的、接近于原生态的生活，这样的生活意味着健康和自然。在节制、平衡、自然的意识之下，健康的生活方式可以被称为一种新型的“贵族文化”。因此，低碳生活虽然不是传统的贵族生活，但是低碳生活绝对是一种高品质的生活，它需要我们用贵族的精神去享受平民的生活。

当然，在惯性生活模式下，推行低碳生活可能会带来不便，但这些并不能成为我们拒绝低碳生活的理由。低碳生活与提高生活水平并不冲突，其中关键是找到结合点，探索低碳可持续消费模式。

第三节 低碳农村不是无碳农村

低碳经济实际上是向“零碳经济”的过渡。现阶段，社会进步、经济发展不能没有钢铁、水泥、建材等高耗能物质的支撑。任何经济体都必须要有一些

相对高能耗、高排放的产业和产品来保障经济运行。所以，从高碳到低碳，是一个庞大复杂的系统工程，必须循序渐进。只要符合低碳经济的“最少和最大”内涵要求，就不应该完全排斥技术先进的高能耗的产业和产品，而应该千方百计降低碳强度，提高碳效率，让低碳经济向零碳经济的过渡更加顺利。

随着我国农民收入的提高，越来越多的农民将告别过去传统的生活方式。农民收入的提高必然刺激购买力上升。伴随着一系列刺激农民消费的政策的实施，如家电下乡政策、农用汽车购买补贴政策等，农民在家用电器、电脑、汽车等方面的消费有了较大幅度的上升。农民的消费支出不再仅仅满足于自身最低生活消费的需求，越来越多地用于享受型消费需求，这种消费方式的变化必然带来能源消费的增加，给温室气体减排增加了重重障碍。

一、农村不是低碳的乐园

人类离不开碳元素，碳无处不在。说到碳与我们的息息相关，就不得不讲到“碳足迹”。什么是“碳足迹”？通俗地说，碳足迹来源于英语单词“Carbon Footprint”，指的是个体或者团体的活动或产品“所排放的温室气体（主要指二氧化碳）综合”，是测量碳排放对环境影响的指标。“碳”耗用得多，导致地球暖化的元凶“二氧化碳”也制造得多，“碳足迹”就大，反之“碳足迹”就小。这个足迹是一个形象的说法，指的是我们产生的二氧化碳对地球的影响，就像一个个脚印踩在地球上一样。谁的脚印深？谁的脚印浅？有没有可能做到“凌波微步，落脚无痕”呢？

有的农民认为，我没开工厂，没开车，也会产生二氧化碳？其实，环顾一下我们的生活，用水、用纸、用电、假期、交通方式、垃圾处理、食物、打电话、取暖、上班、旅行……无一不在产生二氧化碳。可以说，我们每时每刻都在踩下“碳足迹”。所以，真正达到无碳是不可能的，我们穿的衣服在生产制造、运输的过程中都是工业产生了碳排放，我们要呼吸，吐出来的也有二氧化碳，电器产品用电，电又是煤来发电，换句话说，只要有生活就有碳，碳是无处不在的。

虽然对整个农村而言，完全“无碳”难以做到，但有意识地减少“碳排放”，却是随时随地可做的事，千万不要“勿因善小而不为”。如今，节能减排并非只是国家和生产企业的事情，每个人在日常生活中的点滴“低碳”改变，就能汇流成海，为改善人类生存环境出力。每个人的生活方式都会直接影响到地球生存。

碳排放量的多与少决定于我们自己。总之，哪儿有人类生活，哪儿就有碳，倡导低碳生活，在广大农村也势在必行，关键是要提高人们的低碳意识，共同保护环境，创造美好的家园。

二、农村高碳难消停

我国农村幅员辽阔、人口占全国人口的 56%。农村人口密度小，生存空间大，人们的活动范围广。很多人认为农村的能源需求没有城市大，却没有意识到农村同样面临着能源匮乏的情况，环境也在受到严重的破坏。

在农村地区，很多人对低碳生活视而不见，认为农村是无碳的。虽然农业自身的能源消耗所占比重不高，但使用得越来越多的各种农用化工产品如化肥、农药、地膜、柴油等都是高耗能产品。我国 2005 年的化肥消费量就达到 4766 万吨（纯养分量），位居世界第一，超过世界消费总量的 30%。在污染排放方面，仅畜牧业的 COD（化学需氧量）排放量就已经达到甚至超过工业的排放量，成为 COD 排放的第一大户。其中，甲烷（增温能力是二氧化碳的 20 倍）排放量占总排放量的 50% 以上；氧化亚氮（增温能力是二氧化碳的 310 倍）的排放量占总排放量的 90% 左右。另外，农业还是水体中氮和磷的重要来源，是水体富营养化的主要元凶之一。日趋严重的面源污染正是由于农业节能减排力度不够的后果。①

改革开放以来，随着农村经济的发展，农民生活水平也不断提高。首先表现在，农村居民生活能源的使用发生了巨大的变化，农村居民家庭平均每百户拥有的洗衣机、电冰箱、空调机、摩托车等耐用消费品不断增加。农村居民生产、生活废物、废气的排放也相应地增加。农村能源浪费惊人，能源消费结构也不合理等。其次，不少农村居民的生活方式还相对落后，环保意识较差，废品随意丢弃，废气随意排放，生活污水乱流，禽畜粪便乱拉，导致农村环境污染严重。多年来，农村的能源结构主要由电、木柴、稻草、秸秆和石油液化气等构成，家庭中各种能源的消耗量主要受家庭生活水平高低的影响。生活水平相对较高的家庭，电能及石油液化气的消耗量较大，生活水平相对较低的家庭秸秆和稻草的用量较大。现在约有 60% 的家庭用电煮饭，50% 的家庭用电煮菜，30% 的家

---

①http://country.scol.com.cn/new/html/scncrb/20101027/scncrb417298.html，农村低碳任重道远

庭用石油液化气做饭煮菜；由于烧水，煮牲畜的食物及烤火所需的能量多，几乎所有的家庭都是用木柴和木炭。其中石油液化气、木柴、木炭、稻草等燃料是含碳量较高的能源，燃烧后产生大量的二氧化碳。由于这些燃料的消耗量相当大，所以每年都有许多树木被砍伐。而政府、村委会对乱伐树木的行为又无法制止，村边、河边、山间地头的树木已所剩无几，村民也没有意识到应该把树苗补种上。因此，绿地锐减，水土流失加重，环境在恶化，但是因为这种情况还没直接损害村民的利益，所以，村民对此全无意识。目前，电能、沼气以及太阳能对农村来说是清洁、低碳、可取代木柴成为主要的家用能源。现在除了电能的用户较多，耗量较大外，沼气的用户一般较少，一些村子能正常使用的很少，废弃的也有一些。而直接利用太阳能的家庭基本没有，这是由于目前太阳能的用处比较单一，只能产生热水，并且太阳能热水器的价格相当高。

能源的匮乏和传统生活方式的持续会影响到农村当前的生活状态。因此，在农村倡导低碳生活已经义不容辞，发展我国低碳经济，决不能忘掉农村，必须把城市与农村结合在一起，投入大量精力，倡导居民的低碳理念，搞好低碳经济发展，引领低碳生活的风尚。

三、农村低碳生活要从低碳生产开始

说到低碳，我们应该了解到，不仅仅城市的低碳生活应倡导，而且农村的低碳生活也不能忽略。其实，农村同样需要低碳，尤其是在当下。我国有48000多个乡镇，近70万个村庄，每年可开发的生物质能相当于5亿吨标煤。而且我国有18亿亩农田，那么土壤中的有机质每增长1%，就可在大气中吸收30亿吨二氧化碳，所以农村具有巨大的节能潜力和空间。

随着新农村改革的推进，经济发展的矛头已经指向农村，在这片新的土地上，要从一开始就有低碳的意识，不能够等到产生严重后果才补救。要从根本上解决问题，只靠改善城市的生产和消费方式是远远不够的，必须切实解决农村的环境污染和生态破坏问题，积极引导农民过低碳生活。在农村实行节能减排要因地制宜。

各个地区要根据自己的经济社会的发展阶段来选择适合自己的节能方式，比如经济欠发达的地区，就不可能要求家家户户都是用清洁能源液化气或者天然气等等，但是可以提倡使用沼气和农家肥，循序渐进才是有效和有利的途径。

从整体而言，在农业生产方面，畜牧业发达的地区，要提倡循环经济，处理好动物粪便，减少碳排放，在种粮为主的地区，则提倡使用有机肥料和有机农药，同时耕种要使用到的农机设备等，都可以通过上档升级实现对能源的充分利用。发展节油、节电、节煤等农业机械和渔业机械技术及设备，推进高能耗农业机械的报废和更新换代，降低农业装备能耗。

生活方面，秸秆焚烧虽然对农村有着很大的危害，但是从我国的实际情况出发，由于存在明显的地区差异，全面用新能源代替秸秆焚烧目前尚不太现实，因而要渐次推进。适合将秸秆高效资源化利用的方式很多。尤其是在广大农村，在新农村建设中推进的沼气工程，也需要把秸秆作为原材料来发酵成沼气。再者，沼气的使用现在在农村已经推广得很多。推广农村沼气工程的实施可以节约能源，减少温室气体排放，减少污染，保护环境，并且可以通过交易减排的温室气体而增加农民的收入。农村沼气工程不但能解决农村燃料能源问题，节约大量薪柴、煤炭资源，也减少了温室气体的排放量。沼渣沼液还可作为有机肥在农田中施用，代替常规化肥，节省农民对能源和肥料等的支出。

建设现代化的种植养殖基地。大力发展各类专业的农牧业合作社，培育发展农牧业龙头企业，带领千家万户致富。大力推进新农村建设，按照新农村建设与农业产业化同步发展的原则，统一规划、分步实施，加强落实使农民满意。现代化在走向农村的同时环境污染已经向农村地区转移，能源缺乏也将严重影响到广大的农村地区，加之农村地区的经济发展在迅速提升，人们的生活方式在改变，这也让农村逐步走向高碳生活。很多人只把高碳生活当成是一种享受，一种进步，但是忽略了高碳生活的背后将是能源的危机，也是在剥夺下一代生存的权利。低碳农村只是相对于城市而言情况没那么严重，但是低碳农村绝不是无碳农村，需要社会有共同的意识，每个人都要积极行动，走低碳路线，为环境做贡献，为下一代造福。

能源利用方面，充分利用风能、太阳能，既经济又低碳，效果明显，可操作性强。安装风能、太阳能设备，花钱也不太多，使用时间长，利用率高。有条件的地方和农户可以初步探索应用，大部分地区利用沼气和太阳能是切实可行的。太阳能取之不尽，廉价使用，是今后低碳经济的能源，应充分利用。这些对于农村生活环境改善，生活质量提高，维持可持续发展，意义重大而深远。

第四节 低碳在你举手投足之间

虽然可能还有人还不知道低碳是什么，但是我们的很多行为都与低碳息息相关，比如为了节省家庭开销，从而选择省电、省水、省油，等等。当我们真正理解低碳的概念后就会知道原来为低碳做贡献并不难，每个人都可以做到，而且就在举手投足之间。当每个人将低碳作为一种习惯时，这个世界的碳排放量降低了，人们赖以生存的地球环境也就能更好了。

一、低碳并不神秘

低碳并不神秘，其实质就是碳的低排放或少排放，也就是较低或更低的温室气体排放，主要是二氧化碳排放。在我们的日常生活和工作中，在我们的举手投足之间有低碳相随，实现低碳发展，我们要从举手投足做起。例如，我们出门骑单车甚至走路是低碳，少用冰箱空调是低碳，等等。只要平时生活习惯稍微注意一点，每个人都可以做到。

农村本来是一个低碳的空间，农村的花草树木吸收二氧化碳释放氧气，是能够保持低碳的自然循环空间。然而，随着农村的发展，农村城镇化的步伐加快，现代农村也并不是一块低碳的净土了，农村碳净化的能力正在减弱，自身的高碳排放需求越来越强烈。因此，需要我们在农村发展中走低碳之路，为农村的自身可持续发展奠基，为城市的快速发展维护一个可持续的生态环境。作为农民，每个人都可以做到，而且每个人都应该有低碳意识，在举手投足之间时常注意低碳化，坚持低碳生产，改变高碳发展方式，转变高碳生活方式，建设低碳农村。

二、低碳就在你身边

或许你要说，减少二氧化碳排放应该是公司企业的责任吧，只有那耸立着向蓝蓝的天空吐着浓浓废气的大烟囱，才会产生大量的二氧化碳。其实不然，我们呼吸就是一种高碳行为，呼入氧气排出二氧化碳。当然，总不能不让人呼吸。但是，除了呼吸，我们每个人每时每刻都在进行高碳消费。例如，我们使用电器用电要消耗能源，消耗能源要排放碳。那些制造大量二氧化碳的企业，把最终生产出来的产品送到我们手中，我们就成了工厂和企业高碳排放的最终消费

者。比如说，我们的电脑、手机、电视、冰箱、空调、电灯……样样需要消耗能量，需要排放大量的碳才能制造出来。在我们生活中，要保证正常的衣食住行，发电、采暖时烧煤，交通工具烧油、烧气等都直接排放大量二氧化碳。因此，我们吃饭、出行要使用含油、含气的石化物，我们的生活充满了阳光也充满了“碳”，由此说来，我们每个人都是一座“制造”二氧化碳的小工厂。

据资料统计，如果你乘飞机旅行2000公里，那么你就排放了2千克的二氧化碳；如果你用了100千瓦时的电，那么你就排放了5千克二氧化碳；如果你自驾车消耗了100公升汽油，那么你就排放了270千克二氧化碳……

当前，低碳成为时尚，低碳社会、低碳经济、低碳生产、低碳消费、低碳生活、低碳城市、低碳社区、低碳家庭、低碳旅游、低碳文化、低碳哲学、低碳艺术、低碳音乐、低碳人生、低碳生存主义、低碳生活方式等等，到处都是低碳的时髦，因为低碳很简单，就是节约能源，减少碳的排放；因为低碳很重要，关系到我们的健康和发展，还有我们子孙后代的生存。

低碳就在身边，你我都能做到。只要平时养成了一种良好的生活态度，并且当这种态度变成习惯之后，就会发现其实生活品质并没有降低。

三、如何做个低碳农民

做个低碳农民，是农民的传统本质，在过去，农民生活简单原始，不仅本身低碳化，而且种的植物本身还是消化高碳产生氧气的工厂，只是到了近代，随着农业的现代化发展，特别是石油农业的兴起和农村工业化程度的提高，农民也加入了高碳排放的行列。如何转变生产生活方式，做个低碳农民，是当代农民的一种神圣职责。做个低碳农民，要从以下几个方面努力：

一是树立低碳理念。树立低碳理念不是学些低碳知识就能解决的事情，不仅要有相应的低碳知识，更需要具有很强的低碳意识，思考问题要用低碳思维，处事要寻求低碳方法。在生产和生活中，处处坚持低碳优先，拒绝高碳，有为建设低碳和谐农村约束自己的精神。

二是力行低碳行为。节约是农民的光荣传统，节约就是节约能源，节约能源可以减少碳排放，达到低碳。做个低碳农民，要坚持量力而行，节制低碳。比如，日常生活中，要注意节约能源，减少排放；在农业生产中，尽量使用低碳的农业机械，切实节约用水，保护水资源不受污染，处处坚持低碳生产和低碳消费。

因此为了减少温室气体排放，农民朋友应该从自己做起，过低碳生活。

三是养成低碳习惯。低碳习惯是现代农民的生活时尚，也是一种健康的生活习惯。做个低碳农民，低碳习惯非常重要。农民低碳生活方式有很多，比如多走路，少坐车；随手关灯，少用冰箱、空调；用太阳能热水器、用沼气池；节约用水、植树造林、保护湖泊等。特别是要改掉乱丢垃圾的毛病，注意保护环境，不要将生活垃圾乱堆乱放，养成有效处理好生活生产垃圾的习惯，对农村垃圾进行分类处理，改善农村生态环境和提高自己的生活质量，使低碳成为自然习惯。低碳生活的重要特征就是节约。

四是使用低碳能源。装太阳能热水器、建沼气池是充分利用低碳能源的重要方式。太阳能是好东西，一次投资，长期使用，现在政府还有补贴，太划算了，用上太阳能村里人再也不用上山砍柴了。沼气是农村低碳能源的重要手段，用上沼气后，煮饭、炒菜、烧开水，全用上“自来火”，只要阀门一开，火苗就呼呼响着亮起来，既方便又卫生。而且，由于建沼气池后，人畜粪便都得到无害化处理、资源化利用，农村环境卫生得到改善，减少了疾病的传播，农民的健康水平得到提高；同时，改用沼气做炊事能源，节省了薪柴的消耗，有效地遏制了乱砍林木的现象，改善了自然生态环境。对于能源的使用，即使是可再生能源，也需要节约，所以只要能保证正常生活工作的需要，就是最大程度的节能。

低碳就在我们身边，低碳生活方式其实就是要求我们对浪费的生活方式有所制约。

四、农村低碳经济要“循环”

我们每一个人都是一座“制造”二氧化碳的工厂，据统计，每年人均碳排放为4.6吨，需要每个人拥有260棵树才能抵消如此庞大的碳排放。然而环境是我们大家的，保护环境是我们的责任。我们要正确认识低碳经济，发展低碳经济。低碳农业、低碳生活在农村同样大有可为。

农村低碳经济可以从循环经济入手。循环经济是指在生产、流通和消费等过程中进行的减量化、再利用、资源化活动的总称，也就是资源节约和循环利用活动的总称，即从“减量化、再利用、再循环”三个方面入手。“减量化”，包括节地、节水、节肥、节药、节种、节电、节油、节柴（节煤）、节粮；“再利用”就是做强加工业。对农产品进行深度加工；将各类农产品加工后的副产

品及有机废弃物化害为利、变废为宝，进行系列开发、深度加工，有时其效益会超过主产品的效益，既节约了能源资源，又解决了对生态环境的污染问题，可以有效地控制温室气体排放。“再循环”，包括通过微生物利用（例如沼气池）、变废为宝、利用太阳能等新能源等。沼气池、杀虫灯、秸秆气化炉、生态养猪法……这些都是低碳农业的表现形式。应对气候变化必须大力发展低碳农业，普及农村沼气，发展秸秆气化、固化；开发太阳能、风能、微水电等可再生能源，替代化石燃料减少二氧化碳排放；加快省柴灶、节能炕和节煤炉的升级换代，推进农业机械节能，降低化石能源消耗；转变生产方式，减少农田和畜禽养殖的甲烷和氧化亚氮排放；推广秸秆还田、保护性耕作和禁牧、休牧、退牧还草等措施。同时，优化区域布局和农业种植结构，加强以农田水利为重点的农业基础设施建设，培育高产、抗逆农作物品种，实施测土配方施肥、病虫害监测预警，增强农业防灾抗灾减灾和综合生产能力。这些都是低碳农业努力的方向。

“低碳”固然离不开政策的引导、资金的保障、技术的支撑、法律的监督，但如果没有生态道德的内生驱动，所有这些外部措施都会大打折扣。低碳生活是一种社会责任，我们必须克制人类的不良习惯和对经济利益疯狂攫取的欲望，培养良好的生态道德、环保良知，靠自觉的举手之劳做好低碳“小事”，因为低碳生活就在身边，人人可行。

第五节 低碳农业也是解决三农问题的良策

“农村、农业、农民”这三农问题是我们关注的重点，也面临着诸多问题和困难，在农村发展和实行“低碳生活”是解决好三农问题的关键和重点。建设低碳农村与当前提出的建设环境友好型、资源节约型农村社会在理念上是一致的，与农村发展循环经济的目标也是相似的，在气候变暖成为人类头号敌人的时候，低碳农村建设应该和低碳城市建设一样成为我们的关注对象。低碳农村的建设是一项复杂的系统工程，涉及土地利用、产业结构调整、能源开发、节能技术和环境保护等众多领域，没有健全的制度和利益保障人们不会自发实施，因此需要政府的大力推动和全社会的共同参与，走出一条农村低碳发展可持续之路。

一、低碳对“三农”大有作为

“低碳”是个当前流行的新名词，它呼应了生态文明建设。“三农”的长期发展离不开低碳农业的发展。工业化和城市化不能解决三农问题，反而还带来了生态破坏、能源枯竭、贫富分化甚至文化冲突等严重的问题，因此要改变过去高能耗、高成本、低福利、单一化的乡村发展模式，必须按照低能耗、低成本、高福利、多元化的思路和原则来建设乡村。

目前，在全国各地都涌现出了众多低碳农业发展的典型。2010 年 3 月，江苏省姜堰市河横村由于多年来在发展低碳农业上的突出作为，被亚太国际环保组织授予“低碳农业先进村”荣誉称号，成为我国首批获此殊荣的 3 个行政村之一。低碳农业有着诸多优点，它不仅像生态农业那样提倡少用化肥农药、进行高效的农业生产，而且在目前能源消耗越来越多的情况下，还非常注重在农业种植、农产品加工、运输的过程中减少石油和煤气资源的使用，降低能耗排放。然而，低碳农业的形成，却不是一时半会的事情，它是一个长期发展的过程。

首先，形成绿色农业的趋势。在中国最近这三十多年的高速工业化、城市化进程中，农村的青壮男性劳动力走了，村庄凋敝了、空洞化了，农业生产大多由留在村里的妇女、老人承担。弱劳动力再加上化石能源投入的配套，农民怎么方便怎么来，怎么赚钱增产怎么来，例如使用尿素等作为化学肥料，改变动物、植物的自然生命链条和生长规律，用各种药剂、激素把它们催熟，等等。我们的农业切切实实变成了高碳、高成本的工业化农业，尽管亩产量不低，但是具有高污染、高耗能等负外部性，最终是不可持续的。

工业文明以来，农业的本质不是个经济或者赚钱的行当，几乎所有国家的农业跟其他产业相比都是弱势产业。我们说农业要现代化，美国的农业应该算是足够现代化，即使这样，它还是需要政府高额补贴。所以，农业问题本身不是个经济问题或者产业问题。那么，农业的实质是什么呢？它其实表现在绿色、天然、健康等多功能品质。

农业是让人吃饭的，是要维持生态平衡的，首先是个植物、动物、微生物的生命自然代谢过程。因此健康农业的取向，其核心是建立和恢复农业生态系统的生物多样性和良性循环，在为人类提供健康食品的同时维护其可持续发展，其最高阶段是充分体现安全健康性能的有机农业。在有机农业生产体系中，作物秸秆、畜禽粪肥、豆科作物、绿肥是土壤肥力的主要来源；作物轮作以及各

种物理、生物和生态措施是控制杂草和病虫害的主要手段。

农业不仅是由人参与的、与自然高度结合的经济过程，而且还承载了人类的安全和可持续发展，具有保障国家粮食安全、让农民获得收入、教育文化、环保康复、生态休闲、社会稳定等经济、社会和政治的多方面功能。农业的发展将更加趋向于绿色、健康的指向。

其次，形成低碳、环保农业的趋势。农村，作为人们生活的地理空间和景观布局的发展取向，一向以城市为参照和追赶目标。而城市的本质就不是低碳的。城市到处是钢筋水泥，人工痕迹太重，离自然生命太远，物质消费至上。人天天生活在这样的环境中，不免患上各种各样的“城市病”，比如没有空调就过不了夏天，断一天的水、电就要了命，这很可怕。

人生活在有金、木、水、火、土的地方才会心安理得。在城里，人远离木、土、水，只有火和金，当然受不了。而乡村到处都有生命，人接天气、地气，房后有树，房前有花，这和我们整天对着电视、电脑，住在拥挤的高楼里的感觉肯定是不一样的。但是在旧式的工业化、城市化、现代化过程中，农村的这些优越性渐渐被人们淡忘、抛弃。除此之外，农村还面临着城市化、工业化造成的垃圾下乡，耗能的消费品下乡，农村本身的生产生活造成的污染和浪费等问题。

可是，许多人对这些问题没有意识到，只是把“三农”的问题归结为农民增收了就可以解决。然而，在普遍意义的农民增收是个小概率事件的情况下，如何解决农村问题就成为了当前农村面临的头等大事。低碳农业、低碳农村的提出，就是指通过对农村生产、生活、生态三位一体的循环链条的恢复和重建，使农村成为一个适于人们居住的地方：其特点是清洁、节能、美观、多样化；其核心是在实现可持续生产的同时，注重生活质量、生态环境和生命至上的取向；其参照物不再是城市；其发展不再是单一的经济发展和货币量的多少，而是多元化发展和农民个体幸福感的满足。这样，农村人居住的空间就具有了以在地化为主的本体性地位，乡村的发展就有了自信的张力。①

虽然农村的低碳发展面临着很多问题，但是随着社会意识的不断强化，农村低能耗、低污染、低排放的“低碳生活”、“低碳经济”已初步显现。

---

①http://www.wyzxsx.com/Article/Class19/201001/126390.html，低碳乡建的原理与试验，2010-1

二、低碳化农业，农业发展的新动力

农业，人类衣食之源、生存之本，一切生存的首要条件。当前，全球变暖、臭氧层被破坏、酸雨、空气污染、水污染等影响日益突出，在很大程度上困扰着农业的良性发展，究其原因，主要在于人类以违背自然规律的做法来最大程度汲取经济利益，此种状况若长久持续下去，势必将导致更为严重的后果，付出更为沉重的代价，故而以“三低”为主要特征的低碳农业亟待推广、发展。

“农家肥”成了香饽饽。走进李鹊镇赵庄村赵忠祥的蔬菜大棚里，一派生机盎然。老赵介绍说：“俺在大棚里种茄子用的是生物反应堆技术，就是用玉米秸秆加上植物疫苗经过发酵后变成有机肥，替代了化肥，产出的茄子绿色无公害，能比普通的茄子每公斤多卖1元。”随着人们生活水平的不断提高，消费者对蔬菜、粮食的品质有了更高要求，施用农家肥的农产品越来越受到市场认可。对此，广大农民纷纷改变过去在田间地头燃烧秸秆和大量使用化肥的做法，开始选择环保无污染的沼肥、节水低碳农耕方式，不仅降低种瓜种菜种粮的成本，而且改良了土壤结构，培肥了地力，减少了病虫害发生，既环保又经济。同时，广饶县还通过举办技术讲座、田间地头巡回指导和典型引路的方式，帮助农民选择环保健康的农家肥、生物肥，按照“低碳”的种植标准，给土地按需施肥，逐步减少化肥和农药的使用量。昔日大受“歧视”的农家肥，如今成了抢手货，“低碳”种田让农民尝到了实实在在的甜头。①

农家肥也使山东济宁任城区“低碳肥料”培育出真正的“绿色草莓”。农家肥粪无公害、肥效长、低成本、土地碱化小，种出的草莓品质好，每斤绿色草莓价格比化肥草莓价格要高出1至1.5元。在任城，蔬菜大棚已掀起一股低碳肥料风，低碳也切实成为任城农民致富新法宝。

接庄镇东村是任城大棚蔬菜生产基地之一，生产的蔬菜不仅满足了当地人民需要，还直接运送到市区各大超市、农贸市场等地供应当地市民需求。近几年，蔬菜大棚的兴起丰富了人们的菜篮子提高了人民群众的生活水平，抱着火炉吃西瓜也成为人们生活中的真实场景。过去，草莓种植户为图省事都用复合肥，为了赶早市卖个好价钱通过盖保温被、放置水袋、燃烧煤炉提高室温来实现。如今，在低碳经济、低碳生活的倡议下，种植户青睐起农家肥、生物肥的使用，不仅每亩少投资100多元，降低了种田成本，提高了草莓产量，而且还可以改

---

①http://jjsx.china.com.cn/list_309/48287.html

良土壤结构，减少环境污染。接庄东村的草莓种植面积达六七十亩，品种多，种植密集，上市期高达二十多天，在低碳肥料的培育下，不仅成本低、无污染而且收益高、无农药残留，深受广大消费者的喜爱。

三、低成本的低碳鼓起农民腰包

低碳农业就是花最少的钱，获最大的益。由于少用化肥、少打农药，农民生产出的农作物都属于绿色作物，平均卖价会比一般农作物市场价高出很多，一年的收入也会处于增收势头，农民人均纯收入得到增长。低碳农业让农民的日子过得乐悠悠。

同时，低碳农业科技也在节省农民开支方面，起到了重要作用。比如：沼气既能改善环境，还能节省开支。通常，如果安装一口8立方米的沼气池，就能解决农村3至5口之家的正常生活燃料，沼气成本每立方米约0.2元，按一户3口之家计算，每天约需沼气4立方米。与使用煤球相比，每年每户可节约612元;与使用煤气相比,每年每户可节约984元,还减少约2吨的二氧化碳排放。

为全面推广低碳农业，通过实施低碳农业科技入户工程，大力推行测土配方精准施肥、生物防治病虫害等实用技术，引导农民使用有机肥，尽量降低种植成本，同时积极促使低碳农户与“婆家”对接，大力推行“龙头企业+合作社+农户”的经营模式，加快农民致富步伐。这在一定程度上得益于农村新能源建设，它使农村居民过上了“低碳生活”。

四、践行“低碳”理念改善农村环境

2011年3月，全国农村环境保护工作会议提出中国农村地区目前普遍面临污染排放总量大，生活污染、面源污染严重，工业污染、城市污染向农村转移加剧等突出环境问题。中国计划到2015年完成6万个建制村的环境综合整治，在农村饮用水水源地保护、生活污水治理、生活垃圾处理、畜禽养殖污染防治、土壤环境保护5个方面取得显著进展。

大力发展低碳农业，对于温室气体的减排无疑具有积极的促进作用。来自联合国粮农组织的一组数据显示，生态农业系统可以抵消掉80%因农业导致的全球温室气体排放量。比如：以前因畜禽粪便处理简单，畜禽排泄物成了农村主要污染源，严重破坏了周边生态环境。随着农民对生活环境的要求越来越高，

发展低污染农业经济成为了低碳村庄农民的共识。引导农民群众大力学习畜禽粪便处理技术，鼓励农户建设沼气池，在农作物种植中尽量使用可降解塑料袋和农用地膜，使用低毒高效农药，最大程度减少污染物排放，着力改善农村环境。在节能减排空间较小的地区，应尽量减少化肥、农药使用量，减少畜禽散养，发展规模化养殖，加强畜禽粪便综合治理，发展绿色生态农业，保证在减少污染物排放的同时，促进农村经济发展。

尽管“低碳生活”、“低碳经济”正成为越来越多农村人的追求，然而在广大农村，低碳理念尚未完全推广。随着农村经济的发展，村民生活水平也不断提高，我们不得不正视这样一个严峻的局面：资源消耗与环境污染在许多农村广泛存在，且互为因果。从最普通的几项指数来看，农村用能方面：60% 的农户生活燃料主要依靠于秸秆和薪柴，热能利用率低下，燃烧秸秆通常也带来严重的环境污染。国家每年三令五申禁止露天焚烧秸秆，但秸秆焚烧依然屡禁不止。农村生产方面：初步估算，我国每年畜禽粪便排放总量达 25 亿吨，农膜年残留量高达 45 万吨，大量粪便未经有效处理直接排入水体。农村生活方面：每年产生生活污水约 80 多亿吨，生活垃圾约 1.2 亿吨，大部分得不到有效处理，严重污染了农村地区居住环境。农村工业方面：城镇工业废水、生活污水和垃圾向农村地区转移的趋势进一步加剧。乡镇工业企业布局分散、设备简陋、工艺落后，企业污染点多面广，难以监管和治理……加之不少农村居民的生活方式还相对落后，环保意识较差，导致农村环境污染严重。因此，发展农村“低碳经济”仍面临不少困难。

有人认为，低碳生活只是城市居民应该考虑的事情，对他们来说犹如“遥不可及”的梦想，与他们的日常生活距离太远；也有人认为，低碳生活是一项系统工程，仅依靠个人力量难以实现，还不如按日常的生活方式“得过且过”。但是我们应该明白，虽然农民长期以来形成的生活习惯在短时期内确实难以改变，而且推行低碳生活也可能会带来不便，但是这些并不能成为农民拒绝低碳生活的理由。必须要加强低碳理念对农民的渗透，低碳生活才可能实现。

五、低碳农业加速农业发展转型

农村并不单纯是新思想的发源地，也不可能是考虑全局政策的发源地。对于每一个村庄而言，农民只能够看到你帮他们做的小恩小惠的实事，他们只管

眼前的好处；你做的事能让农民增收，农民才会跟着你干；你愿意帮村庄修路，村民才觉得划算。在一定程度上，你做的好事虽然帮助了农民，但是你的高碳行为也会浸入到这个地方。本来是山清水秀的，路修好了，矿产也就被运走了，几年以后，这里可能变得污染严重，地下水位下降。

我们现在要做的低碳农业发展不同于只求眼前经济效益的传统发展观，它从根本上说是为了农村的可持续发展，对国家的全局和长远有益。在这样的情形下，怎样才能形成低碳农村所必需的有效机制？如何把工业化发展的阶段性目标和低碳农业的战略性目标结合起来？如何把低碳农业的市场风险降到最低？低碳农业的发展又如何与对小农利益的保护结合起来？

针对以往高投入、高消耗的发展模式，很多农村通过转变增长方式，以发展绿色产业建设为主战略，积极扶持绿色种养业、林果业以及绿色农产品加工企业的发展。按照产业化要求，不断完善产业化标准体系建设，建立产前、产中、产后各环节技术和管理标准，制定标准化种植操作规程，指导农民开展标准化生产。

在实行标准化种植过程中，严格市场准入，加大农产品质量安全专项整治监管力度，严禁农药残留超标和质量不合格产品流入市场，实现生态、环保、绿色、有机生产格局。建立“农户＋基地＋公司”的发展模式，组织养殖户实施畜禽粪便干湿分离、沼气化处理等畜禽养殖污染防治实用技术，实现畜禽粪便污水综合利用，同时制定优质畜产品买卖优惠政策及标准化养殖技术操作规程，形成零排放、无污染、低成本、高效益的新型生态养殖模式。

为降低农业生产资料能耗，把农村可再生资源综合循环利用，制定绿色农部品生产管理、农业投入品管理、生产技术指导和推广培训、环境保护及检验检测等制度，引导广大农户发展低能耗绿色农业。同时，以低能耗绿色农产品为依托，以农产品加工企业为龙头，推行“合同＋农户”的经营模式，发展订单农业，让企业与农户实现双赢。随着经济的发展，现代生态农业发展技术日益发达，这为发展低碳农业提供了良好的基础。

为了推进低碳农业的发展，各级政府要加强农业合作社立法工作、做好试点示范工作、加强合作组织所需人才的培训和辅导工作；为农民社群文化合作提供必要的政策支持、资金支持、人才培训支持；向发达国家学习，为农民合作组织的产品销售提供优惠政策，提供减免税费的销售渠道；为开发和普及低碳乡建的各种适用技术提供支持，等等。

如今，除了政府在承担低碳农业建设的任务以外，农民自身也发挥着不可小视的作用。通过农业合作社联合起来的农民主体力量已经显现出来。2006 年 4 月，兰考县南马庄经济发展合作社、胡寨经济发展合作社、山西永济农民协会、湖北三岔村合作社等七家合作社联手，成立了国仁绿色联盟，承诺为社会生产健康的食品，此后相继又有其他农民合作社加入。几年来，这些早先觉悟了的农民一直在坚忍不拔地探索着。比如，南马庄农民合作联社的目标是：力争打造“中原第一合作生态村”！有机大米小杂粮，鱼蟹畜禽自然养，是南马庄人对社会的真诚奉献；农民合作联社、市民农园、生态民居，是南马庄人在新时期具有重大价值的探索。再比如胡寨经济发展合作社的目标是：打造“和谐、诚信、生态、富裕”的胡寨，为如胡寨一般的中国普通村庄，探索出一条人类追求可持续发展的真、善、美之路。农民们已在这场关乎农业乃至全社会长远和全局利益的低碳农村建设中承担起应有的责任。

综上，低碳农村指出了超越农业经济发展的另一种发展道路的可能性，它将农民的心理幸福、文化发展、农村经济建设和农村环境保护等综合性建设纳入了“三农”建设的核心目标，也包括对高能耗、高消费的城市化生活的批评。可以说，低碳农业，其实具有应对全球性资源和能源短缺的意义，也有着让农业健康发展和迈向农业现代化的意义，更有以注重生态和生活质量的新文明代替经济发展至上的旧文明的意义。

第三章

>>> 低碳生产：农村发展可持续

人类生产是人类生存发展的必要活动，人类在生产和生活中排放的碳，正在形成令人担心的温室系统。因此，低碳生产就成为农村低碳发展的重要内容。低碳生产是低碳经济的一种生产模式。所谓低碳生产是指在可持续发展理念指导下，通过技术创新、制度创新、产业转型、新能源开发等多种手段，尽可能地减少煤炭石油等高碳能源消耗，减少温室气体排放，达到经济社会发展与生态环境保护双赢的一种生产活动。低碳生产是以低能耗、低污染、低排放为基础的生产模式，是人类社会低碳发展的重要基础和前提。

案例导读

山西高碳生产引发的发展危机

长期以来，由于山西省重开采、轻加工，资源开发强度大，后备资源大大减少，资源枯竭问题已开始显现。2009年，山西省GDP占全国的2.2%，而能源消耗却占到4.3%以上。山西省万元GDP二氧化硫、COD、烟尘、粉尘排放分别是全国平均值的2.61倍、1.23倍、3.47倍、3.72倍。当前，全省生存发展、持续发展已受到资源日趋紧张、生态环境脆弱的严重制约。从能源生产结构看，原煤占

能源生产总量的比重长期居高不下，过度依赖煤炭十分严重。2008年全省原煤生产量在一次能源结构中所占比重仍然占到99.71%，而其他清洁型能源比重小到可以忽略不计的地步。能源供应过度依赖煤炭，已经并将继续加重环境和运输的压力。从能源消费结构看，煤炭消费所占比重过高。2007年，在全球一次性能源消费构成中煤炭仅占27.8%，发达国家煤炭消费比例大多不到20%，我国能源消费中煤炭所占比重高达69.5%，而在山西省能源消费结构中，原煤消费量占一次能源消费总量的比重更高达90%以上。从能源终端消费情况看，2008年全省煤炭直接消费3654.4万吨标准煤，占全省能源终端消费的29.3%。山西省不产原油、地热、核电等清洁能源，水电、天然气等占能源资源比重低，加之技术、资金有限，这种以煤为主的能源结构短期内难以迅速改变。而煤炭的大量直接消费，不仅造成能源利用效率的低下，而且由于煤炭燃烧过程中产生大量CO_2（煤炭的单位热量消耗的碳排放量较石油和天然气高10%至30%），对生态环境造成了严重的破坏，致使经济发展的“高碳”特征非常明显。

（来源：黄河新闻网，2010年11月16日）

问题聚焦

1．高碳生产是否影响着人类的生存？
2．怎样推进高碳农业向低碳农业转型？
3．低碳农业为什么要依赖于科技发展？
4．农村低碳怎样从循环农业着手？

第一节 高碳生产不可重来

随着环境形势的日益严峻，“高碳危机”越来越受到人们的重视，“低碳生活”也日渐深入人心。

发达国家的碳排放主要存在于消费领域，而发展中国家则主要集中于生产环节。具体而言，发达国家里企业与居民的碳排放量之比是3∶7，即30%的碳是企业排放的，70%的碳是居民排放的。对于我国这样的发展中国家来说，情况相反，即70%的碳是企业排放的，30%的碳是居民排放的。我国工业尤其是重工业的快速发展依赖于大量能源和资源的投入，这种高投入、高消耗、高排放的工业模式导致我国经济的可持续发展面临挑战，也导致我国的CO_2排放量快速上升，并使我国迅速成为CO_2排放大国。2008年，中国生产了全世界35%的钢材、50%的水泥、28%的铝，并消耗了世界接近一半的煤炭、二分之一的水泥。我国的钢铁工业排放的CO_2超过中国所有家庭的排放总和；化工行业使用的能源超过中国道路上所有汽车消耗的能源，炼铝行业使用的电量超过所有商业用电量。高碳的生产领域多数集中在火电、冶金、石化、交通、建筑、化工等能耗高、污染重的产业，这些产业碳排放强度大，被称为高碳产业。这些高碳产业其实采用的是一种粗放型的经济发展模式，导致了我国近年来碳排放量的快速上升，加剧了环境污染的速度。

在城市工业高碳生产的同时，农村的高碳生产也日益严重，如果不改变农村高碳生产的方式，可能农村的青山绿水就会成为现代恐龙，再也难以见到了。

一、农村高碳生产还在继续

我国环境污染正在转型，工业污染由于企业的重视而比重下降，农业污染日益突出，规模化畜禽养殖造成的有机污染已相当于全国工业污染的总量，目前成为我国最为严重的污染问题之一。在有些农村，一方面由于追求经济的快速增长而忽视资源环境的保护，另一方面在传统生产方式的影响下，还从事着越来越高碳的生产，对环境的污染依然很大，而且农业面源污染尚未引起高度重视。农业面源污染是指在农业生产过程中化肥、农药、地膜等农用物资的不合理和过量使用，以及畜禽粪便等农业废弃物的任意排放而造成的水体、土壤和大气的污染。面源污染具有潜伏性、分散性、蓄积性和渐进性的特点，污染一旦发生，就难以恢复。目前，我国有近一半的湖泊都处于严重的富营养化状态，农业面源污染是主要原因。如滇池污染中，农业面源污染对于总氮、总磷含量的贡献率已分别高达43%和37%以上。

造成农业面源污染的主要原因除了农药、地膜、禽畜粪便等农业废弃物的

随意排放外，最重要的是畜禽养殖业污染问题。2010年2月公布的第一次中国污染普查公报显示，畜禽养殖业的化学需氧量、总氮和总磷分别占农业污染源的96%、38%和56%。其次，比较突出的是化肥的大量施用和不合理施用，主要表现在过量施用氮肥和磷肥、钾肥施用不足与区域地区间分配不平衡，从而导致土壤板结、耕作质量差，肥料利用率低，土壤和肥料养分易流失，造成对地表水、地下水的污染。在第一次中国污染普查公报中指出，中国的水污染源主要来自于农业而非工业，而在农业污染中，畜禽养殖污染最大，超过化肥和农药。

农业污染直接导致了农村环境的恶化。由于农民生活方式的城市化，加快了企业进驻农村的速度，农业生产造成的污染使农业排放了大量的温室气体，尤其以 CH_4 和 N_2O 为重。同时农业也是巨大的碳汇系统，农作物通过光合作用固定大量的碳，而土壤也是一个巨大的碳库。但农业是个复杂的系统，不同利用方式，尤其是土地利用方式的不同，对碳吸收与排放之间的动态平衡影响甚大，进而难以明确各类作物不同生长阶段是碳源还是碳汇，以及两者之间演变过程的影响因素。因此，使高碳农业向低碳农业的转变，使农业生产系统适应全球变暖并减缓温室气体排放就成为发展低碳农业的现实目标之一。

值得注意的是，在农业发展中仍存在着较为严重的环境污染及资源浪费现象，例如耕地紧缺与粮食安全矛盾，畜牧发展与饲料不足的困惑，资源不足与过度开发，凡此种种，令人担忧。同时，大量畜禽排泄物引起了农业面源污染，使得地表水及地下水污染严重；作物种植过程中大量农药和化肥的使用、水稻秸秆再利用方式不当及 CH_4 排放等引起的环境污染问题；农业节水技术发展相对落后等，都将使得农业可持续发展面临严峻的考验。

二、乡镇企业，高速发展不能高碳

中国乡镇企业的产值占全国国内生产总值的30%，为农村贫困人口创造了大量工作机会，在减少贫困、增加收入方面起了举足轻重的作用。然而，许多乡镇企业也同时存在着高耗能、低能效、高污染等亟待解决的问题。据统计，中国乡镇企业的数量约有2300万，提供了约1亿4300万个就业机会。然而，也导致了当地和全球环境问题的加重。乡镇企业不仅成为低碳发展的杀手，也是农村低碳生产的重要问题，如何借助于良性的激励机制和引进先进技术，抑制乡镇企业的高碳发展，成为新时期农村低碳发展的主要问题。

众所周知，碳足迹（Carbon Footprint）标示着一个人或者团体的“碳耗用量”。“碳”，就是石油、煤炭、木材等由碳元素构成的自然资源。“碳”耗用得多，导致地球暖化的元凶“二氧化碳”也制造得多，“碳足迹”就大，反之“碳足迹”就小。乡镇企业能够依托碳足迹来评估对环境造成的影响，也能帮助了解自己在哪些地方排放了温室气体。这对于在未来减少排放极为重要。碳足迹也为评估未来的减排状况设定了一个基线，也是确定未来可在哪些地方采用何种方式减少排放的一个重要工具。

当前，越来越多的投资者、政府和其他利益相关者会要求企业量化其对环境的影响。此外，也有越来越多的企业将评估碳足迹作为其企业社会责任（CSR）项目的一部分，目的就在于确保自己是一个负责任的、合格的企业公民。因此，由第三方提供的精确、独立的碳足迹报告能够为利益相关者提供他们所需的信息，也能够让企业承担起对利益相关者以及对社会应负的责任。

在碳足迹评估的基础上，乡镇企业必须进一步向公众进行碳披露，将是促进利益相关方沟通理解、加强自身和外部监督的重要举措。作为 WWF“碳减排先锋”之一的 IBM，一直以来都强烈支持向公众公布排放数据。公司从 1995 年起就参加了美国能源部的 1605B 报告、美国环保署的气候领袖项目以及芝加哥气候交易所。而且，所有的 IBM 温室气体排放数据都经过独立审查。

当前，通过碳披露计划，政府、企业或者个人了解和掌握了一些企业碳排放情况。而企业通过向公众披露数据，一是督促自身加强掌握碳排放情况和碳减排潜力的能力，二是等于表明向公众承诺减排和承担企业社会责任的态度。

低碳经济下，高能耗的行业不可能不发展，但是如何发展，如何在低碳环境可持续发展却是各个企业正在探索的一条路。

三、农村高碳生产呼唤华丽转身

为了适应世界环境变化与能源紧张的新形势，很多企业意识到低碳发展的重要性，农村乡镇企业生产也开始注重资源的循环利用，逐渐走上一条低碳发展道路，实现了高碳到低碳的华丽转身。

山东省新汶矿业集团齐河赵官煤矿公司投资 6000 万元建成的国内第一座低浓度瓦斯发电站，将过去只能排放到大气中的低浓度瓦斯，进行抽采燃烧发电，年发电量 660 万度，实现低浓度瓦斯的变废为宝。过去低浓度瓦斯不能利用，

特别是低于16%的瓦斯，现在通过对发电机点火装置的改造，使低浓度瓦斯得到利用，瓦斯在不到8%的情况下就也能发电。每天的抽采量在1万立方米左右，发电量大概在2万到1万3左右一天。赵官煤矿实施的瓦斯发电项目，成功实现了5%的低浓度瓦斯发电，年可消耗纯瓦斯量240万立方米，相当于每年减排二氧化碳36000吨，项目发电直供煤矿生产，实现经济效益约为940万元。除此之外，赵官能源公司新上的煤矸石烧结砖项目将废弃物煤矸石制成新型建材煤矸砖，年产多孔烧结砖1.2亿块，消耗煤矸石30万吨，增收614万元，使煤矸石这一过去的"污染源"成为现在的"新资源"。这个项目的特点是利用了废弃物煤矸石作为原料，靠煤矸石自身携带的热值，不需要任何外燃，每年可以节约标准煤1万3千多吨，实现了制砖不用土，烧砖不用煤。赵官能源公司是新汶矿业集团大力推进资源循环利用、节能降耗工作的一个缩影，通过上马新科技项目、转变发展理念，把"灾害"变成了资源，将废物变成了财富，走出了一条集约型发展道路，实现了传统能源企业从高碳生产到低碳发展的华丽转身。

但是，从高碳到低碳的转身，需要从政府到企业的一系列的措施。从生产方式的转变到科学技术的创新都要为之做好准备。比如加大农村高碳产业技术攻关的力度，实现农村高碳产业"低碳化"，加大产业调整的力度。通过产业政策调整，鼓励高碳产业增强自主创新能力，开发低碳技术和低碳产品，以技术进步带动整个产业升级；鼓励企业引进先进的节能减排技术，增强对清洁能源的开发和利用；还要通过完善相关政策，强制淘汰高碳产业的落后产能；制定和完善低碳技术的相关政策，加快新兴低碳技术的研发和发展，加快和促进太阳能、风能、核电、电子信息、新能源汽车、生物产业等新兴低碳产业的技术发展。

第二节 转变农业生产方式

自然农业的发展进入到工业化农业阶段后，生物的多样性受到严重威胁，如农田开垦和连片种植引起自然植被、物种和天敌的减少；农药和化肥的使用破坏了物种多样性，造成了环境污染……尤其是全球农业用地释放出大量的温室气体，超过人为温室气体排放总量的30%，相当于150亿吨二氧化碳，成为

全球气候变暖的一大元凶。高碳农业需要低碳发展，转变农业的生产方式已经刻不容缓。

一、农业生产成了污染大户？

当前，在我国的农业生产方式中，有一些生产习惯不符合低碳的要求，既不节约又污染环境。于湖南而言，由于雨水比较多，暴雨通常会造成农田被淹没，传统的施肥方法使肥料的流失非常严重，全省农业亩均消耗化肥、农药和水资源量都高于全国平均水平，农业污染问题困扰着不少乡村，不少农民群众饮水安全受到影响，这不仅加大了农业生产成本，而且还污染环境，农民急需要一种能够控制释放速度的肥料。我国是最大的农药使用国，2010年初轰动全国的“毒豇豆”事件使全国人民对于农药行业的关注达到了近年来的顶峰，全年全国农药年施用量达到了130万吨，其中，使用在农作物、果树、花卉等方面的化学有毒农药约占90%，更令人担忧的是农药使用量正以每年10%的速度增加。我国也是世界上化肥施用量最大的国家，每年施用化肥量达4700万吨以上，占全球施用化肥量的1/3，居世界第一。单位面积化肥用量为世界平均水平的3倍多。资料显示，我国化肥利用率低是化肥引起环境污染的主要原因。除作物吸收利用和土壤残留外，约有50%以上的氮没有被作物吸收而流失到农田外，引发了一系列环境及食品安全问题，如水体富营养化、土壤板结、温室效应、农产品品质下降等。由于大量施用化肥、农药，造成耕地质量不断下降，而为了提高产量，又要施用更多的功效更高的化肥、农药，形成恶性循环。

农业作为国民经济的基础产业，是主要的温室气体来源之一，也越来越多地受到温室效应的影响。传统的农业生产方式已经不能适应现代社会的发展趋势了，现在讲求的是“低能耗、低污染、低排放”。如何降低农业生产过程中的碳排放，越来越成为社会各界关注的焦点和区域经济发展中重点考虑的领域之一，尽快转变农业生产方式，发展低碳高效农业已成当务之急。只有现代化农业生产方式能带着我们走上资源节约和循环利用、农村生态保护和农产品质量提高互相促进的路子。

二、推进高碳农业向低碳农业转型

从1990年代开始，中国的农业生产方式发生急速变革，可以说，到现在已

经彻底转变为石油农业、化学农业。2000年以来，中央政府开始倡导“生态农业、环保农村”，转变农业生产方式就成为了举足轻重的一步。

转变农业生产方式，是指从以大量使用化学肥料、化学农药、动植物助长剂为标志的化学化、高投入、高能耗、低效益农业，转向以使用有机肥、生物农药和利用自然生态系统提供的免费服务为主的有机化、生态化、低投入、低能耗、高效益农业。形成传统农耕技术、耕作方法与现代农业科学技术有机结合的低碳农业生产方式及其技术结构体系，最大限度地减少农业生产过程的人工物品投入量，从而在有效降低农业生产成本的同时，有效消除人工投入物品对农业发展的限制、对生物多样性的破坏。具体而言，有以下方面：

1. 改变农业耕作方式

实施保护性耕作具有培肥地力、节本增效、减少秸秆焚烧和温室气体排放、促进农业可持续发展等作用。数据表明：与传统耕作比较，保护性耕作可节省柴油约48kg/hm^2，提高土壤有机质0.03%，减少化肥投入量10%左右，比焚烧秸秆减少30%的CO_2排放量。据统计，2008年中国实施保护性耕作面积286.52万hm^2，节本增收总效益大约36.2亿元，减少CO_2等温室气体排放量达166～364万吨。推广施肥新技术，提高化肥利用率，围绕测土、配方、配肥、供肥、施肥指导5个环节，做到测土到田、配方到厂、供肥到点、指导到户，改变盲目大量施用化肥的习惯，使农民重视有机肥的使用，比如减少不合理施用化肥（纯量）662吨，相当于节约煤炭927吨，减少CO_2排放量2317吨，有力推动农业节能减排工作。在长沙县农业综合开发金农项目区，有一块现代农业示范田：由隆平高科蔬菜有限公司建设的番茄大棚，自动喷灌、常年恒温、四季生产，亩产值达3万多元。而且，大棚内有通风降温系统，耗电量不到空调的10%。这块示范田，是湖南省按照中央要求转变经济发展方式，大力发展现代、低碳农业的一个生动缩影。

2. 发展生态农业和畜牧业

实现经济循环发展进一步调整农业产业结构，大力发展生态农业和生态养殖业；科学使用农药、化肥和饲料等工业产品，减少化肥施用量和农用机械的能耗量；改善牲畜的饲料结构，缩短动物肠道发酵过程；合理使用土地，改善水稻种植方式，增施有机肥。保护农田生态系统，实现农业、养殖业经济的循环、

低碳发展。[①]如山西大同市浑源县近年来农业的发展以切实转变种植业生产方式，大力发展低碳生态高效农业为主攻方向，为推动农业标准化生产，打造优质的农产品品牌，该县着力抓好农药、兽药、肥料、饲料添加剂等农业投入品的市场监管，规范诚信档案建设，实施农产品质量安全综合检验检测站建设项目，积极推进无公害农产品产地、绿色食品等认证工作，2010年认证无公害产地0.2万亩，认证无公害畜禽养殖场1个，认证绿色食品1个。同时加快无公害水果、中药材标准化生产基地建设，投资12万元，用于无公害水果园建设、良种苗木购置及中药材示范基地建设补助，并拿出7万元用于无公害农产品整体推进补助，拿出12万元用于小杂粮标准化生产示范基地建设。通过推行标准化生产和严格监管农产品质量安全，减少农药、化肥的使用，实现生态、环保、绿色生产，促进现代农业朝低碳、高效的目标发展。[②]

3. 调整农业结构

在发展低碳经济的同时，应注意调整产业结构，努力挖掘低碳产业的发展潜力，提高低碳产业比重。这就要求在农业中，合理布局农、林、牧、副、渔的结构和比例，特别加快植树造林步伐，增加森林草地碳汇功能。适当地缩减种植业规模扩大林草业，比如退耕还林还草工程的继续实施。研究表明，增加1%的森林覆盖率，便可以从大气中吸收固定0.6～7.1亿吨碳。在养殖方面，加大发展循环水养殖、生态养殖和贝藻类养殖，减少水资源消耗。

4. 加大金融和资本市场的支撑力度

在资金层面，低碳农业还缺少扶持“低碳经济”的金融和财政政策。改变农村生产方式，发展低碳经济除了财政投资支持以外，更需要金融资本和市场资本的积极介入。只有金融资本和市场资本在农村落地生根，才会孕育出更多的现代农业企业，也才能推动低碳农业的兴旺发展。

现代种植、养殖、畜牧等领域的农业生产方式的改变，将会直接影响着农民生活方式的提升，对于农村的低碳发展也会起着促进作用。

三、低碳农村需要城市和农村的互动双赢

随着城市的工业化进程加快，农业也在加紧步伐地发展。我国是农业大国，

---

①http://www.3nss.com/Portal/Detail.aspx?InfoID=7207087&FormID=443

②http://jjsx.china.com.cn/list_309/48287.html

农业生产的低碳减排潜力很大。建立现代化的农村生产方式是提高作物单产、改善作物品质、降低生产成本、减少肥料污染、维持农业可持续发展的重要措施。目前，农业的低碳减排潜力已经日益受到社会各界的高度关注。如黑龙江、四川、广东、广西等地，纷纷倡导低碳减排施肥模式。低碳的减排使农民的种植方式也发生着很大的变化，这也为城市居民带来了不一样的低碳感受。

在农业生产和生活中，无论是节地、节水、节肥、节种，还是节电、节油、节柴（节煤）、节粮，只要是可以降低农业生产成本，保护农业生态环境，增强土壤的固碳能力，减少温室气体排放，都属于化解农业风险，转变农业生产方式，发展循环农业、低碳农业最有效最现实的形式。

第三节 大力发展低碳农业

低碳农业是我们追求的整体目标，也是一个复合的技术体系，其基础应该是现代生态农业和农业循环经济。如何实现低碳农业的突破，寻求新的出路，这是新时期提出的新命题，就此也为发展低碳农业提供了良好机遇和广阔天地。

一、化肥膨胀：低碳农业受挑战

2010 年 2 月，第一次全国污染源普查显示，农业源污染问题在中国已存在多时，是一个不可避免的问题。禽畜养殖和农田种植中使用化肥所产生的有机物污染，对水污染的贡献程度较高。“化肥”，是我们都熟悉的一个词，我国的农业生产中必不可少的部分。然而，为什么它却给我们的农业带来了这么大的污染呢？让我们先来看看它的快速膨胀过程。

中国农业最大的现实是人多地少，这也让解决粮食问题最大的出路只能寄托于提高耕地单位面积的粮食产量，建国以来，中国政府为实现粮食自给自足，采取的措施包括引进高产作物、提高复种指数、改善灌溉条件和使用化学肥料等等。

氮肥工业是以煤、石油和天然气等不可再生资源为生产原料，生产过程需要消耗大量水和电，属于典型的高耗能和高污染行业。就中国的具体情况而言，氮肥生产 70% 要依靠山西晋城的优质无烟煤，因为目前利用低质煤炭生产氮肥

的技术仍然不成熟。在国家发改委确定的全国1008家重点能耗企业中，氮肥企业占165家。

2007年1月份，中国和英国相关领域科学家曾开展过一个名为“改进养分管理，减少非点源氮污染，改善农户生计”的合作项目，最终的研究报告指出，中国农业生产和农业化学品工业消耗的化石能源占全国化石能耗总量的15%。

对于环境而言，农业化肥生产过程中的高能耗还算不上是最大的污染。中国的耕地经过近30年来的过量使用氮肥之后，农作物对氮肥的吸收利用率已经越来越低，以农业大省河南为例，根据河南农业厅土肥站的一项调查显示，目前，河南全省每年施用的化肥中，只有1/3被农作物吸收，1/3进入大气，1/3沉留在土壤中。而中国农科院土肥所的调查则显示，全国有17个省氮肥平均施用量超过国际公认的上限225公斤/公顷。

以前我国最好的农耕用地大多数集中于大江大河流域，但是由于农业生产的高碳影响，过量的氮肥慢慢地都流入江河流域。实际上，人们还未意识到这些农业面源污染对我们的危害，农业面源污染对于我国水体水质的污染程度远远超乎人们的想象。要从根本上解决我国的水污染问题，必须把农业源污染防治纳入环境保护的重要议程。在生产层面，我国农民也早已适应了化肥催产的生产方式，甚至大量的农耕地也已经变得“施肥就增产，不施肥就减产”。

农业生产方式的根本转型之所以能够被中央政府给予足够的重视，很大程度上在于环境成本的约束，哥本哈根会议的碳排放承诺都是限制因素之一。但是，从现在起到2020年，也不过两个五年计划的时间，在粮食安全的压力下，农业低碳发展并不是一件轻松的事情。

二、低碳农业还任重道远

发展低碳农业是正确处理农业发展与环境保护关系、实现可持续发展的要求。从目前看，对低碳经济发展研究的视野主要集中在工业化、城市化过程中，着重于解决工业高排放、高能耗引发的环境问题，而对国民经济基础产业即农业发展低碳经济的紧迫性和重要性认识不足。低碳农业是低碳经济在农业发展中的实现形式，低碳农业是农业发展的生态文明之路，是为维护全球生态安全、改善全球气候条件而在农业领域推广节能减排技术、固碳技术、开发生物质能源和可再生能源的产业，是以“低能耗、低排放、低污染”为基础的模式，具

备“农业生产、安全保障、气候调节、生态涵养、农村金融”多元功能，其主要特征是降低农业生产对化石能源的依赖，走有机、生态、高效农业的新道路。发展低碳农业主要应该从以下方面来做：

1. 大力发展有机农业

通过消费升级摒弃有缺陷的生活方式，同时淘汰发展阶段中的“过渡商品”，如苏丹红鸡翅、三聚氰胺奶等。吃得健康，绿色生产，“有机概念”恰逢其时地喊出了声。有机农业（Organic Agriculture）是按照有机农业标准进行生产的一种农业生产模式，于二十世纪二十年代首先在法国和瑞士提出。从八十年代起，随着一些国际和国家有机标准的制定，一些发达国家才开始重视有机农业，并鼓励农民从常规农业生产向有机农业生产转换。即指在生产过程中不使用有机化学合成的肥料、农药、生长调节剂和饲料添加剂等物质，不采用转基因生物方法，而采用有机肥满足作物营养需求的种植业，或采用有机饲料满足畜禽营养需求，获得生物及其产品的养殖业。有机农业强调一切农业措施应遵循自然规律，循环利用物质和能量，保护农业系统遗传多样性，强调注重社会、经济和生态环境的和谐、高效、持续发展，强调能生产出自然的、高营养的有机食品。它通过采取一系列可持续发展的农业技术，协调种植业和畜牧业的关系，促进生态平衡、物种的多样性和资源的可持续利用，可以在很大程度上解决常规农业生产造成的环境、生态、经济甚至社会问题，已成为全球农业可持续发展的重要途径之一，是未来农业发展的趋势。

但是，我国的有机食品在 1994 年才有大豆和茶叶两种，近几年发展较快，目前已有数十个品种获得认证，从事有机食品生产和加工的企业有近百家。我国的很多地方都把发展有机农业作为应对 WTO 挑战的对策。目前绝大部分有机食品虽然已出口到了欧洲、美国、日本等国家，但从总体情况来看，有机食品的生产仍处于起步阶段，生产规模较小，且基本上都是面向国际市场，国内市场几乎为零。因此，有机农业的发展也是我国农业发展的未来目标。

2. 大力发展生态农业

生态农业主要是指在保护、改善农业生态环境的前提下，遵循生态学、生态经济学规律，运用系统工程方法和现代科学技术，集约化经营的农业发展模式；是按照生态学原理和经济学原理，运用现代科学技术成果和现代管理手段，以及传统农业的有效经验建立起来的，能获得较高的经济效益、生态效益和社会效益的现代化农业；是 20 世纪 60 年代末期作为“石油农业”的对立面而出

现的概念，被认为是继石油农业之后世界农业发展的一个重要阶段。它主要是通过提高太阳能的固定率和利用率、生物能的转化率、废弃物的再循环利用率等，促进物质在农业生态系统内部的循环利用和多次重复利用，以尽可能少的投入，求得尽可能多的产出，并获得生产发展、能源再利用、生态环境保护、经济效益等相统一的综合性效果，使农业生产处于良性循环中。生态农业不同于一般农业，它不仅避免了石油农业的弊端，并发挥其优越性。通过适量施用化肥和低毒高效农药等，突破传统农业的局限性，但又保持其精耕细作、施用有机肥、间作套种等优良传统。它既是有机农业与无机农业相结合的综合体，又是一个庞大的综合系统工程和高效的、复杂的人工生态系统以及先进的农业生产体系。这个系统应该是既能提供尽可能多的优良品种，又能创造出良好的生态环境，满足人们对生存和发展的需要。

目前，世界各国大都制定了鼓励生态农业发展的专门政策。有专家预言，生态农业将会成为世界农业的主流和发展方向。农业部从 2000 年开始在全国实施的“生态家园富民计划”确实是促进农村经济、社会协调发展，使农民直接获得实惠的有效措施。山东省从 2011 年起在全省范围内启动生态农业与农村新能源示范县建设，省财政对每个项目县补助 300 万至 500 万元。

3. 大力发展无公害农业

随着我国全面建设小康社会事业的不断发展，人们的生活水平和生活质量将持续提高与改善，残留在农产品中的有害物质越来越引起消费者的关注，追求安全农产品已成为时尚。保障食品安全，不仅关系到人民生命健康，而且影响经济发展，威胁社会稳定和国家安全。无公害农业，在广义上应包含两个方面，其一是农业生产过程中，不过量施用农药、化肥以及其他固体污染物，对土壤、水源和大气不产生污染；其二是在没有受到污染的良好生态环境下或已经消除污染的区域内，充分利用自然资源，最大限度地限制外源污染物质进入农业生产系统，生产出农药、重金属、硝酸盐等有害物质残留量符合国家、行业有关强制性标准的农产品。无公害农业的根本在于保护环境和合理利用资源，达到减少污染、少投入、多产出的目的，使农业可持续发展。发展无公害农业是生产及加工过程不对环境造成危害的一种农业生产模式。

我国无公害农产品总量规模不断扩大，根据统计，截至 2010 年年底，中国有效无公害农产品达到 56500 多个，产品总量达 2.76 亿吨。各个省市都在竞相引进无公害农产品，也从中得到了很大的收益。

第四节 切实依靠科技做“低碳”

“好风凭借力，送我上青天。”低碳农业是新经济，是新的产业革命、技术革命，新的经济增长点。低碳农业引发的是一场系统的新技术革命，以能源的技术创新为核心，紧密联系信息技术、管理经营、农业生产等领域，其可实现节能减排和促进农业经济发展的双重目标，从而倡导“低碳”的农业生产生活方式。

农业现代化必须要依赖科学技术，低碳农业的发展同样也需要科技的支撑。如果没有先进的科技手段，就不会有低碳经济。现阶段，由于我国科技水平比较落后，低碳技术研发和推广也缺乏合理规划，因此，科技成为了农业发展由“高碳”向“低碳”转变的最大制约。如低碳技术研发和推广能力还不能适应形势发展的需要；低碳技术项目特别是大规模的示范项目的投资没有形成稳定的政府和社会投入机制。这就导致市场上已有的低碳技术一般“各自为战”，缺乏有效的科技整合。

如果我们能够抓住机遇加快发展低碳农业，就能衍生出一些新技术，就可推动低碳产业的跨越发展。比如甲烷的回收利用、氧化亚氮的分解、二氧化碳收集储存技术等，不得不主要依靠商业渠道引进。据统计，我国由高碳经济向低碳经济转变，引进技术年需资金200多亿美元。所以，发展促进低碳发展的技术就成了必然。

一、在科技创新中寻求“低碳发展”的原动力

随着人们创新意识的提高和科学技术的不断发展，科技创新成果正在成为推动我国走向“低碳发展”模式的原动力。在煤燃烧、煤气化、煤液化、太阳能电池、太阳能制氢、生物催化转化等方面取得了一批基础研究成果，为国民经济单位GDP能耗和主要污染物排放量的降低提供了有力支撑。目前，我国已抢占一批具有低碳经济特征的前沿技术制高点，不断攻克可再生能源与化石燃料高效清洁利用技术难关。已建立了世界上首座500瓦燃料敏化太阳电池示范系统，1.5兆瓦直驱永磁式风电机组研发成功并实现产业化，建成了世界上规模最大的燃煤电厂二氧化碳捕获工程，世界上首套年产60万吨煤制烯烃工业装置也即将建成，中国实验快堆已经实现首次临界。

在依托高新技术对传统产业实施“低碳改造”、对重污染产业持续“挤出”的同时，湖南省株洲市启动了“6+1+4”产业发展行动计划。所谓“6”是指轨道交通装备制造等产业，“1”则指物流产业，“4”是指新能源、航空航天、电子信息、新材料四大新兴产业。

中国南车株洲电力机车研究所，其生产场地可以媲美五星级酒店。部分车间净化级别达到了非常纯净的100级，装备了世界一流的空气净化、温湿度控制、纯水处理等系统，加上其技术实力，让人感觉到这里如同“中国的贝尔实验室”。这个研究所在大尺寸功率半导体研发和制造领域不断取得技术突破，其中包括具有世界先进水平的6英寸晶闸管技术。以尖端技术、核心技术为依托，拥有“中国芯”的株洲电力机车产业，在轨道交通生产领域已经形成国际核心竞争力。他们生产的世界最大功率铁路干线重载运输主力机车——六轴9600千瓦机车具备了自主知识产权。总装容量400万千瓦的核电机组、与国家电网合作筹划的电动汽车充电站网络、为开发公务机和直升机建设通用航空机场……株洲市发展“低碳产业”雄心勃勃。

当然，在进行自身的低碳技术研发时，一定要密切关注世界最新态势，与国际先进技术接轨，逐步形成国际竞争力。对于一些难以攻克的技术，可以采取引进、消化、吸收的办法，在此基础上进行创新，同时做好自有技术的配套建设工作。

二、低碳农村迫切需要科技振兴

发展低碳经济，技术创新是核心，应努力加强低碳技术国际合作，提高低碳技术的自主研发能力，通过科研资金支持和科研人才培养，逐步推动我国低碳经济发展。积极参与全球经济，建立低碳领域的技术创新机制，伴随《京都议定书》的执行，相应的减排技术产业及其市场将逐步形成。清洁能源技术和高效能源技术将逐渐成为这一市场上最具竞争力的技术，谁在这个领域的技术创新中取得突破，谁就能够抢先占领这一市场，谁就能在激烈的国际竞争中占据优势。此外，更应注重低碳技术创新机制和清洁发展机制的整体战略部署，这不仅会带来非常大的利润，也是非常重要的国际合作领域。科技支撑着农业生产低碳化，应该加强技术的作用，在农业领域多推行低碳技术。如在湖南衡阳市的农村时兴“低碳备耕”，并且通过这种方式，获得了很大的效益。

发展低碳农业，需要大面积采用生态农业的部分技术、需要相应的生产技术与之相匹配、需要政府和一些高校社会组织专业人员的指导和培训，特别是市场的衔接。对于用科技支撑低碳农业发展，要注意以下几点：

第一，推广农村能源沼气工程发展乡村新能源，实现农村用能结构多元化，综合利用秸、畜禽粪便、太阳能等多种可再生能源资源，满足农村生活炊事用能、村镇生活用电及生活用热水需要，加快省柴灶、节能炕和节煤炉的升级换代推广太阳能灶，减少因燃柴（草、木）、燃气、燃煤而产生的二氧化碳等温室气体，开发太阳能、风能、小水电能等可再生能源，替代化石燃料减少二氧化碳排放。加大整合力度，重点建设现代设施农业示范园区、生态畜牧业、粮食（叶菜）功能区等项目，为加快现代农业发展打好基础。

第二，加强培育适应低碳环境的优良品种。选育抗高温、耐干旱、高光效作物的生长发育期长，适应低碳环境的优良高产品种，延长绿叶生长周期，增加多年生牧草种植，大力栽培木本植物，以提高耕作土地中的碳素储备水平，减少排放对环境的破坏，适应气候变化，有助于全球温室气体排放的控制。

第三，推广高效低碳种植技术。垄作免耕、节水灌溉、病虫害综合防治等方面进行种植技术的创新。过度耕作使土壤中的碳素释放，是农业排放碳的主要途径。垄作免耕可以通过保存土壤中的碳含量减少耕作动力投入、提高土壤肥力等多方面减少温室气体的排放。

第四，大幅度地减少化肥和农药使用量，减轻农业发展中的碳含量。如用粪肥、堆肥或有机肥替代化肥，通过秸秆还田增加土壤养分等。最有效的是使用微生物肥料或矿物肥配合复合肥使用，通过微生物菌的调节作用，可以良好地改善土壤环境，有效防止虫害的发生。

由此看来，“低碳农业”的发展重在科技的持续扶持及各种农业资源要素投入，以点带面，最终形成带动农民增收、农业增效的可持续发展模式。低碳农业的发展，要依照农村的不同状况而定，以科技为依托，因地制宜地发展低碳农业。降低水田的甲烷排放、减少旱地氧化亚氮释放、推广立体农业模式，提高光能利用效率、提升生态农业、促进循环农业模式和绿色农业模式的拓展。这些都是有利于实现现代农业低碳化发展的有力措施。

第五节 循环生产废物也低碳

从人类社会的可持续发展角度来说，“耗费”和“再生”显然构成了一对基本的矛盾。如果人类的消耗超出了能源和生态的再生速度，那么资源就会逐渐耗尽，自然生态系统就会丧失功效，人类生存便无从谈起。因此。循环生产的循环经济成为热门。循环经济是指在生态系统承载能力范围内，挖掘一切可以利用的资源潜力，发展一些经济发达、生态高效的产业，建设体制合理、社会和谐的文化以及生态健康、景观适宜的环境。循环经济是实现经济腾飞与环境保护、物质文明与精神文明、自然生态与人类生态的高度统一和可持续发展的经济。在有些城市，既利用循环获得了一定的经济利润，也促进了环境保护，如珠江啤酒注册 CDM。2009 年 9 月份，全国清洁生产现场交流会在珠江啤酒的广州“大本营”召开。此次会议选择在一家南方的生产企业召开，而非北京，可谓罕见。这是珠江啤酒引以为傲的“四大循环经济项目”的功劳。

作为珠江啤酒“循环经济项目”之一，广州珠江啤酒沼气回收利用项目 2009 年 12 月 20 日在联合国成功注册 CDM（即“清洁发展机制”）项目，每年估计减排二氧化碳达 35780 吨。这意味着，即使按照国家发改委的指导价格——每吨不低于 8 欧元出售，珠江啤酒这个项目每年可在碳交易市场至少获得 30 万欧元的回报。当然，具体的价格根据与买家（瑞士南极碳资产管理股份有限公司，以下简称南极碳资产）签订的协议价格进行。

据了解，珠江啤酒这个项目总投资超过 3000 万元。2008 年实现沼气发电量为 590 万千瓦时，余热制冷节约用电 180 万千瓦时，年经济效益超过 560 万元。年节电量折合标煤（标准煤炭）2700 多吨。近年来，珠江啤酒在清洁生产方面投入 1.7 亿元，而产生的经济效益超 3.82 亿元。从这个意义上讲，长期致力于清洁生产的珠江啤酒可谓名利双收。

一、循环经济发展的足迹

发展循环经济是从根本上解决中国经济发展和资源环境矛盾的必由之路。早在 20 世纪 50 年代到 70 年代，我国就开展了资源综合利用工作。20 世纪 80 年代到 90 年代，我国积极参与实施了联合国环境规划署推动的清洁生产行动计

划，并制定了一些规范性文件。进入21世纪以来，循环经济发展工作得到强化。2002年，第九届全国人民代表大会常务委员会制定了《中华人民共和国清洁生产促进法》，对清洁生产做了比较全面的规范。2005年，国务院发布了《关于加快发展循环经济的若干意见》，为循环经济的发展提供了更加明确的政策依据。《中华人民共和国循环经济促进法》于2008年8月29日在第十一届全国人大常委会第四次会议上获得通过，并于2009年1月1日起施行。这部法律以“减量化、再利用、资源化”为主线，主要规定了下述一些重要的法律制度和措施：循环经济的规划制度；抑制资源浪费和污染物排放总量控制制度；循环经济的评价和考核制度；以生产者为主的责任延伸制度；对高耗能、高耗水企业设立重点监管制度；强化经济措施，建立激励机制，鼓励走循环经济的发展道路。

这是一部促进经济结构调整和经济增长模式转变的基干法，意义非常重大。如能得到有效实施，将有力地缓解我国的资源和环境问题。

近年来，国务院有关部门与各省、自治区、直辖市和重点企业签订了节约能源、环境保护目标责任书，实施了重点节能和环保工程，会同有关省市开展了循环经济试点。部分地区制定了发展循环经济的指导意见，并编制了规划，制订了实施方案。

二、循环农业离农家并不遥远

数据显示，当前我国化肥、农药利用率均不足35%，农村能源利用率仅为25%左右；农村每天产生的生活垃圾近百万吨，大部分未经处理直接排放，农业农村污染已经占到全国污染的1/3以上。资源的不合理消耗不仅导致农村可持续发展后劲不足，也导致农村人居环境和生态环境遭受严重侵蚀。

资源节约型与环境友好型生产体系呼唤循环农业在广大农村生根发芽。中央1号文件明确指出，鼓励发展循环农业、生态农业，有条件的地方可加快发展有机农业。有人认为农民穷，目前尚没有能力来和城市争能源，但不要忘了中国是以农村人口为主的大国，农民的消费潜力一旦释放出来，则温室气体排放就会势如“洪水猛兽”，那时谁也阻挡不了。事实上，许多富裕起来的农民已经在开始消费压缩空调、冰箱、微波炉等高耗电产品，做饭取暖大量使用煤炭、天然气、电炉等，而对其家门口的传统能源——秸秆等生物质能不屑一顾，在田间地头一烧了之。

中国有320万个村庄，如实现村村通沼气，仅此一项就可减少二氧化碳排放8.53亿吨；如再考虑节约50%的化肥用量，以及有机肥还田固定的碳，则农村碳减排空间更大。农村产生的沼气夏天根本用不完，白白排放到大气中，如采取一定的措施压缩收集，则可直接替代液化气，并弥补冬天产气少的缺陷。

实现农业生产的清洁化、资源化和循环化，是发展循环农业的基本要求。一方面，要推广节肥节药技术，进一步调整优化用肥结构，大力推广测土配方施肥技术，提高肥料利用率。2007年，农业部在全国1200个县推广了测土配方施肥。2008年覆盖1800多个县，在太湖、巢湖、三峡库区等重点流域建立一批农业面源污染综合防治示范区，在10个地市开展循环农业示范建设；积极推广节约型农业技术，推广应用高效、低毒、低残留农药新品种，淘汰“跑、冒、滴、漏”的生产器械，减少农药用量。今后，这些措施还将延续和进一步完善，并在更多地方推广。

另一方面，发展生态型畜牧业，积极推进畜禽适度规模养殖，加强畜禽养殖排泄物治理，在相对集中的规模化养殖场或养殖小区，重点实施畜禽粪污能源利用工程，推广雨污分流、干湿分离等技术，加快畜牧业生产方式转变。

近年来，以农村废弃物资源化利用为重点的“乡村清洁示范工程”在全国广泛开展。到2007年底，已建成1000多个乡村清洁示范工程，大大提高秸秆、粪便、生活垃圾、污水等有机废弃物处理利用率，使农民的生产生活环境有了明显改善。近年来，国家将进一步推动乡村清洁工程的实施，建立完善乡村清洁工程建设技术规范，总结推广一批建设模式。

此外，以农业生产生活废弃物的能源转换为重点，优化农村能源结构，也是循环农业的重要组成部分。旧物回收不仅能令个体受益，更能惠及社会。“在德国，企业将难以利用的树枝、树杈，包括回收来的旧家具用来焚烧发电。”钟红文以德国爱格的实例来说明低碳为消费者带来的收益。他指出，虽然焚烧过程中会产生二氧化碳，但是经过数据比对发现，这与减少砍伐树木和回收利用资源所排放出的二氧化碳相比，是一个很小的比例。“这一做法不仅减少了对树木的砍伐，还为工厂附近一两万户居民提供了充足的生活用电。”

我国开发农村可再生能源前景十分巨大，除了生物质能、太阳能、风能、微水电等开发外，其中最引人注目的就是在适宜地区广泛普及户用沼气，同时发展集约化养殖场大中型沼气工程，推进人畜分离养殖小区的沼气集中供气工程建设。近年来，沼气用户快速增多，沼气将为我国农村能源建设做出不可估

量的贡献。

如果在中国农村尽量通过技术创新和观念革新，以农业和相关的低碳产业为基础，创造一个安居乐业的低碳乡村发展模式，那么中国的碳减排就会更有实效。从这个角度来说，低碳的农村是中国可以为世界应对气候变化做出的一个实实在在的贡献，也是有可能做到的。因此，无论是在探索新的价值观方面，还是在真抓实干地节能减排方面，我们都要充分重视和挖掘农村可以发挥出的积极作用。

三、实现农业经济的循环生产

我国人地矛盾突出，农业生产效益低，污染严重，要用有限的资源养活更多人口并保持经济的发展，必须加快转变农业发展方式，发展农业循环经济。发展循环经济，是建设资源节约型、环境友好型社会和实现可持续发展的重要途径。按照减量化、再利用、资源化的原则，大力推进节能节水节地节材，加强资源综合利用，完善再生资源回收利用体系，全面推行清洁生产，形成低投入、低消耗、低排放和高效率的节约型增长方式。

传统经济是“资源→产品→废弃物”的单向直线过程，创造的财富越多，消耗的资源和产生的废弃物就越多，对环境资源的负面影响也就越大。而循环农业是一种新型的发展模式，是实现人口、资源、环境相互协调发展的农业经济增长新方式，通过建立“农业资源—农业产品—农业废物再利用”的循环机制，实现经济发展与生态平衡的协调，实现农业生产的低资源消耗、低废弃物排放、高物质能量利用。发展循环农业是农业发展方式由外延式增长向内涵式发展转变的必然要求和解决农业资源短缺与环境退化的现实选择。因此，循环经济是对“大量生产、大量消费、大量废弃”的传统经济模式的根本变革。其基本特征是：（1）在资源开采环节，要大力提高资源综合开发和回收利用率。（2）在资源消耗环节，要大力提高资源利用效率。（3）在废弃物产生环节，要大力开展资源综合利用。（4）在再生资源产生环节，要大力回收和循环利用各种废旧资源。（5）在社会消费环节，要大力提倡绿色消费。

发展循环农业就是充分利用科学技术，增加单位耕地面积的产出，提高农民的种粮积极性，生产健康的食品，保障粮食安全。其核心思路，一是向废弃的秸秆要“粮食”（肉、奶）、要肥料、要能源，用有机肥替代化肥，增加地力；

二是利用物理学和生物学的方法控制虫害，减少乃至杜绝农药的使用，从而改善生态环境；三是利用中国大量的劳动力资源，借助机械发明，用人力和生物措施控制杂草（草害），从而杜绝除草剂，恢复土壤生物多样性。如果能完成这样的调整，中国近一半的化肥厂和大部分农药厂可以关闭，城乡污染源减少，土壤有机质提高，将近2/3的中低产田可以通过施用有机肥而提升地力和粮食产量。生态农业解决了吃饭问题后，其对温室气体减排的作用就将逐渐呈现出来。

农业是一个污染防治近乎空白的产业，农业污染的治理不可采取末端治理，只有循环农业才是中国解决面源污染减排和农业可持续发展的根本途径。

第四章

低碳生活：高消费也要生态

2009年末，哥本哈根气候变化大会的旋风让“低碳”一词席卷全国。一时间，低碳经济、低碳生活、低碳住宅等名词不绝于耳。“低碳生活”，就是把个体或团体所耗用的能量要尽量减少，从而减低二氧化碳的排放量。对于我们这些普通人来说，低碳生活是一种生活态度。如今，“低碳”已经成为当今社会中非常流行的一个词，它已成为时尚生活方式的新标签，也成为人们推进潮流的新方式。

案例导读

农村生活新变化低碳节能成时尚

2011年4月，首批崭新的太阳能灯安装在荷浦乡莒洲村村前屋后的巷道里。莒洲村农民谢建荣好奇地看着这些新鲜物说：“这灯接受太阳能，既美观又省电，真是个好东西。”

今年以来，新干县以建设社会主义新农村为动力，以“低碳节能生活”为核心，决定在新农村示范点引进太阳能灯。目前，莒洲村试点巷道已全部实现太阳能灯一体化，有效地为全县其他村起到节能省电的带头示范作用。其实，利用太阳能省电，不仅仅是安装太阳能灯，早在几年前，太阳能热水器就已进入新干寻

常百姓家。在溧江乡，记者了解到，仅该乡就有太阳能热水器200多台。据该县相关部门介绍，自家电下乡政策实施以来，该县销售太阳能热水器就达3000多台。太阳能的推广使用，满足了农民一年四季使用热水，一年节约近千元。

稻草发酵成沼气——走进溧江乡桃湾村，到处可以看到沼气池施工场面。随行的工作人员介绍说，该村是溧江乡沼气百池村示范点。已受益沼气的村民掩饰不住内心的喜悦："我们用稻草作发酵原料，产出的沼气能做饭、能照明，剩余的沼液、沼渣还能当做肥料还田，真是省钱又安全，节能又环保！"

近年来，新干高度重视农村能源建设，连续3年实施了农村沼气国债项目，利用猪粪新建农村户用沼气池4000余个。但随着当前生猪生产的规模化发展，农村散养户的减少，部分沼气用户出现发酵原料不足，影响了沼气的正常使用。为探索农村沼气发展新途径，该县多措并举，真抓实干，积极推广应用稻草生产沼气新技术。经过一年多的推广应用，全县已有450多户建池农户应用了稻草发酵生产沼气技术，昔日不起眼的稻草，如今成为农村不可或缺的清洁能源。

近年来，新干县在农业发展中大力推广节水增效工程，通过兴修农田水利基础设施，大力推广微滴灌技术等农田节水技术，促进农业节水增效。该县先后组织实施了灌区续建配套与节水改造，安排专项补贴资金用于实施微滴灌技术项目，同时派出技术员深入蔬菜基地指导安装。目前，该县已有5万亩农田吃上了这种微滴灌"营养餐"，受益农民达10万人，节本增效合计200多万元。

（来源：人民网，2011年7月25日）

问题聚焦

1. 农村低碳消费的模式是什么？
2. 节约农业如何引领农村低碳生产和生活？
3. 如何营造农村低碳环境？

第一节 人类祖先的低碳传统

人们低碳生活方式的形成，与源远流长的优良传统文化——节约，有着千丝万缕的必然联系。纵观中华五千年的历史，品味解读这部史卷，会发现低碳始终贯穿着中华文明史。因此，源远流长的中国优良传统文化就是一部低碳史，人类祖先一直过着一种低碳的生活。

一、穿越时空的东方低碳传统文化

曾几何时，一个古老的传说飘荡在华夏苍穹。传说古代杞国有位杞国人，面对苍天潸然泪下，总担心天会掉，地会塌，日月星辰会坠落，害怕伤及性命。因此，每天愁眉不展，茶饭不思。有好心人就劝他：天由气体组成，是不会塌下来的。这就是家喻户晓的“杞人忧天”的美丽传说。当时，他受到了人们的嗤笑，人们认为他多忧了。这个古老的传说透射出一个对人类具有责任感的古老的民族的智慧，它似乎预示了人类对于高碳环境的担忧。

古老的传说引发我们不得不以正视的方式要求人与自然的和谐、人类与环境的无缝对接，而对接的核心就是倡导低碳生活方式。

1. 节约——优良的低碳传统

节约，顾名思义，就是以较低资源消耗换取人类的生存，是中华民族乃至全人类的优秀传统文化，用现在的话说就是低碳。中华民族无愧于世界优秀民族，在这块古老的土地上，节约，始终是中国人的一种优良传统和文化精神。过去，中国人崇尚节约为好，即使是富庶人家，孩子吃饭如果糟蹋了粮食也是要挨打的。虽然历代都有一些富人争豪斗富、很奢侈浪费，但那被认为是非常可耻的事情。比如说《红楼梦》里面说茄子要怎么做，经过多少道程序，那也是在嘲笑大户人家的生活铺张繁琐，并不是说那是值得向往的东西。现代社会呼唤低碳生活，让政治家、科学家和历史学家重新审视和认识中国传统文化的必要性，号召大家决不要丢掉这个“根”。

节约是我们中华民族几千年来一直提倡并保持下来的传统美德，影响着所有中国人的行为，我们也常用“节俭”来替代它。两千多年前的《左传》中就有“俭，德之共也；侈，恶之大也”的论述。在中国，生活节俭是一个人良好

的个人修养的体现。三国时诸葛亮曾在《诫子书》中说过：“静以修身，俭以养德。”这正体现出节俭对于提高自身道德修养的重要作用。事实上，自古以来，凡品德高尚者，大都注意勤俭节约。北宋著名政治家、文学家范仲淹官至参知政事，仍保持富不忘贫、贵而能俭的品德。明代清官海瑞死后，点其行囊，只有“俸金八两，葛布一端，旧衣数件”。其俭素之德，令人赞叹。古代修道人为惜福修德，甘愿“过午不食”或一日两餐，平常日用简单，生活清贫，自称贫僧；住的房子很小，只有一丈之地，故称“方丈”。虽然生活简单清贫，但精神很充实，很快乐。由此推及，呈现出人与人、人与社会、人与自然的美好和谐。

人类社会发展至今节俭非但没有被历史淘汰，而且在新时期赋予其新的使命。现代社会呼唤低碳生活，节能减排、循环经济和环保技术等发展模式，走绿色可持续发展之路。节俭并不是要我们去复制“南京路上好八连，一条裤子穿九年，新三年，旧三年，缝缝补补又三年”的做法，而是一种生活态度，它贯穿于生活的方方面面。事实上，在日常生活中，可以继续使用的东西不会轻易扔掉，更不会任意把东西毁坏，不随意乱伐树木，不轻易践踏一草一木、生活上勤俭节约等等。在衣、食、住、行、用等方面都要唱响低碳生活主旋律，可以概括为“适度吃、住、行、用，不浪费，多运动”。科学研究表明，每节约1度电，就可以减排1千克二氧化碳；少用10双一次性筷子，减排0.2千克；少开一天车，减排8.17千克；用手洗代替一次洗衣机洗衣，减排0.3千克等等。这些优良传统，就是我们当今最需要、最迫切和最基本的“低碳”（节约）生活方式。

可是，也有不少人受西方文化思潮的影响，开始崇尚消费主义，总想赚更多的钱，拥有更多的房子，开上更好的车子，消费更多的资源，淡忘了节约的概念，片面强调所谓高消费生活方式，慢慢远离了根本。现在我们认为钱多、GDP高、物质生活丰富、可以随便浪费就是“好”，中国那些先富起来的人，过的基本上都是美国式的生活：开大车、住别墅，甚至开始买飞机了，用的东西也都是全球化的产品，什么最贵用什么，就像电影《大腕》里面那句很经典的台词所形容的，“不求最好，但求最贵”。谈起节约，他们一定会与你争辩，列出所谓一大堆“高调”，说高消费能促进经济发展，于国于民有利。乍听起来似乎有点道理，其实不然。在这种思维方式下，人类固然在短时间内起到刺激经济发展的作用，让大家过上“幸福”的生活，但从长远来看，如此下去，必然造成资源的极大消耗，生态的极度破坏和环境的严重污染等负面问题，进而产生“蝴蝶效应”，

对社会带来一系列灾难。

2. 环保——华夏祖先的低碳先知意识

低碳生活贯穿于人类祖先的衣、食、住、行等各个生活方面。在一个无水、无电、无气、无手机、无电脑、无汽车的古代，古人可怎么活啊，事实上，他们日出而作、日落而息，养花侍草，吟诗作乐……或许你会说现在经济、社会、科学都比以前发达，我们就得过一种与时俱进的生活，但古人的低碳生活也许没有现代人舒适，然而却与大自然相处得更和谐，更融洽。我们何不学学古人，学习先辈们亲近大自然，拥抱大自然的低碳生活？

虽然古人并不知道低碳会成为当今世界的流行趋势。但是植树绿化，是中华民族千年不变的对低碳生活的践行。秦始皇统一中国后，修建了以咸阳为中心，分别通往燕、齐、吴、楚等地的大道。据《汉书·贾山传》中说，这些大道两侧，每隔三丈即“树以青松”，非常壮观。汉朝时，都城长安的街道多栽桐树、梓树和槐树，每到夏季，绿阴一片。北魏都城洛阳的道路绿化以槐树、柳树为主，街景很美，有诗赞道：“洛阳佳丽所，大道荡春光。”唐代的道路绿化以槐树为主，王维曾有诗句写道：“俯十二兮通衢，绿槐参差兮车马。”北宋东京（今开封）植树最多，有柳树、石榴树、樱桃树等。元代更加重视植树，元世祖规定大道每隔两步要植树一棵。清时，左宗棠率部收复新疆时，凡有水源的地方都要在路旁栽柳树。古人历来把植树作为评价官吏政绩的依据之一。唐代的柳宗元不仅以诗而闻名，也因道路绿化而名垂史册。宋代蔡襄任福州知府时，因下令各州县大搞道路绿化而有功，闽中民谣赞道：“夹道松，夹道松，问谁栽之找蔡公。行人六月不知暑，千古万古摇清风。”

科学数据表明，绿化在夏季有明显的降温作用。根据有关研究，夏季有壁面绿化的建筑会比同等条件下没有绿化的建筑室内温度低 1℃～2℃。由于树叶遮挡了太阳辐射，减少建筑得热，室内温度降低，舒适度增加，空调能耗降低。同时有观测数据表明，经人工栽培数年，蔽荫显著的紫藤和葡萄可增加相对湿度 10%～20% 左右。绿化还能改善局域二氧化碳的平衡，吸收有毒有害的气体，吸附烟灰和沉降、隔离噪音、净化空气、美化环境、调节情绪。从能源、环境质量和生理心理学的方面来看，绿化对改善人居环境有不可估量的作用。

所以，人类的文明史，除了四大发明、陶器、丝绸、针灸等对人类有巨大贡献外，用行动保护自己生存的环境，营造人与自然的和谐，这种意识、这种行动，不得不让我们对祖先低碳的先知先觉产生由衷的钦佩，这也印证了我们的祖先

早已开始意识到环境对于人类的可持续性。总之，低碳与优良传统文化密切相关，人类的可持续发展不能离开了优良传统文化思想，离开了这一思想，要解决诸多低碳问题，将是无源之水，无本之木。

二、低碳化消费，农村消费新时尚

消费，一种通过消费品满足自身欲望的经济行为。人类的生活离不开消费，在琳琅满目的消费品市场中，如何选择出既有利于环境保护而又无害于自身健康的消费品是每个消费者生活所必需的基本技能。现代社会，随着绿色消费、低碳消费的消费理念逐渐深入人心，未来低碳化的消费时代离我们不再遥远。随着新农村建设的推进，在广大农村，处处发生着翻天覆地的变化，富裕起来的农民生产生活观念正在悄然发生转变，各种富有特色的新型消费在他们中间悄然兴起。

节能减排理念日益深入人心之时，因为国家惠民政策的出台，农村积极鼓励农民购买太阳能热水器、电动车，引导农民向低碳经济消费转变。冰箱企业表现尤为突出。2010 年 6 月，在国家信息中心信息资源开发部和中国家电网联合举办的“低碳前行—冰箱联盟”启动仪式暨中国冰箱行业发展高峰论坛上，海尔、澳柯玛、华日、奥马、尊贵等多家家电下乡表现优异企业获得节能低碳相关奖项。据资料显示，家电下乡七大类产品每年可节电 50 亿千万时，其中，冰箱产品的节能减排效果最显著，每年节电量达 33.26 亿千瓦时。消费者在选购家电下乡冰箱产品时也逐渐注重产品的能效比，节能已经与价格、品牌、质量一起，成为影响农村市场消费选购的重要因素。

中国家电网对农村家电市场消费调查显示，在所有家电下乡产品中，消费者更看重的是产品品牌和售后维修，这两项的占比均在半数以上。而针对冰箱产品的特项调查中，节电和品牌则成为影响消费者购买冰箱的最主要因素，调查中，选择“品牌”的消费者占到 53%，而选择“节电指标”的同样高达 52.7%。①

同时，农民的低碳消费也体现在沼气的使用上。农村沼气工程的实施收获了明显的生态和社会效益。通过建设农村沼气池，各种废弃物得到充分利用，有害生物被杀灭，农村居民生活环境得到改善，生活质量有了极大提高。沼气

①http://tech.sina.com.cn/e/2010-06-23/19061393764.shtml

池产生的沼气用来做饭、照明，替代了秸秆和煤炭的使用。沼渣是很好的有机肥，沼液可喷洒农作物叶面，灭菌杀虫、肥壮秧苗，大大减少了化肥、农药的使用量，改善了农田生态环境，提高了农产品品质。

随着国家家电下乡和沼气池建设补助优惠政策的贯彻落实，许多农民都实实在在地感受着幸福的低碳生活。

第二节 发展节约型农业，构建低消费的生产方式

相对于低碳消费而言，高碳消费是指那些高能耗和不环保的消费方式。它一个过去或者现在的进行时，在我们生活的各个方面都可以体现出来，但由它而产生的在生态、道德以及我们的健康方面的影响却是我们始料未及的。

一、高碳消费产生生态危机

全球气候变暖已成为国际社会关注的焦点问题。政府间气候变化专门委员会（IPCC）全球气候变化研究第四次评估报告表明：气候变暖的原因除了自然因素影响以外，主要是归因于人类活动，特别是与人类活动中排放二氧化碳的程度密切相关。

高碳消费与一定的社会经济结构有关。近年来，我国一直把经济建设、经济发展水平作为国家主要目标，社会的产业结构是高碳型的，消费者在很大程度上也消费的是高碳商品。在这个过程中，我国能源消费也呈现持续快速增长的态势，2002 年，我国一次能源消费量为 10.58 亿吨油当量，到 2008 年增长到 20 亿吨油当量。六年间几乎翻了一番。2008 年世界一次能源消费量增长 1.5%，而我国的增幅为 7.5%，相当于世界增幅的 5 倍。从我国的能源消费结构看，煤炭消费所占比重过高。2008 年世界一次性能源消费构成中煤炭占比为 29.2%，发达国家煤炭消费比例大多不到 2%，而我国的煤炭所占比重高达 70.2%。

事实上，在城市里，我们现在的日常生活的消费理念也是追求高碳生活的。房子越大越好，冬天温度越高越好。以前在长江以南，冬天是不供暖的，现在上海、武汉，甚至桂林，很多人家里都装了暖气。以前北方是不用制冷的，现在北京哪一家没有空调。以前公共交通是自行车，现在不但要买汽车，而且是排量越大、

越奢华、越体面越好。然而倡议低碳生活方式，仅有家庭中节水节电的“15件事”是远远不够的；盯住“高碳生活”的奢侈性消费，更是关键。比如，北京洗浴场所一年消耗的水资源高达8160万吨，相当于41个昆明湖。北京的情形，是更多地方的缩影。近年来，洗浴业在我国呈迅猛发展之势，水疗SPA、洗浴中心、温泉会所……大大小小的洗浴场所在许多城市星罗棋布。数据显示，洗浴行业人均每次消耗300至500升水，温泉洗浴人均水资源消耗量更高。再比如，近些年屡见不鲜的人造冰雕展、人造滑雪馆，盛夏酷暑在数十台大功率制冷机昼夜不停的驱动下，营造出冰封雪飘的北国景观，不也正是奢侈性消费的标本吗？有人可能会说，怎样花钱，如何消费，是属于个人行为的。然而资源却是社会成员共同拥有的，决不能谁有钱就可以想怎么占有就怎么占有，想怎么挥霍就怎么挥霍。要将所有社会成员赖以生存的资源用于“高碳生活”的奢侈性消费，那是不行的。这样一种消费心态，注定我们在短时期内不可能完全走向低碳。

在农村，农业是温室气体的主要排放源。农民的生活消费能直接导致温室气体的排放，包括炊事、照明、取暖用能等，而且农村多用传统的、热效率较低的直燃方式，如焚烧柴草、煤炭等带来的二氧化碳排放量比天然气和煤气要高得多。

农业方面的温室气体排放主要包括反刍动物甲烷排放、水稻种植过程中的甲烷排放、施肥造成的氧化亚胺排放、动物废弃物管理过程中的甲烷和氧化亚胺排放及秸秆焚烧过程中的氧化亚胺排放。据估计，全球范围内农业排放甲烷占由于人类活动造成的甲烷排放总量的50%，氧化亚胺占60%。如果不实施额外的农业政策，预计到2030年，农业源甲烷和氧化亚胺排放量将比2005年分别增加60%和35%～60%。这两种温室气体在大气中停留时间长，辐射增温明显大于二氧化碳，因此减少农业源温室气体排放对控制全球气候变化有重要作用。

同样，水是农民的血液，水是生命之源、生产之要、生态之基。如果水资源匮乏，那么农民将面临的是农业减产，农民们将会回到以前那种吃不饱穿不暖的生活。农村的高碳消费还会引发一系列的环境和气候问题，如害虫繁殖、干旱加剧等，它们可以从根本上恶化农作物的生长环境，从而构成严重的危害，这对农业的发展是相当不利的。

无论是城市还是农村，由于人们对碳排放的不充分了解，还没有感受到由高碳消费带来的生态问题，认为高碳、低碳都离我们很远。但是，高碳消费已经严重影响了人类环境和自然生态，导致水资源失衡、农业减产、生态系统严

重损害，对人类社会可持续发展带来了巨大冲击，尤其是对于农村经济与生态发展。如2009年，全国429万人207万头大牲畜因干旱饮水困难；2010年，大旱使农作物受灾面积近500万公顷，其中40万公顷良田颗粒无收，2000万同胞面临无水可饮的绝境；2011年，中国正在经历一场50年来最严重的旱灾，北方8省冬小麦受旱面积8567万亩，其中严重受旱面积1567万亩，3500万的受灾人口超过整个加拿大人口的总和。这些惊人的数字让我们看到了高碳消费的严重后果，暴露了经济依赖资源增长的脆弱性。为了我们的美好未来，为了我们的子孙后代，我们要肩并肩、手牵手同高碳消费作抗争！

二、节约农业引领农村低碳消费

农业低碳化发展是低碳经济社会发展的重要组成部分。低碳农业是现代农业发展模式的创新，其根本任务是节能降耗，减少农业和农村生产生活的碳排放，以维护农业生态系统碳循环的速率平衡和生物多样性。2008年，《中共中央关于推进农村改革发展若干重大问题的决定》提出：推进农村能源建设，扩大电网供电人口覆盖率，推广沼气、秸秆利用、小水电、风能、太阳能等可再生能源技术，形成清洁、经济的农村能源体系。实施农村清洁工程，加快改水、改厨、改厕、改圈，开展垃圾集中处理，不断改善农村卫生条件和人居环境。

所谓节约型农业，指的就是节约一切自然资源，如水资源、煤矿资源，还包括节省一切人造物品，尽量回收循环利用；而减排，指的是减少二氧化碳的排放量。所谓节能减排的直接目的就是为了保护地球环境，但归根结底还是为了让生活在地球上的生物生活得更好。农村也应该不断加大节能减排的宣传力度，鼓励农民使用环保节能器具，让每个村民充分认识到全球气候变暖所构成“温室效应”理论对人们日常生活所带来的影响，正确引导群众树立长效节能减排意识。

因此，应以提高资源利用效率为核心，以节水、节肥、节能等资源的综合循环利用为重点，建设节约型农业，促进农业尽快走上科技含量高、经济效益好、资源消耗低、环境污染少的发展道路。在当今社会，水电、太阳能、沼气作为“无碳能源”，已成为世界范围内为实现节能减排重点发展的新能源。

在推进节约型农业生产的过程中，“低碳消费”日益成为农村发展的必经之路。“低碳消费”给村民们带来的不仅仅是方便与省钱，还有重要的生态效益。

在农村，要做大做强四大低碳产业，即着力发展内需主导、消费驱动的低碳产业，重点培育科技引领、创新驱动的低碳产业，大力扶持环境友好、绿色驱动的低碳产业，积极引导以服务驱动的低碳产业。

除了低碳生产以外，低碳消费被认为是实现农村低碳生产的最重要内容之一。低碳农业有赖于低碳消费，从而使国家走入低碳经济的良性循环。而如何引导消费者树立低碳消费方式，成为当前消费领域的一个重要课题。

“低碳消费”已逐渐走进农村，它已成为村民追求的一种新的生活生产方式，它不仅代表一种更健康、更自然、更安全的活动方式，更代表着符合时代潮流的生活理念。

三、如何发展节约型农业

近年来，由于土地和水等农业资源供需矛盾日益突出，农业资源的浪费和高碳农业生产也影响着社会的发展。因此发展资源节约型农业就显得尤为紧迫和重要。与建设节约型社会相适应，我国要推进现代农业建设，也必须建设节约型农业。

第一，促进资源节约型农业技术的扩散。加强节约型农业的技术创新，大力提升农业综合生产能力。加快科研成果转化，推进保护性耕作技术和节水灌溉、旱作农业技术，推广高效、优质、集约化的生态水产养殖技术等等，着力提高农业资源利用率。积极推进节约型农业生产体系建设，逐步实现粗放农业向精准农业的转变。将农业技术的扩散与精准农业相结合，就能在高科技投入和管理的基础上，获取资源的最大节约和农业产出的最佳效益，这是农业走低耗、高效、优质、可持续发展之路的必然选择，也是建设节约型农业的必然选择。

第二，大力发展循环农业。发展农村可再生能源，对于改善农村生产生活环境条件具有非常重要的意义。要大力普及农村沼气，加强农村户用沼气和大中型沼气工程建设。加快太阳能、风能、生物质能和农村水电等可再生能源的开发与利用。综合开发农作物秸秆产业，加快养殖业废弃物综合治理，推广农村生活污水净化技术，推动生活垃圾资源化处理，提高农村生产生活废弃物的资源化循环利用水平。

第三，创新农业发展机制。加快形成农村经济社会发展的长效机制，完善农村农业教育与技术培训体系，建立节约型农业技术推广的长效机制。建立社

会资本参与水资源开发，发展节水农业要以提高农业生产领域内水资源的利用率和利用效益为中心，以增强农业节水抗旱综合能力为重点，综合生态环境建设、农业生产实际，针对不同类型区域、不同作物、不同土壤，因地制宜地推广多种形式节水高效农业、农机技术和配套措施。

建设节约型农业是建设节约型社会的基础工程，可以把重点放在发展生态农业、循环农业、高技术农业等方面，坚持资源开发与节约并重，把节约放在首位的方针，运用现代科学技术和现代工业来装备农业，利用现代管理手段来管理农业，实现集约化经营的资源节约型农业；充分利用各种资源，为农作物生长提供良好的环境条件；引导农业尽快走上科技含量高、经济效益好、资源消耗低、环境污染少的良性循环，实现高产、安全、低耗、高效等目标，提高农产品市场竞争力和农业的比较效益，为促进社会经济可持续发展发挥积极的作用。

第三节 营造低碳生活环境

春天：阳春二三月，草于水同色。

夏天：小荷才露尖尖角，早有蜻蜓立上头。

秋天：额定风清云墨色，秋天漠漠向昏黑。

冬天：窗含西岭千秋雪，门泊东吴万里船。

曾几何时，这些描绘美好生活的诗句已无法再现，令人神怡的环境已成过往。我们现今生活的地球早已不再是那个环境怡人、生态平衡的原始形态了。随着人类社会经济的发展，我们对地球进行了不间断的改造，而这些改造在给人类社会带来一系列经济效益的同时，不可避免地也带来了一些负面的作用。现在人类的居住环境因不“低碳”已产生诸多生态问题，高碳危机正在一步步地侵蚀着我们的生活环境甚至我们自己。这些不得不正视的问题警示我们要提倡低碳生活，营造低碳生活环境。

一、谁为农村环境污染来买单？

据最新资料显示：我国农村有 3 亿多人喝不上干净的水，其中超过 60% 是

由于非自然因素导致的饮用水源水质不达标；农村人口中与环境污染密切相关的恶性肿瘤死亡率逐年上升，等等。2011 年 6 月，环境保护部专家认为，“农村的污染排放已经占到了全国的‘半壁江山’”。

有专家把农村环境污染分为生活、生产、工业三大污染。从生活污染来看，市场经济改变了农民的传统生活习惯，农村的生活垃圾已由过去易自然腐烂的菜叶果皮发展到塑料袋、快餐盒、废电池等，其中许多东西都是不可降解的，由于农村很少有垃圾、污水处理设施，再加上农民环保意识的缺乏，生活垃圾随手乱扔，生活污水随意排放，最终便成了污染源，严重地污染了水源和土地；从生产污染来看，量大面广的农业生产活动也是造成农村环境恶化的主要原因之一。其中尤为突出的是农民在使用化肥、农药、塑料薄膜方面缺少科学性，流失的化肥、农药和随手扔掉的农药瓶以及畜禽养殖业大量排泄物，很容易造成水体和土壤的污染；从工业污染来看，包括乡镇工业污染、城市外迁工业污染等。国家对环保的重视程度日益增强，城镇的环保“门槛”也越来越高，那些高污染、高能耗的工业企业很难在城镇立足，于是转向广阔的农村。在农村地区，工业污水随处排放，工业烟尘排向空中，工业固体废物占用农田、侵占河道、随处焚烧等现象屡见不鲜，于是很多村民成为各式各样企业污染物排放的受害者，比如浙江德清血铅超标事件，紫金矿业污染事件等，也正因此，农村的环境正在不断恶化。

环境的恶化是一个渐进的过程，也是一个不可等待的过程。正如我们常说，气候变化既是环境问题，也是发展问题。农村成为了受气候变化影响的地区之一。在农村环境遭受污染的过程中，我们不得不思考，由谁来为它买单呢？政府？农民？还是城市？

二、国家“12345”行动，拯救高碳环境

为了更好地进行农村的环境保护，“十二五”是中国全面建设小康社会的关键时期，也是农村环境保护的攻坚期，环保部门将按照“12345”的思路和方案来为农村环境添置一抹绿色：

“1”即一本规划，制定“十二五”全国农村环境保护规划；

“2”即“两部法律”，在“十二五”期间力争推动出台畜禽污染防治条例和土壤污染防治法；

“3”即三个下乡，组织环境监测、环境执法、环境宣教走进农村，实质上是要推动建立农村的环保机构队伍建设，让环境监管延伸覆盖到广大农村；

“4”即四轮驱动，要以深化“以奖促治”政策为主线，以开展农村生态示范建设的“以创促治”，以推进农村污染减排的“以减促治”，以实行农村环境综合整治目标责任制的“以考促治”为抓手的四轮驱动，来协同综合推动农村环境保护走向深入。这四个抓手里，前两个是激励性的，后两个是约束性的；

“5”即在饮水安全、污水处理、垃圾处置、土壤保护、畜禽养殖污染防治这五个方面取得积极进展。农村环境保护“十二五”期间既有挑战，也有机遇，我们还是很有信心的。①

我们知道，政府行为将推进农村环境治理的步伐，也将预示着美好环境的归来。

三、如何营造农村低碳环境

如果让农民尽快走出落后的生产生活方式，过上低碳生活，如何在农村营造低碳生活环境？

一是提高农民环保意识。常言道“唯有净土，才有洁食”。我们要以转变农民生产生活方式为核心，提高农药化肥有效利用率，减少农业面源污染，大力发展有机、绿色生态农业，确保“米袋子、菜篮子”食品安全。归根结底，造成农村环境污染最根本的原因还是人们的重视程度不够。抓住新农村建设的大好机遇，把“环境怡人、村镇宜居”理念充实到“村容整洁”的总体要求中，抓好改厨、改厕、改圈及沼气池建设，让农村的村容整洁起来，乡风文明起来，居住环境怡人起来。

二是提高农村环境质量。大力推广农村生活污水和垃圾处理、废弃物综合利用等实用技术，加快建立生活垃圾处理体系。大力推广平衡施肥、精量施肥技术和生态防治技术，从源头上控制化肥和农药的大量施用。大力推广节水灌溉技术，提高农业用水、用肥的效率。遵循资源化、无害化、减量化的原则，加快规模化畜禽养殖企业污染治理，加强畜禽养殖企业监管。在保证农民利益的前提下，引导农民和企业运用新技术和新方法，加大相关技术和机械的推广力度，如秸秆发酵、秸秆还田等多样化处理方式，采用化学处理和物理处理相

①http://www.cecc-china.org/Item/14798.aspx，2011-6-7

结合等方法，探讨循环农业模式和技术体系，向产业化方向发展，不断提升资源利用的综合效益。

三是杜绝工业污染。把农村环境保护和建设规划纳入经济和社会发展的长远规划和年度计划，保证必要的人力、物力、财力投入。按照环境功能区划、工业企业相对集中的原则，合理规划村镇工业布局，实行污染集中控制与治理。坚决淘汰污染严重的生产工艺和设备，防止污染由城市向农村转移。针对不同情况，提出保护水源地的具体措施，切实保障农民群众的饮水安全。加快小城镇、农村新型住宅社区污水处理建设步伐，让农民喝上干净卫生的水。

四是提供支持。面对长期落后的农村生产生活方式、碳排放一直居高不下的现状，各级政府要从建设社会主义新农村的高度及倡导农民过低碳生活的角度，积极为农民提供一定的资金和技术支持。对于新能源要加大财政补贴力度。对于使用无污染新能源的项目，国家要加大财政支持力度，将钱用在农村清洁能源的开发利用上。①

从我国的实际情况出发，以建设社会主义新农村为契机，全面启动农村环境综合治理工程，建立健全环境管理与监测体系，不断加大环境执法力度，为农民营造一个健康、绿色的低碳生活环境。

第四节 农村低碳消费的衣食住行模式

既然高碳消费有如此大的危机，那我们何不加入低碳消费的行列中呢？形成低碳消费模式便成为我们现今的首要任务。低碳消费是一种基于文明、科学、健康、共生型的低碳生态化绿色消费模式。它主要包括以下五种类型：一是“恒温消费”，消费过程中温室气体排放量最低。二是“经济消费”，即对资源和能源的消耗量最小，最经济。三是“安全消费”，即消费结果对消费主体和人类生存环境的健康危害最小。四是“可持续消费”，对人类的可持续发展危害最小，从而不危及后代的需求。可持续消费连接着从原料提取、预处理、制造、产品生命周期到影响产品购买、使用、最终处置诸因素等环节中的所有组成部分，而其中每一个环节又对环境存在多方面的影响，所以不能孤立地理解和对待可

①http://www.cenews.com.cn/xwzx/gd/qt/201003/t20100316_631987.html

持续消费。五是“新领域消费”，转向消费新能源，鼓励开发新低碳技术、研发低碳产品，拓展新的消费领域，更重要的是推动经济转型，形成生产力发展新趋势，将扩大生产者的就业渠道、提高生产工具的能源效益、增加生产对象的新价值标准。①

同样，农村也开始意识到健康消费模式的重要性，不仅农村的生产消费发生着变化，生活消费的低碳化也走入了普通农民的生活。人们应该认识到，生活质量还包括环境的质量，若环境恶化，人们的生活质量也最终会下降。

在环境问题日益凸显的新形势下，低碳已经被赋予了全新的时代含义。从这个意义上说，这种利人利己的生活方式不仅仅应该作为时尚而且实惠的生活理念受到提倡，更应该成为一种公认的社会公德得到褒奖。以勤俭节约的低碳消费为荣，以奢侈浪费的高碳消费为耻，应该成为全社会的共同价值取向、建设节约型社会的题中应有之义。

消费既是社会再生产的终点，也是社会再生产的起点，因此，形成低碳消费模式应该从村民穿衣、饮食、居住、出行、家用、娱乐休闲和办公低碳化等多种途径来进行。

一、穿衣消费低碳化

随着农村收入水平的提高，村民不仅购买服装的数量增加，而且服装制作加工的工序也在不断增加，从而生产服装伴随的碳排放也随之增加。首先，从服装的面料来看，棉、麻等天然织物消耗的能源和产生的污染物相对较少，而化纤面料的服装因需从原油中裂解、提炼、加工而成，耗能较多。澳大利亚墨尔本大学的研究表明，大麻布料对生态的影响比棉布少 50%，用竹纤维和亚麻做的布料也比棉布在生产过程中更节省水和农药。其次，从生产过程到使用过程来看，一件衣服从原材料的生产到制作、运输、使用再到废弃后的处理，都在排放二氧化碳。根据环境资源管理公司的计算，一条约 400 克重的涤纶裤，假设它在中国台湾生产原料，在印度尼西亚制作成衣，最后运到英国销售。预定其使用寿命为两年，共用 50℃温水的洗衣机洗涤过 92 次，洗后用烘干机烘干，再平均花两分钟熨烫。这样算来，它“一生”所消耗的能量大约是 200 千瓦时，相当于排放 47 千克二氧化碳，是其自身重量的 117 倍。

①陈晓春，谭娟，陈文婕．论低碳消费方式 [N]．光明日报，2009-4-21.

广大的农村为农民的生活创造了自由发挥的空间。农民的穿衣更贴近大自然。因此，实现穿衣低碳化，一是要多穿天然面料少穿化纤面料的服装；二是要用温水而不要用热水洗衣服，而且一定要把洗衣机塞满再洗，衣服洗净后，尽量让其自然晾干，这样可以减少 90% 的二氧化碳排放量；三是要少买新衣，改造旧衣，多穿可循环利用的服装，使穿衣低碳化成为农村的流行风。

二、饮食消费低碳化

随着农业结构的调整，人们的饮食结构出现了粗粮越吃越少，动物性蛋白和油的摄入量越来越多的趋势。这种饮食结构的变化，蕴含着饮食的高碳化发展趋势。研究表明：人吃 1 千克牛肉后，所排放的二氧化碳为 36.5 千克；而吃同等分量的果蔬后，所排放的二氧化碳量仅为该数值的 1/9。因此，如果改吃蔬菜不吃肉，每人每天就可以减少 4.1 千克的二氧化碳，等于 180 ～ 360 棵树一天的二氧化碳吸收量。[①]因此，在饮食结构上，应提倡多吃素食少吃荤食。另外，应提倡吃粗加工或不加工的食品，如多吃新鲜水果，少吃果汁和碳酸饮料。过去，农民一年能吃上肉的次数历历可数，餐桌上的肉类成为奢侈的表现。如今，农民的腰包鼓了，腰杆子也直了，对于吃的要求也越来越高，不仅要“吃好”，还要吃得健康。普通人家的餐桌不再单一，以前对于肉类的向往已消失得无影无踪，人们认识到低碳饮食不仅对自己，也对环境起着重要作用。因此，各种蔬菜水果渐渐摆上了农民的餐桌。我们不得不说，低碳饮食又回归到了农民的餐桌上。

三、居住消费低碳化

从茅草屋到土坯房再到现代大都市高楼大厦的变迁，折射出人类文明的巨大进步和居住条件的极大改善，但同时也伴随着二氧化碳排放量的增加。随着农民生活的提高，一些有见识的农民纷纷进城请“专家”，规划设计自己的住房，且人畜住房分离，有的还讲究“低碳”，建起了沼气池，用沼气煮饭、照明。[②]很多农村低碳住宅拥有冲水式厕所、淋浴房、沼气灶一应俱全，比城里节能得多。这种适应新时期农民建房的需要，从节能、节地、节约资源、抗御各种自然灾害出发，根据适合本地区自然条件和风俗习惯建造的房屋，不但使农民住得更

---

①金起文，于海珍．高碳能源条件下发展“低碳经济”的策略 [N]. 经济参考报，2009-8-26（08）

②http://news.163.com/10/0311/13/61GG31GG000146BC.html，2010-3

加舒适，而且也改变了农村的居住环境，这种低碳居住方式日益成为农民首要的选择。

四、出行消费低碳化

交通的大发展为农民的出行带来了极大方便，但是，交通工具尤其是汽车消耗大量液体燃料，不仅加剧了宝贵石油资源的快速消耗，而且带来了二氧化碳的大量排放。根据有关资料：汽车平均每燃烧1升汽油，要释放出2.2千克二氧化碳；公共汽车每百公里的人均能耗是小汽车的8.4%，电车是小汽车的3.4%～4%，地铁是小汽车的5%。据测算，交通运输一辆车一公里的能耗，公路是铁路的18倍，集装箱卡车高速公路运输是铁路的18倍，是水路的22倍。因此，出行低碳化的方向是大力发展铁路和水路交通，发展公交网络。由于农民生活在城市圈之外，外出时多数是通过步行，遇到集市贸易的日子或特殊情况才会乘车，这正是农村交通低碳化的积极表现。但是，随着城镇化趋势的发展，农民生活圈子的扩大，只要能保持这种出行方式，都是低碳出行的反映。

五、家用低碳化

改革开放以来，农村家庭对家电的拥有从电视机、电冰箱、洗衣机、空调的普及到升级换代再到个人电脑、手机的普及。农村的家用电器消费虽然不像城市那样呈现出电器化、智能化、网络化的趋势，但是也表现出电器多样化的特点，这一趋势的背后伴随着用电量和能源消耗、二氧化碳排放的大幅增加。据统计，家庭中75%的用电都耗在电视、电脑和音响等保持待机状态上。如果一台电脑每天使用4小时，其他时间关闭，那么每年能节省约500元人民币，且能减少83%的二氧化碳排放量；因为电器关机不拔插头而导致全国每年待机电量浪费高达180亿度，相当于3个大亚湾核电站年发电量。在同等条件下，在农村，很多家庭还没有使用节能灯的习惯，它的发光效率大约是普通白炽灯的3.5倍～4倍，假如全国都不使用白炽灯，改为使用高效照明产品，那么，一年可节电600多亿度，接近于三峡电站现在一年的发电量。①所以，农村家庭做到生活的低碳化还应该靠农民自己，这是由于家庭消费品低碳化势在必行。

---

①冯之浚，金涌，牛文元等．关于推行低碳经济促进科学发展的若干思考[N]．光明日报，2009-4-21（10）．

农村的低碳生活表现在点点滴滴，引导农村家庭合理的消费，鼓励居民购买、使用有节能环保认证标志的绿色家用电器和低碳节能环保新材料和新产品，养成家庭消费的低碳化、低能耗的消费模式和习惯；引导村民养成节俭理念的低碳生活方式，节电、节气、节水、资源回收利用。因此，推动“高碳消费方式”向“低碳消费方式”的转变需要我们尝试低碳消费方式，除了农业生产技术方面的革命以外，生活方式的转变也是非常重要的。合理的消费模式应该是一个渐进的过程，不可能是一步到位的。培养绿色消费的意识，引导低碳出行。只有这样才有利于实现农民利益的最大化。

第五节 妥善处理农村生活垃圾

上世纪五六十年代，科技还不发达，所产生的垃圾基本上是有机物，能被分解，不构成“白色污染”。随着人们对消费品需求量的不断增加，生活垃圾也大幅度递增，对环境造成一定的影响。与五六十年代相比，生活垃圾有了翻天覆地的变化。以北京为例，每天产生的生活垃圾达 1.2 万吨，1 年产生的生活垃圾约 500 万吨。

如今，很多人都曾经有过这样的经历，就是将没有用的废旧电池随手丢掉。可以说很少有人会考虑“它”后来会怎样？事实上一节废电池可以污染 600 吨水，这是一个人一生的用水量，如果算上一年的电池产量，那每年造成的水污染将是不可想象的。“勿以恶小而为之”其实指的就是这一点，往往小的问题堆积起来也就成了大问题。妥善处理生活垃圾成为我们实行低碳生活亟待解决的问题。

一、农村生活垃圾及其危害

生活垃圾，是指在日常生活中或者为日常生活提供服务的活动中产生的固体废物以及法律、行政法规规定视为生活垃圾的固体废物。

生活垃圾一般可分为四大类：可回收垃圾、厨房垃圾、有害垃圾和其他垃圾。目前常用的垃圾处理方法主要有综合利用、卫生填埋、焚烧和堆肥。

可回收垃圾包括纸类、金属、塑料、玻璃等，通过综合处理回收利用，可以减少污染，节省资源。如每回收 1 吨废纸可造好纸 850 公斤，节省木材 300 公斤，

比等量生产减少污染74%；每回收1吨塑料饮料瓶可获得0.7吨二级原料；每回收1吨废钢铁可炼好钢0.9吨，比用矿石冶炼节约成本47%，减少75%的空气污染，减少97%的水污染和固体废物。

厨房垃圾包括剩菜剩饭、骨头、菜根菜叶等食品类废物，经生物技术就地处理堆肥，每吨可生产0.3吨有机肥料。

有害垃圾包括废电池、废日光灯管、废水银温度计、过期药品等，这些垃圾需要特殊安全处理。

其他垃圾包括除上述几类垃圾之外的砖瓦陶瓷、渣土、卫生间废纸等难以回收的废弃物，采取卫生填埋可有效减少对地下水、地表水、土壤及空气的污染。

除此之外，还有医疗废物，是指使用后的一次性医疗器械，不论是否剪除针头，是否被病人体液、血液、排泄物污染，均属于医疗废物，均应作为医疗废物进行管理。使用后的各种玻璃（一次性塑料）输液瓶（袋），未被病人血液、体液、排泄物污染的，不属于医疗废物，不必按照医疗废物进行管理，但这类废物回收利用时不能用于原用途，用于其他用途时应符合不危害人体健康的原则。

生活垃圾的危害是非常大的。这些垃圾既然成为生活垃圾，那么肯定就是由生活在这个地区的人们制造的。生活垃圾不仅浪费了大量的资源，也严重污染环境和危害人体健康。

塑料：也被称为“白色污染”，是当今世界重大的“公害”，已成为威胁生态环境的一个重要因素。如塑料袋、塑料包装、快餐饭盒、塑料杯瓶、电器包装、冷饮皮等等。在自然状况下难以分解，它会破坏土质，使植物生长减少30%；填埋后可能污染地下水；焚烧会产生有害气体。

旧家电：在生活中，人们常常会忽略废旧家电对人的健康和居住环境可能造成的危害。据悉，目前，家庭所淘汰的废旧家电很多都被卖到了旧货市场。在这些废旧家电中，不少彩电的显像管、冰箱的制冷器、电脑的主机等旧家电部件大多接近或超过使用年限，有的还是报废品。而大量回收的废旧家电流入二手市场，会造成电子垃圾和环境污染。如果将其烧化，会放出大量有害、有毒气体，最终形成酸雨。废弃电子元件里还含有大量铅、汞、锡、镉、铬等重金属，随意抛弃也会造成对大气和水的二次污染。

电池：如纽扣电池、充电电池、干电池。纽扣电池含有有毒重金属汞；充电电池里的锌、锰、镉等多种重金属如果进入水体，会对水质量造成污染，在

我们的日常生活中，手机电池、电动车电池都属于充电电池。干电池含汞、铅和酸碱类物质等对环境有害的物质。

剩餐：如与垃圾或快餐盒倒在一起的剩饭，可以大量滋生蚊蝇，促使垃圾中的细菌大量繁殖，产生有毒气体和沼气，引起垃圾爆炸。

油漆和颜料：如建筑、家庭装修后的废弃物。含有有机溶剂的油漆可引起头痛、过敏、昏迷或致癌；是危险的易燃品；颜料中多含重金属，对健康不利。

清洁类化学药品：如去油、除垢、光洁地面、清洗地毯、通管道等化学药剂，空气清新剂、杀虫剂、地板打蜡剂等。其含有机溶剂或大自然难降解的石油化工产品；具有腐蚀性；含氯元素（如漂白剂、地板洗剂等），对人体有毒；药品含破坏臭氧层物质；杀虫剂中，约有 50% 含致癌物质，有些可损伤动物肝脏。①

在农村，沟渠被淤塞，死鸡死鸭在田边地头几乎随处可见，大量垃圾被倾倒入河道中……长期以来，由于我国农村垃圾一直呈现数量小、种类少、易分解的特点，农民采用堆肥、简易填埋或自然腐烂等方式，就基本可以维持垃圾总量与生态环境之间的平衡。但是，随着农村经济社会快速发展，以及农民现代生活方式的逐步确立，农村的生活垃圾数量猛增，处理难度不断加大，从而造成目前的“垃圾围村”困局。由于农村经济的发展和城镇化进程的加快，农村的生活垃圾的成分发生了较大的变化。从农民日常的饮食结构看，生活垃圾中含有大量的厨余垃圾；从农民的燃煤结构看，目前农民主要的燃料还是以秸秆和蜂窝煤炉为主。生活垃圾组成以有机物成分（厨余、果皮等）为主。另外在生活垃圾的运输过程中，由于不是密闭运输，出现了垃圾散落现象，造成“二次污染”。②

城市和农村的生活垃圾快速增长的产生量，已成为影响我国环境污染的重大问题。

第一，浪费资源。有人会说都成垃圾了，怎么还能算得上是浪费资源呢？但是生活垃圾中一般含有 10% ～ 15% 的可回收利用的物质，如金属、玻璃、塑料、橡胶和纸张等。随着全球资源短缺的加剧和科学技术的发展，城市生活垃圾将成为具有可利用价值的资源。③

---

①http://www.cnhubei.com/xwzt/2010zt/bsk/xcs/xcs/201006/t1224720.shtml

②李颖，许少华．我国农村生活垃圾现状及对策 [J]. 市政技术，2007（7）

③http://club.china.com/data/thread/1638757/2712/98/18/7_1.html

第二，污染环境。在自然环境中很难分解的塑料袋、地膜等破坏了土壤结构，影响了其透气、透水性，严重危害农作物的生长。据模拟试验表明，土壤中残留废膜达37-45公斤/公顷时，小麦和蔬菜将分别减产7%和10%左右。

第三，危害健康。生活垃圾若不能及时从市区清运或简单堆放在市郊，往往会造成垃圾遍布、污水横流、蚊蝇孳生，散发臭味，还会成为各种病源微生物的孳生地和繁殖场，影响周围环境卫生和危害人体健康。比如垃圾污染土壤和地下水，使蔬菜、农作物富含有毒有害物质，而这些物质通过食物链富集，最后被人体吸收；垃圾露天堆放更能造成蚊蝇孳生，老鼠猖狂。医疗废物更是具有传染性的危害废物，随意抛弃，会传播肝炎、肠炎、痢疾及各种蠕虫病菌（即寄生虫病）等，对人体健康造成非常大的威胁。

第四，产生渗出液，污染水环境。农村混合垃圾腐烂、发臭以及发酵甚至发生反应，不仅会释放出危害人体健康的气体，而且垃圾的渗出液还会污染水体和土壤，进而影响农产品的品质。另外，农村自来水普及率偏低，饮用水大多取自浅井，因此，垃圾中的一些有毒物质的渗漏，如重金属、废弃农药瓶内残留农药等，随雨水的冲刷，迁移范围越来越广，最终通过食物链影响人们的身体健康。

二、生活垃圾处理与回收利用

在很多人眼里，“垃圾”一词是不入耳的，与之相关的一切向来都登不了大雅之堂。但是，作为人类生活的伴生物，当垃圾问题开始影响我们的生活，甚至威胁到我们的健康时，我们就不得不勇于面对这个问题了。

生活垃圾处理专指垃圾中由居民排弃的各种废弃物（不包括市政设施与修建垃圾）的处理，包括为了运输、回收利用所进行的加工过程。处理的目的是使垃圾的形态和组成更适于处置要求。那么，我们怎么走出一条适合中国的垃圾处理之路？他山之石可以攻玉，也许国外一些发达国家走过的垃圾处理之路有许多可以值得我们借鉴的地方。

1. 国外的垃圾处理方式

（1）美国：商业化运转模式

在美国，城市生活垃圾的收集、回收、处理、加工及销售在是一个系统的产业，依靠商业模式来运行。如美国加利福尼亚州的Norcal废弃物处理中心（Norcal

Waste Systems，Inc)，成立于 1921 年，是美国最大的固体废弃物处理公司之一。它在加州及邻州设有 30 多个分公司。公司业务包括收集、回收、运输、加工以及垃圾填埋场运作。Norcal 拥有多个废弃物回收中心、垃圾填埋场和有机废弃物堆肥场。该公司的收益主要有两个方面，一是居民和商业机构交纳的废弃物处理费，二是回收产品和副产品的销售费。目前，美国城市生活垃圾的处理方法主要有回收、焚烧和填埋。其中回收占 30%，焚烧占 14%，填埋占 56%。

美国农村的垃圾处理，一般由规模不大的家庭公司来承担。公司的员工也是农民，他们开着小垃圾车，到各家各户收取垃圾，同时也收取一定费用。而每家每户都有一个带轮子的垃圾箱，每天早晨送到公路边，由专车带走分类垃圾。虽然美国的农民住得分散，但是，垃圾公司会深入到每个乡村的每个角落。

（2）日本：垃圾分类回收

在日本，每家每户墙上都贴着垃圾回收时间表，每周七天回收垃圾的种类各不相同。生活垃圾先分为可燃、不可燃、大型垃圾、其他类垃圾和电子类垃圾等类型。大类下面再分小类，如可燃垃圾再分为厨房垃圾、纸张类、木材类等。垃圾车装运同一种垃圾，可直接送到处理厂去处理，省工、省时。日本运送垃圾的垃圾车也很讲究，全部是自动封闭式、自动加压式的，装车的垃圾可以自动压实，易拉罐之类的废弃物可以压扁成片。垃圾在被运到垃圾处理站后，会经过严格分类后再被运到终端处理厂，可燃垃圾会被分配到垃圾焚烧工厂或是燃料焚烧工厂。工作人员会先对可燃物进行分门别类，把部分有害的可燃物挑拣出来，使它们减少自身的体积和重量，然后焚烧，焚烧中产生出的热能源会被用来发电和供热。

日本由于土地面积的狭小，一直以来都坚持以减少最终填埋量为主要处理方式，并且明确提出了“3R”原则，即减量控制、回收利用和循环再利用。现在，日本 80% 的生活垃圾被进行焚烧处理，5% 左右被回收利用，剩余的 15% 被填埋。

（3）德国：垃圾分类处理

德国在全国普遍施行垃圾分类制度，其一丝不苟的民族天性在执行这一制度的同时体现得淋漓尽致。废弃物大致分为纸类、玻璃，一般垃圾、含污染性化学成分物品等。在法兰克福市，每户家庭户外都置有 3 个符合规格的垃圾桶，分别以绿、蓝、黑等色来标志其容纳纸类、玻璃、一般垃圾的不同功用，桶底装有轮子，方便搬运。

德国的垃圾处理体系以其设计的周密性和运作的高效性而领先世界。在德

国，由于大多数垃圾被回收利用，垃圾填埋的量是非常少的，其余垃圾直接焚烧后发电。经统计，德国每年产生垃圾6000多万吨，其中3500万吨被回收利用，1100万吨被焚烧，另外1500万吨填埋。德国有68个垃圾焚烧厂，每年可焚烧包括工厂、办公室产生的生活垃圾近1800万吨。但是，德国每年产生的生活垃圾约1400万吨，不包括纸张、玻璃、肥料等回收后再循环使用的垃圾。[①]

（4）欧盟：随意乱倒垃圾是犯罪

在欧盟的一些村庄里，张贴着“随意乱倒垃圾是犯罪，此类行为将记录在案”的告示。而同样，如果地方政府不能为农村社区居民提供垃圾收集的服务或不按分区规划管理新住宅的开发，也将受到农村社区居民的起诉。

欧盟所有的农村社区生活垃圾都由市政当局集中收集和处理。垃圾箱和垃圾收集处理的费用由地方政府征收的房地产税及其他税收支付。农民家中一般有两个不同颜色的垃圾箱，一个装有机垃圾，另一个装无机垃圾。收取垃圾时，工作人员如果发现没有按规则对垃圾进行分类，或把不适当的东西放到垃圾里，将会拒绝收集这些垃圾箱甚至罚款。

2. 我国的垃圾处理方式

我国生活垃圾的处理目前主要有填埋、堆肥及焚烧三种处理方法。

（1）填埋处理法

所谓直接填埋法是指利用天然地形或人工构造，将垃圾填充、压实、覆盖，使其发生生物、物理、化学变化，分解有机物，达到减量化和无害化的目的。垃圾填埋处理具有投资小、运行费用低、操作设备简单、可以处理多种类型的垃圾等特点。填埋是大量消纳城市生活垃圾的有效方法，也是所有垃圾处理工艺剩余物的最终处理方法，我国普遍采用直接填埋法。

目前垃圾填埋处理的比例超过85%。但由于目前的生活垃圾仍然未实行分类分拣，填埋处理的对象多为混合垃圾，因此填埋法存在以下问题：混合垃圾中的大部分可回收物、可焚烧物或可堆肥物等被一并填埋，不能再生利用，资源利用率低；混合垃圾渗出液会污染地下水及土壤，处理成本高；垃圾堆放产生的臭气严重影响周边环境的空气质量，大多数垃圾填埋场产生的填埋气体直接排入大气，既污染环境、浪费资源又造成安全隐患，目前能够对填埋气体进行资源化利用的填埋场不足3%；混合垃圾大量占用填埋场的空间资源，导致填埋

①http://www.cecc-china.org/Item/11372.aspx

场占地面积大，消耗大量土地资源；填埋场处理能力有限，服务期满后仍需投资建设新的填埋场。

（2）堆肥处理法

堆肥法是利用自然界广泛分布的细菌、真菌和放射菌等微生物的新陈代谢作用，在适宜的水分、通气条件下，进行微生物的自身繁殖，从而将可生物降解的有机物向稳定的腐殖质转化。堆肥技术适合于易腐烂、有机物质含量较高的垃圾处理，具有工艺简单、使用机械设备少、投资少、运行费用低、操作简单等特点。

利用生活垃圾堆肥在我国已有较长时期，但存在一些问题：不能处理不可腐烂的有机物和无机物，垃圾中石块、金属、玻璃、塑料等不可降解部分必须分拣出来，另行处理，分选工艺复杂，费用高，因此减容、减量及无害化程度低；堆肥周期长，卫生条件差；堆肥处理后产生的肥料肥效低、成本高，与化肥相比，销售困难、经济效益差；许多有毒、有害物质会进入堆肥，农田长期大量使用堆肥，可能会造成潜在污染。

（3）焚烧处理法

这是一种高温热处理技术，即以一定的过剩空气量与被处理的有机废物在焚烧炉内进行氧化燃烧反应，废物中的有毒物质在高温下氧化、热解而被破坏，是一种可同时实现废物无害化、减量化、资源化的处理技术。焚烧法具有厂址选择灵活，占地面积小，处理量大，处理速度快，产生的热量用于发电和供暖。具有无害化彻底，可回收能源等特点，因此是世界各发达国家普遍采用的一种垃圾处理技术。

焚烧法在我国也得到迅速发展，但应用并不普遍，主要存在如下问题：焚烧厂的建设和生产费用极为昂贵；混合生活垃圾成分复杂，燃烧的效率低，会产生二次环境危害。焚烧处理中如果垃圾的热值不够，就要添加助燃剂，这将使运行费用增高到一般城市难以承受的地步。

三、农村生活垃圾的低碳对策

如何有效地对生活垃圾进行处理和回收利用，已成为各级政府和普通百姓关注的热点问题之一。特别是，在农村，生活垃圾的处理还没有引起人们足够的重视，农村生活垃圾的处理涉及一系列经济、文化、传统习惯等问题和矛盾，这是一项长期、艰巨的工作。

1. 提高农民环保意识

近年来，农村经济发展水平得到一定提高，人们的素质也有所加强，但还有相当一部分人受传统生活方式的影响，思想观念的更新远未跟上生活水平的日益提高程度，环境意识较为淡薄，价值观念滞后，生态意识淡薄，是思想认识障碍的深层原因。培养农民自觉处理垃圾的意识，动员广大农村居民共同参与，在新农村建设过程中真正重视起来，尽快行动起来。让农民养成科学地、制度化地处理生活垃圾的习惯，这是解决农村生活垃圾的关键。可能通过组织从事这项工作的干部外出参观学习；把垃圾分类的知识印制成挂历，发放到户；通过会议培训、广播宣传、印制宣传手册等方法，使农村干部群众对生活垃圾方面的知识及其污染的危害性有一个清楚的认识，做到生活垃圾处理家喻户晓、人人皆知。

2. 垃圾分类回收

由于农民生活水平的提高，每年递增的垃圾多为可回收物，可以说有 2/3 以上的废弃物是可回收利用的。我们可以将垃圾相对集中，将树叶、泥土、尘灰等可降解垃圾，采取生物堆肥的方式在生态堆沤池中进行储存、发酵，转化成有机肥料，还园还田；将建筑废渣、废旧织物等不可回收、不可降解的垃圾集中于不可回收垃圾中转屋。由专人将垃圾中可利用的物品拣出回收或利用，其余的有机垃圾，可以通过快速发酵的方式，转化为肥料回归农田。实现垃圾从源头分类，将有力地推进农村的环境保护进程。

3. 建立农村生活垃圾集中处理体系

有效减少垃圾产出量，要求村民将自家垃圾分门别类，对完整的塑料袋等可利用的垃圾进行回收再利用，将剩菜剩饭等有机垃圾作为沼气原材料送进沼气池；配备专人负责清理村里的垃圾；修建可回收和不可回收垃圾站，实现垃圾二次回收，降低垃圾转运及处理成本。建立“户集—组分—村运—县（镇）处理”的农村生活垃圾生态处理新模式，实现农村生活垃圾处理减量化收集、资源化利用、无害化处理的目标。

目前，在有些城市里，开始实行垃圾处理收费制度。这是保障生活垃圾处理设施按计划建设及运行，实现垃圾无害化处理的目标的主要手段。如北京、天津等城市已经开始征收生活垃圾处理费，实行垃圾计量制；海口市从 2011 年 7 月采用水消费系数法征收城市生活垃圾处理费。虽然征收垃圾处理费可能不能完全满足处理投资，但这也是控制人们随意排污的一种手段。这样既能促进垃

圾处理产业化发展，又能减轻政府的财政压力。关于生活垃圾处理的问题，需要政府、社会和人民的全面参与，全方位加以控制，最终使我们的社会有一个清洁的环境，从而营造低碳生活环境。

人类只有一个地球，为了我们生存的家园，让我们行动起来，从身边的事情做起，拒绝塑料袋、巧用废旧品、远离一次性、提倡水循环、出行少开车、用电节约化、办公无纸化、购物需谨慎、植物常点缀，唱响低碳生活，进而实现社会的可持续发展，让低碳成为人类文明亘古不变的主旋律。

第五章
低碳文化：回归人类天然本真

“低碳”已成为当前时尚生活方式的新标签。在低碳发展成为社会主流趋势的情势下，低碳文化成为低碳发展的重大精神支柱。事实上，虽然低碳在最近几年才提出，但低碳文化早已在历史长河中存在和发展着，在一定程度上贯穿着整个人类的发展历程。

案例导读

“农超对接”：低碳文化新发展

昔日一辆小车、一杆秤、一声吆喝的马路市场，在山东省金乡县逐渐淡出了人们的视野，取而代之的是一辆辆货车穿梭于田间地头，将金乡的特色农副产品拉到超市和大型农贸市场，农民在自家门口就能把农产品卖出高价钱。

金乡县鸡黍镇东李村的农民近年来发了“山药财”。李广印是东李种植山药的行家里手，可在前几年，他种山药还只是“种着玩玩”。他说：“前几年山药种出来就靠家人推着车子走村串户去卖，辛苦一天也卖不了几个钱。”东李村由于土质良好，种出的山药营养丰富，口感绝佳，行情好的时候一亩地能给农民带来两三千元的收入。周围的村子见种山药赚钱，也纷纷效法，加之推小车卖山药成

本很大，价格提不上去，山药种植一度成为东李一块“烫手的山药”，种之无利，弃之可惜。2005年，不甘放弃的东李人拿着山药北上济南，南下上海，壮着胆子到大型超市里推销山药，超市负责人通过考察，肯定了东李山药的价值，给出了每斤八块钱的价格。如今东李山药从“烫手的山药”成了超市里的抢手货，他们还统一了包装，注册了商标，使山药每斤卖到了12元，亩纯收入可达六七千元。

东李山药的发展历程为该县走“一乡一品”、“一村一品”农业种植模式的乡镇、村庄提供了很好的范本，“农超对接”、“农贸对接”在金乡遍地开花。近年来，该县相继发展了胡集镇梨瓜、高河乡茄子、肖云镇甘蓝、高河乡池藕、鸡黍镇菠菜等特色农产品，这些农产品80%以上供给全国各大超市和农贸市场。今年1～6月份，该县农民人均现金收入4513元，“农超”、“农贸”双对接功不可没。

金乡特色农产品之所以能实现“农超对接”、“农贸对接”，得益于该县不断创新农产品经营服务体系。

建基地，保货源。该县坚持“绿色、无公害、有机化”的标准化种植模式，扩大生产经营规模，共建立各类无公害、绿色、有机农产品生产基地50余万亩，保障农产品的供应。

严管理，保质量。在基地管理上，实行统一环境质量、生产资料、关键技术、产品标准、监测方法、产品标识等，建立起较为完善的质量安全可追溯体系，确保农产品品质。成功注册“成功人”、“宏昌”、“小张庄”等农产品品牌，提高农产品附加值，为“农超对接”创造条件。

连网络，保流通。整合销售网络资源，利用特色农产品资源优势，以农产品加工企业为龙头，以全县30余个专业农业合作社为载体，以标准化农产品生产基地为依托，形成“超市＋龙头企业＋专业合作社＋基地”的超市农业发展模式，打造出一条农产品进超市的绿色通道。

强服务，保畅通。加强超市与龙头企业、专业合作社的沟通，把握农产品市场的发展趋势，提供相应的农产品市场供求信息。开辟农产品配送“绿色通道”，从基地收获的新鲜农产品朝发夕至，24个小时之内就会出现在各大城市的超市。同时，该县研发的蔬菜汽调保鲜冷藏技术，可保证一年四季都有新鲜金乡农产品上市。

在农产品打进超市的同时，到家门口的农家超市购买产品成为金乡农民的新时尚。为统筹城乡经济发展，满足农民生产生活需要，金乡县按照“高起点规划、高标准建设、高质量运行、高效率配送、全方位覆盖”的工作思路，实施“万村千乡市场工程”，加快农家超市建设。近年来，该县成立两个大型配送中心，建设和改造农家超市537个，农家超市在全县行政村覆盖面达到85%以上。

为使农家超市成为农民心目中的放心店，该县强化对农家超市的后续管理和服务，努力发挥消费品、农资、药品、通信等流通“一网多用”功能，积极搭建综合服务平台。大力推进农业生产资料连锁超市进乡镇，日用消费品连锁超市进村庄，农副产品进市场，致富信息进农户，确保农家超市建得起、立得住、能发展。同时，该县联合有关部门进行综合执法，做好农家超市的日常监管工作，让假冒伪劣商品远离农家超市，农村消费环境明显改善。目前，该县初步形成了以农资、日用品配送中心为龙头，乡级超市为骨干，村级超市为基础的新型农村流通服务网络。

（来源：《农民日报》，2009年8月8日）

问题聚焦

1. 农村低碳彰显出怎样的文化气息？
2. 农村的低碳约束怎样上升到低碳自觉？
3. 在低碳农业中自觉的低碳行动有必要吗？
4. 怎样把低碳理念落实到行动？

第一节 农村低碳的文化传统

“低碳”，简而言之就是指人类行为所耗用的能量要尽力减少，从而减低二氧化碳的排放量。低碳生活是一种简约、简单、简朴的生活方式，它通过个人适度减低碳排放量来达到集体总和碳排放减少的目标，以促进环境保护、生态

文明的发展，通过发展循环经济达到物质文明与生态文明的共赢，从而促进整个地球环境的可持续发展。低碳文化是低碳物质和精神发展的沉积，包括低碳方式、习惯和意识在内的所有部分。

一、“天人合一”：农村低碳的哲学渊源

低碳生活是生态文明的前提与基础，这与崇尚节俭的中华民族几千年的传统文化是不谋而合的。人类的传统生活方式自古以来就暗示并响应着低碳生活。

在中华古文明库典里，丰富灿烂的儒、释、道文化崇尚“天人合一”的理念，和谐是优美的最高表现形式。天人合一思想，是中华民族五千来的思想核心与精神实质。它指出了人与自然的辩证统一关系，表明了人类生生不息、则天、希天、求天、同天的完美主义和进取精神，体现了中华民族的世界观、价值观的思维模式的全面性和自新性。

和谐体现了万物的本质——完美与圆融以及生生不息。人与自然的和谐一致，既给人类的精神与品质的生成提供了机会，也给自然的完善与圆融以及生生不息提供了契机。这是一种外在美，更是一种内在美，是外在美与内在美的完美统一。“诚明合能”、“天人合一”、共生共荣，生生不息，这种美的境界体现了人类对美的不懈追求。中国古代哲学中“天人合一”的“天”，有自然的“天”和神灵的“天”；人也有自然的人和神话的人。“合”主要是提倡“和谐”、主张“多样统一”，强调天与人的有机联系。用现在的话讲，一是指人类应当正确处理人与自然的关系，把自然界作为朋友；二是要正确处理人与人之间的关系，使社会“合一”、和谐；三是处理个人内心思想、感情的平衡和不平衡关系，具有人格和超自然意识存在，给人们有驾驭自然的信念。

如今，我们再谈“天人合一”时，指的是现代版的人与自然的和谐统一，实践的操作点是倡导节俭的低碳生活。“天人合一”涉及生活的方方面面。比如：从古人的生活方式来看，古人讲究“日出而作，日落而息”，这是最原始的“夏时制”，最原本的“节能”手段，最健康的生活环境，最悠闲的生活方式。虽然没有现代人拥有的纷繁物质和丰富营养，但他们生活得很健康、很快乐，幸福指数很高。没有现代人的紧张压力，没有现代人的激烈竞争，没有现代人的诸多“烦恼”。现代社会，有人习惯城市夜生活，低碳生活自不必说了，可怕的是给人们的身体健康带来许多疾病隐患。据外国有关专家跟踪统计分析得出：人

的最佳睡眠时间是晚上10时到凌晨1点时，这3个小时胜过其他8个小时的睡眠。同时调查了一些动物，发现有一个通常性的规律，凡夜间活动的动物，像猫头鹰、蝙蝠、鼠类和蟑螂等，寿命普遍较白天活动的动物短。现代人平均寿命之所以比古人长，得益于婴儿出生死亡率低和发达的医疗设施，离开这些，单纯与古人比寿命不能比。

二、农村低碳的文化传统

低碳文化在农村中存在已久，在农村中，居民的很多生活方式都符合我们所宣扬的“低碳”。传统中国农民节俭的生活方式和生活理念使他们尽可能地消耗最少的生活资源，产生最少的生活废物；其次，每天产生的垃圾几乎都是可降解、可再生利用的。他们的生活是相当环保和低碳的。可以不夸张地说，一个按照传统农民生活方式在农村生活的人产生的碳排放仅为城市人的几十分之一。

在农村中存在的低碳文化传统中，尤以“炕”比较特别。追溯“炕”的历史，最早可以提到2000多年前西汉时期的火炕。而在现代，北方人也还有很多人家都有炕。炕实际上是利用炉灶里产生的热量将床和暖气二合一了。西方人原先冬天取暖靠烧壁炉，壁炉虽高大气派，但不难发现，其实大量的热量从烟道直接走了，并且当烟道不太通畅时房屋里会很呛；另外，一个壁炉基本上只能管一个房间，靠近壁炉炉火的地方才会比较热。而在中国北方较寒冷地区的农村，人们将做饭、取暖、睡觉三位一体地集中在一起，建立了独特的“炕”热系统，热效率却高得多。烧饭的炉灶直接砌在有炕的房间后面，炉灶的烟道直接通到炕下面用砖头所砌出的空间，烟带着炉灶里产生的热到了这个大空间，经盘桓之后再通向连接到室外的烟道，实际上这个空间形成了一段特殊的烟道，大量的热经过这段特殊烟道时留在了这个空间，成为一个贮存热量的大“热宝”，热通过炕板及炕的砌墙源源不断地向房间里输送着热量，由于热辐射面大，像个大暖气，整个房间里都暖和和的，持续数小时没有问题。每个房间的炕都通过烟道连接，做饭的时候顺便就能把所有的房间都烧暖和了。这样既能有效地利用资源，又能减少废弃物的排放。

以前，农民家里做饭也是不要钱的，他们一般不会用我们现在用的煤气，而是用自己地里收获的庄稼的秸秆或果树修剪下来的枝条，或是动物的粪便，

像是牛粪，等它们干了就可以做成粪饼拿来烧。废弃的秸秆、果树枝或动物的粪便就变成了做饭和取暖的能源，烧成的灰又变成了种地需要的草木灰肥料，这样就形成了一个自然的循环，既经济又环保。在冬天这样的热系统所产生的碳排放，也不会比夏天时做饭多多少。

农村中低碳文化传统的另一表现是交通工具。回顾历史，人类最古老的交通工具是马和船。除此之外，中国素有“自行车王国”之称，在过去的贫穷年代里，自行车成为人们出行的首选工具，浩浩荡荡的自行车大军成了中国城市的一大独特景观。而随着科学技术的发展和社会变革，汽车、火车、飞机等现代高速化的交通工具取代了马和船。但是在当代农村，自行车和摩托车仍是最主要的交通方式。这对于实现低碳生活有重要意义，对于农村环境质量的维护有重要的影响。这与中国传统的生活方式离不开。农民的节约理念和消费观念对其有深刻的影响。

农村低碳的文化传统涉及生活各个方面。在衣、食、住、行等方面都有体现出来。这受到了中国传统文化的影响，是整个国家和社会都必须宣扬和倡导的。

三、农民才是“低碳达人”

传统的中国农民的生活就是今天人们所热炒的标准的“低碳达人”的生活。中国其实早就有“低碳达人”，我们的祖辈都以低碳的方式生活着，而且现在还占中国人口的大多数，但是我们往往不会发现，因为至今我们的眼睛总是往外看的，往西方看。也许在城市人以及接受了工业化文明“熏陶”的新型农民看来，传统的中国农民生活简陋，但这只是一小部分人的看法，而且传统的低碳生活也引发了更多农民关注环保。

由于农村信息化的展开，农民接受新知识、新信息的渠道越来越广，对于“低碳”、“时尚”等新词，农民有了自己的理解，而且也能够将之付诸于实际生活。我们不得不说，对于上了年龄的农民，他们原本的生活状态就是健康低碳的，对于年轻农民，他们接受了新的低碳概念，也能够顺应潮流，所以，农民更可能成为“低碳达人”。

第二节 从低碳约束到低碳自觉

日益严峻的气候形势,“低碳”已成为最为热门的“关键词”之一。2010年4月，有位世博志愿者网上发帖倡议低碳出行，并以身作则。“低碳哥”走红网络，他的低碳理念表现在完全自觉的一系列行为：刷牙用酒盅，洗脸只用一碗水，洗脚水更要利用四次以上才倒掉，不开车不打车，步行出行……以此号召更多网友低碳出行，保护环境。“低碳哥”的行为，虽然带有一定炒作的色彩，但也值得我们去反思。虽然我们的生活条件和节约动机不一定与“低碳哥”一样，我们也不一定要做到如此极端的“低碳”，但为了我们的生存环境，“低碳”也应该成为一种自觉。

在当前的社会经济生活中，“低碳”的理念可谓与“节能减排”的概念异曲同工，减排即较少碳排放，节能同时就在减碳。另外，发展低碳经济、倡导低碳生活，是实现经济社会可持续发展的必然要求，也是每个国家、每个地方、每个企业、每个人应该担负起的社会责任，应当成为每个人的自觉行动。

一、全球低碳约束大形势

所谓“低碳约束”,是指排放主体要为自己的碳排放买单。国家、企业和个人，都是如此。目前，“碳约束”已逐步给能源以及能源密集型产业带来冲击，使得石油、煤炭、钢铁、水泥等行业产生的产品相应提高价格。人们会转而选择那些资源节约、环境友好的低碳产品，如节能建筑、新能源汽车等。

世界很多国家都想通过约束机制来减少本国的碳排放量，因此各个国家都采取了一定的措施，制定了相应的规范。《京都议定书》全称为《联合国气候变化框架公约的京都议定书》，于1997年在《联合国气候变化框架公约》缔约方第三次会议上通过,2005年2月16日正式生效。它规定从2008年到2012年期间，主要工业化国家的温室气体排放量要在1990年的基础上平均减少5.2%，其中欧盟将6种温室气体的排放量削减8%，美国削减7%，日本削减6%。《京都议定书》对减排温室气体的种类、主要发达国家的减排时间表和额度等作出了具体规定。

2008年7月,G8峰会上,八国一致表示将寻求与《联合国气候变化框架公约》

的其他签约方，共同达成到2050年把全球温室气体排放减少50%的长期目标。

哥本哈根世界气候大会第15次缔约方会议暨《京都议定书》第5次缔约方会议，于2009年12月7日～18日在丹麦首都哥本哈根召开。全球瞩目的哥本哈根会议经历十多天博弈后落下帷幕，虽经几多坎坷成果不算理想，但“低碳减排”成为全球的共识，气候变化带来的恶劣影响已为人们警觉。

2010年11月29日,《联合国气候变化框架公约》第16次缔约方会议暨《京都议定书》第6次缔约方会议在墨西哥坎昆开幕。会议通过了《公约》和《议定书》下的两个决议，获得一个“平衡结果”。这次会议重申了发达国家在应对气候变化上要继续起带头作用，并强调科学要求这些国家到2020年在1990年基础上绝对减排25%至40%。

然而，如果我们等着政策、制度来约束我们的时候，可能晚了，等着它来支持的时候也晚了，主要在于我们现在要做好准备，我们得知道这个大的趋势是什么，假如十年以后要发生我们今天就要准备，这也就是我们要关注国际的碳排放，并不是被这个碳排放吓倒。

如何让“低碳”这个学龄前儿童茁壮成长？联合国环境规划署可持续消费与生产司司长阿拉伯·霍巴拉提到“胡萝卜加大棒”的比喻：政府制定硬性的低碳标准，补贴低碳的产品与消费。而日本大阪市副市长北山启三也表示，在促进低碳发展方面，政府要发挥“助推器”作用。“在节能领域，大阪之前引进太阳能发电，因太阳能发电价格昂贵，政府补贴了部分的装置费用，居民就可减少20%左右的成本。而在公共设施屋顶上，政府也主动采购太阳能发电设备。通过这些具体措施，让企业、公众参与到低碳城市的建设中。”

由此可见，任何一种约束的出现都应是在保护普罗大众权利的情况下来约束人的权利，最终目的是出于保护公民的财产，保护我们的生存环境。全球节能减排已发展成一种新的趋势，各种国际会议不断地重申节能减排的目标，节能减排势在必行。

二、中国低碳约束的庄严承诺

低碳经济转型是大势所趋，势在必行。所有的国家，都要有比较明确的减排目标。不管是欧盟还是日本，都有绝对量的减排目标。所以对于发展中国家而言，低碳约束更是一种刚性约束。

这种刚性约束对企业来讲，也是一种竞争力的需要。企业没有高的碳生产力就无法进入市场，就没有竞争力。而且现在碳的关税作为贸易壁垒对企业的影响不言而喻。我国也承诺了减排目标。虽然已向国际社会承诺了，但要做到这些还是相当难的。不论哥本哈根气候对应大会的结果乐观还是悲观，对中国来说，碳税、碳汇、碳交易势在必行，经济运行将出现新的制度安排。

2010 年 10 月 29 日，《碳信息披露项目中国报告 2010》在京发布。由英国碳信息披露项目（CDP）委托商道纵横，第三次对中国流通市值最大的 100 家上市公司进行调查，收集其温室气体排放及应对气候变化的战略与行动等信息。报告指出：越来越多中国公司从业务角度重视气候变化问题。这些公司说明了自身业务与气候变化的相关性，并从业务流程的角度对气候变化的相关风险和机遇进行分析。银行、保险等低排放行业逐渐意识到低碳带来的新业务机会。同时，中国公司仍然是被动应对气候风险。从总体上看，中国公司多数还是将气候变化当做风险来看待，把应对气候变化当做“不得不做”的事。也有个别领先企业，尤其是行业龙头企业，采取更为主动的策略。

对于企业而言，现在，自发“低碳约束”钟声已经敲响。市场中自发的“碳约束”已经越来越多地影响到企业的经营。不论是沃尔玛这样的零售企业，还是戴尔等 IT 巨头，大企业纷纷推进实施“绿色供应链”，“低碳”正在成为商业贸易中随处可见的非官方标准。对于上市公司而言，除了这些市场中的约束外，投资者对公司碳信息披露的要求也越来越高，其逻辑在于企业关注自身碳排放的行为具有商业价值。

在“十二五”规划中指出：把大幅降低能源消耗强度和二氧化碳排放强度作为约束性指标，有效控制温室气体排放。合理控制能源消费总量，抑制高耗能产业过快增长，提高能源利用效率。对碳强度约束指标的设定，无论是针对能源消费还是针对能源生产，都具有非常不同的约束意义。不同碳强度约束指标的设定和分配，使他们将面临不同的产业结构调整和不同的能源生产消费策略。

虽然我们不可能减缓工业化和城市化进程，但是面对着低碳排放约束，我们可以把低碳经济转型作为一个发展的机会。在碳强度指标约束下，通过制定和执行积极的产业政策和能源战略，提高能源效率以及更清洁的能源结构。也就是说，碳强度指标的核心是在保证经济持续快速增长的前提下，寻找低碳的生产生活方式。

如果我们完成或基本完成了“十一五”规划中提出要在2010年实现单位GDP能耗在2005年的基础上下降20%的目标；在今后十年规划中，单位GDP能耗下降的目标至少20%，而且能在2020年按时完成，那么，只要现有的能源结构不变，单位GDP碳强度在2005年基础上下降40%是可以完成的。如果能源结构进一步清洁了，国务院的2020年单位GDP碳排放（碳强度）要比2005年的基础上下降40%～45%的目标就可以实现。而且，降低碳强度还可以有其他方面的努力，比如降低农业碳排放和增加森林面积。[①]

低碳约束已经是势在必行了，虽然这个约束可能会举步维艰，但是大方向是不会改动的。所以在这种背景下面，我们的企业、消费者、个人如果能在这个低碳约束环境下稳步向前，就意味着我们在引领生产消费，引领我们自己的未来。

三、从低碳约束到低碳自觉飞跃

一直以来，制度、政策都是对个体或群体行为在一定程度上的约束。无论各个国家制定什么样的规定，它都只能对可能发生的行为起着一定的作用。而自觉是对已有约束的强化和升华。低碳经济、低碳生活的推进除了要有一定的约束以外，我们每个个体还要自觉地享受低碳生活，并把低碳理念融入到自觉行为中。

在日常生活中，人们做饭、取暖、用水、用电、乘坐交通工具等不可避免地会伴随着二氧化碳的产生。比如你在超市购买的某日用品来自本地的生产商，而另一品牌的该日用品则来自数百公里以外的工厂，并且这两个日用品是通过不同的物流公司运输的，那么它们的碳排放量就具有很大的不同，本地生产的日用品的碳排放量要低许多。对于每位普通人来说，如何用直观、易操作的方式了解自己对气候变化的影响，了解二氧化碳的排放量呢？有效的方法就是先将自己的二氧化碳排放量计算出来，再选择更环保的方式生活和工作。

现在不少网站都有碳排放量的计算工具，这种工具不仅能帮你计算出日常生活中二氧化碳排放量，同时还能显示出不同的生活方式、住房结构以及新兴科技等对二氧化碳排放量产生的影响，从而对个人控制二氧化碳排放量提供简便易行的帮助指导。在国内某知名网站，有一款“碳排放计算器”，它是根据个

---

①http://economy.lnd.com.cn/htm/2010-03/29/content_1123126.htm

人或家庭一年从衣、食、住、行各方面计算全年的碳排放量。碳排放量的计算国际上有很多通用公式，这些公式是由世界各地相关环保组织制作的，国家气候变化信息网也公布了一组计算公式：

家居用电的二氧化碳排放量（千克）＝耗电量 ×0.785

开私家车的二氧化碳排放量（千克）＝油耗公升数 ×2.7

乘坐飞机的二氧化碳排放量（千克）：200 公里以内＝公里数 ×0.275；200 公里至 1000 公里＝ 55 ＋ 0.105×（公里数 -200）；1000 公里以上＝公里数 ×0.139

家用天然气二氧化碳排放量（千克）＝天然气使用立方米数 ×0.19

家用自来水二氧化碳排放量（千克）＝自来水使用吨数 ×0.91

在日常生活中，每个人都有自己的碳排放量，不论是为了我们自己，还是为了我们所生存的地球，“低碳”都应像吃饭、穿衣、睡觉一样成为自觉行动，成为最普遍的生活方式。

第三节 从低碳意识到低碳行动

低碳是以低能耗、低污染、低排放为基础的生存模式，是人类社会继农业文明、工业文明之后的又一次重大进步。低碳发展模式，为节能减排、发展循环经济、构建和谐社会提供了可操作性的诠释，是落实科学发展观、建设节约型社会的综合创新与实践，是实现中国经济可持续发展的必由之路，是不可逆转的划时代潮流，也是一场涉及生产方式、生活方式和价值观念的全球性革命。因此，从力所能及的生活细节做起，拒绝浪费、抵制污染，践行“低碳”生活理念。关键是，我们如何学会过低碳生活？最根本的方式，就是让低碳真正成为我们的生活习惯，喜欢并且享受。

一、你有低碳意识吗？

虽然哥本哈根联合国气候变化大会的新闻报道很热烈，但公众的低碳意识仍然显得比较稀缺。低碳观念虽然得到了一致赞同，但真正落到实际和现实生活中，仍有不小的行动阻力和漫不经心的思想懈怠，低碳意识仍很薄弱。政府、

企业等机构大力地推出节能产品，然而市民却并不买账，因为节能成本高，用节能空调比不节能还费钱。这种情况下，公民的低碳意识很难真正形成。2010年，相关部门针对西安市公民低碳意识开展了一项调查。调查结果如下：

（1）67.83%的人基本了解低碳生活的含义和方式，这说明国家的倡导和我们的宣传使人们对低碳有了一定程度的了解，大家对国家政策有一定的关注度；但仍有11.72%的人对低碳基本不了解，这说明国家应该加强对低碳生活的宣传力度。值得高兴的是，很多人并非非常了解低碳生活的含义，但对于低碳生活的实施，他们都给予积极的响应和支持。

（2）在实际生活中：夏季有19.31%的人选择将空调调至16度；有77.23%的家庭使用一次性杯子、筷子；出行时选择公交、自行车、步行的人占85.77%；仅有13.17%的人对废旧物品再次利用。以上现象说明人们在实际行动方面并没有做到真正的低碳！

（3）对于低碳节能产品方面，56.81%人都有一定的了解，但更注重产品的质量和价格。这就说明人们虽已具有一定的低碳意识，但是这种与国家共同进步的思想观念还不够强烈，小我观念仍旧主导着人们的思想。

（4）近86.36%的人认为发展低碳经济对我国经济发展短期内有一定负面的影响，但长期有利。从中国所倡导的可持续发展战略和长远的发展前景来看，我国提倡这种生活方式是非常必要和重要的！①

综合上述，人们大多数人都有低碳意识，但是在实际生活中却没有行动起来，实施情况比较差，效果不显著。公民和社会主体自身，要有时不我待的低碳意识，多研究低碳哲学，多履行环保公民责任，多树立碳预算、个人碳预算意识，多让自己为低碳经济发挥出应有的作用。更多社会主体都行动起来了，低碳意识才能得到全面、踏实、自觉的落实。换言之，低碳意识是一件利国利民利环境的好事情，这种“好”要能让公民和社会主体得到可触可摸的经济效能，低碳意识的积极性、主动性和创造性行为就会更强。

二、中国自觉的低碳行动

2009年12月18日，在哥本哈根全球气候大会上，温家宝总理代表中国曾作出一个这样庄严的承诺：“我要强调的是，中国政府确定减缓温室气体排放的

①http://baike.baidu.com/view/3757056.htm

目标是中国根据国情采取的自主行动，是对中国人民和全人类负责的，不附加任何条件，不与任何国家的减排目标挂钩。我们言必信、行必果，无论本次会议达成什么成果，都将坚定不移地为实现、甚至超过这个目标而努力。”2010 年 11 月 26 日，中国政府第一次对全世界公开承诺量化减排指标，决定到 2020 年单位国内生产总值温室气体排放比 2005 年下降 40% ～ 45%。

自 2006 年开始，中国政府大力发展低碳经济，于 2006 年提出了“十一五”期间单位国内生产总值的能耗比“十五”期末降低 20%的目标。到 2007 年，全国已经淘汰了 1500 亿千瓦的落后发电容量，关停了 5200 万吨的落后水泥产能，同时在清洁的风力发电和高效率的发电机组上进行了大量投资。并且，我国农村沼气资源极其丰富。建一个 8 立方米的沼气池，就能为一个 5 口人的农户解决一年的生活燃料问题，年节约燃料费 2000 元以上。建设家庭沼气池，成为农民节支增收的主要途径之一。到 2007 年底，我国农村户用沼气发展到 2650 万户，年产沼气 102 亿立方米，相当于替代 1600 万吨标准煤；各类沼气工程达到 2.66 万处，其中大型沼气工程 1600 多处。在这几年间，中国政府通过自觉地、不断地努力，在发展低碳经济方面取得突出的成就，得到世界的认同。

中国的低碳自觉行为表现在很多方面。2010 年 5 月 1 日，上海世博会正式拉开帷幕，除了世博会原本的看点之外，“低碳”成为本届世博会的焦点。上海世博会从展馆展示、论坛和活动三方面对低碳经济进行了深入的探讨与实践，特别是“城市最佳实践区”汇聚了来自全球各地的低碳建筑示范案例。伦敦的“零碳馆”、马德里的“竹屋和生态气候树”、巴黎的“植物墙建筑”，还有上海的“沪上生态家”、成都的“活水公园”、香港的“智能卡、智能城市、智能生活”等，都成为世博会中关于低碳建筑的亮点。其中，伦敦“零碳馆”是上海世博会城市最佳实践案例的实物展示案例，而万科的 2049 馆则以其为展馆赋予的独特含义成为了关注的焦点。

伦敦“零碳馆”案例原型取自贝丁顿（BedZED）零碳社区。此次落户于上海世博园区的“零二氧化碳排放”建筑，结合上海的气候特征，采用本土化产品，由两栋零耗建筑前后相接而成，建筑面积为 2500 平方米，4 层建筑内设有零碳报告厅、零碳餐厅、零碳展示厅和六套零碳示范房等。建成于 2002 年的贝丁顿（BedZED）零碳社区是世界上第一个零二氧化碳排放的社区，拥有包括公寓、复式住宅和独立洋房在内的 82 套住房，另有大约 2500 平方米的工作空间。每套住宅都配有露天花园或阳台，体现了住宅高密度与舒适生活的完美融合。社区

位于英国伦敦南部，距市中心20分钟车程，它的建成为可持续建筑创造了新的标准。

而巍然矗立在浦江西畔形似七座金灿灿麦垛的建筑，就是上海世博会万科馆的整体造型。万科馆用麦秸秆压制而成的麦秸板为外墙建筑材料，由七个相互独立的筒状展厅组成，各厅之间通过顶部的蓝色透光 ETFE 膜连成一体，每个筒的顶端所镶嵌的蓝色透明 ETFE 膜气枕天窗，能够通过自然采光照明降低能耗。此外，展馆通过热压和风压两种自然通风的模式，尽可能最大化自然通风，减少空调使用的时间，降低展馆在运营过程中的能耗。低碳经济涉及方方面面，积极建立以低能耗、低污染、低排放为基础的低碳经济模式，是人类文明的重大进步，是人类生存发展理念的重大转变。低碳自觉行为不是一朝一夕养成的，只有长期的倡导与约束才能使习惯养成。我们必须采取积极措施，通过加强教育、示范引导、推动实践等方式，让低碳经济成为发展自觉，让低碳观念深入生活，让低碳生活成为习惯，营造出一个美好的生活环境，同时推动社会更好地发展和进步。

三、农村低碳时代来临了

随着城市的低碳行动的开展，当城市化进程的脚步越来越快时，中国农村会更大规模地受到发展的影响，那么我们应该按照现有城市的模式发展农村，先发展成高碳，再下大力气改造，还是寻求新的模式？进一步大规模发展之前我们不得不思考：广大农村的未来发展模式应该是什么样的呢？农村的发展也要保持低碳意识。低碳意识，仅靠呼吁是不行的，还需要货真价实地落实。那么，我们的农村到底该如何低碳呢？

农村发展低碳的条件已经成熟。以冬天取暖为例，我们在农村要推行的，也许不是让所有农民都住上像城市里那样供暖方式的房子，而是创建或改造成一种新型的高热效率的“炕”系统，让将来的炕更舒适，炉灶更方便、干净，炉灶和炕的连接设计更合理、科学和卫生，做饭燃料的提供和废灰等的收集成为一种社会服务。发展低碳农业，要发展乡村新能源，实现农村用能结构多元化。如综合利用秸秆、畜禽粪便、太阳能等多种可再生能源资源，满足农村生活炊事用能、村镇生活用电及生活用热水需要。

如浙江省宁波市滕头村可以说是农村低碳的先行者，曾被联合国环境规划

署授予“全球五百佳”。早在1993年前，该村就已经将环保写进村民公约，并成立了当时全国唯一的村级环境资源保护委员会，对引进的工业项目实施环保一票否决制。多年来，几十项高利润的投资项目被滕头村一一否决，保护“青山绿水”的同时，村里也收获了另一座“金山银山”。村民努力把建设“低碳”生态乡村作为农村发展的金钥匙，全村都意识到“发展‘低碳’经济，实现人与自然环境的和谐”，将成为未来农村发展的新目标。

有的学者指出我国西部地区日照时间长，太阳能资源相对丰富，最适宜大量推广太阳能灶。在西部农村大量推广太阳能灶，会大大减少因燃柴（草、木）、燃气、燃煤而产生的二氧化碳等温室气体。建议建立财政支持政策，对农村购买太阳能灶给予适当的财政补贴。同时，大力扶持太阳能灶生产企业，给予税收优惠，帮助企业提高产量、质量和科技含量，以满足在农村推广使用太阳能灶的需求。2009年3月31日，财政部、住房和城乡建设部出台了《关于加快推进太阳能光电建筑应用的实施意见》，鼓励太阳能的使用和发展。政府补贴近12.7亿元，以启动“太阳屋顶计划”，从而加快光能发电、太阳热能的普及和使用。青海是响应国家号召最快的一个省，青海省计划自2009年开始在未来六年内实施13个重大太阳能项目，总投资超过610亿元，将实现年收入860亿元，就业人数将达到2万人。在山东平度市南坦坡村，家家户户都装上了太阳能热水器，是平度市“阳光屋顶计划”建设示范村，也是青岛市首个太阳能新村。80%的村民都装上了太阳能热水器。屋顶金光闪闪，屋内热雾弥漫，成为这个名不见经传的小村一道亮丽风景。村委会在推行太阳能热水器普及的过程中，设计了一套“太阳能企业+集体+农户+社会捐助”的模式。在这一模式下，大大节省了太阳能热水器的安装成本，使得太阳能热水器迅速普及。如果南坦坡村的成功模式能够复制，如果两亿农民安装上太阳能热水器，那么相当于消费近2000多亿，按照前面提供的估算方法，可以产生近60万个就业岗位。

还有学者提出了《实施太阳能“南墙计划”的提案》。其核心理念是利用建筑朝阳的南立面，包括南立面上的集热墙、空气集热器及附加阳光间，尽可能将收集到的太阳辐射能量转换为热能，进而传递到室内以实现供热取暖的目的。目前，在有些村庄里已开始感受到太阳能的好处。

为了在农村推广更低碳的生活方式，除了使用太阳能以外，还应普遍推广沼气技术开发和应用，同时充分利用农副业剩余物，提高秸秆低碳化利用。我国每年农作物秸秆产量约7亿吨，其中一半可作为能源使用，折合1.5亿吨标

准煤，重点进行秸秆低碳化，利用“三位一体”成套技术与设备研究与开发，有利于促进农村低碳经济的发展。

如果在我国农村尽量通过技术创新和观念革新，以农业和相关的低碳产业为基础，创造一个安居乐业的低碳乡村发展模式，那么中国的碳减排就会更有实效。因此，树立正确的低碳意识，积极开展各种低碳活动，掌握低碳生活的各种技巧，让低碳融入农村生活，让农民生活更加低碳化。

第四节 把低碳理念装进脑袋藏在心底

2009年，世界自然基金会举办了一个“亚太低碳论坛”，为什么关于“低碳”的活动会这么频繁，是不是说“低碳”已经成为了一个刻不容缓的事情？

一、地球“受伤”了

冰川被高碳烧融。20世纪90年代开始，全球冰川呈现出加速融化的趋势。2010年，世界冰川监测机构关于冰川融化的最新评估显示，冰川年消融速度是2000年以来的两倍。全世界最大岛屿格陵兰岛上的冰盖，每年约有220立方公里的冰融入海洋。如果这些冰完全融化，全球海平面将上升7米。海平面每上升1米，全球就将有1.45亿人的家园被海水吞没。世界自然基金委员会发表的一份报告称，到2050年，全球海平面将上升50厘米。北极冰川到2070年几乎会完全融化。而如果地球上所有山岳冰川全都解体流入海洋的话，将导致海平面升高50～70米。

1. 沙漠在高碳扩大

根据联合国公布的资料，目前全球有110多个国家、10亿多人受到沙漠化威胁，其中1.35亿人面临流离失所的危险。联合国的研究还表明，气候变暖导致占全球41%的干旱地区土地不断退化，全球沙漠面积正在逐渐扩大。目前干旱地区中有10%～20%的土地已无法耕种，丧失了经济价值。中国目前是世界上荒漠化面积大、分布广、受荒漠化危害最严重的国家之一。

2. 湿地在高碳中消失

湿地被誉为“地球之肾”。在世界自然保护大纲中，湿地与森林、海洋一起

并称为全球三大生态系统。湿地的生态效益主要有：保护生物和遗传多样性；减缓江河径流、拦蓄洪水雨水；固定二氧化碳、调节区域气候等。

中国是世界上湿地和生物多样性最丰富的国家之一，湿地面积占世界湿地的10%，位居亚洲第一位，世界第四位。但是，中国遭到破坏的湿地遍布华夏大地，破坏程度已经波及原有湿地的40%～50%。不仅如此，几乎所有一般湿地的生态系统功能都已经丧失了。

3. 河流在高碳中干涸

位于中亚的咸海曾是世界上的第四大湖泊，但在过去50年它的面积已萎缩90%，被形容为地球“最令人震惊的环境灾难”之一。

“北京母亲河”的永定河，已经成为一种符号，30年的断流让这种符号和荒草、灌木、高尔夫球场甚至垃圾画上等号。人类使用一条河流水量的20%，对河流自然生态破坏不会太大；30%就达到警戒线，会对生态有严重影响。而对永定河水量的使用，达到了90%，这无异于喝干榨尽，河流必然毁灭。

4. 气候在高碳中失去温和

温室气体让地球发烧。200多年来，随着工业化进程的深入，大量温室气体，主要是二氧化碳的排出，导致全球气温升高、气候发生变化，这已是不争的事实。12月8日，世界气象组织公布的“2009年全球气候状况”报告指出，近10年是有记录以来全球最热的10年。此外，全球变暖也使得南极冰川开始融化，进而导致海平面升高。芬兰和德国学者公布的最新一项调查显示，本世纪末海平面可能升高1.9米，远远超出此前的预期。如果照此发展下去，南太平洋岛国图瓦卢将可能是第一个消失在汪洋中的岛国。

美国媒体2010年12月5日发表的一项研究指出，地球发烧也给人类的健康造成了巨大的危机。第一，过敏加重。研究显示，随着二氧化碳水平和温度的逐渐升高，花期提前来临，让花粉生成量增加，使春季过敏加重。第二，物种正在变得越来越“袖珍”。随着全球气温上升，生物形体在变小，这从苏格兰羊身上已现端倪。第三，肾结石增加。由于气温升高、脱水现象增多，研究人员预测，到2050年，将新增泌尿系统结石患者220万人。第四，外来传染病暴发。水环境温度升高会使蚊子和浮游生物大量繁殖，使登革热、疟疾和脑炎等时有暴发。第五，夏季肺部感染加重。温度升高，凉风减少会加剧臭氧污染，极易引发肺部感染。第六，藻类泛滥引发疾病。水温升高导致蓝藻迅猛繁衍，从市政供水体系到天然湖泊都会受到污染，从而引发消化系统、神经系统、肝脏和

皮肤疾病。低碳理念，已成为人类急需建立的生活方式。

二、低碳理念离我们有多远？

低碳生活、低碳理念到底离我们有多远？低碳理念其实远在人们心理，远在人们观念，人们多少年传统的、奢华的不知道节约能源、节约资源或者高碳的生活，已经形成强烈的习惯，我们一方面要求低碳，一方面又要求我们的生活环境特别高档舒适；我们要求改变人们的观念，我们说又很近，只要从自己身边做起，衣食住行做起，就能够大大的减排。这就非常有讽刺意味。

把低碳理念带进我们的日常生活其实就是一种最自然、最便捷的方式。就好像我们所居住和工作的地方，如果可以不需要人工制造气温，尽量自然通风，自然采光，这样的生活环境才是完整的，才称得上是低碳的。

1. 企业握手低碳

对于企业而言，很多时候企业经营者脑袋里没有低碳的理念，认为这个东西很远，甚至有人认为它会与利益相冲突，认为低碳是高投入的、低产出的，是光做样子，所以企业会从心理上排斥。

其实，企业在追求经济效益时，也可以追求低碳。因为低碳经济原本就是一种以低能耗、低污染、低排放为基础的经济模式，指通过技术创新、制度创新、产业转型、新能源开发等多种手段，尽可能地减少煤炭石油等高碳能源消耗，减少温室气体排放，达到经济社会发展与生态环境保护双赢的一种经济发展形态。在社会、在生产方式、在生产的产品、在生产模式上、员工的生活模式上稍微一改变就有很大的效应。

为保护资源，减少环境破坏，可口可乐公司一直在探索新的材料与技术，从而实现低碳发展。一种由玉米芯、甘蔗渣以及30%的植物替代品为原料制作的包装瓶，就是可口可乐公司的尝试。这种包装瓶已经在北美一些地区试用，由于造价太高，在全球推广还需要时间。在上海世博会上，可口可乐公司推出的包装瓶，材料用量减少了35%。

将我们的生活作息、将企业的经营模式所耗用能量尽量减少，从而减碳，特别是二氧化碳的排放。从各个层面，生活方面、企业层面，包括社会、家庭生活层面等等，而且都需要一些激烈的挑战。企业也是公民，有义务、有责任为保护环境作出努力。在这个问题上，每个普通人、每家企业都应该有危机感，

要为寻找新的低碳替代品，不断尝试。

2. 新节俭主义引领低碳理念

有人说，节约是生产力低下的自然经济时代的产物，在物质丰富的市场经济条件下重提节约是否不合时宜？有人说消费是生产的牵引机，是现代化列车不可缺少的车轮，倡导向节约型社会转型是否守旧落伍？今天，我们为什么还要节约？人们的物质生活日益丰富，然而随之而来的却是肆意消费、物欲横流，“节约”似乎已经淡出了人们的生活。一场席卷全球的金融危机似乎再次唤醒了人们对节约的重视，狂热的消费理念渐渐退潮，越来越多的人选择了一种简单自然的生活方式，尽量减少不必要的开支、在一定的范围内选择性价比更高的产品、对是否时尚的要求减低，却更加看重品质本身。

所谓“新节俭主义”，不再是过去的节约一度电、一分钱、一件衣服，不再是“新三年，旧三年，缝缝补补又三年”对付物质贫乏的口号，而是对过度奢华、过度复杂的摒弃，是尝试为快节奏生活带来的沉重心理负担减负的方式，其本身的意义就是简单生活。新节俭主义最崇尚简单，但它不以牺牲生活质量、减少生活内容、降低人的欲望为目的，为代价，而是砍掉多余的枝枝蔓蔓，活出生活的本真。“花最少的钱，获得最大的享受”——这是“新节俭主义”的精髓所在。所以只要简单，一切从简，就是一种快乐，一种轻松。这种从物质到精神领域的简单，与传统意义上的节俭已完全不同。由窘困产生的节俭正被一种崭新的行为和观念所代替，我们定义它为“新节俭主义”。

“新节俭主义”并不是吝啬，而是一种公德，是人类文明进步的一种体现。其实，整个人类的发展史，就是放弃粗放落后的经济增长方式，寻求更合理、更节约、更和谐，也更符合生态文明的发展方式。“新节俭主义”认为，节俭是一种美德，繁杂家居耗费了过多的精力，我们需要拾回一些好传统，过高品质的俭朴生活。“新节俭主义”意味着环保、归真、简约、精致，奉行“新节俭主义”的人主张在不压抑自身必要消费需求的前提下，摒弃无谓的铺张浪费，扔掉多余、烦琐的部分，过精致、纯粹而简单的生活。他们宣称：不拒绝消费但拒绝浪费，不勒紧裤腰带省钱，而是用头脑选择更好的方式花钱。

“新节俭主义”的核心观点是，“省钱而不省品质，省钱而不省品位，省钱而不省时尚，省钱而不省体面”，其理念与扩大内需、拉动消费的政策导向并不矛盾。用理性的态度享受生活，以务实的态度面对人生，作为一种良好风尚，“新节俭主义”正在渗透生活的细节，悄无声息地改变着人们的生活习惯、消费习惯。

其实，“新节俭主义”在不知不觉中已经成为了一种时尚，我们在不经意间已经成为“新节俭主义”一族。

“百元周”，顾名思义，最早的“百元周”就是如何用100元过一个星期。参与者多会用日记的方式把每一天的花费记录下来，公布在社区论坛上。最早的百元周活动是一位叫“郁闷昊”的网友发起的，起初为了还房贷，所以想了这个办法为自己省钱，随即风靡全国。

“拼客”，近年来兴起的人群。狭义的拼客是指为某件事或行为，素不相识的人通过互联网，自发组成一个群体；广义的拼客则是指集中在一起共同完成一件事或活动。这样做的好处是既可以摊薄成本、共享优惠，又能享受快乐并从中结交朋友。拼客倡导的是一种“节约、时尚、快乐、共赢”的生活方式。

“账客”热衷利用网络记账工具，随时随地记录钱到底花在了哪里，进而了解哪些支出是必需的，哪些支出可有可无，在合理安排支出的同时与其他人分享“花钱”经历。账客们有理财思维且懂得生活，具有超前意识。他们最喜欢做的事情就是在网上“晒账单”。

“NONO”族应时而生。“NONO”一词来源于加拿大记者克莱恩的畅销书《拒绝名牌》，书中揭示了当今世界疯狂的消费状况，以及人类在日常生活中所受到的品牌及其广告的骚扰和欺诈，它为身处高消费社会的西方人敲响了警钟。通过对名牌崇拜说“NO”，对奢华铺张说“NO”，倡导一种都市中的理性消费和简约生活。

就像当下颇为时尚的“虾米族”一样，“不啃老、不月光、将小日子过出大滋味”是他们的信条。“虾米”们经常在网络上的家——“虾窝”交流小户型怎样装修出大空间、哪些服饰品牌推出折扣、有哪些新型经济型轿车推出等信息。他们动脑筋、拼创意，花好每一分钱，无论衣食住行都追求环保、自然和精致，这正是新节俭主义的理念。

三、把低碳理念装进脑袋

谁先发展了低碳、环保经济，谁就有可能有更大的发展优势和发展空间。“低碳、环保”成为我国当前民众最耳熟能详的词汇之一，充分体现了人们对低碳、环保问题的深切关注。但“低碳、环保”不该只是一个时髦的词汇、一个空洞的口号乃至一个“作秀”的工具，而应成为每个社会组织指导实践的基本生活

理念，成为每个个体身体力行的生活方式。

人类发展正遭遇日益严峻的能源与生态危机，大量的温室气体排放导致全球变暖，地球已经到了危险的边缘。面对共同的挑战，节能减排、践行“低碳”不再只是政府和社会的职责，而是每个公民都必须承担的责任。何况低碳、环保生活并不是让人们放弃高品质的生活享受，而是倡导一种更健康的全新生活理念。也就是说，作为勤俭节约美德的发扬和提升，以低能耗、低开支为核心的低碳、环保生活方式，在环境问题日益凸显的新形势下，已经被赋予了全新的时代内涵。

对企业而言，低碳、环保是成本，也是生产力。当前一方面要加快发展低碳技术，重视降低碳排放的基础设施和能力建设；另一方面要整合现有低碳技术机构与研发力量，强化低碳发展的引擎作用，培育和创新更多的经济增长点。对普通民众而言，践行“低碳”又只是一件小事，且从想法到实践，距离并不遥远。比如出门随手关灯、关电器，短时间不用电脑时启用“待机”或“睡眠”状态，出行时多使用公共交通工具或骑自行车，减少一次性物品的使用，多使用双面打印，循环使用旧书……这些看上去微不足道的小举动，都能为实现“低碳、环保”做出贡献。

在很大程度上，低碳理念深入人心离不开低碳行动，通过行动，使理念更好地深入人心，达到“广泛低碳，低碳随行”的目的。作为社会中的一员，践行低碳理念，我们要做的就是从生活中约束自己。

“低碳”生活理念已逐步从城市深入到了农村，新能源利用进入了寻常百姓家。2010 年年初，联合国 CDM（清洁发展机制）项目审定小组（挪威船级社）来到石门县磨市镇，对于该镇减排目标任务进行仔细抽样调查。当他们走进王官桥村村民王富文家时，看到了这样的情景：沼气储气柜顶得老高，厨房干干净净；浴室里，轻轻拧开龙头，“哗哗”的热水从沼气热水器中洒出……在这个不起眼的山区小镇，农民也过上了崭新的低碳生活。盯着绿色能源建设不放松，这个镇 2008 年建成沼气池 200 口，2009 年又建成沼气池 500 口。据了解，因为沼气池的建设，该镇每年可减少碳排放 1500 吨。

总之，无论是实现可持续发展，还是遏制全球气候变暖，与每一个人都息息相关。这也昭示走低碳之路是更好地应对全球气候变化的明智选择，加快“发展低碳经济、构筑绿色未来”，需要政府、公众、行业机构及企业多方面的共同努力。也许，这种社会公德从人们共同认知到形成规范化的道德标准，并非一

朝一夕能够实现，但发展低碳经济，提倡环保生活方式却完全可以从一时一事开始。真心期待这种理念不再流行于口号上，能早日成为全社会的共同价值取向，这也是建设两型社会的题中应有之义。[①]构建人类美好的家园，践行低碳理念，让低碳理念深入人心，从而达到全社会共同“低碳”的目标。因此，低碳理念的传播成为现今社会的流行风尚。

四、你愿意为低碳生活买单吗？

按照我国减排的承诺，据媒体计算，今后10年每个家庭每年要多负担64美元的环保费用。低碳很好，但是低碳很贵，那么你愿意为此买单吗？举一些例子：你愿意经常忍受随身携带一个布袋子的麻烦，以换取更少的塑料袋污染？你愿意把洗碗变成一个比现在还要麻烦一倍的活儿，仅仅是为了节省一升水？或者，你愿意把你盛大的婚礼仪式取消，仅仅因为那样不够环保？相信每个人有不同的答案，也有各自的理由。

越来越多的人选择为碳排放买单，即先通过网站上的碳排放计算器或者专用的公式，来计算自己直接或间接制造的二氧化碳排放量，再支付相应费用用于植树等环保项目从而抵消大气中相应的二氧化碳量，这就是为碳排放量买单的方式。你知道吗？5元钱可以为西部贫困地区捐植一棵树，400元可以捐植一亩生态经济林，2000元能资助一户西部家庭种植5亩生态经济林，3到5年可帮助这些家庭实现约3000元的年收入。

由气候组织联合中国绿化基金会、联合国环境规划署共同发起的“百万森林项目”号召社会公众倡行低碳生活，应对气候变化，支援西部生态脆弱地区气候贫困人口。它一方面倡导公众每天做到10件日常生活中的减碳小事来达到“减碳”目的，另一方面鼓励公众以每棵5元的价格向西部干旱地区认捐一棵树，用自己的行动来改善全球气候，保护全球生态环境。和“百万森林项目”一样，国内还有一些环保公益组织先后发起类似活动。如中国绿化基金会成立中国绿色碳基金会，号召人们通过网上“购买碳汇”的形式履行义务植树愿望。

当然，这样的交易方式在中国才刚刚起步，并不是每个人都有经济实力为自己的碳排放量直接“买单”。但是，既然低碳成为了我们的选择，那么我们就会将低碳进行到底。

---

①http://news.ifeng.com/opinion/detail_2010_08/05/1895293_0.shtml

除了个人愿意为低碳买单以外，很多企业也从自身做起。2010年，在大理举办的中国（大理）国际绿色低碳技术高峰论坛上，美国芝加哥气候交易所亚洲区副总裁黄杰夫指出，中国探讨低碳发展路径，很重要的一点就是依靠市场，建立起自己的游戏规则。很多企业也愿意拥有自己的碳市场体系，帮助企业决定投资方向，促使企业向更清洁的技术或者经济结构转换，用市场的手段来给低碳买单。

为了天更蓝、水更清、地更肥、家更美，让我们赶快加入“低碳”行列，为了幸福的明天，为了我们的子孙后代，为了拯救我们赖以生存的地球，积极行动起来吧。只有这样，我们才不会再“低叹”而会更“低碳”。

第六章
>>> 低碳机制：农村低碳成方圆

近年来，随着构建节约型社会和绿色环保等理念深入人心，越来越多老百姓已开始自觉“约束”自己的行为，推进节能减排。为全面构建低碳社会，应实施以“普及低碳生活理念，倡导低碳生活方式”为主题和目标的一整套低碳机制建设工作，引导人民实践低碳生活方式，在加强宣传的同时，制定一些政策“硬杠杆”让社会更“低碳”。

案例导读

天津市涉农区县建设低碳循环可持续发展机制

近年来，天津市农业主管部门和武清、宝坻、蓟县、静海等有关区县通过大力发展“猪沼菜”、农村可再生能源、提高土壤有机质含量、保护性耕作等方式，正逐步走上了一条低碳循环可持续发展之路，并已取得了一定成效。

眼下，正值“三夏”大忙时节。武清区的农民又多了一项任务，就是忙着到农业部门咨询如何给自家建一个沼气池，建沼气池已经成为该区农民农业生产追求的新时尚。武清区自 2002 年秋，推广“猪沼菜”三位一体沼气生态家园模式示范点以来，相当多的村庄建立起了“猪沼菜”低碳循环农业生产新方式，农民

得到了实惠，生产得到了快速发展。

市农业局有关负责人介绍，所谓“猪沼菜”三位一体工程，就是指农户饲养生猪，然后将猪粪冲入发酵池发酵，生成沼气，将沼气一路引入蔬菜大棚内，供大棚照明并提高大棚温度；一路将沼气引入农户家中，供农户洗澡、烧水、做饭之用，节约煤气、电力等能源。发酵后的废渣可用作蔬菜的肥料，废沼液喷在菜叶上还可起到灭虫的效果。试点建设表明，农户一年可增加收入3000余元，效益提高30%以上。同时还节约了大量的能源，具有巨大的低碳环保效益。武清区黄花店镇蔬菜大棚负责人李学英就是一个低碳“猪沼菜”的实践者和受益者。在她的蔬菜大棚中，猪圈部分下方是一个5米见方的沼气池，好像一个魔术盒，日常的有机废弃物和猪粪便都会装进去，然后生成沼气。沼气保障温室日常照明，冬天还可以提高大棚温度。经过厌氧发酵后的沼渣被转化成无公害的有机肥料，为棚里的瓜果蔬菜提供着日常养分。李学英所在的农业合作社每个蔬菜大棚里都有一个棚内循环沼气池，每个沼气池体积10立方米，年处理垃圾16吨，年产气600立方米，节省优质煤550公斤。李学英高兴地说，“猪沼菜”三位一体方式，让她特别受益，每年每个大棚可减少成本投入超过800元。她还告诉记者，每当吃饭时分，村子里虽有菜香飘来，却不见炊烟升起，那是因为村民使用了沼气做饭，实现了低碳环保。

（来源：《天津日报》，2010年7月15日）

问题聚焦

1. 怎样构建低碳机制？
2. 如何公平地低碳补偿？
3. 循环农业的激励机制有哪些？
4. 怎样进行低碳监督检查？

第一节 完善低碳激励机制

低碳发展需要自觉，同时也需要外在的约束激励机制。完备的激励机制将会是低碳发展的跳板。

一、碳交易：低碳时代的大“蛋糕”

碳交易机制就是规范国际碳交易市场的一种制度。清洁发展机制（CDM）、排放贸易（ET）和联合履约（JI）是《京都议定书》规定的3种碳交易机制。它对约束碳排放的行为具有一定的激励作用。

作为发达国家的买方来说，企业的减排能力已到达一定的程度，如果继续减排二氧化碳所要花费的成本远比到发展中国家直接购买排污权要多得多，利益的加减乘除之后，到高碳地区寻找合作机会不失为减排的又一路径。作为卖方的发展中国家来说，每吨CERs（经核证的减排量）的收益已由开展CDM之初的两三美元，至2010年提高到8欧元～10欧元。一个装机容量25兆瓦的生物质能发电项目，每年的减排量是13万吨，如果按8欧元计算，每年的CDM收益就是100多万欧元，而这个收益基本上没有其他投入，投入产出比非常高。①

自《京都议定书》生效以来，世界银行也一直是全球温室气体排放权的最大买家。截至2007年世行独家管理的碳基金总额超过20亿美元。经过世界各地早期的碳交易试水后，2005年1月1日，欧洲正式启动碳交易计划，国际碳交易的配额市场和项目市场逐步形成。配额市场源于京都排放三机制中的排放贸易机制（ET），主要限于承担减排义务的公约附件缔约方，即主要是发达国家。交易量来自京都议定书授予的碳配额，在这些国家之间自由交易；而项目市场主要源于清洁发展机制（CDM）和联合履行（JI）。

欧洲已成为世界上最为活跃的碳交易市场。2002年荷兰和世界银行首先开始碳交易时，碳排放权的价格为每吨5欧元左右。从总交易量来看，2005年，欧洲气候交易所的总交易量为9394.8万吨碳。2008年，该所总交易量达到了28.1亿吨，是2005年总成交量的近30倍。

①山西经济日报，2010-4-29

二、国外的低碳激励机制

1. 英国的碳基金

英国是世界上控制气候变化的积极倡导者和实践者。通过激励机制促进低碳经济发展，是其气候政策的一大特色。2003 年，英国政府发表的《能源白皮书》提出了雄心勃勃的温室气体减排目标，计划到 2010 年二氧化碳排放量在 1990 年水平上减少 20%，到 2050 年减少 60%，建立低碳经济社会。为了实现这一宏伟的目标，英国制定了一系列的气候政策来提高能源利用效率、降低温室气体排放量，成立了碳基金气候政策。

碳基金是一个由英国政府投资、按企业模式运作的独立公司，成立于 2001 年，从 2004 ～ 2005 年度起，又增加了垃圾填埋税和来自英国贸易与工业部的少量资金。其目标是通过帮助商业和公共部门减少二氧化碳的排放，并从中寻求低碳技术的商业机会，从而帮助英国走向低碳经济社会。碳基金的工作重点集中在减少碳排放上，中短期目标是提高能源效率和加强碳管理，中长期目标是投资低碳技术。碳基金主要应用于三个重点领域：能马上产生减排效果的活动；低碳技术开发；帮助企业和公共部门提高应对气候变化的能力。主要是采取以下措施：

（1）实施气候变化税（CCL）制度。碳基金的主要资金来源是英国的气候变化税。针对不同的能源品种确定不同税率，政府将气候变化税的收入通过三个途径再返还企业：调低所有被征收气候变化税的企业为雇员交纳的国民保险金，以“强化投资补贴”项目鼓励企业投资节能和环保的技术或设备，以及成立碳基金。每年大约有 6600 万英镑的气候变化税拨付给碳基金管理使用。

（2）推出气候变化协议（CCA）。能源密集型产业如果和政府签订气候变化协议，并达到规定的能源效率（温室气体减排）目标，政府可以减少征收其应支付气候变化税的 80%。如果企业不能实现约定的目标，英国政府也允许这些企业参与英国排放贸易机制。

（3）规范排放贸易机制。为了保证减排的真实性，所有承诺减排目标的参与者必须按相关条例严格检测和报告企业每年的排放状况，并要经过有职业资格的第三方独立认证机构的核实。碳基金公司需要每年做执行报告，每 5 年做一次全面评估。评估以碳减排的成效效率为标准，由完全独立机构进行，以评估资金使用效率。

碳基金最初开展工作时，是主动联系大公司，出资帮助它们做能源调查，为每个企业列出 10 个优先节能和提高能效的领域。企业需要出人力配合，所以很容易接受这种免费服务的方式。英国政府也认同这种由政府出资、企业经管的方式。随着碳基金认同度的提升，市场需求越来越大，如果今后企业要想得到碳基金的管理服务，必须先通过碳基金的门户网站，自己做能源评估，然后才能找碳基金申请资金及投融资支持。通过碳基金的服务，协调了政府、企业、科研机构和媒体等各方力量，促进了碳管理，树立了有社会责任感的企业形象，有助于共同关注和培育低碳经济。

2. 欧盟排放机制（EU-ETS）

2005 年 1 月 1 日正式启动欧盟排放机制，它被看做是欧盟 25 个成员国履行《京都议定书》承诺的一个非常重要的措施。该机制对欧盟成员国内对从事能源活动、有色金属的生产和加工、建材工业（如水泥、玻璃或陶瓷生产）、纸浆、造纸和纸板生产的 12000 个设施的二氧化碳排放实施上限限制，约占欧盟 2010 年二氧化碳排放总量的 46%。欧盟确信排放贸易机制是一个非常有效的方法，可以使欧盟实现京都目标的成本减少 35%，相当于到 2012 年每年 13 亿欧元的收益。

与英国排放贸易机制不同，首先，欧盟排放贸易机制的参与是强制的，有强制性的排放上限；而英国排放贸易机制的参与是自愿原则，通过经济激励促进企业参与。其次，虽然英国排放贸易机制也有处罚措施，但相对于欧盟排放贸易机制并不严厉。最后，为了协调英国排放贸易机制与欧盟排放贸易机制，欧盟规定参与英国排放贸易机制的企业，可以在第一阶段（2005 ～ 2007 年）暂时退出欧盟排放贸易机制，但必须履行英国排放贸易机制的义务。

三、我国低碳激励机制正在进行时

外国的低碳机制做得那么好，我们国家也不能落后。中国在国际上也承诺 2020 年中国要实现低碳经济，比 2005 年降低 40% ～ 45%，这是一个非常有挑战性的数据。推广低碳经济是所有企业的责任，政府需要设计出可操作的长效低碳激励机制，包含经济激励、制度激励、技术激励等机制。

从 2009 年 6 月份我国推广节能惠民的奖励政策一开始实施，低能效产品很快就退出市场了，一、二级能效产品已成为了市场的主流。这有效地说明，只要我们采取有效的经济激励机制，低碳经济目标绝对可以提前实现。比如一直

以来被视作煤矿安全“杀手”的瓦斯，如今也可以给企业带来巨额的经济效益。2009年阳煤集团煤层气利用量达3.1333亿立方米，销售收入近11891万元；在清洁发展机制（CDM）项目和煤层气抽采开发利用方面共获得国家政策性补贴收益及减排等碳交易收益1.3174亿元。在发展低碳经济的道路上，“碳减排交易”正在成为一个激励手段。

1. 低碳政策机制

政府的责任是率先倡导低碳经济，对社会有贡献的企业给予回报。政府首先应建立一套适合低碳经济企业发展的机制。政府在经济发展领域中的主要作用体现在制定经济发展的政策，引导企业向良性方向发展，而非扮演一个事必躬亲的管理者角色。有效的激励机制链条，能够让企业自身主动参与进来，接受引导和管理，能够协调好企业逐利与企业社会责任的关系。比如工商银行给低碳企业绿色环保企业贷款，政府是不是给予一定的担保、贴息，政府和银行要共同联手从政策层面支持企业的发展。

如果没有政策的导向的激励，企业在同行里面就会因为增加的投入而在价格上失去竞争。如果只有个别企业投入，其他企业可以用低能效来配，老百姓不清楚很可能就选择价格低的东西，但是有了国家的奖励后，我用奖励来做我的投入，这样生产出来的高能效产品和低能效产品价格差不多，低能效的产品自然就没人买，就被淘汰了。政府投入了激励机制以后，企业一窝蜂地跟上去，低能效很快就被淘汰了。所以，高能效一定是在政策激励下大家一起做，才可以实现的。我国的鼓励政策实施时间并不长，起初是由几个企业开始做，之后其他企业也都跟着做，高能效产品价格反而得到提高，而且老百姓也更愿意购买。所以只要激励政策方案可行，低碳经济这个目标一定能提早完成。

低碳机制可以通过税收优惠、补贴和开放投资领域等措施，切实形成有效激励链条，让激励机制在企业发展过程中扎根发芽，从而有效促进企业的低碳生产。政府工程和采购应把低碳作为指标之一，优先采购把碳指标纳入进去的产品，同时制定鼓励企业研发的政策，促进企业产品升级。政府要制定和执行相关的法律法规，制定相应的鼓励政策和经济政策，推动环境保护工作的发展。

2. 低碳经济机制

（1）CDM机制——企业的额外效益

1997年，在日本京都召开的《联合国气候变化框架公约》第三次缔约方大会上，达成了具有里程碑意义的《京都议定书》（以下简称《议定书》）。《议定书》

于2005年2月生效，首次提出联合履行（JI）、排放权交易（ET）和清洁发展（CDM）三种机制。《议定书》生效后，中国又建立了清洁发展机制（CDM）领导和管理体制。CDM是唯一由发达国家和发展中国家共同实施的双效机制。在该机制下，具有法定减排义务的发达国家可以通过购买发展中国家的减排额——经核证的减排量（CERs）作为减排补偿。

那CDM到底是什么呢？打个比方：A企业的碳排放量比较高，通过技术改造，也只能达到1万吨，而限定碳排放指标是7000吨，剩下的3000吨就需要去购买；而B公司，每年用风力来发电，少排放3000吨的碳，A公司就可以花钱去买B公司的排放量，从而满足碳排放要求，如果10欧元一吨，3000吨就是3万欧元，这个钱对B公司就是额外的补贴，对它是鼓励。

在联合国主导下的CDM全球碳排放交易市场，经过多年的运用，已被公认为是行之有效的以市场机制推进全球碳减排的手段之一。截至2010年10月12日，中国获得签发的CDM项目共计307个，在各省区分布中以内蒙古最多，有37个。在项目类型分布中，新能源和可再生能源项目最多，有226个。这说明，中国的CDM市场发展迅速，在全球CDM机制下扮演着举足轻重的地位。尽管对CDM机制改革的呼声迭起，未来可能会向最不发达国家作出倾斜，但不可否认，中国仍将在相当一段时间内扮演主要供应者的角色。①

目前，CDM项目做得较早的的企业抓住了市场价格较好的时机。2012年之后，CDM又将是怎样的情况，无法预知。但无论2012年以后是什么情况，温室气体减排的方向不会变。重要的是如何做好温室气体减排，把涉足领域的市场进行提前规划，让这个市场走得更稳健，让企业在减排的同时得到利益。当务之急，是给经济发展腾出排放空间，通过科技手段寻找减碳途径。

（2）自愿减排机制

自愿减排（VER）是随着《京都议定书》中CDM机制的发展，伴随形成的自愿减排市场。在自愿减排市场中，公司、政府、非政府组织或个人为了对自己排放的温室气体进行各种形式的抵偿，力图实现“碳中和”，自愿交易碳信用额。自愿减排更多是出于一种责任。这主要是一些比较大的公司、机构，处于自己企业形象和社会责任宣传的考虑，购买一些自愿减排指标（VER）来抵消日常经营和活动中的碳排放。这个市场的参与方，主要是一些大公司，也有一些个人

①http://book.forex.com.cn/html/1029/19703.html

会购买一些自愿减排指标。

如果许多国家可以通过市场运作机制对我们的企业提出减排要求，那么我们的企业怎么达到要求呢？美国环保协会认为，自愿减排是中国企业必须经过的道路。企业越来越国际化，购买自愿减排量，可能是这些企业将来降低碳足迹的一种选择。

低碳经济要发展，激励机制是中心。企业作为主要的低碳主体，具有逐利性，只有通过激励机制影响其收益，才能够充分调动企业从事低碳生产的积极性，激励他们走上低碳经济的道路。

第二节 建立低碳补偿机制

建国60多年来，中国一次能源消费总量从1949年的2334万吨标准煤到目前超过30亿吨，增长100多倍。1949年全国人均生活用电不到1度，现在已达315度。依照著名的卡亚公式计算，人均“碳足迹”取决于人口数量、GDP总量、能源消耗强度和单位能源含碳量等几个变量，由此计算出的中国能源消耗和二氧化碳排放，其总量和增速在国际上遭遇到越来越大的压力，其排放量仅次于美国，已经居全球第二位，预计到2025年前后，中国的二氧化碳排放量上升到第一位。控制二氧化碳的排放量，已经成为每位公民的责任。

一、低碳补偿，低碳发展要公平

碳补偿（Carbon Offset）也叫碳中和，以保护低碳环境、促进人与自然和谐为目的，利用这种环保方式，人们计算自己日常活动直接或间接制造的二氧化碳排放量，并计算抵消这些二氧化碳所需的经济成本，然后个人付款给专门企业或机构，由他们通过植树或其他环保项目抵消大气中相应的二氧化碳量，它是现代人为减缓全球变暖所做的努力之一。气候组织曾联合中国绿化基金会等发起“百万森林项目”，号召社会公众倡行低碳生活，支援西部生态脆弱地区的贫困人口。它一方面倡导公众每天做到10件日常生活中的减碳小事来达到减碳目的，另一方面鼓励公众以每棵5元的价格向西部干旱地区认捐一棵树，用自己的行动来改善气候，保护环境。

碳补偿资助的项目种类繁多，比如植树造林、研发可再生能源，增加温室气体的吸收等等。在祖国西北，为了建“三北防护林”，很多普通农民致力于植树造林，用毕生精力倾注对大自然的深情。山西保德县人称“树疯子”的张候拉，一个人一辈子种了100万棵树。树成林的时候，水变清的时候，也是他一无所有地离开人间的时候。他吃了一辈子黑豆，把白面换成黑豆咽到肚子里，省下的钱买树秧子，然后是爬山种树……榆林有个牛玉琴，她和身患癌症的丈夫一起承包了一万亩沙漠地。丈夫去世后，牛玉琴一个人治沙种树。榆林人说：“这婆姨愣是用泪水和汗水把沙漠里的树浇活了！”这样的普通人还有很多。他们也许并不了解“低碳”的概念，但是他们却是走在我们前列的“碳补偿”的使者。

现在，碳补偿计划既支持大规模项目，也支持社区计划。“碳补偿”已经分布在我们生活中的方方面面，它也在不同领域开拓市场。如网络上涌现出绿色交易网站，每年有成千上万的个人在上面交易，或在购买机票、汽车、寄送包裹时，支付额外的开销购买碳补偿量，从而中和他们对环境造成的污染以及温室气体排放。除了个人行为以外，企业为了给自己的商业活动贴上“绿色”标签，增加其环保形象，也会购买碳补偿量。

二、低碳补偿在实践中成长

在世界范围内，由于“低碳补偿”一词出现的时间并不长，所以它创造了许多个第一。

2003年，美国电影演员迪卡普里奥就付钱在墨西哥植树，用于抵消他制造的二氧化碳。迪卡普里奥因此宣称自己是美国第一个碳补偿公民。

2004年12月，汇丰银行（HSBC）成为各家媒体的头条新闻，因为它承诺将成为第一个碳中性的大银行。他们计划在能源效率、绿色能源和碳补偿三个领域开展项目和合作研究。

2005年，好莱坞影片《辛瑞那》成为第一部碳补偿影片。

2006年，英国在阿什顿－海耶斯建立第一个“碳中和”村，激发了英伦三岛上无数环保组织的灵感和热情。

2008年12月，中国首个官方碳补偿标识——中国绿色碳基金碳补偿标识发布。如果公众愿意加入“消除碳足迹，参与碳补偿，积极应对气候变化”活动，自愿捐资到中国绿色碳基金进行“植树造林吸收二氧化碳”的活动，就可获得

碳补偿标识。在北京的八达岭，由中国绿色碳基金营造的“碳汇林”已经投入使用。通过购买碳汇林或种树，可以抵消碳排放。对拥有私家车，经常需要坐飞机的中产阶层来说，购买碳汇是低碳生活的一种选择。碳汇林的平均换算价格是每千元 86 吨，购买之后将获得证书，北京的张录荣律师成为国内律师界购买碳汇第一人，目前已有 100 多人获得了这个证书。

2009 年 8 月 5 日，中国第一个碳中和企业诞生。天平汽车保险股份有限公司成功购买奥运期间北京绿色出行活动产生的 8026 吨碳减排指标，用于抵消该公司自 2004 年成立以来至 2008 年年底全公司运营过程中产生的碳排放，成为第一家通过购买自愿碳减排量实现碳中和的中国企业。供给方来自中国民间组织合作促进会和美国环保协会等单位于 2008 年共同发起的“绿色出行碳路”行动，经清华大学交通研究所核准，2008 年奥运单双号限行期间，北京市近百家企事业单位及 8 万多民众参与了此活动，共计减排二氧化碳 8895.06 吨。

2009 年 11 月 17 日，中国首笔企业间碳中和交易完成。上海济丰包装纸业股份有限公司（以下简称“上海济丰”）委托天津排放权交易所以上海济丰的名义在自愿碳标准 (VCS)APX 登记处注销一笔 6266 吨的自愿碳指标 (VCU)，并向厦门赫仕环境工程有限公司（“厦门赫仕”）支付相应交易对价。由此，国内首笔碳中和交易完成。

2011 年 5 月 28 日至 29 日，第六届中欧企业社会责任全球论坛 (BGRC) 在中欧国际工商学院上海校区举行，作为主办方，中欧国际工商学院致力于践行“行动成就梦想”的论坛主题，宣布成为亚洲首家实现“碳中和”的商学院。

在我们的生活中，即使是没有机会得到第一的人，也会努力计算自己的碳足迹，以此来减碳或进行碳补偿。美国前副总统戈尔 2006 年执导纪录片《难以忽视的真相》时也计入了碳补偿成本，提出了“碳中和”路径图，如提高汽车环保标准、大力发展可再生能源等。他建议发展二氧化碳排放权交易市场，将环境成本纳入经济政治决策。以主唱克里斯·马丁为首的“酷玩”乐队支付了 10.5 万英镑，在恰帕斯州认捐 5 万株树木，以吸收制作售卖新专辑以及巡回演出活动中所制造的二氧化碳。碳中和的明星时尚风也刮到了中国。2009 年 3 月 9 日，明星周迅在与联合国开发计划署共同创立的环保意识推广项目“OUR PART 我们的贡献”活动中，以中国区亲善大使的身份出现在北京倡导碳补偿活动见面会，并自掏腰包购买可抵消 2008 年的航空里程量的二氧化碳所需要的 238 棵树苗，她提出会将“碳补偿”进行一辈子。名人们在带头行使着碳补偿的责任，

我们也应该对碳补偿拥有积极的态度。

现在，不只是政府，不只是企业，不只是明星，更多的普通人都开始有意识参与到碳中和的队伍中来。个人的积极行动聚沙成塔，就可汇聚为行为减碳的威力，对我们依赖的地球意义重大。

三、建立低碳补偿机制是政府之责

建立低碳补偿机制是落实新时期环保工作任务的迫切要求，党中央、国务院对建立低碳补偿机制提出了明确要求，并将其作为加强环境保护的重要内容。《国务院关于落实科学发展观加强环境保护的决定》要求："要完善低碳补偿政策，尽快建立低碳补偿机制。中央和地方财政转移支付应考虑低碳补偿因素，国家和地方可分别开展低碳补偿试点。"国家《节能减排综合性工作方案》也明确要求改进和完善资源开发低碳补偿机制，开展跨流域低碳补偿试点工作。建立"国家碳补偿制度"，努力增加碳汇，加大对气候友好型产业的扶持力度，出台相应的仲裁标准、政府采购清单，设立具中国特色的"碳交易"模式和碳定额管理制度。

为探索建立这个低碳补偿机制，一些地方政府积极开展工作，研究制定了一些政策，取得了一定成效。政府在扮演碳补偿机制的推动角色时，必须大力推行"绿色工程"，建立科学的"碳补偿"机制，大力引导民众植树造林，保护生态环境，不断增加森林碳汇，推进绿色增长。同时，加快制定主要污染物排污权有偿使用与交易相关管理办法，积极推动排污权有偿使用与交易试点，将实施有利于环境保护的绿色保险、绿色信贷、绿色贸易等环境经济政策，建立环境损害赔偿政策机制。

四、碳补偿走进农家生活

农民朋友或许会觉得碳汇造林好像是企业和城里人的事，而离农民有点远。其实不是那么回事，农民也可以为改善环境做大贡献。

山西省第一个通过购买碳汇实现零排放的公民就是一位地地道道的农民——忻州市河曲县榆立洼村党支部书记张福田。老张的动机很纯朴："榆立洼村是个贫困村，贫困的根源就是水土流失、生态环境恶劣。2008年，村里换届时村民一致推举我担任村党支部书记兼村委会主任，我立志带领父老乡亲让周边的荒山荒坡都披上绿装，让大伙尽快脱贫致富。我出钱购买碳汇，就是要表

这个决心。我们农民也可以为改善环境做大贡献。”

除了购买碳汇，农民还可以亲身参与到碳汇造林中来。浙江省临安市藻溪镇严家村农民吴炳就是其中的一位。“城里建筑工地招小工，90元一天，你去不去？”过完年，老乡这样邀请吴炳，老吴摇头婉拒。3年前，吴炳跟着老乡到城里打工。辛辛苦苦干一年，1万元都没存够。随着国内第一个毛竹碳汇林落户村里的严家山，吴炳选择了留下种碳汇林，一天赚60元。他还在竹林下种了25亩花生，去年一年净赚3万元，挣的比外出打工还多。2010年吴炳和同村的20多名村民选择了留在老家，打理这片700多亩的毛竹碳汇林。据测算，浙江全省的碳汇林能提供11万个工日的就业机会。随着不断推广深化，碳汇林将给农村提供越来越多的就业机会。

农村是个巨大的能源工厂，虽然碳补偿贸易在农村几乎为零，但是我们可以看到，随着农民流入城市的速度加快，越来越多的农民意识到碳排放的危害，也意识到农村碳补偿的可行性。所以，农村和条件适宜地区可以通过发展生物质能、太阳能、风能和浅层地热能等绿色新型可再生资源，推进绿色农产品基础建设，大力发展生态农业和有机农业，继续开展植树造林、封山育林、退耕还林还草等一系列生态工程建设。发展低碳经济，同时通过一系列的碳补偿行为来减少高碳危害。

五、碳汇交易所，爱你没商量

由于碳交易的市场和标准都在国外，我国为全球碳市场创造的巨大减排量，被发达国家以低价购买后，包装、开发成价格更高的金融产品在国外进行交易，从而造成我国碳资源的大量流失。无论城市还是农村，如果不大力增加碳汇，未来将会为此支付大笔费用，这就要求政府未雨绸缪，因此，建立我国的碳汇交易场所就成为必然。

2008年我国先后成立了北京、上海和天津三个碳汇交易所，2010年成立深圳交易所，2011年江西、广东、四川、河北等省也在筹建碳交易平台。探索碳汇交易，将获得未来碳市场的先机和主动权。这既可为化解地方发展与将来排污权限制矛盾做准备，也能为地方财政带来可观收益。2007年我国成立了“中国绿色碳基金”，为企业和个人“消除碳足迹，参与碳补偿”搭建平台。2008年4月3日，全球首个毛竹林碳汇项目——中国绿色碳汇基金临安毛竹林碳汇研

究项目启动。而成立碳汇交易所，会带来交易性的收入，并推动碳汇林的发展，同时也为人类解决环境污染寻找可持续发展的新资源作出有益的贡献。

碳补偿实际上是人们对地球弥补过错的一种环保生活方式。对于普通的我们来说，或许花钱请人去植一棵树还不是那么方便，我们要做的其实很简单。多走路，少坐车；多运动，少开空调；多节约每一张白纸，少浪费每一滴水；多种种花草，少盖点楼房……做这样的小事并不难，于人于己均有利无弊，我们何乐而不为呢？

第三节 创新循环农业和生态农业的发展机制

发展农村循环农业和生态农业是社会可持续发展的必然选择，在我国更是具有特殊的地位和内涵。发展循环农业和生态农业的重要措施，包括完善和强化对生态农业的扶持政策、生态农业的投入、建立比较好的循环经济的技术支撑体系等资源循环型农业的激励机制。

一、政策激励是主导

从发达地区循环农业发展经验中可以清楚地看到，各级政府在推进农村循环经济发展中，都无一例外地在税收、收费、贷款以及资金补贴等方面制定了优惠政策，予以激励。从目前中部欠发达地区的实际情况来看，发展农村循环经济，政府必须制定并实施切实可行的激励政策，鼓励资源循环利用，抑制资源浪费、环境污染行为。如运用有效的价格、收费、许可等多种经济手段，建立资源环境有偿使用制度、排污权交易制度、环境标志制度、生态环境要素的定价和有偿使用制度、生产者责任延伸制度、消费者责任制度等激励制度。

二、经济激励是原则

资金问题是推进农村循环经济的“瓶颈”，也是生态循环农业面临的共性问题，它一直伴随着农业的发展。比如，农业项目投资期较长、收益率偏低，商业银行不愿投资农业领域，政策性银行的业务又比较单一，不能提供有效服务，“农”字企业发展资金不足的矛盾仍比较突出等。

因此，在农村循环经济投资性支出方面，政府应增加投入，促进有利于农村循环经济发展的配套公共设施建设，如农业循环经济生态园区建设、大型水利工程、沼气池建设铺设等。在消费性支出方面，政府主要通过绿色购买行为来鼓励废物再循环利用，如最大限度地促进农村生产生活废物“变废为宝”，强调农户和农业企业、省和地方的共同参与，最大限度地发挥地方政府、企业和农户的积极性。同时进行财政补贴，一方面，政府对乡镇企业减少污染生产量的程度给予资金补贴；另一方面，政府对利用乡镇企业“三废”、农业生产资源循环模式生产出来的产品给予税收减免等优惠。金融机构要支持农村清洁能源项目建设，如风电项目、太阳能、秸秆发电、小水电等清洁能源；要支持农村生态环境项目，如支持农村节水灌溉、水资源调配等公益性项目和生态农业项目，基本农田整理、滴水灌溉工程等。

三、技术激励正当时

近年来，各地推动发展循环农业，本着减量化、再利用、再循环的原则，积极探索资源利用节约化、生产过程洁净化、产业链条生态化的农业发展之路，成为新农村建设的亮点。从“藏粮于仓”到“藏粮于地”，都离不开以技术为依托的有力支持。

发展循环农业要求大力推进减量化技术创新，推进废弃物再利用技术创新，推进可再生资源再循环利用技术创新，大力发展适合循环农业的低成本适用技术，通过生产工艺改进节约资源，采用新技术、新工艺，大力降低原材料和能源的消耗，实现少投入、高产出、低污染，提高资源利用效率。政府要加大对循环农业发展技术创新的投入和支持力度，切实加强基层农业技术推广体系建设，技术成果要确保涉农企业和广大农户能用得起，用得方便。

“以前的人是追求吃饱饭，现在是追求吃‘好’饭，随着人们越来越重视食品的营养和安全，生产绿色粮食有着广阔的市场，是大势所趋。”2010 年 10 月，在中国水稻第一大省湖南省的长沙县一处优质稻生产基地，水稻研究所研究员说，运用生态防治技术是避免粮食污染、保证粮食质量的最佳手段。在长沙县春华镇，宇田农业生产合作社优质稻生产基地使用了生态防治技术，晚稻不仅能保证较高的产量，更好的是，稻米质量是完全无公害的，甚至部分还是有机稻米，不打农药，做到了绝对无污染。正是由于水稻研究所的技术人员将系统

的优质稻生态防治技术全部运用到这个基地的虫害防治中，比如稻螟赤眼蜂防治螟虫技术、诱虫灯技术、性引诱剂技术等。所以，在这2000余亩优质稻迎来了丰收的同时，这个基地也获得了“优质稻产业化技术创新项目”的支持。①

四、创新机制更重要

在农业现代化发展的加强宣传，提高认识，进行调研，形成循环农业和生态农业发展创新机制，这是农业现代化快速发展的重要激励。要跟踪关注清洁发展机制（CDM）新进展新动向，抓住机遇尽早参与项目合作；在农业环保治污方式创新、循环农业科技创新、模式创新、示范典型培植、农业废弃物资源化利用、循环农业基地建设等方面加强调查研究；在改变重排轻灌、滴灌喷灌等节水灌溉设施落后的现状以及沼液的使用与农田水利建设的对接上下工夫，实现沼液随灌溉渠道、管道或喷灌滴灌设施直接进入农田；不同部门也应该对各自的工作加以整合，积极探索沼气发电并网的可行性。

第四节 严格低碳政策法律

低碳生活要想从理想的概念转换成客观的事实，不仅需要我们在民众中宣传与培育低碳意识，更重要的是，需要通过寻找尽力有效的政策指导与法律指引的共建模型，促成以低能耗、低污染、低排放为基础的低碳经济发展模式。

一、低碳政策在发达国家或地区的实践

我们先来看看经济发达的美国怎么用法律保障低碳效果的。

1. 美国——以立法助推低碳经济发展

为促进低碳经济发展，美国采取了包括立法在内的多样措施。2007年7月，美国参议员提出《低碳经济法案》，颁布实施《美国清洁能源安全法案》，用立法形式建立了温室气体排放权（碳排放权）限额——交易体系的基本设计，降低美国温室气体排放、减少对外石油依赖。面对金融危机的冲击，美国政府实施7800亿美元经济刺激计划，并将发展新能源作为复苏经济的重要政策手段。

①http://news.xinhuanet.com/politics/2010-10/16/c_12667154.htm，新华网，2010-10-16

如在纽约的建筑行业和工业领域，在保证原有建筑减少温室气体排放的同时，要确保新型建筑符合高标准要求。另外，在保证经济增长的基础上，工业领域也需要相应减少排放。采取的政策措施包括：高标准的建筑法规和适用标准；建筑试运行制度；可再生能源激励措施等。

建筑和工业领域政策又称为居住、商业和产业政策（RCI）。居住、商业和产业政策（RCI）共分为两大政策：基金政策和有利政策。有利政策细分为自愿机制和立法监管机制。纽约州 RCI 总共 11 个措施里，有 2 个基金政策、4 个有利政策、3 个自愿机制，剩下 2 个隶属于立法监管机制。基金政策主要是利用税收和私募等财务杠杆为发展新技术和清洁能源募集资金。这个资金用于除 RCI4、RCI10 和 RCI11 外的其他政策和机制下的清洁能源活动和激励机制，这意味着基金政策为 RCI 提供资金支持。

纽约州计划未来 40 年内，最大化提升能源和资源使用效率，减少化石燃料的消耗，为当地企业和居民提供低碳能源和“碳中和”。比如，纽约市警察局要维持一定的治安水准只能做加法：不断增加预算、增加警察人数、增加设备、增加出警次数。在 IBM 整合了纽约警察局原来的数据库，并让它们走出休眠状态实现了数字化管理后，不但警方的效率大大提高，警察人数和预算也大幅减少了，而纽约市的治安状况则大为改善。从减排的角度看，这也是一个引人入胜的成功故事：通过数字化管理，纽约警察局节省了警员、办公设施、警车出勤的油耗和排放，以及对城市交通的压力，轻易地实现了节能减排和治安好转的双赢。

2. 欧盟——以政策机制保障低碳经济发展

欧盟将低碳经济作为“新的工业革命”，采取了一些措施促进低碳产业发展，带动经济向高能效、低排放方向的转型发展。在排放制度的制定、科研经费投入、碳排放机制建设、节能与环保标准制定、低碳项目推广等领域，欧盟都走在前列。2005 年，启动排放交易制度，各成员国制定每个交易阶段二氧化碳排放的“国家分配计划”，为有关企业提出具体减排标准，并确定如何向企业分配排放权。2006 年，欧盟委员会发布《欧盟能源政策绿皮书》，大力鼓励能源的可持续利用，发展可替代能源，加大节能、清洁能源和可再生能源的研究投入。2008 年，欧洲议会通过欧盟能源气候一揽子计划，包括欧盟排放权交易机制修正案、欧盟成员国配套措施任务分配的决定、碳捕获和储存的法律框架、可再生能源指令、汽车二氧化碳排放法规和燃料质量指令等内容。2009 年 3 月，提出在 2013 年之

前投资 1050 亿欧元支持欧盟地区“绿色经济”，促进就业和经济增长，保持欧盟的绿色技术优势。在欧盟的带动下，各成员国也纷纷采取各类手段措施积极响应落实。

（1）德国

第一，德国政府首先实施气候保护高技术战略，将气候保护、减少温室气体排放等列入其可持续发展战略中，并通过立法和约束性较强的执行机制制定气候保护与节能减排的具体目标和时间表。

第二，是提高能源使用效率，促进节约。分阶段征收生态税，税收收入用于降低社会保险费；鼓励企业实行现代化能源管理；对于中小企业，德国联邦经济部与德国复兴信贷银行已建立节能专项基金，用于促进德中小企业提高能源效率，基金主要为企业接受专业节能指导和采取节能措施提供资金支持；推广“热电联产”技术，即将发电中产生的热能收集用于供暖，这样既减少了热量的流失，又为发电企业带来额外的供暖收入；实行建筑节能改造，包括建筑供暖和制冷系统、城市社区的可再生能源生产和使用、室内外能源储存和应用等。

第三，大力发展可再生能源，促进现有风力设备更新换代、发展海上风力园。应用第一代风力发电技术的发电设施能效较低，因此德国已将更新现有发电设备作为下一步发展风能的重点，并在 2008 年《可再生能源法》的修改中予以体现；德国还制定了《可再生能源供暖法》，促进可再生能源用于供暖，计划到 2020 年，将可再生能源供暖的比例提高到 14%（2006 年为 6%）。

第四，减少二氧化碳排放。发展低碳发电站技术；降低各种交通工具的二氧化碳排放，德国政府计划通过修改机动车税规定来推动这一目标的实现。也就是说，排量低的汽车可以享受较低税额，而大排量车则要缴纳较高税款；德国于 2002 年开始着手排放权交易的准备工作，发放排放许可后，如企业排放超过额定量，就必须通过交易部门购买排放量，否则就要缴纳罚款。

第五，农业保护。政府要求在农业发展中，权衡经济和环境利益，避免由于外源物质污染或经营措施不当而对农田内外群落造成不良后果，注意保护风景名胜和自然景观。德国在进行新农村建设时，非常重视规划工作。针对农村和区域经济发展、自然资源保护以及改善农业结构等重要政策的制定是每个州的重要任务。除执行州项目外，县、区和社区政府还会制定并执行自己的政策，比如改进自然与景观管理、保护水资源等。德国农业部还提出了资助农村综合发展新思路，把一个地区视为一个整体，把各种资助措施有机地结合起来，努

力改进地区自然条件、农业基础设施和农场工作条件，以达到有效促进有关地区综合发展的目的。

（2）意大利

意大利的能源80%以上要依靠进口，因此意大利尤其注重可再生能源和新能源的开发与利用，主要是通过节能减排的政策措施、鼓励和引导新能源技术开发等促进低碳经济的发展。

第一，实施CIP6机制。为支持可再生能源的发展，从1992年起，以保证购买价格的方式支持可再生能源发电厂的建设，并且依据使用可再生能源项目的建设费用、运行和维护费用、燃料费用等用于可再生能源和能源产品是全部或部分出售等不同情况，规定不同的购买价格，从政策导向上推动可再生能源发展。

第二，制定“绿色证书”制度。“绿色证书”是通过利用可再生能源向国家电网输送电力并由国家电网管理局认可后颁发的证书。从1999年，年产量或进口量在1亿千瓦时以上的非可再生能源生产企业，必须按前一年度实际产量的一定比例向国家电网输送可再生能源，该比例开始为2%，后逐年递增。生产商或进口商可通过自己的可再生能源生产来完成规定的指标，也可通过购买“绿色证书”的方式完成。

第三，推行“白色证书”制度。“白色证书”也称能源效率证（TEE），从2005年1月1日起实施。“白色证书”是对能源消耗企业提高能源效率的一种认证，最终用户达到10万以上的企业，必须实施“白色证书”制度，它可以在市场上进行交易，管理部门可以根据市场行情调整价格。达到节能目标的企业，管理部门将给予经济奖励；超出者可出售其富余的“白色证书”；未达标者则可从市场上购买“白色证书”，否则将受到经济处罚。要求各个企业的节能总额中，至少有一半是通过采取节能措施而非购买TEE来实现。

第四，制定能源效率行动计划。根据欧盟的节能目标，意大利向欧盟提出了能源效率行动计划以及已经实施和即将实施的措施，并且还对各部门设立了具体的节能减排目标。一是对农业能源系统的优惠措施、对高效率工业电机和家用电器的税收减免等；二是即将实施和正在讨论的一些措施，如欧盟关于生态设计的法令，规定所有产品或服务，都必须有符合欧盟规定的能耗标签；三是从2009年开始，将汽车二氧化碳平均排放限制在140克／千米。

3. 日本——以长期目标指导低碳经济发展

就在我们国家东边的日本他们是怎么做的呢？作为《京都议定书》的发起和倡导国，日本在应对气候变化方面更加注重与国家能源战略的协同效应，重视能源的多样化，注重提高能源使用效率，并且采取了一系列措施积极建设低碳社会。

第一，在法律和政策制定方面。1979年颁布实施了《节约能源法》并进行了多次修订完善。1991～2001年，先后制定了《关于促进利用再生资源的法律、合理用能及再生资源利用法》、《废弃物处理法》、《化学物质排出管理促进法》、《2010年能源供应和需求的长期展望》等法案。2006年，经济产业省又编制了《新国家能源战略》。对于农业低碳的发展，日本以农业基本法为核心制定了一系列的农业环境保护法律，并以法律为准绳制定相应的配套政策和措施。例如，《有机农业法》出台之后，又相继颁布实施了《有机农产品蔬菜、水果特别标志准则》、《有机农产品生产管理要点》、《有机农产品及特别栽培农产品标准》等。政府会对绿色农业实施许多优惠政策。如对从事有机农业生产的农户提供了农业专用资金无息贷款；对采用可持续型农业生产方式的生态农业者给予金融、税收方面的优惠政策等，这些优惠政策鼓励了农业经营者的积极性，为农业环境保护和可持续农业生产起到推动作用。

第二，在政策支持方面。为了鼓励社会节能，实施了多项财税政策。一是税制改革。使用指定节能设备，可选择设备标准进价30%的特别折旧（即在正常折旧的基础上，还可提取30%的特别折旧）或者7%的税额减免（仅适用于中小企业）。二是补助金制度，对于引进节能设备、实施节能技术改造给予总投资额的1/3到1/2的补助。三是特别会计制度。即在国家预算中安排专门的节能资金，由经济产业省实施支援企业节能和促进节能的技术研发等活动，主要来源于国家征收的石油煤炭税。

4. 印度——国家计划统领低碳经济发展

在我们南边的发展中国家中，作为仅次于中国的第二排放大国，印度十分重视低碳经济发展。2001年，印度政府发布《能源节约法案》，对高能耗企业进行能源审核，电器试行节能标志灯。依据2003年《电力法》和2006年《国家关税政策》，中央和国家电监会必须购买一定比例的可再生能源电量。2006年8月，印度计划委员会起草了《能源综合政策报告》，作为印度“第十一个五年（2007-2012年）计划”制定能源发展政策的指南。报告指出要通过鼓励

接近商业化和有明确时间进度的新能源技术开发，包括太阳能技术、生物燃料技术、核能综合利用技术、混合燃料汽车技术、高能电池技术等。确立了其2008～2012年发展低碳的战略目标：到2012年可再生能源如太阳能光伏电池发电将占印度电力需求的10%，在电力构成中将占4%～5%。可再生能源的增速将快于常规发电，可再生能源将占2008～2012年总增加能源7万兆瓦的20%。

印度政府2007年6月6日成立了由总理任主席的“总理气候变化委员会”，其职责是对气候变化行动计划的实施进行政策指导；检查和评价行动计划的进展；在气候变化国际双边和多边谈判上，协调国内立场。印度于2008年4月召开的第十一届新能源和可再生能源五年计划会议，确立了新能源的基本目标、新能源激励政策、新能源管理部门、新能源技术开发政策、新能源国际合作与国家安全等方面的内容。2008年6月30日，印度发布了经济和社会可持续发展的纲领性文件——《气候变化国家行动计划》，确定到2017年将实施8大计划，内容涉及太阳能、水资源、提高能效、绿色印度、可持续生活等，提出强制关停低效火电厂，支持整体煤气化联合循环发电和超临界技术研发。

这些国家或地区在低碳经济发展领域的大胆探索，为包括中国在内的广大发展中国家提供了宝贵的经验，具有十分重要的指导和借鉴意义。

二、我国的低碳政策

从世界各国从事低碳经济发展的经验来看，国外一方面需要投入巨资进行低碳技术和低碳产品的研发，另一方面还制定了一系列的计划和政策措施，为低碳经济的发展保驾护航。国内外的现实显示了我国加快发展低碳经济的迫切性，加快完善中国相关的法律与政策，建立一个有利于低碳经济发展的政策法律体系将成为我国低碳制度体系中的重要一环。

1. 低碳政策和法律构建高碳防火墙

近年来，我国积极借鉴发达国家或地区的先进经验，探索建立和完善有关低碳发展的政策和法律，在有关低碳经济的开发利用领域已经制定了《煤炭法》、《电力法》、《节约能源法》、《可再生能源法》、《清洁生产促进法》、《循环经济促进法》等法律。

2002年6月29日通过的《中华人民共和国清洁生产促进法》第一次颁布了石油等3个行业的清洁发展标准，铝电、钢铁等10个行业的批报稿以及乳制品

等 18 个行业的意见稿，为许多行业设定了减排目标。其实质是预防污染，该法律促进了清洁生产，提高了资源利用效率，减少和避免污染物的产生，保护和改善环境，保障人体健康，促进经济与社会可持续发展。2009 年 1 月 1 日起实施《循环经济促进法》，以减量化、再利用、资源化为主线，强化激励与约束措施和法律责任等，该法将在法制化框架下推动循环经济发展。政府承诺对发展循环经济的产业活动给予税收优惠，提供资金支持和财政补贴。该法规定，从事工艺、设备、产品及包装物设计，应当按照减少资源消耗和废物产生的要求，优先选择易回收、易拆解、易降解、无毒无害或者低毒低害的材料和设计方案。2010 年 4 月 1 日，颁布实施新修订后的《可再生能源法》，为开发利用可再生能源提供扶持政策，促进可再生能源的发展，推动低碳经济发展。分不同行业类型（包括重工业以及家电行业）制定节能控制指标；提高新建建筑的节能设计标准，加强建筑认证管理，开展建筑节能评级，对购买节能住宅的居民提供优惠抵押贷款、减税或补贴政策；在交通方面，通过合理地减免购车税、开征燃油税等鼓励消费者购买使用环保汽车，对部分污染严重、油耗未达标的汽车进行取缔、罚款或一定的交通限制等措施；完善清洁发展机制（CDM），培育碳交易市场，逐步建立碳交易制度。这些法律的出台与实施对于从节能减排、提高资源能源利用效率、大力发展新能源和可再生能源方面来支持低碳经济的发展具有突出的作用。

另外，2007 年以来，我国相继出台并实施了减缓气候变化的《节能中长期规划》、《可再生能源中长期发展规划》、《核电中长期发展规划》、《中国应对气候变化科技专项行动》、《节能减排综合性工作方案》、《节能减排全民行动实施方案》、《2000-2015 年新能源与可再生能源产业发展规划要点》、《新能源与可再生能源产业发展“十五”规划》、《能源发展“十一五”规划》、《中国应对气候变化的政策行动》等规划与政策，将气候问题和环境保护正式列入国家发展计划。特别是在《中华人民共和国国民经济和社会发展第十二个五年规划纲要》中国家规定了“十二五”期间将单位 GDP 能耗降低 16%、污染物排放降低 8%~10% 的两个约束性目标，显示了中国政府高度重视应对气候变化、保障能源安全、实现低碳发展的决心，也为低碳经济在中国的发展创造了良好的法律与政策环境。

2. 不当折翼的天使

“低碳”是人们心目中的使者、天使，它会为我们带来全新的生活方式，为地球穿上新衣。虽然我国在促进低碳经济发展的政策法律体系方面做出了很多

努力，但是仍处于薄弱的状态。

第一，中国的有关立法在体系上并不完善，如石油、天然气、原子能等主要领域的能源单行法律仍然缺位，同时也缺少能源公用事业法，这将导致能源与环境相协调的作用领域不够全面。

第二，政策法制的立法规定不够详细，缺乏足够的操作性。这也是导致中国目前环境执法（包括能源领域）效果不佳、环保状况不能得到根本改善的重要原因；而且政策中对于低碳激励手段的规定，如税收优惠、补贴等奖励手段，没有细化的奖励手段与程序，导致这些激励手段在现实中不能产生广泛的影响。

第三，缺少农村低碳政策。我国农村农业是高碳不可忽视的一个重要领域，但是目前，很多政策法律涉及农村的减排的内容很少，容易让我们产生城市才应该低碳的错觉，这将加剧农业领域的高碳。

因此，从完善有助于低碳经济发展的法律与政策体系目标来看，为了加快我国低碳经济的发展，完善我国与低碳经济发展的政策法律体系，一个真正体现可持续发展的、有助于低碳经济发展的法律与政策体系必须承担许多职能，低碳的天使也不能折翼。

三、我们也要飞跃

我们国家作为世界第二大能源生产国和消费国，高度重视全球气候变化问题，在降低能耗方面做了很多工作，取得了初步成就。我国先后于 1998 年、2002 年签署《联合国气候变化框架公约》和《京都议定书》。这为低碳发展提供了重要的法律制度保障，促进了我国低碳发展的制度化、规范化运行。

当前，我国正在以加快转变经济发展方式为主线，全力推进建设资源节约型、环境友好型社会建设，促进经济结构与产业结构优化调整，加快实施低碳文明建设，将低碳发展战略融合于国家经济社会发展的各个领域环节，不断加快改革探索，全力落实推进。

“十一五”期间，在一系列政策、法律、行政等系列措施引导下，我国低碳发展取得了显著成效。表现为：一是节能减排取得重要进展。全国单位 GDP 能耗累计下降 15.61%，节能约 4.9 亿吨标准煤；国家重点控制的化学需氧量排放量下降 9.66%，二氧化硫排放量下降 13.14%。二是循环经济取得重大突破。资源产出率、工业固体废物综合利用率明显提高；钢、有色金属、纸浆等产品的

五分之一至三分之一的原料来自再生资源。三是资源节约成效明显。与2005年相比，2008年全国单位工业增加值用水量下降20%，农业灌溉用水有效利用系数增加到0.5，海水年直接利用能力达到1000亿立方米，土地整治补充耕地4000多万亩，坚守住了18亿亩耕地红线。四是环境质量有所改善。与“十五”末相比，2009年我国森林覆盖率和蓄积量分别增长12%和10%，沙化土地面积也开始缩减。

但我们也清晰地认识到，我国低碳经济发展面临的形势仍十分严峻、矛盾十分突出，与世界上发达国家或地区相比仍有较大差距，“十二五”期间需要进一步加大探索，持续创新，以取得更大的成就。

四、农村低碳更需要政策法律

随着城乡统筹的推进，越来越多的农村会逐渐具备城市的规模和布局，政府方面也应该有这方面的意识。政府在最初的规划和设计上，就应该着眼于长远，在能源管道的设计和房屋结构上，要考虑到城镇化之后的种种情况，反复改建和重建，这也是对能源的重大浪费。

大部分发达国家都制定了农业低碳的详尽法规，如德国就对施用有机肥的农户进行补贴。我国现在急需制定以有机碳含量为基本指标的耕地地力升降的奖惩条例、施用有机肥（包括绿肥、秸秆还田、畜禽粪便利用、商品有机肥等的生产、运输、使用）的优惠政策与奖励办法等。

当然了，这些都需要完善农业节能减排的政策法规。2008年8月的《循环经济与促进法》鼓励和支持农业生产者采用节水、节肥、节药的先进种植、养殖和灌溉技术，推动农业机械节能，优先发展生态农业。势必将推动相关技术和设备的生产，达到促进绿色就业的目的。农业节能减排技术的提高是国家层面上的生态效益，且大多需要增加一定的生产成本，由农民自觉实行较难。所以，政策保证措施是必要的。

为了快速推进新能源在农村的应用，政府从政策和资金等多方面给予了大力支持。“十一五”期间，政府对沼气、节能炉灶、太阳能等新能源在农村应用的推广力度很大，中央财政累计投入农村沼气建设资金212亿元。在政府政策的大力扶植下，农村对节能产品和新能源的利用得到很大的发展，我国户用沼气保有量已达4000多万户，占全国适宜农户的33.3%，受益人口达1.55亿人。

“十二五”期间，农业部将把推动沼气在农村应用作为工作重点，除了户用沼气之外，其他类型的沼气工程也会得到政策和资金的支持。此外，农村节能炉炕灶的推广也是今后关注的焦点。不仅如此，国家能源局、财政部、农业部联合推动 108 个全国绿色能源示范县的建设工作，并对部分能源示范县建设工程给予资金补助。

低碳经济的长期目标，向社会大众表明了政府联合全社会一起实现低排放或零排放的决心。清晰的政策法律目标并传递成价格信号，可以促使企业和个人都积极融入到低碳经济的框架中来，长期的政策目标也可以给企业以信号和坚持低碳模式的信心。所以，我国应制定与可持续发展的总体方案保持一致的新的能源政策，还应做好长期投资的准备。

第五节 加强低碳监督检查

低碳，已经成为家喻户晓的时尚名词了，社会各界人士都在倡导低碳行为，但始终会有许多不自觉的人不遵守低碳法则，特别是一些企业，那怎么办呢？除了国家要制定相应的低碳激励机制，同时还得加强低碳监督检查机制，对违反低碳规则的行为进行一定的监督与制裁。虽然国家在低碳经济开发领域出台了许多相关法律，但促进低碳经济发展的政策法律体系方面仍然薄弱，相关联的监督检查机制也不完善，比如在我国现在并没有全面而明确的低碳监督检查机制，有的则是部分项目的具体监督制度，更需要广大群众的参与监督，关于 2009 年全国建设领域节能减排专项监督检查建筑节能检查的通报，就是一个很好的证明，值得学习。

为贯彻落实《民用建筑节能条例》和《国务院办公厅关于印发 2009 年节能减排工作安排的通知》（国办发 [2009]48 号）要求，进一步推进建设领域节能减排工作，2009 年 12 月 14 日至 29 日，政府对全国建筑节能工作进行了检查。该项目中与监督检查相关的内容主要如下：

加强节能监管，国家机关办公建筑和大型公共建筑节能运行与改造服务体系建设继续深入。截至目前，全国共完成国家机关办公建筑和大型公共建筑能耗统计 29359 栋，确定重点用能建筑 2647 栋，完成能源审计 2175 栋，北京、

天津、深圳市能耗监测平台均已通过验收。全国已对758栋建筑的能耗进行了实时动态监测。2009年又确定了18所大学作为节约型校园建设试点。中央财政安排1.7亿元，对先期开展节能监管体系建设的24个示范省市之外的其他地区给予经费补助，确定江苏、内蒙古、重庆为第二批能耗监测平台建设试点。在监测平台建设过程中，我们发现低碳监督对于推动低碳经济的发展起着一定的促进作用。

1. 制度监督——低碳的坚强后盾

（1）法律法规方面

各地积极地制定了节能行政法规，河北、陕西、山西、湖北、湖南、重庆、青岛、深圳等地则出台了建筑节能的相关条例，有15个省（区、市）出台了资源节约及墙体材料革新等相关法规，22个省（区、市）出台了相关政府令，以《节约能源法》为上位法，《民用建筑节能条例》为专门法规，各地方行政法规相配套的建筑节能法律体系初步建立。

（2）经济政策方面

按照国务院要求，财政部、住房城乡建设部先后在可再生能源建筑应用、国家机关办公建筑和大型公共建筑节能监管体系建设、北方采暖地区既有居住建筑供热计量及节能改造等方面制定了财政支持政策，2009年中央财政共安排补助资金38.7亿元。北京、上海、内蒙古、山西、青海、江苏、湖北、广西、深圳等地对建筑节能的财政支持力度较大，安排了专项资金。2009年各省（区、市）共安排10.3亿元支持建筑节能工作，形成了财政支持建筑节能的良好工作局面。

（3）目标责任方面

目前，全国各省（区、市）均制定了建筑节能“十一五”专项规划，提出了建筑节能具体节约目标，总计1.39亿吨标准煤，并按重点领域进行了分解，其中有27个省（区、市）明确了建筑节能承担本地区单位GDP能耗下降的任务，部分省市采取逐级签订责任书的方式，将建筑节能目标及任务层层落实。

2. 监管机构——低碳的娘家

（1）建立了建筑节能协调议事机制

各省（区、市）住房城乡建设主管部门均成立了主要领导或分管领导任组长的建筑节能领导小组。其中北京、天津、上海、黑龙江、吉林、山西、陕西、内蒙古等省（区、市）成立了政府分管领导任组长，住房城乡建设、发展改革（经贸）、财政等相关部门参加的建筑节能工作协调领导小组，各城市也成立了相应

机构，形成了各部门联动、齐抓共管的局面。

（2）建筑节能管理机构能力进一步加强

山西省省、市、县三级都建立了建筑节能监管机构，建筑节能专职管理人员100多人。上海市19个区（县）都设立了建筑节能管理办公室，管理人员共101人。全国有18个省（区，市）将墙体材料革新工作和建筑节能工作统一交由住房城乡建设主管部门负责，以墙改为抓手推进建筑节能，效果明显。

3. 公众监督——具有亲和力的低碳支持

群众的力量是伟大的，只有大家的积极参与才能起到更好的监督效果。各地以节能宣传周、无车日、节能减排全民行动等活动为载体，充分利用各种媒体，采取组织专题节目、设置专栏以及宣贯会、推介会、现场展示、发放宣传册等方式，开展形式多样、内容丰富的建筑节能公共宣传活动，广泛宣传建筑节能的重要意义和推进建筑节能的相关政策、管理措施等，提高了全社会的节能意识。特别是在《民用建筑节能条例》颁布实施后，各级住房城乡建设主管部门结合《条例》的宣传贯彻，组织相关单位的管理和技术人员进行了多轮次的《条例》宣贯会，对《条例》规定的法律制度进行培训和讲解，培训了一大批熟悉建筑节能政策、技术标准的管理和技术人员。

第七章

>>> 低碳村镇：农民的美好家园

对于一个农业人口仍占半壁江山的国度，农村低碳发展是一件至关重要的大事。特别是对于中国这样一个农业人口仍然占多数的大国，村镇走上低碳发展之路，是农民美好生活的催化剂，是实现低碳社会的关键所在。

案例导读

莘县联社徐庄分社支持农户开展“低碳种植”

“庄稼好不好，全靠用肥料。”徐庄乡养殖业发达，素有“中国肉鸡之乡”的美誉，从事农业生产的人群中，养殖户能占到一半以上。

家住罗屯村的村民李富贵曾经也是名肉鸡养殖户，但是养鸡市场的高风险和不确定性因素让他逐渐改行从事大棚种植蔬菜行业。李富贵是个有头脑的人，当他看到目前“低碳”正逐渐成为市场的时尚，无公害蔬菜不仅成本低、抗病性强，而且口感也很好，很受消费者青睐，尤其是追求健康“低碳”的消费者。李富贵经常从养殖户手中购买鸡粪这一农家肥用于肥田，生产无公害棚室蔬菜。他说“鸡粪养分含量高，尿酸多，并且非常容易被土地所吸收，经我种植的每个无公害蔬菜大棚能实现年纯收入2万多元”。在李富贵的影响下，罗屯村很多村民争相效仿，

使“低碳”种植在罗屯村逐步形成了一定规模。同时，为了解决这些农户在转型过程中所需要的资金需求，莘县联社徐庄分社负责该村的客户经理王建臣数次走向该村，调查实际资金需求，并及时进行授信，累计发放贷款50多万元。

尝到了甜头的罗屯村“低碳”种植户目前正在准备筹建“秸秆生物反应堆”和“沼气池”，依托徐庄乡强大的养殖体系，以鸡粪为主要原料，将生物能量、绿色肥料结合在一起，既产生出大量的经济效益，又带来了很大的生态效益。

截至2010年7月底，莘县联社徐庄分社已发放新增涉农贷款210余万元支持农业生产，使辖区很多农田都吃上了“健康营养大餐”，同时也使农民朋友用上了绿色能源，享受起了“低碳”生活。

（来源：人民网，2010年7月23日）

问题聚焦

1. 低碳村镇的标准是什么？
2. 怎样打造农村低碳社区？
3. 农村低碳培训怎样更有效？

第一节 科学设立低碳村镇标准

如今“低碳”来了，于是无论什么样的活动，都往“低碳”上靠。比如，生产企业会说，降低污染、减少排放就是“低碳”；流通企业会说，减少流通环节，可以节省运输成本、减少汽车尾气排放，也是一种“低碳”行业；消费者会说，要购买在生产和使用过程中不会对环境造成污染且可长久或循环使用的产品，这就是支持“低碳”。尽管理解各不相同，但如果“低碳”的理念能够深入人心，并成为人们的自觉行动，未必不是一件大好事。可是低碳不仅是城市面临的选择，它也是村镇的必然选择。

一、低碳元素融入村镇建设

1. 低碳的标准

对于低碳，现在全世界还没有完全统一的标准。特别是不同国家、不同企业为自己打造的“低碳”形象还无法完全站立起来。各个国家都有一套低碳标准，碳中和、碳汇、碳交易……都要靠国家的摸索。

法国“新环保法案”要求，法国市场上销售的产品将被强制性要求披露产品的环境信息，其中包括要标示其整个生命周期（即从原料、制造、储运、废弃到回收的全过程）及其包装的碳含量。该法案已于 2010 年 7 月 12 日通过，2011 年 7 月 1 日开始试运行至少 1 年。

事实上，我国航空业已被欧盟单方面要求纳入欧盟减排量交易系统（EU-ETS），受到限额排放的限制。

作为全球化产业链条上的供给方，中国的大部分外贸型企业在国际形势要求下已经具有积极的应对态度。2010 年 3 月，“国内首家 PAS2060 碳中和审定签约仪式”在上海举行，济丰集团由此成为中国大陆地区首家被审定实施 PAS2060 碳中和的企业，英国标准协会（以下简称“BSI”）将为济丰提供其独立制定的证实碳中和规范（PAS2060:2010）服务。

PAS2060 是 BSI 继 2008 年 10 月发布全球首个产品碳足迹认证标准 PAS2050 后，于 2010 年 5 月在英国发布的由其独立制定的证实碳中和规范。

目前国际上有关碳足迹盘查的标准，使用得比较多的包括 ISO-14064、14067，PAS2050，GHG protocol 等。但是这些标准大部分只是一个指南，面对具体的产品，其复杂程度不同，难度也不同。考虑到不同领域间虽然核算原理相同，但是具体操作起来差异较大，这些标准并没有被完全应用到各个领域。

熊猫标准是专为中国市场设立的自愿减排标准，从狭义上确立减排量检测标准和原则，广义上规定流程、评定机构、规则限定。

2. 低碳村镇的标准

低碳村镇是指在一定规划、政策和制度建设的推动下，公众以低碳为理念和行为特征广泛参与，以村镇为核心，以人居、环境为切入点，以农民种植和养殖高效产业化为重点，实现“资源高效、农民增收、环境友好、食品安全和低碳排放”的可持续发展目标。①

①吴永常，胡志全．低碳村镇：低碳经济的一个新概念［J］．中国人口·与环境，2010,(12).

2010 年 6 月，高禹镇南北湖村、开发区（递铺镇）横山坞村被定为安吉县低碳示范村试点并启动建设，开发区（递铺镇）、山川乡被定为县低碳示范乡镇并启动建设。低碳示范村镇建设将与中国美丽乡村建设相结合，把低碳元素融入村镇建设当中，力争打造低碳示范样板区域。其中，低碳城镇围绕城镇空间资源的低碳开发与利用，开展规划决策与管控、绿色基础设施建设、生态网络构建、低碳建筑推广、低碳交通出行、低碳环境保护与低碳生活方式倡导等多元化的低碳发展行动。

发展低碳经济，关键是开发应用低碳技术。在新能源领域、低碳建筑领域、低碳农业领域、低碳环保领域设定标书，引导企业研究与开发低碳科技项目，应用先进适用低碳技术。

二、低碳村镇需要科学标准

低碳农村发展，要通过典型示范的带动进行推进。因此，建立和完善低碳村镇的评价标准，显得尤为重要。要以新农村民生科技为立足点，通过低碳乡村社区建设规划、可再生能源利用、低碳村宅建筑设计、乡村碳汇保护与提升、农村生活污水及垃圾处理等途径践行低碳经济理念。要充分发挥社会各方效力，从政府给力、农业生态、生活低碳、全民动员等四个方面来论述建设低碳村镇的标准。

1. 标准一：政府投入的给力程度

要建设低碳村镇，政府要始终发挥主导的作用，衡量一个村镇是否符合低碳的标准，关键就是看该地区的政府是否加大财政资金的投入力度，是否为低碳农村建设提供尽可能多的政策、优惠支持，法制部门是否加强了对农村环境保护的法规、规章制定。

（1）基础设施上的投入。一个以低碳为标准的政府要加大对基础设施的投入力度，不断完善农村的基础设施建设，改善服务质量，同时要注重在基础设施建设和服务的过程中践行低碳环保，确保基础设施的去碳化。

（2）节能环保技术的推广。政府应斥资于节能环保技术的开发与推广，促进清洁能源的开发和利用，让更多的农民享受到节能环保先进技术带来的生活便利。例如，太阳能、沼气技术的推广对于改善我国农村能源生产结构方面发挥着很大的作用。

（3）对低碳电器的支持。政府要采取财政补助的形式，鼓励农民建设绿色、环保、节能建筑，使用节能产品，加强对消费品市场的宏观调控，大力宣传、推广低碳电器，对那些节能电器给予比普通家用电器更高的财政补贴，而对那些超过规定的能源消耗的家电则要收取高于规定范围的费用。

（4）农村环境污染的处理。在农村污染治理方面，政府要拨付专项治理费用，避免因资金不到位而导致农村环境污染治理工作无法具体落实。

（5）农村环境保护立法工作。当前我国的农村环境保护法制建设存在立法的缺陷、疏漏和空白，还没有一部专门针对农村环境保护的法律。虽然《环境保护法》第 3 章“保护和改善环境”第 20 条规定“各级人民政府应加强对农业环境的保护”，但在法律责任一章中却没有相应的责任性的规定。农村环境法律法规建设明显滞后于快速发展的农村现代化进程，完全不能满足农村经济社会发展中环保的新需要。此外，现有法律对农村污染及其特点重视不够，对农村环境管理和污染治理的具体困难考虑不够，致使适用性和可操作性不强。所有这些对促进我国低碳农村的建设构成了严重的法制障碍。农村环境保护法制建设是我国农村法制建设中的关键一环，要建设好低碳村镇，农村环境保护的立法工作刻不容缓。我们应尽快制定出农村环境保护方面的相关法律条例，对农村清洁生产、农村环境基础设施建设、乡镇企业污染、城乡污染转移等问题作出具体的规定。

2. 标准二：农业生态环境的状态

“农业用地释放出大量的温室气体，超过全球人为温室气体排放总量的 30%，相当于 150 亿吨二氧化碳。到 2020 年，我国的低碳排放总量将达 120 亿吨，而到那时候，欧洲、美国、日本的总和才 80 亿吨，所以中国必须彻底扭转发展方式。作为一个农业大国，发展低碳农业势在必行。”中国能源网副总裁韩晓平如是说，所谓低碳生态农业即以低消耗（能源、资源）、低污染（环境、产品）、低排放（废弃物、温室气体）为基础的现代农业，其实质上解决的是能源和资源的高效率利用和清洁能源结构以及清洁生产问题。具体从下面四个方面来看：

（1）恢复健全传统的节能生产方式。在人口增长、土地减少的矛盾之下，为提高土地产出水平，农业生产过程中大量使用化肥和农药，使得我国成为世界上使用化肥、农药数量最大的国家，农业生产污染日趋严重。农药、化肥的大量使用不仅会对土壤和水体造成危害，而且在分解过程中还会释放大量温室气体，所以恢复传统的节能生产方式很有必要。以秸秆还田为例，秸秆还田是

把不宜直接做饲料的软质秸秆直接或堆积腐熟后施入土壤中的一种方法，具有明显的经济效益和社会效益。秸秆作为一种很好的有机肥料，既可以增加土壤的肥力，也减少了生产过程中对化肥的使用，减少农业的生产成本。同时，秸秆还田避免了长期以来农民焚烧秸秆所造成的大量二氧化碳排放而致使的大气环境污染，有利于低碳农村的建设，具有很好的社会效益。

（2）发展低碳养殖。根据国际粮农组织的统计，畜禽养殖生产活动产生的温室气体占全球温室气体总量的18%，其中氧化亚氮约占65%，甲烷约占37%，而氧化亚氮和甲烷的“增温效率”分别是二氧化碳的310倍和21倍，可见农村禽畜养殖对气候变暖的影响之大。因此，必须改变传统的高碳养殖方式，利用先进的养殖技术开展低碳养殖。

（3）“三节”并驾齐驱。一为节地，减少土地简单和粗放使用，以提高土地单位面积的利用率，从而保证土地的优质高产。比如发展立体种植、养殖，充分利用土地、阳光、空气、水，拓展了生物生长空间，增加农产品产量提高产出效益。也可以通过采用优良品种来提高土地单位面积产量，抑或采用无土栽培技术，这样既节省了地，又获得了成果；二为节水，减少水的简单和粗放使用，以提高水的利用率，从而保证在有限的水的情况下能发挥出最大的效益。比如可以发展节水型农业，通过采取科学的工程措施，修设一些防渗渠道或管道输水设施，尽可能去减少水的渗漏与蒸发。改造落后的机电排灌设施，推广节水灌溉、喷灌、微喷灌、滴灌等技术，极大限度地去提高对水资源的利用效率；三为节能，减少农业生产能源的消耗，提高农业生产能源的利用效率，从而保证有限的能源能发挥出最大效益，比如改革不合理的耕作方式和种植技术，探索建立高效、节能的耕作制度。

（4）保护山林，增加森林覆盖率。相对于生态系统而言，森林所提供的许多服务对保护生命和维持生计都是至关重要的，全球大约有16亿人口依靠森林来获取他们的福利和收入。森林作为地球的“绿肺”，具有涵养水源、吸收二氧化碳和释放氧气的生态功能，是天然的吸碳工厂，这对于低碳社会的建设具有非常重要的意义。据有关资料显示，目前因森林砍伐所造成的二氧化碳排放占总量的15%至20%，而我国的绝大部分森林又分布在农村地区，因此我们要加强对农村森林的保护工作，禁止乱砍滥伐。对经济林的采伐要避免使用皆伐的形式，同时要注重将植树与伐树同步进行，以保证森林面积的总量不减少。此外，在加强保护的同时，还应该积极开辟荒山，种植适合当地生长的果林或其他经济林，

这样既能增加农民收益，同时又为低碳农村建设做出贡献。

3. 标准三：生活低碳化程度

低碳生活即为一种以低能耗、低排放、低污染为基础的生活模式，旨在减少温室气体排放以应对全球气候变化，最终达到构建一个适宜人类永续生存的低碳社会的目的。低碳农村建设是发展低碳经济、建设低碳社会的重要环节，是建设社会主义新农村的内在要求，故而在日常生活中，我们要尽己所能的低碳，以低碳的生活实现生活低碳的目标。

（1）大力推广节薪灶、节煤炉等节能装置，提高能源利用效率。2000 年有关部门的调查表明，农村能源消耗总量达亿 3.17 吨标准煤，其中薪柴占 21.76%，秸秆占 33.41%，煤炭占 31.9%，电力占 9.31%，成品油占 2.04%，液化气、沼气占 1.58%。在一项对 25 个省、自治区、直辖市和新疆生产建设兵团 2.1 万户农村居民用能情况的调查报告中，显示以烧薪柴为主的占 47%（包括秸秆），烧煤为主的占 24.5%，用电为主的占 1.9%，燃气为主的占 6%，其他占 3.5%。① 一连串的数据可知柴薪和煤炭的使用是农村地区温室气体排放的主要源头。普通农村居民家的柴灶基本上都不是省柴的，其利用效率极其低下，传统的炉灶柴薪的能源利用率大概只有 10% 到 15%，这也就是说有将近 80% 多的资源是浪费了，这在一定程度上也破坏了碳汇。相对来说煤炭的利用率稍有提升，但也令人担忧，因为农村居民除了在煮饭烧菜的时候要使用煤炉烧炭之外，其他一般情况都是不用的，任由煤炭燃烧，造成能源的严重浪费和二氧化碳的大量排放。鉴于目前我国农村的能源消费结构，以及在短时期内无法从根本上改变这一状况，我们需要在提高主要能源即薪柴（包括秸秆）以及煤炭的利用效率上下工夫，推广使用节薪灶和节煤炉，并以此代替传统的低效率的薪灶和煤炉，减少温室气体的排放和资源的浪费。

（2）发展太阳能、沼气能等清洁能源，促进能源消费结构多元化。太阳能是一种碳零排放的高清洁能源，在我国广大农村地区，太阳能是十分丰富的，但却没有得到很好的开发利用，许多农村地区特别是偏远山区，对太阳能利用还完全处于空白之中。所以要加大对太阳能的开发力度，促进太阳能热水器、太阳能灶等产品在农村地区的推广。沼气作为广大农村地区充分利用的最主要

①苏杨，马宙宙．我国农村现代化进程中的环境污染问题和对策研究［J］．中国人口资源与环境，2006,（2）.

的生物质能。在《全国农村沼气工程建设规划（2006—2010）》文件中，明确阐述了到2010年全国将有4000万户用上沼气，每年可产生约154亿立方米的沼气，这相当于替代2420万吨标准煤的能源消耗和1.4亿亩土地的年蓄积量。沼气的主要成分是甲烷，其本身是一种温室气体，如果不好好加以利用而任其排放到大气中，那将对大气产生严重的危害，但是一旦将其燃烧，而后的温室气体排放因子则远低于煤和石油。因此，发展沼气产业能够在满足农民日常生活能源需求的同时，产生巨大的减排温室气体的效果。

（3）提倡建造节能建筑。据国家有关资料显示，我国每年新建房屋中的80%以上为高耗能建筑，既有的建筑中95%以上是高能耗建筑，建筑能耗已经占全国总能耗的32%。建筑节能已成为影响能源安全、优化能源结构、提高能源利用率、保护生态环境的关键因素。节能建筑的建设比普通建筑的建设需要更多的成本，但其带来的经济效益和环保效益却是显而易见的。根据麦肯锡公司的研究，通过节省能源成本，许多建筑改造项目的前期投资大约可以在10年后收回。可见我国农村地区建筑节能有很大的潜力可挖。目前在广大农村，住宅建设较多地考虑舒适，较少考虑节能。住宅建设动辄上百或几百平方米，房屋的高、大、空不仅造成土地资源的浪费，而且对保温取暖等设备的使用来说是不经济的，需要消耗大量的能源，因此农村建设节能建筑势在必行。政府应当对村民建设节能建筑给予适当的政策扶持和财政补贴，以缓解其资金压力和风险，提高其建造节能建筑的积极性。

4. 标准四：村镇民众的低碳文化模式

在国家的大力倡导之下，“低碳”的字眼已走进了人们的生活，随着人们认识的不断深入，低碳经济也将逐渐成为未来社会经济发展的主旋律，放眼望去，低碳生活其实离我们很近很近，所以要积极调动公众开展节能低碳的积极性，围绕“从我做起，从每天做起，从周边做起，从点滴做起”，形成“科技支撑，社会参与，全民动员开展节能低碳”的工作局面和良好社会氛围，宣传科学思想、科技知识、实践经验、先进典型和节约型的消费模式，介绍相关的先进实用技术、科技成果和节约小窍门，提高公众的资源节约意识，促进资源节约新技术、新设备、新产品的推广应用，帮助广大居民和中小学生掌握资源节约的基本知识，提高相关本领，为建设节约型社会共同努力。当人人都身体力行低碳生活，何愁村镇的低碳目标不能实现。

尽管很难给出一个“低碳”的全景标准，但有一点肯定，即试点地区的碳

排放要比之前减少。对此，不能是地方自报自说，我们期待独立第三方机构给出令人信服的数据。

第二节 推进农村低碳社区建设

随着全球人口和经济规模的不断增长，能源使用过程中带来的众多环境问题特别是大气中二氧化碳浓度的升高，使全球气候变暖成为不争的事实。建设低碳社区作为21世纪解决人类居住地环境恶化、生态破坏及气候变化的重要方法之一，正日益受到人们的关注。所谓低碳社区即在社区内贯彻环保理念，应用新能源技术、节能建筑技术、新材料技术等手段，力争将所有活动产生的碳排放降到最低，从而达到改善人们生产和生活环境的目的。

一、农村低碳社区梦想并不遥远

浙江省杭州市用10年时间，围绕“低碳农村”建设，使全市减排二氧化碳20.8万吨以上；“低碳备耕”正在成为湖南省衡阳市农民的新时尚；四川省宜宾县复龙镇推行的“桑—草—牧—沼”循环经济模式，农户每亩增收3000元；山西省壶关县村民用上利用玉米秸秆生产的新型生物质燃料……农村低碳社区慢慢出现在我们的视野里。

农村发展低碳的条件已经成熟，各地综合利用秸秆、畜禽粪便、太阳能等多种可再生能源资源，满足农村生活炊事用能、村镇生活用电及生活用热水需要就是最好的例证。只要农村通过技术创新和观念革新，以农业和相关的低碳产业为基础，创造一个安居乐业的低碳乡村发展模式，那么我国的碳减排就会更有实效。农村低碳社区梦想并不遥远！

二、农村低碳社区建设的着力点

要实现农村社区建设的低碳化，则需要从引入低碳化设计理念、开展低碳化技术、使用低碳化材料、采取低碳化能源系统、运用低碳化资源循环系统、实施低碳化运行管理、培育低碳化社区文化、倡导低碳化生活方式等方式着手。

1. 规划设计低碳化

在社区规划设计上，要优化各方技术要素：（1）按照绿色交通的原则，科

学布局非机动交通和公共交通，发展以人为本的社区交通体系；(2) 按照美化环境的要求，节约用地，优先发展可高效吸收二氧化碳的社区景观绿化体系，充分发挥社区绿色系统的碳中和功能；(3) 按照因地制宜的原则，合理布置社区建筑平面和立体结构，既优化自然通风，减少空调能耗，又充分利用天然采光，减少人工照明能耗；(4) 按照经济环保的要求，配置绿色建筑材料和设备设施，改善建筑围护结构的热工性能，降低建筑空调采暖负荷；(5) 按照清洁能源优先发展的原则，充分、高效利用各种可再生能源，如太阳能、风能、地热能、废热资源等，合理选择建筑中各设备系统的能源供应方案，优化各设备系统的设计和运行，减少空调、采暖、生活热水、炊事、照明等常规能源的消耗，降低对环境的影响;(6) 按照循环经济的原则，优化社区排水系统、污水处理系统、雨水收集系统、垃圾资源化处理系统。

2. 能源系统低碳化

建设低碳社区要时刻关注能源问题，因为节能就是减碳。(1) 建设低碳社区即要优化能源结构，减少碳基能源开发使用，大力开发清洁能源，提高新能源和再生资源在总能耗中的比重。(2) 推行社区能源系统的清洁化，要从开发新技术、推广新方法入手。如扩大太阳能光电光热技术的应用，使屋顶在阳光下不仅能发电，还能产生热水。(3) 采用天然导光技术，将室外自然光通过专用导光部件引入无窗建设，通过与人工照明的有机结合，可以大大节省用电，降低运营费用。(4) 地球上可利用的风能资源约为水能的 20 倍，风力发电、风力提水、风力致热等都是风能的有效利用途径，在我国的一些农村偏远地区，人们对风能的利用还处于盲区，可见发展的潜力无穷，需要加大气力来开发。开发可再生清洁能源，可使社区能源供应更多地脱离传统碳基能源，以达到减排的目的。

3. 资源利用的低碳化

社区资源利用要以资源的高效利用和循环利用为特征，以减量化、再利用、资源化为原则，以物质闭路循环和能量梯次使用为特征，按照自然生态系统物质循环和能量流动方式运行，实现污染的低碳排放甚至零排放，保护环境，实现社会、经济与环境的可持续发展。如社区生活垃圾减量化、分类化、袋袋化、资源化，既可减排又可变废为宝，建立社区中水处理系统，将部分生活污水处理后循环再利用，用于浇花、冲洗厕所等，既充分利用了水资源、减少污水直接排放对环境造成的污染，又可降低水费支出。

4. 生活方式低碳化

温室气体排放主要来源于两大类，一是生产性碳排放，也称直接碳排放，如工业排放、农业排放；二是消费性碳排放，也称间接碳排放，如经营服务业中的碳排放，生活碳排放等。倡导低碳生活方式是减少间接碳排放的重要途径。低碳生活是指减少生活能耗，降低消费性排放的一种生活方式。低碳生活需要从生活中的细节开始，从生活中点滴做起，从每个人身边的小事做起。如戒除以高能耗为代价的便利消费、嗜好，倡导环保消费文化，激励公众自觉参与活动。戒除以大量排放温室气体为代价的面子消费、奢侈消费，倡导简约消费文化，激励公众以步带车、少用电梯多走楼梯、多开窗通气少开空调、少看电视少上网、多陪亲友多散步。戒除高糖高脂反季节的饮食嗜好，倡导健康饮食文化，激励公众低碳饮食，多吃素食多喝水，少吃高脂高糖少喝酒。

对一个人或一个家庭而言，践行低碳生活方式也许每月只省下几块钱，因而难以引起人们的足够重视，但中国的国情是人口13亿，个人减排一小步，乘以13亿那将是一个巨大的贡献。日常生活细节的低碳化，对每个公民来说，是举手之劳，它不是一种能力，而是一种观念，一种态度，更是一种社会责任。

5. 社区文化的低碳化

低碳社区的构建要想得到区内居民的广泛支持，必须营造一种低碳的社区文化氛围，让更多的人了解低碳、践行低碳。

（1）发挥户外媒体的宣教作用。“户外媒体”这一概念不如报刊、广播和电视那样为居民所熟知，但是却是社区最常见的一种宣教形式，与报刊、广播和电视等其他媒体相比，最具有地理适应性，也是宣传潜在到达率最好的一类。墙体标语就是规划行户外媒体的一种延伸形式，特别是在社区可灵活重复利用的资源丰富，涵盖在环境保护中的低碳理念虽然属高科技领域，但要传播便民的低碳知识，应该采用普通居民容易接受的宣传手法，可以通过在社区进出口、交通干线两边的院墙上，书写适合社区特点、通俗易懂且较为规范的低碳宣传标语和口号，使低碳触角深入到居民视野，会更有效地提高公众的低碳意识。

（2）建设社区环保宣传栏。在户外媒体中虽然广告牌图案鲜活，墙体标语朗朗上口，但是宣传的随机性大、效果不稳定，而建设社区环保宣传栏可以通过分析社区居民的成分、生活中关心的环保焦点、小区易出现的碳排放问题，编写有针对性的“绿色社区环保公约”、“生活中的低碳常识”、“绿色家庭评选标准”等内容，制作在宣传栏或黑板报上，建立固定的环境保护宣传教育阵地，

开展长效性的低碳减排常识教育，丰富环保公益宣传内容。

（3）建立社区环保教育馆。教育馆让居民更好地认识自然、爱护自然，努力实现人与自然和谐共处：一条条节能、节电、节水的计策，反映了新居民生活中勤俭节约、保护环境的智慧和才能。以江苏省无锡市新区硕放街道南星苑二社区为例，该社区于2007年开创了江苏省的首个“社区环保教育馆”。馆内陈列着居民们巧手制作的环保节能小样品，展示着环保处理装置，摆放着多种环保书籍和绿色宣传册。

（4）推广居民楼道文化。要倡导居民低碳文化、家庭低碳生活，就要向居民家庭宣传低碳理念。推广居民楼道文化也是建立固定的低碳宣教阵地、普及低碳知识的一种简便易行的办法。在居民楼道中放置一些符合社区居民现有知识机构和认知水平的低碳宣传资料，任其取看，这一行为蕴含着将低碳理念的“百科知识”送到就居民家门口，使每个楼道都成为低碳“宣传廊”，每面墙壁都成为低碳“知识窗”，让居民在进出楼道时就能润物无声地接受低碳教育。

第三节 充分发挥典型示范作用

随着全球人口和经济规模的不断增长，能源过度使用带来的环境问题不断地为人们所认识，大气中二氧化碳浓度升高带来的全球气候变化，也已被确认为不争的事实，由此低碳概念深入人心，越来越多的人开始关注低碳、践行低碳。其中尤以低碳理念在城市的应用最为广泛，人们一谈及低碳经济，讲城市的多，讲农村的少，农村乡镇的低碳发展几近空白，在全国的低碳村镇试点中，真正成功的案例屈指可数，所以我们要抓好为数不多的典型，发挥示范带头作用，从试点的低碳村镇中汲取成功经验，以带动其他村镇的低碳事业发展。

以山东烟台牟平示范区为例，2009年，烟台牟平示范区紧紧抓住国家“保增长、扩内需、惠民生”的有利时机，以建设低碳村镇，发展低碳经济为目标，立足当地特色优势产业，突出农业循环经济和资源高效化利用这一重点，着力打造四大低碳经济发展示范基地，有力地推进了低碳村镇科技示范区建设。

第一，大力实施“一池三改”惠民工程，打造生态富民科技示范基地。抢抓国家、省农村户用沼气建设项目实施的政策机遇，加快农村户用沼气建设步

伐，推进新农村建设。自2006年以来，该示范区新建成新型混凝土水压式沼气池6000多座，总池容达5.5万立方米。全区有6000多户农民用上了沼气新能源，解决了2万多人口做饭、烧水问题，替代薪柴和秸秆0.9万吨，产生的沼渣、沼液可满足1.8万多亩无公害果、菜的用肥需要，年可减少20%以上的农药、化肥施用量，为农户减少燃料、化肥、农药等支出400多万元。同时，年可减排$CO_2$0.9万吨，从根本上消除了长期困扰农村的“脏、乱、差”顽疾，有力地加快了新农村建设步伐。

第二，加快推进规模化畜禽养殖场沼气池建设，打造农业生物质资源高效利用科技示范基地。面对畜禽养殖产业迅猛发展，环境压力日益加重的严峻形势，示范区及时制定出台了《在全区大中型畜禽规模饲养场中推广沼气处理粪便技术奖补细则》，按照“一年推广，两年普及”的原则，在全区大中型养殖场推广普及沼气池，逐步实现粪便的无害化处理和综合利用。目前，全区共有260个规模化畜禽养殖场建设了沼气池，占比达10%以上。

第三，示范推广“四位一体”生态大棚种养技术，打造生态健康循环高效农业科技示范基地。其运行模式为在一个0.8亩大棚内，半场养猪，半场种菜，实现“猪—沼—菜”相对封闭的循环高效养殖新模式。养猪产生的粪便，通过沼气池无害化处理，产生的沼气用于做饭、点灯和冬季大棚取暖，产生的沼渣、沼液用于蔬菜施肥，可生产出优质、高产的无公害蔬菜，实现小系统生态循环，资源高效利用。目前，全区“四位一体”大棚数量达50多个，该技术已作为山东省星火计划项目在全省推广。

第四，示范采用频振式杀虫灯、粘贴板、性诱剂等物理法杀虫，采用测土配方技术平衡施肥，采用植保机械统防统治等技术，打造“烟台苹果”生态果园建设科技示范基地。为从根本上解决农药、化肥对烟台苹果的污染问题，示范区先后投资40余万元，建成了1万余亩生态果园科技示范基地。该示范基地集成应用了物理生态杀虫、增施沼渣沼液生物有机肥等现代农业技术进行生产，不仅提高了果品质量，而且保护了生态环境，年产优质苹果2.5万余吨，实现农民增收3000余万元。①

牟平区的案例中，通过对新能源的开发使用、先进生态种养技术的运用，对农业资源进行了有效的循环利用和高效化利用，用实际行动在践行着低碳村

①http://www.sd.xinhuanet.com/wq/2010-03/10/content_19212137.htm

镇的建设，这样的经验值得广为学习。所以在建设低碳村镇的漫长道路上，要抓住典型示范，汲取其有利的经验教训，在结合本地区发展实际的前提下，逐步进行推广，制定相应政策，建立起发展的长效机制。用典型建设过程中最生动的事实来教育农民，使对其产生强大的感染力、吸引力，并在典型示范过程中，形成不断学习、模仿到创新的超越机制。

第四节 加强低碳村镇建设的领导

要贯彻落实中央加快转变经济发展方式，建设资源节约型、环境友好型社会的战略部署，积极稳妥推进新型城镇化，必须加强对低碳村镇建设的领导，引导国内低碳生态村镇的健康发展。

一、低碳村镇领导的五步法

低碳村镇的建设，主要可从以下几方面来做：

第一，理念的灌输。各级政府要以可持续发展为目标，深入贯彻落实科学发展观，使低碳理念深入人心，改变人们的思想观念，把洁净的环境作为对子孙后代的造福，并对村镇的农户灌输低碳、环保理念，让农民更多地感受到低碳生活的便捷性，摒弃过去高碳消耗的生活，并积极引导人们转变生活方式。

第二，规划的制定。各级地方政府要以中央的政策为核心，通过制定各地的规划，使社会生产和生活活动的碳生产率得以提高，倡导适应全球发展的生产方式。一是将低碳技术研发纳入当地国民经济和社会发展规划中，进行总体安排部署。二是将低碳技术研发纳入各地科技规划和相关科技计划。三是制定专项规划，提高低碳转型的概念、目标、重点和保障措施等，设立低碳转型的统计和考核目标，并作为国民经济计划中的引导指标。四是制定重点行业和部门的低碳发展规划，向低碳转型。

第三，政策的引导。机制层面的创新是实现低碳发展必不可少的环节。在村镇发展过程中，基层政府要将低碳转型政策与已有政策更好地融合，建立适合低碳转型的政策机制、市场机制、技术创新机制、激励约束机制、人才培养机制以及低碳评估机制，为低碳经济的发展模式推广提供政策和体制支撑。

第四，行为的标榜。实现低碳转型，基层地方政府要从自身做起，确立政府节能和环保的基本理念，追求低碳价值目标，以规制低碳化的生产方式和消费方式为重要职能，全面贯彻执行低碳法律，并在行政活动中带头遵守低碳排放。在节约资源能源、提高资源利用效率，实现低碳办公、低碳出行、低碳消费等方面起模范带头作用。政府做好了，老百姓才好跟着做。

第五，工作的监督。基层政府在推动低碳发展时，要加强领导，并对下层工作科学管理、严格监督。通过完善法律体系、制定科学的排放标准和考核标准、实施有效的激励和约束措施、规范检查督促等措施推进低碳模式转型，把低碳作为领导绩效考核的一个重要环节。定期地布置安排农村低碳发展的任务，细致具体地分配工作，明确职能责任，及时进行监督检查。除了接受政府各级的监督外还要接受社会公众的监督，科学客观地开展节能低碳成效评估工作。开设节能低碳热线，维护农民发言权，畅通信息渠道，提出建议，充分发挥社会公众监督作用。

二、在探索中创新低碳村镇的领导

1. 大力开展低碳相关的教育培训

要将低碳发展内容纳入地方党政领导干部培训活动，纳入地、县级发改委主任和环保局局长培训内容；开展针对企业领导和专业技术人员的低碳技术和低碳企业的专门培训；利用现有环境宣传教育网络和气候变化宣传网开展针对公众的低碳发展教育，将产品碳足迹内容纳入其中，配合全国节能宣传，开展能源紧缺体验活动；深入社区，分发社区低碳消费手册，开展社区低碳生活知识竞赛活动，开展家庭节约用水用电实践周活动，组织优秀低碳社区与家庭评比；深入校园，分发校园低碳消费手册，开展低碳消费知识竞赛，组织丰富多彩的校园社团活动，组织好校园垃圾分类教育活动。

2. 强化低碳的价值认同

低碳村镇建设能否顺利进行，低碳生活是否仅仅局限于口号，归根结底，取决于能否建立起统一的低碳价值观。故而政府及社会各界应该发挥宣传教育的基础性作用，充分利用电视、报纸、网络等媒体，传递低碳信息，普及低碳知识，广泛开展多种形式的能源资源节约活动，营造建设资源节约型、环境友好型社会的良好氛围，使日常生活的各环节都尽可能体现低碳理念、价值。通

过制度化、系统化、大众化的教育，提高全社会的环境保护意识，推进消费观念的更新，使全社会建立起合理的低碳生活结构，从而形成以过度消费、奢侈消费为耻，以节约消费、健康消费、适度消费为荣的思想意识。

低碳村镇不同于那种把人类带进经济和生态双重危机的、充满了诉讼和战争的大工业模式，也不同于以前封闭的自给自足时代的乡村组织，实际上，它带有信息社会和后现代的特征，是将传统生态智慧与现代管理相结合、以信息技术和信息平台为基础的开放性、多样性系统。农村环境问题是一个漫长的过程，需要几代甚至十几、几十代人的努力。当我们呼唤低碳时代时，首先要把低碳农村问题解决好，这是当局和全社会共同集焦的地方。作为发展中国家，我国一定会在兼顾城市与农村、低碳和发展的同时，积极应对气候变化的挑战，有计划有步骤地推动低碳经济的发展。

第五节 推进农民低碳培训和宣传

加强低碳专业知识培训，引导农民对低碳消费的正确认识。所谓低碳消费，通俗表达即为节约，低碳的生产、生活，减少消费过程中的直接或间接碳排放，最终实现减少环境污染的目的。要增强居民的低碳消费意识，首先得引导农民走出节约消费的几个认识误区。

一、低碳培训，提升村民低碳主体能力

1. 养成科学的低碳生活习惯

随着全球气温的逐年上升，很多人都意识到实现低碳是一项伟大的造福于世人的好事。然而有些人对于低碳生活的理解却很模糊，甚至曲解，认为低碳生活就应该是省吃俭用，节制消费。因为他们认为，在提高生活水平时，如果购买多的消费品、建筑高的大的楼房，这明显跟低碳生活格格不入。事实上，“低碳生活”和省吃俭用、精打细算有着本质上的区别。“低碳生活”指的是在吃、穿、住、用、行等各个方面尽可能减少能源的消耗、减少废弃物的排放、减少对环境的污染。单靠精打细算有时候非但不能降低碳的排放量，反而会增加排放量。比如，在选购服装的时候，化纤、尼龙材料制作的衣服比起棉、麻、丝绸材质

的衣服更为便宜，但是其制作的过程中排碳量却高出许多；大家都知道一个白炽灯不过几块钱，而一个节能灯动辄十几块，在费用上，白炽灯是便宜许多，但是它耗电量大许多。物品的价格低并不等于排碳量也低，低碳生活不能以价格作为衡量标准，如果仅从精打细算角度去进行选择，那么低碳生活可能在不经意间就变成了高碳生活。

2. 培养有效的低碳生活行为

低碳生活在有些人的眼中似乎就是回归过去的生活状态，如电冰箱尽可能用容积小的，这样省电；洗衣机用手动的，省水；用黑白电视机；用淘米水洗脸；出远门最好是用步行的方式等等。事实上，低碳生活并非如此，实现低碳并不是意味着降低人们的生活水平。专家认为，全面实现低碳生活并不是说要大家都回到过去，它与保持、提高人们的生活水平并不矛盾，其关键是要找到一个结合点，在维持高标准生活的同时，尽可能减少使用消耗能源多的产品、降低二氧化碳等温室气体的排放，探索出一种真正低碳的可持续的消费模式。

3. 优化农村低碳生活环境

炎炎夏日一提到低碳生活，人们往往就自然联想到其将带来的居无空调等诸多不便，其实不然，每每一个问题的出现，自然就会有相对应的对策来改善或缓解状况，比如在大力倡导低碳的欧洲，目前就建设了很多有良好隔热效果的零排放建筑，在自然通风的条件下，隔热层完全可以把室内温度调控到一个合适的水平，且能保持很长时间。随着这项技术的推广，相信在不久的将来，即便居所没有空调，人们同样能舒适地工作、学习、生活。

一直以来强调要尽各方全力改善农民生活的呼声愈渐高涨，所谓改善生活，不仅仅指提高农民的消费水平，亦还包括提高他们的生活质量。就生活质量而言，囊括了许许多多方面，其主要表现为物质生活、精神文化生活、人居生存环境、社会公共设施和服务的享有以及社会治安状况等各方面。改善生活的内涵如此这般的丰富，我们没有道理一味执著于只追求物质生活的富足，应当更多的是去充实自己的精神生活，提高自己的精神境界。当精神层次达到一定高度时，即便是低度的物质生活也同样能感受到一种非单纯物质消费能带来的幸福味道。节约消费并不代表消费水平的下降，相反更是人们成熟消费方式的体现，也不代表消费质量在下降，而是在不竭追求一种更为健康、高尚的生活质量。让我们摈弃无度的挥霍和奢侈，取而代之为平淡地拥有一份适度、实用、顺心的物质生活，于人于物这都是好的。

4. 强化政府和企业的低碳服务责任

在很多人的意识中，认为低碳生活只是一种理论上的设想，对他们来说犹如“遥不可及”的梦想，与他们的日常生活距离太远。也有人这么认为，低碳生活是一项系统的工程，是政府的事情，依靠人民自身的力量是很难实现的，与其这样，还不如按正常的生活方式“得过且过”。还有人认为要想搞好低碳，主要的责任对象应该是企业，企业在生产过程中消耗了大量的能源资源，排放出大量的二氧化碳等温室气体，对环境的影响显而可知，所以要想低碳的愿景真正得以实现，从企业着手刻不容缓。事实上要做低碳生活的践行者其实并不是一件艰难的事，低碳离我们并不遥远，并不是那么的不切实际，很多时候往往只需要我们的举手之劳就可以做到。低碳生活体现在日常生活的诸多细节之中，如节约用水、节约用电。节约一滴水、节约一度电等都是我们日常生活中微乎及微的细节，却都符合低碳生活的理念，所以践行低碳生活并没有想象中的那么难。通过做好这些微不足道的小事使得空气中的二氧化碳逐渐减少，身体力行着低碳生活，为低碳的实现贡献出一份力量。

二、低碳宣传，掀起一个热爱低碳的高潮

在加强低碳专业知识培训的同时，还需辅之以必要的宣传教育。农民作为农业生产和农村生活的主体，是推进我国低碳农村建设的主导力量。只有加大环保知识宣传教育力度，提高农民的环保意识和发展低碳经济的意识，才能让他们了解国家发展低碳经济的决心，意识到气候危机的紧迫性，并以此指导他们进行低碳生产和低碳生活。

1. 政府要主导低碳宣传的方向

政府要与社会各宣传媒体结合，广泛营造低碳消费文化的良好氛围，各级部门、社会团体、高等院校、科研单位、企业组织要广泛动员，开展形式多样的宣传活动，形成低碳的社会氛围，不断增强全社会的低碳意识。组织新闻媒体大张旗鼓、深入持久地开展宣传，及时报道党和国家的有关政策措施。教育部门要制订计划，加强指导，在辖区范围内的中小学中积极组织开展低碳减排的能源教育活动，“从娃娃抓起”，让中小学生从小就树立正确的低碳意识，养成良好的低碳行为。

2. 民间社会组织推进低碳宣传工作

广泛、深入地开展节能减排、低碳经济的宣传教育活动，并积极实践、热忱推广。建立形式多样的环保组织，随着环保组织的增多，服务领域必将拓宽，从而尽可能渗透到低碳经济的方方面面，更好地为低碳目标服务。同时各环保类组织要加强沟通合作，尽可能多地组织大型低碳宣传教育活动，扩大活动的影响效力，从而营造良好的低碳氛围。

3. 媒体应加大低碳宣传力度

报纸、杂志、广播、电视、网络等媒体作为居民了解当前社会形势接收社会信息的重要媒介，影响着居民日常生活的方方面面。要引导居民在低碳经济模式下合理地消费，媒体的重要作用不容忽视。在信息化高度发达的背景下，人们对媒体的依赖越来越明显，广告宣传也因此在人们心中留下深刻的印象，这将对引导人们形成学习型消费心理造成巨大的影响，进而指导消费者进行低碳消费。此外媒体进行消费引导有其自身的特点，媒体的性质和职能决定了其对各类典型比较敏感，各类媒体通过发现典型、捕捉典型、分析典型、宣传典型进而进行消费教育，这将会起到意想不到的效果。一方面媒体可以通过具体商品和典型案例开展低碳消费教育，另一方面媒体可以利用其敏锐的观察力和信息量大的优势不断提出新的消费观念、消费模式和消费见解，对新兴行业或新上市的产品、服务大力宣传，鼓舞大众参与其中，从而影响消费者的生活方式。

4. 村民要做好低碳宣传的接受者

农村原来的生活方式、农民以前的生活习惯在很大程度是有着低碳的特征，只是由于城市化进程的加速，使农村新成长起来的年轻人已越来越多地抛弃了“低碳”生活，他们以所谓承载着“工业化文明”的城市人的生活方式为榜样，迅速追赶，甚至超越，新的方式迅速在农村大地蔓延发展，成为取代传统生活方式的新的生活模式。但是，节能减排、环保、低碳的理念必将逐步深入到农村。虽然低碳的发展需要社会各个层面的支持，但是政府、民间组织等社会支持仅仅是推动低碳发展的外在力量，要想更好地把低碳进行到底，还需要农民自己对这个新生事物的接纳。只有农民的理念、生活、行为站在“低碳”的队列中，低碳发展才可能真正变为现实。

后 记

编写农村干部培训教程，对于我这个曾经担任过多年乡镇党委书记、现在专门从事“三农”理论研究的人来说，这是我应该要做，而且要做好的一件事，所以过程尽管艰辛，但已经不重要了，重要的是看到这个成果付梓时，我与各位编著者都有种发自内心的满足感。

本丛书的编写主要是凭借我在乡镇工作十多年对农村干部需求的了解，以及新形势下农村发展的新特征来构建框架，选取内容。所以，我们不能保证丛书的所有内容都是最前沿的理论，但一定是真正可以充实农村干部头脑的知识。同时，我们始终坚持着这样一个原则：尽量把复杂的问题简单化、把深奥的理论通俗化、把枯燥的说教兴趣化，不仅让农村干部喜欢读，而且读得懂、用得上。尽管或许还没有真正做到，但是，我们已经努力过，而且还会继续努力。

本丛书有幸邀请到国务院发展研究中心副主任、我国著名的“三农”问题研究专家韩俊先生作序，这不仅表明他对这套丛书的认可，更表明了他对“三农”事业的厚爱，寄寓了他对广大农村干部的重托。在此，我代表丛书的所有编著者对韩俊先生的欣然作序表示衷心的感谢！

本丛书能够顺利出版，国家行政出版社的领导给予了高度的关怀，几位责任编辑也付出了辛勤的劳动，在此，我们表示衷心的感谢！本丛书的策划和出版，与策划人王斌的智慧和辛勤劳动分不开，他对“三农”事业的热爱表现在对“三农”图书的执著上，令我们感动，在此一并表示诚挚的谢意！

本丛书是集体劳动的成果，各位编著者都付出了辛勤的汗水。丛书的编著者中，有的是“三农”研究领域的专家，有的是农业大学的教师，由于每本书的编著者名单已标明在书上，在此不一一介绍。需要说明的是，本丛书作为农村干部的培训教程，编著者在编写过程中广泛参考了报刊杂志和网络上的资料，除直接引用的外，其他没有一一注明，敬请广大读者能够理解和原谅！

农村干部是推动农村发展的中坚力量，作为专门研究农村问题的科研工作者，能用自己的劳动为广大农村干部服务，为促进农村发展作出贡献，是我们莫大的荣幸。但是，由于时间匆促，知识水平和实践经验有限，编写中出现错误或遗漏难免，我们真诚期待广大读者和广大农村干部对丛书批评指正！

湖南省农村发展研究院院长 陈文胜

2012年1月15日